Unbeschränkte Gesellschafterhaftung und Gläubigerschutz

Frankfurter wirtschaftsrechtliche Studien

Herausgegeben von
Theodor Baums, Andreas Cahn, Brigitte Haar, Katja Langenbucher,
Tobias Tröger, Manfred Wandt, Peter von Wilmowsky

Band 104

PL ACADEMIC RESEARCH

Lisa Pfaffinger

Unbeschränkte Gesellschafterhaftung und Gläubigerschutz

Eine ökonomische Betrachtung des Haftungssystems der Personengesellschaften

PL ACADEMIC RESEARCH

Bibliografische Information der Deutschen Nationalbibliothek
Die Deutsche Nationalbibliothek verzeichnet diese Publikation in der Deutschen Nationalbibliografie; detaillierte bibliografische Daten sind im Internet über http://dnb.d-nb.de abrufbar.

Zugl.: Frankfurt (Main), Univ., Diss., 2015

D 30
ISSN 0723-0427
ISBN 978-3-631-67613-4 (Print)
E-ISBN 978-3-653-06954-9 (E-Book)
DOI 10.3726/978-3-653-06954-9

PL Academic Research ist ein Imprint der Peter Lang GmbH.

Peter Lang – Frankfurt am Main · Bern · Bruxelles · New York · Oxford · Warszawa · Wien

Diese Publikation wurde begutachtet.

www.peterlang.com

Vorwort

Die vorliegende Arbeit wurde im Wintersemester 2015/2016 vom Fachbereich Rechtswissenschaften der Goethe-Universität Frankfurt am Main als Dissertation angenommen. Rechtsprechung und Literatur wurden für die Veröffentlichung weitestgehend bis März 2016 nachgetragen.

Mein besonderer Dank gilt meinem Doktorvater, Herrn Prof. Dr. Tobias Tröger, LL.M. (Harvard), für seine langjährige Förderung, die stets guten Arbeitsbedingungen, die ich während meiner Tätigkeit als wissenschaftliche Mitarbeiterin an seinem Lehrstuhl vorgefunden habe, die stets zuverlässige Betreuung, seine Unterstützung durch hilfreiche Anregungen und wertvolle Kritik im gesamten Verlauf der Entstehung der Arbeit.

Frau Prof. Dr. Katja Langenbucher danke ich für die schnelle Erstellung des Zweitgutachtens.

Ferner danke ich den Herausgebern sowie dem Verlag Peter Lang für die Aufnahme der Arbeit in die Schriftenreihe Frankfurter wirtschaftsrechtliche Studien.

Frankfurt am Main, im März 2016 Lisa Pfaffinger

Inhaltsverzeichnis

Abkürzungen

a.A.	andere Ansicht
a.F.	alte Fassung
Abs.	Absatz
Acct. Rev.	Accounting Review
AcP	Archiv für die civilistische Praxis
ADHGB	Allgemeines Deutsches Handelsgesetzbuch von 1861
AG	Aktiengesellschaft/ Die Aktiengesellschaft – Zeitschrift für das gesamte Aktienwesen, für deutsches, europäisches und internationales Kapitalmarktrecht
AktG	Aktiengesetz
Am. Econ. Rev.	American Economic Review
AnfG	Anfechtungsgesetz
Anh.	Anhang
Anm.	Anmerkung
Art. (Artt.)	Artikel (Plural)
Aufl.	Auflage
BAGE	Entscheidungen des Bundesarbeitsgerichts
BB	Betriebs Berater
Bd.	Band
BeckOK	Beck'scher Onlinekommentar
Begr.	Begründer/Begründung
betr.	betreffend
BFH	Bundesfinanzhof
BFuP	Betriebswirtschaftliche Forschung und Praxis
BGB	Bürgerliches Gesetzbuch
BGBl.	Bundesgesetzblatt
BGH	Bundesgerichtshof
BGHZ	Entscheidungen des Bundesgerichtshofs in Zivilsachen
BKR	Zeitschrift für Bank und Kapitalmarktrecht
BRAK-Mitt.	Bundesrechtsanwaltskammer-Mitteilung
BRAO	Bundesrechtsanwaltsordnung
BR-Drs.	Bundesratsdrucksache
BT-Drs.	Bundestagsdrucksache
bzw.	beziehungsweise
Cal. L. Rev.	California Law Review
Colum. L. Rev.	Columbia Law Review
Const. Pol. Econ.	Constitutional Political Economics
Cornell L. Rev.	Cornell Law Review
d.h.	das heißt
DB	Der Betrieb

ders.	derselbe
dies.	dieselbe
diff.	differenzierend
Diss.	Dissertation
DNotZ	Deutsche Notar-Zeitschrift
DStR	Deutsches Steuerrecht
EBOR	European Business Organization Law Review
EBOR	European Business Organization Law Review
ECFR	European Company and Financial Law Review
ECL	European Company Law
Einl.	Einleitung
et al.	und andere
EuGH	Gerichtshof der Europäischen Union
EWIV	Europäische Wirtschaftliche Interessenvereinigung
f. (ff.)	folgende (Plural)
Fn.	Fußnote
FS	Festschrift
Ga. L. Rev.	Georgia Law Review
GbR	Gesellschaft bürgerlichen Rechts
gem.	gemäß
GmbH	Gesellschaft mit beschränkter Haftung
GmbHG	Gesetz betreffend die Gesellschaft mit beschränkter Haftung
GmbHR	GmbH-Rundschau
GoA	Geschäftsführung ohne Auftrag
h.M.	herrschende Meinung
Harv. Bus. Rev.	Harvard Business Review
Harv. L. Rev.	Harvard Law Review
HGB	Handelsgesetzbuch
Hrsg.	Herausgeber
Hs.	Halbsatz
i.E.	im Ergebnis
i.S.v.	im Sinne von
insbes.	insbesondere
InsO	Insolvenzordnung
Int'l Rev. L. & Econ.	International Review of Law and Economics
InvG	Investmentgesetz
J. Bus. L.	Journal of Business Law
J. Corp. L.	Journal of Corporation Law
J. Econ. Persp.	Journal of Economic Perspectives
J. Fin.	Journal of Finance
J. Fin. Econ.	Journal of Financial Economics
J. Legal Stud.	Journal of Legal Studies
J. Pol. Econ.	Journal of Political Economy

J. L. & Econ.	Journal of Law and Economics
JA	Juristische Ausbildung
J. Inst. Econ.	Journal of Institutional Economics
J. Inst. & Th. Econ.	Journal of Institutional and Theoretical Economics
JR	Juristische Rundschau
JuS	Juristische Schulung
JW	Juristische Wochenzeitschrift
JZ	Juristische Zeitschrift
KAGB	Kapitalanlagegesetzbuch
KG	Kommanditgesellschaft, Kammergericht Berlin
KGaA	Kommanditgesellschaft auf Aktien
KO	Konkursordnung
KTS	KTS Zeitschrift für Insolvenzrecht
Lit.	Literatur
LS	Leitsatz
m.w.N.	mit weiteren Nachweisen
MDR	Monatsschrift für Deutsches Recht
Mich. L. Rev.	Michigan Law Review
MittBayNot	Mitteilungen des Bayrischen Notarvereins
MittRhNotK	Mitteilungen der Rheinischen Notarkammer
Modern L. Rev.	Modern Law Review
Mot.	Motive
NJW	Neue Juristische Wochenzeitschrift
NJW-RR	Neue Juristische Wochenzeitschrift Rechtsprechungsreport
NotBZ	Zeitschrift für die notarielle Beratungs- und Beurkundungspraxis
Nr.	Nummer
NZG	Neue Zeitschrift für Gesellschaftsrecht
OHG	Offene Handelsgesellschaft
OLG	Oberlandesgericht
OR	Schweizer Obligationenrecht
PAO	Patentanwaltsordnung
PartG mbB	Partnerschaftgesellschaft mit beschränkter Berufshaftung
PartG	Partnerschaftsgesellschaft
PartGG	Partnerschaftsgesellschaftsgesetz
Prot.	Protokolle
Q. J. Econ.	Quarterly Journal of Economcis
RabelsZ	Rabels Zeitschrift für ausländisches und internationales Privatrecht
RegE	Regierungsentwurf
re. Sp.	rechte Spalte
RG	Reichsgericht
RGSt	Entscheidungen des Reichsgerichts in Strafsachen
RGZ	Entscheidungen des Reichsgericht in Zivilsachen

Rn.	Randnummer
RNotZ	Rheinische Notar-Zeitschrift
Rpfleger	Rechtspflegerblatt
Rz.	Randziffer
S.	Seite/siehe/section
Slg.	Sammlung der Rechtsprechung des Gerichtshofs
sog.	sogenannt
Sonderbeil.	Sonderbeilage
Sp.	Spalte
Stan. L. Rev.	Stanford Law Review
StBerG	Steuerberatergesetz
Tz.	Teilziffer
U. Chi. L. Rev.	University of Chicago Law Review
U. Pa. L. Rev.	University of Pennsylvania Law Review
U. Toronto L. J.	University of Toronto Law Journal
u. a.	unter anderem
UCLA L. Rev.	University of California at Los Angeles Law Review
UmwG	Umwandlungsgesetz
UPA	Uniform Partnership Act
Urt.	Urteil
v.	von/vom
v.a.	vor allem
Va. L. Rev.	Virginia Law Review
VermAnlG	Vermögensanlagegesetz
VersR	Versicherungsrecht (Zeitschrift)
vgl.	vergleiche
VO	Verordnung
Vor.	Vorbemerkung
VVG	Versicherungsvertragsgesetz
Wash. L. Rev.	Washington Law Review
WM	Wertpapier-Mitteilungen Zeitschrift für Wirtschafts- und Bankrecht
WPO	Wirtschaftsprüferordnung
WuB	Entscheidungssammlung zum Wirtschafts- und Bankenrecht
Yale L. J.	Yale Law Journal
z.	zum
z. B.	zum Beispiel
ZEuP	Zeitschrift für Europäisches Privatrecht
ZfB	Zeitschrift für Betriebswirtschaft
ZGR	Zeitschrift für Unternehmens- und Gesellschaftsrecht
ZHR	Zeitschrift für das gesamte Handels- und Wirtschaftsrecht
ZIP	Zeitschrift für Wirtschaftsrecht
zit.	zitiert
ZPO	Zivilprozessordnung
ZWE	Zeitschrift für Wohnungseigentumsrecht

Kapitel 1: Einleitung und Grundlagen

§ 1 Anlass und Ziel der Untersuchung

Eine der vielleicht umstrittensten Fragen des deutschen Gesellschaftsrechts war fast 100 Jahre lang die nach der Rechtsfähigkeit und dem Haftungsregime der BGB-Gesellschaft.[1] Einen „Schlusstein“[2] in dieser Diskussion schienen zwei Entscheidungen des BGH gesetzt zu haben: zum einen die Entscheidung vom 27.9.1999[3] gegen die Möglichkeit einer einseitigen Beschränkung der Haftung auf das Gesellschaftsvermögen sowie gegen die Geltung der Doppelverpflichtungstheorie in der BGB-Gesellschaft und zum anderen das Urteil vom 29.1.2001[4], in dem der BGH die Rechtsfähigkeit der Außen-GbR sowie die akzessorische Haftung der Gesellschafter anerkannte.[5] Dennoch bleiben viele Aspekte weiterhin umstritten und die Diskussion um das Haftungsregime der Personengesellschaften dauert an.[6] Dabei geht es nicht nur um die Reichweite der persönlichen Gesellschafterhaftung nach § 128 HGB (analog)[7], insbesondere die Haftung für gesetzliche Verbindlichkeiten oder die Zulässigkeit von Haftungsbeschränkungen durch AGB. In den letzten Jahren wird wieder vermehrt die allgemeine Geltung der persönlichen Gesellschafterhaftung bei Personengesellschaften jeder Art in Zweifel gezogen. Vor allem Ansätze, die eine institutionelle Beschränkung der Haftung der Gesellschafter für bestimmte Arten von BGB-Gesellschaften befürworten, sind im Vordringen begriffen.[8] Solche institutionellen Einschränkungen nimmt der BGH bisher grundsätzlich nicht vor, auch wenn die Entscheidung des II. Zivilsenats in Bezug auf die sog. Bauherrengemeinschaften[9]

---

1 Exemplarisch zu dieser Diskussion vgl. z. B. *Flume*, Personengesellschaft (1977); *Aderhold*, Schuldmodell (1981); *Reiff*, Haftungsverfassung (1996); weitere Nachweise u. a. bei *K. Schmidt*, Gesellschaftsrecht, S. 1689.

2 *Hadding*, ZGR 2001, 712, 714.

3 BGHZ 142, 315.

4 BGHZ 146, 341.

5 In diese Richtung u. a. auch *Ulmer*, ZIP 2003, 1113, 1114 („*Roma locuta causa finita*“); so auch *Hennerkes/Lorz*, DB 1997, 1388. Kritisch dazu *Canaris*, ZGR 2004, 69, 110 Fn. 143.

6 Dazu auch aktuell *Schäfer*, Gutachten zum DJT 2016.

7 Aus dogmatischer Sicht hat sich wohl eine Analogie zu den §§ 128 ff. HGB als Grundlage der persönlichen Haftung der BGB-Gesellschafter durchgesetzt. Dazu noch *infra* Kapitel 2 §2 III.

8 Vgl. bspw. nur *Jacobs*, Institutionelle Haftungsbeschränkung, passim. So sprechen sich auch einige der großen Kommentare für institutionelle Haftungsbeschränkungen aus, vgl. etwa *Schöne*, in: BeckOK-BGB, § 714 Rn. 42 ff.; *Schäfer*, in: Münchener Kommentar-BGB, § 714 Rn. 63 ff.

9 BGH BGHZ 150, 1 – *obiter dictum* lediglich anteilige Haftung der Mitglieder als BGB-Außengesellschaft organisierter Bauherrengemeinschaften für die Herstellungskosten.

ausnahmsweise die Annahme einer institutionellen Haftungsbeschränkung für die Gesellschafter einer solchen Gesellschaft nahelegt.[10]

In diesem Kontext ist die gesetzliche Neuschöpfung der „Partnerschaftsgesellschaft mit beschränkter Berufshaftung“ zu sehen, einer gesetzlichen Variante der Partnerschaftsgesellschaft, die die persönliche Haftung der Partner durch eine Haftpflichtversicherung substituiert, und die einen allgemeinen Trend zum erleichterten und breiteren Zugang zu haftungsbeschränkten Gesellschaften zu untermauern scheint.[11]

Seit einigen Jahren hat die ökonomische Analyse bzw. Theorie des Rechts[12] in der deutschen Rechtswissenschaft als grundsätzlich akzeptierte Methode Eingang gefunden.[13] Gerade das Gesellschaftsrecht ist prädestiniert für eine ökonomische Analyse. In Deutschland konzentrierte sich ihre Anwendung bisher im Wesentlichen auf das Recht der Kapitalgesellschaften; das Recht der Personengesellschaften wurde hingegen wenig beachtet,[14] obwohl über das Haftungsregime und Haftungsbeschränkungen

---

10 So *Jacobs*, Institutionelle Haftungsbeschränkung, S. 114 ff.; *Reiff*, ZGR 2003, 550, 558 ff.; kritisch *Wiedemann*, Gesellschaftsrecht II, S. 661; insbesondere für kleine Bauherrengemeinschaften auch *Ott*, ZWE 2011, 73, 75.

11 In diese Richtung ist auch die Neuschaffung der UG haftungsbeschränkt zu deuten, die die haftungsbeschränkten Kapitalgesellschaften aufgrund des reduzierten Stammkapitals einem weiteren Personenkreis eröffnet. Die Schaffung der PartG mbB ist eine Reaktion des Gesetzgebers auf ein von ihm ausgemachtes Bedürfnis zur Risikobegrenzung bei freien Berufen und darüber hinaus, ebenso wie die UG haftungsbeschränkt (*Miras*, in: Michalski, GmbHG, § 5a Rn. 2), eine defensive Reaktion im europäischen Regulierungswettbewerb. Dazu noch *infra* Kapitel 4 §2 C. II.

12 Zum Begriff der „ökonomischen Theorie des Rechts“ statt vieler *Janson*, Ökonomische Theorie, S. 21 m.w.N.; zum Verhältnis dieses Begriffs zur „ökonomischen Analyse des Rechts“ vgl. *Kirchner*, Ökonomische Theorie, S. 5 f. Unterschiede zwischender ökonomischen Analyse des Rechts und der Neuen Institutionenökonomik erkennt z.B. *Posner*, 149 J. Inst. & Th. Econ. (1993) 73, 83 ff.; so auch *Kirchner*, in: Riesenhuber (Hrsg.), Europäische Methodenlehre, S. 148 ff. Hier wird darunter verstanden, dass eine rechtliche Fragestellung mit Hilfe des ökonomischen Instrumentariums (dazu sogleich §2 2.) analysiert wird.

13 Einführender Überblick bei *Fleischer*, ZGR 2001, 1; *Eidenmüller*, JZ 2001, 1041. Zur Diskussion um das Potential der ökonomischen Analyse als Ergänzung, Bereicherung oder sogar Substitut der traditionellen Methodik in der Rechtswissenschaft, vgl. bspw. *Eidenmüller*, Effizienz als Rechtsprinzip (1995); *Kirchner*, Ökonomische Theorie (1997).

14 Wenig beachtete Ausnahme *Tröger*, FS Westermann, S. 1533 ff. In Ansätzen auch *Potsch*, Grundfragen der Kommanditistenhaftung (2012). Die Analyse von *Bitter*, Durchgriffshaftung (2000) beschäftigt sich in der Sache mit einem körperschaftlichen Aspekt des Personengesellschaftsrechts. Ebenso *Haar*, Personengesellschaft im Konzern (2006). So wünscht sich aktuell *Fleischer*, ZGR 2014, 107, 109 eine intensivere funktionale, ökonomische Auseinandersetzung mit dem Personengesellschaftsrecht.

bei Personengesellschaften extensiv geschrieben wurde.[15] In Bezug auf die Haftungsbeschränkung der Gesellschafter einer Kapitalgesellschaft hat die ökonomische Analyse bereits den wichtigen Beitrag geleistet, die Vorteile haftungsbeschränkter Gesellschaftsformen aufzuzeigen, ja sogar ihre Notwendigkeit zu begründen.[16] Da die persönliche Haftung als grundsätzlich geltendes Prinzip des Verbandsrechts und die Beschränkung der persönlichen Haftung als die begründungsbedürftige Ausnahme gesehen wird,[17] unterbleibt jedoch häufig eine vertiefte Auseinandersetzung mit der Funktion und Wirkungsweise der persönlichen Haftung.

Diese Erwägungen bilden den Anlass und Rahmen für diese Arbeit. Es soll daher, unter zentraler Berücksichtigung ökonomischer Erkenntnisse, die Haftung der Gesellschafter von Personengesellschaften für Verbindlichkeiten der Gesellschaft untersucht werden.[18] Anknüpfend an die Erkenntnisse *Trögers*[19], soll der Frage nachgegangen werden, ob die unbeschränkte persönliche Haftung der Gesellschafter ein allgemein gültiges Modell für alle Personengesellschaften ist und wie sich gesetzliche und privatautonome Haftungsbeschränkungsmöglichkeiten zu einem derartigen Modell verhalten. Außerdem sollen die Auswirkungen einer ökonomischen Betrachtung der Haftung auf das Innenverhältnis der Gesellschafter in den Blick genommen werden. Ziel ist es, im Rahmen der dogmatisch ausgiebig analysierten Problem- und Fragestellungen durch die Einbeziehung der aus einer ökonomischen Betrachtung gewonnen Erkenntnisse, dogmatisch hergeleitete Ansichten kritisch zu hinterfragen, neue Argumente zu gewinnen und vorhandene zu konkretisieren.

---

15 Monografisch aus neuerer Zeit vgl. nur *Hasenkamp*, Haftungsbeschränkungen (2003); *Eigner*, Beschränkung der persönlichen Gesellschafterhaftung (2004); *A. Meyer*, Unbeschränkte Verbandsmitgliederhaftung (2006); *Jacobs*, Institutionelle Haftungsbeschränkung (2007).

16 Vgl. nur *Halpern/Trebilcock/Turnbull*, 30 U. Toronto L.J. (1980) 117; *Easterbrook/Fischel*, The Economic Structure of Corporate Law; aus dem deutschen Schrifttum *Bitter*, in: Scholz, GmbHG, § 13 Rn. 60 ff.; *J. Meyer*, Haftungsbeschränkung, S. 998 ff.

17 Vgl. dazu nur BGHZ 142, 315, 322: *„Für das Privileg der fehlenden persönlichen Gesellschafterhaftung ist bei Wahl der Rechtsform der GmbH aber der im Gesetz vorgesehene „Preis" in Form der Pflichten zur Aufbringung und Erhaltung eines Mindestkapitals und der Registerpublizität zu zahlen."* So auch etwa *Hasenkamp*, Haftungsbeschränkungen, S. 154. Dazu auch *Teichmann*, NJW 2006, 2444, 2445; ausführlich noch *infra* Kapitel 3 §1 II., III.

18 Die Untersuchung beschränkt sich dabei auf die BGB-Gesellschaft, OHG, KG und PartG. Nicht betrachtet wird das Haftungssystem der Vorgesellschaften, die in der deutschen Diskussion als Durchgangsstadium zu den Kapitalgesellschaften eine gewisse Sonderstellung einnehmen. Viele der hier gewonnenen Erkenntnisse lassen sich aber auf sie übertragen. Auch das Haftungsregime des nicht-rechtsfähigen Vereins wird nur am Rande und nur vergleichend in Bezug auf die Möglichkeit einer Haftungsbeschränkung für BGB-Gesellschaften, die einen ideellen Zweck verfolgen, in die Analyse einbezogen.

19 *Tröger*, FS Westermann, S. 1533 ff.; *ders.*, Asset Partitioning.

§ 2 Methodische Vorgehensweise und ökonomische Grundannahmen

I. Die Ökonomische Theorie des Rechts als rechtswissenschaftliche Methode und ihr Erkenntnisgewinn

Um nicht Gefahr zu laufen, in Bezug auf das Haftungsregime der Personengesellschaften eine rein abstrakte Deduktion einer allgemeinen Haftungstheorie bzw. eines allgemeinen Grundsatzes der Gesellschafterhaftung oder eine begriffsjuristische Analyse eines gesellschaftsrechtlichen Gesamthandsprinzips vorzunehmen, sind maßgeblich die Interessen der Beteiligten in den Blick zu nehmen und zu untersuchen. Die Anwendung des ökonomischen Instrumentariums, insbesondere im Rahmen einer positiven Analyse rechtlicher Fragestellungen, kann durch die Konkretisierung der durch eine Regelung (als Restriktion menschlichen Verhaltens) geschaffenen Anreize helfen, die konkreten Interessenslagen und -konflikte herauszuarbeiten, die Auswirkungen möglicher Regelungen aufzuzeigen und einer Bewertung zuzuführen. Dabei muss diese Bewertung nicht nur am Maßstab der Effizienz erfolgen – im Rahmen einer Interessenabwägung können andere Ziele, wie bspw. Verteilungsgerechtigkeit als höherrangig bewertet werden.[20]

Insbesondere in Bezug auf die undurchsichtigen Begriffe des „Gläubigerschutzes" oder des „Minderheitenschutzes" kann durch eine Fokussierung auf konkrete „opportunistische"[21] Verhaltensweisen, durch die näher bestimmte Interessen der Gesellschaftsgläubiger oder der Minderheitsgesellschafter in Gefahr geraten, Argumente für die angemessene Gestaltung des institutionellen Rahmens zur Steuerung der benannten Gefahren gefunden werden.[22]

II. Begriffe und Grundlagen der Neuen Institutionenökonomik

Für die ökonomische Herangehensweise an rechtliche Fragestellungen kommen verschiedene Ansätze in Betracht. Hier soll als Grundlage der ökonomischen Betrachtung die sog. Neue Institutionenökonomik dienen. Nachfolgend wird eine kurze Einführung in die maßgeblichen Begriffe und Grundlagen der Neuen Institutionenökonomik gegeben, besonders in das ihr zugrunde liegende Verhaltensmodell des Homo oeconomicus und den Begriff der Transaktionskosten. Diese Begriffe sind die Basis für weitere ökonomische Konzepte, vor allem das des Opportunismus, die im Rahmen der Arbeit relevant werden.[23]

---

20 Siehe nur *van Aaken*, 5 EBOR (2004) 419, 426 f.; *Fleischer*, Informationsasymmetrien, S. 225.

21 Zum Begriff des Opportunismus noch ausführlich *infra* Kapitel 3 §2 A. I., II.

22 Siehe auch *Tröger*, FS Westermann, S. 1533, 1535.

23 Dies soll nur methodischer Klarheit dienen. Im Rahmen der Arbeit wird an verschiedenen Stellen auf weitere ökonomische Grundlagen, insbesondere den Begriff des „Opportunismus" einzugehen sein.

1. Neue Institutionenökonomik

Konkret befasst sich die Neue Institutionenökonomik mit der ökonomischen Analyse von Institutionen.[24] Dabei handelt es sich um keine einheitliche Theorie, sondern vielmehr um eine Sammelbezeichnung, die verschiedene Theorieansätze umfasst, wie u. a. die Transaktionskostenökonomik, die Property-Rights-Theorie, die Prinzipal-Agenten-Theorie und die ökonomische Theorie der Verfassung.[25] Die Neue Institutionenökonomik lässt sich in einen positiven und einen normativen Teilbereich untergliedern.

Die positive Ökonomik gibt dem Juristen keine normativen Kriterien an die Hand. Es wird vielmehr untersucht, wie sich Institutionen auf das Verhalten von Akteuren auswirken.[26] Institutionen als wichtige Einflussgrößen des Wirtschaftslebens werden anhand des sog. ökonomischen Paradigmas analysiert.[27] Unter der Annahme der Ressourcenknappheit[28] wird auf Basis eines methodologischen Individualismus[29], dessen Grundlage der Homo oeconomicus als überwiegend eigennützig handelndes Wesen ist, das Verhalten von Individuen in Entscheidungssituationen untersucht. Für die Charakterisierung der Entscheidungssituation sind zwei Faktoren relevant: Restriktionen und Präferenzen.[30]

Methodologischer Individualismus bedeutet, dass Ausgangspunkt und Träger aller Entscheidungen das Individuum selbst ist. Es gibt in einem sozialen Aggregat weder ein von den Interessen der es ausmachenden Individuen zu unterscheidenes kollektives Interesse noch ein eigenständiges Handeln dieses Kollektivs.[31] Folglich müssen soziale

---

24 *„Kernaussage der Neuen Institutionenökonomik ist der Satz, daß Institutionen für den Wirtschaftsprozeß von Bedeutung sind."* *Richter/Furubotn*, Neue Institutionenökonomik, S. 1. Siehe auch *Fleischer*, Informationsasymmetrien, S. 132: *„Institutions matter!"*

25 *Erlei/Leschke/Sauerland*, Neue Institutionenökonomik, S. 42; *Richter/Furubotn*, Neue Institutionenökonomik, S. 41.

26 Siehe *Towfigh/Petersen*, Ökonomische Methoden im Recht, S. 4 f. Hierin wird der größte Nutzen der ökonomischen Analyse für die Rechtswissenschaft gesehen: *Lüdemann*, in: Engel et al. (Hrsg.), Recht und Verhalten, S. 7, 11; *van Aaken*, Rational Choice, S. 336 *et passim*.

27 Vgl. u. a. *Towfigh/Petersen*, Ökonomische Methoden im Recht, S. 23 ff.; *Kirchner*, Ökonomische Theorie, S. 12 ff.; *Mathis*, Effizienz statt Gerechtigkeit?, S. 22 ff.

28 Zu dieser Annahme etwa *Kirchner*, Ökonomische Theorie, S. 12 f.; *Towfigh/Petersen*, Ökonomische Methoden im Recht, S. 24 ff.; *Mathis*, Effizienz statt Gerechtigkeit?, S. 22. Aus der Ressourcenknappheit ergibt sich, dass überhaupt Entscheidungen getroffen werden müssen, da der Mensch nicht alle Bedürfnisse gleichzeitig befriedigen kann. *„Without scarcity, there would be no need to choose"* (*Buchanan*, The Economics and the Ethics of Constitutional Order, S. 5).

29 Vgl. *Kirchner*, Ökonomische Theorie, S. 12; *Towfigh/Petersen*, Ökonomische Methoden im Recht, S. 23 f.

30 *Kirchgässner*, JZ 1991, 104, 106.

31 *Schwintowski*, JZ 1998, 581, 584; *Kirchner*, Ökonomische Theorie, S. 19. Das bedeutet bspw., dass ein abstraktes, von den Interessen der Gesellschafter unabhängiges

Prozesse und Institutionen unter Rückgriff auf theoretische Aussagen über individuelles Verhalten erklärt werden.[32] Dies ist von Bedeutung, wenn innerhalb einer Gruppe von Individuen Entscheidungsbefugnisse delegiert werden und dies mit Informationsasymmetrien verbunden ist. Das besondere Verhältnis des Delegierenden (Prinzipal) zum Geschäftsführer (Agent) ist Gegenstand der Prinzipal-Agenten-Theorie.[33]

Eine einheitliche Definition des Begriffs der Institution findet sich in der Literatur nicht.[34] Allgemein werden Institutionen verstanden als „soziale Phänomene, die sowohl das Produkt menschlichen Handelns sind als auch bestimmend für dieses"[35]. Genauer definiert sind Institutionen Regelungs- und Vollzugssysteme, die Handlungen von Individuen lenken.[36] Prämisse dabei ist, dass das menschliche Verhalten durch Institutionen als Restriktionen und Anreize beeinflusst werden kann.[37] Insbesondere (sanktionsbewehrte) rechtliche Regelungen können als Institutionen verstanden werden.[38] Dabei stellt das Recht einen Mechanismus dar, der Verhalten verbilligen oder verteuern kann. Im Ergebnis geht es bei der positiven ökonomischen Analyse des Rechts um die *ex ante* Beschreibung, Erklärung und Prognose menschlichen Verhaltens, das beeinflusst wird durch das Recht als Institution, als Restriktion oder Anreiz. Es kann auf dieser Grundlage beispielsweise gezeigt werden, welche Regelungsmöglichkeit unter mehreren Alternativen die effizienteste ist. Insofern bildet die positive Ökonomik die Grundlage für die normative ökonomische Theorie des Rechts.[39]

Die normative ökonomische Theorie versucht theoretisch denkbare Normgestaltungen für die Lösung eines Problems zu bewerten.[40] Es geht um die Fragen, wie das

---

Interesse einer Gesellschaft, zum Beispiel auf Bestandserhaltung, darauf basierend nicht anerkannt werden kann.

32 Vgl. *Schwintowski*, JZ 1998, 581, 584; *Kirchner*, Ökonomische Theorie, S. 18 ff. Zusammenfassend zum methodologischen Individualismus *van Aaken*, Rational Choice, S. 71 ff.; *Janson*, Ökonomische Theorie, S. 24 f.

33 Einführend u. a. *Erlei/Leschke/Sauerland*, Neue Institutionenökonomik, S. 669 ff.; dazu noch ausführlich *infra* Kapitel 3 §2 A. I.

34 *Erlei/Leschke/Sauerland*, Neue Institutionenökonomik, S. 22.

35 *Gößling*, Homo institutionalis, S. 46.

36 Vgl. *Erlei/Leschke/Sauerland*, Neue Institutionenökonomik, S. 22, 65; *Richter/Furubotn*, Neue Institutionenökonomik, S. 7. *Kirchner*, FS Raiser, S. 181, 189: *„sanktionsbewehrte Regelungen und Regelungssysteme"*. Vgl. auch *North*, 84 Am. Econ. Rev. (1994) 359, 360: *"Institutions are the humanly devised constraints that structure human interaction. They are made up of formal constraints, informal constraints and their enforcement characteristics. Together they define the incentive structure of societies and specificially economies"*.

37 Restriktionen sind Begrenzungen des Entscheidungsspielraums eines Individuums. Vgl. nur *Kirchgässner*, Homo Oeconomicus, S. 13.

38 Zur Zuordnung statt vieler *Kirchner*, FS Raiser, S. 181, 189.

39 *Erlei/Leschke/Sauerland*, Neue Institutionenökonomik, S. 15.

40 Vgl. nur *Towfigh/Petersen*, Ökonomische Methoden im Recht, S. 5; *Kirchner*, Ökonomische Theorie, S. 9

Recht ausgestaltet sein soll und welche Ziele mit dem Recht verfolgt werden sollen.[41] Verfolgtes Ziel kann dabei wohlfahrtsökonomische Effizienz[42] sein. Wenn die positive Ökonomik aufgezeigt hat, wie Menschen auf verschiedene Regelungsalternativen reagieren, dann folgert die normative Ökonomik, dass die Regelung, die zu einem effizienten Zustand führt, die erstrebenswerte und daher beste Regelung ist.[43]

Neben dem wohlfahrtsökonomischen Effizienzkriterium findet sich in der Neuen Institutionenökonomik auf Grundlage eines normativen Individualismus als zentraler Bewertungsmaßstab des Vertragsrechts der hypothetische Konsens der Parteien.[44] Gesetzliche Regelungen werden daran gemessen, was die Parteien in der Abwesenheit von Transaktionskosten und Informationsasymmetrien vereinbart hätten. Ziel rationaler Parteien ist es am Markt durch einen freiwilligen Tausch einen auf die Parteien zu verteilenden Kooperationsgewinn zu generieren.[45] Dieser Kooperationsgewinn resultiert daraus, dass durch den Vertrag eine für beide Parteien nutzensteigernde, d. h. effizientere Verteilung von Ressourcen erwirkt wird.[46] Den kumulierten Präferenzen der Betroffenen entspricht daher eine Regelung, die ihre ursprünglich angestrebten Ziele gegen die Gefahren des *ex post* Opportunismus optimal absichert, da sie aus einer *ex ante* Perspektive nicht wissen können, ob sie sich in der Zukunft opportunistischem Verhalten des Vertragspartners ausgesetzt sehen werden.[47]

Zum gleichen Ergebnis kommt das wohlfahrtsökonomische Effizienzkriterium. Für das Gesellschaftsrecht, insbesondere wenn es sich um Außenrecht handelt, ist es schwer zu bestreiten, dass es ein gesamtgesellschaftliches Ziel ist, allokativ effiziente Transaktionen zu ermöglichen bzw. zu erleichtern. Dem Gesellschaftsrecht kann neben dem allgemeinen Vertragsrecht und insbesondere dem Leistungsstörungsrecht[48] die Funktion zugeschrieben werden, durch eine rechtliche Absicherung, Kooperationen am Markt und darüber hinaus als Organisationsrecht auch

---

41 *Towfigh/Petersen*, Ökonomische Methoden im Recht, S. 5.

42 Zu den Effizienzkriterien der *Paretoeffizienz* und der *Kaldor-Hicks-Effizienz* allgemein *Erlei/Leschke/Sauerland*, Neue Institutionenökonomik, S. 16 ff.; *Eidenmüller*, Effizienz als Rechtsprinzip, S. 41 ff.; *Mathis*, Effizienz statt Gerechtigkeit?, S. 47 ff. *Pareto-optimal* ist ein Zustand, wenn keine *pareto-superiore* Veränderung, d. h. keine Veränderung mehr möglich ist, die ein Individuum besser stellt ohne, dass ein anderes schlechter gestellt wird. Nach dem *Kaldor-Hicks-Kriterium* ist eine Veränderung effizient, wenn die Individuen, die durch die Veränderung gewinnen, ihre Gewinne höher bewerten als die Verlierer ihre Verluste, da die Gewinner dann die Verlierer theoretisch voll entschädigen könnten.

43 *Towfigh/Petersen*, Ökonomische Methoden im Recht, S. 17.

44 Zum hypothetischen Konsens als normativer Bewertungsmaßstab der Neuen Institutionenökonomik bspw. *Pies*, Normative Institutionenökonomik, S. 131 ff.; *Buchanan*, 1 Const. Pol. Econ. (1990) 1.

45 *Homann/Suchanek*, Ökonomik, S. 5, 50.

46 *Homann/Suchanek*, Ökonomik, S. 123 ff.

47 Siehe *Tröger*, Arbeitsteilung und Vertrag, S. 50, 222 ff.

48 Vgl. dazu *Tröger*, Arbeitsteilung und Vertrag, S. 50, 222 ff.

innerhalb von Hierarchien zu fördern. Die persönliche Gesellschafterhaftung dient der Absicherung der mit dem unvollständigen Vertrag durch Gesellschaftsgläubiger und Gesellschaft als Ergebnis dezentraler Entscheidungen am Markt angestrebten, effizienten Ressourcenallokation gegen *ex post* Opportunismus der Gesellschafter, sowie der Senkung von Transaktionskosten.[49]

2. Das Verhaltensmodell des Homo oeconomicus

Das Verhaltensmodell des Homo oeconomicus dient sowohl der *ex ante* Prognose als auch *ex post* Erklärung[50] menschlicher Verhaltensweisen in Entscheidungssituationen. Dabei handelt es sich beim Homo oeconomicus nicht um ein umfassendes Menschenbild, sondern um ein rein theoretisches Konstrukt, das als möglichst realitätsnahes und gleichzeitig operables, d. h. auf wesentliche Eigenschaften reduziertes Modell zur Verhaltensprognose dienen soll.[51]

Grundlage des Verhaltensmodells des Homo oeconomicus sind zwei Verhaltensannahmen: die Maximierung des Eigennutzens (Eigennutzentheorem) sowie die Rationalität der getroffenen Entscheidung.

a. Eigennutzentheorem

Die ökonomische Theorie nimmt an, dass Akteure in Entscheidungssituationen diejenige Entscheidung treffen, die aus ihrer Sicht und entsprechend ihrer Präferenzen[52] die größte Mehrung ihres Nutzens verspricht (Eigennutztheorem).[53] Die Präferenzen der Akteure werden dabei nicht grundsätzlich auf Präferenzen materieller Natur reduziert. Berücksichtigt werden kann prinzipiell jedwede Art von Nutzen.

---

49 Dazu noch ausführlich Kapitel 3 §2.

50 Vgl. *Janson*, Ökonomische Theorie, S. 27.

51 Vgl. *Kirchgässner*, JZ 1991, 104, 105. Daher kann der *Homo oeconomicus* auch nicht mit dem Menschenbild des Rechts unvereinbar sein (so aber *Fezer*, JZ 1986, 817, 822 f.), da er kein Menschenbild entwirft, sondern ein Modell menschlichen Verhaltens darstellt. Allgemein zur Kritik der Realitätsarmut oder -ferne des Homo oeconomicus: *Fezer*, JZ 1986, 817, 822 f.; *Rittner*, JZ 2005, 668 ff. Dazu auch *Lüdemann*, in: Engel et al. (Hrsg.), S. 7, 15 ff.; *Janson*, Ökonomische Theorie, S. 46 f. Der Homo oeconomicus ist eine heuristische Annahme. Dies ist eine solche, die primär unter dem Aspekt zu beurteilen ist, ob aus ihr prognosefähige Aussagen resultieren (siehe *Kirchner*, Ökonomische Theorie, S. 13).

52 Es wird in der Regel von stabilen Präferenzen der Akteure ausgegangen, so dass sich verändertes Verhalten als Reaktion auf veränderte Restriktionen erklären lässt. Siehe *Mathis*, Effizienz statt Gerechtigkeit?, S. 26 f.; *Erlei/Leschke/Sauerland*, Neue Institutionenökonomik, S. 4.

53 Statt vieler vgl. nur *Schwintowski*, JZ 1998, 581, 584; *Kirchner*, Ökonomische Theorie, S. 13.

Eine Steigerung des Eigennutzens kann folglich auch in einem altruistischen oder missgünstigen Verhalten liegen.[54]

Problematisch an einem solch offenen und weiten Verständnis von Präferenzen ist, dass der Homo oeconomicus als Verhaltensmodell seine Erklärungskraft, insbesondere in Bezug auf eine *ex ante* Prognose einzubüßen droht.[55] Daher wird häufig eine Beschränkung auf egoistisches und an materiellen Werten interessiertes Handeln vorgenommen.[56] Diese Einschränkung erscheint insbesondere bei einer wirtschaftlichen Betätigung der Akteure plausibel, da der Wettbewerb nicht eigeninteressiert[57] handelnde Akteure aus dem Markt drängen würde, da ein solches Verhalten nicht profitabel erscheint.[58] In Bezug auf nichtwirtschaftliche Tätigkeiten wird in dieser Arbeit jedoch ein weites Verständnis von Präferenzen zu Grunde gelegt, was folglich keine Beschränkung auf materielle Werte und Interessen beinhaltet.

b. Rationalitätsprinzip

Individuen handeln grundsätzlich rational. Rationalität bedeutet, dass die Akteure systematisch ihre Präferenzen verfolgen.[59] Ein Akteur wird unter Anwendung des Kosten-Nutzen-Kalküls seine Entscheidungsmöglichkeiten bewerten und sich für die Alternative entscheiden, die ihm den relativ größten Nutzen bringt.[60] Aus der Rationalitätsannahme der Akteure wird abgeleitet, dass diese in ihrem Verhalten durch die Gestaltung rechtlicher Rahmenbedingungen systematisch gelenkt bzw. beeinflusst werden können, da sie auf Anreize und Restriktionen in systematischer Weise reagieren und nicht zufällig oder willkürlich handeln.[61]

Die Rationalitätsannahme erfährt unter Anerkennung ihrer Grenzen in der Neuen Institutionenökonomik häufig eine Modifikation hin zur sog. „eingeschränkten" Rationalität.[62] Nach *Simon* bedeutet eingeschränkte Rationalität, dass das Verhalten

---

54 *Kirchgässner*, JZ 1991, 104, 106; *Janson*, Ökonomische Theorie, S. 31 f. m.w.N.

55 Vgl. dazu *Janson*, Ökonomische Theorie, S. 32 f.; *Eidenmüller*, Effizienz als Rechtsprinzip, S. 148.

56 Ausführlich zu diesem Problemkomplex *Eidenmüller*, Effizienz als Rechtsprinzip, S. 31 ff.; *Kirchgässner*, Homo oeconomicus, S. 15 f., 47 ff.

57 Zur Unterscheidung zwischen eigeninteressiertem und eigennützigem (potentiell auch altruistischen oder missgünstigen) Verhalten vgl. *Janson*, Ökonomische Theorie, S. 32.

58 So auch *Möslein*, Dispositives Recht, S. 276; dazu auch *Janson*, Ökonomische Theorie, S. 33.

59 *Janson*, Ökonomische Theorie, S. 38 m.w.N.; ausführlich zum Standardmodell der Theorie der rationalen Wahl *van Aaken*, Rational Choice, S. 73 ff.

60 *Erlei/Leschke/Sauerland*, Neue Institutionenökonomik, S. 4; *Kirchgässner*, JZ 1991, 104, 106.

61 *Kirchgässner*, Homo Oeconomicus, S. 17; *ders.*, JZ 1991, 104, 106; *Mathis*, Effizienz statt Gerechtigkeit?, S. 26.

62 Vgl. dazu einführend *Schwintowski*, JZ 1998, 581, 584; *Janson*, Ökonomische Theorie, S. 40 ff.

eines Menschen zwar grundsätzlich rational ist, jedoch aufgrund seiner eingeschränkten kognitiven Fähigkeiten und fehlender Informationen begrenzt ist.[63] Der Akteur hat zwar die Intention rational zu handeln, kann dies aber aufgrund der in der Realität prohibitiv hohen Transaktionskosten[64] und begrenzter menschlicher Möglichkeiten der Informationsbeschaffung und -verarbeitung[65] nur beschränkt umsetzen.[66] Eingeschränkte Rationalität ist jedoch keinesfalls mit Irrationalität gleichzusetzen. Eine Entscheidung muss in der Regel mangels umfassender Informationen unter Unsicherheit und Risiko getroffen werden. Daraus folgt, dass die objektive Bewertung der Rationalität einer Entscheidung nicht möglich ist, sondern allein subjektiv aus der Sicht des handelnden Individuums erfolgen kann.[67] Unter Berücksichtigung dieser Einschränkungen wird jedoch von rationalem Handeln der Akteure ausgegangen.[68]

Folge einer eingeschränkten Rationalität der Akteure ist, dass komplexe Verträge zwingendermaßen unvollständig sind; Verträge sind lückenhaft, Regelungen für bestimmte Ereignisse fehlen.[69] Bei langfristig angelegten komplexen Verträgen, wie es Gesellschaftsverträge regelmäßig sind, können nach Vertragsschluss Komplikationen in der Vertragsbeziehung entstehen, wenn vertraglich nicht geregelten Situationen eintreten. Dazu zählen neben völlig unvorhersehbaren vor allem solche Umstände, die bei Abschluss des Vertrages so unwahrscheinlich schienen, dass die Wahrscheinlichkeit ihres Eintritts die Kosten einer expliziten vertraglichen Regelung nicht gerechtfertigt hätte.

---

63 *„intendedly rational, but only limitedly so"*, *Simon*, Models of Man, S. xxiv; *Williamson*, Economic Institutions, S. 45 („bounded rationality"). Bereits den Begriff der Rationalität einschränkend *Posner*, 6 J. Inst. Econ. (2010) 1, 4; *ders.*, 149 J. Inst. & Th. Econ. (1993) 73, 80: *„rationality is not omniscience"*; in diese Richtung auch *Richter/Furubotn*, Neue Institutionenökonomik, S. 4 f. Unterscheidung von beschränkter Rationalität im Sinne systematischer Anomalien und der Annahme unvollständiger Information bei *Kirchner*, FS Schäfer, S. 37, 45. Vollständige Informiertheit wird jedenfalls heute allgemein nicht mehr als Basis des Verhaltensmodels postuliert. Vgl. auch *Towfigh/Petersen*, Ökonomische Methoden im Recht, S. 30.

64 Zum Begriff der Transaktionskosten gleich unter 3.

65 *Schwintowski*, JZ 1998, 581, 584.

66 *Williamson*, Economic Institutions, S. 45; *Kirchner*, FS Richter, S. 309, 321.

67 *Kirchner*, Ökonomische Theorie, S. 14; *Towfigh/Petersen*, Ökonomische Methoden im Recht, S. 30.

68 Vgl. *Kirchgässner*, Homo Oeconomicus, S. 17.

69 *Kraakman et al.*, The Anatomy of Corporate Law, S. 23; *Richter/Furubotn*, Neue Institutionenökonomik, S. 5.

c. *Die Kritik am Verhaltensmodell des Homo oeconomicus durch die Verhaltensökonomik*

Zwar steht auch das Eigennutzentheorem in der Kritik[70], strittigster Punkt des ökonomischen Paradigmas ist jedoch das Rationalitätsprinzip, selbst dann noch, wenn von einer eingeschränkten Rationalität ausgegangen wird. Seitens der Verhaltensökonomik[71] wird die Rationalitätsannahme unter Berufung auf systematische Abweichungen, sog. Verhaltensanomalien (*biases*)[72], die bei Experimenten nachgewiesen werden konnten, in Frage gestellt. Diese Verhaltensanomalien zwingen jedoch nicht dazu, die Annahme des Rationalverhaltens generell aufzugeben.[73] Zum einen kann von einer Aufhebung bestimmter, nicht systematischer Anomalien auf der Makroebene durch die Aggregation von Verhalten ausgegangen werden.[74] Zum anderen können systematische Anomalien, um ihnen gerecht zu werden, in der Verhaltensprognose in den Situationen berücksichtigt werden, in denen sie nach empirischen Erkenntnissen auftreten.[75] Der grundsätzliche, wissenschaftstheoretische Anspruch des Homo oeconomicus als Verhaltensmodell, eine falsifizierbare Prognose über die zu erwartende Normwirkung aufzustellen, wird durch die Verhaltensanomalien nicht an sich in Frage gestellt. In dieser Arbeit wird unter Anerkennung der Grenzen von dem Konzept der beschränkten Rationalität ausgegangen. Berücksichtigt werden jedoch insbesondere Aspekte der Risiko- und Verlustaversion bestimmter Akteure.[76]

---

70 Sog. „*bounded self-interest*", vgl. dazu u. a. *Magen*, in: Engel et al. (Hrsg.), Recht und Verhalten, S. 261 ff.; einführend auch *Towfigh/Petersen*, Ökonomische Methoden im Recht, S. 174 ff.

71 Umfassende Einführung findet sich u. a. bei *Fleischer/Schmolke/Zimmer*, in: Fleischer/Zimmer (Hrsg.), Verhaltensökonomie, S. 12 ff.; *Towfigh/Petersen*, Ökonomische Methoden im Recht, S. 165 ff.; *Englerth*, in: Engel et al. (Hrsg.), Recht und Verhalten, S. 60 ff.

72 Vgl. *Fleischer/Schmolke/Zimmer*, in: Fleischer/Zimmer (Hrsg.), Verhaltensökonomie, S. 15.

73 Vgl. auch *Lüdemann*, in: Engel et al. (Hrsg.), Recht und Verhalten, S. 7, 28 f. Es ist vor allem kein irrationales Verhalten anzunehmen.

74 Vgl. *Janson*, Ökonomische Theorie, S. 45 f.; dazu auch *Kirchgässner*, Homo Oeconomicus, S. 216 ff.; gegen die Aggregats- und Aufhebungsthese *Fleischer/Schmolke/Zimmer*, in: Fleischer/Zimmer (Hrsg.), Verhaltensökonomie, S. 17.

75 Vgl. *Kirchner*, Ökonomische Theorie, S. 14; *Lüdemann*, in: Engel et al. (Hrsg.), Recht und Verhalten, S. 7, 40 ff. („*anwendungsbezogene Entgrenzung*"). So auch *Fleischer/Schmolke/Zimmer*, in: Fleischer/Zimmer (Hrsg.), Verhaltensökonomie, S. 44.

76 Soweit bestimmte Anomalien relevant werden könnten, wird darauf im Text hingewiesen.

3. *Transaktionskosten*

Transaktionskosten sind ein weiterer grundlegender Begriff der Neuen Institutionenökonomik.[77] Ausgehend von der Coase'schen Definition der Transaktionskosten als die Kosten der Nutzung des Marktes,[78] hat sich ein weites Verständnis durchgesetzt. Es handelt sich um Kosten, die sich aus menschlichen Interaktionen ergeben.[79] Es erfolgt eine Konkretisierung durch verschiedene, anerkannte Transaktionskostenarten, wie Vertragsanbahnungs- (inklusive beispielsweise Informationssuchkosten), Vereinbarungs-, Kontroll- und Durchsetzungskosten.[80]

Dabei geht es der Neuen Institutionenökonomik nicht generell um eine Reduzierung bzw. Minimierung von Transaktionskosten, sondern um die „Bestimmung institutioneller Konstrukte, die positiven Transaktionskosten, unvollständiger Voraussicht und eingeschränkter Rationalität wirtschaftlich Rechnung tragen."[81]

§ 3 Aufbau der Arbeit

In Kapitel 2 werden die Grundlagen für die Untersuchung des Haftungsregimes der Personengesellschaften gelegt. Erster Ausgangpunkt ist die als *affirmative asset partitioning* und *entity shielding* bezeichnete und als effizient anerkannte Verselbständigung des Gesellschaftsvermögens. Es soll geklärt werden, ob und inwieweit diese Verselbständigung, unabhängig vom Begriff der Rechtsfähigkeit, im deutschen Personengesellschaftsrecht verwirklicht wird. Zweiter Ausgangspunkt ist das aktuell herrschende Verständnis des Haftungssystems der Personengesellschaften, basierend auf deren Rechtsfähigkeit.

Eine Haftung nur des Gesellschaftsvermögens setzt für die Gesellschafter Anreize sich zu Lasten der Gesellschaftsgläubiger opportunistisch zu verhalten, was eine volle Realisierung des Effizienzgewinnes des *entity shieldings* verhindert. Es erfolgt daher, aufbauend auf den Erkenntnissen aus Kapitel 2, nach einer Darstellung des traditionellen Verständnisses der persönlichen Haftung, eine Untersuchung, ob und inwiefern die persönliche Haftung als Gläubigerschutzmechanismus die Gesellschaftsgläubiger vor den zu konkretisierenden Gefahren opportunistischen Verhaltens der Gesellschafter schützen kann.[82] Dabei wird insbesondere auf die genaue Ausgestaltung der persönlichen Haftung nach §§ 128 ff. HGB eingegangen.

---

77 Vgl. nur *Richter/Furubotn*, Neue Institutionenökonomik, S. 53. Dazu allgemein *Richter/Furubotn*, Neue Institutionenökonomik, S. 53 ff.; *Fleischer*, Informationsasymmetrien, S. 134 ff.

78 *Coase*, 4 Economica (1937) 386, 390: „*cost of using the price mechanism*".

79 Vgl. *Towfigh/Petersen*, Ökonomische Methoden, S. 56.

80 *Janson*, Ökonomische Theorie, S. 59. Unterscheidung nach Such- und Informationskosten, Verhandlungs- und Entscheidungskosten und Überwachungs- und Durchsetzungskosten etwa bei *Fleischer*, Informationsasymmetrie, S. 135.

81 *Richter/Furubotn*, Neue Institutionenökonomik, S. 53.

82 *Infra* Kapitel 3.

Es soll gezeigt werden, dass die persönliche Haftung ein allgemeines und kohärentes System des Gläubigerschutzes für Personengesellschaften darstellt. Mögliche Rückwirkungen dieses Verständnisses der persönlichen Haftung auf das Innenverhältnis der Gesellschafter, insbesondere den Minderheitenschutz werden untersucht ebenso wie die Frage, wie man dem rechtlich gerecht werden kann.

Schließlich wird analysiert, wie sich gesetzliche und privatautonome Haftungsbeschränkungsmöglichkeiten in und zu einem derartigen allgemeinen Modell der persönlichen Haftung verhalten.[83]

83 *Infra* Kapitel 4.

Kapitel 2: Verselbständigung des Gesellschaftsvermögens und persönliche Haftung der Gesellschafter

§ 1 Die Verselbständigung und Abschirmung des Gesellschaftsvermögens bei Personengesellschaften

A. Die originäre Funktion des Gesellschaftsrechts als Organisationsrecht

Das BGB verortet die BGB-Gesellschaft im Recht der besonderen Schuldverträge. Dies ist insofern plausibel, als die Beziehungen der Mitglieder einer Gesellschaft, sei es einer Personengesellschaft, sei es einer Kapitalgesellschaft im Grunde vertraglicher Natur sind.[84] Die Gesellschafter verbinden sich aufgrund des Gesellschaftsvertrags zur Erreichung eines gemeinsamen Zwecks zu der Gesellschaft.[85] Der Gesellschaftsvertrag ist die zentrale Entstehungsvoraussetzung einer jeden Gesellschaft und stellt die grundlegenden Regeln für die Beziehungen der Gesellschafter untereinander auf. Da es grundsätzlich möglich erscheint, dass die Gesellschafter ihre Beziehungen untereinander ausschließlich durch diesen Vertrag regeln und die gesetzlichen Regeln des allgemeinen Vertragsrechts die Formierung und Durchsetzung dieses Vertrags, wie jedes anderen Vertrages, erfassen, so bedarf es einer Erklärung, warum eben jene vertraglichen Beziehungen durch das Gesellschaftsrecht gesondert und besonders geregelt werden.

I. Das Gesellschaftsrecht als effiziente, vertragliche Standardregelung der Beziehungen der Gesellschafter

In der amerikanischen Rechtswissenschaft hat sich im Rahmen einer Grundsatzdebatte um die Rolle des Gesellschaftsrechts unter den sog. *contractarians*[86] die Ansicht herausgebildet, die auf Basis des Verständnisses der (Kapital-)Gesellschaften als

---

84 *K. Schmidt*, Gesellschaftsrecht, S. 167: *„Es gibt keinen Verband und keine Gesellschaft ohne die Begründung von Schuldverhältnissen."* Dazu auch *Hey*, Freie Gestaltung in Gesellschaftsverträgen, S. 17 ff. Hinzu kommt, dass sich das Personengesellschaftsrecht historisch gesehen aus dem Vertragsrecht entwickelt hat. Vgl. dazu *Wiedemann*, ZGR 1996, 286.

85 Vgl. nur die gesetzlichen Entstehungsvoraussetzungen einer Gesellschaft in §§ 705 BGB, 105 Abs. 1 HGB, 2 GmbHG.

86 *Butler/Ribstein*, 65 Wash. L. Rev. (1990) 1; *Bainbridge*, 82 Cornell L. Rev. (1997) 856; *Easterbrook/Fischel*, 89 Colum. L. Rev. (1989) 1416.

„nexus of contracts“[87], d.h. Geflecht von Verträgen zwischen den Anteilseignern, Managern und anderen Unternehmensbeteiligten, vor allem den Gesellschaftsgläubigern, das Gesellschaftsrecht als (dispositive)[88] vertragliche und transaktionskostensenkende Standardregelung versteht. Die Hauptaufgabe des Gesellschaftsrechts wird in einer Erleichterung der vertraglichen Regelung der Beziehungen der Gesellschafter im Rahmen der gemeinsamen Zweckverfolgung begriffen.[89] Das Gesellschaftsrecht bietet nach Ansicht der *contractarians* kohärente[90], vertragliche Regeln, die die Gründung und den Betrieb der Gesellschaften durch Senkung der Vertragskosten kostengünstiger ermöglichen als dies ohne gesetzliche Regelungen der Fall wäre.[91] Das Gesellschaftsrecht übernehme für die beteiligten Akteure die Aufgabe, einen Standard an Vertragsbestimmungen zusammenzustellen, damit diese nicht bei jeder Neugründung einer Gesellschaft wieder von Grund auf verhandelt werden müssen, sondern von den Gesellschaftern bei Formierung ihrer Gesellschaft auf die gesetzlichen Standardregelungen zurückgegriffen werden könne.[92] Ineffiziente, nicht passende gesellschaftsrechtliche Regelungen würden dabei zu Änderungsverhandlungen durch die Akteure führen, mit dem Ziel eine für sie effizientere Lösung zu finden. Die gesetzlichen Regelungen sollen, damit nicht jeglicher Kostenvorteil einer gesetzlichen Standardregelung verloren geht, die durchschnittlichen Wünsche der beteiligten Akteure widerspiegeln,[93] um so einer möglichst großen Zahl an Akteuren eine möglichst effiziente Lösung für möglichst viele regelungsbedürftige Aspekte zu liefern.[94]

---

87 Vgl. dazu grundlegend *Jensen/Meckling*, 3 J. Fin. Econ. (1976) 305; *Alchian/Demsetz*, 62 Am. Econ. Rev. (1972) 777 f. Zur sog. „*Theory of the Firm*“ vgl. z.B. *Richter/Furubotn*, Neue Institutionenökonomik, S. 402 ff.

88 Grundannahme ist, dass die Vertragsparteien jederzeit von der gesetzlichen Standardregelung abweichen können. Vgl. *Butler/Ribstein*, 65 Wash. L. Rev. (1990) 1, 28 ff.; *Bainbridge*, Coporation Law and Economics, S. 28: „*...contractarians contend that corporate law is generally comprised of default rules, from which the parties (...) are free to depart*“. Zwingende Regelungen können nur durch Mängel in dem Vertragsverhandlungsprozess gerechtfertigt werden. Zur Rolle zwingender gesellschaftsrechtlicher Regelungen, vgl. u.a. *Gordon*, 89 Colum. L. Rev. (1989) 1549.

89 Vgl. *Hart*, 89 Colum. L. Rev. (1989) 1757, 1763 ff.; *Easterbrook/Fischel*, The Economic Structure of Corporate Law, S. 15, 34 f.; *Posner*, Economic Analysis of Law, S. 535 ff., *Kraakman et al.*, The Anatomy of Corporate Law, S. 19 ff., insbes. S. 23 ff.

90 Den Aspekt der Kohärenz als Grund für verschiedene Gesellschaftsformen betonend, *Ribstein*, The Rise of the Uncorporation, S. 22.

91 *Easterbrook/Fischel*, The Economic Structure of Corporate Law, S. 34: „*corporate law is a set of terms available off-the-rack so that participants in corporate ventures can save the cost of contracting.*“

92 *Posner*, Economic Analysis of Law, S. 538 f.; *Easterbrook/Fischel*, The Economic Structure of Corporate Law, S. 34; *Nacke*, Durchgriffshaftung, S. 225.

93 Vgl. *Easterbrook/Fischel*, The Economic Structure of Corporate Law, S. 34 f.

94 Dies bildet auch die Grundlage für die Annahme der Dispositivität des Gesellschaftsrechts. Vgl. *Goetz/Scott*, 73 Cal. L. Rev. (1985) 261 f.

Zudem kommt dem Gesellschaftsrecht nach Ansicht der *contractarians* eine lückenfüllende Aufgabe zu.[95] Der Gesellschaftsvertrag unterscheidet sich von anderen Verträgen zunächst vor allem dadurch, dass er aufgrund der Besonderheit der gemeinsamen Zweckverfolgung in der Regel auf Dauer angelegt ist, insbesondere wenn ein wirtschaftlicher Zweck verfolgt wird. Der Gesellschaftsvertrag ist dabei das Musterbeispiel eines unvollständigen Vertrages.[96] Die Vertragsparteien handeln in der Grundannahme im Rahmen von Transaktionen eigennützig, jedoch nur eingeschränkt rational.[97] Die beschränkte Rationalität hat zusammen mit den prohibitiv hohen Transaktionskosten notwendig zur Folge, dass komplexe Verträge unvollständig sind.[98] Das Gesellschaftsrecht füllt bzw. soll die Lücken füllen, die dadurch entstehen, dass der Abschluss eines Gesellschaftsvertrages, der alle Eventualitäten abdeckt, die im Rahmen einer langfristigen, (geschäftlichen) Beziehung entstehen können, nicht oder nur sehr kostenintensiv möglich ist.[99]

II. Verselbständigung eines Haftungsfonds als originäre Aufgabe des Gesellschaftsrechts

1. Affirmative asset partitioning – Vermögenssonderung durch Gesellschaftsrecht

Der enge Blickwinkel des Ansatzes der *contractarians* zur Rolle des Gesellschaftsrechts stellt sich jedoch als nur unzureichende Begründung für die Existenz eines Gesellschaftsrechts dar.[100] Neben den aufgezeigten Vorteilen bezüglich der Regelung des Innenverhältnis der Gesellschafter durch das Bereitstellen effizienter Standardregelungen, wird daher in neuerer Zeit eine weitere wichtige, originäre

---

95 *Kraakman et al.*, The Anatomy of Corporate Law, S. 23: *„the gap-filling role of corporate law"*.

96 Vgl. *Fleischer*, ZHR 168 (2004) 673, 683.

97 Zum Begriff der eingeschränkten Rationalität bereits Kapitel 1 §2 II b.

98 Vgl. etwa *Kraakman et al.*, The Anatomy of Corporate Law, S. 23; *Fleischer*, Informationsasymmetrien, S. 182. Wenn für alle zukünftigen Kontingenzen in einem Vertrag *ex ante* von den Vertragsparteien materielle bzw. prozedurale Lösungen gefunden wurden, dann handelt es sich um einen vollständigen Vertrag.

99 Die vom Gesetz vorgesehenen gesellschaftsrechtlichen Standardregelungen werden von Gerichten konstant im Rahmen von Rechtsstreiten interpretiert und so ausgefüllt. Die Standardregelungen sind zudem Inverstoren und Analysten besser bekannt, was ihre Kosten bei einer Evaluierung als Investmentmöglichkeit verringert. Außerdem kann dadurch die Kosten für die Inanspruchnahme anwaltlicher Tätigkeiten gesenkt werden. Vgl. zu diesen sich aus dem Gesellschaftsrecht möglicherweise ergebenden Netzwerkeffekten einführend *Kraakman et al.*, The Anatomy of Corporate Law, S. 23 f.; ausführlich *Kahan/Klausner*, 83 Va. L. Rev. (1997) 713; *Lemley/McGowan*, 86 Cal. L. Rev. (1998) 479, 562 ff.

100 Im Überblick *Armour/Whincop*, in: McCahery et al., The Governance of Close Corporations and Partnerships, S. 73, 78.

Aufgabe des Gesellschaftsrechts hervorgehoben, die darin besteht, dass es nicht nur als Vertragsrecht die schuldrechtlichen Beziehungen der Gesellschafter untereinander regelt, sondern als Organisationsrecht darüber hinaus die Verselbständigung von Vermögensmassen für den Betrieb einer Unternehmung oder einer sonstigen Zweckverfolgung erlauben kann.[101] *Hansmann/Kraakman* zeigen in ihrem wegweisenden Aufsatz, dass der *contractarian* Blickwinkel auf das Gesellschaftsrecht nicht genügt, um die besondere Rolle des Gesellschaftsrecht zu erklären.[102] Es wird vielmehr die Trennung und Abschirmung einer Vermögensmasse (*asset partitioning*) in den Mittelpunkt der gesellschaftsrechtlichen Diskussion gerückt. *Asset partitioning* allgemein kann entweder als die Abtrennung und Abschirmung eines Vermögensteils eines Gesellschafters vor dem Zugriff der Gesellschaftsgläubiger oder als Abtrennung und Abschirmung des Gesellschaftsvermögens vor dem Zugriff der Privatgläubiger des Gesellschafters definiert werden.[103] Das Gesellschaftsrecht bekommt bei dieser Betrachtung „einen stark sachenrechtlichen Einschlag“[104].

Die Trennung eines selbständigen Haftungsfonds vom Privatvermögen der Gesellschafter (*affirmative asset partitioning* oder *entity shielding*)[105] ermöglicht es eine abgetrennte Haftungsmasse den Gläubigern aus der gemeinschaftlichen Zweckverfolgung zu versprechen und zu reservieren und den Privatgläubigern der Gesellschafter den Zugriff auf diesen Haftungsfonds zu erschweren. Es wird ein vom Privatvermögen der Gesellschafter getrenntes und (zu einem gewissen Grad) verselbständigtes Gesellschaftsvermögen geschaffen. Dieses Gesellschaftsvermögens wird vor dem Zugriff der Privatgläubiger der Gesellschafter abgeschirmt. Dies erleichtert den Gesellschaftern die rechtsgeschäftliche Interaktion mit Dritten. Die Gesellschaft kann dadurch als juristisches Konstrukt mehr sein als die bloße Regelung des Innenverhältnisses der Gesellschafter. Sie kann im Rahmen des mit

---

101 Eingeführt von *Hansmann/Kraakman*, 110 Yale L. J. (2000) 387 ff.; *Hansmann/Kraakman/Squire*, 119 Harv. L. Rev. (2005) 1335, 1337 ff.; vgl. auch *Kraakman et al.*, The Anatomy of Corporate Law, S. 6 f.; *Blair*, 51 UCLA L. Rev. (2003) 387.

102 *Hansmann/Kraakman*, 110 Yale L. J. (2000) 387 ff.

103 Vgl. auch *Elgueta*, 12 J. Bus. L. (2013) 517.

104 *Fleischer*, ZHR 168 (2004) 673, 679. Vgl. auch *Hansmann/Kraakman*, 31 J. Legal Stud. (2002) 373, 405; *Armour/Whincop*, in: McCahery et al., The Governance of Close Corporations and Partnerships, S. 73, 85 f.

105 So bezeichnet in *Hansmann/Kraakman*, 110 Yale L. J. (2000) 387, 393 f. In späteren Artikeln als *„entity shielding“* bezeichnet: *Hansmann/Kraakman/Squire*, 119 Harv. L. Rev. (2005) 1335, 1337; *dies.*, 8 EBOR (2007) 59, 65 ff. Hier werden die beiden Begriffe synonym verwendet. Weitere Begriffe, die sich in der Literatur finden: *„forward partitioning“* (*Mahoney*, 34 Ga. L. Rev. (2000) 873), *„capital lock-in“* (*Blair*, 51 UCLA L. Rev. (2003) 387 – beschreibt die Fähigkeit Kapital an ein bestimmtes Investment zu binden, ohne dass Anteilseigner oder ihre Gläubiger es abziehen können), *„ressource commitment“* (*Blair*, 51 UCLA L. Rev. (2003) 387, 392). Aus der deutschen Literatur *Haar*, Personengesellschaften im Konzern, S. 58: *„positive Vermögenssonderung“*.

der Gesellschaft verfolgten Zwecks der Bezugspunkt von Verträgen mit Dritten werden.[106]

Die Privatgläubiger haben entweder keinen (*strong/complete entity shielding*) oder nur nachrangigen (*weak entity shielding*) Zugriff auf den abgetrennten Haftungsfonds.[107] Hierbei kann zwischen zwei Arten des *weak entity shielding* unterschieden werden: es gibt *weak entity shielding* mit einem Schutz des Gesellschaftsvermögens vor einer Liquidation durch die Privatgläubiger (*priority with liquidation protection*[108]) und ohne diesen Schutz (*priority without liquidation protection*[109]). *Liquidation protection* bedeutet dabei, dass ein Privatgläubiger eines Gesellschafters lediglich in dessen Position als Gesellschafter eintreten kann, nicht jedoch allein eine Liquidation des Gesellschaftsvermögens herbeiführen kann.[110] Ohne diesen Liquidationsschutz kann der Privatgläubiger die Liquidation der Gesellschaft veranlassen. Der Vorrang der Gesellschaftsgläubiger muss dann im Rahmen der Liquidation sichergestellt werden – reicht das Vermögen der Gesellschaft nicht aus, um Gesellschaftsgläubiger und den Privatgläubiger zu befriedigen, dann haben die Gesellschaftsgläubiger Vorrang. Einer Befriedigung des Privatgläubigers kann nur das Vermögen dienen, das nach Erfüllung aller Verbindlichkeiten der Gesellschaftsgläubiger übrig geblieben ist. Die Priorität der Gesellschaftsgläubiger bezüglich des Zugriffs auf den Haftungsfonds muss für die Privatgläubiger der Gesellschafter verbindlich sein.[111] Nur so kann eine vorrangige Reservierung des Haftungsfonds für die Gesellschaftsgläubiger sichergestellt werden und der im Folgenden darzustellende Effizienzgewinn ausgeschöpft werden.

Nicht mit *entity shielding* zu verwechseln ist die Haftungsbeschränkung der Gesellschafter, wie sie bei juristischen Personen, wie etwa der GmbH und der AG[112] zu finden ist. Bei der Haftungsbeschränkung geht es darum, dass die Gläubiger der Gesellschaft keinen Zugriff auf das Privatvermögen der Gesellschafter haben. Die

106 Also ein "*nexus for contracts*", vgl. *Hansmann*, in: Gibbons/Roberts (Hrsg.), The Handbook of Organizational Economics, S. 891, 892; *Hansmann/Kraakman*, 110 Yale L. J. (2000) 387, 391 f. Die Möglichkeit ein Gesellschaftsvermögen bilden zu können wird dabei als (eine) Grundvoraussetzung für die Anerkennung der Rechtsfähigkeit angesehen. Vgl. auch in der deutschen Literatur *John*, Die organisierte Rechtsperson, S. 81 ff. Dem zustimmen etwa *Dauner-Lieb*, DStR 2001, 356, 359; *Ulmer*, AcP 198 (1998) 113, 126 f.

107 "*creditors of the firm have priority of claim, over the creditors of the firm's owners, on all of the firm's assets*" *Hansmann*, in: The Handbook of Organizational Economics, S. 894.

108 *Hansmann/Kraakman*, 110 Yale L. J. (2000) 387, 394.

109 *Hansmann/Kraakman*, 110 Yale L. J. (2000) 387, 394.

110 *Hansmann/Kraakman*, 110 Yale L. J. (2000) 387, 394.

111 Vgl. *Hansmann/Kraakman*, 110 Yale L. J. (2000) 387, 395.

112 Vgl. nur § 13 Abs. 2 GmbHG, § 1 Abs. 1 S. 1 AktG.

Gesellschafter werden gegenüber Forderungen der Gesellschaftsgläubiger abgeschirmt (daher auch *defensive asset partitioning*[113] bzw. *owner shielding*[114]).

Es wird sich zeigen, dass *entity shielding* allein durch vertragliche Regelungen nicht erreicht werden kann. Gesellschaftsrecht als „Organisationsrecht" meint hier also die rechtliche Möglichkeit, durch den Gesellschaftsvertrag ein über die rein vertraglichen Gestaltungsmöglichkeiten hinausgehend separiertes Vermögen zu bilden, das rechtlich gegen einen direkten Zugriff durch die Privatgläubiger der Gesellschafter abgeschirmt ist. Es wird eine neue Organisationseinheit geschaffen.

2. *Die Notwendigkeit einer gesetzlichen Regelung*

Die Verselbständigung einer Haftungsmasse in der eben beschriebenen Art und Weise wäre nur durch vertragliche Regelungen nicht oder höchstens in der Theorie, verbunden mit prohibitiv hohen Kosten erreichbar und bedarf daher der gesetzlichen Anordnung.[115] Eine Haftungsbeschränkung der Gesellschafter für Verbindlichkeiten der Gesellschaft, ein *owner shielding* ist hingegen in vielen Fällen durch Vertrag zu erzielen.[116]

Im Grundsatz haftet[117] im deutschen Recht ein Schuldner seinen Gläubigern mit seinem gesamten, pfändbaren Vermögen.[118] Dieses „Prinzip der unbeschränkten

113 So bezeichnet in: *Hansmann/Kraakman*, 110 Yale L. J. (2000) 387, 395 f.

114 So bezeichnet in: *Hansmann/Kraakman/Squire*, 119 Harv. L. Rev. (2005) 1335, 1339 f.

115 Vgl. zu den nachfolgenden Ausführungen insbesondere *Hansmann/Kraakman*, 110 Yale L. J. (2000) 387, 407 ff. und *Hansmann/Kraakman/Sqiure*, 119 Harv. L. Rev. (2005) 1335, 1340 f.

116 *Hansmann/Kraakman*, 110 Yale L. J. (2000) 387, 429 f.

117 Der Begriff der Haftung ist vom Begriff des Schuldens zu unterscheiden. Im deutschen Recht bedeutet Schulden, leisten zu müssen. Der Begriff der Haftung ist problematischer: häufig wird er mit verschiedensten Sinnrichtungen verwendet, auch im Gesetz. Hier bedeutet Haften Zugriffsobjekt in der Zwangsvollstreckung zu sein, Unterworfensein des Vermögens oder gewisser Vermögensteile unter den Vollstreckungszugriff des Gläubigers. Vgl. Staudinger/*Olzen*, BGB, Einl. z. Schuldrecht, Rn. 235 ff.; *Sutschet*, in: BeckOK-BGB, § 241 Rn. 16; Palandt/*Grüneberg*, Einl. v. § 241 Rn. 10; *Ernst*, in: Münchener Kommentar-BGB, Einl. z. Schuldrecht Rn. 33;. Dazu auch *Eigner*, Beschränkung der persönlichen Gesellschafterhaftung, S. 4 ff; *Dubarry/J. Flume*, ZEuP 2012, 128, 131.

118 Vgl. dazu z.B. *Sutschet*, in: BeckOK-BGB, § 241 Rn. 16 f.; Palandt/*Grüneberg*, Einl. v. § 241 Rn. 10; Staudinger/*Olzen*, BGB, Einl. z. Schuldrecht, Rn. 236, 238; dazu auch *Dauner-Lieb*, Unternehmen in Sondervermögen, S. 44 ff. Nur ausnahmsweise wird durch gesetzliche Anordnung die Haftung auf bestimmte Vermögensteile beschränkt, §§ 1629a, 1975 BGB. Zugriffsobjekt kann aber auch nur ein einzelner Gegenstand sein, wie dies bei dinglichen Verwertungsrechten z.B. bei einem Pfandrecht an Sachen und Forderungen der Fall ist.

Vermögenshaftung"[119] lässt aus einer Schuld regelmäßig die Haftung mit dem vollen Vermögen folgen.[120] Jeder Gläubiger – also im hier diskutierten Zusammenhang jeder Privat- und Gesellschaftsgläubiger – hat grundsätzlich gleichrangigen, direkten Zugriff auf alle Vermögenswerte. *Entity shielding* beinhaltet eine Abweichung von diesem Grundsatz – die Privatgläubiger können sich bezüglich eines bestimmten Vermögensteils ihres Schuldners nur nach Befriedigung der Gesellschaftsgläubiger oder wenn *strong/complete entity shielding* vorliegt, überhaupt nicht aus diesem Teil des Vermögens befriedigen.

Ist ein Vertrag abgeschlossen worden, so ist es dem Schuldner nicht möglich, Gläubiger nachträglich durch einseitige Erklärung in ihrem Zugriff auf sein Vermögen gegenüber anderen Gläubigern zurückzustellen. Hierzu wären vertragliche Vereinbarungen mit dem Erstgläubiger notwendig. Um durch vertragliche Vereinbarungen das Ergebnis des *entity shielding* zu erreichen, müssten die Gesellschafter mit all ihren Privatgläubigern Vereinbarungen treffen, dass diese ihren Anspruch, der sich eben grundsätzlich gegen das gesamte Vermögen richtet, einschränken und diesen in Bezug auf das Gesellschaftsvermögen zurückstellen. Außerdem müssten sie den Gesellschaftsgläubigern den Abschluss bzw. den zukünftigen Abschluss derartiger Vereinbarungen glaubhaft versichern. Solche Vereinbarungen mit allen Privatgläubigern zu erlangen wäre mit prohibitiv hohen Kosten verbunden. Es müsste klar festgeschrieben werden, welche Vermögensgegenstände in den abgetrennten Haftungsfonds fallen sollen, d. h. es müsste eine klare Vermögenstrennung erfolgen. Aber nicht nur die Ausarbeitung entsprechender Klauseln wäre teuer. Vertragliche Gläubiger wären zu einer derartigen Nachordnung ihres Zugriffs auf einen bestimmten Vermögensteil, da sie an Haftungsvolumen verlieren, nur gegen eine Gegenleistung bereit, die das Risiko eines dadurch verursachten Forderungsausfalles kompensiert. Die persönlichen Kreditkosten der Gesellschafter würden folglich steigen.[121]

Die Überwachung, ob die Gesellschafter tatsächlich derartige Vereinbarungen abschließen, wäre wiederum für die Gesellschaftsgläubiger kaum möglich, jedenfalls sehr kostenintensiv. Aufgrund der dadurch entstehenden Informationsasymmetrie würde ein hohes moralisches Risiko[122] auftreten. Der Abschluss von Vereinbarungen, die die Privatgläubiger im Vermögenszugriff einschränken, wäre zwar im Interesse der Gesellschaftsgläubiger, da keine persönlichen Schulden der Gesellschafter

---

119 Vgl. etwa *Aderhold*, Schuldmodell, S. 85; *Larenz*, Lehrbuch des Schuldrechts, Bd. I, S. 22 f.

120 Vgl. dazu auch historisch und mit weiteren Differenzierungen, *Eigner*, Beschränkung der persönlichen Gesellschafterhaftung, S. 7 ff.

121 Vgl. zu dem Ganzen ausführlich *Hansmann/Kraakman/Squire*, 119 Harv. L. Rev (2005) 1335, 1340.

122 *Moralisches Risiko* oder *moral hazard* bedeutet verkürzt nachvertraglicher Opportunismus zwischen Transaktionspartnern. Ursache für dieses Risiko ist eine Kollision der Interessen der Vertragspartner sowie Informationsasymmetrien zwischen den Vertragspartnern. Dazu mehr *infra* Kapitel 3 §2 A. I., II.

das Haftungsvolumen schmälern würden – sie wären jedoch nicht in der Lage deren Abschluss zu überwachen. Für den Gesellschafter ist es, in Kenntnis dieses Überwachungs- und Informationsdefizits des Gesellschaftsgläubigers jedoch günstiger mit seinen Privatgläubigern keine derartigen Vereinbarungen abzuschließen und sich so die Kosten der Gegenleistung einer Subordination des Kredits zu sparen.[123] Die Gesellschafter und ihre Privatgläubiger könnten einen größeren als von den Gesellschaftsgläubigern kalkulierten Teil der potentiellen Kosten einer Insolvenz der Gesellschafter auf diese abwälzen.[124] Die Gesellschaftsgläubiger, die diese Anreize erkennen würden, würden ihrerseits eine höhere Gegenleistung für ihren Kredit verlangen, um ihr gestiegenes Risiko auszugleichen bzw. um ihre Überwachungskosten zu amortisieren.

Mit jedem weiteren Gesellschafter würden die Kosten einer Trennung von Haftungsfonds exponentiell steigen. Mehr Gesellschafter bedeuten mehr Privatgläubiger, was wiederum höhere Kosten für die Vereinbarung von Nachrangigkeitsvereinbarungen und für die Überwachung der Gesellschafter durch die Gesellschaftsgläubiger bedeuten würde.

Außerdem könnten auf diesem Wege nur freiwillige Gläubiger in ihrem Vermögenszugriff nachgeordnet werden. Mit unfreiwilligen[125] Gläubigern ist eine Vereinbarung vor Entstehung der Schuld grundsätzlich nicht möglich, sodass eine Abschirmung der Haftungsmasse in diesen Fällen nicht machbar wäre.

Durch vertragliche Vereinbarungen ist somit die Abtrennung und Abschirmung einer vorrangig für bestimmte Gläubiger reservierten Haftungsmasse nicht möglich. Dies kann nur eine gesetzliche Regelung leisten. Gesellschaftsrecht als Organisationsrecht ermöglicht es Vermögensteile der Gesellschafter zu einem abgetrennten Gesellschaftsvermögen zusammenzufassen und dieses abzuschirmen – es beseitigt die Notwendigkeit einer vertraglichen Vereinbarung und vermeidet so unnötige Kosten und moralisches Risiko.

---

123 Dieser Anreiz besteht insbesondere dann, wenn ein Gesellschafter dringend neuen Kredit benötigt und außerdem in einer schlechten Position für dessen Erlangung ist, v.a. wenn der Kreditgläubiger auch nur einen nachrangigen Zugriff auf bestimmte Vermögenswerte haben soll. Dies ist insbesondere dann der Fall, wenn eine Insolvenz droht. In dieser Situation wäre aber der Abschluss einer derartigen Nachrangigkeitsvereinbarung für die Gesellschaftsgläubiger besonders wichtig. Vgl. *Hansmann/Kraakman*, 110 Yale L. J. (2000) 387, 408.

124 Siehe insbesondere *Hansmann/Kraakman*, 110 Yale L. J. (2000) 387, 408.

125 Zur der zentralen Unterscheidung zwischen freiwilligen, zur autonomen Risikoanpassung fähigen und unfreiwilligen, zur Adaption gegenüber unterschiedlichen Ausfallrisiken unfähigen Gläubigern (*adjusting* und *non-adjusting creditors*), *Bebchuk/Fried*, 105 Yale L. J. (1996) 857, 864; im deutschen Schrifttum z.B. *Fleischer*, ZGR 2001, 1, 19; *Spindler*, JZ 2006, 839, 841. Dazu noch mehr, *infra* Kapitel 3 §2.

3. *Der Effizienzgewinn der Abtrennung und Abschirmung eines Haftungsfonds*

Erstmals exakt benannt wurde der Effizienzgewinn des *affirmative asset partitioning* von *Hansmann/Kraakman*[126] und *Hansmann/Kraakman/Squire*[127]. Das *affirmative asset partitioning* erleichtert es Personenmehrheiten ganz erheblich im Rahmen der Verfolgung eines gemeinsamen Zwecks, sei er wirtschaftlicher oder auch nichtwirtschaftlicher Art, am Markt aufzutreten. Nur unter der Voraussetzung, dass es ihr möglich ist eine glaubwürdige Versicherung gegenüber den Gläubigern abzugeben, dass sie in der Lage sein wird, ihre Verpflichtungen zu erfüllen, kann die Gesellschaft (als Unternehmen, Teil eines Unternehmens oder auch bei der Verfolgung eines nicht-wirtschaftlichen Zwecks) effektiv am Markt teilnehmen. Wie bereits dargestellt, steht einem Gläubiger, der mit einer natürlichen Person einen Vertrag abschließt grundsätzlich dessen gesamtes Vermögen als Haftungsmasse zur Verfügung und dient damit (im Rahmen seiner Solvenz) als glaubwürdige Haftungsgrundlage. Das Gesellschaftsvermögen ist das Signal der Mitglieder einer Gesellschaft an die Gesellschaftsgläubiger, dass sie ein bestimmtes Vermögen vorrangig der gesellschaftlichen Zweckverfolgung und damit den Gesellschaftsgläubigern reservieren, d. h. ihre Privatgläubiger dieses Vermögen nur nach Befriedigung aller Gesellschaftsgläubiger in Anspruch nehmen können.

a. Senkung von Überwachungskosten

Die Verselbständigung eines Haftungsfonds im Rahmen des *entity shielding* führt zu einer Senkung von Kreditkosten durch die Reduzierung von Überwachungskosten.[128] Für Kreditgeber würde ohne *entity shielding* eine Überwachung und Evaluierung der Geschäftslage der Gesellschaft zur richtigen Einschätzung der Kreditkosten nicht genügen. Hinzu käme die Notwendigkeit die Finanz- und Geschäftslage eines jeden Gesellschafters zu überwachen. Dies würde sich insbesondere dann als schwierig erweisen, wenn sich der Gesellschafter mit anderen Personen zu weiteren Gesellschaften, mit weiteren Gläubigern zusammengeschlossen hat.[129]

Von einer derartigen Überwachung der privaten Finanzlage der Gesellschafter werden die Kreditgeber durch *entity shielding* grundsätzlich entbunden, da die Privatgläubiger der Gesellschafter keinen direkten und nur nachrangigen Zugriff auf die Haftungsmasse der Gesellschaft haben. Diese Haftungsmasse ist für Gläubiger der Gesellschaft reserviert. Es besteht folglich für die Gesellschaftsgläubiger kein Bedürfnis die Kreditwürdigkeit eines neu hinzukommenden Gesellschafters zu überprüfen – seine Solvenz hat keinen Einfluss auf die der Gesellschaft, da private

126 *Hansmann/Kraakman*, 110 Yale L. J. (2000) 387.
127 *Hansmann/Kraakman/Squire*, 119 Harv. L. Rev (2005) 1335.
128 Vgl. *Hansmann/Kraakman*, 110 Yale L. J. (2000) 387, 410.
129 Mit jedem weiteren Gesellschafter steigen diese Kosten. Große Gesellschaften wären so quasi unmöglich.

Schulden der Gesellschafter die Haftungsmasse der Gesellschaft nicht direkt aufbrauchen können.[130]

Die Vorteile lassen sich mit *Hansmann/Kraakman/Squire* zusammenfassen: „In short, without entity shielding, a creditor of a firm is vulnerable to the fortunes of all business and personal affairs of all firm owners, regardless of his capacity to monitor those affairs."[131]

b. Vereinfachte Kapitalgewinnung und Kapitaldiversifizierung

Entity shielding vereinfacht die Kapitalgewinnung und für die Gesellschafter eine Kapitaldiversifizierung, da eine Überwachung der Finanzlage eines Gesellschafters durch seine Mitgesellschafter weniger dringend wird.[132] Diese Überwachung wäre ohne *entity shielding* notwendig, da die Mitgesellschafter ihre Einlage und ihren Beitrag zu der Gesellschaft gegen Zugriffe der Privatgläubiger der anderen Gesellschafter zu schützen versuchten. Investitionen außerhalb engster (familiärer) Beziehungen, d. h. außerhalb von Beziehungen, die einfacher zu überwachen sind, werden erleichtert. Aus diesen Gründen werden Restriktionen, wer sich an der Gesellschaft beteiligen kann, weniger wichtig; Gesellschafterwechsel und die freie Übertragbarkeit von Gesellschaftsanteilen werden gefördert.

Überdies werden für potentielle, neue Mitglieder die Risiken einer Unternehmensbeteiligung kalkulierbarer. Gesellschafter können, ohne mit zu hohen Überwachungskosten rechnen zu müssen, in verschiedene Unternehmen investieren und ihr Risiko diversifizieren. Denn ohne ein *entity shielding* würde jede weitere Beteiligung weitere Mitgesellschafter bedeuten, deren Privatvermögen kostenintensiv überwacht werden müsste.

c. Senkung von Insolvenzkosten

Im Falle einer Insolvenz muss das Gesellschaftsvermögen nur auf die Forderungen der Gesellschaftsgläubiger verteilt werden, was wiederum zu einer Reduzierung von Kosten führt.[133] Private Verbindlichkeiten der Gesellschafter sowie ihr Privatvermögen bleiben im Insolvenzverfahren außer Betracht.

4. Haftungssonderung und rechtliche Verselbständigung – das abgeschirmte Sondervermögen in der deutschen Rechtswissenschaft

Die Untersuchung von *Hansmann/Kraakman/Squire* zur historischen Entwicklung des *affirmative asset partitioning* nimmt ihren Weg ausgehend vom römischen Recht über das mittelalterliche italienische Recht, das englische Recht zum modernen

130 Dies erlaubt und verlangt jedoch auch gleichzeitig die Unabhängigkeit des verselbständigten Gesellschaftsvermögens vom Gesellschafterwechsel.
131 *Hansmann/Kraakman/Squire*, 119 Harv. L. Rev. (2005) 1335, 1344.
132 *Hansmann/Kraakman/Squire*, 119 Harv. L. Rev. (2005) 1335, 1350.
133 *Hansmann/Kraakman/Squire*, 119 Harv. L. Rev (2005) 1335, 1346 f.

US-amerikanischen Recht.[134] Dabei wurde verschiedentlich angemerkt, dass diese Betrachtung Entwicklungen des kontinental-europäischen Rechts außer Acht lasse.[135] Im kontinentaleuropäischen Rechtskreis lasse sich bereits früher ein *affirmative asset partitioning* nachweisen als es die von *Hansmann/Kraakman/Squire*[136] gewählten Beispiele aus dem anglo-amerikanischen Recht nahelegen.[137]

Die Idee der Schaffung eines vom Privatvermögen einer oder mehrerer Personen separierten Haftungsfonds, der der Privatdisposition entzogen ist und für die Verfolgung eines bestimmten Zwecks den Gläubiger als materielle Basis reserviert ist, ist auch dem deutschen Schrifttum nicht fremd. Da sich die romanistischen Fiktions- und die gemanistischen Realitätstheorien zur juristischen Person[138] als wenig ergiebig zeigten, hat sich ausgehend von der Zweckvermögenstheorie[139] von *Brinz* und *Bekker*, die den Wesenskern der juristischen Personifizierung in der Absonderung eines verselbständigten und einem bestimmten Zweck gewidmeten Vermögens sieht, für die juristische Person das Verständnis herausgebildet, sie als rechtstechnisches Mittel zur Abtrennung und Zuordnung eines Sondervermögens an eine Personenmehrheit zu begreifen.[140] So wird für die juristische Person konstatiert, dass eine ihrer wichtigsten Funktionen die technische Verselbständigung eines Sondervermögens und die Haftungsbeschränkung sei.[141] Es wird festgestellt, dass „der juristischen Person und der Gesamthand die Idee des Sondervermögens, mit dem ein bestimmter Zweck erreicht werden soll und das vom Privatvermögen der Mitglieder getrennt wird"[142] gemeinsam sei. Dieser abgetrennte Haftungsfonds soll der gemeinsamen Zweckverwirklichung als materielle Basis dienen.[143] Lediglich im Grad der Verselbständigung, nicht aber in der Funktion als Mittel zur Sonderung eines Vermögens würden sich das Gesamthandsprinzip und die juristische Person unterscheiden.[144]

---

134 *Hansmann/Kraakman/Squire*, 119 Harv. L. Rev (2005) 1335, 1356 ff.

135 *Lamoreaux/Rosenthal*, 119 Harv. L. Rev. Forum (2006) 238, 239 und *passim*; *Elgueta*, 12 J. Bus. L. (2013) 517 ff.

136 *Hansmann/Kraakman/Squire*, 119 Harv. L. Rev (2005) 1335, 1374 ff.

137 Vgl. *Lamoreaux/Rosenthal*, 119 Harv. L. Rev. Forum (2006) 238, 239 f.; *Elgueta*, 12 J. Bus. L. (2013) 517, 527 ff.

138 Zu diesen Theorien zusammenfassend und m.w.N. *Reuter*, in: Münchener Kommentar-BGB, Vor. § 21 Rn. 1; *Wiedemann*, Gesellschaftsrecht I, S. 192 ff.; *Bruns*, Haftungsbeschränkung und Mindesthaftung, S. 185 ff.

139 *Brinz*, Lehrbuch der Pandekten, Bd. I, S. 224 ff., 230 ff.; *Bekker*, System des heutigen Pandektenrechts, Bd. I, S. 137 ff., 196 ff.

140 *„Theorie des Sondervermögens"* genannt von *Wiedemann*, Gesellschaftsrecht I, S. 195 ff. Vgl. auch *Elgueta*, 12 J. Bus. L. (2013) 517, 523.

141 *Wieacker*, FS E. R. Huber, S. 339, 351 f., 358 f.; *Wiedemann*, Gesellschaftsrecht I, S. 196 ff.; *K. Schmidt*, Verbandszweck S. 5 ff. Zustimmend *Reuter*, in: Münchener Kommentar-BGB, Vor. § 21 Rn. 2.

142 *Wiedemann*, Gesellschaftsrecht I, S. 248.

143 Vgl. *Flechtheim*, in: Düringer/Hachenburg, HGB, § 105 Anm. 3; *Huber*, Vermögensanteil, S. 103.

144 *Hillers*, Liquidation, S. 87; *Reuter*, in: Münchener Kommentar-BGB, Vor. § 21 Rn. 10.

Vor allem vor der Anerkennung der Rechtsfähigkeit der Personengesellschaften und insbesondere der BGB-Gesellschaft wurde davon gesprochen, dass das Gesellschaftsvermögen ein gesamthänderisch gebundenes Sondervermögen sei.[145] Dabei wurde und wird der Begriff des „Sondervermögens" meist recht unspezifisch verwendet, eine klare Konzeptionierung fehlt.[146] Der Begriff des Sondervermögens findet sich dabei rechtsgebietsübergreifend. Sondervermögen werden teilweise als gewisse Vermögensmassen definiert, die teils wegen ihrer Herkunft, teils wegen ihrer wirtschaftlichen Bestimmung als besondere Einheiten zusammengefasst werden und als solche speziellen Bestimmungen unterliegen.[147] Zum Teil wird der Begriff Sondervermögen nur verwendet, wenn das, wie auch immer abgesonderte, Vermögen nicht rechtlich als eigenes Rechtssubjekt verselbständigt ist.[148]

Aufgabe und Ziel dieser Arbeit ist es nicht, eine umfassende Bestandsaufnahme oder systematische Darstellung des Begriffs und Prinzips des „Sondervermögens" zu leisten. Auch soll keine Entscheidung getroffen werden, ob die Gesamthand, wie sie sich bei den Personengesellschaften findet, ein personenrechtliches oder ein vermögensrechtliches Prinzip ist.[149] Es soll in diesem Abschnitt lediglich gezeigt werden, dass es Entsprechungen zwischen der Verwendung des Begriffs „Sondervermögen" und dem eben dargestellten Konzept des *affirmative asset partitioning* gibt.

Sehr ähnlich dem oben beschriebenen *affirmative asset partitioning* ist die Definition, die *Dauner-Lieb* dem Begriff des Sondervermögens zu Grunde legt.[150] Es gehe um die Trennung eines Haftungsfonds und die Abschottung dieses Haftungsfonds vor Eingriffen insbesondere der Privatgläubiger. Ebenfalls ausgehend von einem haftungsrechtlichen Verständnis des Sondervermögens, sei es „hinreichend und notwendig, wenn ein Teil eines an sich einheitlichen Vermögens im Wege einer (einseitigen) Haftungssonderung für einen bestimmten (...) Zweck gebunden wird. Eine Haftungssonderung liegt dann vor, wenn eine bestimmte Vermögensmasse vor „zweckfremden" Eingriffen der einzelnen Vermögensträger und/oder ihrer Privatgläubiger abgeschottet wird"[151]. Die Intensität der Haftungssonderung und die verwendete Rechtstechnik

---

145 Vgl. dazu nur exemplarisch *Huber*, Vermögensanteil, S. 61 ff.; *Kornblum*, Haftung der Gesellschafter, S. 34 f.; RGZ 136, 402, 406 f.

146 Dazu ausführlich *Dauner-Lieb*, Unternehmen in Sondervermögen, S. 37 ff.

147 Vgl. Staudinger/*Jickeli/Stieper*, BGB, § 90 Rn. 76 ff.; ähnlich *Stresemann*, in: Münchener Kommentar-BGB, § 90 Rn. 44. So werden insbesondere das Gesamt-, Sonder- und Vorbehaltsgut bei der Gütergemeinschaft, der Nachlass und die Insolvenzmasse als Sondervermögen begriffen.

148 Vgl. Staudinger/*Jickeli/Stieper*, BGB, § 90 Rn. 76 ff. Es wird dann eine begriffliche Dreiteilung nach Sondervermögen, Gesamthandsgemeinschaft und juristischer Person gesehen, vgl. *Ulmer/Ihrig*, GmbHR 1988, 373.

149 Dazu vgl. z.B. *Wiedemann*, Gesellschaftsrecht I, S. 245 f.

150 Siehe *Dauner-Lieb*, Unternehmen in Sondervermögen, S. 50 f.

151 *Dauner-Lieb*, Unternehmen in Sondervermögen, S. 50 f. Es geht also primär um eine Vermögenssonderung der Aktivseite.

könnten dabei divergieren.[152] Im Ergebnis sei dann eine rechtsubjektive Verselbständigung des Sondervermögens nicht notwendig, könne jedoch vorliegen.

Schuldig bleiben jedoch alle Beschreibungen des Begriffs Sondervermögen, welche Vorteile eine derartige Haftungssonderung bringt. Die Erhaltung des Sondervermögens zur Verfolgung eines bestimmten Zweckes ist jedoch nicht Selbstzweck.

Es lässt sich kurz zusammenfassen, dass die juristischen Personen die Trennung und Abschottung eines Gesellschaftsvermögens vom Vermögen der Gesellschafter erlauben.[153] Die juristische Person ist rechtsfähig und daher ist eine Vollstreckung in das Gesellschaftsvermögen nur mit einem Titel gegen die juristische Person selbst möglich. Die Privatgläubiger eines Gesellschafters haben keinen direkten Zugriff auf das Gesellschaftsvermögen. Für die juristischen Personen des deutschen Rechts gilt, dass mit Pfändung des Gesellschaftsanteils, der Privatgläubiger allein keine Liquidation des Gesellschaftsvermögens erreichen kann. Bei einer Aktiengesellschaft werden die gepfändeten Aktien grundsätzlich zum Tagespreis am Markt verkauft.[154] Bei GmbH-Anteilen erfolgt eine Pfändung und anschließende Verwertung nach §§ 857, 844 ZPO ebenfalls in der Regel durch Veräußerung.[155] Der Privatgläubiger hat auf Grund der Pfändung des GmbH-Anteils kein Recht zur Kündigung (§ 60 Abs. 1 GmbHG), weswegen auch eine Überweisung zur Einziehung unzulässig ist.[156] Es gilt somit grundsätzlich ein Liquidationsschutz für diese Gesellschaften.

Während die Trennung und Abschirmung bei der juristischen Person absolut ist, ist dies bei den Gesamthandsgesellschaften auf den ersten Blick nicht klar. Es lässt sich feststellen, dass die Funktion der Gesamthand als rechtstechnisches Mittel zur Verselbständigung des Gesellschaftsvermögens und zur Sicherung der wirtschaftlichen Grundlagen der Gesellschaft als Organisation das Verständnis des Rechtsprinzips der Gesamthand prägt.[157] So war es Ziel der zweite Kommission bei Schaffung des BGB[158] durch die Einführung der gesamthänderischen Vermögensbindung bei der BGB-Gesellschaft, ein einem bestimmten Zweck gewidmetes Vermögen gegen Zugriffe einzelner Gesellschafter und ihrer Privatgläubiger abzusichern:[159] „Die Gestaltung des Verhältnisses nach dem Grundsatze der gesamten Hand hat neben den

---

152 Vgl. auch *Dauner-Lieb*, Unternehmen in Sondervermögen, S. 51.

153 Vgl. auch *Lombardo*, 4 EBOR (2003) 301, 316.

154 Vgl. nur *Kemper*, in: Saenger, ZPO, § 821 Rn. 4.

155 Einschränkungen der Übertragbarkeit gelten nicht; h.M. z.B. *Fastrich*, in: Baumbach/Hueck, GmbHG, § 15 Rn. 63.

156 Vgl. nur *Reichert/Weller*, in: Münchener Kommentar-GmbHG, § 15 Rn. 537; *Ebbing*, in: Michalski, GmbHG, § 15 Rn. 241 m.w.N.

157 *Hillers*, Liquidation, S. 87.

158 Das Gesamthandsprinzip mit seinen Regelungen wurde erst von der 2. Kommission in das ursprünglich ganz an der *societas* des römischen Rechts ausgerichtete Recht der GbR eingeführt, vgl. dazu schon *Flume*, ZHR 136 (1972) 177 ff.; *ders.*, Personengesellschaft, S. 2 f.

159 Prot. II 2, S. 428 ff. = Mugdan II, S. 989 ff.; *Schäfer*, in: Münchener Kommentar-BGB, § 718 Rn. 1; *Schöne*, in: BeckOK-BGB, § 719 Rn. 1.

obligatorischen auch dingliche Wirkungen. Die in die Gemeinschaft gelangten Vermögensgegenstände werden unmittelbar ihrem Zwecke dienstbar gemacht, indem aus ihnen ein selbständiges Gesellschaftsvermögen gebildet wird. (...) Das ganze Gesellschaftsvermögen ist zur Deckung der Lasten und Schulden der Gesellschaft gebunden."[160] Bewusst fiel die Entscheidung gegen eine nach römischem Recht geprägte, lediglich schuldrechtlich wirkende Gesellschaft.[161]

Vor diesem Hintergrund liegt es nahe zu untersuchen, ob und vor allem wie das deutsche Gesellschaftsrecht nach der heutigen Rechtslage die Idee des *affirmative asset partitioning* bei den Personengesellschaften umgesetzt hat, also wie bei einer juristischen Person die Verselbständigung und Abschirmung eines Gesellschaftsvermögens erlaubt. Amerikanische Rechtswissenschaftler erkennen das *affirmative asset partitioning* grundsätzlich nur im Rahmen der Schaffung eines neuen verselbständigten Rechtssubjekts (*legal entity*) an.[162] Hingegen erlaubt die kontinentaleuropäische Rechtstradition zum Teil auch die Absonderung von Vermögen innerhalb eines Rechtssubjekts.[163] Daher ist die Frage der Rechtsfähigkeit der BGB-Gesellschaft hier nur von zweitrangigem Interesse, da es gerade die

---

160 Prot. II 2, S. 428 ff. = Mugdan II, S. 989 ff.

161 Ob der BGB-Gesetzgeber bei der Schaffung der BGB-Gesellschaft eine Entscheidung treffen wollte wie das Gesamthandprinzip dogmatische ausgestaltet sein soll, ist umstritten. Es gibt Meinungen, die dem BGB-Gesetzgeber eine Entscheidung gegen die Rechtsfähigkeit zuschreiben. Vgl. *A. Meyer*, Unbeschränkte Verbandsmitgliederhaftung, S. 13 ff. m.w.N. Nach anderer Ansicht sollte die Ausgestaltung, vor allem die Entscheidung für oder gegen die Rechtsfähigkeit der BGB-Gesellschaft Rechtsprechung und Rechtswissenschaft überlassen werden. In den Protokollen heißt es dazu, dass *„die Meinungen darüber, wie die Rechtsgemeinschaft der gesamten Hand theoretisch zu konstruieren sei und was man als das charakteristische Merkmal derselben anzusehen habe, auseinander"* gingen. *„Die Kommission glaubte, zu der wissenschaftlichen Streitfrage über das Wesen der gesamten Hand nicht Stellung nehmen zu sollen"* (Prot. II, S. 430 = Mugdan II, S. 990). Vgl. dazu u. a. *Flume*, Personengesellschaft, S. 2 ff.; *Aderhold*, Schuldmodell, S. 26 f., 155 f.; *Schulze*, Akzessorische Haftungsverfassung, S. 37 ff. Nach *Wertenbruch* hat der BGB-Gesetzgeber die *„deutschrechtliche Gestaltung"* der OHG des ADHGB mit einer rechtssubjektiven Verselbständigung dieser als ungeschriebenes Prinzip für die BGB-Gesellschaft übernehmen wollen, vgl. *Wertenbruch*, Haftung von Gesellschaften und Gesellschaftsanteilen, S. 34 ff., 40 ff., 58 ff., 112 ff.; kritisch dazu z.B. *Eigner*, Beschränkung der persönlichen Gesellschafterhaftung, S. 79 ff; *Heil*, NZG 2001, 300, 302; *Prütting*, FS Wiedemann, S. 1177, 1187 ff.

162 *Hansmann/Kraakman*, 110 Yale L. J. (2000) 387, 393; dazu *Elgueta*, 12 J. Bus L. (2013) 517, 524.

163 *Elgueta*, 12 J. Bus L. (2013) 517, 523 ff. m.w.N., insbes. auch 534 ff. mit einem Beispiel aus dem italienischen Recht. Zur Diskussion, ob und wie der im französischen Recht neu geschaffene *entrepreneur individuel à responsabilité limitée* (EIRL), der Einzelunternehmer mit beschränkter Haftung, ins deutsche Recht übertragen werden könnte, insbesondere ob ein *„Vermögenstrennungsmodell"* möglich wäre, vgl. *Dubarry/J. Flume*, ZEuP 2012, 128 ff.

Vermögenssonderung ist, die den dargestellten Effizienzgewinn ermöglicht und nicht zwingenderweise die rechtliche Verselbständigung als Rechtssubjekt. Dabei ist zu erkennen, dass es jedenfalls im Rahmen des Gesamthandsprinzips, sei es dem gesellschaftsrechtlichen oder dem erbrechtlichen, nach der herrschenden Ansicht um die Bildung eines Sondervermögens durch mehrere Personen geht, da eine Personengesellschaft und eine Erbengemeinschaft einen Zusammenschluss von mindestens zwei Personen voraussetzt.[164]

B. Die Verselbständigung und Abschirmung eines Haftungsfonds bei den Personengesellschaften

Nachfolgend soll analysiert werden, inwieweit das deutsche Recht der Personengesellschaften (Gesellschaft bürgerlichen Rechts, Offene Handelsgesellschaft (OHG), Kommanditgesellschaft (KG) und Partnerschaftsgesellschaft (PartG)), die beschriebene effiziente Verselbständigung und Abschirmung eines Haftungsfonds erzielt bzw. erzielen kann.[165] Notwendig ist eine derartige Verselbständigung, da im deutschen Recht Zugriffsobjekt eines Gläubigers grundsätzlich das gesamte (pfändbare) Vermögen des Schuldners ist.[166] Wäre der Schuldner verfügungsberechtigter Rechtsinhaber des Gesellschaftsvermögen und der davon umfassten Gegenstände, zählten sie zu seinem Vermögen, so könnte jeder Gläubiger des Schuldners grundsätzlich auf das Gesellschaftsvermögen zugreifen.

An dieser Stelle ist anzumerken, dass eine Personengesellschaft nach deutschem Recht weder notwendigerweise ein Gesellschaftsvermögen noch Gläubiger haben muss.[167] Traditionell wird zwischen Innen- und Außengesellschaften unterschieden, wobei die konkreten Abgrenzungskriterien nicht einheitlich beurteilt werden.[168] Meist werden das Auftreten im Rechtsverkehr und die Bildung eines Gesellschaftsvermögens herangezogen, um Außen- von Innengesellschaften abzugrenzen. Innengesellschaften treten regelmäßig nicht nach außen in Erscheinung und bilden regelmäßig kein Vermögen[169] – nur im Innenverhältnis gilt das Gesellschaftsrecht,

---

164 Vgl. nur BGHZ 24, 106, 108; *Ulmer/Schäfer*, in: Münchener Kommentar-BGB, § 705 Rn. 60 ff.; *Servatius*, in: Henssler/Strohn, Gesellschaftsrecht, § 705 BGB Rn. 21. Dazu *Armbrüster*, ZGR 2014, 333, 342 ff.

165 Dazu bereits grundlegend *Tröger*, FS Westermann, S. 1533.

166 Dazu bereits *supra* A. II 2.

167 Vgl. u. a. *Kilian*, in: Henssler/Strohn, Gesellschaftsrecht, § 718 BGB Rn. 1; *Schäfer*, in: Münchener Kommentar-BGB, § 718 Rn. 10, 11; Staudinger/*Habermeier*, BGB, § 705 Rn. 59, 60, § 718 Rn. 3, 4.

168 Vgl. dazu statt aller Staudinger/*Habermeier*, BGB, § 705 Rn. 57 ff.; *Schäfer*, in: Münchener Kommentar-BGB, § 705 Rn. 253 ff.

169 So die Rechtsprechung z. B. in BGHZ 12, 308, 314 f.; BGHZ 126, 226, 234 ff.; BGH NJW 1960, 1851, 1852; RGZ 166, 160, 163 und viele Stimmen in der Literatur, vgl. u. a. *Hadding/Kießling*, in: Soergel, Vor. § 705 Rn. 28, die maßgeblich auf das Auftreten im Rechtsverkehr abstellen; *Wertenbruch*, in: Westermann/Wertenbruch

dann tatsächlich als reines Schuldrecht. Eine Außengesellschaft tritt hingegen als solche im Rechtsverkehr auf und Dritte sind Gläubiger der Gesellschaft. Die Außengesellschaft hat dann wiederum zwingenderweise Vermögen.

Da es in dieser Untersuchung gerade um die Verselbständigung einer Vermögensmasse zu Gunsten von Gläubigern geht, bleiben die reinen Innengesellschaften, auch wenn eine Vermögensbildung möglich wäre, außer Betracht. Nur für Außengesellschaften mit Gesellschaftsgläubigern wird die Trennung und Abschirmung eines für diese reservierten Haftungsfonds überhaupt relevant.

I. Gesetzliche Ausgangslage und das traditionelle Gesamthandsverständnis

§ 718 BGB ist die zentrale Norm für die Bestimmung und Regelung des Gesellschaftsvermögens bei den Personengesellschaften. Über § 105 Abs. 2 HGB, § 161 Abs. 2 HGB und § 1 Abs. 4 PartGG findet diese Vorschrift Anwendung auf die OHG, die KG und die PartG, d.h. alle zentralen Formen der Personengesellschaften. § 718 Abs. 1 BGB bezeichnet das Vermögen der Gesellschaft als „gemeinschaftliches Vermögen der Gesellschafter"; um die Frage, was diese Formulierung bedeutet, wer, wie Rechtsinhaber dieses Gesellschaftsvermögens ist, dreht sich letztendlich der Streit über die Rechtsnatur der gesellschaftsrechtlichen Gesamthand.

Das Gesellschaftsvermögen steht nach den häufig verwendeten Formulierungen den Gesellschaftern „in ihrer gesamthänderischen Verbundenheit" bzw. „zur gesamten Hand" zu.[170] Jedenfalls wird in § 718 BGB das Gesellschaftsvermögen dem Privatvermögen der Gesellschafter gegenüber gestellt, d.h. das Gesellschaftsvermögen muss etwas anderes sein als das Privatvermögen der Gesellschafter.[171] Das bedeutet zunächst einmal, unabhängig von der genauen Ausgestaltung dieses Gesellschaftsvermögens, dass kein reguläres Bruchteilseigentum der Gesellschafter an

(Hrsg.), Handbuch Personengesellschaften Rz. I 560 ff.; *Westermann*, in: Erman, BGB, § 705 Rn. 67. Es ist jedoch streitig, ob eine Innengesellschaft mit Gesamthandsvermögen möglich ist. Vgl. *K. Schmidt*, FS Beuthien, S. 211, 223; Staudinger/*Habermeier*, BGB, § 705 Rn. 57, 58, § 718 Rn. 3 f.; *Westermann*, in: Erman, BGB, § 705 Rn. 67, § 718 Rn. 2; *Westermann*, in: Westermann/Wertenbruch (Hrsg.), Handbuch Personengesellschaften, Rz. I 137. Dazu auch *Ulmer/Schäfer*, in: Münchener Kommentar-BGB, § 705 Rn. 279 ff., die zwischen Innengesellschaften im engeren Sinn, d.h. ohne Gesellschaftsvermögen und im weiteren Sinn, d.h. mit Gesellschaftsvermögen unterscheiden. Vgl. auch *Hadding*, ZGR 2001, 712, 715, wonach eine Vermögensbildung im Rahmen der Sozialansprüche unter den Gesellschaftern stattfinden kann – außerhalb der Gesellschaft stehende Dritte sind dann jedoch nicht beteiligt.

170 Es ist fraglich ob sich aus den unterschiedlichen Formulierungen bereits eine Entscheidung für oder gegen Rechtsträgerschaft der Gesellschaft ableiten lässt, so z.B. *Grunewald*, Gesellschaftsrecht, S. 52 Rz. 100; anders *Wertenbruch*, in: Handbuch Personengesellschaften, Rz. I 790.

171 Vgl. *Gummert*, in: Münchener Handbuch Gesellschaftsrecht, Bd. 1, § 13 Rn. 2.

den Gegenständen des Gesellschaftsvermögens besteht.[172] Es werden zwei Ansichten vertreten: die Personengesellschaften sind Rechtssubjekt und damit selbst Träger des Gesellschaftsvermögens; oder nach dem traditionellen Gesamthandsverständnis können nur die Gesellschafter Rechtssubjekt sein und das Gesellschaftsvermögen ist ein gemeinschaftliches, gebundenes Sondervermögen der Gesellschafter.

Die genaue Ausgestaltung des Gesamthandsprinzips und der gemeinschaftlichen (gesamthänderischen) Rechtszuständigkeit ist Thema eines über hundertjährigen, dogmatischen Diskurses in der deutschen Rechtsliteratur.[173] Im Rahmen des traditionellen Gesamthandsverständnises wurden dazu verschiedene Theorien vertreten. Neben der *Theorie der geteilten Mitberechtigung*[174] und der *Theorie der solidarischen Mitberechtigung*[175] ist die wichtigste die *Theorie der ungeteilten Mitberechtigung*[176]. Der Anteil der Gesellschafter an den einzelnen Gegenständen des Gesellschaftsvermögens wird nicht mehr als selbständig zuordnungsfähiges Rechtsobjekt anerkannt.[177] Nur alle Gesellschafter gemeinsam, in ihrer gesamthänderischen Verbundenheit, sind ungeteilte Inhaber der Gegenstände des Gesellschaftsvermögen. Verfügen darf damit nur die Gesamthand. All den Theorien[178] ist, unabhängig des jeweiligen Verständnisses von der Gesamthandsberechtigung, gemein, dass die

---

172 Die Gesellschafter können nach h.M. jedoch Bruchteilseigentum vereinbaren. Vgl. nur *Heidel/Hanke*, in: Dauner-Lieb/Langen, BGB Schuldrecht, § 718 Rn. 4.

173 Ein Überblick findet sich u. a. bei *Scholz*, Verselbständigung bürgerlichrechtlicher Gesellschaften, S. 39 ff.

174 Grundlegend *Cosack*, Lehrbuch des Handelsrechts, S. 493; so auch u. a. *Joerges*, ZHR 49 (1900) 140 ff. Dazu m.w.N. *Geiler*, in: Düringer/Hachenburg, HGB, Bd. II/1, Anm. 21, 23. In etwa auch *Schulze-Osterloh*, Prinzip der gesamthänderischen Bindung, S. 14 ff., 29 f., 80 ff. Die Theorie geht von Bruchteilen an den zum Gesellschaftsvermögen gehörenden Gegenständen aus, die Gesellschaftern zustehen. Diese Berechtigung nach Bruchteilen dürfe aber nicht von einem Gesellschafter allein ausgeübt werden.

175 So v.a. *Kraft/Kreutz*, Gesellschaftsrecht, S. 96. Es werden keine Bruchteile anerkannt, sondern jeder Gesellschafter wird als Vollrechtsträger aller zum Gesellschaftsvermögen gehörenden Gegenstände angesehen. Der Gesellschafter sei in der Ausübung seiner Herrschaftsmacht durch die entsprechenden Rechte der anderen Gesellschafter eingeschränkt.

176 *Geiler*, in: Düringer/Hachenburg, HGB, Bd. II/1, Anm. 21, 23; *Schultze v. Lasaulx*, in: Soergel, BGB, 10. Aufl., Vor. § 705 BGB Rn. 37; *v. Tuhr*, Allgemeiner Teil, Bd. I, S. 80; *Würdinger*, Gesellschaften I, S. 80. Staudinger/*Keßler*, 12. Aufl., Vor. § 705 Rn. 71 f.; dazu auch *Buchda*, Gesamthandslehre, S. 193 ff. m.w.N. Diese Ansicht hatte sich im Rahmen der traditionellen Gesamthandsverständnisses durchgesetzt, vgl. *Wiedemann*, Gesellschaftsrecht I, S. 255.

177 Vgl. dazu *Wiedemann*, Gesellschaftsrecht I, S. 255.

178 Eine Zuordnung der Rechtsprechung zu einer dieser Theorien gestaltet sich als schwierig, da von RG oder BGH keine klarer dogmatische Stellungnahme erfolgte und auch nicht zu erwarten war: RGZ 56, 206, 209 scheint z.B. eine Zuordnung zur Theorie der ungeteilten Mitberechtigung nahezulegen.

Gesellschafter keine individuelle Zuständigkeit mehr bezüglich der einzelnen Gegenstände des Gesellschaftsvermögens besitzen. Vorhandene Befugnisse können nur nach den Regeln der gemeinsamen Organisation, insbesondere durch die zuständigen Organe ausgeübt werden.[179] In dieser Organisationsregelung wird der Kern des Gesamthandsprinzips mit seiner prinzipiell gemeinschaftlichen Verfügungsbefugnis gesehen.[180] Die gesamthänderische Bindung des Vermögens verhindere damit, dass der einzelne Gesellschafter frei über das zweckgebundene gesamthänderische Vermögen verfügen könne.

So wird auch die Aufgabe des Gesamthandsprinzips im Rahmen des traditionellen Gesamthandsverständnisses[181] einheitlich beurteilt. Dieses wird als rechtstechnisches Mittel zur Schaffung eines vom Privatvermögen der Gesellschafter verselbständigten Vermögens gesehen, wobei jedoch die Gesamthandsgesellschaft nicht rechtsfähig sei.[182] Das dem Gesellschaftszweck gewidmete Vermögen soll vor gesellschaftsfremden Eingriffen abgeschirmt werden und primär den Gesellschaftsgläubigern reserviert werden.[183] Der Ausschluss von Sonderverfügungen durch die Gesellschafter dient dem Schutz des Gesellschaftsvermögens gegen Störungen durch Sonderinteressen derselben oder ihrer Gläubiger.[184] Das Gesamthandsprinzip dient nach diesem traditionellen Gesamthandsverständnisses somit an sich dazu, wenn auch nicht explizit benannt, die Vorteile einer Trennung eines zweckgewidmeten Vermögens vom Privatvermögen der beteiligten Gesellschafter zu realisieren.

Jedenfalls seit dem Grundsatzurteil des BGH zur Rechtsfähigkeit der BGB-Gesellschaft[185] geht jedoch die heute schon fast allgemein akzeptierte Meinung davon aus, dass Personengesellschaften, soweit sie Außengesellschaften sind, rechtsfähig sind.

---

179 Vgl. *Aderhold*, Schuldmodell, S. 34; *Wiedemann*, Gesellschaftsrecht I, S. 249.

180 Dazu u. a. *Aderhold*, Schuldmodell, S. 34; *Huber*, Vermögensanteil, S. 103; *Hueck/Hueck*, Gesellschaftsrecht, S. 22 ff.; *Schulze-Osterloh*, Prinzip der gesamthänderischen Bindung, S. 23.

181 Auch individualistische Theorie bzw. Vermögenstheorie (z. B. *Kindl*, NZG 1999, 517, 519) genannt. Zum traditionellen Gesamthandsverständnis in der Rechtsprechung vgl. z. B. RGZ 3, 57; RGZ 139, 252, 254; BGHZ 34, 293, 296 f.; BGH NJW 1988, 556; BGHZ 110, 127, 128 f.; aus dem Schrifttum u. a. statt aller *Huber*, Vermögensanteil, S.102 ff; jetzt aber *ders.*, FS Lutter, S. 107 ff.; *Schulze-Osterloh*, Prinzip der gesamthänderischen Bindung, S. 11 ff., 163 ff.; *Weber-Grellet*, AcP 182 (1982) 316 ff; *Wiedemann*, Gesellschaftsrecht I, S. 242 ff.; *ders.*, WM 1975 Sonderbeil. 4, S. 29 ff.

182 So auch RGZ 56, 206, 208 f.; *Geiler*, in: Düringer/Hachenburg, HGB, Bd. II/1, Anm. 4, 20; *Huber*, Vermögensanteil, S. 104 ff.; *Schulze-Osterloh*, Prinzip der gesamthänderischen Bindung, S. 174 ff.; *Wiedemann*, Gesellschaftsrecht I, S. 246; dazu auch *Hillers*, Liquidation, S. 86 f. Wie das *asset partitioning* wird die gesamthänderische Bindung des Gesellschaftsvermögens als sachenrechtlich eingeordnet. Vgl. *Westermann*, WM 2013, 441; *Hadding/Kießling*, in: Soergel, BGB, vor § 705 Rn. 21.

183 *Hueck/Hueck*, Gesellschaftsrecht, S. 20 ff., 23; *Wiedemann*, Gesellschaftsrecht I, S. 252; *Weber-Grellet*, AcP 82 (1982) 316, 327.

184 So *Weber-Grellet*, AcP 82 (1982) 316, 325 f., 327.

185 BGHZ 146, 341.

Daher wird die Ausgestaltung des *affirmative asset partitioning* und *entity shielding* im Personengesellschaftsrecht unter dieser Prämisse betrachtet.

II. OHG, KG und PartG

1. Rechtsfähigkeit und Verselbständigung des Gesellschaftsvermögens als Haftungsfonds für die Gesellschaftsgläubiger

Heute ist die OHG nach allgemeiner Ansicht rechtsfähig und nimmt als selbstständige Einheit am Rechtsverkehr teil.[186] Nach neuerer Ansicht ist die OHG bereits als besondere Form der rechtsfähigen BGB-Gesellschaft rechtsfähig und § 124 Abs. 1 HGB lediglich deklaratorisch und mit klarstellender Funktion.[187] Die Kommanditgesellschaft ist aufgrund der Verweisung des § 161 Abs. 2 HGB auf § 124 Abs. 1 HGB und als Sonderform der OHG und damit der BGB-Gesellschaft rechtsfähig. Das Gleiche gilt für die PartG. Die PartG ist nach § 7 Abs. 2 PartGG i.V.m. § 124 HGB rechtsfähig.[188] Nach der Gesetzesbegründung soll durch § 7 PartGG, in Kenntnis der Diskussion bei den übrigen Personengesellschaften, jedenfalls für die Partnerschaftsgesellschaft eine positiv-rechtliche Festlegung auf die vollständige Verselbständigung und Rechtsfähigkeit dieser Gesellschaftsform erfolgen.[189]

Als rechtsfähige Gesellschaften können die OHG, KG und PartG Gesellschaftsvermögen bilden[190] und Verbindlichkeiten eingehen. Die Gesellschaftsschulden

---

186 Statt aller *Wiedemann,* Gesellschaftsrecht II, S. 713 ff. mit entwicklungsgeschichtlichen Angaben; *K. Schmidt,* in: Münchener Kommentar-HGB, § 124 Rn. 1; kritisch noch z. B. *Zöllner,* FS Gernhuber, S. 563 ff.

187 Vgl. Verweis § 105 Abs. 3 HGB auf Vorschriften über die BGB-Gesellschaft. Dazu u. a. *Roth,* in: Baumbach/Hopt, HGB, § 105 Rn. 15; *K. Schmidt,* in: Münchener Kommentar-HGB, § 124 HGB Rn. 1; *Ulmer,* AcP 198 (1998) 113, 114 m.w.N. Nach a.A. gewährt § 124 Abs. 1 HGB der OHG keine Rechtsfähigkeit, sondern lediglich die Fähigkeit unter einer Firma im Rechtsverkehr aufzutreten. Rechtsträger sind nur die Gesellschafter; vgl. *Buchner,* AcP 169 (1969) 483 f. m.w.N., was dann zu einem Gleichlauf mit der BGB-Gesellschaft nach traditionellem Gesamthandsverständnis führt. Da jedoch § 124 HGB festlegt, dass die Gesellschaft unter ihrer Firma Verbindlichkeiten eingehen und verklagt werden kann, war es praktisch wenig bedeutsam, ob aus dieser Vorschrift die Rechtsfähigkeit abgeleitet oder von einer gesetzgeberischen Fiktion ausgegangen wurde. Dazu auch *Scholz,* Verselbständigung bürgerlichrechtlicher Gesellschaften, S. 97 ff.

188 Nach heute h. M. ergibt sich schon aus den Verweisen auf das Recht der BGB-Gesellschaft die Rechtsfähigkeit und Rechtssubjektivität der PartG (§ 1 Abs. 4 PartGG). Vgl. auch *Schäfer,* in: Münchener Kommentar-BGB, § 7 PartGG Rn. 12; *Seibert/Kilian,* in: Kilian, PartGG, § 7 Rn. 4.

189 *Kesseler,* in: Wachter (Hrsg.), FA Handels- und Gesellschaftsrecht, Teil II/1 § 5 Rn. 1184; BR-Drs. 516/93, S. 18.

190 Zwingend ist die Bildung eines Gesellschaftsvermögens jedoch auch hier nicht. Vgl. *Roth,* in: Baumbach/Hopt, HGB, § 124 Rn. 5. Dies erscheint jedoch eher eine theoretische Möglichkeit.

treffen zunächst einmal die Gesellschaft selbst – das Gesellschaftsvermögen haftet für die Verbindlichkeiten der Gesellschaft. Das Gesellschaftsvermögen stellt somit aufgrund der Rechtssubjektseigenschaft der Gesellschaft einen vom Privatvermögen der Gesellschafter zu unterscheidenden Haftungsfonds dar. Im Folgenden beschränkt sich die Darstellung grundsätzlich auf die OHG, soweit sich aufgrund der Verweisungstechnik im Gesetz keine relevanten Unterschiede ergeben.

2. *Abschirmung des Gesellschaftsvermögens vor einem Zugriff von Privatgläubigern*

a. Einzelzwangsvollstreckung

Die Verselbständigung und Abschirmung des Gesellschaftsvermögens der OHG zeigt sich zunächst in der Einzelvollstreckung in das Gesellschaftsvermögen. Gläubiger der OHG können bezüglich ihrer Forderungen gegen die OHG in das Gesellschaftsvermögen vollstrecken, denn die OHG ist als Rechtssubjekt mit ihrem Gesellschaftsvermögen Schuldnerin der Forderung. Den Gesellschaftsgläubigern steht das gesamte Vermögen der OHG als Haftungsmasse zur Verfügung. Nach § 124 Abs. 2 HGB ist folgerichtig zur Zwangsvollstreckung in das Vermögen der OHG ein auf einer Gesellschaftsverbindlichkeit basierender Titel gegen die Gesellschaft erforderlich – ein Titel gegen alle Gesellschafter genügt nicht, erst recht kein Titel gegen nur einen Gesellschafter.[191]

Hiervon wird zum Teil eine Ausnahme zugelassen, wenn der Gläubiger im Einklang mit § 736 ZPO einen Titel gegen alle Gesellschafter einer BGB-Gesellschaft erstritten hat, diese sich jedoch nachträglich in eine OHG umwandelt.[192] Auch wenn mehrheitlich wohl nach Umschreibung[193] des Titels eine Zwangsvollstreckung in das Gesellschaftsvermögen der OHG erlaubt wird, muss jedenfalls die Verbindlichkeit aufgrund derer vollstreckt wird, eine Verbindlichkeit der Gesellschaft sein.[194] Dies ergibt sich aus der wohl herrschenden Ansicht, dass eine Zwangsvollstreckung in das Gesellschaftsvermögen einer BGB-Gesellschaft auch bei einem Titel gegen alle

---

191 *Wertenbruch*, in: Westermann/Wertenbruch (Hrsg.), Handbuch Personengesellschaften, Rz. I 774; *Hillmann*, in: E/B/J/S, HGB, § 124 Rn. 29; *Steitz*, in: Henssler/Strohn, Gesellschaftsrecht, § 124 HGB Rn. 31; *K. Schmidt*, in: Münchener Kommentar-HGB, § 124 Rn. 30; *Boesche*, in: Oetker, HGB, § 124 Rn. 31.

192 Vgl. etwa *Habersack*, in Staub, HGB, § 124 Rn. 42; a.A. mit Berufung die Rechtsfähigkeit der BGB-Gesellschaft *Steitz*, in: Henssler/Strohn, Gesellschaftsrecht, § 124 HGB Rn. 31; ablehnend auch *Roth*, in: Baumbach/Hopt, HGB, § 124 Rn. 45; zweifelnd *K. Schmidt*, in: Münchener Kommentar-HGB, § 124 Rn. 30; *Hillmann*, in: E/B/J/S, HGB, § 124 Rn. 29.

193 *K. Schmidt*, in: Münchener Kommentar-HGB, § 124 Rn. 30; *Steitz*, in: Henssler/Strohn, Gesellschaftsrecht, § 124 HGB Rn. 31. Dagegen *Roth*, in: Baumbach/Hopt, HGB, §124 Rn. 45; *Hillmann*, in: E/B/J/S, HGB, § 124 Rn. 29. In Betracht käme auch eine Berichtigung.

194 Vgl. *Tröger*, FS Westermann, S. 1533, 1543.

Gesellschafter eine Gesellschaftsschuld voraussetzt,[195] und erlaubt die effiziente, vorrangige Reservierung des Gesellschaftsvermögens für die Gesellschaftsgläubiger.

Die Privatgläubiger der Gesellschafter können auf das Gesellschaftsvermögen nur indirekt zugreifen, da sie auf eine Anteilspfändung nach § 135 HGB, §§ 859 Abs. 1, 857 Abs. 1, 828, 829 ZPO beschränkt sind. Nur auf diesem Weg können sie die vermögenswerte Position verwerten, die die Gesellschafter als Mitglieder einer OHG einnehmen. Nach Pfändung und Überweisung des Gesellschaftsanteils,[196] kann der Privatgläubiger gem. § 135 HGB die Gesellschaft kündigen, was zum Ausscheiden des Gesellschafters (§ 131 Abs. 3 Nr. 4 HGB)[197] führt. Der Anteil des ausgeschiedenen Gesellschafters wächst den übriggebliebenen Gesellschaftern an, wodurch der Abfindungsanspruch des ausgeschiedenen Gesellschafters gegen die übrigen Gesellschafter begründet wird (§ 105 Abs. 3 HGB i.V.m. §§ 738–740 BGB).[198] Das Pfändungspfandrecht des kündigenden Privatgläubigers setzt sich an dem Abfindungsanspruch fort, aus dem sich der Privatgläubiger dann befriedigen kann. Nach § 738 Abs. 1 S. 2 BGB hat die Gesellschaft dem Ausscheidenden das zu zahlen, was er bei der Auseinandersetzung erhalten würde, wenn die Gesellschaft zur Zeit seines Ausscheidens aufgelöst würde.[199] Der Gesellschafter erhält seinen Anteil an dem Vermögen der Gesellschaft, wie es im Rahmen einer Liquidation nach Begleichung aller Verbindlichkeiten der Gesellschaft bestehen würde, §§ 149 S. 1, 159 Abs. 1 S. 1 HGB. Wird eine OHG liquidiert, so steht das Gesellschaftsvermögen vorrangig den Gesellschaftsgläubigern zur Befriedigung ihrer Forderungen zu.[200] Erst wenn nach Befriedigung aller Gesellschaftsgläubiger noch Vermögen übrig ist, ist dieses unter den Gesellschaftern zu verteilen. Diese Priorität der Gesellschaftsgläubiger in der Liquidation setzt sich in der Einzelzwangsvollstreckung der Privatgläubiger gegen die Gesellschafter fort und garantiert eine Reservierung des Gesellschaftsvermögens als Haftungsfonds für die Gesellschaftsgläubiger.

---

195 Dazu mehr *infra* B. III. 2.

196 § 135 HGB spricht von der Pfändung und Überweisung des Anspruchs auf das Auseinandersetzungsguthaben. Der Wortlaut wird heute so verstanden, dass damit die Pfändung des Gesellschaftsanteil, d. h. der Mitgliedschaft als solche gemeint ist bzw. der genannte Anspruch von der Pfändung der Mitgliedschaft umfasst wird, vgl. *Lorz*, in: E/B/J/S, HGB, § 135 Rn. 12; *Klöhn*, in: Henssler/Strohn, Gesellschaftsrecht, § 135 HGB Rn. 12; *K. Schmidt*, in: Münchener Kommentar-HGB, § 135 Rn. 2; *Becker*, in: Musielak, ZPO, § 859 Rn. 8 ff.; *Kemper*, in: Saenger, ZPO, § 859 Rn. 3. Dies verschafft dem Gläubiger jedoch keine Verwaltungsrechte, vgl. *K. Schmidt*, in: Münchener Kommentar-HGB, § 135 Rn. 13.

197 Nach § 131 Nr. 6 HGB a.F. führte die Kündigung noch zur Auflösung der Gesellschaft.

198 Zur Ermittlung des Abfindungsanspruchs vgl. z.B. *Lorz*, in: E/B/J/S, HGB, § 131 Rn. 69 ff.

199 Dazu *Schöne*, in: BeckOK-BGB, § 738 Rn. 13 f.; *Westermann*, in: Erman, BGB, § 738 Rn. 6.

200 Dazu gleich mehr *infra* b.

Die Kündigungsmöglichkeit des Privatgläubigers in § 135 HGB wird aus Gläubigerschutzgründen als zwingend erachtet.[201] Ohne die Zustimmung des Privatgläubigers kann das Kündigungsrecht weder erschwert noch ausgeschlossen werden. Über den nachrangigen Zugriff der Privatgläubiger können die Gesellschafter also nicht weiter disponieren und das Gesellschaftsvermögen stärker abschirmen.[202] Die übrig gebliebenen Gesellschafter können das Gesellschaftsvermögen nicht unvermindert erhalten, sondern können die Gesellschaft nur mit einem um den Anteil des ausgeschiedenen Gesellschafters reduzierten Vermögen weiterführen. Eine völlige Abschottung gegen jeglichen Zugriff der Privatgläubiger ist daher nicht möglich. Das *entity shielding* ist somit in seiner schwachen Ausprägung vorhanden, da den Privatgläubigern ein nicht disponibler, nachrangig Zugriff auf das Gesellschaftsvermögen zusteht.

Aus diesen Erwägungen folgt, dass ein Abfindungsausschluss für den Fall der Kündigung durch einen Privatgläubiger nicht zulässig sein kann, da dies einer Disposition über das Kündigungsrecht entsprechen würde. Gesellschaftsvertragliche Modifikationen des Abfindungsanspruchs (Abfindungsklauseln)[203] werden gegenüber den Privatgläubigern als insgesamt wirksam angesehen, soweit sie sich nicht nur diskriminierend gegen letztere wenden[204], also auch den Gesellschafter im Falle seines Ausscheidens treffen würden. Ist die Abfindungseinschränkung so gestaltet, dass sie auch den Gesellschafter bei seinem Ausscheiden treffen würde, präzisiert sie den Wert der Vermögensbeteiligung des Gesellschafters. Der Privatgläubiger erhält das, was auch der Gesellschafter erhalten würde. Die Zulässigkeit der Abfindungsklausel ist dann nach den allgemeinen Regeln zu beurteilen, insbesondere § 138 BGB.[205] Eine Einschränkung des nachrangigen Zugriffs der Privatgläubiger auf das Gesellschaftsvermögen ist darin nicht zu erkennen.

b. Liquidation

Nach §§ 149 S. 1, 155 Abs. 1 HGB dient das Gesellschaftsvermögen in der Liquidation nach der gesetzlichen Grundkonzeption der vorrangigen Befriedigung der Gesellschaftsgläubiger. Die Gesellschafter haben nachrangig Zugriff auf den nach Befriedigung der Gesellschaftsgläubiger übrigbleibenden Überschuss. Dennoch

---

201 Vgl. *Roth*, in: Baumbach/Hopt, HGB, § 135 Rn. 12; *Lorz*, in: E/B/J/S/, HGB, § 135 Rn. 27; *Klöhn*, in: Henssler/Strohn, Gesellschaftsrecht, § 135 HGB Rn. 28; *K. Schmidt*, in: Münchener Kommentar-HGB, § 135 Rn. 7; *Schäfer*, in: Staub, HGB, § 135 Rn. 17; a.A. *H. Roth*, ZGR 2000, 187, 212.

202 Siehe *Tröger*, FS Westermann, S. 1533, 1544.

203 Dazu statt aller *K. Schmidt*, in: Münchener Kommentar-HGB, § 131 Rn. 151 ff.

204 Vgl. aus der Rechtsprechung BGHZ 65, 22, 26 ff. ; BGHZ 32, 151, 155 f. (jeweils zur GmbH). Aus der Lit. vgl. *Lorz*, in: E/B/J/S, HGB, § 135 Rn. 23; *H. Roth*, ZGR 2000, 187, 207; *K. Schmidt*, in: Münchener Kommentar-HGB, § 131 Rn. 160; *Roth*, in: Baumbach/Hopt, HGB, § 131 Rn. 60.

205 Vgl. nur *K. Schmidt*, in: Münchener Kommentar-HGB, § 131 Rn. 156 m.w.N.

verneint die herrschende Meinung jegliches gläubigerschützendes Moment im Recht der Liquidation der Personengesellschaften, bejaht die Dispositivität der vorrangigen Befriedigung der Gesellschaftsgläubiger und erlaubt den Gesellschaftern eine Schlussverteilung vor Befriedigung der Gesellschaftsverbindlichkeiten.[206] Darin scheint auf den ersten Blick, ein Widerspruch zur Reservierung des Gesellschaftsvermögens zur vorrangigen Befriedigung der Gesellschaftsgläubiger zu liegen.

Die Dispositivität wird wie folgt begründet. Die vorrangige Befriedigung der Gesellschaftsgläubiger vor Vermögensverteilung nach § 149 S. 1 HGB sei nicht im Interesse der Gesellschaftsgläubiger geregelt worden.[207] Die Liquidation erfolge nur im Interesse der Gesellschafter. Gläubigerschützende Effekte der gesetzlich vorgesehenen Priorität der Befriedigung der Gesellschaftsgläubiger seien zwar anzuerkennen, diese führen jedoch nicht zu einer gläubigerschützenden Zielsetzung der Normen. Der Schutz der Gesellschaftsgläubiger über die Liquidationsvorschriften sei mangels Vorschriften der Kapitalerhaltung nur reflexiver Art.[208] Das führe dazu, dass eine tatsächlich vorrangige Befriedigung der Gläubiger nicht zwingend sei. Vielmehr sei die persönliche Haftung der Gesellschafter nach § 128 S. 1 HGB alleiniges Mittel des Gläubigerschutzes in der Personengesellschaft.[209]

Sieht man, dieser Ansicht folgend, die Liquidationsvorschriften als dispositiv an und erlaubt den Gesellschaftern eine Schlussverteilung des Gesellschaftsvermögens vor Befriedigung der Gesellschaftsverbindlichkeiten, so ändert dies jedoch nichts Grundsätzliches an der Trennung des Haftungsfonds und der vorrangigen Reservierung desselben für die Gesellschaftsgläubiger.[210] „Ein solcher [eine vorrangige Verteilung des Gesellschaftsvermögens an die Gesellschafter bewilligender] Gesellschafterwille stellt nämlich nichts anderes als eine Form des ex post Opportunismus gegenüber den Gläubigern dar, dem die persönliche Haftung der Gesellschafter vorbeugen soll. Entscheidend ist, dass jedenfalls die Privatgläubiger selbst keine Möglichkeit haben, die Priorität der Gesellschaftsgläubiger auszuhebeln."[211]

Die Anordnung einer zwingend vorrangigen Befriedigung der Gesellschafter ist nur eine Möglichkeit, das opportunistische Verhalten der Gesellschafter in der Liquidation zu verhindern. Jedoch reicht allein die Anordnung zwingenden Rechts noch nicht aus, eine vorrangige Befriedigung der Gesellschafter sicherzustellen. Vor allem

---

206 Vgl. *K. Schmidt*, in: Münchener Kommentar-HGB, § 149 Rn. 40, § 155 Rn. 1, 50; *Koller*, in: Koller/Kindler/Roth/Morck, HGB, § 155 Rn. 1; *Klöhn*, in: Henssler/Strohn, Gesellschaftsrecht, § 149 HGB Rn. 2, 17, § 155 HGB Rn. 2, 3. Weitere Nachweise bei *Hillers*, Liquidation, S. 28 ff., insbes. Fn. 79.

207 So etwa *K. Schmidt*, in: Münchener Kommentar-HGB, § 149 Rn. 40, § 155 Rn. 1, 50; *Hillmann*, in: E/B/J/S, HGB, § 155 Rn. 4; *Klöhn*, in: Henssler/Strohn, Gesellschaftsrecht, § 149 HGB Rn. 2, 17, § 155 HGB Rn. 2, 3; *Hillers*, Liquidation, S. 28 ff. m.w.N. insbes. Fn. 79.

208 Vgl. *K. Schmidt*, in: Münchener Kommentar-HGB, § 149 Rn. 40, § 155 Rn. 1.

209 Vgl. dazu *Hillers*, Liquidation, S. 29 f. m.w.N.

210 *Tröger*, FS Westermann S. 1533, 1544.

211 *Tröger*, FS Westermann, S. 1533, 1544. Dazu mehr *infra* Kapitel 3 §2 A.

die Androhung einer *ex post* Haftung kann *ex ante* bei den Gesellschaftern den Anreiz setzen, eine vorrangige Befriedigung der Gesellschafter durchzuführen. Eine Möglichkeit wäre es die §§ 149, 155 HGB als zwingendes Recht und als Schutzgesetz i.S.v. § 823 Abs. 2 BGB anzusehen.[212] Die persönliche Haftung der Gesellschafter nach § 128 S. 1 HGB ist jedoch ein ungleich schärferer Anreiz.[213] Ohne Nachweis von Verschulden oder Schaden kann der Gesellschaftsgläubiger auf Grund der gesamtschuldnerischen Haftung gegen jeden Gesellschafter vorgehen. Die persönliche Haftung ist nicht die Ausweichlösung eines fehlenden Gläubigerschutzes in der Liquidation, sondern sichert den vorrangigen Zugriff der Gesellschaftsgläubiger ab.[214] Sie setzt für jeden Gesellschafter den Anreiz, um einer persönlichen Inanspruchnahme zu entgehen, auf eine vorrangige Befriedigung der Gesellschaftsgläubiger hinzuwirken.

Eine Abweichung vom gesetzlich vorgesehenen Verfahren bedarf der Willensbildung durch die Gesellschafter. Voraussetzung für eine andere Art der Abwicklung als durch die gesetzlich vorgesehene Liquidation oder einer Abweichung vom gesetzlich vorgesehenen Verfahren, ist entweder eine entsprechende Vereinbarung im Gesellschaftsvertrag oder ein nach Auflösung gefasster Gesellschafterbeschluss.[215] Jeder Gesellschafter wird im Rahmen dieser Willensbildung sein Risiko einer persönlichen Inanspruchnahme berücksichtigen. So werden Gläubigerinteressen in die gesellschafterliche Willensbildung mit einbezogen.

Hinzu kommt eine kollektive Komponente der persönlichen Haftung. Jeder Gesellschafter hat einen Anreiz die Liquidation durch die Liquidationsgeschäftsführer zu überwachen und eine vorrangige Befriedigung der Gesellschaftsgläubiger herbeizuführen. Dies ist einem Gesellschafter, gerade in der nach der gesetzlichen Ausrichtung engeren Verbundenheit der Gesellschafter in den Personengesellschaften, besser möglich als den Gesellschaftsgläubiger. Dieser Anreiz wird abgesichert durch die Pflicht der Liquidatoren das gewählte Liquidationsverfahren pflichtgemäß durchzuführen, der Bindung der Liquidatoren an Weisungen der Gesellschafter (§ 152 HGB) und ihre allgemeine Pflicht zur Wahrung der Interessen der Gesellschafter, inklusive der Minderheitsgesellschafter.[216]

---

212 So zum Teil bei § 73 III GmbHG. Vgl. z.B. *Nerlich*, in: Michalski, GmbHG, § 73 Rn. 52 f.; a.A. *H.F. Müller*, in: Münchener Kommentar-GmbHG, § 73 Rn. 43.

213 So auch *Hillers*, Liquidation, S. 144 ff.

214 So auch ausführlich *Hillers*, Liquidation, S. 143 ff.

215 Der Beschluss ist Grundlagengeschäft und bedarf grundsätzlich der Zustimmung aller Mitgesellschafter. Mehrheitsklauseln sind unter den gängigen Voraussetzungen zulässig. So BGH NJW 1995, 194, 194 f.; *Hillmann*, in: E/B/J/S, HGB, § 145 Rn. 16; *Klöhn*, in: Henssler/Strohn, Gesellschaftsrecht, § 145 HGB, Rn. 16. Zum Schutz der Minderheitsgesellschafter siehe noch *infra* Kapitel 3 §3.

216 Vgl. *Hillers*, Liquidation, S. 49 ff.; *K. Schmidt*, in: Münchener Kommentar-HGB, § 152 Rn. 3. Die Liquidation ist Geschäftsführungstätigkeit der Liquidatoren, da der Gesellschaftszweck auf Abwicklung der Gesellschaft geändert wurde, und ist daher pflichtgemäß zu erfüllen.

c. Insolvenz

Nach §§ 131 Abs. 1 Nr. 3 HGB, 11 Abs. 2 Nr. 1 InsO kann über das Vermögen der OHG das Insolvenzverfahren eröffnet werden. Die Haftung für die Gesellschaftsschulden trifft die OHG in der Insolvenz wie in der Einzelzwangsvollstreckung. Das Insolvenzverfahren der Gesellschaft ist streng von einem Insolvenzverfahren über das Privatvermögen der Gesellschafter zu unterscheiden. Die Gesellschaft ist Schuldnerin des Insolvenzverfahrens, nicht jedoch die Gesellschafter.[217] Daraus ergibt sich, dass der Privatgläubiger eines Gesellschafters, da kein Insolvenzgläubiger i.S.v. § 38 InsO, keinen direkten Zugriff auf die Insolvenzmasse hat.[218] Die Mitgliedschaftsrechte der Gesellschafter sind in der Gesellschaftsinsolvenz keine Insolvenzforderungen, da dem Gesellschaftsvermögen die Funktion des Haftkapitals, eines für die Gläubiger der Unternehmung vorrangig reservierten Haftungsfonds zukommt und es der Befriedigung der Gesellschaftsgläubiger dienen soll.[219] Ein Anspruch eines Gesellschafters auf Auszahlung eines Auseinandersetzungsguthabens bzw. Abfindungsguthabens kann daher nicht als Insolvenzforderung angemeldet werden. Allein im Rahmen einer möglichen Auskehrung eines Überschusses nach § 199 S. 2 InsO können die Privatgläubiger der Gesellschafter bedacht werden.

Im Falle der Insolvenz eines Gesellschafters scheidet nach § 131 Abs. 3 S. 1 Nr. 2 HGB dieser grundsätzlich aus der Gesellschaft aus. Sein daraus entstehender Abfindungsanspruch fällt in seine Insolvenzmasse. Auch hier wird der Vorrang der Gesellschaftsgläubiger deutlich – der Abfindungsanspruch entspricht dem Auseinandersetzungsguthaben des Gesellschafters und dieses berechnet sich unter vorrangiger Berücksichtigung der Verbindlichkeiten der Gesellschaftsgläubiger gegen das Gesellschaftsvermögen.

3. *Zusammenfassung*

OHG, KG und PartG sind rechtsfähige Personengesellschaften. Trägerin des Gesellschaftsvermögens ist daher die Gesellschaft als eigenes Rechtssubjekt. Dadurch ist das Gesellschaftsvermögen vom Vermögen der Gesellschafter getrennt. Das Gesellschaftsvermögen ist dem gesetzlichen Leitbild nach primär für die Gesellschaftsgläubiger reserviert. Die Privatgläubiger haben nur nachrangigen und indirekten Zugriff auf das Gesellschaftsvermögen über die Pfändung und Verwertung der vermögenswerten

---

217 Früher noch anders (auch die persönlich haftenden Gesellschafter als Schuldner angesehen), vgl. nur RGZ 16, 1, 3; BGHZ 34, 293, 297; heute jedoch herrschende Meinung, vgl. *K. Schmidt*, in: Münchener Kommentar-HGB, Anh. § 158 HGB Rn. 5 m.w.N.; *Bork*, Einführung in das Insolvenzrecht, S. 17 Rn. 40.

218 *Ries*, in: Kreft, InsO, § 38 Rn. 21; *Henckel*, in: Jaeger/Henckel, InsO, § 38 Rn. 49; jeweils m.w.N.

219 *Bäuerle*, in: Braun, InsO, § 38 Rn. 10, *Ehricke*, in: Münchener Kommentar-InsO, § 38 Rn. 54; jeweils m.w.N. Etwas anderes gilt für Aufwendungsersatzansprüche der Gesellschafter und Drittgläubigerforderungen der Gesellschafter. Dabei geht es aber gerade nicht um eine Verwertung des Gesellschaftsanteils als solchem.

Position, die der Gesellschafter als Mitglied der Gesellschaft inne hat. Die vermögenswerte Position der Mitgliedschaft ist nach dem dispositiven gesetzlichen Leitbild der Anteil des Gesellschafters an dem Gesellschaftsvermögen nach Befriedigung aller Gesellschaftsgläubiger (Auseinandersetzungsguthaben). Das Organisationsrecht der Personenhandelsgesellschaften und der PartG verwirklicht somit die Verselbständigung eines für die Gesellschaftsgläubiger vorrangig reservierten Haftungsfonds, auf den die Privatgläubiger der Gesellschafter nur nachrangig Zugriff haben (*weak entity shielding*).

III. BGB-Gesellschaft

Nach jahrelangem Streit darüber, ob die Gesellschaft bürgerlichen Rechts rechtsfähig ist oder nicht, wird heute die Rechtsfähigkeit mit fast einhelliger Meinung[220] bejaht. Nach der Grundsatzentscheidung des BGH[221] kommt dem Streit heute, jedenfalls in der Praxis, keine große Bedeutung mehr zu. Obwohl für das traditionelle Gesamthandsverständnis und damit gegen die Rechtsfähigkeit der BGB-Gesellschaft Argumente angeführt werden können, hat sich die Auffassung von der Rechtssubjektivität der Personengesellschaften durchgesetzt. Es wird hier bezüglich der Diskussion über die Rechtssubjektivität, insbesondere der BGB-Gesellschaft auf die umfangreiche Literatur verwiesen.[222]

1. Die rechtsfähige BGB-Gesellschaft und das Gesellschaftsvermögen

Nach der heute herrschenden Meinung in Literatur und Rechtsprechung ist die BGB-Gesellschaft, soweit sie eine Außengesellschaft ist, selbst Trägerin von Rechten

---

220 Einzelne Stimmen sprechen sich noch immer gegen die Anerkennung der Rechtsfähigkeit der BGB-Gesellschaft aus: vgl. aus dem neuern Schrifttum *Beuthien*, NZG 2011, 481, 485 ff.; *Weigl*, NZG 2010, 1053, 1056 (für eine gesetzgeberische Klarstellung, dass die BGB-Gesellschaft nicht rechtsfähig ist).

221 BGHZ 146, 341. Das Urteil wurde weitestgehend sehr positiv aufgenommen. Vgl. dazu statt aller *Dauner-Lieb*, DStR 2001, 356 ff.; *Derleder*, BB 2001, 2485 ff.; *Hadding*, ZGR 2001, 712 ff., insbes. 714 („*Schlusstein*"); *Habersack*, BB 2001, 477 ff.; *K. Schmidt*, NJW 2001, 993 ff., insbes. 1003 („*Meilenstein*"); *Ulmer*, ZIP 2001, 585 ff. („*Markstein*"); *Westermann*, NZG 2001, 289 ff.; *Wertenbruch*, NJW 2002, 324 ff.; kritisch *Peifer*, NZG 2001, 296 ff; ablehnend *Heil*, NZG 2001, 300 ff.

222 Eine Auswahl der nicht mehr zu überblickenden Beiträge findet sich z. B. bei *K. Schmidt*, Gesellschaftsrecht, S. 1689. Zusammenfassend u. a. *Scholz*, Verselbständigung bürgerlichrechtlicher Gesellschaften, S. 27 ff. Es wird jedoch um Gemeinsamkeiten und Unterschiede zwischen dem traditionellen Gesamthandsverständnis und heute herrschenden Ansicht von der Rechtsfähigkeit der BGB-Gesellschaft in Hinblick auf die Verwirklichun der Idee des *affirmative asset partitioning* zu beleuchten, verschiedentlich auf den Meinungsstand nach dem traditionellen Gesamthandsverständnis hingewiesen.

und Pflichten, d.h. rechtsfähig[223] und Rechtssubjekt.[224] Rechtsfähigkeit kann also nicht nur natürlichen und juristischen Personen zukommen, auch Gesamthandsgesellschaften können Zuordnungssubjekt von Rechten und Pflichten sein.

Für die von ihr (vertreten durch ihre Organe) eingegangenen Verbindlichkeiten haftet die BGB-Gesellschaft als selbständiges Rechtssubjekt mit ihrem Gesellschaftsvermögen. Dieses ist, da die Gesellschaft ein eigenständiger, von ihren Mitgliedern zu unterscheidender Träger von Rechten und Pflichten ist, vom Privatvermögen der Gesellschafter getrennt und als Haftungsfonds für die Verbindlichkeiten der Gesellschaftsgläubiger verselbständigt. Im nächsten Schritt wird untersucht, wie weit diese Verselbständigung reicht und wie die Reservierung des Gesellschaftsvermögens für die Gesellschaftsgläubiger in der Einzelzwangsvollstreckung und der Insolvenz sichergestellt wird.

2. *Einzelzwangsvollstreckung*

Die Anerkennung der Rechtsfähigkeit der BGB-Außengesellschaft lässt an eine analoge Anwendung des § 124 Abs. 2 HGB denken.[225] Will man diesen Schritt nicht gehen, so folgt doch aus der Anerkennung der Rechtsfähigkeit zwingend die Anerkennung von Titeln gegen die Gesellschaft selbst, was nach dem traditionellen Gesamzhandsverständnis nicht möglich war.[226] § 736 ZPO erlaubt dann darüber hinaus alternativ eine Zwangsvollstreckung in das Vermögen der BGB-Gesellschaft auf Grundlage eines Titels gegen alle Gesellschafter. Diese Vorschrift wird heute überwiegend so verstanden, dass kein Titel gegen alle Gesellschafter

223 Der BGH (BGHZ 146, 341) spricht davon, dass die GbR nur „*grundsätzlich, d.h. soweit nicht spezielle Gesichtspunkte entgegenstehen*" rechtsfähig ist (kritisch zu dieser Formulierung *Scholz*, NZG 2002, 153, 156) und eine Außengesellschaft rechtsfähig ist „*soweit sie durch Teilnahme am Rechtsverkehr eigene Rechte und Pflichten begründet*". Kritisch hierzu *Derleder*, BB 2001, 2485, 2487. Zu den verschiedenen Rechtspositionen, die die BGB-Gesellschaft einnehmen kann aus dem neueren Schrifttum *Armbrüster*, ZGR 2013, 366 ff.

224 Diese Ansicht wird auch Gruppenlehre genannt. Die Bezeichnung „Gruppenlehre" geht auf *Flume*, ZHR 136 (1972) 177 zurück, der der Gesamthand als „Gruppe" eigene Rechtszuständigkeit beimaß.

225 So *Gesmann-Nuissl*, WM 2001, 973, 976; *Habersack*, BB 2001, 477, 481; *Hadding*, ZGR 2001, 712, 734; *Schäfer*, in: Münchener Kommentar-BGB, § 705 Rn. 321; *Scholz*, NZG 2002, 153, 163; nach einer Übergangszeit, in der Titel gegen alle Gesellschafter noch anerkannt werden, wohl auch Staudinger/*Habermeier*, BGB, Vor. § 705 BGB Rn. 61. Im Ergebnis auch *Aderhold*, Schuldmodell, S. 168 f. Eingehend dazu auch *Leipold*, FS Canaris II, S. 221, 235 ff.

226 *Heßler*, in: Münchener Kommentar-ZPO, § 736 Rn. 13; *Lackmann*, in: Musielak, ZPO, § 736 Rn. 4; BGH NJW 2011, 2048, 2049 Tz. 11; BGH NJW 2007, 1813, 1814 f.; BGH NJW 2004, 3632, 3634; *Leipold*, FS Canaris II, S. 221, 235.

für eine Zwangsvollstreckung gegen eine BGB-Gesellschaft notwendig ist, jedoch ausreicht.[227]

Die Privatgläubiger der Gesellschafter sind bei der BGB-Gesellschaft, was auch schon nach dem traditionellen Gesamthandsverständnis galt, nach §§ 725 BGB, 859 Abs. 1 S. 1, 857 Abs. 1 (851 Abs. 1) ZPO ebenfalls auf die Pfändung des Gesellschaftsanteils[228] und eine anschließende Kündigung der Gesellschaft oder der Mitgliedschaft und einer Einziehung des entsprechenden Anteils am Auseinandersetzungsguthaben beschränkt. Durch die Pfändung und Verwertung der Mitgliedschaft erhalten die Privatgläubiger der Gesellschafter einen mittelbaren Zugriff auf das Gesellschaftsvermögen.[229] Pfändungsgegenstand ist, wie bei der OHG, die Mitgliedschaft des Gesellschafters als solche.[230] Nach Pfändung und Überweisung des Gesellschaftsanteils kann der Privatgläubiger die Gesellschaft kündigen, was nach dem gesetzlichen Regelfall zur Auflösung der Gesellschaft führt.[231] Der Privatgläubiger hat dann Anspruch auf den Anteil des Gesellschafters am Auseinandersetzungsguthaben. Zugriffsobjekt des Privatgläubigers ist, wie nach dem gesetzlichen Regelfall in der OHG, der mit Ausscheiden des Gesellschafters entstehende Abfindungsanspruch nach § 738 Abs. 1 BGB.[232]

§ 736 ZPO soll in einer bestimmten Konstellation den Privatgläubigern der Gesellschafter gleichwohl einen direkten Zugriff auf das Gesellschaftsvermögen ermöglichen und dadurch die Trennung und Reservierung des Gesellschaftsvermögens zu Gunsten der Gesellschaftsgläubiger durchbrechen. § 736 ZPO wird so verstanden, dass ein Privatgläubiger, der eine Forderung gegen alle Gesellschafter hat, unabhängig vom Gesellschaftsbezug der Verbindlichkeit, mit einem Titel gegen alle Gesellschafter direkt auf das Gesellschaftsvermögen zugreifen kann, beispielsweise wenn alle Gesellschafter gemeinsam ein Delikt ohne Bezug zur Gesellschaftstätigkeit gegen den Privatgläubiger begangen haben und diesem nach

---

227 H.M. BGH NJW 2011, 2048, 2049; BGH NJW 2007, 1813, 1814 f.; BGH NJW 2004, 3632, 3634; *Schöne*, in: BeckOK-BGB, § 718 Rn. 20; *Heßler*, in: Münchener Kommentar-ZPO, § 736 Rn. 8; *K. Schmidt*, NJW 2001, 993, 1000; *ders.*, NJW 2008, 1841, 1843 ff.

228 Zur Durchführung der Pfändung des Gesellschaftsanteils vgl. statt aller *Schöne*, in: BeckOK-BGB, § 725 Rn. 4 f.; *Schäfer*, in: Münchener Kommentar-BGB, § 725 Rn. 12 f.; jeweils m.w.N.

229 Vgl. *Schöne*, in: BeckOK-BGB, § 725 Rn. 1; *Schäfer*, in: Münchener Kommentar-BGB, § 725 Rn. 1; Staudinger/*Habermeier*, BGB, § 725 Rn. 1.

230 Heute ganz h.M., vgl. statt aller *Schöne*, in: BeckOK-BGB, § 725 Rn. 3; *Schäfer*, in: Münchener Kommentar-BGB, § 725 Rn. 9 f.; Staudinger/*Habermeier*, BGB, § 725 Rn. 5; *Westermann*, in: Erman, BGB, § 725 Rn. 1; jeweils m.w.N.

231 Fortsetzungsklauseln im Gesellschaftsvertrag, die dazu führen, dass der betroffene Gesellschafter ausscheidet, die Gesellschaft jedoch fortgeführt wird, sind zulässig. Einhellige Meinung, vgl. statt aller *Schäfer*, in: Münchener Kommentar-BGB, § 725 Rn. 7; Staudinger/*Habermeier*, BGB, § 725 Rn. 4.

232 Der Inhalt des Abfindungsanspruchs entspricht grundsätzlich dem Auseinandersetzungsguthaben des Gesellschafters, vgl. zur OHG *supra* B. II. 2. a.

§ 840 BGB gesamtschuldnerisch haften.[233] Neben den – heute wohl nur noch bedingt relevanten – Gesetzesmaterialien[234] wird diese Zugriffsmöglichkeit darauf gestützt, dass ein vom Gesellschaftszweck unabhängiger Zugriff der Gesellschafter durch die gesamthänderische Bindung des Gesellschaftsvermögens nicht ausgeschlossen wird, da die Gesellschafter in ihrer gesamthänderischen Verbundenheit unabhängig vom Gesellschaftszweck verfügungsbefugt seien. Lediglich ein Zugreifen des einzelnen Gesellschafters auf das verselbständigte Gesellschaftsvermögen solle verhindert werden.[235] Fehlende Vorschriften der Kapitalaufbringung und der Kapitalerhaltung erlaubten es außerdem den Gesellschaftern der BGB-Gesellschaft gemeinschaftlich beliebig ihre Verfügungsbefugnis über das Gesellschaftsvermögen auszuüben. Daraus sei zu folgern, dass es gerade keinen Vorrang der Gesellschaftsgläubiger vor gemeinschaftlichen Privatgläubigern gebe.[236]

---

233 *Heßler*, in: Münchener Kommentar-ZPO, § 736 Rn. 24 ff; *Brehm*, KTS 1983, 21, 32 ff.; *Huber*, Vermögensanteil, S. 87; *Münzberg*, in: Stein/Jonas, ZPO, § 736 Rn. 7; *Stöber*, in: Zöller, ZPO, § 736 Rn. 3; *Wertenbruch*, NJW 2002, 324, 328 f.; *ders.* Haftung von Gesellschaften und Gesellschaftsanteilen, S. 141 ff.; *ders.*, in: Handbuch Personengesellschaften, Rz. I 865. Im Rahmen des traditionellen Gesamthandsverständnisses war dies ebenfalls besonders umstritten: für eine „Gesamtschuld" als Voraussetzung etwa *Ulmer*, in: Münchener Kommentar-BGB, 3. Aufl., § 718 Rn. 37; *Heller*, Der Zivilprozeß der Gesellschaft bürgerlichen Rechts, S. 228 ff.; *Hillers*, Liquidation, S. 91 f.; *Hüffer*, FS Stimpel, S. 165, 184 f.; *Neumann*, Konkurs, S. 81 ff.; *Nicknig*, Haftung, S. 130 ff.; *Wiedemann*, Gesellschaftsrecht I, S. 250; jeweils m.w.N. Dazu auch *Aderhold*, Schuldmodell, S. 167 ff. a.A. jede Verpflichtung aller Gesellschafter genügt *Schultze-v. Lasaulx*, in: Soergel, BGB, 10. Aufl., § 718 Rn. 8; *Noack*, MDR 1974, 811, 812; *Kornblum*, BB 1970, 1445, 1452.

234 Protokolle Mugdan Bd. II, S. 993; ausführlich *Wertenbruch*, Haftung von Gesellschaften und Gesellschaftsanteilen, S. 141 ff.

235 Die Gesellschafter sind nach *Wertenbruch* als Gesamthänder gemeinschaftlich über die Gegenstände des Gesellschaftsvermögens verfügungsbefugt. Die Vollstreckbarkeit in einen Vermögensgegenstand laufe immer parallel zur Verfügungsbefugnis. Die Gesellschafter könnten gemeinschaftlich die Forderung gegenüber ihrem gemeinschaftlichen Privatgläubiger erfüllen und daher sei auch eine Zwangsvollstreckung zulässig. *Wertenbruch*, in: Westermann/Wertenbruch (Hrsg.), Handbuch Personengesellschaften, Rz. I 865; *ders.*, Haftung von Gesellschaften und Gesellschaftsanteilen, S. 145.

236 Vgl. *Wertenbruch*, NJW 2002, 324, 328 f.; *ders.*, in: Handbuch Personengesellschaften, Rz. I 902; *Stöber*, in: Zöller, ZPO, § 736 Rn. 3. Im Rahmen des traditionellen Gesamthandsverständnisses wurde daneben ein rein vollstreckungsrechtliches Argument angebracht: Aus dem Titel lasse sich nicht erkennen, ob die titulierte Schuld eine Gesamthandsschuld sei oder ob es sich um eine Privatverbindlichkeit der Gesellschafter handle und daraus würden sich kaum überwindbare praktische Schwierigkeiten ergeben, vgl. bei *Brehm*, KTS 1983, 21, 33; *Hillers*, Liquidation, S. 91 m.w.N.

Die Gegenauffassung verweist den Privatgläubiger der Gesellschafter zur Sicherung des Vorrangs der Gesellschaftsgläubiger auf die Anteilspfändung.[237] Formal sei eine Zwangsvollstreckung eines Privatgläubigers in das Gesellschaftsvermögen auf Grundlage eines Titels gegen alle Gesellschafter zwar rechtmäßig, jedoch sei gegen sie aufgrund mangelnder materiell-rechtlicher Zulässigkeit eine Drittwiderspruchsklage zulässig.[238] Das Gesellschaftsvermögen sei primär den Gesellschaftsgläubigern reserviert und müsse in seiner Bindung an den Gesellschaftszweck gesichert werden. Ein gegen alle Gesellschafter gerichteter Titel erlaube die Zwangsvollstreckung in das Gesellschaftsvermögen nur insoweit, als er sich auf eine gesellschaftsbezogene Verbindlichkeit beziehe.[239]

Die Zulässigkeit einer Zwangsvollstreckung in das Gesellschaftsvermögen ohne jeglichen Gesellschaftsbezug ist abzulehnen. Der direkte Zugriff der Privatgläubiger wird im Recht der Körperschaften nicht durch die Garantie eines gesetzlichen Kapitals verhindert.[240] Eine Passivlegitimation der Privatgläubiger fehlt bei einem versuchten Zugriff auf das Körperschaftsvermögen aufgrund der vollständigen Verselbständigung der juristischen Person. Erkennt man den Effizienzgewinn eines getrennten und abgeschirmten Haftungsfonds, mit der daraus folgenden Nachrangigkeit der Privatgläubiger an, so sind die Konsequenzen aus der Anerkennung der Rechtsfähigkeit der BGB-Gesellschaft zu ziehen. Nur wenn ein Titel gegen alle Gesellschafter aufgrund einer Gesellschaftsverbindlichkeit oder einer Verbindlichkeit mit Gesellschaftsbezug vorliegt ist, nach diesem veränderten Verständnis des § 736 ZPO, zur vollen Verwirklichung des Effizienzgewinnes auch ein Zugriff auf das Gesellschaftsvermögen zu erlauben.

---

237 *Ulrici*, in: BeckOK-ZPO, § 736 Rn. 12.2; *K. Schmidt*, NJW 2001, 997, 1000 f.; *Schäfer*, in: Münchener Kommentar BGB, § 718 Rn. 57 f; *Winter*, KTS 1983, 349, 366 f.

238 *Schäfer*, in: Münchener Kommentar BGB, § 718 Rn. 57 f.; *Winter*, KTS 1983, 349, 366 f.; *K. Schmidt*, NJW 2001, 993, 1000 f. Gegen die Vollstreckung eines Gesamtschuldtitels in das Gesellschaftsvermögen auch *Heller*, Der Zivilprozeß der Gesellschaft bürgerlichen Rechts, S. 228 ff; *Giers*, in: Kindl/Meller-Hannich/Wolf, Gesamtes Recht der Zwangsvollstreckung, § 736 ZPO Rn. 6.

239 *Ulrici*, in: BeckOK-ZPO, § 736 Rn. 12.2; *K. Schmidt*, NJW 2001, 993, 1000 f.; *Schäfer*, in: Münchener Kommentar BGB, § 718 Rn. 57 f.; *Lackmann*, in: Musielak, ZPO, § 736 Rn. 4; so wohl jetzt auch der BGH NJW 2008, 1378, 1379: „*wenn Gegenstand der titulierten Verpflichtung eine Verbindlichkeit ist, für die die Gesellschaft ebenso wie die in Anspruch genommenen Gesellschafter haftet*"; BGH NJW 2011, 2048, 2049: „*Titel (...), der im Hinblick auf ihre persönliche Mithaftung ergangen ist*" und „*titulierte Verpflichtung einer Verbindlichkeit der Gesellschaft, für die die in Anspruch genommenen Gesellschafter haften*". Gesellschaftsbezogen sei eine Verbindlichkeit der Gesellschafter dann, wenn sie auf deren akzessorischer persönlicher Haftung beruhe oder ihre Causa in einem von den Gesellschaftern gemeinschaftlich mit Bezug auf die Gesellschaft begangenen Delikts habe. Siehe *Schäfer*, in: Münchener Kommentar BGB, § 718 Rn. 24 ff.; *Heßler*, in: Münchener Kommentar-ZPO, § 736 Rn. 20.

240 *Tröger*, FS Westermann, S. 1533, 1546.

3. Liquidation

Bei der Auseinandersetzung der BGB-Gesellschaft sieht § 730 Abs. 1 S. 1 BGB ebenfalls eine nach der gesetzlichen Grundkonzeption vorrangige Befriedigung der Gesellschafter vor. Vor Zurückerstattung der Einlage und Auszahlung eines möglichen Gewinns sind die Schulden der Gesellschaft zu begleichen. Reicht das Gesellschaftsvermögen für eine Befriedigung der Verbindlichkeiten nicht aus, so trifft die Gesellschafter eine Nachschusspflicht nach § 735 BGB. Diese Nachschusspflicht wirkt nur im Innenverhältnis und begründet keine Ansprüche der Gesellschaftsgläubiger.[241] § 733 und § 735 BGB werden, wie die entsprechenden Liquidationsvorschriften bei der OHG als dispositiv angesehen[242] und bezeichnen diejenigen Pflichten, deren Durchsetzung jeder Gesellschafter von seinen an der Abwicklung beteiligten Mitgesellschaftern verlangen kann.[243]

4. Insolvenz

Die BGB-Gesellschaft ist nach § 11 Abs. 2 Nr. 2 InsO insolvenzfähig.[244] Zur Insolvenzmasse nach § 35 InsO zählt das gesamte Vermögen der BGB-Gesellschaft. Bezüglich des Zugriffs der Privatgläubiger der Gesellschafter auf das

---

241 Die Gesellschaftsgläubiger können aber einen der Gesellschaft zustehenden Nachschussanspruch pfänden und sich zur Einziehung überweisen lassen (§§ 736, 829, 836 ZPO). Vgl. dazu u. a. *Schöne*, in: BeckOK-BGB, § 735 Rn. 7; Staudinger/*Habermeier*, BGB, § 735 Rn. 1.

242 H.M. vgl. u. a. *Westermann*, in: Erman, BGB, § 733 Rn. 8, § 735 Rn. 2; *Schäfer*, in: Münchener Kommentar-BGB, § 735 Rn. 2, § 735 Rn. 5; Palandt/*Sprau*, § 735 Rn. 1; Staudinger/*Habermeier*, BGB, § 730 Rn. 2, § 735 Rn. 1; a.A. *Aderhold*, Schuldmodell, S 244 ff.

243 Statt aller *Schäfer*, in: Münchener Kommentar-BGB, § 733 Rn. 5; Palandt/*Sprau*, § 735 Rn. 1.

244 Bis zur Einführung des § 11 Abs. 2 InsO (zum 01.01.1999, BGBl. I 1994 S. 2867) wurde die BGB-Gesellschaft nicht als separat konkursfähig angesehen. Vgl. statt aller BGHZ 23, 307, 323; BGHZ 113, 216; *Prütting*, ZIP 1997, 1725, 1729; *Kuhn/Uhlenbruck*, KO, Vorbem. B § 207 Rn. 1; jeweils m.w.N.; auch wenn dieses Ergebnis häufig als wenig befriedigenden angesehen wurde, wurde dann ein gesetzgeberisches Eingreifen als notwendig betrachtet; a.A. *K. Schmidt*, in: Kilger, KO, § 209 Rn. 4; *Neumann*, Konkurs, S. 6 ff., passim; *Heller*, Der Zivilprozeß der Gesellschaft bürgerlichen Rechts, S. 235 ff., insbes. 238 ff.; *Hüffer*, FS Stimpel, S. 186; dazu auch *Göckeler*, Gesellschaft bürgerlichen Rechts, S. 209 ff. m.w.N. Der Gesetzgeber begründete dann auch die Einführung des § 11 Abs. 2 InsO damit, dass auch bei der BGB-Gesellschaft das Gesellschaftsvermögen bestimmten Gläubigern unter Ausschluss anderer Gläubiger haftungsrechtlich zugewiesen ist und zwar unabhängig von der Kontroverse, ob § 736 ZPO einen Zugriff auf das Gesellschaftsvermögen auch zulässt, wenn der Titel nicht auf einer Gesamthandsschuld basiert. Vgl. BT-Drs. 12/2443, S. 112 re. Sp.

Gesellschaftsvermögen ergeben sich keine Unterschiede zur Rechtslage bei der OHG, KG und PartG.

Mit Eröffnung des Insolvenzverfahrens über das Vermögen eines Gesellschafters wird nach § 738 Abs. 2 BGB die BGB-Gesellschaft grundsätzlich aufgelöst. In diesem Fall haben die Privatgläubiger des Gesellschafters Zugriff auf das Auseinandersetzungsguthaben, nach dem gesetzlichen Leitbild unter vorrangiger Befriedigung der Gesellschaftsgläubiger.

5. *Zusammenfassung*

Geht man mit der heute herrschenden Ansicht von der Rechtsfähigkeit der BGB-Gesellschaft aus, so ist ihr Gesellschaftsvermögen, wie das der Personenhandelsgesellschaften und der PartG, vom Privatvermögen der Gesellschafter getrennt und abgeschirmt. Die Privatgläubiger der Gesellschafter haben keinen direkten Zugriff auf dieses Gesellschaftsvermögen. Daran ändert auch § 736 ZPO nichts – trotz eines Titels gegen alle Gesellschafter muss dem Titel eine Gesellschaftsschuld (Gesamthandsschuld) zu Grunde liegen. Einer in Bezug darauf noch immer vertretenen Gegenansicht ist nicht zu folgen. Auch in der BGB-Gesellschaft lässt sich also die Idee des *affirmative asset partitioning* verwirklichen.

§ 2 Die persönliche Haftung der Gesellschafter bei Personengesellschaften

Nach der gesetzlichen Ausgangslage haften die Gesellschafter einer OHG nach § 128 S. 1 HGB, die Komplementäre einer KG nach §§ 161 Abs. 2, 128 S. 1 HGB und grundsätzlich die Partner einer PartG nach § 8 Abs. 1 S. 1 PartGG persönlich und als Gesamtschuldner für die Gesellschaftsverbindlichkeiten. Nach den §§ 130 (i.V.m. 161 Abs. 2) HGB, 8 Abs. 1 S. 2 PartGG trifft die persönliche Haftung auch die nach Begründung der Verbindlichkeit eintretenden Gesellschafter. Nach Ausscheiden aus der Gesellschaft haften die Gesellschafter im Rahmen einer fünfjährigen Ausschlussfrist (§ 160 Abs. 1 HGB) weiter, sowohl für während als auch vor ihrer Mitgliedschaft begründete Verbindlichkeiten.

Für die BGB-Gesellschaft gibt es hingegen in den §§ 705 ff. BGB keine Regelung der Haftungsverfassung. Die mangelnde gesetzliche Regelung einer persönlichen Haftung der Gesellschafter einer BGB-Gesellschaft hat zu einem eng mit der Frage ihrer Rechtsfähigkeit verbundenen Streit geführt.[245] Es hat sich die Meinung durchgesetzt, dass die Gesellschafter, unabhängig von einer rechtsgeschäftlichen Mitverpflichtung, analog §§ 128 S. 1, 130 HGB für die Verbindlichkeiten der Gesellschaft

---

245 Dennoch folgt aus der Anerkennung der Rechtsfähigkeit nicht zwingend die Anerkennung des Prinzips der akzessorischen Gesellschafterhaftung, vgl. *Westermann*, FS Konzen, S. 957, 959; *Hadding*, FS Raiser, S. 130, 140; *Beuthien*, NJW 2005, 855, 858. Dem ist vor allem dann zuzustimmen, wenn man die persönliche Haftung als einen Gläubigerschutzmechanismus von vielen bei verselbständigten Gesellschaften ansieht.

haften. Dabei war es in der Literatur immer Ziel eine persönliche Haftung der Gesellschafter sicherzustellen.

Nachfolgend werden daher, als Grundlage einer weiteren Betrachtung der Funktion der persönlichen Haftung der Gesellschafter, die unterschiedlichen Ansätze zur Begründung einer Gesellschafterhaftung beleuchtet und auf ihre Vorteile und Schwächen hingewiesen, die zusammen mit der Anerkennung der Rechtsfähigkeit der BGB-Gesellschaft letztendlich zur heute herrschenden Akzessorietätslehre geführt haben.

I. Die Haftung der Gesellschafter nach dem traditionellen Gesamthandsverständnis

Nach dem traditionellen Gesamthandsverständnis gibt es keine rechtsfähige Gesellschaft als solche; Gesellschaft und Gesellschafter sind identisch. Zurechnungsobjekt von Verbindlichkeiten sind somit die Gesellschafter. Über die Frage, welche Haftungsmasse für Verbindlichkeiten aufkommen, ob also sowohl das gesamthänderisch gebundene Vermögen als auch das Privatvermögen der Gesellschafter haften müsse, besteht unter den Vertretern des traditionellen Gesamthandsverständnisses Uneinigkeit.

Vor allem im älteren Schrifttum gibt es keine von den Privatverbindlichkeiten der Gesellschafter getrennten Verbindlichkeiten.[246] Gesellschaftsschulden im eigentlichen Sinn, für die nur das gesamthänderisch gebundene Vermögen haftet, könne es nicht geben. Gesellschaftsschulden seien nichts anderes als gemeinschaftliche Schulden der Gesellschafter.[247] Die Gesamthand sei lediglich eine besondere Form der Vermögensbindung und Verselbständigung, die jedoch keine Auswirkungen auf die Schuldstruktur der Gesellschaft habe. Mit den Gesellschaftern als alleinigem Zurechnungspunkt für die Verbindlichkeiten haften die Gesellschafter als Folge des Grundsatzes des Gleichlaufs von Schuld und Haftung für die rechtsgeschäftlichen Verbindlichkeiten folglich persönlich und als Gesamtschuldner (§ 427 BGB)[248]. Für eine Inanspruchnahme des Gesellschaftsvermögens sei Voraussetzung, dass alle Gesellschafter Schuldner sind, da sie gerade nur gemeinschaftlich Inhaber des Gesellschaftsvermögens seien. Einer selbständigen (gesetzlichen oder

246 Z.B. BGHZ 23, 307, 313; aus dem Schrifttum u. a. *Buchda*, Geschichte und Kritik der deutschen Gesamthandslehre, S. 303; *Buchner*, AcP 169 (1969) 483, 489 f.; *Huber*, Vermögensanteil, S. 86 ff.; *Kraft/Kreutz*, Gesellschaftsrecht, S. 124 ff.; weitere Nachweise dazu bei *Aderhold*, Schuldmodell, S. 24, insbes. Fn. 3; *Ulmer*, in: Münchener Kommentar-BGB, 3. Aufl., § 714 Rn. 23 Fn. 47.

247 *Huber*, Vermögensanteil, S. 86.

248 *Buchner*, AcP 169 (1969) 483, 490; *Huber*, FS Lutter, S. 107, 116; dazu *Cordes*, JZ 1998, 545, 548; *Kraft/Kreutz*, Gesellschaftsrecht, S. 125 f.; kritisch dazu schon u. a. *Kornblum*, BB 1970, 1445 Fn. 4; *Thein*, Haftung bei der BGB-Gesellschaft, S. 44.

rechtsgeschäftlichen) Verpflichtung der Gesellschafter für einen Zugriff auf das Privatvermögen bedürfe es nicht.[249]

Festhaltend an der fehlenden Rechtssubjektivität der BGB-Gesellschaft hat sich daraus die *Lehre von der einheitlichen Verpflichtung mit doppelter Wirkung*[250] herausgebildet, die zwischen Gesamt- und Gesellschaftsschulden unterscheidet.[251] Gesellschaftsschulden seien danach Schulden, die (zwar) die Gesellschafter verpflichten, für die aber auch das Gesellschaftsvermögen hafte.[252] Es entstehe eine einheitliche Schuld, die gleichzeitig zwei verschiedene Vermögensmassen belaste – das Gesellschaftsvermögen und das Privatvermögen der Gesellschafter.[253] Die Gesellschaftsschuld ist dabei nicht lediglich eine begriffliche Variante, sondern stellt ein eigenständiges dogmatisches Mittel dar, um verschiedene Probleme und dogmatische Unsicherheiten des oben dargestellten Haftungsverständnisses zu beseitigen, insbesondere um eine Weiterhaftung des Gesellschaftsvermögens trotz Gesellschafterwechsels zu ermöglichen[254].

Eine Erweiterung fand das auf Grundlage des traditionellen Gesamthandsverständnisses entwickelte Schuldmodell durch die Einführung des Begriffs der

---

249 Die Haftung der Gesellschafter mit ihrem Privatvermögen ergibt sich ohne weiteres aus der Struktur der BGB-Gesellschaft und daher ist weder eine rechtsgeschäftliche Verpflichtung der Gesellschafter noch eine besondere gesetzliche Anordnung, wie § 128 S. 1 HGB notwendig. Vgl. dazu *Buchner*, AcP 169 (1969) 483, 490; Staudinger/*Keßler*, BGB, 12. Aufl., § 714 Rn. 14; dazu auch *Eigner*, Beschränkung der persönlichen Gesellschafterhaftung, S. 113.

250 Auch als Doppelverpflichtungslehre bezeichnet. Nach *Zöllner*, FS Gernhuber, S. 563, 572 sei jedoch der Begriff der einheitlichen Verpflichtung mit doppelter Wirkung zutreffender. *Peifer*, NZG 2001, 193, 195: *„Doppelwirkung hat die Schuld nur insofern, als für sie zwei Vermögensmassen haften, das Gesamthandsvermögen und das persönliche Vermögen jeden Gesellschafters“*. So auch *Eigner*, Beschränkung der persönlichen Gesellschafterhaftung, S. 114 Fn. 507.

251 Vgl. u. a. *Geiler*, in: Düringer/Hachenburg, HGB, Bd. II/1, Anm. 8, Anm. 148; *Joerges*, ZHR 49 (1900) 181; Staudinger/*Keßler*, BGB, 12. Aufl., § 718 Rn. 7; *Schultze-v. Lasaulx*, in: Soergel, HGB, 10. Aufl., § 718 Rn. 6, 9; *Klauss/Lange*, Die Gesellschaft bürgerlichen Rechts, S. 108 Rn. 170; *Zöllner*, FS Kraft, S. 701, 710; *ders.*, FS Gernhuber, S. 563, 572 ff. Weitere Nachweise bei *Aderhold*, Schuldmodell, S. 75, v.a. Fn. 6, 7.

252 Vgl. *Geiler*, in: Düringer/Hachenburg, HGB, Bd. II/1, Anm. 148; *Joerges*, ZHR 49 (1900) 181; Staudinger/*Keßler*, BGB, 12. Aufl., § 718 Rn. 7; *Schultze-v. Lasaulx*, in: Soergel, HGB, 10. Aufl., § 718 Rn. 6, 9; *Klauss/Lange*, Die Gesellschaft bürgerlichen Rechts, Rn. 110. Weitere Nachweise bei *Aderhold*, Schuldmodell, S. 75, v.a. Fn. 10. Zur weiteren Differenzierung zwischen „reinen“ und „gemischten“ Gesellschaftsschulden, vgl. *Aderhold*, Schuldmodell, S. 76 f.; *Schlichting*, Haftung, S. 26 f.

253 Vgl. *Geiler*, in: Düringer/Hachenburg, HGB, Bd. II/1, Anm. 153; Staudinger/*Keßler*, BGB, 12. Aufl., § 718 Rn. 15; Soergel/*Schultze-v. Lasaulx*, 10. Aufl., § 718 Rn. 9; *Zöllner*, FS Gernhuber, S. 563, 572; weitere Nachweise bei *Aderhold*, Schuldmodell, S. 77 Fn. 22; *Schlichting*, Haftung, S. 26.

254 Dazu kritisch *Aderhold*, Schuldmodell, S. 77 f. m.w.N.

Gesamthandsschuld. Soweit darunter etwas anderes als die eben beschriebene *Gesellschaftsschuld* verstanden wird, beschreibt die *Gesamthandsschuld* eine Schuld, für welche die Gesellschafter nur mit dem Gesellschaftsvermögen als Sondervermögen haften.[255] Die *Gesamthandsschuld* richtet sich gegen die Gesellschafter in ihrer gesamthänderischen Verbundenheit und nicht gegen den einzelnen Gesellschafter als solchen. Eine Haftung der Gesellschafter als Privatpersonen müsse gesondert begründet werden. Hier wird uneinheitlich entweder auf die Doppelverpflichtungslehre,[256] d.h. eine rechtsgeschäftliche Verpflichtung der Gesellschafter, oder die Akzessorietätslehre[257] mit der gesetzlichen Verpflichtung der Gesellschafter zurückgegriffen.

Trotz der Unterschiede in der dogmatischen Konstruktion, ist es Ziel all dieser Schuldmodelle, eine Haftung der Gesellschafter mit ihrem Privatvermögen neben einer Haftung des abgetrennten und abgeschirmten Gesellschaftsvermögens sicherzustellen.

II. Doppelverpflichtungslehre

Ausgangspunkt der rechtsgeschäftlichen Doppelverpflichtungslehre[258] ist meist die Rechtsfähigkeit der BGB-Gesellschaft.[259] Die Gesellschafter handeln als Organ in Vertretung der Gesellschaft und können die Gesellschaft verpflichten. Da es an einer gesetzlichen Haftungsanordnung für die Gesellschafter mangele, kann nach der Doppelverpflichtungslehre die Grundlage für eine Haftung der Gesellschafter

---

255 *Beuthien*, DB 1975, 725, 728; *Kornblum*, Haftung der Gesellschafter, S. 37; *ders.*, BB 1970, 1445; *Wiedemann*, Gesellschaftsrecht I, S. 281 f.; aus der Rspr. vgl. u. a. BGHZ 74, 240, 241; BGHZ 79, 374, 378 f.

256 *Nicknig*, Haftung, S. 8 ff., 20 f. (für rechtsgeschäftliche Verbindlichkeiten); *Thielmann*, ZHR 136 (1972) 397, 400; *Beuthien*, DB 1975, 728 ff., 773 ff.; *Westermann*, ZGR 1977, 552, 558 f. – diese Ansicht wurde wohl vom BGH vertreten, vgl. z.B. BGHZ 74, 240, 241 ff.; BGHZ 79, 374, 377; BGH, NJW 1987, 3124, 3125; BGH, NJW 1992, 1501, 1503 bis Aufgabe der Doppelverpflichtung in BGHZ 142, 315.

257 *Nicknig*, Haftung, S. 45 (für gesetzliche Verbindlichkeiten bei Erwerbsgesellschaften); *Kornblum*, Haftung der Gesellschafter, S. 40 ff. (mit Einschränkungen); *ders.*, BB 1970, 1445 f. Dazu auch *Wiedemann*, Gesellschaftsrecht I, S. 283.

258 Statt aller insbesondere *Ulmer*, AcP 198 (1998) 113, 137 f; *ders.*, in: Münchener Kommentar-BGB, 3. Auflage, § 714, Rn. 26, 28 ff. (in ZIP 1999, 554, 563 wand sich *Ulmer* von der Doppelverpflichtungslehre ab und begründet seitdem die Haftung der Gesellschafter mit der Akzessorietätslehre); *Habersack*, Jus 1993, 1, 2 f.; *ders.* BB 1999, 61, 62; (aufgegeben in BB 2001, 477, 481); *Heckelmann*, FS Quack. S. 243, 247; *Hadding*, FS Rittner, S. 133, 134, 137 ff.; *Hennrichs/Kießling*, WM 1999, 877, 880 ff.; *Hommelhoff*, ZIP 1998, 8, 12 ff.; *Kindl*, NZG 1999, 517, 520 ff. (aufgegeben in WM 2000, 697, 699); *Hadding*, in: Soergel, 11. Aufl., § 714 Rn. 10, 29; *Wackerbarth*, ZGR 1999, 365, 374 ff.; jeweils m.w.N.

259 Vertreter der Doppelverpflichtungslehre bei Anerkennung einer Gesamthandsschuld, vgl. Fn. 256.

nur der Wille der Gesellschafter sein, ebenfalls verpflichtet zu werden und damit neben der Gesellschaft für deren Verbindlichkeiten zu haften.[260] Zur Begründung einer persönlichen Verpflichtung der Gesellschafter sei daher neben dem Vertragsschluss durch die Gesellschaft eine zusätzliche, eigenständige rechtsgeschäftliche Verpflichtung der Gesellschafter notwendig. Die Haftung der Gesellschafter beruht nach dieser Ansicht folglich auf der (häufig fingierten)[261] Vollmachtserteilung im Gesellschaftsvertrag an den Geschäftsführer, die übrigen Gesellschafter persönlich neben der Gesellschaft verpflichten zu können. Es muss somit neben der Willenserklärung für die BGB-Gesellschaft auch eine auf die persönliche Verpflichtung der Gesellschafter gerichtete Willenserklärung abgegeben werden.

Die Doppelverpflichtungslehre kann eine Haftung der Gesellschafter für gesetzliche Verbindlichkeiten der Gesellschaft nicht (oder nur durch dogmatische Kunstgriffe) begründen[262], ebenso wenig wie eine Haftung eines eintretenden Gesellschafters für Altverbindlichkeiten der Gesellschaft[263].

Die Begründung der Doppelverpflichtungslehre basiert zum größten Teil auf Argumenten gegen die konkurrierende Akzessorietätslehre, insbesondere die fehlenden Voraussetzungen für eine Analogie zu den §§ 128 ff. HGB.[264] An der Doppelverpflichtungslehre wurden neben den dogmatischen Schwierigkeiten der Begründung der Gesellschafterhaftung über einen Schuldbeitritt,[265] die sich bei ihr

---

260 Vgl. *Ulmer*, in: Münchener Kommentar-BGB, 3. Aufl., § 714 Rn. 31.

261 Wenn eine Vollmacht nicht ausdrücklich erteilt wurde oder ein Schuldbeitritt nicht ausdrücklich erklärt wird, behilft sich die Doppelverpflichtungslehre mit einem Rechtsscheinansatz. Jedenfalls bei Erwerbsgesellschaften könne der Vertragspartner regelmäßig darauf vertrauen, dass der Geschäftsführer auch seine Mitgesellschafter verpflichten könne. Vgl. *Ulmer*, in: Münchener Kommentar-BGB, 3. Aufl., § 714 Rn. 32; *Heckelmann*, FS Quack, S. 243, 251; dazu auch *Wiedemann*, Gesellschaftsrecht I, S. 532 f., jeweils m.w.N.

262 So für deliktische Verbindlichkeiten u.a. *Hadding*, FS Rittner, S. 133, 143 f.; *Hommelhoff*, ZIP 1998, 8, 10; *Ulmer*, in: Münchener Kommentar-BGB, 3. Aufl., § 714 Rn. 53; *Schwark*, FS Heinsius, S. 753, 763. Kritisch deshalb *Wiedemann*, WM 1994, Sonderbeil. Nr. 4, S. 18; *Mülbert*, AcP 199 (1999) 38, 72 ff. Eine Haftung der Gesellschafter ist nur dann möglich, wenn der entsprechende gesetzliche Verpflichtungsgrund auch gegenüber den Gesellschaftern persönlich gegeben ist, vgl. *Ulmer*, in: Münchener Kommentar-BGB, 3. Aufl., § 714 Rn. 53 ff., dort auch zu den Ausnahmen; *Habersack*, JuS 1993, 1, 3. Dazu auch *Schlichting*, Haftung, S. 122 ff.

263 Vgl. *Ulmer*, in: Münchener Kommentar-BGB, 3. Aufl., § 714 Rn. 65 m.w.N. Der BGH lehnte dies auch lange ab: „*Wer in eine Gesellschaft bürgerlichen Rechts eintritt, haftet für die vorher begründeten Verbindlichkeiten nur kraft besonderer Vereinbarung mit den Gläubigern.*" BGHZ 74, 240. Erst als Folge der Anerkennung der Akzessorietätslehre hat der BGH diese Ansicht aufgegeben, dazu mehr *infra* §2 III 2.

264 Vgl. dazu *infra* §2 III.

265 Der notwendige Schuldbeitritt wurde häufig als reine Fiktion kritisiert, vgl. *Dauner-Lieb*, Unternehmen in Sondervermögen, S. 526 ff; *Wiedemann*, WM 1994, Sonderbeil. Nr. 4, S. 18 „*Gewimmel fiktiver Willenserklärungen*"; *Gummert*,

ergebenden Haftungslücken in Bezug auf gesetzliche Verbindlichkeiten und Altverbindlichkeiten kritisiert.[266] Außerdem ermögliche es die Doppelverpflichtungslehre den Gesellschaftern, ihre persönliche Haftung gegenüber den Gesellschaftsgläubigern einseitig zu beschränken[267], was als unerwünscht anzusehen sei.[268]

III. Akzessorietätslehre

Durchgesetzt hat sich in der Rechtsprechung[269] und in der Literatur[270] neben der Rechtsfähigkeit der BGB-Gesellschaft die persönliche, gesamtschuldnerische

---

ZIP 1993, 1063, 1066; kritisch auch *Mülbert*, AcP 199 (1999) 38, 69 f. Zur Kritik auch *Eigner*, Beschränkung der persönlichen Gesellschafterhaftung, S. 130 f.

266 Beispielhaft *Mülbert*, AcP 199 (1999) 38, 72 ff., 79 ff.

267 Zu der an den notwendigen Schuldbeitritt anknüpfenden Möglichkeit einer Haftungsbeschränkung z.B. *Ulmer*, in: Münchener Kommentar-BGB, § 714 Rn. 34 ff.; *Peifer*, NZG 2001, 193, 195 f.; *Hadding*, FS Rittner, S. 133, 140 ff; *Heckelmann*, FS Quack, S. 243, 252; *Ulmer*, ZIP 1999, 509, 513 ff. Zwar stelle die persönliche Haftung der Gesellschafter den gesetzlichen Regelfall dar, dennoch könne durch eine Beschränkung der Vertretungsmacht im Gesellschaftsvertrag die Haftung der Gesellschafter eingeschränkt werden, wenn dies für Dritte erkennbar ist. Dazu noch *infra* Kapitel 4 §3 C. I.

268 Vgl. zur Diskussion um die „GbR mbH" etwa *Dauner-Lieb*, DStR 1999, 1992, 1993; *Schwark*, FS Heinsius, S. 753, 760 f.; *Wiedemann*, WM 1994, Sonderbeil. Nr. 4, S. 18 jeweils m.w.N. Warum ein einseitiges Abweichen von der persönlichen Haftung der Gesellschafter auch aus ökonomisch informierter Sicht nicht möglich sein darf, wird sich unter *infra* Kapitel 3 §2 A V. 2. noch zeigen.

269 BGHZ 142, 315; BGHZ 146, 341. Jetzt ständige Rechtsprechung, vgl. aus neuerer Zeit nur BGH NZG 2011, 583, 585 Tz. 23; BGH NZG 2011, 580 Tz. 14. Zur potentiellen Verfassungswidrigkeit wegen Überschreitung der Grenzen richterlicher Rechtsfortbildung, insbesondere bei Einbeziehung des § 130 HGB und einer Haftung der Gesellschafter für deliktische Verbindlichkeiten, vgl. *Canaris*, ZGR 2004, 69, 118; *Weller*, FS G. H. Roth, S. 881, 886 ff.; ablehnend *Altmeppen*, NJW 2004, 1563 f.

270 Statt aller *Schöne*, in: BeckOK-BGB, § 714 Rn. 24; *Schäfer*, in: Münchener Kommentar-BGB, § 714 Rn. 34; *Servatius*, in: Henssler/Stroh, Gesellschaftsrecht, § 714 BGB Rn. 10; *Flume*, Personengesellschaft, S. 314 ff.; *K. Schmidt*, Gesellschaftsrecht, S. 1790 ff.; *ders.*, NJW 2001, 993, 998 ff.; *Dauner-Lieb*, DStR 1998, 2014, 2018 ff.; *dies.* DStR 1999, 1992 ff.; *Mülbert*, AcP 199 (1999) 38, 69; *Reiff*, NZG 2000, 281, 282 ff; *Ulmer*, ZIP 1999, 554; *Elsing*, BB 2003, 909. Mit wenigen Ausnahmen, vgl. *Beuthien*, JZ 2003, 969; *ders.*, NJW 2005, 855, 859; *ders.*, NZG 2011, 481 ff.; *Heil*, NZG 2001, 300, 302 ff.; *Peifer*, NZG 2001, 193, 199 ff.; *ders.*, NZG 2001, 296, 300 f.; *Eigner*, Beschränkung der persönlichen Gesellschafterhaftung, S. 26 ff., S. 77 ff., S. 147 ff.; *Hadding/Kießling*, in: Soergel, § 714 Rn. 29. Ablehnend auch *Schwab*, FS Hommelhoff, S. 1091, 1093 ff., 1103 ff. der eine analoge Anwendung der Handelndenhaftung des § 54 S. 2 BGB und eine ergänzende Anwendung der Doppelverpflichtungslehre für alle BGB-Gesellschaften fordert. Die Doppelverpflichtungslehre wurde nach der Entscheidung des BGH (BGHZ 142, 315) von einigen Autoren zu Gunsten der

Haftung der Gesellschafter nach dem Modell der §§ 128, 129 HGB. Aufgrund der Anerkennung der Rechtsfähigkeit der Gesellschaft konnte die Haftung der Gesellschafter nicht mehr mit der Schuldnerstellung der Gesellschafter begründet werden. Da sich die Doppelverpflichtungslehre als impraktikabel und dogmatisch zweifelhaft herausgestellt hat[271], sollte die Akzessorietätslehre[272] mit der gesetzlichen Haftung der Gesellschafter diese Haftungslücke schließen.

1. *Haftung der Gesellschafter für vertragliche Verbindlichkeiten*

Die Haftung der Gesellschafter folgt nach der Akzessorietätslehre unmittelbar aus der Verpflichtung der BGB-Gesellschaft und bedarf keines weiteren Verpflichtungstatbestandes. Die Gesellschafter haften also (gem. §§ 128, 129 HGB analog) persönlich, akzessorisch und gesamtschuldnerisch für rechtsgeschäftliche Verbindlichkeiten der BGB-Gesellschaft, die im Zeitpunkt ihrer Gesellschafterstellung begründet wurden.

Der BGH zog zur Ablehnung der Doppelverpflichtungslehre, der mit ihr einhergehenden Möglichkeit der einseitigen Haftungsbeschränkung und damit im Ergebnis zur Begründung der Gesellschafterhaftung anfangs einen so von ihm postulierten allgemeinen Grundsatz des bürgerlichen Rechts und des Handelsrechts heran. Dieser besage, dass „derjenige, der als Einzelperson oder in Gemeinschaft mit anderen Geschäfte betreibt, für die daraus entstehenden Verpflichtungen mit seinem gesamten Vermögen haftet, solange sich aus dem Gesetz nichts anderes ergibt"[273] und daraus folge grundsätzlich eine persönliche und akzessorische Haftung kraft Gesetzes für die Verbindlichkeiten der Gesellschaft.[274] In späteren Entscheidungen[275] hat sich der BGH dann, im Einklang mit vielen Stimmen aus

---

Akzessorietätslehre aufgegeben, z.B. *Habersack*, BB 2001, 477, 481; *Kindl*, WM 2000, 697, 699.

271 Zur Kritik bereits *supra* II.

272 Kritisch zum Begriff der Akzessorietätslehre, da die Akzessorietät der Haftung nur eine Modalität der Haftung sei und diese nicht schaffe: *Westermann*, FS Konzen, S. 957, 959; *Beuthien*, NJW 2005, 855, 858 m.w.N.

273 BGHZ 142, 315; dazu noch *infra* Kapitel 3 §1 II.

274 Das Bestehen eines derartigen allgemeinen Grundsatzes wurde bestritten, vgl. u.a. *Canaris*, ZGR 2004, 69, 91 ff.; kritisch auch *Ulmer*, ZIP 1999, 554, 556. Ein ähnlicher Begründungsansatz folgert die akzessorische, persönliche Haftung der Gesellschafter aus dem *Gesamthandsprinzip*: v.a. *Flume*, FS H. Westermann, S. 118, 128 ff.; *ders.*, Personengesellschaft, S. 325 ff.; *Jaschke*, Gesamthand und Grundbuchrecht, S. 14 ff., 51.

275 BGH, NZG 2011, 583, 585 Tz. 23; BGH NZG 2011, 580 Tz. 14; BGH NJW 2006, 765, 766 Tz. 12; BGH NJW 2004, 836, 837; BGH NZG 2007, 140, 141 Tz. 22; BGH NZG 2009, 779, 780 Tz. 14. Ein eindeutiges Bekenntnis des BGH zu einer Analogie wurde in der Literatur schon aus Gründen der Rechtsklarheit gefordert, vgl. *Ulmer*, ZIP 2003, 1113, 1114; *ders.*, ZGR 2000, 339, 343; so auch *Casper*, JZ 2002, 1112 f.

der Literatur[276], zur Begründung der Gesellschafterhaftung mehrfach auf eine Analogie zu den §§ 128–130 HGB gestützt. Die erforderliche Gesetzeslücke ergebe sich aus der fehlenden Regelung der persönlichen Haftung der Gesellschafter und der offenen Haltung des Gesetzgebers zur Rechtsnatur der Gesamthand. Die Anerkennung der Rechtsfähigkeit der BGB-Gesellschaft habe erst eine Regelung der persönlichen Haftung notwendig gemacht. Die dadurch entstandene Gesetzeslücke könne interessengerecht durch eine Analogie zu § 128 HGB gefüllt werden.[277]

Kritiker der Akzessorietätslehre, die sich insbesondere dogmatisch gegen das Vorliegen der Analogievoraussetzungen[278] richten, konnten sich letztlich nicht durchsetzen. Dennoch finden sich in der Literatur wieder vermehrt restriktive Ansätze der Akzessorietätslehre, die die persönliche, akzessorische Haftung der Gesellschafter auf bestimmte Typen von BGB-Gesellschaften beschränken wollen.[279]

---

276 Vgl. etwa *Dauner-Lieb*, DStR 1998, 2014, 2018 ff.; *Gummert*, Haftung und Haftungsbeschränkung, S. 180 ff.; *Mülbert*, AcP 199 (1999) 38, 86 f.; *K. Schmidt*, Gesellschaftsrecht, S. 1790 ff.; *Timm*, NJW 1995, 3209, 3215 ff.; *Ulmer*, ZIP 1999, 554, 563 f.

277 Vgl. nur *Schäfer*, in: Münchener Kommentar-BGB, § 714 Rn. 36.

278 Die Kritik setzt dabei an den verschiedenen Voraussetzungen an, die nach der herrschenden Methodenlehre für eine Analogie verlangt werden: Planwidrige Lücke und vergleichbare Interessenlage. Vgl. dazu *Larenz*, Methodenlehre der Rechtswissenschaft, S. 359 ff. Zum Fehlen einer planwidrigen Lücke, vgl. z. B. *Hadding*, FS Raiser, S. 131, 141 ff.; *ders.*, FS Rittner, S. 133, 138; *Ulmer*, in: Münchener Kommentar-BGB, 3. Aufl., § 714 Rn. 29 f.; *Luka*, Rechtsnatur und Haftungsverfassung, S. 114; *Habersack*, JuS 1993, 1, 2 ff.; *ders.*, BB 1999, 61, 62. Zum Fehlen der vergleichbaren Interessenlage, v.a. wegen der unterschiedslosen Strenge der §§ 128–130 HGB, vgl. etwa *Kindl*, NZG 1999, 517, 521.

279 Gegen die unterschiedslose Strenge z. B. früher *K. Schmidt*, Gesellschaftsrecht, 3. Aufl., S. 1786 ff. mit einer Beschränkung auf Mitunternehmer- oder unternehmenstragende Gesellschaften; *Habersack*, BB 2001, 477, 482; *Ulmer*, ZIP 1999, 554, 564; *Wiedemann*, WM 1994, Sonderbeil. Nr. 4, S. 17 f. Jetzt wieder u. a. *Jacobs*, Institutionelle Haftungsbeschränkungen; *Weller*, FS G.H. Roth, S. 881, 889; *Schäfer*, in: Münchener Kommentar-BGB, § 714 Rn. 63 ff. Diese Ansätze laufen auf ein spezielles Haftungsregime für unterschiedliche Typen von Gesellschaften hinaus. Dazu noch ausführlich in Kapitel 4 §4.

2. *Die Haftung neu eintretender Gesellschafter*

Ebenfalls lange umstritten war die Haftung eines neu eintretenden Gesellschafters für Altverbindlichkeiten der Gesellschaft (§ 130 HGB analog).[280] Der BGH[281] hat dies bejaht und sieht, mit der herrschenden Meinung, die Einbeziehung des § 130 HGB bei der Anwendung des Modells der §§ 128, 129 HGB auf die BGB-Gesellschaft als folgerichtig an. § 130 HGB sei das Ergebnis einer Abwägung der legitimen Interessen der Gläubiger und der der Gesellschaft Beitretenden. Aufgrund der durch den Beitritt erlangten Mitberechtigung an den Aktiva der Gesellschaft und der daraus folgenden Möglichkeit auf diese Aktiva, auch zu Lasten der Gesellschaftsgläubiger, zugreifen zu können und aufgrund des Fehlens jeglicher Kapitalerhaltungsregeln, sei die Haftung gerechtfertigt. Außerdem führt der BGH die mit einer Nichtanwendung des § 130 HGB verbundene Beweisproblematik an:[282] aufgrund der fehlenden Registerpublizität bei der BGB-Gesellschaft könne sich eine Feststellung des Gesellschafterbestandes zu einem bestimmten Zeitpunkt als schwierig erweisen.

---

280 Eine analoge Anwendung des § 130 HGB bejahend im Ergebnis u. a. *Heidel/Hanke*, in: Dauner-Lieb/Langen, BGB Schuldrecht, *§* 714 Rn. 32; *Schäfer*, in: Münchener Kommentar-BGB, § 714 Rn. 72 ff.; *Bruns*, ZIP 2002, 1602, 1603 ff.; *Derleder*, BB 2001, 2485, 2492; *Gesmann-Nuissl*, WM 2001, 973, 978; *Habersack*, BB 2001, 477, 482; *Hadding*, ZGR 2001, 712, 740; *Hasenkamp*, DB 2002, 2632, 2634; *K. Schmidt*, NJW 2001, 992, 999; *Schäfer*, ZIP 2003, 1225, 1229; *Scholz*, NZG 2002, 153, 163; *Ulmer*, ZIP 2001, 585, 598; *ders.*, ZIP 2003, 1113, 1115 f. Die analoge Anwendung des § 130 HGB auch auf die BGB-Gesellschaft wird dabei als notwendige Ergänzung des Akzessorietätsprinzips gesehen.
Gegen eine Anwendung von § 130 HGB: *Armbrüster*, ZGR 2005, 34, 47 ff., insbes. 53 f.; *Baumann*, JZ 2001, 895, 900 ff.; *Boin*, GmbHR 2001, 513, 514; *Dauner-Lieb*, FS Ulmer, S. 73, 81 ff.; *Lange*, NZG 2002, 401, 403 ff.; *ders.*, NJW 2002, 2002 f.; *Luka*, Rechtsnatur und Haftungsverfassung, S. 227 ff., *Wiedemann*, JZ 2001, 661, 664. Kritisch auch *Boehme*, NZG 2003, 764, 765 ff.; *Westermann*, NZG 2001, 289, 294 f. Von den Kritikern wurde insbesondere neben der fehlenden Schutzwürdigkeit der Gesellschaftsgläubiger, auf die unterschiedslose Strenge des § 130 HGB hingewiesen, die eine Anwendung auf nicht-unternehmenstragende GbRs verbiete. Außerdem wurde auf die Entstehungsgeschichte des § 130 HGB hingewiesen – die Vorgängerregelung Art. 113 ADHGB diente vor allem einer erleichterten Abrechnung der Gesellschafter untereinander. Vgl. dazu *Lange*, NZG 2002, 401, 402 f. Dazu noch *infra* Kapitel 3 §2 A. V. 3.

281 BGHZ 154, 370. 1979 hat der BGH noch eine analoge Anwendung des § 130 HGB auf die BGB-Gesellschaft abgelehnt, vgl. BGHZ 74, 240, 242 f. Aus der neueren Rechtsprechung BGH NJW 2006, 765; BGH NZG 2007, 183 Tz. 18 ff.

282 So auch *Gesmann-Nuissl*, WM 2001, 973, 978; *Derleder*, BB 2001, 2485, 2492; *Habersack*, BB 2001, 477, 482.

3. *Haftung der Gesellschafter für gesetzliche, insbesondere deliktische Verbindlichkeiten*

Ein wesentlicher Kritikpunkt an dem traditionellen Gesamthandsverständnis und an der Doppelverpflichtungslehre war, dass eine Haftung der Gesellschafter für gesetzliche Verbindlichkeiten der Gesellschaft nur schwer begründbar sei. Dagegen kann im Rahmen der Akzessorietätslehre auf die Auslegung des § 128 S. 1 HGB zurückgegriffen werden, die eine Haftung der Gesellschafter für gesetzliche Verbindlichkeiten umfasst, inklusive deliktischer Verbindlichkeiten, die der BGB-Gesellschaft nach § 31 BGB (analog) zugerechnet werden.

a. § 31 BGB analog

§ 31 BGB legt unmittelbar für den eingetragenen Verein fest, dass dieser für Schäden verantwortlich ist, die seine Organe Dritten in Ausführung ihres Amtes zufügen. Rechtstechnisch stellt § 31 BGB, wie § 278 BGB, eine Zurechnungsnorm dar, durch die eine Verantwortlichkeit des Vereins für das Handeln seiner Organe begründet wird.[283]

Die normative Grundüberlegung, die nach heute herrschender Meinung hinter dieser Vorschrift steht, ist, dass der Verein, der einerseits die Vorteile aus dem Handeln seiner Organe ziehe, anderseits auch die Nachteile zu tragen habe und für das Fehlverhalten seiner Organe einstehen müsse.[284] So solle der Verein für schädigendes Außenhandeln seiner Organe ebenso einstehen müssen wie eine natürliche Person für ihr eigenes Handeln.[285] Dabei kann § 31 BGB auch helfen Schwächen des § 831 BGB auszuschalten[286], wobei es sich dabei um keine echte normative Rechtfertigung handelt, sondern vielmehr um eine, wenn auch zutreffende Ergebnisbeschreibung.[287] Im Wesentlichen besteht heute Einigkeit, dass der in § 31 BGB geregelte Rechtssatz verallgemeinerungsfähig ist und analog auf andere Verbände angewendet werden

283 Z.B. *Schöpflin*, in: BeckOK-BGB, § 31 Rn. 1; Staudinger/*Weick*, BGB, §§ 21–79, § 31 Rn. 4; *Westermann*, in: Erman, BGB, § 31 Rn. 1; *K. Schmidt*, Gesellschaftsrecht, S. 273 f.

284 BGHZ 98, 148, 151; RG JW 1917, 593, 594; aus dem Schrifttum u. a. *Schöpflin*, in: BeckOK-BGB, § 31 Rn. 1; Staudinger/*Weick*, BGB, § 31 Rn. 1; *Hadding*, in: Soergel, BGB, § 31 Rn. 1; *Martinek*, Repräsentatenhaftung, S. 44; *Fabricius*, GS Schmidt, S. 171, 181, 186; *Beuthien*, DB 1975, 725, 729 f.; *Kleindiek*, Deliktshaftung und juristische Person, S. 240. Zu den Grenzen dieses Ansatzes, vgl. *Tröger*, Arbeitsteilung und Vertrag, S. 158.

285 Vgl. *v. Tuhr*, Allgemeiner Teil, Bd. I, S. 464, 539; *Reuter*, in: Münchener Kommentar-BGB, § 31 Rn. 2; *Westermann*, in: Erman, BGB, § 31 Rn. 1. Kritisch zum Wert als normative Begründung, *Tröger*, Arbeitsteilung und Vertrag, S. 156.

286 Vgl. u. a. *Fabricius*, GS Schmidt, S. 171, 177; Staudinger/*Weick*, BGB, § 31 Rn. 1; *Reuter*, in: Münchener Kommentar-BGB, § 31 Rn. 1; *Westermann*, in: Erman, BGB, § 31 Rn. 1.

287 *Tröger*, Arbeitsteilung und Vertrag, S. 156.

soll.[288] Die normativen Überlegungen einer „Risiko-Nutznießung" wurden für alle juristischen Personen[289] als sachgerecht erachtet, ebenso für die Personenhandelsgesellschaften[290] und den nichtrechtsfähigen Verein[291]. Diese Verbände bilden und setzen ihren Willen ebenfalls über handlungsfähige Organe um.

Lediglich für die BGB-Gesellschaft war die analoge Anwendung des § 31 BGB lange umstritten. Mangels ausreichender körperschaftlicher Struktur verneinte der BGH eine Analogie.[292] Die für die BGB-Gesellschaft handelnden Gesellschafter könnten auf Grundlage des traditionellen Gesamthandsverständnisses nicht als Organe der Gesellschaft gewertet werden, da sie ja gerade in ihrer gesamthänderischen Verbundenheit die Gesellschaft bildeten.[293] Die BGB-Gesellschaft sei „zu wenig körperschaftlich organisiert, als dass man die für sie handelnden Gesellschafter als „Organe" bezeichnen könnte"[294].

Nach anderer Ansicht war eine Zurechnung nach dem traditionellen Gesamthandsverständnis und bei Rechtszuständigkeit der Gesellschafter, unabhängig von einer vorhandenen oder nicht vorhandenen körperschaftlichen Struktur der BGB-Gesellschaft, schon deshalb nicht möglich, da eine Zurechnung zum Verband daran scheitere, dass dieser kein Pflichtsubjekt darstelle und eine Zurechnung auf die weiteren Gesellschafter den analogiefähigen Regelungsgehalt der Norm übersteigen würde.[295]

---

288 So etwa *Westermann*, in: Erman, BGB, § 31 Rn. 1 f.; *Damm*, FS Raiser, S. 23, 32.

289 Palandt/*Ellenberger*, § 31 Rn. 3; *Reuter*, in: Münchener Kommentar-BGB, § 31 Rn. 11; insbes. auf die AG (z.B. BGH NJW 2005, 2450, 2451 f.), KGaA (*K. Schmidt*, Gesellschaftsrecht, S. 275), GmbH (BGH WM 1987, 286; RGZ 57, 93, 94 f; RGZ 163, 21), eingetragene Genossenschaft (BGHZ 98, 148, 150; RGZ 76, 35, 48; RGZ 110, 145, 147).

290 Für die OHG: RGZ 76, 35, 48; RGZ 148, 160; BGH NJW 1952, 537, 538; BGH NJW 1973, 456; zur KG: RG JW 1931, 1689, 1690; BGH VersR 1962, 664; BGH WM 1974, 153.

291 BGHZ 42, 210, 216, 221 betr. Gewerkschaft; BAGE 59, 48 betr. Gewerkschaft; Palandt/*Ellenberger*, § 31 Rn. 3; *Schöpflin*, Verein, S. 397 ff; *Reuter*, in: Münchener Kommentar-BGB, § 31 Rn. 12; anders noch z.B. RGZ 143, 212, 214 für eine Anwendung des § 831.

292 Grundsatzurteil aus dem Jahr 1966 BGHZ 45, 311, 312. So auch noch Staudinger/*Keßler*, BGB, 12. Aufl., § 713 Rn. 17; Palandt/*Thomas*, 56. Aufl., § 714 Rn. 5; *John*, Die organsierte Rechtsperson, S. 154.

293 BGHZ 45, 311, 312.

294 BGHZ 45, 311, 312. A.a. etwa *Beuthien*, DB 1975, 725, 728 ff; *Kornblum*, Haftung der Gesellschafter, S. 40 ff.; *Larenz*, Lehrbuch des Schuldrechts, Bd. II, S. 400; *Nicknig*, Haftung, S. 34 ff., insbes. S. 42 f.; *Wiedemann*, Gesellschaftsrecht I, S. 263 f.; *Zöllner*, FS Kraft, S. 701, 713; bei Annahme einer Teilrechtsfähigkeit der BGB-Gesellschaft etwa *Fabricius*, GS Schmidt, S. 171 ff.; im Ergebnis auch *Martinek*, Repräsentatenhaftung, S. 116 ff.; diff. *Sellert*, AcP 175 (1975) 77, 105 ff.

295 *A. Meyer*, WM 2007, 2364, 2367; *ders.*, Unbeschränkte Verbandsmitgliederhaftung, S. 52 ff. A.A. *Kleindiek*, Deliktshaftung und juristische Person, S. 264 ff.; *Schöpflin*, DStR 2003, 1349; *Beuthien*, DB 1975, 725, 729 f.

§ 31 BGB lasse nur eine Zurechnung zu einem Verband zu, der selbst Pflichtsubjekt sei.[296] Diese Ansicht basiert insbesondere auf der Ablehnung einer persönlichen Haftung der Gesellschafter der BGB-Gesellschaft mit ihrem Privatvermögen für deliktische Verbindlichkeiten; die (Mit-)Verpflichtung der Gesellschafter wäre nämlich die Folge einer analogen Anwendung des § 31 BGB nach dem traditionellen Gesamthandsverständnis gewesen, wenn Schulden, die nur bzw. primär das Gesellschaftsvermögen treffen (Gesamthandsschulden) als dogmatisch unhaltbar angesehen werden.[297]

Unabhängig davon bestand jedenfalls Einigkeit darüber, dass ein Einstehen des, auch nach dem traditionellen Gesamthandsverständnis in gewissem Rahmen abgetrennten und abgeschirmten, Gesellschaftsvermögens für ein deliktisches Handeln der Geschäftsführer wünschenswert und interessengerecht wäre.[298] Als Reaktion auf die Vermögenstrennung wurde die Notwendigkeit einer Überleitung der Haftung gesehen, da ansonsten das Gesellschaftsvermögen als abgetrenntes Sondervermögen den deliktischen Gläubiger nicht zur Verfügung stehe. Es handelt sich dabei um eine „Akzentuierung des Risiko-Nutznießungsgedanken"[299], die auf die organisationsrechtlich ermöglichte Schaffung eines abgetrennten Sondervermögens reagiert.

Jedenfalls seit Anerkennung der Rechtsfähigkeit der BGB-Gesellschaft hat sich das Problem um die Anwendbarkeit des § 31 BGB entschärft. Mit der rechtsfähigen BGB-Gesellschaft steht ein Rechtssubjekt zur Verfügung, dem das Verhalten des Geschäftsführers zugerechnet werden kann. So hat sich auch der BGH für eine Gleichstellung der BGB-Gesellschaft und eine Anerkennung einer analogen Anwendung entschieden[300], was in der Literatur grundsätzlich Zustimmung findet.[301] Soweit die BGB-Gesellschaft als Außengesellschaft über ein verselbständigtes Sondervermögen und eine den Personenhandelsgesellschaften vergleichbare, der Teilnahme am Rechtsverkehr dienende Organstruktur verfüge, liege auch bei ihr eine

---

296 Vgl. nur *A. Meyer*, Unbeschränkte Verbandsmitgliederhaftung, S. 52 m.w.N.

297 *A. Meyer*, Unbeschränkte Verbandsmitgliederhaftung, S. 52 f.

298 Daher wurde die Unmöglichkeit nach dem traditionellen Gesamthandsverständnis zu einer Anwendung des § 31 BGB zu gelangen als weiteres Argument für die Anerkennung der Rechtsfähigkeit der BGB-Gesellschaft vorgebracht, vgl. *Ulmer*, AcP 198 (1998) 113, 144. Nach a.A. ist gerade eine rechtssubjektive Verselbständigung nicht notwendig für eine analoge Anwendung des § 31 BGB, vgl. dazu z.B. *Reuter*, in: Münchener Kommentar-BGB, § 31 Rn. 12 ff; *Kleindiek*, Deliktshaftung und juristische Person, S. 264 ff.; *Klerx*, Persönliche Haftung der Personengesellschafter für Delikte, S. 37 ff.; *Schulze*, Akzessorische Haftungsverfassung, S. 62 ff.; Zöllner, FS Kraft, S. 701, 713.

299 *Tröger*, Arbeitsteilung und Vertrag, S. 158.

300 BGHZ 154, 88, 93 f; im Grundsatz bestätigt durch BGHZ 155, 205, 210; BGH NJW 2007, 2490, 2491.

301 Ganz herrschende Meinung, vgl. nur *Armbrüster*, ZGR 2005, 34, 56; *Altmeppen*, NJW 2003, 1553; *Hadding*, ZGR 2001, 712, 726; *K. Schmidt*, NJW 2001, 993, 998; *ders.*, NJW 2003, 1897, 1898 ff.; *A. Meyer*, WM 2007, 2364, 2369; *Schöpflin*, in: BeckOK-BGB, § 31 Rn. 3; *Reuter*, in: Münchener Kommentar-BGB, § 31 Rn. 16; *Ulmer*, ZIP 2001, 585, 597; Staudinger/*Weick*, BGB, § 31 Rn.45.

die Analogie zu § 31 BGB rechtfertigende Regelungslücke vor und eine Zurechnung deliktischen Handelns der geschäftsführenden[302] Gesellschafter sei gerechtfertigt.[303] Dabei überzeugt jedoch eine Einschränkung auf solche Gesellschaften, die eine von § 709 BGB abweichende Einzel- oder Mehrheitsgeschäftsführung verlangen,[304] nicht.[305] Der hinter § 31 BGB stehende Risiko-Nutznießungsgedanke greift auch bei einer gemeinschaftlichen Geschäftsführung. Außerdem ist zu beachten, dass auch bei einer gemeinsamen Geschäftsführung durch alle Gesellschafter nicht jeder Gesellschafter den Deliktstatbestand verwirklichen muss.

So kann zusammenfassend festgestellt werden, dass § 31 BGB analog Anwendung auf alle rechtsfähigen Außen-BGB-Gesellschaften findet, unabhängig von der genauen Ausgestaltung der Geschäftsführung.

b. Haftung für deliktische Verbindlichkeiten

Der BGH hat im Einklang mit den überwiegenden Stimmen in der Literatur[306] eine akzessorische Haftung der Gesellschafter für deliktische Verbindlichkeiten anerkannt.[307] Die persönliche Haftung für deliktische Verbindlichkeiten auch bei der BGB-Gesellschaft sei aus Gläubigerschutzgründen für die deliktisch Geschädigten, die als unfreiwillige Gläubiger sich ihren Schuldner nicht aussuchen könnten gerechtfertigt.[308] Die Haftung sei zumutbar, da die Gesellschafter Einfluss auf die Auswahl und Tätigkeit der deliktisch handelnden Organmitglieder hätten.[309] Als weiteres Argument wird vorgebracht, dass in der Liquidation der Gesellschaft eine Haftung der Gesellschafter

302 Auf den Problemkreis, ob auch das Verhalten weiterer Personen zugerechnet werden kann, soll hier nicht eingegangen werden. Für eine reine Organhaftung z. B. *Reuter*, in: Münchener Kommentar-BGB, § 31 Rn. 22, 24 f.; dazu auch *K. Schmidt*, NJW 2003, 1897, 1900; *A. Meyer*, Unbeschränkte Verbandsmitgliederhaftung, S. 378 f.

303 Vgl. *Ulmer/Schäfer*, in: Münchener Kommentar-BGB, § 705 BGB Rn. 264; Staudinger/ *Weick*, BGB, § 31 Rn. 45.

304 *Ulmer/Schäfer*, in: Münchener Kommentar-BGB, § 705, Rn. 264; *Nicknig*, Haftung, S. 43. Ähnlich *Zöllner*, FS Gernhuber, S. 563, 575.

305 Diese Einschränkung findet sich auch nicht in der Rechtsprechung des BGH, vgl. insbes. BGH NJW 2007, 2490, 2491. Ebenso *Schulze*, Akzessorische Haftungsverfassung, S. 61 f. Auch bei OHG und KG würde bei einer abweichenden Regelung der Geschäftsführung als Gesamtgeschäftsführung eine Nichtanwendung des § 31 BGB nicht in Betracht gezogen werden.

306 Statt aller *Schöne*, in: BeckOK-BGB, § 714 Rn. 20; *Schäfer*, in: Münchener Kommentar-BGB, § 714 Rn. 38; *Westermann*, in: Erman, BGB, § 714 Rn. 13; *Gesmann-Nuissl*, WM 2001, 973, 978; *Habersack*, BB 2001, 477, 481; *Keil*, DZWiR 2003, 404; *Reiff*, NZG 2000, 281, 282 ff.; *K. Schmidt*, Gesellschaftsrecht, S. 1792; *ders.*, NJW 2003, 1897, 1900 f.; *Scholz*, NZG 2002, 153, 162; *Ulmer*, ZIP 2001, 585, 597; *ders.*, ZIP 2003, 1113, 1114 f. Ausführlich zur Diskussion, *A. Meyer*, Unbeschränkte Verbandsmitgliederhaftung, S. 376 ff.

307 BGHZ 154, 88.

308 BGHZ 154, 88 Tz. 20.

309 BGHZ 154, 88 Tz. 21.

sich über die Nachschusspflicht ergeben könne. Daher müsse § 128 HGB deliktische Verbindlichkeiten ebenfalls umfassen, da es keinen Grund gebe warum Deliktsgläubiger, im Gegensatz zu anderen Gläubigern, die Gesellschafter erst in der Liquidation in Anspruch nehmen können sollten.[310] Wenn dagegen auf die Dispositivität der Liquidationsvorschriften verwiesen wird[311], so ist zu bedenken, dass die Dispositivität gerade mit der persönlichen Haftung der Gesellschafter begründet wird.

Auch unter den Vertretern der Akzessorietätslehre ist die Erstreckung der persönlichen Haftung auf deliktische Verbindlichkeiten nicht unumstritten.[312] Die „doppelte Analogie"[313] wurde stark kritisiert, da sie den Rahmen zulässiger Rechtsfortbildung sprengen würde.[314] Schon für die OHG wurde eine teleologische Reduktion des § 128 HGB gefordert, so dass deliktische Verbindlichkeiten nicht mehr von der persönlichen Gesellschafterhaftung umfasst wären.[315] Insbesondere *Flume*[316] und daran anknüpfend *Altmeppen*[317] widersprachen einer derartigen Einbeziehung deliktischer Verbindlichkeiten in die persönliche Haftung der Gesellschafter. Dies wäre „unbillig"[318] und eine Haftung „unschuldiger Personen für fremde Delikte"[319] widerspreche der Rechtsordnung.[320] Es kommt zu einer Fokussierung auf die Funktion der persönlichen Haftung als Mittel zur Kreditsicherung. Eine deliktische Haftung wird als mit dieser Funktion nicht in Einklang stehend abgelehnt, da insofern nur eine Haftung für rechtsgeschäftliche Verbindlichkeiten relevant werden könne.[321]

---

310 *K. Schmidt*, NJW 2003, 1897, 1900. Kritisch jedoch *Flume*, DB 2003, 1775, 1776.

311 *Canaris*, ZGR 2004, 69, 112 Fn. 150.

312 Gegen eine persönliche Haftung der Gesellschafter für deliktische Verbindlichkeiten innerhalb der Vertreter der Akzessorietätstheorie u. a. *Altmeppen*, NJW 1996, 1017, 1021 ff.; *ders.*, NJW 2003, 1553, 1555 ff.; *Armbrüster*, ZGR 2005, 34, 56 ff; *Flume*, *Personengesellschaft*, S. 343 f.; *ders.* DB 2003, 1775, 1776; *Knobbe-Keuk*, FS Stimpel, S. 187, 202 f.; *Schäfer*, ZIP 2003, 1225, 1227 ff; eine unbeschränkte persönliche Haftung der Mitgesellschafter für eine Deliktsschuld der GbR ablehnend auch *Canaris*, ZGR 2004, 69, 110 ff. Diff. *Klerx*, NJW 2004, 1907 ff.; *Wössner*, ZIP 2003, 1235, 1238; *Schöpflin*, DStR 2003, 1349, 1351 f.

313 *Henssler*, FS Vieregge, S. 361, 366.

314 *Henssler*, FS Vieregge, S. 361, 366.

315 *Altmeppen*, NJW 1996, 1017 ff.; *Flume*, DB 2003, 1775, 1776; *Knobbe-Keuk*, FS Stimpel, S. 187, 202 f.; *Schäfer*, ZIP 2003, 1225, 1228.

316 *Flume*, Personengesellschaft, S. 343 f.; *ders.*, DB 2003, 1775, 1776; *ders.*, FS H. Westermann, S. 119, 143.

317 *Altmeppen*, NJW 1996, 1017 ff.; *ders.*, NJW 2003, 1553, 1554 f.

318 *Altmeppen*, NJW 2003, 1553, 1554 f.; *Altmeppen*, NJW 1996, 1017 ff.

319 *Altmeppen*, NJW 2003, 1553, 1554 f.

320 So auch *Knobbe-Keuk*, FS Stimpel, S. 187, 202 f. Dagegen *Schwark*, FS Heinsius, S. 753, 764; auch *Reiff*, NZG 2000, 281, 283 – Deliktsschulden seien keine höchstpersönlichen Schulden. Dazu auch ausführlich *Schulze*, Akzessorische Haftungsverfassung, S. 86 ff.

321 *Altmeppen*, NJW 2003, 1553, 1557; *Klerx*, NJW 2004, 1907 ff; *Schäfer*, ZIP 2003, 1225, 1228; im Ergebnis auch *Flume*, DB 2003, 1775, 1776.

Hier zeigt sich, dass die Verengung des Zwecks der persönlichen Haftung auf einen Ausgleich der fehlenden Kapitalerhaltung zu einer Einschränkung der Diskussion führt. Wie sich zeigen wird, ist die persönliche Haftung der Gesellschafter nicht nur Mittel zur Sicherung von Kredit für die Gesellschaft, sondern kann darüber hinaus weiteren Zwecken dienen. Die Haftung der Gesellschafter für gesetzliche Verbindlichkeiten verhindert nicht nur, dass das Vermögen der Gesellschaft nach der Schädigung zu Lasten des Gesellschaftsgläubigers verringert wird, sondern bewirkt auch dass bereits zuvor ein effizientes Maß an Sorgfalt gewählt wird.[322]

c. Haftung für sonstige gesetzliche Verbindlichkeiten

Die Gesellschafter haben auch für Ansprüche gegen die BGB-Gesellschaft aus culpa in contrahendo, aus ungerechtfertigter Bereicherung[323] und aus Produkt- und Gefährdungshaftung einzustehen.[324] Auch für Steuerschulden der BGB-Gesellschaft haften die Gesellschafter, ohne dass es hierzu auf eine steuerrechtliche Haftungserstreckung ankomme.[325] Für Ansprüche aus §§ 812 ff. BGB gilt, dass im Falle einer ungerechtfertigten Bereicherung der Gesellschaft oder einem in ihrem Namen erfolgten Eingriff in fremde Rechtsgüter, neben dem Gesellschaftsvermögen akzessorisch die Gesellschafter mit ihrem Privatvermögen unbeschränkt haften, unabhängig davon ob bei ihnen eine tatsächliche Bereicherung gegeben ist.[326]

IV. Zusammenfassung

In der Rechtsprechung und der Literatur hat sich eine umfassende, persönliche Haftung der Gesellschafter für alle Personengesellschaften nach dem Modell der §§ 128–130 HGB durchgesetzt. Die Haftung der Gesellschafter umfasst nach diesem Modell nicht nur eine Haftung für rechtsgeschäftlich begründete Verbindlichkeiten der im Zeitpunkt der Begründung vorhandenen Gesellschafter, sondern auch im Gegensatz zum traditionellen Gesamthandsverständnis oder der Doppelverpflichtungslehre eine Haftung der Gesellschaft für gesetzliche Verbindlichkeiten der Gesellschaft und eine Haftung neu in die Gesellschaft eintretender Gesellschafter.

---

322 Dazu noch *infra* Kapitel 3 §2 B.

323 Für die Fälle der Leistungskondiktion war dies von Rechtsprechung und Lehre bereits unter Geltung der Doppelverpflichtungslehre anerkannt worden. Vgl. dazu nur *Ulmer*, in: Münchener Kommentar-BGB, 3. Aufl., § 714 Rn. 56, m.w.N.

324 U.a. *Schäfer*, in: Münchener Kommentar-BGB, § 714 Rn. 37; *Heidel/Hanke*, in: Dauner-Lieb/Langen, BGB Schuldrecht, § 714 Rn. 20; *Reiff*, NZG 2000, 281, 282 ff.

325 Vgl. *Heidel/Hanke*, in: Dauner-Lieb/Langen, BGB Schuldrecht, § 714 Rn. 20. So auch der BFH NJW-RR 2006, 1696, 1697.

326 Z.B. *Schöne*, in: BeckOK-BGB, § 714 Rn. 21; *Heidel/Hanke*, in: Dauner-Lieb/Langen, BGB Schuldrecht, § 714 Rn. 20; *Flume*, Personengesellschaft, S. 340 ff.; noch von der Doppelverpflichtungstheorie ausgehend BGHZ 61, 338.

Kapitel 3: Ökonomische Betrachtung der unbeschränkten Gesellschafterhaftung

In der deutschen Diskussion zur Haftungsbeschränkung ist gedanklicher Ausgangspunkt und Prämisse, dass grundsätzlich jeder für seine geschäftlichen Verbindlichkeiten, auch wenn er sein Geschäft mit anderen zusammen betreibt, persönlich mit seinem Privatvermögen einzustehen habe. Daher bedürfe eine (gesetzlich eröffnete) Haftungsbeschränkung als Abweichung von diesem Grundsatz der besonderen Legitimation.[327] Die Haftungsbeschränkung sei ein Privileg, das erkauft werden müsse.[328] Die persönliche Haftung bilde die Regel, wenn auch „nicht im statistischen, sondern im normativen Sinne".[329] Den Schwerpunkt bildet daher die Frage, welche Schutzmechanismen die persönliche Haftung ersetzen können. Gerade im Rahmen der Debatte um die Haftung der Gesellschafter der BGB-Gesellschaft lässt sich diese Argumentationsstruktur erkennen. Die persönliche Haftung der Gesellschafter wird ohne weiteres als Schutzmechanismus der Gesellschaftsgläubiger anerkannt. Ihre genaue Wirkungsweise bleibt diffus.

Tatsächlich jedoch kann nicht nur im Rechtsverkehr, sondern auch, als Reaktion auf ein ausgemachtes Bedürfnis, in der Gesetzgebung ein Trend zum erleichterten und breiteren Zugang zu haftungsbeschränkten Gesellschaftsformen erkannt werden. In diesem Zusammenhang sind etwa die UG haftungsbeschränkt und die PartG mbB zu sehen.[330]

Nachfolgend sollen traditionell zur Rechtfertigung einer persönlichen Haftung der Gesellschafter einer Personengesellschaft, insbesondere der BGB-Gesellschaft, herangezogene Erklärungsansätze näher betrachtet werden (§ 1), um dann zu untersuchen, ob die persönliche Haftung der Gesellschafter nicht vielmehr ein Mechanismus ist, der zu Gunsten der Gesellschaftsgläubiger gesellschafterlichen Opportunismus verhindern kann und damit auch im Interesse der Gesellschafter ist (§ 2).

§ 1 Traditionelle Erklärungsansätze für die persönliche Gesellschafterhaftung

I. Der Grundsatz des Gleichlaufs von Herrschaft und Haftung

Gegen jegliche Möglichkeit einer Haftungsbeschränkung leitungsbefugter Unternehmer durch die Wahl einer bestimmten Gesellschaftsform und damit für eine persönliche Haftung derselben sprechen sich die Vertreter des Grundsatzes vom

---

327 Dazu gleich mehr, *infra* II.

328 Vgl. dazu nur *Teichmann*, NJW 2006, 2444, 2445.

329 *K. Schmidt*, Gesellschaftsrecht, S. 540.

330 *Supra* Fn. 11. Dazu auch noch *infra* Kapitel 4 §2 C. II.

Gleichlauf von Herrschaft und Haftung aus.[331] Unter Relativierung aller haftungsbeschränkten Rechtsfiguren[332] wird ein Gleichlauf von Herrschaft und Haftung als „unentbehrliches Ausleseprinzip einer gesunden Wirtschaftsordnung angesehen, die untüchtige Unternehmer auf diesem Wege aus der Wirtschaft entfernt."[333]

Es wird eine zwingende Koppelung von Leitungsfunktion (d.h. Herrschaft und Entscheidungsbefugnis) und persönlicher Haftung gefordert. „Jeder, der sich durch Ausübung unternehmerischer Funktionen im Wirtschaftsleben betätigt, hat auch die mit dem Unternehmen verbundenen Risiken zu tragen."[334] Die persönliche Haftung am Wirtschaftsverkehr teilnehmender Personen wird als Steuerungsinstrument der Konkurrenzwirtschaft verstanden.[335] Die persönliche Haftung sei ein notwendiger Teil für eine unbeschränkte Wirtschaftsfreiheit – Herrschaft ohne Risiko könne von einer der Freiheit verpflichteten Rechtsordnung nicht akzeptiert werden.[336] Die persönliche Haftung habe drei Funktionen: zum einen könne eine Auslesefunktion festgestellt werden, was bedeute, dass erfolglose Unternehmer durch die persönliche Haftung automatisch ausscheiden und nur erfolgsversprechende Unternehmen am Markt bleiben würden.[337] Zum anderen habe die persönliche Haftung eine Kapitallenkungs- und Kapitalerhaltungsfunktion, die sich darin äußere, dass Kapital aus eigenem wirtschaftlichen Interesse der am Markt auftretenden Wirtschaftssubjekte vorsichtig eingesetzt, Investitionen sorgfältig geplant und volkswirtschaftliches Vermögen effizient eingesetzt würde.[338] Zudem gebe es eine konzentrationshemmende

331 Dies sind insbesondere Vertreter des Ordoliberalismus (Freiburger Schule). Vgl. etwa *Eucken*, Grundsätze der Wirtschaftspolitik, S. 279 ff.; *Großfeld*, Aktiengesellschaft, S. 105 ff.; *Immenga*, Personalistische Kapitalgesellschaft, S. 117 ff.; *Müller-Erzbach*, JZ 1956, 705, 708; *ders.*, AcP 154 (1954) 299, 342; *ders.*, FS Heymann II, S. 737, 737 ff.; *Reinhardt*, FS Lehmann II, S. 576, 589 ff.; *Böhm*, Ordnung, S. 126; weitere Nachweise bei *A. Meyer*, Unbeschränkte Verbandsmitgliederhaftung, S. 105, insbes. Fn. 560; dazu auch ausführlich *J. Meyer*, Haftungsbeschränkung, S. 988 ff.; *Potsch*, Grundfragen der Kommanditistenhaftung, S. 57 ff. Vgl. ferner auch *Wiedemann*, Gesellschaftsrecht I, S. 543; *Bitter*, Durchgriffshaftung, S. 140 ff.

332 Vgl. etwa *Eucken*, Grundsätze der Wirtschaftspolitik, S. 284 f. Dazu *Bitter*, Durchgriffshaftung, S. 141; *J. Meyer*, Haftungsbeschränkung, S. 990 ff.

333 *Wiedemann*, Gesellschaftsrecht I, S. 538 f.

334 *Reinhardt*, FS Lehmann II, S. 576, 589.

335 Vgl. dazu *Immenga*, Personalistische Kapitalgesellschaft, S. 118; *A. Meyer*, Unbeschränkte Verbandsmitgliederhaftung, S. 106; *Schöpflin*, Verein, S. 173 f.

336 Vgl. *Böhm*, Ordnung, S. 126; *Großfeld*, Aktiengesellschaft, S. 105 f.; *Immenga*, Personalistische Kapitalgesellschaft, S. 119.

337 *Eucken*, Grundsätze der Wirtschaftspolitik, S. 280; *Immenga*, Personalistische Kapitalgesellschaft, S. 118.

338 Vgl. *Immenga*, Personalistische Kapitalgesellschaft, S. 118; *Eucken*, Grundsätze der Wirtschaftspolitik, S. 280. Dazu auch *Potsch*, Grundfragen der Kommanditistenhaftung, S. 58 f.

Wirkung.[339] Nur für nicht geschäftsführungsbefugte Kapitalgeber könne eine Haftungsbeschränkung in Betracht kommen.[340]

Nicht nur als wirtschafts- und rechtspolitischer Grundsatz, vor allem bei Anerkennung einer ökonomischen Rechtfertigung haftungsbeschränkter Gesellschaftsformen, ist das Prinzip des Gleichlaufs von Herrschaft und Haftung umstritten.[341] Als geltendes Rechtsprinzip, das als Bestandteil der Rechtsordnung eine persönliche Haftung der Gesellschafter von Personengesellschaften legitimieren könne, wird es ebenfalls weitestgehend abgelehnt.[342] Der Gedanke eines Gleichlaufs von Herrschaft und Haftung spiegelt sich insbesondere in der gesetzlichen Regelung der OHG, mit der persönlichen Haftung der Gesellschafter und ihrer grundsätzlichen Beteiligung an der Geschäftsführung wider.[343] Jedoch ist dieser Grundsatz, selbst unter Anerkennung des Gleichlaufs von Herrschaft und Haftung als Rechtsprinzip, aufgrund von Begründungsdefiziten bei der Abstimmung mit gegenläufigen Rechtsprinzipien,[344] wie der Selbstverantwortung der Gläubiger und der (mit der Haftungsbeschränkung verbundenen) Förderung unternehmerischer Initiative, sowie Konkretisierungsdefiziten in Bezug auf den Begriff der Haftung[345] als Begründung und Erklärung der persönlichen Haftung der Gesellschafter der Personengesellschaften nur bedingt hilfreich. Es ist dennoch wichtig zu erkennen, wie es auch die Vertreter des Prinzips des Gleichlaufs von Herrschaft und Haftung tun, dass die Haftungsstruktur einer Gesellschaft eine wichtige Anreiz- und Steuerungsfunktion hat und maßgeblich das Verhalten der Gesellschafter beeinflussen kann.[346]

---

339 Dazu u.a. *Immenga*, Personalistische Kapitalgesellschaft, S. 118; *Eucken*, Grundsätze der Wirtschaftspolitik, S. 280; weitere Nachweise zu allen drei Funktionen bei *A. Meyer*, Unbeschränkte Verbandsmitgliederhaftung, S. 106; *J. Meyer*, Haftungsbeschränkung, S. 988 ff.

340 So u.a. *Eucken*, Grundsätze der Wirtschaftspolitik, S. 281; *Immenga*, Personalistische Kapitalgesellschaft, S. 119 f.

341 Zusammenfassend *Grigoleit*, Gesellschafterhaftung, S. 23 ff.

342 So z.B. *Roth*, in: Roth/Altmeppen, GmbHG, Einleitung Rn. 17; *Wiedemann*, Gesellschaftsrecht I, S. 544 ff.; *Servatius*, in: Henssler/Strohn, Gesellschaftsrecht, § 714 BGB Rn. 11; *A. Meyer*, Unbeschränkte Verbandsmitgliederhaftung, S. 110 ff.; *Flume*, Personengesellschaft, S. 244; *Weimar*, DStR 1997, 1730, 1732. A.A. *Grigoleit*, Gesellschafterhaftung, S. 22, wobei sich jedoch keine konkreten Vorgaben für die positivrechtliche Ausgestaltung der Herrschaftsverantwortlichkeit ableiten ließen. Ablehnend zur persönlichen Haftung eines geschäftsführenden Kommanditisten, BGHZ 45, 204 – „*Rektorfall*"; für den atypischen stillen Gesellschafter BGH NZG 2010, 823. Zur weiteren Kritik an diesem Grundsatz vgl. z.B. *A. Meyer*, Unbeschränkte Verbandsmitgliederhaftung, S. 107 ff.; *Wiedemann*, Gesellschaftsrecht I, S. 544 ff.

343 Zum Gleichlauf von Herrschaft und Haftung als historische Grundlage der OHG *Wiedemann*, Gesellschaftsrecht I, S. 538.

344 Vgl. dazu *Grigoleit*, Gesellschafterhaftung, S. 20 f. m.w.N.

345 *Grigoleit*, Gesellschafterhaftung, S. 21 f. Dies ist in Bezug auf das Maß der Herrschaft relevant.

346 So auch *Grigoleit*, Gesellschafterhaftung, S. 29.

II. Der Grundsatz der unbeschränkten Verbandsmitgliederhaftung

Während sich die Haftung der Gesellschafter der OHG, KG sowie der PartG ohne weiteres aus der gesetzlichen Anordnung ergibt, wurden immer wieder Versuche unternommen darüber hinausgehend und unabhängig von einem Gleichlauf von Herrschaft und Haftung ein alle Personengesellschaften, d. h. alle Gesamthandsgesellschaften umfassendes, allgemeines Rechtsprinzip der persönlichen Haftung der Gesellschafter, einen allgemein im deutschen Recht geltenden Grundsatz der unbeschränkten Verbandsmitgliederhaftung[347] oder ein Prinzip der akzessorischen Haftung herauszuarbeiten.[348] Dies wurde insbesondere deswegen versucht, weil sich nach der individualistischen Theorie, unter Verneinung der Rechtsfähigkeit der BGB-Gesellschaft, die Haftung der Gesellschafter aus deren eigener Verpflichtung ergab[349], jedoch die Begründung der Haftung mit Anerkennung der Rechtssubjektivität deutlich schwieriger wurde.[350]

So führt etwa *Wiedemann* aus: „Begründen kann man diese Gesellschafterhaftung mit dem aus dem Gesetzessystem abgeleiteten und gewohnheitsrechtlich anerkannten Rechtssatz, daß jedermann für alle Verbindlichkeiten einstehen muß, der allein oder im Zusammenschluss mit anderen im Rechtsverkehr Geschäfte betreibt."[351]

Während nach *Reiff* ein derartiger Grundsatz der persönlichen Haftung der Mitglieder von Personengesellschaften, jedenfalls bei unternehmenstragenden Verbänden, induktiv[352] aus einer Gesamtschau der unbeschränkten, persönlichen und akzessorischen Haftung der Mitglieder abgeleitet werden könne[353], wählen

347 Hier wird auf die Terminologie des „*Grundsatz der unbeschränkten Verbandsmitgliederhaftung*" von *A. Meyer* (Unbeschränkte Verbandsmitgliederhaftung, insbes. S. 85, 92) zurückgegriffen, da dieser Begriff am umfassendsten ist und sich daher auch als Oberbegriff für enger gefasste Grundsätze der persönlichen Gesellschafterhaftung eignet. Dabei werden unter den Verbandsbegriff alle Organisationen gefasst, die rechtsgeschäftlich begründet und verfasst, aus Mitgliedern zusammengesetzt, aber verslbständigt sind und die einen bestimmten Zweck verfolgen. Vgl. *A. Meyer*, Unbeschränkte Verbandsmitgliederhaftung, S. 1 Fn.1; *K. Schmidt*, Gesellschaftsrecht, S. 167 ff.; *Reiff*, Haftungsverfassung, S. 25 f. Unter diese Defintion fallen jedenfalls auch rechtsfähige Außen-BGB-Gesellschaften.

348 Aus neuerer Zeit *A. Meyer*, Unbeschränkte Verbandsmitgliederhaftung (2006); z.B. auch *Reiff*, Haftungsverfassung (1996). Für eine in Ansätzen ökonomische Fundierung dieses Grundsatzes vgl. *Potsch*, Grundfragen der Kommanditistenhaftung, S. 57 ff.

349 Siehe *supra* Kapitel 2 §2 B. I.

350 Dazu bereits *supra* Kapitel 2 §2.

351 *Wiedemann*, WM 1994 Sonderbeil. Nr. 4, S. 17.

352 Vgl. *Reiff*, Haftungsverfassungen, S. 16 ff. Ausgangspunkt der Untersuchung ist die Prämisse, dass ein Prinzip der unbeschränkten Mitgliederhaftung sich nicht aus übergeordneten Grundsätzen oder gesellschaftsrechtlichen Regelungsprinzipien ableiten lasse, sondern nur induktiv nachgewiesen werden könne.

353 Vgl. *Reiff*, Haftungsverfassungen, S. 37 ff., 345 ff.; *ders.*, ZIP 1999, 517, 520 f. Dazu auch ausführlich *A. Meyer*, Unbeschränkte Verbandsmitgliederhaftung, S. 125 ff.; auch zur Kritik *ebenda*, S. 169 ff.

v.a. *Flume* und *Dauner-Lieb* einen anderen Ansatzpunkt, indem die Geltung eines allgemeinen Grundsatzes anerkannt wird, aus dem die akzessorische Haftung der Gesellschafter folge.

Insbesondere auf Arbeiten *Flumes* basiert die Herleitung der persönlichen Gesellschafterhaftung aus dem sog. „Gesamthandsprinzip"[354]. Ausgangspunkt für die persönliche Haftung der Gesellschafter ist für *Flume*, unter Zugrundelegung der Gesamthandslehre von *v. Gierke*[355], die Rechtssubjektivität der BGB-Gesellschaft als Gruppe ihrer Gesellschafter.[356] Nicht die Gesellschafter persönlich seien Schuldner, sondern die Gesellschaft selbst als Rechtssubjekt, was eine Unterscheidung zwischen der Gesellschaftsschuld und der Verpflichtung der Gesellschafter notwendig mache.[357] Angelegenheiten der Gesellschaft seien jedoch auch Angelegenheiten der Gesellschafter, da die Gesellschaft gerade als Gruppe aus den Gesellschaftern bestünde. Den einzelnen Gesellschafter treffe folglich „die Haftung für die Verpflichtung der Gesellschaft als Verpflichtung in eigener Sache".[358] Die Gesellschafter einer Gesamthandsgesellschaft haften also persönlich, weil sie nicht nur zu der Gesellschaft gehören, sondern die Gesellschaft als Gemeinschaft bilden, ohne von dieser rechtsfähigen Gesellschaft wie bei einer juristischen Person rechtlich verselbständigt zu sein.[359] Aus dem Gesamthandsprinzip folge, dass die persönliche Haftung der Gesellschafter für die Verbindlichkeiten der Gesellschaft die einzig sachgerechte Lösung sei.[360] Diese Haftung umfasse grundsätzlich auch gesetzliche

---

354 *Flume*, Personengesellschaft, S. 314 ff., 325 ff.; *ders.*, Juristische Person, S. 162 ff., *ders.*, NJW 1981, 1752, 1754 ff.; *ders.*, FS Caemmerer, S. 517 ff. Im Ansatz bereits *Fabricius*, Rechtsfähigkeit, S. 158, 181. Für zumindest die BGB-Gesellschaft *Altmeppen*, NJW 2004, 1563 f.; *Goette*, DStR 2001, 315; *Jaschke*, Gesamthand und Grundbuchrecht, S. 14 ff. Vgl. auch *Hennecke*, Sondervermögen der Gesamthand, S. 76 ff.; *Scholz*, NZG 2002, 153, 155 f.

355 Vgl. *Flume*, Personengesellschaft, S. 53, 55 f.; vgl. zur Gesamthandslehre von *v. Gierke*, Deutsches Privatrecht/I, S. 663 ff.; 674 ff.; *ders.*, Genossenschaftstheorie, S. 339 ff., 367 ff.; 435 ff.; *ders.*, Genossenschaftsrecht/II, S. 927 ff., 936 ff., 948 ff.

356 Grundlegend *Flume*, ZHR 136 (1972) 177, 184 ff., 193 ff.; ferner *ders.*, Personengesellschaft, S. 6 f., 50 ff., 89 ff., 315; *ders.*, FS L. Raiser, S. 27, 29 ff.; *ders.*, FS H. Westermann, S. 119, 120. Ähnlich *Reinhardt*, Gesellschaftsrecht, S. 18 ff. *Flume* folgend u. a. *Altmeppen*, NJW 2004, 1563 f.; *Jaschke*, Gesamthand und Grundbuchrecht, S. 1 ff. Zur Frage, ob *Flume* generell alle Gesamthandsgemeinschaften als Rechtssubjekte anerkennt, vgl. *Ulmer*, AcP 198 (1998) 113, 124 f. Insofern unklar *Flume*, ZHR 136 (1972) 177, 188 f., 190; *ders.*, Personengesellschaft, S. 4, 11 f., 56. Für die Notwendigkeit eines Gesellschaftsvertrags und einer gesamthänderischen Vermögensbindung ausdrücklich *Scholz*, NZG 2002, 153, 155 f.

357 *Flume*, Personengesellschaft, S. 314 ff.; *ders.*, FS H. Westermann, S. 119, 119 ff.

358 *Flume*, Personengesellschaft, S. 326.

359 *Altmeppen*, NJW 2004, 1563, 1564.

360 *Flume*, Personengesellschaft, S. 325 ff.; *ders.*, FS H. Westermann, S. 119, 128 ff.; *Altmeppen*, NJW 2004, 1563, 1564.

Verbindlichkeiten der Gesellschaft.[361] Eine Ausnahme wird dabei für unbeteiligte Gesellschafter bei unerlaubten Handlungen gemacht, die der Gesellschaft nach § 31 BGB analog zugerechnet werden. Ansatzpunkt für diese Ausnahme ist jedoch nicht das Gesamthandsprinzip als solches, zur Erklärung wird ein konkurrierender Grundsatz herangezogen, nämlich der, dass das geltende Haftungsrecht keine Haftung für fremdes deliktisches Verhalten kenne.[362]

Die rechtssubjektive Verselbständigung der Gesamthandsgemeinschaften als Gruppe der Gesellschafter und die daraus folgende persönliche Haftung der Gesellschafter für die Verbindlichkeiten der Gesellschaft bilden als allgemeines Prinzip, dem Gesamthandsprinzip, die Grundlage für eine Geltung bei allen Verbänden mit Gesamthandsvermögen.[363] § 128 HGB sei nur Ausfluss dieses Gesamthandsprinzips.

Die Rechtssubjektsqualität der BGB-Gesellschaft als solche wird von *Dauner-Lieb* als wesentliche Grundlage für eine persönliche, akzessorische Haftung der Gesellschafter herausgestellt. Grundsätzlich stehe bei einer rechtlichen Verselbständigung der Personengesellschaften, den Gesellschaftsgläubigern mit der Gesellschaft ein Haftungssubjekt zur Verfügung, das für seine Verbindlichkeiten nach dem Grundsatz der unbeschränkten Vermögenshaftung mit dem gesamten Vermögen einzustehen habe.[364] Die darüber hinausgehende Haftung der Gesellschafter bedürfe der besonderen Rechtfertigung.[365] Durch die Rechtsfähigkeit der Personengesellschaft, insbesondere der BGB-Gesellschaft, sei eine Haftungslücke entstanden, da sich eine Verpflichtung der Gesellschafter im Gegensatz zum traditionellen Gesamthandsverständnis nicht mehr aus ihrer Schuldnerstellung ergebe. Um den Gläubigern derartiger Gesellschaften keinen Nachteil entstehen zu lassen, seien diese Haftungslücken durch eine akzessorische, persönliche Haftung der Gesellschafter auszufüllen.[366] Da die Anerkennung der Rechtsfähigkeit nichts anderes als die analoge Anwendung des § 124 HGB auf BGB-Gesellschaften sei, müsse kompensierend § 128 HGB

---

361 *Flume*, Personengesellschaft, S. 339 ff.; *ders.*, FS H. Westermann, S. 119, 139 ff.

362 *Flume*, Personengesellschaft, S. 343 f.; *ders.*, FS H. Westermann, S. 119, 142 f.; *ders.*, DB 2003, 1775, 1775 f.; dem folgend *Altmeppen*, NJW 2003, 1553, 1554 f.; *ders.*, NJW 1996, 1017 ff.

363 So wird die Haftungsbeschränkung beim rechtsfähigen Idealverein ebenso als Ausnahme gesehen (*Flume*, Juristische Person, S. 165; *ders.*, DB 1980, 1781, 1783 Fn. 18), wie auch die persönliche Haftung des Kommanditisten vor Eintragung gem. § 176 Abs. 1 S. 1 HGB. Vgl. dazu *Flume*, Personengesellschaft, S. 332 f. Die Haftungsbeschränkung bei einer Ideal-BGB-Gesellschaft bedürfe daher einer rechtsgeschäftlichen Vereinbarung (*ebenda*, S. 331 f.).

364 *Dauner-Lieb*, DStR 2001, 356, 458; *dies.*, DStR 1999, 1992, 1993; *dies.*, Unternehmen in Sondervermögen, S. 522 f.

365 *Dauner-Lieb*, Unternehmen in Sondervermögen, S. 35, 58.

366 Vgl. *Dauner-Lieb*, DStR 1999, 1992, 1994; *dies.*, DStR 1998, 2014, 2018; *dies.*, Unternehmen in Sondervermögen, S. 541 f.; ausführlich dazu auch *A. Meyer*, Unbeschränkte Verbandsmitgliederhaftung, S. 134 ff.

eingreifen.[367] Dies sei insbesondere aufgrund eines fehlenden Gläubigerschutzes durch die Gesamthandsbindung und das Fehlen einer dies kompensierenden, alternativen Kapitalsicherung erforderlich.[368] Rechtssubjektive Verselbständigung und akzessorische Haftung sollen, wie bei *Flume*, parallel laufen.[369] § 128 HGB spricht für *Dauner-Lieb* lediglich eine Selbstverständlichkeit aus[370] und ist Ausdruck eines allgemeinen Grundsatzes der persönlichen Haftung der Gesellschafter von Personengesellschaften.[371]

Daran anknüpfend hat *A. Meyer* einen allgemeinen Grundsatz der unbeschränkten Verbandsmitgliederhaftung abgeleitet.[372] Auch bei Anerkennung der rechtssubjektiven Verselbständigung von Personenhandelsgesellschaften sowie BGB-Gesellschaften sei die Entscheidung des historischen Gesetzgebers, eine unbeschränkte persönliche Haftung der Gesellschafter eingreifen zu lassen, zu berücksichtigen. Die Regelungslücke, die sich daraus ergäbe, dass nach Anerkennung der Rechtsfähigkeit die persönliche Haftung der Gesellschafter nicht mehr bereits aus ihrer Stellung als verpflichtetes Rechtssubjekt folge, müsse durch die Geltung einer persönlichen Gesellschafterhaftung geschlossen werden.[373] Der Grundsatz der unbeschränkten Verbandsmitgliederhaftung, der für alle Personengesellschaften gelte, stelle „nichts anderes dar als die systemgerechte haftungsrechtliche Konsequenz der Anerkennung ihrer rechtssubjektiven Verselbständigung."[374] Das dafür notwendige rechtstechnische Mittel sei die akzessorische Gesellschafterhaftung, die die Umsetzung dieses Grundsatzes ermögliche.[375]

Zwar beruft sich der BGH in der neueren Rechtsprechung zur Begründung der persönlichen Haftung der Gesellschafter einer BGB-Gesellschaft vorrangig auf eine Analogie zu den §§ 128–130 HGB,[376] wie oben bereits erwähnt, verankert der

---

367 *Dauner-Lieb*, DStR 1999, 1992, 1994; *dies.*, DStR 1998, 2014, 2018; *dies.*, Unternehmen in Sondervermögen, S. 541 ff. Inhaltlich ähnlich vgl. *Bälz*, FS Zöllner I, S. 35, 53; *Baumann*, JZ 2001, 895, 900; *Blenske*, NJW 2000, 3170, 3172; *Brandani*, RNotZ 2001, 230, 232.

368 *Dauner-Lieb*, DStR 1999, 1992, 1994; *dies.*, DStR 1998, 2014, 2018; *dies.*, Unternehmen in Sondervermögen, S. 541 ff.

369 Vgl. *A. Meyer*, Unbeschränkte Verbandsmitgliederhaftung, S. 137.

370 *Dauner-Lieb*, FS Ulmer, S. 73, 76.

371 *Dauner-Lieb*, DStR 1999, 1992, 1994; *dies.*, DStR 2001, 356, 359.

372 Vgl. *A. Meyer*, Unbeschränkte Verbandsmitgliederhaftung, insbes. S. 174 ff. und *passim*.

373 *A. Meyer*, Unbeschränkte Verbandsmitgliederhaftung, S. 195, 393 f.

374 *A. Meyer*, Unbeschränkte Verbandsmitgliederhaftung, S. 196, 394. Dieser Grundsatz umfasst rechtsformübergreifend auch Verbände mit einer ideellen Zwecksetzung; Ideal-BGB-Gesellschaften und nichtrechtsfähige Idealvereine sind daher ebenfalls umfasst. Vgl. *ebenda, S.* 304 ff., 316 ff.

375 *A. Meyer*, Unbeschränkte Verbandsmitgliederhaftung, S. 174 ff., 394.

376 BGH NJW 2006, 3716, 3717 Tz. 14, 19; BGH NJW-RR 2006, 1268, 1269 Tz. 10, 14 f.; BGH NJW 2006, 765, 766 Tz. 12; vgl. ferner BGHZ 157, 361; BGH NJW 2007, 1813, 1814 Tz. 22. Dazu bereits *supra* Kapitel 2 §2 B. III.

BGH jedoch in seiner maßgeblichen Entscheidung BGHZ 142, 315 die persönliche Haftung der Gesellschafter nach dem Modell des § 128 S. 1 HGB ebenfalls in einem allgemeinen Grundsatz. Dabei war dieser vom BGH herangezogene Grundsatz nicht neu – er wurde schon, in einer anderen Entscheidung,[377] zur Begründung der Haftung der Gesellschafter einer Vor-GmbH herangezogen. Dieser Grundsatz des bürgerlichen Rechts und des Handelsrechts besage, dass „derjenige, der als Einzelperson oder in Gemeinschaft mit anderen Geschäfte betreibt, für die daraus entstehenden Verpflichtungen mit seinem gesamten Vermögen haftet, solange sich aus dem Gesetz nichts anderes ergibt".[378] Dieser Grundsatz sei ein Grundgedanke der geltenden Rechtsordnung.[379] Eine einseitige Beschränkung der Gesellschafterhaftung auf das Gesellschaftsvermögen sei grundsätzlich und ohne weiteres nicht möglich,[380] vielmehr haften die Gesellschafter für die Verbindlichkeiten der Gesellschaft kraft Gesetzes. Aus dem Heranziehen eines allgemeinen Grundsatzes, wie auch später einer analogen Anwendung der §§ 128–130 HGB wird klar, dass der BGH die akzessorische Haftung der Gesellschafter für Gesellschaftsverbindlichkeiten als ein allgemeines Modell für alle Personengesellschaften ansieht.

All diese Grundsätze, das Gesamthandsprinzip nach *Flume*, der Grundsatz der unbeschränkten Verbandsmitgliederhaftung oder der vom BGH herangezogene allgemeine Grundsatz persönlicher Gesellschafterhaftung sind an sich nur eingeschränkt geeignet und brauchbar, die persönliche Haftung der Gesellschafter einer Personengesellschaft zu begründen und das gesetzliche Modell der §§ 128–130 HGB zu erklären. Es besteht die Gefahr, dass die hinter dem Grundsatz stehenden Wertungen verschleiert werden. In der Herleitung all dieser Grundsätze zeigt sich, dass die alleinige Gläubigerstellung der Gesellschaft und die nicht mehr automatische Haftung der Gesellschafter, wie sie sich aus der Anerkennung der Rechtsfähigkeit ergeben, kompensiert werden sollen, jedoch werden die Funktion und die Gründe für die Notwendigkeit einer persönlichen Haftung der Gesellschafter neben der Gesellschaft, die mit ihrem gesamten Gesellschaftsvermögen haftet, nur angedeutet.[381]

---

377 BGHZ 134, 333, 335 f.

378 BGHZ 142, 315; so auch BGHZ 146, 341; *Kindl*, WM 2000, 697, 701; *Hasenkamp*, Haftungsbeschränkungen, S. 152; kritisch zum Bestehen eines solchen Grundsatzes *Hommelhoff*, ZIP 1998, 8, 10; *Hueck*, FS Zöllner I, S. 275, 293; *Ulmer*, ZIP 1999, 554, 556 (dieser spricht von „*nachgerade zum Dogma entwickelte(r) Ansicht*"); *Eigner*, Beschränkung der persönlichen Gesellschafterhaftung, S. 240 ff.; *Ebbing/Grüner*, NZG 2000, 347, 351; skeptisch *Ulmer*, ZGR 2000, 339, 347. Darüber hinaus wurde der BGH in seiner Argumentation insbesondere für die mangelnde Ableitung und Begründung des vermeintlichen Grundsatzes kritisiert. In Bezug auf die Vor-GmbH auch kritisch *Stimpel*, FS Fleck, S. 345, 360.

379 BGHZ 142, 315, 319; zustimmend *Hasenkamp*, Haftungsbeschränkungen, S. 152 ff.

380 Damit erteilte der BGH vor allem der „GbR mbH" eine Absage.

381 Dazu sogleich III.

III. Die persönliche Haftung als zwingendes, funktionales Substitut fehlender Kapitalaufbringungs- und Kapitalerhaltungsvorschriften

Ebenso wie *Dauner-Lieb* und *A. Meyer* führt der BGH die persönliche Haftung der Gesellschafter im Ergebnis auf die durch die Verselbständigung der Personengesellschaften, insbesondere der BGB-Gesellschaft, entstandene Lücke im Gläubigerschutz[382] zurück.[383] Hintergrund der oben genannten Grundsätze ist damit die Erkenntnis und Überzeugung, dass den Gesellschaftsgläubigern nicht nur das ungesicherte Gesellschaftsvermögen zur Verfügung stehen soll. Die Notwendigkeit einer persönlichen Haftung ergebe sich aus dem sonst aufgrund des unbeschränkten Zugriffs der Gesellschafter auf das Gesellschaftsvermögen nur unzureichendem Gläubigerschutz.[384] Die persönliche und unbeschränkte Haftung der Gesellschafter wird dabei als notwendiges, „funktionales Äquivalent"[385] zu den Kapitalaufbringungs- und Kapitalerhaltungsvorschriften gesehen.[386]

So bezeichnet beispielsweise *K. Schmidt* die persönliche Haftung der Gesellschafter als den „Preis" den die Gesellschafter für eine Gesellschaftsform ohne gesetzliche Kapitalsicherung zu zahlen hätten.[387] Der Gefahr einer Aushöhlung des Gesellschaftsvermögens zu Lasten der Gesellschaftsgläubiger könne durch

---

382 Zum Gläubigerschutz als *„gefestigter Bestand der geltenden Rechts- und Wirtschaftsordnung"*, *Wiedemann*, Gesellschaftsrecht I, S. 516. Zum Schutz der Gesellschaftsgläubiger durch privatautonome Regelungen, S. noch *infra* §2 A. III. 2.

383 BGHZ 142, 315, 319 ff.

384 Statt aller BGHZ 142, 315, 322; *Kindler*, in: Koller/Kindler/Roth/Morck, HGB, §§ 128/129 Rn. 1; Staudinger/*Habermeier*, Vor. §§ 705–740 Rn. 32; *K. Schmidt*, Gesellschaftsrecht, S. 542 f.; *Reiff*, Haftungsverfassung, S. 313 ff., 327 ff.; *Wiedemann*, Gesellschaftsrecht I, S. 284; *Habersack*, in: Staub, HGB, § 128 Rn. 1; *Kleindiek*, ZGR 2006, 335, 342. Kritisch *Hommelhoff*, ZIP 1998, 8, 10 f.; kritisch auch, v.a. in Bezug auf die Haftung der Gesellschafter für deliktische Verbindlichkeiten *Altmeppen*, NJW 2003, 1553, 1555 f.; *Canaris*, ZGR 2004, 69, 112 f.; *Kindl*, NZG 1999, 517 (Haftung des Gesellschaftsvermögens nach § 31 BGB analog lasse schon keine Haftungslücken entstehen).

385 *Jacobs*, Institutionelle Haftungsbeschränkung, S. 5.

386 Vgl. u. a. *Hillmann*, in: E/B/J/S, HGB, § 128 Rn. 1; *Steitz*, in: Henssler/Strohn, Gesellschaftsrecht, § 128 HGB Rn. 1; *Jacobs*, Institutionelle Haftungsbeschränkung, S. 5 f.; *Würdinger*, Gesellschaften I, S. 125; *Kornblum*, Haftung der Gesellschafter, S. 4, 38; *K. Schmidt*, Gesellschaftsrecht, S. 541; *Wiedemann*, Gesellschaftsrecht I, S. 539; *Habermeier*, JuS 1998, 865, 869; *Bälz*, FS Zöllner I, S. 35, 54; *Reiff*, NZG 2000, 281, 282; *Peifer*, NZG 2001, 193, 197; *Hennecke*, Sondervermögen der Gesamthand, S. 78, 85; *Priester*, DB 2005, 1315, 1316; *Wilhelmi*, GmbHR 2006, 13, 14; vgl. auch *Canaris*, ZGR 2004, 69, 95. Kritisch *Blaurock*, FS Raiser, S. 3, 7, 11, 16; vgl. auch *Peres*, DStR 2000, 639, 641; *Eigner*, Beschränkung der persönlichen Gesellschafterhaftung, S. 254.

387 *K. Schmidt*, Gesellschaftsrecht, S. 1409. So auch der BGH in BGHZ 142, 315, 322: *„Für das Privileg der fehlenden persönlichen Gesellschafterhaftung ist bei Wahl der Rechtsform der GmbH aber der im Gesetz vorgesehene „Preis" in Form der Pflichten*

Kapitalaufbringungs- und Kapitalerhaltungsvorschriften begegnet werden.[388] Das Fehlen entsprechender Vorschriften könne, vor allem im Lichte der Dispositivität der Liquidationsvorschriften, insbesondere der Nachschusspflicht nach § 735 BGB und des Vorrangs der Gläubigerbefriedigung, nur durch eine persönliche Haftung der Gesellschafter aufgewogen werden.[389] Da es anders als bei den Kapitalgesellschaften bei den Personengesellschaften keine im Interesse der Gesellschaftsgläubiger festgesetzte Einlagepflicht, keine „Mindesthaftmasse"[390] oder andere Sicherheitsmaßnahmen zur Erhaltung des Gesellschaftsvermögens zugunsten der Gesellschaftsgläubiger gebe, sei die persönliche Haftung im Interesse und zur Sicherung der Gesellschaftsgläubiger notwendig.[391] Die persönliche Haftung diene dabei neben den Gesellschaftsgläubigern auch der Gesellschaft selbst, da deren Kreditfähigkeit dadurch erhöht werde.[392] Dafür sei die persönliche Haftung von zentraler Bedeutung, da sie „Symbol der Verantwortung der Gesellschafter für ihre Gesellschaft"[393] sei und „deren Wertschätzung und Kreditwürdigkeit im Verkehr"[394] erhöhe.

Eine Haftungsbeschränkung könne es auf der anderen Seite nur bei Vorliegen eines gesetzlichen (Mindest-)Garantiekapitalsystems geben.[395] Hier spiegelt sich das von der herrschenden Ansicht gesehene Regel-Ausnahme-Verhältnis von persönlicher Haftung und Haftungsbeschränkung wider, wonach die persönliche Haftung

---

zur Aufbringung und Erhaltung eines Mindestkapitals und der Registerpublizität zu zahlen."

388 BGH, BGHZ 142, 315, 322: „*All diese speziellen Haftungsbeschränkungsmöglichkeiten, die das Gesetz jeweils nur unter spezifischen Voraussetzungen und Auflagen gestattet, würden unterlaufen, wenn man es den Gesellschaftern einer GbR ermöglichen würde, einseitig die Haftung auf das Gesellschaftsvermögen zu beschränken; dies würde nicht geringe Gefahren für den Rechtsverkehr bedeuten, denn mangels einschlägiger Vorschriften über die Aufbringung eines Mindestkapitals und mangels Kapitalerhaltungsregeln wären die Gesellschafter einer GbR nicht gehindert, die Gesellschaft mit nur minimalem oder gar ganz fehlendem Haftungsfonds zu betreiben. Sie können außerdem jederzeit Entnahmen aus dem Gesellschaftsvermögen beschließen, ohne zur Erstattung verpflichtet zu sein.*"

389 So u. a. BGHZ 142, 315, 322; Staudinger/*Habermeier*, Vor. §§ 705–740 Rn. 32.

390 *Steitz*, in: Henssler/Strohn, Gesellschaftsrecht, § 128 HGB Rn. 1.

391 *Hillmann*, in: E/B/J/S, HGB, § 128 Rn. 1; *Steitz*, in: Henssler/Strohn, Gesellschaftsrecht, § 128 HGB Rn. 1; *Kindler*, in: Koller/Kindler/Roth/Morck, HGB, §§ 128/129 Rn. 1.

392 *Hillmann*, in: E/B/J/S, HGB, § 128 Rn. 1; *Steitz*, in: Henssler/Strohn, Gesellschaftsrecht, § 128 HGB Rn. 1.

393 *Steitz*, in: Henssler/Strohn, Gesellschaftsrecht, § 128 HGB Rn. 1.

394 *Steitz*, in: Henssler/Strohn, Gesellschaftsrecht, § 128 HGB Rn. 1.

395 Es wird dabei häufig eine fast schon zwingende Alternative zwischen persönlicher Haftung und einem System festen Kapitals postuliert. In diese Richtung etwa BGHZ 134, 333.

die Regel sei und eine Abweichung durch ein gesetzlich garantiertes (Mindest-) Kapital erkauft werden müsse.[396]

Die dargestellte Alternativität der beiden Schutzsysteme „persönliche Haftung“ und „Garantiekapital“ ist in ihrer Absolutheit zu bezweifeln.[397] Das System des gesetzlichen Kapitals besteht häufig aus zwei Komponenten, einem Mindestkapital und einer festen Ausschüttungsbegrenzung, die sich aus dem Erfordernis der Aufbringung und Erhaltung des Kapitals ergibt. Zwingend mit dem Erfordernis eines Mindestkapitals muss eine Ausschüttungsbegrenzung einhergehen. Notwendige Voraussetzung für das System des festen, gesetzlichen Kapitals ist ein vorgeschriebenes Mindestkapital jedoch nicht.[398]

Seit einigen Jahren wird eine lebhafte Diskussion über Nutzen, Kosten und Alternativen zum System des gesetzlichen (Mindest-)Kapitals geführt. Zwar hat sich das gesetzlich garantierte (Mindest-)Kapital in Deutschland als Gläubigerschutzsystem der Kapitalgesellschaften etabliert, jedoch ist es, sowohl in Bezug auf das Erfordernis eines Mindestkapitals als auch in Bezug auf das System der Erhaltung eines gesetzlichen Kapitals durch feste Ausschüttungssperren, in seiner Effektivität und Effizienz umstritten und andere Gläubigerschutzsysteme werden als bessere Alternativen favorisiert. Dies wurde an anderer Stelle schon ausführlich dargestellt.[399] Dennoch sollen einige der vorgebrachten Kritikpunkte kurz referiert werden, um zu zeigen, dass die postulierte Alternativität von persönlicher Gesellschafterhaftung und gesetzlichem (Mindest-)Kapital in ihrer Absolutheit nicht zu teilen ist.

So wird vorgebracht, dass das für die GmbH vorgeschriebene Mindestkapital von 25 000 Euro (§ 5 Abs. 1 GmbHG) und für die AG von 50 000 Euro (§ 7 AktG) nur eine geringe Eintrittshürde darstelle; für viele Unternehmen sei das Mindestkapital zu

---

396 So auch *Petersen/Rothenfußer*, GmbHR 2000, 757, 759; ähnlich auch *Peifer*, NZG 2001, 193, 197.

397 Kritisch auch *Eigner*, Beschränkung der persönlichen Gesellschafterhaftung, S. 254 ff.

398 Das deutsche System zum Beispiel koppelt für die GmbH und die AG Mindestkapitalerfordernis und Ausschüttungssperre, vgl. §§ 5 Abs. 1, 30 Abs. 1 GmbHG, 7, 57 AktG. Anders hingegen z. B. im englischen Recht, das kein Mindestkapitalerfordernis für „private companies“ aufstellt: Companies Act 2006, ss. 763, wonach ein Mindestkapital nur von Public Companies gefordert wird. Eine Ausschüttungssperre findet sich in Companies Act 2006, ss. 830, 831.

399 Kritisch u. a. *Armour*, 7 EBOR (2006) 5, 15 ff.; *Enriques/Macey*, 86 Cornell L. Rev. (2001) 1165 ff.; *Fleck*, FS 100 Jahre GmbHG, S. 391, 392; monographisch *Bauer*, Gläubigerschutz durch eine formelle Nennkapitalziffer, S. 133 ff., 331 ff.; zusammenfassend *Kuhner*, ZGR 2005, 753, 769 ff. Umfassende Quellenhinweise finden sich etwa bei *Mülbert*, Der Konzern 2004, 151, 152 Fn. 8; *Merkt*, ZGR 2004, 305, 310. Dazu auch im Überblick *Ekkenga*, in: Münchener Kommentar-GmbHG, § 30 Rn. 34 ff.; *Miola*, ECFR 2005, 413, 425 ff. Zu den Befürwortern des Systems, vgl. etwa *Schön*, ZHR 166 (2002) 1 ff.; Group of German Experts on Corporate Law, ZIP 2002, 1310, 1316.

niedrig, um eine ausreichende Vermögensgrundlage darzustellen.[400] Das Mindestkapital, vor allem bei der GmbH, wird daher (nur noch) als „Seriositätsschwelle“[401] gesehen. Hinzu kommt, dass das Erfordernis eines Mindestkapitals spätestens seit der Einführung der UG haftungsbeschränkt (§ 5a GmbHG) durch das MoMiG[402], die lediglich ein Stammkapital von 1 € aufweisen muss, im deutschen Recht immer mehr an Bedeutung verliert. Außerdem führe ein starres Mindestkapital zu keiner Korrelation von Risiko und Kapitalausstattung.[403]

Am gesetzlichen Kapitalschutz durch feste Ausschüttungssperren wird die Effizienz bemängelt. Diese seien zu starr und kompliziert, führen zu erheblichen Opportunitäts- und Transaktionskosten, behindern sinnvolle Transaktionsfinanzierungen und begünstigen in sachwidriger Weise das Fremd- gegenüber dem Eigenkapital.[404]

Hinzu kommt, dass das System eines gesetzlichen Kapitals nicht das einzig denkbare alternative Gläubigerschutzsystem zur persönlichen Haftung ist.[405] Auch andere, in Deutschland aufgrund EU-Rechts[406] zugängliche Rechtsformen weisen

---

400 *So z.B. Merkt,* ZGR 2004, 305, 317 f.; *Teichmann,* NJW 2006, 2444, 2446. A.A. *Goette,* DStR 2005, 197, 198; *Fastrich,* DStR 2006, 656, 658; *Wilhelmi,* GmbHR 2006, 13 ff. Differenziert *Eidenmüller/Engert,* AG 2005, 97 ff. Zur Kritik am Mindestkapitalerfordernis allgemein *Bachmann,* ZGR 2001, 351, 365 ff.; *Gehb/Drange/Heckelmann,* NZG 2006, 88, 92 f.; *Bauer,* Gläubigerschutz durch eine formelle Nennkapitalziffer, S. 133 ff.

401 So etwa *K. Schmidt,* Gesellschaftsrecht, S. 540; positiv *Heidinger,* DNotZ 2005, 97, 104; *Priester,* DB 2005, 1315, 1317; *Seibert,* BB 2005, 1061; *Vetter,* ZGR 2005, 788, 800; vgl. auch BT-Drs. 15/5673, S. 4; kritisch insofern *Haas,* DStR 2006, 993, 994 f.

402 *Gesetz zur Modernisierung des GmbH-Rechts und zur Bekämpfung von Missbräuchen* (MoMiG), vom 23.10.2008, BGBl. 2008, Teil I Nr. 48, S. 2026.

403 Eine vollständige Risikokorrelation ist für die Kapitalausstattung einer Gesellschaft kein Erfordernis, insbesondere wird von der Rechtsprechung und der Literatur ein Haftungsdurchgriff wegen einer sog. „materiellen Unterkapitalisierung“ abgelehnt. Vgl. *Tröger,* FS Westermann, S. 1533, 1547. Zur Ablehnung einer Gesellschafterhaftung wegen materieller Unterkapitalisierung vgl. „Gamma“-Entscheidung BGHZ 176, 204; ausführlich *Michalski/Funke,* in: Michalski, GmbHG, § 13 Rn. 376 ff.

404 Zur Kritik vgl. etwa *Kübler,* ZHR 159 (1995) 550, 559 mit rechtsvergleichenden Hinweisen auf das US-amerikanische Recht; *Eidenmüller,* ZGR 2007, 168, 183ff.; *Mülbert,* Der Konzern 2004, 151, 153; *Schön,* Der Konzern 2004, 162, 166f.; *Kraakman et.al.,* The Anatomy of Corporate Law, S. 130ff.; *Armour,* 63 Modern L. Rev. (2000) 355, 373 ff.; *ders.,* EBOR (2006) 5, 15 ff.

405 Zu diskutierten (und praktizierten) Alternativen, vgl. z.B. *Kuhner,* ZGR 2005, 753, 776 ff.; *Kraakman et.al.,* The Anatomy of Corporate Law, S. 123 ff. Dazu noch *infra* §2 A. III.

406 Grundsatzentscheidungen des EuGH, Slg. 1999, I-1459 = NZG 1999, 298 (Centros); EuGH, Slg. 2002, I-9919 = NZG 2002, 1164 (Überseering); EuGH, Slg. 2003, I-10155= NZG 2003, 1064 (Inspire Art); zuletzt EuGH, Urt. v. 20.10.2011, Rs. C-396/09, ZIP 2011, 2153 (Interedil); EuGH, 29.11.2011 – C-371/10, DStR 2011, 2334 (National Grid Indus). Dazu mit Blick auf Personengesellschaften *Koch,* ZHR 173 (2009) 101; *Paefgen* in: Westermann/Wertenbruch (Hrsg.), Handbuch der Personengesellschaften, Rz. I 4116 ff.

nicht die Kapitalaufbringungs- und Kapitalerhaltungsvorschriften des deutschen Rechts auf. Dennoch sind die Gläubiger derartiger Gesellschaften nicht schutzlos gestellt. Ebenso geschützt werden können Gläubiger beispielsweise durch ein System flexibler Verhaltenspflichten. Situative Ausschüttungssperren[407], eine strenge Durchgriffshaftung (sog. *piercing the corporate veil*),[408] vertragliche Schutzmechanismen (Covenants),[409] abgesichert durch Publizitätspflichten und Verhaltenshaftungen der Gesellschafter bilden beispielsweise das System des Gläubigerschutzes nach amerikanischem Recht.[410]

Ebenso finden sich im deutschen Recht neben der persönlichen Haftung der Gesellschafter und dem System des gesetzlich garantierten (Mindest-)Kapitals noch weitere, alternative Gläubigerschutzsysteme.[411] Ein aktuelles Beispiel ist die PartG mbB, im Rahmen derer die persönliche Haftung für berufliche Fehler der Partner durch eine Haftpflichtversicherung ersetzt wird.[412] Ebensowenig basiert der Gläubigerschutz beim rechtsfähigen Verein und bei der rechtsfähigen Stiftung auf einer persönlichen Haftung oder einem (Mindest-) Garantiekapital.[413]

Es ist *Tröger* zuzustimmen, wenn er feststellt, dass „der postulierte Konnex zwischen Haftungsbeschränkung und gebundenem Kapital in der behaupteten Eindeutigkeit nicht existiert"[414]. Die Diskussion um die persönliche Haftung wird dadurch ungerechtfertigt eingeschränkt. Der Schwerpunkt der Erklärung darf nicht auf die Alternativität von persönlicher Haftung und gesetzlich garantiertem Mindestkapital gelegt werden. Wesentlich ist vielmehr, dass es keine Gesellschaften gibt, die keinen wie auch immer gearteten Gläubigerschutz aufweisen. Dabei werden für unterschiedliche Gesellschaftsformen unterschiedliche Wege eingeschlagen. Die persönliche Haftung ist ein Weg, das System des gesetzlich garantierten (Mindest-) Kapitals ein anderer.[415]

---

407 Eine Gegenüberstellung von Solvenztest und Kapitalschutzregeln findet sich etwa bei *Jungmann*, ZGR 2006, 638 ff.; zum Solvenztest auch *Ekkenga*, in: Münchener Kommentar-GmbHG, § 30 Rn. 40 m.w.N. Ablehnend z.B. *Haaker*, DStR 2010, 663.

408 Ein Vergleich von deutschem Haftungsdurchgriff und US-amerikanischem „piercing the corporate veil" findet sich bei *v. Arnim*, NZG 2000, 1001; rechtsvergleichend auch *Vandekerckhove*, 4 ECL (2007) 191.

409 Dazu noch *infra* §2 A. III. 2.

410 Zum Recht vieler amerikanischer Bundesstaaten vgl. etwa *Engert*, in: Lutter (Hrsg.), Legal Capital in Europe, S. 646, 663 ff; *Kuhner/Sabiwalsky*, Der Konzern 2006, 504, 506 ff.

411 Vgl. auch *Seibert*, DB 2013, 1710, 1711 zur neu geschaffenen PartG mbB: *„Rechtstechnik und Legitimation einer Haftungsbeschränkung sind variantenreich; nicht das Mittel, sondern das Ergebnis des Gläubigerschutzes zählt"*.

412 Vgl. § 8 Abs. 4 PartGG; dazu noch *infra* Kapitel 4 § 2 C. II.

413 Zur umstrittenen Frage, ob im Rahmen des § 80 Abs. 2 BGB für die Anerkennung der Rechtsfähigkeit eine Mindestkapitalausstattung von Stiftungen verlangt werden soll, vgl. *Schwake*, NZG 2008, 248

414 *Tröger*, FS Westermann, S. 1533, 1548.

415 Dazu noch *infra* §2 A. III. 3. a.

IV. Die traditionell der persönlichen Haftung zugeschriebenen Funktionen

Aus den vorangegangenen Ausführungen wird klar, dass die persönliche Haftung Gesellschaftsgläubiger schützen soll. Die Autoren, die die persönliche Haftung und das System eines gesetzlichen Garantiekapitals als funktionale Äquivalente betrachten, gehen dabei meist nur in Ansätzen darauf ein, was die Funktion der beiden Mechanismen genau ist, wie sie einen Gläubigerschutz bewirken und ob sie sich tatsächlich in ihrer Wirkungsweise entsprechen. Die persönliche Haftung wird lediglich allgemein als Schutzinstrument anerkannt. Wie die Gesellschaftsgläubiger durch die persönliche Haftung geschützt werden, wird selten klar ausformuliert und es gibt wenige Stellungnahmen und Ausführungen über die Funktion der persönlichen Haftung.

In der Literatur werden der persönlichen Haftung der Gesellschafter, soweit diskutiert, drei Funktionen zugeordnet:[416] Zum einen diene sie der Leistungserzwingung (1.). Außerdem ersetze sie im Interesse der Gläubiger haftendes Eigenkapital der Gesellschaft und diene so der Kreditsicherung (2.). Die persönliche Haftung der Gesellschafter stelle außerdem einen Mechanismus zu deren Verhaltenskontrolle dar (3.).

1. Leistungserzwingung

Die Funktion der persönlichen Haftung nach § 128 S. 1 HGB wird damit umschrieben, dass die Personengesellschaften durch die Haftung der Gesellschafter ihr Ansehen[417] und ihre Wertschätzung[418] im Wirtschaftsleben erhalten. Dabei wird an zwei funktionale Aspekte der persönlichen Haftung angeknüpft, zum einem an den der Leistungserzwingung und zum anderen an den der Kreditsicherung.

Die Funktion der persönlichen Haftung als Mittel zur Leistungserzwingung wird darin gesehen, dass die persönliche Haftung den Gesellschaftsgläubigern eine weitere Möglichkeit eröffne, die ihnen geschuldete Leistung zu erzwingen.[419] Sie könnten diese aufgrund der persönlichen Haftung nicht nur von der Gesellschaft selbst verlangen, sondern auch von den Gesellschaftern. Es gehe darum, den Gesellschaftsgläubigern eine ganz bestimmte Leistung gegenwärtig zur Verfügung zu stellen, was deren Ausfallrisiko reduzieren würde.[420] Dies stellt jedoch lediglich eine

---

416 *Wiedemann,* Gesellschaftsrecht I, S. 536; im Anschluss an *Wiedemann* auch *K. Schmidt,* Gesellschaftrecht, S. 541; *Brandani,* BGB-Gesellschaft in der Liquidation, S. 106 ff.; *Wiesner,* ZHR 148 (1984) 56, 59; *Jacobs,* Institutionelle Haftungsbeschränkung, S. 80; *Schöpflin,* Verein, S. 413; *Peifer,* NZG 2001, 193, 197.

417 *Emmerich,* in: Heymann, HGB, § 128 HGB Rn. 1.

418 *Habersack,* in: Staub, HGB § 128 Rn. 1.

419 *Wiedemann,* Gesellschaftsrecht I, S. 536; *K. Schmidt,* Gesellschaftrecht, S. 541; *Brandani,* BGB-Gesellschaft in der Liquidation, S. 107.

420 *Brandani,* BGB-Gesellschaft in der Liquidation, S. 107.

Ergebnisbeschreibung der persönlichen Haftung dar; ihre Funktion wird dadurch nicht klarer.

Die Funktion der persönlichen Haftung könnte in einer Stärkung der Vertragsbindung gesehen werden, was eine Haftung der Gesellschafter auf Erfüllung rechtfertigen könnte. Dazu müsste jedoch geklärt werden, warum gerade eine Haftung der Gesellschafter auf Erfüllung neben der Gesellschaft als Vertragspartnerin interessensgerecht bzw. wünschenswert wäre, da den Gesellschaftsgläubigern doch mit der Gesellschaft die von ihnen gewählte Schuldnerin zur Verfügung steht. Warum eine derartige Verstärkung bei Personengesellschaften im Gegensatz zu juristischen Personen und Privatpersonen notwendig ist, wird nicht begründet.

Dass die gläubigerschützende Wirkung besonders stark sei, wird bestritten, da ein wirksamer Gläubigerschutz nicht nur einen Haftungsanspruch voraussetze, sondern vor allem an Haftungsfähigkeit der Gesellschafter gebunden sei.[421] Die Haftungsfähigkeit wäre aufgrund der freien Verfügbarkeit der Gesellschafter über ihr Privatvermögen nicht gesichert.[422] In diesem Zusammenhang muss jedoch gefragt werden, was das Ziel des Gläubigerschutzes ist, d. h. vor was bzw. welchem Verhalten die Gesellschaftsgläubiger geschützt werden sollen. Es muss geklärt werden, ob es wirklich Ziel des Gesellschaftsrechts ist und sein kann die Gesellschaftsgläubiger vor jedem Forderungsausfall zu schützen oder ob es nicht vielmehr um den Schutz vor bestimmtem Gesellschafterverhalten geht.[423]

2. *Kreditsicherung durch Erweiterung des Haftungspools*

Der persönlichen Haftung wird außerdem die Funktion zugeschrieben, Kredit für die Personengesellschaften zu sichern. Die Funktion der Kreditsicherung wird so verstanden, dass den Gesellschaftsgläubigern eine weitere Vollstreckungsmöglichkeit eröffnet, der zur Verfügung stehende Haftungspool erweitert und dadurch das Risiko einer Uneinbringlichkeit der Forderung reduziert werde.[424] Die Kreditwürdigkeit der Personengesellschaften beruhe auf der Kreditwürdigkeit der Gesellschafter, da die Gesellschaften kein durch Kapitalerhaltungsregeln geschütztes Vermögen aufweisen und das Gesellschaftsvermögen unbeschränkt auf die Gesellschafter übertragen werden könne.[425] Die persönliche Haftung als solche biete Sicherheit

421 *Brandani*, BGB-Gesellschaft in der Liquidation, S. 107.

422 *Brandani*, BGB-Gesellschaft in der Liquidation, S. 108; dazu auch *K. Schmidt*, Gesellschaftsrecht, S. 542.

423 Dazu noch *infra* §2 A. II. 5.

424 *Wiedemann*, Gesellschaftsrecht I, S. 536; *Brandani*, BGB-Gesellschaft in der Liquidation, S. 108; *K. Schmidt*, Gesellschaftsrecht, S. 541. Kritisch *Huber*, ZGR 1988, 1, 16 f.

425 So z. B. BGHZ 73, 217, 224; *Kindler*, in: Koller/Kindler/Roth/Morck, HGB, §§ 128/129 Rn. 1; *Hillmann*, in: E/B/J/S, HGB, § 128 Rn. 1; kritisch dazu *Wiesner*, ZHR 148 (1984) 56, 59.

und könne dadurch Kapital ersetzen.[426] Die persönliche Haftung wird als eine Art „eigenkapitalersetzende Personalsicherheit“[427] gesehen. Gesellschaftsvermögen und Privatvermögen werden als eine einzige Vermögensmasse begriffen, auf die der Gesellschaftsgläubiger insgesamt zugreifen könne. Es gehe dabei nicht um die gegenwärtige Bereitstellung, sondern um die Sicherung einer zukünftigen Leistung. Die Geschäftspartner der Personengesellschaften würden gerade darauf vertrauen, auf das persönliche Vermögen der Mitglieder zugreifen zu können.[428]

Dies ist grundsätzlich richtig, erklärt aber nicht, warum etwa eine gesetzliche Anordnung notwendig ist. Durch privatautonome Regelungen, insbesondere partielle oder umfassende Schuldbeitritte der Gesellschafter, könnte dasselbe Ergebnis erzielt werden. Zwar lassen sich durch die gesetzliche Anordnung Transaktionskosten sparen, ob und inwiefern eine gesetzliche Anordnung der Haftung zu einem besseren Gläubigerschutz führt, wird jedoch nicht genauer erklärt.

In Bezug auf die Funktion der Kreditsicherung wird kritisiert, dass die Gesellschafter über ihr Privatvermögen ebenso frei verfügen könnten wie über das Gesellschaftsvermögen und so die Haftungsmasse der Gesellschaftsgläubiger frei verringern könnten.[429] Die Anfechtungsregeln der §§ 3, 4 AnfG und §§ 129 ff. InsO stellten keinen adäquaten Schutz dar.[430] Jegliches Vermögen, ob es das von Privatpersonen oder Gesellschaften ist, ist jedoch begrenzt.[431] Außerdem wird ein Widerspruch in Bezug auf die Gesellschafterzahl behauptet: Je höher die Gesellschafterzahl sei, desto größer wäre das haftende Vermögen und das wäre wiederum besser für die Kreditwürdigkeit der Gesellschaft. Dies stünde jedoch im Widerspruch zu dem gesetzlichen Leitbild, das gerade von einer geringen Gesellschafterzahl und einer engen Verbundenheit der Gesellschafter ausginge.[432] Tatsächlich scheint das gesetzliche Leitbild der Personengesellschaften eher von einer geringeren Anzahl von Gesellschaftern auszugehen. Dies zeigt sich insbesondere in der Regelung der Geschäftsführungsbefugnis, nicht nur bei der BGB-Gesellschaft, sondern auch bei OHG, KG und PartG, wo im Rahmen der dispositiven Regelungen grundsätzlich von einer Einbindung aller (persönlich haftenden) Gesellschafter in die Geschäftsführung ausgegangen wird. So wird das gesetzliche Leitbild der Personengesellschaften häufig als „Arbeits- und Haftungsgemeinschaft“[433] beschrieben. Diese Charakterisierung folgt aber erkennbar daraus, dass aufgrund der persönlichen Haftung der

---

426 *Wiedemann*, Gesellschaftsrecht I, S. 536, 539; kritisch *K. Schmidt*, Gesellschaftsrecht, S. 542 f.
427 *K. Schmidt*, Gesellschaftsrecht, S. 541.
428 *Hasenkamp*, DB 2002, 2632. Vgl. auch BGHZ 73, 217, 224.
429 *Brandani*, Die BGB-Gesellschaft in der Liquidation, S. 108.
430 *Brandani*, Die BGB-Gesellschaft in der Liquidation, S. 108.
431 Zu dieser Grenze auch noch *infra* §2 A. IV. 5. c.
432 *Brandani*, Die BGB-Gesellschaft in der Liquidation, S. 109 f.
433 Vgl. nur BGH NJW 1983, 2376, 2377; *Weitemeyer*, in: Oetker, HGB, § 119 Rn. 28; *Freitag*, in: E/B/J/S, HGB, § 119 Rn. 45; *Schöpflin*, in: BeckOK-BGB, § 21 Rn. 29.

Gesellschafter davon ausgegangen wird, dass diese in vielen Fällen die Tätigkeit der Gesellschaft aktiv mitgestalten wollen.

Gerade bei den unternehmerisch tätigen OHGs und KGs kommt die Frage hinzu, ob das Privatvermögen der Gesellschafter, gerade wenn die Gesellschaftsgläubiger davon ausgehen müssen, dass es eine Vielzahl von weiteren Gesellschaftsgläubigern sowie die Privatgläubiger der Gesellschafter geben wird, eine substantielle Verstärkung des Haftungspools darstellen kann. Insbesondere werde die persönliche Haftung ab einer gewissen Unternehmensgröße weniger relevant,[434] da die Gesellschaftsgläubiger nicht mehr realistisch von einer Befriedigung durch das Privatvermögen der Gesellschafter ausgehen könnten.[435] Eine Kreditvergabe erfolge nicht allein aufgrund der persönlichen Haftung, diese sei nur ein Faktor von vielen, wie u. a. die Rentabilität des betriebenen Unternehmens und das vorhandenen Gesellschaftsvermögen.[436]

Es sind daher die Anreize in den Blick zu nehmen, die durch die persönliche Haftung für die Gesellschafter geschaffen werden. Durch die Unterwerfung unter die persönliche Haftung können die Gesellschafter über das bloße Bereitstellen einer weiteren Haftungsmasse den Gesellschaftsgläubigern signalisieren, dass sie bereit sind ihr gesamtes Vermögen zur Verfolgung des Zwecks einzusetzen.

3. Verhaltenskontrolle

In der deutschen Literatur wird zum Teil der Einfluss der persönlichen Haftung auf das Gesellschafterverhalten erkannt und beschrieben. Als Mittel zur Kontrolle solle und könne die persönliche Haftung das Verhalten der Gesellschafter beeinflussen, die sich, um sich vor einer persönlichen Inanspruchnahme zu schützen, in einer bestimmten Weise verhielten.[437] Die persönliche Haftung werde zu einem Druckmittel, um ein bestimmtes Verhalten zu bewirken. Die wesentliche Funktion wird mehr darin gesehen, bei den Gesellschaftern ein besonders sorgfältiges und umsichtiges Geschäftsverhalten als ein bestimmtes rechtlich normiertes Verhalten zu erreichen.[438] Die Gesellschafter sollen durch die persönliche Haftung dazu angehalten werden „pünktlich und vollständig zu zahlen und vor allem von risikoreichen Geschäften Abstand zu nehmen und die wirtschaftliche Situation der Gesellschaft genau zu kontrollieren, um so Überschuldung und Insolvenz zu

---

434 *Wiesner*, ZHR 148 (1984) 56, 60; *Ballerstedt*, ZHR 128 (1966) 119, 122; *Pflug*, NJW 1971, 345, 349; *Wiedemann*, Gesellschaftsrecht I, S. 539.

435 Dies mag grundsätzlich zutreffen, erklärt aber nicht, zugegebenermaßen Ausnahme-, Phänomene wie beispielsweise als Personengesellschaften organisierte Privatbanken.

436 *Wiesner*, ZHR 148 (1984) 56, 59.

437 Vgl. dazu *Brandani*, Die BGB-Gesellschaft in der Liquidation, S.106 f.; *Wiedemann*, Gesellschaftsrecht I, S. 536 f.; K. *Schmidt*, Gesellschaftsrecht, S. 541.

438 *Brandani*, Die BGB-Gesellschaft in der Liquidation, S. 106.

verhindern bzw. frühzeitig zu erkennen."[439] Die Gesellschafter sollen zu einer „ordentlichen Unternehmensführung"[440] angehalten werden.

Risikoreiche Geschäfte sind jedoch nicht das eigentliche Problem. Ein hohes Risiko können und werden freiwillige Gläubiger, soweit es für sie erkennbar ist, durch angepasste Risikozuschläge ausgleichen. Informationsasymmetrien zwischen den Gesellschaftsgläubigern und den Gesellschaftern führen jedoch dazu, dass die Gesellschaftsgläubiger unter Umständen einen angemessenen Risikozuschlag nicht abschätzen können.[441]

Voraussetzung für die Effektivität der persönlichen Haftung als Druckmittel sei, wie angemerkt wird, dass die haftenden Gesellschafter die Entscheidungen in der Gesellschaft über die Geschäfte treffen bzw. beeinflussen könnten – Leitungsmacht und persönliche Haftung müssten gleichlaufen.[442] Dies sei zwar bei den Personengesellschaften nach dem gesetzlichen Leitbild mit der grundsätzlichen Einbindung aller Gesellschafter in die Geschäftsführung gegeben, von diesem Leitbild könne jedoch in akzeptierter Weise, z. B. im Rahmen von Publikumspersonengesellschaften abgewichen werden. Dann liefen die Verhaltensanreize fehl.[443] Hier wird jedoch übersehen, dass die Haftung aller Gesellschafter eine typisierende Regelung darstellt; die Haftung trifft zwar unter Umständen auch nicht leitungsbefugte Gesellschafter, aufgrund der Geltung des Grundsatzes der Selbstorganschaft sind aber die geschäftsführenden Gesellschafter in jedem Fall von der Haftung betroffen. Außerdem werden weitergehende formelle und informelle Einflussmöglichkeiten der Gesellschafter in diesem Zusammenhang zu wenig beachtet.[444]

Die Reichweite der durch die persönliche Haftung gesetzten Verhaltensanreize wird außerdem als begrenzt angesehen, da nicht die Sorge vor persönlicher Haftung, sondern andere, exogene Umstände, wie beispielsweise die Verhältnisse am Markt, das Verhalten der Gesellschafter maßgeblich beeinflussen würden.[445] So argumentiert auch der BGH, wenn er sich gegen eine verhaltenssteuernde Funktion der persönlichen Haftung der Komplementäre bei der KGaA wendet.[446] Eine primär verhaltenssteuernde Funktion wird von Teilen der Literatur und Rechtsprechung im

439 *Brandani*, Die BGB-Gesellschaft in der Liquidation, S. 106.
440 *K. Schmidt*, Gesellschaftsrecht, S. 541; so auch *Wiedemann*, Gesellschaftsrecht I, S. 536, 537 f.
441 Dazu noch *infra* §2 A. I.
442 *Brandani*, Die BGB-Gesellschaft in der Liquidation, S. 107.
443 *Brandani*, Die BGB-Gesellschaft in der Liquidation, S. 107.
444 Dazu noch *infra* §3 I.
445 *Brandani*, Die BGB-Gesellschaft in der Liquidation, S. 106. Außerdem wäre die Gesellschafterhaftung im Verhältnis zum typischen Schuldenvolumen eines Unternehmens zu gering, um einen wirksamen Verhaltensanreiz darzustellen. Vgl. etwa *Ballerstedt*, ZHR 128 (1966) 119, 122; *Westermann*, Vertragsfreiheit und Typengesetzlichkeit, S. 275. Kritisch *Grigoleit*, Gesellschafterhaftung, S. 24.
446 BGHZ 134, 392.

Rahmen der persönlichen Haftung der Komplementäre in der KGaA anerkannt.[447] Die persönliche Haftung sei weniger für die Bonität der KGaA relevant, da neben die persönliche Haftung ein von den Kommanditaktionären aufgebrachtes und über die aktienrechtlichen Kapitalaufbringungs- und Kapitalerhaltungsvorschriften geschütztes Grundkapital tritt.[448] Es wird die persönliche Haftung als „objektiver Kontrollmechanismus"[449] gesehen, der ein „Gegengewicht zu den weitreichenden Einwirkungsbefugnissen der Komplementäre bei der Geschäftsführung bei gleichzeitig nur eingeschränkter Kontrolle durch den Aufsichtsrat"[450] biete. Die persönliche Haftung solle die Komplementäre zu einem eigenverantwortlichen Handeln im Interesse der Gesellschaft disziplinieren.[451]

Dagegen wendet der BGH ein, dass die Disziplinierungsfunktion eine „generalisierende Annahme"[452] sei, die so nicht für das moderne Geschäftsleben Gültigkeit beanspruchen könne.[453] Eine erfolgreiche Führung hänge nicht von dem jeweiligen Haftungsmechanismus ab, sondern werde maßgeblich von den individuellen unternehmerischen Fähigkeiten der Komplementäre beeinflusst.[454] Die Haftung könne „zu einem übertrieben defensiven Verhalten veranlassen, das zum Schaden der Gesellschafter und Gläubiger der Gesellschaft dazu führt, daß neue risikobehaftete Geschäftschancen nicht wahrgenommen werden, mit der Folge, daß das Unternehmen im schlimmsten Falle den Anschluß an die wirtschaftliche Entwicklung verpaßt."[455]

Zwar lassen sich die KGaA, nach heute herrschender Ansicht eine Variante der AG[456] mit den für sie geltenden Regeln der Kapitalaufbringung und Kapitalerhaltung[457], und die Personengesellschaften nur begrenzt vergleichen, doch sind die Überlegungen des BGH zur Wirkungsweise und Funktion der persönlichen Haftung auch für ein Verständnis der persönlichen Haftung bei den Personengesellschaften relevant. Es zeigt sich ein genereller Trade-off: die persönliche Haftung führt bei ihren persönlich haftenden Gesellschaftern, soweit diese natürliche, riskoaverse Personen sind auch zu einem risikoaversen Geschäftsverhalten, da immer der Verlust des gesamten Vermögens droht und eine Diversifizierung des Risikos nicht möglich

447 OLG Karlsruhe DB 1996, 1767, 1768; *Flämig*, FS Peltzer, S. 99, 101; *Wiesner*, ZHR 148 (1984) 56, 62 ff.; *Pflug*, NJW 1971, 345, 349 ff.

448 Hier spiegelt sich die Ansicht wieder, dass die persönliche Haftung eine kapitalersetzende Personalsicherheit darstelle.

449 *Wiesner*, ZHR 148 (1984) 56, 63.

450 *Herf*, in: Münchener Handbuch Gesellschaftsrechts, Bd. 4, § 78 Rn. 21.

451 OLG Karlsruhe DB 1996, 1767, 1768; *Flämig*, FS Peltzer, S. 99, 101; *Wiesner*, ZHR 148 (1984) 56, 62 ff.; *Pflug* NJW 1971, 345, 349 ff.

452 BGHZ 134, 392, 398.

453 BGHZ 134, 392, 398.

454 BGHZ 134, 392, 398; *Priester*, ZHR 160 (1996) 250, 260; *Hennerkes/Lorz*, DB 1997, 1388, 1390.

455 BGHZ 134, 392, 398.

456 Vgl. nur *Bachmann*, in: Spindler/Stilz, AktG, § 278 Rn. 1 m.w.N.

457 Vgl. § 278 Abs. 3 AktG.

ist.[458] Eine persönliche Haftung lässt sich daher nur schwerlich mit dem Ziel der Förderung unternehmerischer Initiative vereinbaren.

Dem BGH ist zuzustimmen, dass eine erfolgreiche Geschäftsführung von vielen Aspekten, individuellen Fähigkeiten und exogenen Umständen abhängt. Dennoch muss man die verhaltenssteuernde Wirkung der persönlichen Haftung deswegen nicht *ad acta* legen. Folge der persönlichen Haftung kann ein risikoaverses Geschäftsverhalten der Gesellschafter sein, dies kann jedoch, auch wenn es gesamtgesellschaftlich aus reinen Effizienzgesichtspunkten nachteilig sein kann[459], unter anderen Gesichtspunkten wünschenswert sein. Die intendierte verhaltenssteuernde Wirkung der persönlichen Haftung kann vor allem auch begrenzter gesehen werden, nämlich darin, dass sie zwar das allgemeine Geschäftsverhalten der Gesellschafter beeinflusst, darüber hinaus jedoch vor allem bestimmtes unerwünschtes Verhalten der Gesellschafter zu Lasten der Gesellschaftsgläubiger verhindern kann – opportunistisches Verhalten, das bei einer Haftung nur der Gesellschaft, insbesondere in einer Krise der Gesellschaft für die Gesellschafter attraktiv werden kann.

V. Ergebnis

Die Begründung der persönlichen Haftung der Gesellschafter über allgemeine Grundsätze ist zum Verständnis der Funktion der persönlichen Haftung wenig hilfreich. Die axiomatischen Grundsätze verschleiern die ihnen zu Grunde liegenden Wertungen. Dabei wird nicht erklärt, warum die persönliche Haftung die Regel sein soll, was gerade mit Blick auf den Trend zu haftungsbeschränkten Gesellschaftsformen erklärungsbedürftig ist.

Die persönliche Haftung wird als Gläubigerschutzmechanismus anerkannt. Nur selten wird jedoch die Funktion und Wirkungsweise derselben in den Blick genommen. Die der persönlichen Haftung der Gesellschafter zu geschriebenen Funktionen sehen ihre Wirkung vor allem in einer Steigerung der Bonität der Gesellschaft durch eine Erweiterung des den Gesellschaftsgläubigern zur Verfügung stehenden Haftungsfonds. Bei der Analyse, welche Anreize die persönliche Haftung für das Verhalten der Gesellschafter setzt, ist sie meist auf das diffuse Ziel einer ordentlichen, risikoarmen Unternehmensführung beschränkt.

---

458 Dazu noch ausführlich *infra* §2 A. IV. 6.

459 Riskoaverse Akteure entscheiden sich bei der Wahl zwischen zwei Projekten für das Projekt mit der geringeren Varianz auch wenn der Erwartungswert des anderen Projekts höher liegt. Gesamtgesellschaftlich gesehen wäre jedoch die Wahl des Projekts mit dem höheren Erwartungswert wünschenswert. Dazu noch *infra* §2 A. IV. 6.

§ 2 Gesellschafteropportunismus und Gesellschafterhaftung

Der BGH und die herrschende Meinung in der Literatur sehen, wie sich durch die einheitliche Analogie der §§ 128 ff. HGB auf die BGB-Gesellschaft zeigt, keine Notwendigkeit zwischen freiwilligen Vertragsgläubigern der Gesellschaft und unfreiwilligen Gläubigern, auch Zwangsgläubiger genannt, zu unterscheiden.[460] In der Neuen Institutionenökonomik wird diese Unterscheidung jedoch als wesentlich erachtet.[461] Je nach Kategorisierung des Gläubigers muss die gesetzliche Regelung unterschiedlichen Zielen dienen.

Freiwillige Gläubiger, die vor Eingehen der Austauschbeziehung mit dem potentiellen Schuldner Risiken hinreichend präzise erforschen und kalkulieren können, treffen eine privatautonome Entscheidung, ob sie die vertragliche Beziehung mit dem Schuldner eingehen wollen.[462] Hier muss es das Ziel der gesetzlichen Regelung sein, durch kohärente Standardverträge, die das Ergebnis der (kostenintensiven) Verhandlungen der Vertragsparteien gewesen wären, die Transaktionskosten der Parteien zu senken.[463] Zu den freiwilligen Gläubigern werden auch solche Gläubiger gezählt, deren gesetzlicher Anspruch auf eine autonome Entscheidung zurückgeführt werden kann. Die Gefahr eines Fehlschlagens des Vertrages oder einer möglichen Rückabwicklung wird ebenfalls in die *ex ante* Risikokalkulation einbezogen.[464]

Unfreiwillige Gläubiger haben hingegen keine Möglichkeit auf eine Verbindung mit dem Schuldner zu verzichten.[465] Die Bindung ist gerade nicht privatautonom begründet, sondern heteronom kraft Gesetzes. Risiken können nicht durch privatautonome Gestaltungen kompensiert werden. Dieses gänzliche Fehlen von Markttransaktionen muss daher durch die gesetzliche Regelung ausgeglichen werden.

---

460 *Tröger*, FS Westermann, S. 1533, 1541.

461 Zur wesentlichen Unterscheidung zwischen freiwilligen und unfreiwilligen Gläubigern, *Bebchuk/Fried*, 105 Yale L. J. (1996) 857, 864; Armour, 7 EBOR (2006) 5, 11; aus dem deutschen Schrifttum z.B. *Bitter*, Durchgriffshaftung, S. 185 f.; *Fleischer*, ZGR 2001, 1, 19; *Spindler*, JZ 2006, 839, 841.

462 Hier erfolgt die Unterscheidung zwischen freiwilligen und unfreiwilligen Gesellschaftern rein formell danach, ob der Gesellschaftsgläubiger freiwillig in Kontakt mit der Gesellschaft getreten ist. So auch *Schäfer/Ott*, Lehrbuch der ökonomischen Analyse des Zivilrechts, S. 718 f.; *Bitter*, Durchgriffshaftung, S. 186 Fn. 201. Nach anderer Terminologie werden vertragliche Gläubiger, die das mit Vertragseingehung übernommene Risiko nicht hinreichend einschätzen können auch als unfreiwillige Gläubiger bezeichnet. So etwa *Adams*, Eigentum, S. 61 ff.

463 Zu dieser Funktion des Gesellschaftsrechts bereits *supra* Kapitel 2 §1 A.

464 Vgl. *Tröger*, FS Westermann, S. 1533, 1555 f.

465 Vgl. *Adams*, Eigentum, S. 57 f.; *Bitter*, Durchgriffshaftung, S. 186.

A. Freiwillige Gesellschaftsgläubiger

I. *Gesellschafter – Gläubiger – Agenturproblem – The Agency Costs of Debt*

Das Verhältnis der Gesellschafter zu den (freiwilligen) Gläubigern ihrer Gesellschaft lässt sich im Rahmen einer ökonomischen Analyse agenturtheoretisch beschreiben.[466] Ausgangspunkt der nachfolgenden Überlegungen bildet eine Gesellschaft, bei der die Privatgläubiger der Gesellschafter nur nachrangigen Zugriff auf das Gesellschaftsvermögen haben, außerdem die Gesellschafter nicht persönlich für die Verbindlichkeiten der Gesellschaft haften. Die Gesellschaftsgläubiger haben also keinen Zugriff auf das Vermögen der Gesellschafter. Grundlage der Analyse ist eine vollständig verselbständigte Gesellschaft, ohne persönliche Haftung der Gesellschafter oder andere Gläubigerschutzmechanismen. Dies ermöglicht es, im nächsten Schritt die genaue Wirkungsweise der persönlichen Gesellschafterhaftung zu analysieren.

Die Prinzipal-Agenten-Theorie oder Agenturtheorie[467] betrachtet das Verhältnis eines Auftraggebers (Prinzipal) zu seinem Beauftragten (Agenten).[468] Der Prinzipal

---

466 Darüber hinaus wird insbesondere das Innenverhältnis einer Gesellschaft, der Konflikt zwischen Geschäftsführern und Gesellschaftern und Mehrheits- und Minderheitsgesellschaftern agenturtheoretisch betrachtet. Vgl. etwa *Kraakman et al.*, Anatomy of Corporate Law, S. 36. Die Heranziehung der Agenturtheorie zu Betrachtung von Gesellschaftskonflikten wird immer verbreiteter, vgl. exemplarisch *Hopt*, ZHR 175 (2011) 444, 448 f. Kritisch zu diesem Ansatz *Wiedemann,* ZGR 2006, 240, 244 f.

467 Grundlegend dazu *Jensen/Meckling*, 3 J. Fin. Econ. (1976) 305 ff., 308: "*... a contract under which one or more persons (the principal(s)) engage another person (the agent) to perform some service on their behalf which involves delegating some decision making authority to the agent.*" *Arrow*, in: Pratt/Zeckenhauser, Principals and Agents, S. 37: principal-agent relations *"are virtually universal in the economy, representing a significant component of almost all transactions"*; im deutschen Schrifttum dazu u. a. *Spremann*, ZfB 1990, 561, 571 f.; zur Empirie z. B. *Eisdorfer*, 63 J. Fin. (2008) 609. Ein Überblick zum Prinzipal-Agenten-Modell findet sich u. a. bei *Franke/Hax*, Finanzwirtschaft des Unternehmens und Kapitalmarkt, S. 418 ff.; *Richter/Furubotn*, Neue Institutionenökonomik, S. 163 ff., 201 ff., 217 ff.; *Janson*, Ökonomische Theorie, S. 80 ff.

468 Die Prinzipal-Agenten-Theorie ist eines der zentralen analytischen Werkzeuge der Neuen Institutionenökonomie. Es wird eine normative und ein positive Prinzipal-Agenten-Theorie unterschieden. (Diese Unterscheidung geht auf *Jensen*, 58 Acct. Rev. (1983) 319 ff. zurück.) Ziel der hier interessierenden positiven Agenturtheorie ist die Beschreibung und Erklärung institutioneller Gestaltungen von Agency-Beziehungen, d. h. von Vertragsstrukturen und tatsächlichem Verhalten von Organisationen. Die formale Agenturtheorie beschäftigt sich mit der mathematischen Modellierung optimaler Verträge mit Hinblick auf die Unvollständigkeit von Verträgen und Informationsasymmetrien. Vgl. dazu *Janson*, Ökonomische

beauftragt den Agenten zur Ausführung einer Leistung in seinem Namen, etwa eine Tätigkeit durchzuführen oder eine Entscheidung zu treffen. Zur Erleichterung der Tätigkeit überträgt der Prinzipal dem Agenten einen gewissen Entscheidungsspielraum.[469] Dabei werden, unter Annahme des Verhaltensmodells des Homo oeconomicus und somit individueller Nutzenmaximierung,[470] der Prinzipal und der Agent in ihrem Handeln durch ihre eigenen, spezifischen Interessen und Ziele bestimmt. Aufgrund der (potentiellen) Interessensgegensätze besteht die Möglichkeit, dass sich der Agent für eine für den Prinzipal nachteilige bzw. suboptimale Auftragsausführung entschließt. Asymmetrisch verteilte Informationen[471] eröffnen dem Agenten die diskretionären Handlungsspielräume, die er benötigt, um auf Kosten und zum Nachteil des Prinzipals seinen Nutzen zu maximieren. Diese klassische Definition des Prinzipal-Agenten-Konfliktes geht von einer vertraglichen Beauftragung des Agenten aus. Der Anwendungsbereich der Prinzipal-Agenten-Theorie wird zum Teil auf nicht-vertragliche Beziehungen ausgedehnt und es genügen dann Entscheidungen eines Individuums (Agent), die auch Einfluss auf das Wohlergehen eines anderen (Prinzipal) haben.[472] Diese Erweiterung erlaubt insbesondere eine agenturtheoretische Erfassung der Beziehung eines Deliktsopfers (Prinzipal) zu seinem Schädiger (Agent).[473]

Es werden bestimmte Informationsasymmetrien zwischen dem Prinzipal und dem Agenten unterschieden:[474] Vor Vertragsschluss kann ein Informationsdefizit des Prinzipals dadurch entstehen, dass der Agent besser über seine (feststehenden) persönlichen Eigenschaften informiert ist (*hidden characteristics*). Für den Prinzipal sind diese möglicherweise nur unter enormem Kostenaufwand oder gar nicht festzustellen. Dies kann zu einer sog. *adverse selection* führen. Der Prinzipal weiß, dass er die Eigenschaften des Agenten schlechter einschätzen kann und dieser sich womöglich opportunistisch verhalten wird. Deshalb wird er einen Risikozuschlag verlangen. Das kann wiederum dazu führen, dass gute Agenten den Vertrag mangels

---

Theorie, S. 83 f.; zur formalen Prinzipal-Agenten-Theorie vgl. *Richter/Furubotn*, Neue Institutionenökonomik, S. 225 ff.

469 *Jensen/Meckling*, 3 J. Fin. Econ. (1976) 305, 308.

470 Dazu bereits *supra* Kapitel 1 §2 II. 2.

471 Im theoretisch denkbaren Fall symmetrisch verteilter Informationen, Einfluss und Betroffenheit entstehen keine Probleme – es können effiziente Verträge abgeschlossen werden.

472 So z.B. *Picot/Dietl*, in: Ott/Schäfer (Hrsg.), Ökonomische Analyse des Unternehmensrechts, S. 306, 319; *Kraakman et al.*, Anatomy of Corporate Law, S. 35; *Pratt/Zeckenhauser*, in: Pratt/Zeckenhauser (Hrsg.), Principals and Agents, S. 1, 2.

473 Dazu noch *infra* §2 B.

474 Vgl. dazu *Spremann*, Wirtschaft, Investition und Finanzierung, S. 697 ff. Zusammenfassend u. a. *Staroßom*, Corporate Finance Teil 1, S. 100 f.; *Perridon/Steiner/Rathgeber*, Finanzwirtschaft der Unternehmung, S. 571 ff.; *Franke/Hax*, Finanzwirtschaft des Unternehmens und Kapitalmarkt, S. 420 ff.

angemessener Vergütung nicht annehmen und der Prinzipal so systematisch für die Auftragserfüllung nicht optimale Agenten anzieht.[475]

Nach Vertragsschluss kann eine Informationsasymmetrie der Gestalt auftreten, dass der Prinzipal das Verhalten des Agenten nicht unmittelbar oder nur unter prohibitiv hohen Kosten beobachten kann (*hidden action*). Bezugspunkt einer *ex post* Informationsasymmetrie können außerdem Informationen bezüglich exogener, den Erfolg des Auftrags beeinflussende Faktoren sein, die der Agent bei Durchführung des Auftrags erlangt (*hidden information*). Diese beiden Informationsasymmetrien können zu einem sogenannten moralischen Risiko oder *moral hazard* führen. Eine direkte Überwachung des Agenten oder die Beschaffung der dem Agenten vorbehaltenen Informationen ist für den Prinzipal mit hohen Kosten verbunden oder gar nicht möglich. Dadurch entsteht für den Agenten ein Anreiz dies zu Lasten des Prinzipals auszunutzen.

Als weitere Fallgruppe werden Situationen erfasst, in denen der Prinzipal *ex ante* falsche Vorstellungen von dem *ex post* Verhalten des Agenten hat, das Fehlverhalten *ex post* beobachten, aber dieses nicht sanktionieren kann (*hidden intention*).[476]

Das agenturtheoretische Modell lässt sich auf die freiwilligen Gläubiger und die Gesellschafter einer (Personen-)Gesellschaft übertragen.[477] Der Gläubiger als Prinzipal stellt der Gesellschaft im Rahmen eines gestreckten Austauschverhältnisses Kredit zur Verfügung und erhält dafür einen Anspruch auf Zins- und Tilgungsleistungen. Die Gesellschafter handeln für die Gesellschaft und entscheiden aufgrund des Grundsatzes des Selbstorganschaft im Wesentlichen direkt über die Geschäfte und die Geschäftspolitik der Gesellschaft.[478] Die Gesellschafter haben aufgrund ihrer Entscheidungsmacht Einfluss auf die Interessen der Gesellschaftsgläubiger,

---

475 Dazu vgl. *Rothschild/Stieglitz*, 90 Q. J. Econ. (1976) 629. Das kann sogar in letzter Konsequenz zu einem Zusammenbruch des Marktes führen. *Akerlof*, 84 Q. J. Econ. (1970) 488.

476 *Spremann*, ZfB 1990, 561, 566; dazu auch *Picot/Dietl*, in: Ott/Schäfer (Hrsg.), Ökonomische Analyse des Unternehmensrechts, S. 306, 323. Diese Situation kann insbesondere auf vertragsspezifischen Investitionen des Prinzipals basieren. Dadurch wird der Prinzipal in die Vertragsbeziehung mit dem Agenten gebunden (*Lock-in*), was der Agent opportunistisch ausnutzen kann (sog. *Hold-up*-Situation). Vgl. dazu *Richter/Furubotn*, Neue Institutionenökonomik, S. 100, 156; *Erlei/Leschke/Sauerland*, Neue Institutionenökonomik, S. 206 f.

477 Zur Übertragung des Prinzipal-Agenten-Modells auf die Fremdkapitalgeber-Gesellschafter-Beziehung, vgl. u. a. *Staroßom*, Corporate Finance Teil 1, S. 109 ff.; *Fleischer*, in: Michalski, GmbHG, Finanzierung der GmbH Rn. 44 ff.; *Perridon/Steiner/Rathgeber*, Finanzwirtschaft der Unternehmung, S. 571 ff.; *Franke/Hax*, Finanzwirtschaft des Unternehmens und Kapitalmarkt, S. 467 ff. So auch *Engert*, ZGR 2004, 813, 820 f. Grundlegend für die agenturtheoretische Analyse des Verhältnisses von Fremdkapitalgebern (Prinzipale) zu Eigenkapitalgebern (Agenten): *Jensen/Meckling*, 3 J. Fin. Econ. (1976) 305, 334 ff.; *Smith/Warner*, 7 J. Fin. Econ. (1979) 117, 118 f.; *Easterbrook/Fischel*, The Economic Structure of Corporate Law, S. 52 ff.

478 Siehe auch *Engert*, ZGR 2004, 813, 820.

sind also Agenten. Bei einer Kreditvergabe ist die vom Kreditgeber an den Kreditnehmer übertragene Aufgabe ganz allgemein die umsichtige Verwendung der bereitgestellten finanziellen Mittel, so dass diese bei Fälligkeit zurückgezahlt werden können.[479] Zwischen den Gesellschaftern und den Gläubigern besteht dabei ein Interessengegensatz: Die Gläubiger streben die Erfüllung ihrer summenmäßig feststehenden Ansprüche an. Das Interesse der Gesellschafter geht grundsätzlich darauf, den verteilbaren Überschuss aus den Geschäften der Gesellschaft zu maximieren.[480] Der Begriff des Kredits wird hier weit ausgelegt – die Erfüllung eines Austauschvertrages durch eine Vertragspartei ohne gleichzeitiges Erhalten der Gegenleistung kann als Kredit verstanden werden. Darüber hinaus besteht eine Prinzipal-Agenten-Beziehung auch bei anderen Gesellschaftsgläubigern, die der Gesellschaft bzw. den Gesellschaftern im Rahmen etwa eines Dienstleistungsvertrages Einfluss auf ihre Rechtsgüter gewähren. Nur Verträge, die sofort und vertragsgemäß erfüllt werden, stellen kein Problem dar, da sich für die Gesellschafter keine Möglichkeit ergibt, sich opportunistisch zu verhalten.

Durch die asymmetrisch verteilten Informationen und das Risiko opportunistischen Verhaltens durch den Agenten entstehen Kosten – die sogenannten Agenturkosten (*agency costs*)[481]. Konzeptionell an das Denken in Transaktionskosten[482] angelehnt, wird davon ausgegangen, dass der Prinzipal als rationaler Akteur die Gefahr eines eigennützigen Verhaltens des Agenten zu seinen Lasten und die daraus folgende Minderung seines Wohlstandes antizipiert. Durch Überwachung des Agenten und durch die Schaffung geeigneter Anreize kann der Prinzipal seinen Interessen entgegenlaufendes Verhalten des Agenten begrenzen.[483] In manchen Fällen kann es sich auch für den Agenten lohnen dem Prinzipal zu signalisieren, dass er bestimmtes Verhalten zu Lasten des Prinzipals unterlassen wird und für dieses Signal Ressourcen einzusetzen. Die entstehenden Agenturkosten für den Prinzipal und Agenten umfassen somit die Überwachungskosten des Prinzipals (*monitoring costs*), die Kautionskosten des Agenten (*bonding costs*), d. h. die versunkenen Kosten für Bindungsmaßnahmen, die zu dem Zweck gemacht werden das Leistungsversprechen glaubwürdig zu machen, und den Residualverlust (*residual loss*).[484]

---

479 *Erlei/Leschke/Sauerland*, Neue Institutionenökonomik, S. 75.

480 *Engert*, ZGR 2004, 813, 821.

481 *Jensen/Meckling*, 3 J. Fin. Econ. (1976) 305, 308.

482 Zum Begriff der Transaktionskosten, *supra* Kapitel 1 §2 II. 3.

483 *Jensen/Meckling*, 3 J. Fin. Econ. (1976) 305, 308.

484 Vgl. *Jensen/Meckling*, 3 J. Fin. Econ. (1976) 305, 308. Der Residualverlust ist die Differenz zwischen dem hypothetischen Gewinn des Prinzipals bei Verhalten des Agenten in seinem Interesse und dem tatsächlichen Gewinn unter Berücksichtigung der Agenturkosten und der Tatsache, dass durch das Agentenverhalten die Wohlfahrt des Prinzipals nicht maximiert wird. Siehe dazu etwa *Erlei/Leschke/Sauerland*, Neue Institutionenökonomik, S. 75 f.; *Fleischer*, Informationsasymmetrien, S. 139 f.

Aus normativer ökonomischer Sicht sind durch geeignete Vertragsgestaltung und entsprechende Rahmenbedingungen, die gesamtgesellschaftlichen Wohlfahrtseinbußen, die durch die Agenturkosten entstehen, auf ein Minimum zu reduzieren.[485] Steht man diesem Regelungsziel der Steigerung der Gesamteffizienz in Form der Allokationseffizienz skeptisch gegenüber, so ist dennoch die Senkung der Gefahren und Kosten einer Prinzipal-Agenten-Beziehung mit Blick auf die eingeschränkte Rationalität der Akteure auch im Sinne eines Individualschutzes, d.h. eines Schutzes des Prinzipals vor einer Übervorteilung durch den Agenten. Der Prinzipal kann als eingeschränkt rationaler Akteur potentiell nicht alle Gefahren einer Übervorteilung vollständig und korrekt im Rahmen der Entlohnung einpreisen.[486]

II. Opportunismus im Verhältnis von Gesellschaftern und Gesellschaftsgläubigern

Ohne gläubigerschützende Regelungen besteht vor allem *ex post* für die Gesellschafter, die vom Erfolg der Gesellschaft profitieren, ohne dass ihrem persönlichen Vermögen eine Gefahr bei Scheitern droht, der Anreiz sich opportunistisch zu verhalten.[487]

Der Begriff des Opportunismus wurde bereits mehrfach verwendet und bedarf als ein weiterer wichtiger Baustein der Neuen Institutionenökonomik einer genaueren Definition. Ganz allgemein wird Opportunismus nach *Williamson* als „self-interest seeking with guile“[488] verstanden. In der deutschen Literatur finden sich verschiedene Umschreibungen, wie die „Bereitschaft zur Normverletzung um des eigenen Vorteils willen“ [489], „Verhalten, bei dem der Vertragspartner das in ihn gesetzte Kooperationsvertrauen enttäuscht und eine unkooperative Verhaltensstrategie wählt, weil ihm die Opportunismusprämie wertvoller als die Vertrauensprämie ist“[490] oder Verhalten „bei sich bietender Gelegenheit eigene Zielvorstellungen auf Kosten fremder Interessen durchzusetzen und dabei auch gegen Verträge, Absprachen und legitime Erwartungshaltungen zu verstoßen“[491]. Das Konzept des Opportunismus baut auf der Verhaltensannahme der Nutzenmaximierung des Homo oeconomicus auf und ist verknüpft mit der Annahme der begrenzten Rationalität der Akteure.[492] Das strategische, opportunistische Verhalten wird erst durch unvollständige

485 *Fleischer*, Informationsasymmetrien, S. 139.

486 So auch *Heine/Röpke*, RabelsZ 70 (2006) 138, 147 f.

487 Vgl. u.a. *Kraakman et al.*, The Anatomy of Corporate Law, S. 116.

488 *Williamson*, Economic Institutions, S. 47. Übersetzt bei *Richter/Furubotn*, Neue Institutionenökonomik, S. 155 als *„die Verfolgung des Eigeninteresses unter Zuhilfenahme von List“*. Teilweise wird *guile* auch als *Arglist* übersetzt (so z.B. *Erlei/Leschke/Sauerland*, Neue Institutionenökonomik, S. 202 f.).

489 *Fleischer*, Informationsasymmetrien, S. 133.

490 Staudinger/*Martinek*, BGB, Vor. §§ 662 ff. Rn. 74.

491 *Kuhner*, ZGR 2004, 244, 255 Fn. 48.

492 Zum Verhaltensmodell des *Homo oeconomicus* vgl. Kapitel 1 §2 II. 2.

Informationen und unvollständige Verträge ermöglicht. Häufig wird mit verschiedenen Fallgruppen von als opportunistisch erkanntem Verhalten operiert.[493] Diesem Ansatz soll auch hier gefolgt werden.

Als Opportunismus wird im Verhältnis von Gesellschaftsgläubigern und Gesellschaftern das Verhalten der Gesellschafter als Agenten zum Nachteil der Gesellschaftsgläubiger verstanden, durch das die Gesellschafter nach Begründung der Verbindlichkeit die Ex-ante-Risikokalkulation der Gesellschaftsgläubiger durch Maßnahmen durchkreuzen, die zu einer Erhöhung des Ausfallrisikos führen.[494] Dies ist auf verschiedenem Wege möglich: durch eine Vermögensverschiebung zu Lasten der Gläubiger, durch eine Veränderung der Risikostruktur und durch eine exzessive Erhöhung der Schuldenlast der Gesellschaft.[495] Die Ursache für ein potentielles opportunistisches Verhalten der Gesellschafter gegenüber den Gesellschaftsgläubigern liegt maßgeblich in dem durch die Schaffung der Gesellschaft und dem *entity shielding* begründeten Risikoanreiz der Gesellschafter. Es besteht ein Interessensgegensatz von Gesellschaftsgläubigern und Gesellschaftern. Verselbständigte Gesellschaften haben bei Zugrundelegung des methodologischen Individualismus[496] kein eigenes Interesse an der Zweckverfolgung. Die Gesellschaften werden von natürlichen Personen gebildet, um deren Zwecke zu verfolgen.[497] Das für rechtsfähige Gesellschaften charakteristische Auseinanderfallen von Vermögenszuordnung und Interesse, führt aufgrund der sich daraus ergebenden Möglichkeiten Risiken zu externalisieren dazu, dass die Aufbringung der Haftungsmasse sowie die Eingehung von Haftungsrisiken nicht wie bei einer natürlichen Person bestimmt werden.[498] Die Gesellschaftsgläubiger haben eine legitime Erwartung, dass die Gesellschafter kein derartiges opportunistisches Verhalten zeigen, da die Transaktion abgeschlossen wurde, um einen gemeinsamen Kooperationsgewinn zu erzielen.

Diese Gefahr opportunistischen Verhaltens und einer Schädigung des Kreditgebers ist vor allem dann prominent handlungsbestimmend, wenn das von der Gesellschaft betriebene Unternehmen sich in der Krise befindet, eine Insolvenz der Gesellschaft im Bereich des Möglichen liegt.[499] Nimmt eine Gesellschaft erfolgreich am Markt teil und wollen die Gesellschafter dies auch weiterhin erfolgreich tun, so werden häufig die Vorteile der Vertragstreue die Vorteile opportunistischen

---

493 So z.B. *Kraakman et al.*, Anatomy of Corporate Law, S. 116 f.; *Bratton*, 7 EBOR (2006) 39, 46 ff.; *Tröger*, FS Westermann, S. 1533, 1547 ff.; *ders.*, Asset partitioning, S. 22 ff.; *Halmer*, Gesellschafterdarlehen und Haftungsdurchgriff, S. 37 ff.

494 So auch *Tröger/Pfaffinger*, JZ 2013, 812, 817. Ähnlich auch *Adams*, Eigentum, S. 63.

495 Vgl. auch *Tröger*, FS Westermann, S. 1533, 1548 ff.; *Kraakman et al.*, The Anatomy of Corporate Law, S.116 ff.

496 Dazu bereits *supra* Kapitel 1 §2 II. 1.

497 Vgl. auch *Grigoleit*, Gesellschafterhaftung, S. 7.

498 *Grigoleit*, Gesellschafterhaftung, S. 16.

499 *Franke/Hax*, Finanzwirtschaft des Unternehmens und Kapitalmarkt, S. 431.

Verhaltens überwiegen,[500] insbesondere wenn Reputationsverluste drohen. Ist eine Insolvenz ohnehin nicht mehr abzuwenden, ist das nachfolgend beschriebene opportunistische Verhalten für die Gesellschafter nur noch bedingt interessant, denn außer bei Vermögensverschiebungen ins Vermögen der Gesellschafter wird nur noch die Vermögensposition des Kreditgebers verändert.[501]

1. Vermögensverschiebungen zu Lasten der Gläubiger

Bei freier Verfügungsbefugnis über das abgetrennte Gesellschaftsvermögen besteht für die Gesellschafter der Anreiz sich opportunistisch zu verhalten, da es ihnen möglich ist, nachträglich Vermögenswerte aus dem vom Privatvermögen abgetrennten Gesellschaftsvermögen abzuziehen und insbesondere ihrem Privatvermögen zuzuführen, auf das die Gesellschaftsgläubiger bei einer Haftungsbeschränkung keinen direkten Zugriff haben.[502] So können die Gesellschafter Vermögenswerte abziehen[503], um sie für sich selbst oder eine weitere Gesellschaft als Grundlage oder Sicherheit für eine Kreditgewährung zu nutzen. Zu derartigen Vermögensverschiebungen zählen besonders Ausschüttungen.[504]

Bei negativer Beurteilung der Zukunft der Gesellschaft und des durch die Gesellschaft betriebenen Unternehmens kann es für die Gesellschafter positiv sein, der Gesellschaft Kapital zu entziehen. Diese abgezogenen Vermögenswerte stehen den Gläubigern der Gesellschaft nicht mehr zur Befriedigung ihrer Forderungen zur Verfügung. Jede Ausschüttung oder sonstige Vermögensverschiebung vermindert die Haftungsmasse und gleichzeitig die Liquidität der Gesellschaft. Diese Vermögenswerte waren jedoch bei Forderungsbegründung gerade die Grundlage der Risikokalkulation der freiwilligen Gesellschaftsgläubiger.[505] Durch diese Vermögensverschiebungen werden Risiken auf die Gläubiger externalisiert.

Dieses Problem wird dadurch virulent, dass der Gesellschaftsgläubiger nicht *ex ante* feststellen kann, ob sich die Gesellschafter irgendwann im Laufe der Vertragsbeziehung in derartiger Weise opportunistisch verhalten werden. Den Gesellschaftsgläubiger trifft bei der Auswahl des Schuldners dieses Risiko, dass die Gesellschafter

---

500 *„Sich selbst durchsetzender Vertrag“*, vgl. *Richter/Furubotn*, Neue Institutionenökonomik, S. 182 ff.

501 *Franke/Hax*, Finanzwirtschaft des Unternehmens und Kapitalmarkt, S. 434 f. Anders ist es bei der Beteiligungsfinanzierung, die hier jedoch nicht relevant ist.

502 *Hansmann/Kraakman/Sqiure*, 119 Harv. L. Rev. (2005) 1335, 1351 f.; *Tröger*, FS Westermann, S. 1533, 1548.

503 Dieses Gesellschafterverhalten wird auch *„asset diversion“* genannt, vgl. *Tröger*, FS Westermann, S. 1533, 1548; oder auch *„asset dilution“*, *Kraakman et al.*, The Anatomy of Corporate Law, S. 116. Ein weiterer Begriff ist *„cash in and run“*, *Potsch*, Grundfragen der Kommanditistenhaftung, S. 85; *Kuhner*, ZGR 2005, 753, 766 f.

504 Dazu auch *Franke/Hax*, Finanzwirtschaft des Unternehmens und Kapitalmarkt, S. 470.

505 *Hansmann/Kraakman/Sqiure*, 119 Harv. L. Rev. (2005) 1335, 1351 f.; *Tröger*, FS Westermann, S. 1533, 1548.

sich opportunistisch verhalten werden, was maßgeblich das allgemeine Ausfallrisiko beeinflusst.[506] Nur der Schuldner kann wissen, ob er sich opportunistisch verhalten wird und will oder nicht und wie wahrscheinlich ein derartiges Verhalten ist – für den Gesellschaftsgläubiger besteht nur näherungsweise eine Möglichkeit dies anhand früheren Verhaltens festzustellen. Es handelt sich um ein Problem der adverse selection.[507] Das *ex post* Informationsgefälle aufgrund der schwierigen Überwachung der Gesellschafter durch den Gesellschaftsgläubiger ermöglicht *ex post* Gesellschafteropportunismus. Da ein rationaler, potentieller Gesellschaftsgläubiger die Möglichkeit eines opportunistischen Verhaltens antizipiert, wird er das Risiko eines derartigen Verhaltens in die Kosten einer Kreditgewährung einrechnen, wodurch sich der Kredit verteuert.[508] „In einem realistischen Szenario, in dem der Kreditgeber nicht in der Lage ist, zwischen opportunistischem und sich wohl verhaltenden Gesellschaftern ex ante zu unterscheiden, lassen sich auch von letzteren Gesellschaftern die möglichen Effizienzgewinne (des *entity shieldings*) nicht voll realisieren."[509] Die Verteuerung des Kredits aufgrund des Problems der *adverse selection* hebt die Senkung der Kreditkosten auf, die durch die Verselbständigung und Abschirmung des Gesellschaftsvermögens im Rahmen des *affirmative asset partitioning* erreicht werden kann.[510]

Hinzu kommt, dass der Prinzipal, d. h. der Gesellschaftsgläubiger (meistens) *ex post* nicht in der Lage ist, die Gesellschafter so zu überwachen, dass er einen Vermögensabzug sofort erkennen und darauf reagieren kann. Anpassungen der Vertragskonditionen als Reaktion auf derartiges Verhalten sind ebenfalls nur schwer bzw. gar nicht durchzusetzen. Grundsätzlich bedürfte eine Anpassung der Zustimmung der Gesellschaft, vertreten durch die Gesellschafter. In einer Krisensituation können die Gesellschafter durch einen Abzug von Vermögenswerten jedoch mehr gewinnen als durch eine Einwilligung in eine Anpassung der Vertragskonditionen. Neben das Problem der *adverse selection* tritt also ein moralisches Risiko.

506 Dieses Auswahlrisiko umfasst nicht nur das Risiko, ob die Gesellschafter sich opportunistisch verhalten werden oder nicht, sondern auch das allgemeine Bonitätsrisiko.

507 Vgl. *Tröger*, FS Westermann, S. 1533, 1548 f. Die Unsicherheit des Kreditgebers über die Qualität des Kreditnehmers, insbesondere bzgl. seiner (zukünftigen) Bonität kann zu einer Kreditrationierung führen, vgl. dazu *Stiglitz/Weiss*, 71 Am. Econ. Rev. (1981) 393 ff. Die Kreditgeber könnten die Kreditwünsche voll befriedigen, würden dann jedoch wegen der Qualitätsunsicherheit einen hohen Zins verlangen. Das würde dazu führen, dass ein guter Schuldner einen Vertragsschluss ablehnen würde. Übrig blieben die schlechten potentiellen Kreditnehmer.

508 Dazu auch *Tröger*, FS Westermann, S. 1533, 1548 f.

509 *Tröger*, FS Westermann, S. 1533, 1548 f.

510 *Tröger*, FS Westermann, S. 1533, 1548 f.

2. Veränderung der Risikostruktur

Ein Kreditgeber gewährt dem Kreditnehmer Kredit, bzw. ein Gesellschaftsgläubiger schließt einen Vertrag mit der Gesellschaft nicht nur auf Basis der vorhandenen Vermögenswerte, sondern berücksichtigt auch die Risikostruktur der Gesellschaft. Die Neue Institutionenökonomik beschreibt als „*asset substitution*"[511] den Anreiz der Gesellschafter, Vermögenswerte aus Geschäften der Gesellschaft mit geringem Risiko zu nutzen um Vermögenswerte in Geschäften mit sehr hohem Risiko zu erwerben.[512] Die Gesellschafter als beschränkt haftende Eigenkapitalgeber haben einen Anreiz nach Erhalt des Fremdkapitals höhere Risiken zu Lasten des Fremdkapitalgebers einzugehen. Das bedeutet, dass die Gesellschaft von den Gesellschaftern, nachdem sie das Fremdkapital erhalten haben, tendenziell anfälliger für Krisen gestaltet wird.

Relevant für die Gesellschafter, genauso wie für die Gesellschaftsgläubiger, ist die Geschäftspolitik der Gesellschaft, die zukünftigen Zahlungsströme der Gesellschaft und dabei insbesondere der Erwartungswert der Zahlungsströme, d.h. die durchschnittlich zu erwartende Höhe, sowie deren jeweilige Wahrscheinlichkeitsverteilung. Die Wahrscheinlichkeitsverteilung wird maßgeblich durch das Risiko beschrieben, d.h. der Streuung der möglichen Ergebnisse einer Entscheidung nach oben und nach unten.[513]

Der Anreizeffekt der *asset substitution* liegt im Wesentlichen darin, dass die Wahl risikoreicherer Projekte durch die Gesellschafter bei einer Fremdfinanzierung begünstigt wird, da auf den Kreditgeber ein Teil der Risikokosten externalisiert werden kann (Risikoanreiz).[514]

Die Gesellschafter können frei über die Vermögenswerte der Gesellschaft verfügen. Ohne persönliche Haftung liegt ihr Verlust maximal bei den von ihnen erbrachten Einlagen. Die Wahl eines risikoreicheren Projektes ist für die Gesellschafter daher vorteilhaft, da im Falle, dass sich das höhere Risiko nicht verwirklicht, sie den gesamten Gewinn (bzw. den Residualbetrag) erhalten, sie also unbegrenzt von höheren Gewinnen aus riskanteren Geschäften profitieren. Für den Fall, dass sich das höhere Risiko jedoch verwirklicht, verlieren sie mit ihrer Einlage nicht mehr als sie sowieso schon riskiert hatten.[515]

Eine solche Erhöhung des Risikos geht zu Lasten der Gläubiger, da sich dadurch für sie das Risiko erhöht, dass die Gesellschaft ihre Verbindlichkeiten gegenüber ihnen

---

511 Zur Terminologie vgl. z.B. *Smith/Warner*, 7 J. Fin. Econ. (1979) 117, 118. Auch "*gambling for resurrection*" genannt, vgl. *Kuhner*, ZGR 2005, 753, 768; *Potsch*, Grundfragen der Kommanditistenhaftung, S. 84 f. Weiterer Begriff ist "*risk shifting*".

512 Vgl. z.B. *Smith/Warner*, 7 J. Fin. Econ. (1979) 117, 118; dazu auch ausführlich *Erlei/Leschke/Sauerland*, Neue Institutionenökonomik, S. 85 ff.; *Kraakman et al.*, The Anatomy of Corporate Law, S. 116.

513 Vgl. *Franke/Hax*, Finanzwirtschaft des Unternehmens und Kapitalmarkt, S. 267 ff.; *Engert*, ZGR 2004, 813, 821 f.

514 *Erlei/Leschke/Sauerland*, Neue Institutionenökonomik, S. 85.

515 Vgl. *Kraakman et al.*, The Anatomy of Corporate Law, S. 117.

nicht erfüllen kann. Die typischen Gesellschaftsgläubiger als Fremdkapitalgeber haben lediglich feste Zins- und Rückzahlungsansprüche und partizipieren daher nicht an den größeren Gewinnchancen risikoreicher Geschäfte. Freiwillige Gläubiger sind grundsätzlich nur an einer Erfüllung ihres Fixanspruchs interessiert. Nicht von Bedeutung ist für die Gläubiger einer Gesellschaft, ob sich im Zeitraum, in dem der Gesellschaft das Kapital zur Verfügung gestellt wird, sich dieses positiv oder negativ entwickelt, solange nach Ablauf der Zeit für die das Kapital zur Verfügung gestellt wurde, der Rückzahlungsanspruch beglichen werden kann. Daher präferieren die Gesellschaftsgläubiger bei einer Entscheidung zwischen zwei Maßnahmen mit gleichem Erwartungswert, diejenige mit geringerer Streuung. Darüber hinaus kann eine Präferenz der Gesellschaftsgläubiger bei zwei Maßnahmen mit unterschiedlichem Erwartungswert, bei der mit dem geringeren Wert liegen, solange bei Durchführung dieser Maßnahme nicht die Gefahr besteht, dass ihr Fixanspruch nicht mehr gedeckt ist. Sie sind risikoavers.[516] Sollte sich das erhöhte Risiko nicht verwirklichen, erhalten die Gläubiger keinen Anteil am Gewinn, da sie grundsätzlich nur die im Voraus fixierte Gegenleistung erhalten.[517] Das gesteigerte Risiko wird für sie durch keinen Vorteil ausgeglichen.[518] Die Kreditgeber partizipieren ungleich an zusätzlichen Gewinnen und Verlusten. Die über den Verlust der Einlage hinausgehenden Verluste können die Gesellschafter den Gläubigern in Form eines teilweisen oder kompletten Forderungsausfalls aufbürden. Dabei muss nicht zwingend zu einem (völligen) Forderungsausfall kommen, aber die „statistisch zu erwartenden Rückflüsse decken bei derartigen Krediten nicht die Kapitalkosten".[519]

Je weniger Eigenkapital vorhanden ist, desto größer wird der Anreiz für die Gesellschafter zu derartigem gläubigerschädigenden Verhalten.[520] Es steigt der Anreiz der Gesellschafter risikoreiche Investitionen zu tätigen und das Unternehmen so lange wie möglich fortzuführen.

Soweit Gesellschaften außerhalb einer Krise meist über relativ viel Eigenkapital verfügen, d. h. die Summe der Verbindlichkeiten nicht den Unternehmenswert[521] übersteigt, sondern meist deutlich darunter liegt, kann nur eine sehr starke

516 *Engert*, ZGR 2004, 813, 822.

517 D.h. Zinsen und Tilgung. Vgl. *Tröger*, FS Westermann, S. 1533, 1551; *Kraakman et al.*, The Anatomy of Corporate Law, S. 117. Nur in Ausnahmefällen werden dynamische Entgeltvereinbarungen geschlossen.

518 Dazu z. B. *Perridon/Steiner/Rathgeber*, Finanzwirtschaft der Unternehmung, S. 577.

519 *Eidenmüller/Engert*, GmbHR 2005, 433, 435.

520 Je weniger Eigenkapital (noch) vorhanden ist, desto weniger haben die Gesellschafter zu verlieren. Der Anreiz zu einem derartigen Verhalten steigt also an, wenn sich die Gesellschaft in einer kritischen finanziellen Situation befindet.

521 Das ist das gesamte Vermögen der Gesellschaft, aus dem die Gläubiger befriedigt und Gewinne an die Gesellschafter ausgeschüttet werden können. Siehe zu diesem Begriff *Engert*, ZGR 2004, 813, 822.

Erhöhung des Risikos die Ausfallgefahr der Gesellschaftsgläubiger deutlich erhöhen und die Gesellschafter bereichern.[522]

Dieser Risikoanreiz der Gesellschafter verringert den Wert des Fremdkapitals. Daher haben die Gesellschaftsgläubiger einen Anreiz sich gegen dieses Verhalten *ex ante* und *ex post* zu schützen (Risikovermeidungsanreiz).[523] Dieser Anreiz steigt an, je größer der Anreiz der Gesellschafter zu einer derartigen Risikoverschiebung ist.[524]

Die beschriebene Erhöhung des Risikos führt nicht zwingend zu Verlusten der Gläubiger. Diese antizipieren den Anreiz des Kreditnehmers in riskantere Geschäfte zu investieren und verlangen dann einen Risikoaufschlag bzw. treffen Vorkehrungen, um derartiges Verhalten zu verhindern.[525] Dies verursacht Transaktionskosten. Somit kann wieder der Effizienzgewinn des *entity shieldings*, bestehend in einer Senkung von Kreditkosten nicht voll verwirklicht werden.[526] Ist eine Einpreisung aufgrund der beschränkten Rationalität der Gesellschaftsgläubiger oder zu hoher Transaktionskosten nicht möglich[527], so kann eine gesetzliche Regelung neben der Verwirklichung der Allokationseffizienz insbesondere der Verwirklichung eines Individualschutzes dienen.

Die negativen Auswirkungen dieses opportunistischen Verhaltens können an folgendem Rechenbeispiel verdeutlicht werden[528]:

Zur Vereinfachung dieses Rechenbeispiels wird angenommen, dass den Akteuren aus ihrem Verhalten potentiell resultierende Zustände und die Wahrscheinlichkeiten für deren jeweiligen Eintritt *ex ante* bekannt sind oder von diesen zumindest mittels Schätzung bestimmt werden können.[529] Dadurch kann der Erwartungswert einer Investition ermittelt werden: das ist die Summe aller möglichen Vermögenszustände nach Durchführung der Investition jeweils multipliziert mit der Eintrittswahrscheinlichkeit des Zustandes.[530] Der Begriff der Streuung ist ein Abweichungsgradmesser

---

522 *Engert*, ZGR 2004, 813, 824.

523 Vgl. dazu auch *Halmer*, Gesellschafterdarlehen, S. 33 f.; *Engert*, ZGR 2004, 813, 822 f.

524 Der Risikoanreiz der Gesellschafter und der Risikovermeidungsanreiz der Gesellschaftsgläubiger werden durch die individuellen Risikopräferenzen beeinflusst. Dabei wird auch die normalerweise herrschende Risikoabneigung von einem Risikoanreiz jedenfalls zum Teil überlagert. *Eidenmüller/Engert*, GmbHR 2005, 433, 435; *Eidenmüller*, JZ 2001, 1041, 1048 f.; *Engert*, ZGR 2004, 813, 822.

525 *Erlei/Leschke/Sauerland*, Neue Institutionenökonomik, S. 85. Dazu auch *Easterbrook/Fischel*, The Economic Structure of Corporate Law, S. 51.

526 Vgl. *Tröger*, FS Westermann, S. 1533, 1551 f.

527 Vgl. auch *Bitter*, Durchgriffshaftung, S. 188 ff.

528 Ähnliches Rechenbeispiel bei *Tröger*, FS Westermann S. 1533, 1551 f.; weitere Rechenbeispiele bei *Brealey/Myers/Allen*, Principles of Corporate Finance, S. 512 f.; *Berk/DeMarzo*, Corporate Finance, S. 553 f; *Ross/Westerfield/Jaffe/Jordan*, Corporate Finance, S. 439 f.; *Halmer*, Gesellschafterdarlehen und Haftungsdurchgriff, S. 38. Dazu auch ausführlich *Erlei/Leschke/Sauerland*, Neue Institutionenökonomik, S. 85 ff.

529 Das heißt eine „*Entscheidung unter Risiko*" treffen. Zu dieser Entscheidungssituation ausführlich *Bamberg/Coenenberg/Krapp*, Entscheidungslehre, S. 67 ff.

530 *Cooter/Ulen*, Law & Economics, S. 43.

zwischen dem geringstmöglichen und höchstmöglichen Vermögenszustand nach Durchführung der Maßnahme und beschreibt das damit verbundene Risiko.[531]

Eine von ihren Gesellschaftern geleitete Gesellschaft hat 100 000 Euro Fremdkapital und 100 000 Euro Eigenkapital aufgenommen, um in ein Projekt A zu investieren, das mit 60% Wahrscheinlichkeit einen Ertrag von 330 000 Euro abwerfen wird. Es besteht aber auch eine 40% Wahrscheinlichkeit, dass das eingesetzte Kapital auf 55 000 Euro verringert wird. Nun eröffnet sich der Gesellschaft die Möglichkeit das aufgenommene Kapital in ein Projekt B zu investieren, das mit 50% Wahrscheinlichkeit einen Ertrag von 400 000 Euro abwirft. Gleichzeitig besteht eine 50% Wahrscheinlichkeit, dass das eingesetzte Kapital auf 40 000 Euro verringert wird.

Hieraus lässt sich der Erwartungswert der einzelnen Projekte ermitteln. Der gesamtgesellschaftliche Erwartungswert beider Investitionen liegt bei 220 000 Euro – Projekt A: 0.6 x 330 000 + 0.4 x 55 000 und Projekt B: 0.5 x 400 000 + 0.5 x 40 000.

Es wird unterstellt, dass die Wahl des Projektes nicht vor Vergabe des Kredits an die Gesellschaft stattfindet bzw. stattfinden kann. Daraus ergibt sich dann das dargestellte Anreizproblem. Der Fremdkapitalgeber will (wenigstens) die von ihm überlassenen 100 000 Euro zurück. Der Erwartungswert des Fremdkapitalgebers bezüglich Projekts A liegt bei 0.6 x 100 000 + 0.4 x 55 000 = 82 000. Denn mit einer Wahrscheinlichkeit von 60% erhält er sein ganzes investiertes Kapital wieder und mit einer Wahrscheinlichkeit von 40% erhält er davon nur 55 000 Euro. Bei Projekt B liegt der Erwartungswert bei 0.5 x 100 000 + 0.5 x 40 000 = 70 000, also deutlich niedriger als bei Projekt A.

Für die Gesellschafter stellt sich die Situation anders dar. Im Fall eines Verlustes erhalten sie ohnehin nichts. Der Ertrag der Investition muss voll zur Tilgung der Schulden gegenüber dem Fremdkapitalgeber eingesetzt werden. Bei positivem Verlauf der Investition erhalten die Gesellschafter aus Projekt A einen Gewinn von 130 000 Euro (330 000 (Ertrag) – 100 000 (Fremdkapital) – 100 000 (Eigenkapital)).

Bei Projekt B fällt der Ertrag bei positivem Verlauf noch einmal deutlich höher aus mit 200 000 Euro (400 000–100 000 (Fremdkapital) – 100 000(Eigenkapital)). Die erwartete Änderung des Eigenkapitals[532] liegt bei Projekt A bei 38 000 Euro (0.6 x 130 000 + 0.4 x -100 000), für Projekt B bei 50 000 Euro (0.5 x 200 000 + 0.5 x -100 000). Für die Gesellschafter ist es also vorteilhaft sich für Projekt B zu entscheiden.

Der Fremdkapitalgeber ist indifferent gegenüber Projekt A und B, wenn er durch einen entsprechend angepassten Zinssatz seinen Erwartungswert auf 100 000 setzen kann. Der Kapitalgeber wird also den Zins so berechnen, dass sein Erwartungswert bei 100 000 Euro liegt. Das bedeutet für Projekt A einen Zinssatz von 30% (0.4 x 55 000 + 0.6 x 130 000 = 100 000), für Projekt B von 60% (0.5 x 40 000 + 0.5 x 160 000= 100 000).

---

531 Weiterführend zu Risikomaßen, insbesondere zu den Risikomaßen der Standardabweichung und der Varianz, *Franke/Hax*, Finanzwirtschaft, S. 267 ff.

532 Auch Erwartungsrendite, bezeichnet die Summe aller potentiellen Vermögenszuwächse bzw. Vermögensabnahmen multipliziert mit ihrer Eintrittswahrscheinlichkeit. Vgl. *Posner*, Economic Analysis, S. 587.

Damit gleicht sich auch die erwartete Änderung des Eigenkapitals für Projekt A und B auf 20 000 Euro an.[533]

Dazu müsste der Kreditgeber jedoch wissen, in welches Projekt die Gesellschaft sicher investieren wird. Verlangt der Kreditgeber den für Projekt A angepassten Zinssatz, dann werden sich die Gesellschafter für Projekt B entscheiden. Antizipiert der Kreditgeber dieses Verhalten, so wird er immer den höheren Zinssatz verlangen. Dadurch wird der volle Effizienzgewinn des *entity shieldings* nicht ausgeschöpft. Hinzu tritt, wie bei den *ex post* Vermögensverschiebungen, ein Problem der *adverse selection.*[534] Es handelt sich hier um ein vereinfachendes Beispiel, denn Voraussetzung dafür ist dass der Gesellschaftsgläubiger weiß, welche Projekte überhaupt zur Verfügung stehen. Begrenzte Rationalität und Transaktionskosten lassen jedoch bereits das als unwahrscheinlich erscheinen, sodass eine exakte, modellhafte Anpassung des Ausfallrisikos über den Zins nicht zu erwarten ist.[535] Erreicht werden kann jedoch zumindest eine näherungsweise Anpassung.

3. Exzessive Erhöhung der Schuldenlast

Außerdem können Gesellschaftsgläubiger durch eine nachträgliche, exzessive Erhöhung der Schuldenlast der Gesellschaft (*claim dilution*)[536] benachteiligt werden, da dadurch die Wahrscheinlichkeit einer vollständigen Befriedigung sinkt. Die Neugläubiger treten neben die Altgläubiger und haben im Fall eines Ausfalls der Gesellschaft einen gleichrangigen Zugriff auf das übriggebliebene Gesellschaftsvermögen. Die Altgläubiger haben keine Möglichkeit ihre Kreditkonditionen an das aufgrund der gestiegenen Schuldenlast erhöhte Ausfallrisiko anzupassen. Dadurch erscheinen die Konditionen für diese Kredite in Anbetracht der neuen Schuldensituation der Gesellschaft als zu günstig und nicht (mehr) angemessen. Da der Gesellschaftsgläubiger lediglich die im Voraus festgelegte, feste Gegenleistung erhält, wird das erhöhte Risiko nicht ausgeglichen und die Gesellschafter können einen Teil des Risikos auf die Altgläubiger externalisieren. Der Gesellschaftsgläubiger kann somit durch einen Anstieg insbesondere gleichrangiger Verbindlichkeiten des Kreditnehmers geschädigt werden.[537] Die endgültigen Auswirkungen, die diese Erhöhung

---

533 Projekt A wirft bei positivem Verlauf dann nur noch 100 000 Euro ab (330 000–130 000 (Fremdkapital) – 100 000 (Eigenkapital). Damit verringert sich die erwartete Änderung des Eigenkapital 0.6 x 100 000 + 0.4 x -100 000 = 20 000 Euro. Das Gleiche gilt für Projekt B: bei positivem Verlauf wirft die Investition nur noch 140 000 Euro (400 000–160 000 (Fremdkapital)– 100 000 (Eigenkapital)) ab. Die erwartete Änderung des Eigenkapitals liegt dann ebenfalls bei 20 000 Euro: 0.5 x 140 000 + 0.5 x -100 000.

534 Vgl. auch *Eidenmüller/Engert*, GmbHR 2005, 433, 435.

535 Dazu noch *infra* §2 A. III. 1. a.

536 Dazu allgemein *Smith/Warner*, 7 J. Fin. Econ. (1979) 117, 118; *Bratton*, 7 EBOR (2006) 39, 46 f. Eine weitere Bezeichnung ist „*Bait and Switch*“, vgl. *Brealey/Myers/Allen*, Principles of Corporate Finance, S. 511 f.

537 *Bratton*, 7 EBOR (2006) 39, 46.

der Schuldenlast auf die Altgläubiger hat, hängen maßgeblich davon ab, wofür die Gesellschaft die neuen Mittel verwendet. Die Erträge des neuen Kredits können etwa an die Gesellschafter ausgeschüttet werden. Da das neue Fremdkapital von den Altgläubigern subventioniert wird, ist es auch möglich, dass die Gesellschafter in wertmindernde Projekte investieren, in die sie sonst nicht investiert hätten.[538] Die neu hinzugekommenen Verbindlichkeiten erhöhen den Hebel der Gesellschaft, mit dem Vorteil, dass sie in risikoreichere, ertragsstärkere Projekte investieren kann.[539]

Die Problematik einer *claim dilution* soll am folgenden, vereinfachten Beispiel[540] illustriert werden:

Einer Gesellschaft bietet sich eine Investitionsmöglichkeit, die mit einer Wahrscheinlichkeit von 40% das eingesetzte Kapital verdoppelt. Es besteht jedoch auch eine 60% Wahrscheinlichkeit, dass das eingesetzte Kapital halbiert wird. Die Gesellschaft entschließt sich 60 000 Euro Eigenkapital und 100 000 Euro Fremdkapital in das Projekt zu investieren. Mit einer Wahrscheinlichkeit von 40% wird das Projekt also einen Ertrag von 320 000 Euro abwerfen. Gleichzeitig besteht jedoch auch eine 60% Wahrscheinlichkeit, dass das investierte Kapital auf 80 000 reduziert wird.

Der Erwartungswert des Gläubigers liegt bei 88 000 Euro (0.4 x 100 000 + 0.6 x 80 000). Mit einer Wahrscheinlichkeit von 40% wird er das eingesetzte Kapital voll zurückerhalten. Mit 60% Wahrscheinlichkeit erhält der Kreditgeber 80 000 Euro zurück. Der Gläubiger wird, um einen Erwartungswert von wenigsten 100 000 Euro zu erhalten und so das Risiko auszugleichen einen Zins von 30% verlangen (0,6 x 80 000 + 0,4 x 130 000).

Die Gesellschaft nimmt, nachdem sie den Kredit erhalten hat, einen weiteren Kredit in Höhe von 60 000 Euro auf, und investiert diese ebenfalls in das Projekt; eine Erhöhung der Investitionssumme ist möglich. Mit 40% Wahrscheinlichkeit wird die investierte Summe auf 480 000 Euro verdoppelt werden. In diesem Fällen werden beide Kreditgeber voll das eingesetzte Kapital zurückerhalten. Mit einer Wahrscheinlichkeit von 60% wird sich das investierte Kapital jedoch auf 120 000 Euro verringern.[541] Wenn Kreditgeber A und B gleichrangige Kreditgeber sind, müssen sie beide mit diesen 120 000 Euro befriedigt werden. Kreditgeber A und B sind in einem Verhältnis von 5:3 am investierten Fremdkapital beteiligt. Kreditgeber A erhält also 75 000 Euro. Kreditgeber B erhält die restlichen 45 000 Euro. Der Erwartungswert der Investition liegt für den Kreditgeber A nur noch bei 85 000 Euro (0.4 x 100 000 + 0.6 x 75 000). Ein angemessener, risikoausgleichender Zins läge daher bei 37,5% (100 000 = 0.6 x 75 000 + 0.4 x 137 500).

---

538 *Kraakman et al.*, Anatomy of Corporate Law, S. 117.

539 Insofern handelt es sich um eine Variante der Veränderung der Risikostruktur, wie unter §2 A II. 2. beschrieben.

540 Weiteres Beispiel bei *Tröger*, FS Westermann, S. 1533, 1553; entsprechendes Modell bei *Tirole*, The Theory of Corporate Finance, S. 120 f.

541 Annahme ist, dass sich durch die erhöhte Investitionssumme das Ausfallrisiko nicht erhöht.

4. *Weitere Formen von Gesellschafteropportunismus*[542]

Neben aktiven Handlungen, um sich gegenüber den Gläubigern opportunistisch zu verhalten, können Gläubiger auch durch ein „Spielen auf Zeit", z.B. durch das Verbergen von Problemen, benachteiligt werden.[543] Eine mit sehr weitreichenden Folgen verbundene Form ist die Insolvenzverschleppung.[544] Jedenfalls können dadurch Gläubiger davon abgehalten werden ihre Forderungen einzuziehen.

Gesellschafter einer Gesellschaft mit ausstehenden Kreditverbindlichkeiten können auch den Anreiz haben, Investitionen mit einem positiven Erwartungswert zu unterlassen, wenn der Vorteil des Projektes (nur) den Kreditgebern zu Gute kommen würde (*underinvestment*).[545]

5. *Opportunistisches Verhalten und andere Risikofaktoren der Gesellschaftsgläubiger*

Zusammenfassend lässt sich festhalten, dass das Verhältnis von freiwilligen Gläubigern und den Gesellschaftern einer (Personen-)Gesellschaft agenturtheoretisch beschrieben werden kann. Zwischen den Gesellschaftsgläubigern als Prinzipale und den Gesellschaftern als Agenten verhindern Informationsasymmetrien vor und nach Abschluss des (Kredit-) Vertrages, dass der Prinzipal potentielles opportunistisches Verhalten der Gesellschafter erkennen und verhindern kann. Soweit der Gesellschaftsgläubiger dies im Rahmen seiner begrenzten Rationalität und der Informationsasymmetrien antizipieren kann, wird er als rationaler Akteur einen Risikoaufschlag verlangen. Dies führt jedoch zu einer Verteuerung von Krediten und einer Nichtausschöpfung des vollen Effizienzgewinnes des *affirmative asset partitioning*.

Opportunistisches Verhalten ist jedoch nur ein Faktor, der das Ausfallrisiko[546] eines Gesellschaftsgläubigers beeinflusst. Exogene Faktoren, wie Konjunktur-

---

542 Diese Formen lassen sich auch den bereits dargestellten Grundtypen zuordnen, werden hier jedoch aus Klarheitsgründen gesondert dargestellt.

543 *Myers*, 15 J. Econ. Persp. (2001) 81, 97; dazu auch *Brealey/Myers/Allen*, Principles of Corporate Finance, S. 511 ("*Playing for time*").

544 Vgl. *Thole*, Gläubigerschutz durch Insolvenzrecht, S. 16; *Vetter*, ZGR 2005, 788, 790.

545 Vgl. grundlegend *Myers*, 5 J. Fin. Econ. (1977) 147 ff.; dazu auch *Smith/Warner*, 7 J. Fin. Econ. (1979) 117, 119; *Myers*, 15 J. Econ. Persp. (2001) 81, 97; *Bratton*, 7 EBOR (2006) 39, 45; *Berk/DeMarzo*, Corporate Finance, S. 554; *Kuhner*, ZGR 2005, 753, 766 f. Rechenbeispiel dazu bei *Franke/Hax*, Finanzwirtschaft des Unternehmens und Kapitalmarkt, S. 433; *Halmer*, Gesellschafterdarlehen, S. 39 f.

546 Zum Begriff des Ausfallrisikos, vgl. etwa *Tasma*, Leveraged Buyout und Gläubigerschutz, S. 60 ff.: Unterscheidung zwischen Ausfallrisiko im engeren und im weiteren Sinn. Ausfallrisiko beschreibt dabei die Gefahr, dass der Gesellschaftsgläubiger (im Insolvenz- oder Liquidationsverfahren) nicht vollständig befriedigt wird, wobei das Ausfallrisiko im engeren Sinn nur das aufgrund mangelnder Leistungsfähigkeit des Schuldners umfasst, nicht jedoch das aufgrund fehlender Leistungsbereitschaft. So wird auch hier der Begriff des Ausfallrisikos verstanden. Ebenso *Thole*, Gläubigerschutz durch Insolvenzrecht, S. 12; *Mülbert*, Der Konzern 2004, 151, 153.

schwankungen, technischer Fortschritt, Zinsschwankungen oder das Auftreten neuer Wettbewerber, liegen außerhalb des Einflussbereiches der Gesellschaft und der Gesellschafter. Endogene Faktoren, wie Managementfehler, unzulängliche Produkte, etc. beeinflussen ebenfalls das Ausfallrisiko. Das Ausfallrisiko in Bezug auf die Leistungsfähigkeit der Gesellschaft besteht aus dem Geschäftsrisiko, d.h. dem Risiko, dass aufgrund exogener oder endogener Umstände der Schuldner nicht leistungsfähig ist und einem Verhaltensrisiko, d.h. dem Risiko, dass sich die Gesellschafter opportunistisch verhalten.

Die Zuweisung dieser Risiken ist eine normative Entscheidung. Die gesetzlichen Regelungen einer Gesellschaftsform weisen diese Risiken zu. Die Frage ist, wer ein bestimmtes Risiko zu tragen hat, wer am besten bzw. besser geeignet ist (*superior risk bearer*).[547] Dabei ist im Blick zu behalten, dass im Rahmen der freien Rechtsformwahl verschiedene Gesellschaftsformen mit unterschiedlicher Risikozuweisung zur Auswahl stehen.

Ziel des Gläubigerschutzes kann es nicht sein, den Gesellschaftsgläubigern das Risiko einer unvollständigen Befriedigung voll abzunehmen.[548] Ein umfassender Schutz der Gläubiger wäre nur durch eine Versicherungslösung zu erreichen, deren negative Effekte eine Förderung der gesamtgesellschaftlichen Wohlfahrt bezweifeln lassen.[549] Gläubigerschutz soll die Gesellschaftsgläubiger vielmehr vor Entwicklungen schützen, die mit einer für die Gesellschaftsgläubiger unangemessene Erhöhung ihres Ausfallrisikos einhergehen.[550] Es ist also festzustellen, welche Risikoerhöhung nicht mehr angemessen ist; eine Risikoerhöhung aufgrund opportunistischen Verhaltens fällt jedenfalls darunter.

Exogene Faktoren werden von freiwilligen Gläubigern grundsätzlich bei Vertragsabschluss in die Risikokalkulation einbezogen und vom verlangten Zins abgedeckt. Diese Risikofaktoren treffen jeden Marktteilnehmer, unabhängig von der Nutzung bestimmter juristischer Vehikel, wie einer Personengesellschaft oder Kapitalgesellschaft. Diese Risiken muss ein Kreditgeber auch dann tragen, wenn ihm als Kreditnehmer keine Gesellschaft, sondern eine natürliche Person, z.B. ein Einzelkaufmann, gegenübersteht. Exogene Faktoren können insbesondere *ex post* nicht durch die Gesellschafter verändert werden und so kann sich die Risikokalkulation der Gläubiger entweder als richtig oder falsch herausstellen. Dies liegt dann im Verantwortungsbereich der Gesellschaftsgläubiger. Wichtig ist zu betonen, dass die Gesellschafter darauf keinen Einfluss haben und so die Risikokalkulation der Gesellschaftsgläubiger nicht zu deren Lasten und zu ihren Gunsten verändern können. Endogene Faktoren, wie schlechtes Management, können jedoch durch Gläubigerschutzmechanismen, wie z.B. eine persönliche Haftung beeinflusst werden.

---

547 Vgl. dazu grundlegend *Posner/Rosenfield*, 6 J. Legal Stud. (1977) 83.

548 Vgl. *Thole*, Gläubigerschutz durch Insolvenzrecht, S. 12 f.; *Mülbert*, 3 EBOR (2006) 357, 364 ff.; *Vetter*, ZGR 2005, 788, 790.

549 Vgl. *Kuhner*, ZGR 2005, 753, 780 f.; *Vetter*, ZGR 2005, 788, 790, 799.

550 *Thole*, Gläubigerschutz durch Insolvenzrecht, S. 12.

Grundsätzlich haben die Gesellschafter natürlich ein Eigeninteresse daran, dass ihr Unternehmen gut geführt wird, da sie nur dann von ihrem Investment profitieren. Eine schlechte Geschäftsführung ist für die Gesellschaftsgläubiger solange nicht relevant, wie die Gesellschaft die Verbindlichkeiten bedienen kann und sie nicht zur Insolvenz führt. Ein zu kleiner Gewinn ist hingegen nur ein Problem, das sich im Verhältnis von Gesellschaftern und Managern und damit in der Regel nicht bei Personengesellschaften stellt.

III. Schutzmechanismen zur Vermeidung opportunistischen Gesellschafterverhaltens

1. Grundlagen – Wege des Gläubigerschutzes

Die sich an die Ausführungen zur agenturtheoretischen Beschreibung des Anreizkonfliktes zwischen Gesellschaftsgläubigern und Gesellschaftern anschließende Frage ist, ob und inwieweit durch Überwachungs- und Bindungsmaßnahmen die dargestellten Anreizprobleme gelöst werden können. Es wird davon ausgegangen, dass der Prinzipal als rationaler Akteur die Gefahr eines eigennützigen Verhaltens des Agenten zu seinen Lasten und die daraus folgende Minderung seines Wohlstandes grundsätzlich antizipiert. Durch Überwachung des Agenten und durch die Schaffung geeigneter Anreize kann der Prinzipal seinen Interessen entgegenlaufendes Verhalten des Agenten begrenzen.[551] Es kann sich auch für den Agenten lohnen unter Einsatz von Ressourcen dem Prinzipal zu signalisieren, dass er bestimmtes Verhalten zu dessen Lasten unterlassen wird.

Das Problem der *adverse selection*, aber auch des *moral hazard* können durch verschiedene Maßnahmen reduziert werden. Diese führen vor Vertragsschluss dazu, dass der Agent die versteckten Informationen offenlegt und so die bestehenden Informationsasymmetrien möglichst weitgehend abgebaut werden.[552] Es geht um Modelle der Informations-beschaffung und Informationsübertragung.[553] Diese wirken auch nach Vertragsschluss und werden zur Vermeidung von *ex post* Opportunismus von weiteren Maßnahmen zur Interessensangleichung unterstützt.

a. Gegenstrategien des Gesellschaftsgläubigers

Die erste und wesentliche, den Vertrag betreffende Vorsorge zur Minimierung des Kreditrisikos durch den Gesellschaftsgläubiger ist, wie bereits angedeutet, die

---

551 *Jensen/Meckling*, 3 J. Fin. Econ. (1976) 305, 308.

552 Dazu z.B. *Perridon/Steiner/Rathgeber*, Finanzwirtschaft der Unternehmung, S. 575 ff.; *Staroßom*, Corporate Finance Teil 1, S. 101 f.; *Spremann*, Wirtschaft, Investition und Finanzierung, S. 704 ff.

553 Mögliche Lösungsansätze können wie folgt systematisiert werden: Screening, Signaling, Kontrollsysteme, Informationssysteme, langfristige Verträge, Monitoring. Vgl. dazu *Staroßom*, Corporate Finance Teil 1, S. 101 f.

Ausgestaltung der Verzinsung.[554] Die Anpassung des Zinses an das Kreditrisiko und die dadurch erfolgende Kompensation eines etwaigen Ausfalles infolge fehlender Leistungsfähigkeit erscheint als das einfachste Mittel des Gläubigerschutzes bei freiwilligen Gläubigern. „Wegen des periodischen Anfalls der Zinsen kann der Kreditgeber den an sich zeitlich hinausgeschobenen Anspruch in einem gewissen Umfang wirtschaftlich vorverlagern“[555]. Die Höhe der Zinsforderung wird an die Höhe des Kreditrisikos angepasst.

Dies trifft jedoch nur dann zu, wenn die Risiken eines opportunistischen Verhaltens richtig erkannt und eingepreist werden können. Außerdem müsste der Internalisierungszins dem genauen Risikovermeidungsanreiz der Gesellschaftsgläubiger entsprechen und dazu wäre eine dynamisch Koppelung an das tatsächliche Risiko notwendig.[556] Aufgrund der Informationsasymmetrien erscheint jedoch, beides schwierig zu erreichen. Wie sich gezeigt hat, führt eine Anpassung des Zinses an die Steigerung des Ausfallrisikos, die sich aufgrund opportunistischen Gesellschafterverhaltens ergeben kann, außerdem dazu, dass der Effizienzgewinn des *affirmative asset partitioning* nicht voll verwirklicht werden kann.

Eine weitere Möglichkeit des Gesellschaftsgläubigers ist es Informationsasymmetrien durch Informationsbeschaffung abzubauen. Als *screening* werden *ex ante* Maßnahmen des Prinzipals bezeichnet, die eine Überprüfung der Qualität des Agenten durch Dritte oder den Prinzipal selbst beinhalten.[557] Nach Abschluss des Vertrages kann der Prinzipal oder ein Dritter den Agenten überwachen (*monitoring*).[558]

b. Gegenstrategien der Gesellschaft und der Gesellschafter

Neben dem Prinzipal kann der Agent zu einer Verringerung der Informationsasymmetrien beitragen. Im Rahmen einer *self selection* werden dem Agenten durch den Prinzipal verschiedene Vertragsalternativen angeboten. Der Agent kann eine der Vertragsalternativen wählen und so dem Prinzipal seine Klassifizierung offenlegen.[559]

---

554 Dazu kommt die Bestellung von Sicherheiten. Die Grenzen der Reduzierung des Kreditrisikos durch die Bestellung von Sicherheiten sind ihre Verfügbarkeit und die mit ihnen verbundenen Transaktionskosten. Vgl. dazu *Servatius*, Gläubigereinfluss durch Covenants, S. 61 ff.

555 *Servatius*, Gläubigereinfluss durch Covenants, S. 60.

556 Vgl. *Halmer*, Gesellschafterdarlehen, S. 55. In der Praxis sind dynamische Zinsvereinbarungen kaum zu finden. Zur Impraktikabilität vgl. *Eidenmüller*, Unternehmenssanierung, S. 176 ff.

557 Zum *screening* vgl. u. a. *Towfigh/Petersen*, Ökonomische Methoden im Recht, S. 123 f.; *Staroßom*, Corporate Finance Teil 1, S. 101 f.; *Fleischer*, Informationsasymmetrien, S. 124.

558 *Jensen/Meckling*, 3 J. Fin. Econ. (1976) 305, 308; *Staroßom*, Corporate Finance Teil 1, S. 103.

559 Dazu z. B. *Perridon/Steiner/Rathgeber*, Finanzwirtschaft der Unternehmung, S. 576; *Staroßom*, Corporate Finance Teil 1, S. 101 f.

Beim *signaling* ist es der Agent, der versucht dem Prinzipal seine Qualität als Vertragspartner zu signalisieren und so dessen Erwartungen zu verändern.[560] Ein Agent mit guten Eigenschaften wird versuchen sich durch die Offenlegung nicht imitierbarer Eigenschaften von Agenten mit schlechten Eigenschaften zu unterscheiden. Im Rahmen einer Kreditfinanzierung beispielsweise hat ein Kreditnehmer mit höherer Kreditwürdigkeit ein Interesse sich von anderen Marktteilnehmern abzugrenzen und diese höhere Kreditwürdigkeit den Kreditgebern zu signalisieren, damit er günstigere Kreditkonditionen erhält. Der potentielle Kreditnehmer versucht dem Kreditgeber zu signalisieren, dass er ein „guter" Kreditnehmer ist und bleiben wird. Die Grundannahme, die dahinter steht ist, dass es für ein erfolgreiches Unternehmen bzw. einen guten Kreditnehmer viel günstiger ist seine gute Kreditwürdigkeit zu erkennen zu geben als für einen schlechten Kreditnehmer, der für ein irreführendes Signal hohe Kosten aufbringen müsste.[561] Insbesondere durch die Unterwerfung unter eine rechtliche Institution kann der Agent seine Kreditwürdigkeit zum Ausdruck bringen. Unterwirft er sich unter eine Institution, die für ihn opportunistisches Verhalten *ex post* uninteressant werden lässt und bindet er sich an diese Institution (*bonding*), so kann darin *ex ante* ein glaubwürdiges Signal liegen.[562] Die Bindung an eine rechtliche Institution kann zu einer verhaltenswirksamen Beschränkung führen, die ein Festhalten an einer einmal getroffenen Entscheidung bewirkt.

c. Das Zusammenspiel verschiedener Gläubigerschutzmechanismen – institutioneller und privatautonomer Gläubigerschutz

In der Praxis und in den gesetzlichen Regelungen haben sich verschiedene Lösungsansätze gegen das dargestellte ineffiziente, gläubigerschädigende Verhalten herausgebildet. Der Schutz der Gläubiger ist dabei auf zwei unterschiedlichen Wegen möglich: zum einen können sich die Gläubiger selbst auf informierter Grundlage durch privatautonom vereinbarte Regelungen schützen und zum anderen gibt es einen institutionellen Gläubigerschutz durch gesetzliche Regelungen. Ein institutionelles Gläubigerschutzsystem ist dadurch gekennzeichnet, dass den Gesellschaftern und ihren Gläubigern durch eine gesetzliche Regelung eine bestimmte Risikoverteilung vorgegeben wird. Hier soll keine Entscheidung fallen, ob aus ökonomischer Sicht privatautonome Regelungen grundsätzlich vorzuziehen sind.[563]

---

560 Vgl. z.B. *Perridon/Steiner/Rathgeber*, Finanzwirtschaft der Unternehmung, S. 576; *Staroßom*, Corporate Finance Teil 1, S. 102; ausführlich *Franke/Hax*, Finanzwirtschaft des Unternehmens und Kapitalmarkt, S. 424 f.

561 Vgl. *Spremann*, Wirtschaft, Investition und Finanzierung, S. 694 ff.; dazu auch *Perridon/Steiner/Rathgeber*, Finanzwirtschaft der Unternehmung, S. 545.

562 Zur Selbstbindung, vgl. Gößling, Homo institutionalis, S. 85 f. Daneben ist auch die Reputation des Agenten ein wichtiges Signal.

563 So aber etwa *Heinrich*, Covenants als Alternative, S. 29 und *passim*.

Im Kapitalgesellschaftsrecht haben sich beispielsweise in den verschiedenen Jurisdiktionen deutliche Unterschiede im Gläubigerschutz herausgebildet. Während sich im Common Law der Fokus auf eine privatautonome Lösung des Problems opportunistischen Verhaltens durch sogenannte Covenants und scharfe Geschäftsleiterpflichten in der Krise und der Insolvenz richtet, stellt im kontinental-europäischen Kapitalgesellschaftsrecht das System eines gesetzlich garantierten (Mindest-)Kapitals den dominierenden Gläubigerschutzmechanismus dar.[564]

Durchgesetzt hat sich wohl dennoch die Erkenntnis, dass vor allem ein Zusammenspiel verschiedener Gläubigerschutzinstrumente einen möglichst umfassenden Schutz bieten kann[565] und privatautonome Regelungen gesetzliche Gläubigerschutzmechanismen unterstützen und besondere Risiken absichern können. Neben den genannten, und hier im Folgenden noch näher zu betrachtenden Schutzmechanismen, zählen auch Anfechtungsregeln, Geschäftsleiterpflichten in Krise und Insolvenz, Subordination von Gesellschafterdarlehen, Solvenztests bei Ausschüttungen, Publizitätsvorschriften, Disqualifikation von Geschäftsleitern und Durchgriffshaftung zu den verwendeten Mechanismen, um die Gläubiger zu schützen.[566]

2. Privatautonome Regelungen – Covenants und Kreditsicherheiten

Eine Möglichkeit dem beschriebenen opportunistischen Verhalten der Gesellschafter entgegenzuwirken, ist die Vereinbarung bestimmter vertraglicher Vorgaben an die Gesellschaft und die Gesellschafter im Rahmen des (Kredit-)Vertrags.[567] Sogenannte Covenants sind restriktive Klauseln in einem Vertrag, die den Schuldner abhalten sollen gläubigerschädigende Handlungen vorzunehmen, oder allgemein Handlungen, die die Wahrscheinlichkeit der Begleichung der Schulden verringern.[568] In der Literatur wird üblicherweise zwischen positiven und negativen Covenants

---

564 Dazu die Länderreporten aus U.K., Italien, Frankreich, Spanien, Niederlanden, Polen und den USA, in Lutter (Hrsg.), Legal Capital in Europe, S. 413 ff.

565 Vgl. etwa *Fleischer*, in: Münchener Kommentar-GmbHG, Einleitung Rn. 287 m.w.N.

566 *Fleischer*, in: Münchener Kommentar-GmbHG, Einleitung Rn. 287, 288. Hinzu kommen haftungsersetzende Tätigkeitsbeschränkungen, wie beim Verein.

567 Dazu u. a. *Smith/Warner*, 7 J. Fin. Econ. (1979) 117 ff.; *Bratton*, 7 EBOR (2006) 39 ff.; *Merkt*, ZGR 2004, 305, 313 ff.; dazu auch *Franke/Hax*, Finanzwirtschaft des Unternehmens und Kapitalmarkt, S. 449 ff.

568 Covenants können darüber hinaus auch helfen die Ausfallwahrscheinlichkeit aufgrund von Managementfehlern im weitesten Sinn zu reduzieren, indem den Gesellschaftern auch in diesem Bereich Vorgaben und Pflichten auferlegt werden. Vgl. dazu z. B. *Kästle*, Covenants, S. 33 ff. Zum Begriff der Covenants, auch *Runge*, Covenants in Kreditverträgen, S. 5 ff.

unterschieden.[569] Positive[570] Covenants schreiben dem Schuldner bestimmte Handlungen und die Einhaltung bestimmter Ziele vor. Dazu zählen etwa Informationspflichten, die Pflicht bestimmte Versicherungen abzuschließen oder Steuern zu zahlen.[571] Vor allem Informationspflichten[572] spielen eine wichtige Rolle, da sie dem Abbau der immanenten Informationsasymmetrien zwischen Kreditgeber und Kreditnehmer dienen.

Negative (*restrictive*) Covenants schränken die Geschäftsführer in ihrem Handlungsspielraum ein.[573] Bestimmte Maßnahmen dürfen durch die Geschäftsführung nicht oder nur mit Zustimmung des Gläubigers getroffen werden. Diese Beschränkungen betreffen typischerweise Gesellschafterwechsel, Ausschüttungen von Gesellschaftsvermögen, Aufnahme neuer (insbesondere vorrangiger oder durch Kreditsicherheiten gesicherter) Kreditverbindlichkeiten, Unternehmensübernahmen, Veräußerung von Vermögensgegenständen und die Übernahme von Garantien, Bürgschaften, Schuldbeitritten und ähnlichen Verpflichtungen gegenüber Dritten.[574]

Eine häufig noch eigens unterschiedene Kategorie sind die sogenannten Financial Covenants.[575] Diese haben die finanzielle Situation des Vertragspartners zum Regelungsgegenstand. Insbesondere wird dieser zur Einhaltung bestimmter finanzieller Anforderungen in Bezug auf Eigenkapital, Verschuldung und Liquidität verpflichtet.[576]

Wie sich erkennen lässt, versuchen diese Covenants gezielt möglichem opportunistischem Verhalten der Gesellschafter vorzubeugen.[577] Vermögensverschiebungen zu Lasten der Gläubiger können durch Restriktionen bezüglich der Ausschüttung

---

569 Zu dieser Unterscheidung statt aller *Knecht/Haghani*, in: Buth/Hermanns, Restrukturierung, Sanierung, Insolvenz, § 18 Rn. 71 ff.; *Bratton*, 7 EBOR (2006) 39, 49 ff.; *Ross/Westerfield/Jaffe/Jordan*, Corporate Finance, S. 442; *Kästle*, Covenants, S. 53 ff.; *Runge*, Covenants in Kreditverträgen, S. 8; *Servatius*, Gläubigereinfluss durch Covenants, S. 40 ff.

570 Oder auch *affirmative* Covenants, vgl. *Servatius*, Gläubigereinfluss durch Covenants, S. 40.

571 Dazu u. a. *Runge*, Covenants in Kreditverträgen, S. 26 ff.; *Servatius*, Gläubigereinfluss durch Covenants, S. 40 f. Weitere Beispiele u. a. bei *Kästle*, Covenants, S. 53.

572 Dazu auch ausführlich *Kästle*, Covenants, S. 53 ff.; *Runge*, Covenants in Kreditverträgen, S. 29.

573 U.a. *Knecht/Haghanir*, in: Buth/Hermanns, Restrukturierung, Sanierung, Insolvenz, § 18 Rn. 73; dazu auch *Franke/Hax*, Finanzwirtschaft des Unternehmens und Kapitalmarkt, S. 451 f.; *Runge*, Covenants in Kreditverträgen, S. 10 ff.; *Servatius*, Gläubigereinfluss durch Covenants, S. 42 f.

574 Vgl. nur *Knecht/Haghani*, in: Buth/Hermanns, Restrukturierung, Sanierung, Insolvenz, § 18 Rn. 73; *Servatius*, Gläubigereinfluss durch Covenants, S. 42 f.

575 Siehe etwa *Servatius*, Gläubigereinfluss durch Covenants, S. 43.

576 Ausführlich dazu u. a. *Kästle*, Covenants, S. 62 ff.; *Runge*, Covenants in Kreditverträgen, S. 30 ff.

577 Vgl. auch *Myers*, 15 J. Econ. Persp. (2001) 81, 97; *Servatius*, Gläubigereinfluss durch Covenants, S. 67; *Heinrich*, Covenants als Alternative, S. 126 f., 243.

von Gesellschaftsvermögen an die Gesellschafter und der Veräußerung von Gesellschaftsvermögen eingeschränkt werden.[578] Einschränkungen bezüglich des Verschuldungsgrades der Gesellschaft und der Eingehung neuer Kreditverbindlichkeiten können verhindern, dass die Schuldenlast zum Nachteil des Gläubigers erhöht wird, weil der Wert der Kreditverbindlichkeiten durch die Eingehung gleichrangiger oder vorrangiger Verbindlichkeiten verringert wird.[579] *Asset substitution* kann dadurch vermieden werden, dass Investitionen in neue Geschäftsfelder verboten oder Kredite für bestimmte Verwendungszwecke vorbehalten werden.[580] Dass derartige Covenants ein effizientes Mittel gegen Gesellschafteropportunismus sein können, zeigt ihre weite Verbreitung in der Praxis. Covenants sind in der amerikanischen, aber auch in der deutschen Kreditpraxis Gang und Gebe.[581]

Durch Kreditsicherheiten lässt sich der Kreditgeber für den Krisenfall den Verwertungszugriff auf bestimmte Vermögensgegenstände, sei es des Kreditnehmers selbst oder Dritter, zusichern oder Dritte mithaften. Covenants und Kreditsicherheiten weisen beide eine kreditsichernde Funktion auf. Covenants sollen auch die Wahrscheinlichkeit einer Rückzahlung des gewährten Kredits erhöhen. Die Wirkungsweise der Covenants und der traditionellen Kreditsicherheiten wird jedoch häufig als unterschiedliche eingestuft.[582] Covenants wirken grundsätzlich präventiv und prophylaktisch.[583] Anders als bei den meisten Kreditsicherheiten werde

---

578 Zu diesen häufig in anglo-amerikanischen Kreditverträgen festgelegten Ausschüttungsbeschränkungen (Dividend covenants) vgl. z. B. *Smith/Warner*, 7 J. Fin. Econ. (1979) 117, 131 ff.; dazu auch *Bratton*, 7 EBOR (2006) 39, 54 f., *Heinrich*, Covenants als Alternative, S. 164 f.

579 Dazu z. B. auch *Bratton*, 7 EBOR (2006) 39, 50, 51 ff.; *Heinrich*, Covenants als Alternative, S. 168 f. Hierfür werden insbesondere Negativerklärungen und Gleichrangklauseln genutzt, vgl. dazu z. B. *Kilgus*, in: Münchener Anwaltshandbuch Aktienrecht, § 49 Rn. 19, 20. Mit einer Negativerklärung verpflichtet sich der Emittent, anderen, auch nachrangigen Gläubigern keine Sicherheiten zu stellen. Negativerklärungen können jedoch als rechtsgeschäftliche Verfügungsbeschränkung nicht verhindern, dass unter ihrer Verletzung Sicherheiten gestellt werden können (vgl. § 137 BGB). Doch berechtigt ein solcher Verstoß die Kreditgeber möglicherweise zur Kündigung. Dazu auch *Ganter*, in: Schimansky/Bunte/Lwowski, Bankrechts-Handbuch, § 90 Rn. 189 m.w.N. Pari-passu-Klauseln haben aufgrund der im Insolvenzfall zwingenden Rangfolge von Gläubigerrechten bei deutschen Kreditgebern nur begrenzte praktische Bedeutung. Relevanter sind hingegen Gleichstellungsverpflichtungen mit Dritten. Dazu *Runge*, Covenants in Kreditverträgen, S. 19 ff.; *Heinrich*, Covenants als Alternative, S. 174 ff.

580 *Bratton*, 7 EBOR (2006) 39, 56 f.

581 Vgl. dazu z. B. *Smith/Warner*, 7 J. Fin. Econ. (1979) 117 ff., *Servatius*, Gläubigereinfluss durch Covenants, S. 37 f. Zur Verbreitung von Covenants in Deutschland *ebenda*, S. 38 f. m.w.N. Zu den Vor- und Nachteilen der Verwendung von Covenants *Merkt*, ZGR 2004, 305, 313; dazu auch *G.H. Roth*, ZGR 2005, 348, 369 ff.

582 *Kästle*, Covennats, S. 37.

583 *Kästle*, Covennats, S. 37; *Runge*, Covenants in Kreditverträgen, S. 88 f.

keine Vermögensmasse für den Gläubiger zur vorrangigen Befriedigung reserviert. Covenants sollen durch verschiedene Kontroll- und Überwachungsmechanismen präventiv auf den Entscheidungsprozess im Unternehmen einwirken, um so die Wahrscheinlichkeit einer Zahlungsunfähigkeit zu vermindern.[584] Kreditsicherheiten seien in ihrer Wirkung hingegen statisch und objektsbezogen.[585]

Jedoch lässt sich bestreiten, dass Kreditsicherheiten keine präventive und prophylaktische Wirkung zukommt. Wichtig ist zu erkennen, dass zumindest die persönliche Haftung der Gesellschafter, anders als möglicherweise Realsicherheiten, nicht statisch und objektsbezogen ist, sondern ebenso wie Covenants präventiv wirkt. Aufgrund der (potentiellen) Einflussmöglichkeiten der Gesellschafter auf die Leitung der Gesellschaft, ist die persönliche Haftung der Gesellschafter mehr als ein weiteres Vermögen, das den Gläubigern zur Befriedigung zur Verfügung steht.[586]

Es lässt sich feststellen, dass die individualvertraglich vereinbarten Covenants in Teilen den Regeln des deutschen Kapitalerhaltungsrechts sehr ähnlich sind.[587] Die weitere gesetzliche Standardlösung gegen opportunistisches Gesellschafterverhalten, nämlich die persönliche Gesellschafterhaftung, ist ebenfalls häufig Teil derartiger Reglungen.[588] Wann die Vereinbarung von Covenants (ergänzend) sinnvoll ist, ist wie die Wahl der „richtigen“ Gesellschaftsform u. a. eine Frage der effizienten Risikoverteilung. Eine Grundannahme des deutschen Gesellschaftsrechts ist jedoch, dass derartige, freiwillige Maßnahmen durch die Mitglieder dem Schutz der unfreiwilligen, aber auch der freiwilligen Gläubiger nicht hinreichend Rechnung tragen und daher gesetzlicher Handlungsbedarf bestehe, d. h. dass allein privatautonome Regelungen zu keinem adäquaten Gläubigerschutz führen.[589]

3. *Institutioneller Gläubigerschutz*

Institutioneller Gläubigerschutz ist durch verschiedenste Regelungen möglich. Inwieweit den Gläubigerschutzsystemen eines (Mindest-)Garantiekapitals und einer Pflichtversicherung eine Schutzwirkung gegen opportunistisches Gesellschafterverhalten zugeschrieben wird, soll hier kurz dargestellt werden. Dies soll zum einen

584 *Kästle*, Covennats, S. 37; *Heinrich*, Covenants als Alternative, S. 120, 130; *Runge*, Covenants in Kreditverträgen, S. 88; *Köndgen*, in: Prütting (Hrsg.), Isolvenzrecht, S. 127, 128 f.

585 *Köndgen*, in: Prütting (Hrsg.), Isolvenzrecht, S. 127, 136 f.; Kästle, Covennats, S. 37.

586 Zu den Anreizen die durch die persönliche Haftung der Gesellschafter gesetzt werden und die präventiv wirken, *infra* §2 A. IV., B.

587 *Hopt*, FS Wiedemann, S. 1013, 1018 f.; *Schön*, ZGR 2000, 706, 727 spricht insoweit von einer *„schuldrechtlichen Simulation des gesetzlichen Kapitalschutzes“*. Kritisch dazu *Heinrich*, Covenants als Alternative, S. 206 f.

588 *J. Meyer*, Haftungsbeschränkung, S. 1060 ff. m.w.N.; *Fleischer*, ZGR 2001, 1, 18; *Ferran*, Company Law and Corporate Finance, S. 18 f.

589 Vgl. *Grigoleit*, Gesellschafterhaftung, S. 7 f.; zur Kritik am Gläubigerschutz durch Covenants etwa *Merkt*, ZGR 2004, 305, 313. A.A. etwa *Heinrich*, Covenants als Alternative, S. 428 f. und *passim*.

mit Blick auf die in der Literatur konstatierte Alternativität von Garantiekapital und persönlicher Haftung[590] und zum anderen mit Blick auf die neu ins deutsche Recht eingeführte PartG mbB erfolgen, bei der die persönliche Haftung der Partner durch eine Haftpflichtversicherung ersetzt wird.[591]

a. (Mindest-)Garantiekapital

Eine Möglichkeit die Gläubiger einer Gesellschaft vor opportunistischem Verhalten der Gesellschafter zu schützen und die Gefahren einer Risikoexternalisierung möglichst weitgehend einzudämmen, ist das System eines gesetzlichen Garantiekapitals mit seinen Vorschriften zur Kapitalaufbringung und Kapitalerhaltung, in Deutschland zumeist gekoppelt an ein Mindestkapital[592]. Dieses gesetzliche Garantiekapital verlangt die Aufbringung eines (Mindest-)Kapitals, das nicht an die Gesellschafter zurückgezahlt werden darf.[593]

Wie durch ein gesetzliches Garantiekapital die Gläubiger geschützt werden, wird unterschiedlich erklärt. Traditionell wird das gesetzlich vorgeschriebene und durch Kapitalerhaltungsvorschriften geschützte Kapital beschrieben als ein vor Zugriffen der Gesellschafter geschützter Mindesthaftungsfonds, der als Betriebskapital dient[594] oder als finanzielle Mindestausstattung der Gesellschaft, die Verluste der Gesellschaft abfangen soll.[595]

Neuere Begründungsansätze betonen die Funktion des gesetzlichen (Mindest-)Kapitals als Instrument der Verhaltenssteuerung.[596] Die Grundsätze der Kapitalaufbringung und -erhaltung dienen nicht dazu, einen Forderungsausfall der Gesellschaftsgläubiger *per se* zu verhindern, sondern sie sollen lediglich bestimmte, gläubigerbenachteiligende Verhaltensweisen ausschließen. Sie sollen opportunistische Verhaltensweisen der Gesellschafter, die mit den Effizienzgewinnen aus der Trennung von Haftungssphären und präferenzadäquater Risikoverteilung

590 Dazu *supra* §1 III.

591 Dazu noch ausführlich *infra* Kapitel 4 §2 C. II.

592 Eine Ausnahme bildet seit 2009 die Unternehmergesellschaft (haftungsbeschränkt) für die nach § 5a GmbHG kein Mindestkapital vorausgesetzt wird. Die Vorschriften der GmbH zur Kapitalerhaltung sind jedoch anwendbar.

593 Vgl. dazu allgemein statt aller *Heidinger*, in: Michalski, GmbHG, § 30 Rn. 1 ff.; *Heidinger*, in: BeckOK-GmbHG, § 30 Rn. 1 ff.

594 So etwa *Wiedemann*, Gesellschaftsrecht I, S. 554 ff., insbes. S. 557; *Stimpel*, FS 100 Jahre GmbHG, S. 335, 349.

595 *Lutter*, ZGR 1982, 244, 249; *Priester*, DB 2005, 1315, 1316; *Wilhelmi*, GmbHR 2006, 13. Dazu auch *Drygala*, ZGR 2006, 587, 589 m.w.N. Kritisch *Adams*, Eigentum, S. 29 ff.

596 Vgl. u.a. *Drygala*, ZGR 2006, 587, 595 ff.; *Adams*, Eigentum, S. 34 ff.; *Heine/Röpke*, RabelsZ 70 (2006) 138, 149; *Eidenmüller/Engert*, GmbHR 2005, 433, 435 f.; *G.H. Roth*, ZGR 2005, 348, 357 ff.

(Haftungsbeschränkung) zusammenhängen, verhindern bzw. reduzieren und damit verbundene Kosten minimieren.[597]

Wie beschrieben ergibt sich aus der Vorrangigkeit der Haftung des Eigenkapitals und der Nachrangigkeit der Eigenkapitalforderungen in der Insolvenz für die Gesellschafter der Anreiz, Kapital aus dem Gesellschaftsvermögen in ihr Privatvermögen zu transferieren.[598] Die gesetzlichen Ausschüttungssperren dienen dabei dem Erhalt eingezahlten Eigenkapitals, schützen also primär vor opportunistischen *ex post* Vermögensverschiebungen zu Gunsten der Gesellschafter.[599] Auch die neuere Rechtsprechung des BGH, insbesondere das Urteil zum „dritten Börsengang" der Telekom[600] kann u.U. als Entwicklung hin zu einem Verständnis des Systems des gesetzlichen Kapitals als einem der Verhaltenskontrolle gedeutet werden: es geht maßgeblich darum, Verhaltensweisen, die Risiken externalisieren, zu sanktionieren und dadurch zu kontrollieren.

Die das System des gesetzlichen Kapitals unterstützende und ergänzende sogenannte Existenzvernichtungshaftung nach § 826 BGB[601], eine Innenhaftung der Gesellschafter gegenüber der Gesellschaft, setzt ebenfalls bei unerwünschtem Verhalten der Gesellschafter an. Die Existenzvernichtungshaftung, die in der Literatur als verbandsrechtlich fundierte Sonderdeliktshaftung[602] verstanden wird, soll das zweckgebundene, der vorrangigen Befriedigung der Verbandsgläubiger dienende Vermögen der GmbH vor Handlungen der Gesellschafter schützen, die eine Insolvenz der Gesellschaft herbeiführen oder vertiefen.[603] Die Existenzvernichtungshaftung wurde entwickelt, um Schutzlücken im System des gesetzlichen Kapitals nach §§ 30, 31 GmbHG zu

---

597 *Armour*, 63 Mod. L. Rev. (2000) 355, 367 f.; *Schön*, Der Konzern 2004, 162, 167 f.; *ders.*, 5 EBOR (2004) 429, 442; *Tröger*, FS Westermann, S. 1533, 1547 f.

598 Vgl. dazu bereits *supra* §2 A. II. 1.

599 *Armour*, 7 EBOR (2005) 5, 13; *Kleindiek*, ZGR 2006, 335, 339; *Kraakman et al.*, The Anatomy of Corporate Law, S. 131.

600 BGHZ 190, 7.

601 Dazu u. a. BGHZ 173, 246 (Trihotel); BGHZ 176, 204 (Gamma); eingehend *Servatius*, in: BeckOK-GmbHG, GmbH-Konzernrecht Rn. 483 ff.; *Liebscher*, in: Münchener Kommentar-GmbHG, Anh. § 13 Rn. 518 ff.; *Michalski/Funke* in: Michalski, GmbHG, § 13 Rn. 305 ff.; jeweils m.w.N.

602 So u. a. *Tröger*, in: Handbuch Personengesellschaften, Rz. I 4077a ff.; *Habersack*, in: Emmerich/Habersack, Aktien- und GmbH-Konzernrecht, Anh. zu § 318 Rn. 39; *Altmeppen*, in: Roth/Altmeppen, § 13 Rn. 104 ff.; § 43 Rn. 92; *Weller*, ZIP 2007, 1681, 1687; *Schaefer/Steinmetz*, WM 2007, 2265, 2271; *Gehrlein*, WM 2008, 761, 764; *Habersack*, ZGR 2008, 533, 546; *Hönn*, WM 2008, 769, 770; explizit auf der Grundlage der hier zugrundegelegten Konzeption von Opportunismus als Folge der Trennung von Vermögensmassen auch schon *Tröger/Dangelmayer*, ZGR 2011, 558, 567.

603 BGHZ 173, 246 (Trihotel); BGHZ 176, 204 (Gamma); eingehend *Liebscher*, in: Münchener Kommentar-GmbHG, Anh. § 13 Rn. 535 ff. m.w.N.; *Michalski/Funke*, in: Michalski, GmbHG, § 13 Rn. 305 ff.

schließen.[604] Ihre Anwendung auf andere Kapitalgesellschaften wird ebenso erwogen,[605] wie ihre Anwendung im Recht der Personengesellschaften, sofern ausnahmsweise keine natürliche Person mit ihrem Privatvermögen haftet.[606] Wie das System des gesetzlichen Garantiekapitals und die Existenzvernichtungshaftung, ergänzt durch weitere Schutzvorschriften, genau opportunistisches Verhalten der Gesellschafter verhindern, wird im Rahmen dieser Arbeit nicht weiter diskutiert.[607] Diese Darstellung soll die These verdeutlichen, dass die persönliche Haftung ein Gläubigerschutzmechnismus neben anderen ist, die jedoch im Grundsatz alle demselben Ziel – der Vermeidung opportunistischen Gesellschafterverhaltens – dienen.

b. Pflichtversicherung

Eine Alternative zu einem gesetzlichen Mindestgarantiekapital kann eine Pflichtversicherung sein. Die Pflichtversicherung wird insbesondere zum Schutz unfreiwilliger Gläubiger vorgeschlagen.[608] Aktuelles Beispiel ist die PartG mit beschränkter Berufshaftung. Für diese Gesellschaftsform haftet für Verbindlichkeiten der Gesellschaft aus beruflichen Fehlern bei Unterhalten einer Berufshaftpflichtversicherung nur das Gesellschaftsvermögen und nicht auch, wie im Normalfall der PartG, die Gesellschafter persönlich.[609]

Die Gesellschaft muss eine Versicherung finden, die bereit ist das Risiko der Gesellschaft zu versichern. Im Idealfall korrelieren Risiko und Versicherungsprämie. Der Erfolg einer Pflichtversicherung ist jedoch stark davon abhängig, inwiefern der Versicherer die Versicherten überwachen kann. Es kann ein klassisches moralisches Risiko entstehen.[610] Eine Pflichtversicherung kann insbesondere für deliktische Schäden und bei besonderer Schutzbedürftigkeit und Schutzwürdigkeit einen ergänzenden Schutz der Gesellschaftsgläubiger darstellen.[611]

---

604 Vgl. u. a. *Verse*, in: Henssler/Strohn, Gesellschaftsrecht, § 13 GmbHG Rn. 46; *Liebscher*, in: Münchener Kommentar-GmbHG, Anh. § 13 Rn. 519 ff.

605 Bejahend für die Aktiengesellschaft *Fock*, in: Spindler/Stilz, AktG, § 1 Rn. 64.; *Heider*, in: Münchener Kommentar-AktG, Bd. 1, § 1 Rn. 85; *Westermann*, in: Bürgers/Körber, AktG, § 1 Rn. 31; ablehnend *Habersack*, in: Emmerich/Habersack, Aktien- und GmbH-Konzernrecht, Anh. zu § 317 Rn. 5.

606 Eingehend *Tröger*, in: Handbuch Personengesellschaften, Rz. I 4075 ff.

607 Aktuell etwa eingehend zu Fragen von Gesellschafterdarlehen und Haftungsdurchgriff, insbesondere bei materieller Unterkapitalisierung, *Halmer*, Gesellschafterdarlehen und Haftungsdurchgriff (2013).

608 Vgl. insbes. *Easterbrook/Fischel*, The Economic Structure of Corporate Law, S. 52 ff.

609 Zu den Problemen der PartG mbB aus Anreizgesichtspunkten *infra* Kapitel 4 §2 C. II. 2.

610 Vgl. dazu u. a. *Holmström*, 10 Bell J. Econ. (1979) 74 ff.; zusammenfassend *Schäfer/Ott*, Lehrbuch der ökonomischen Analyse des Zivilrechts, S. 163 f.

611 Insbesondere bei selten auftretenden Deliktschäden mit jedoch gleichzeitig hohem Schadensvolumen kann eine Pflichtversicherung sinnvoll sein. Vgl. *Kuhner*, ZGR 2005, 753, 780 f.

IV. *Die Gesellschafterhaftung als Schutz der Gläubiger vor opportunistischem Gesellschafterverhalten*

Während es bei den Gläubigerschutzmechanismen im Kapitalgesellschaftsrecht der verschiedenen Jurisdiktionen deutliche Unterschiede gibt, weist das Personengesellschaftsrecht eine überraschend deutliche Homogenität auf. Gesellschaftsformen, wie die BGB-Gesellschaft, OHG, KG und PartG, die auf einer persönlichen Haftung der Gesellschafter basieren, finden sich in allen großen Rechtsordnungen wieder.[612] Daraus lässt sich kein Schluss auf die Effizienz der persönlichen Haftung als Mechanismus zur Verhinderung opportunistischen Gesellschafterverhaltens ziehen, da es sich um einen historischen Atavismus handeln könnte.[613] Jedoch stellt es einen Hinweis darauf dar, dass Gesellschaftsformen mit einer persönlichen Haftung der Gesellschafter unter bestimmten Umständen eine attraktive Rechtsform sein können.

Durch die Haftung der Gesellschafter mit ihrem Privatvermögen für die Verbindlichkeiten der Gesellschaft werden, wie sich noch genau zeigen wird, den Gesellschaftern individuell und kollektiv Anreize gesetzt, sich nicht in der oben, unter II. dargestellten Weise opportunistisch zu Lasten der Gläubiger zu verhalten.

1. *Vermögensverschiebungen zu Lasten der Gläubiger*

Die persönliche Haftung der Gesellschafter verhindert durch die Androhung einer Haftung Vermögensverschiebungen in die Gesellschaftervermögen.[614] Das Gesellschaftsvermögen wird indirekt nicht nur vor Zugriffen der Privatgläubiger der Gesellschafter geschützt, sondern auch vor Zugriffen der Gesellschafter selbst. Hierbei funktioniert die persönliche Haftung zwar nicht wie eine direkt angeordnete Ausschüttungssperre, wie sie im System des gesetzlichen Garantiekapitals zu finden ist, die Wirkung ist jedoch die Gleiche. Die Gesellschafter werden indirekt durch eine Haftungsandrohung von Ausschüttungen und Vermögensverschiebungen im Allgemeinen abgehalten. Daher ist die persönliche Haftung „in dem beschriebenen Sinne (...) tatsächlich Substitut eines dem Zugriff der Privatgläubiger *und* der Gesellschafter entzogenen Garantiekapitals."[615] Insofern als die persönliche Haftung der Gesellschafter in ihrer Wirkungsweise einer Ausschüttungssperre entspricht, ist sie tatsächlich als Alternative zu einem Gläubigerschutz durch ein gesetzlich garantiertes Mindestkapital zu sehen.[616] Durch die persönliche Haftung haben die Gesellschafter *ex post* keinen Anreiz Vermögen zu Lasten der Gesellschaftsgläubiger

---

612 Beispielhaft sei nur auf die englische partnership und limited partnership, die französische Société en nom collectif und Société en commandite, die italienische Società in accomandita semplice und Società in nome collettivo und die US-amerikanische partnership und limited partnership hingewiesen.

613 *Tröger*, Asset Partitioning, S. 4.

614 *Tröger*, FS Westermann S. 1533, 1549 f.

615 *Tröger*, FS Westermann, S. 1533, 1550 (Hervorhebung im Original).

616 Dazu bereits *supra* §1 III.

zu verschieben. *Ex ante* geben die Gesellschafter daher durch ihre rechtliche Unterwerfung unter die persönliche Haftung ein glaubhaftes Signal ab, das Gesellschaftsvermögen nicht zu Lasten der Gläubiger zu mindern.

Der Anreiz der Gesellschafter Vermögen zu Lasten der Gesellschaftsgläubiger in ihr eigenes Vermögen zu verschieben, wird durch die persönliche Haftung zerstört.[617] Die persönliche Haftung ergänzt die Abtrennung und Verselbständigung des Gesellschaftsvermögens (*affirmative asset partitioning*)[618] um eine weitere gläubigerschützende Komponente zu einem umfassenden Bekenntnis der Gesellschafter gegenüber dem Gesellschaftsgläubiger, dessen Interessen zu wahren.[619]

Eine Vermögensverschiebung in ihr eigenes Vermögen bringt den Gesellschaftern keinen Vorteil, da die Gesellschaftsgläubiger sie mit ihrem persönlichen Vermögen in Anspruch nehmen können und so den Vermögenswert wieder dem persönlichen Vermögen entziehen können. Selbst wenn es für den einzelnen Gesellschafter vorteilhaft wäre, Vermögenswerte in sein Privatvermögen abzuführen, weil eine haftungsrechtliche Inanspruchnahme mangels ausreichendem Vermögen nicht zielführend wäre oder die Investition der Vermögenswerte zu seinen Gunsten ihm einen so hohen Gewinn verspräche, dass dieser eine potentielle Inanspruchnahme durch den Gesellschaftsgläubiger überwiegen würde, so sorgt doch die Haftungsandrohung gegenüber den anderen Gesellschaftern dafür, dass die Vermögensverschiebung jedenfalls für die Gesellschaftergesamtheit nicht vorteilhaft ist.

Es wird für die Gesellschaftergesamtheit ein Anreiz gesetzt, sich gegenseitig zu überwachen und so gläubigerschädigende Vermögensverschiebungen zu verhindern, zumindest solange sie nicht für alle Gesellschafter von Vorteil sind.[620] Der persönlichen Haftung kommt somit eine über die individuelle Anreizwirkung hinausgehende, kollektive Komponente zu. Diese kollektive Dimension rechtfertigt es, nicht nur die geschäftsführungsbefugten Gesellschafter der persönlichen Haftung zu unterwerfen, die Vermögensverschiebungen direkt bewirken können, sondern alle Gesellschafter. Die Einbeziehung aller Gesellschafter lässt ein umfassendes System gegenseitiger Überwachung und Kontrolle entstehen[621], das opportunistisches

---

617 Dies wird auch gesehen von *Kindler*, in: Koller/Kindler/Roth/Morck, HGB, §§ 128/129 Rn. 1; *Nitschke*, NJW 1969, 1737, 1740; im Ergebnis auch *Weiß*, Haftung in der nichtunternehmenstragenden GbR, S. 24.

618 Dazu *supra* Kapitel 2 §1.

619 *Tröger*, FS Westermann S. 1533, 1549 f.

620 *Hansmann/Kraakman/Sqiure*, 119 Harv. L. Rev. (2005) 1335, *Hansmann/Kraakman/Squire*, 119 Harv. L. Rev. (2005) 1335, 1351: „*An entity's owners are unlikely to permit one another to shift assets opportunistically unless the result is mutually beneficial*".

621 So auch *Kraakman*, 93 Yale L. J. (1984) 857, 871; *Hansmann/Kraakman*, 100 Yale L. J. (1991) 1879, 1893. Vgl. auch *Mitchell*, 63 Tulane L. Rev. (1989) 1143, 1182 f. der zeigt, dass seine unbeschränkte Haftung zu einer gegenseitigen Überwachung der *partner* einer *partnership* führt.

Verhalten verhindern kann.[622] Wie sich zeigen wird ist deshalb auch eine Einbeziehung neu hinzutretender Gesellschafter sinnvoll, da diese ab Eintritt in die Gesellschaft typischerweise Vermögensverschiebungen einleiten können.[623]

Diese Haftungsgestaltung sorgt dafür, dass die Überwachung innerhalb der Gesellschaft und durch die Mitgesellschafter stattfindet. Daher werden Gesellschafter diese Gesellschaftsform präferieren, wenn die gesunkenen Kreditkosten die erhöhten Überwachungskosten rechtfertigen.[624]

2. *Veränderung der Risikostruktur*

Der Schaden, der den Gesellschaftsgläubigern durch eine Veränderung der Risikostruktur droht, kann durch die persönliche Haftung der Gesellschafter internalisiert werden.[625] Eventuell höhere Verlustrisiken, die durch eine mögliche Veränderung der Risikostruktur drohen, werden aufgrund der persönlichen Haftung voll aus dem Privatvermögen der Gesellschafter ausgeglichen. Damit bleibt das Ausfallrisiko der Gesellschaftsgläubiger gleich und es braucht keine Anpassung der Kreditkonditionen zu erfolgen.

Dies lässt sich anhand des obigen[626] Rechenbeispiels verdeutlichen.

Ausgehend von der Annahme, dass das persönliche Vermögen für die Schuldentilgung genügt,[627] kann durch die persönliche Haftung der Gesellschafter die jeweilige Risikostruktur angemessen internalisiert werden. Reicht das Vermögen der Gesellschafter zur Tilgung der Verbindlichkeiten der Gesellschaft aus, so droht der Gläubiger der Gesellschaft nicht mit seiner Verbindlichkeit auszufallen. Falls die Verbindlichkeit nicht aus dem Gesellschaftsvermögen bedient werden kann, wird der Gläubiger aus dem Privatvermögen der Gesellschafter befriedigt.

Ohne Ausfallrisiko kann und wird der Gläubiger nicht den höheren Zinssatz von 30% bzw. 60% verlangen. Diesen erhöhten Zinssatz verlangt der Kreditgeber nur um sein (Teil-) Ausfallrisiko aufgrund des opportunistischen Verhaltens zu kompensieren.

Für den Gesellschafter ergibt sich damit für Projekt A eine Wahrscheinlichkeit von 40% für eine Haftung in Höhe von 45 000 Euro.[628] Für Projekt B liegt die

---

622 Dazu müssen die nicht-geschäftsführungsbefugten Gesellschafter aber die rechtliche Möglichkeit haben, opportunistisches Verhalten ihrer Mitgesellschafter zu verhindern. Dazu noch *infra* Kapitel 3 §3.

623 *Infra* §2 A. V. 3.

624 Durch die persönliche Haftung der Gesellschafter wird ein Anreiz für die Gesellschafter geschaffen, sich gegenseitig in einem effizienten Maß zu überwachen, nämlich soweit bis die Kosten einer intensiveren Überwachung die Vorteile einer Haftungsvermeidung nicht mehr übersteigen.

625 Vgl. *Tröger*, FS Westermann, S. 1533, 1552. So auch *Franke/Hax*, Finanzwirtschaft des Unternehmens und Kapitalmarkt, S. 437 f.

626 Vgl. *supra* §2 A. II. 3.

627 Zum Problem der Begrenztheit des persönlichen Vermögens *infra* IV. 5. c.

628 = 100 000–55 000.

Wahrscheinlichkeit einer Haftung mit dem Privatvermögen in Höhe von 60 000 Euro[629] bei 50%. Der Erwartungswert der beiden Projekte aus Sicht der Gesellschafter liegt dann bei:

Projekt A: 0,6 x 130 000 (330 000 (Ertrag) – 100 000 (Fremdkapital) – 100 000 (Eigenkapital)) + 0,4 x – 145 000 (100 000 (Eigenkapital) + 45 000 (Haftung)) = 20 000

Projekt B: 0,5 x 200 000 (400 000 (Ertrag) – 100 000 (Fremdkapital) – 100 000 (Eigenkapital)) + 0,5 x – 160 000 (100 000 (Eigenkapital) + 60 000 (Haftung)) = 20 000

Für die Gesellschafter ist der Erwartungswert beider Projekte identisch. So kann durch die persönliche Haftung eine potentiell gläubigerschädigende Veränderung der Risikostruktur des Gesellschaftsvermögens verhindert werden. Es besteht kein Anreiz mehr zur riskanteren Investition überzugehen. Eine Externalisierung der Verlustrisiken ist nicht mehr möglich.

3. Exzessive Erhöhung der Schuldenlast

Die Ausfallgefahren, die Gesellschaftsgläubigern durch eine exzessive Erhöhung der Schuldenlast der Gesellschaft drohen, werden ebenfalls durch die persönliche Haftung der Gesellschafter massiv verringert.[630] Die Gesellschafter müssen potentiell mit ihrem persönlichen Vermögen für die neu hinzugekommenden Schulden einstehen. Dadurch werden die Folgen einer derartigen Erhöhung der Schuldenlast internalisiert. Durch die Androhung einer *ex post* Haftung wird der Anreiz zu einer derartigen Schuldenerhöhung genommen.

4. Opportunistisches Verhalten und die Einflussmöglichkeit der Gesellschafter auf das Verhalten ihrer Mitgesellschafter

Neben der Möglichkeit opportunistisches Verhalten initiieren zu können, stellt die Einflussmöglichkeit der Gesellschafter auf das Verhalten ihrer Mitgesellschafter die Voraussetzung dafür dar, dass die persönliche Haftung ein kohärenter Mechanismus zur Vermeidung gesellschafterlichen Opportunismus ist.

Das Leitbild der Personengesellschaften sei eine auf die Person eines jeden einzelnen Gesellschafters bezogene „Arbeits- und Haftungsgemeinschaft“[631]. Diese Beschreibung ergibt sich aus der persönlichen Haftung der Gesellschafter für die Verbindlichkeiten der Gesellschaft. Darüber hinaus spiegelt sie die gesetzliche Standardregelung zur Geschäftsführung der Gesellschaft, die Einbindung eines jeden Gesellschafters in die Zweckverfolgung wider. Obwohl weite Teile des Innenrechts

---

629 = 100 000–40 000.

630 *Tröger*, FS Westermann, S. 1533, 1552.

631 So BGH NJW 1983, 2376, 2377; *Weitemeyer*, in: Oetker, HGB, § 119 Rn. 28; *Freitag*, in: E/B/J/S, HGB, § 119 Rn. 45; *Schöpflin,* in: BeckOK-BGB, § 21 Rn. 29.

der Gesellschaft nicht gesetzlich geregelt sind, findet sich eine Regelung im Bereich der Geschäftsführung und zwar im Sinne einer grundsätzlichen Beteiligung aller persönlich haftenden Gesellschafter.

So sieht die dispositive, gesetzliche Standardregelung für die BGB-Gesellschaft nach § 709 BGB Gesamtgeschäftsführung vor. Dieses Einstimmigkeitserfordernis in allen Geschäftsführungsangelegenheiten führt zu einem absoluten Minderheitenschutz – jeder Gesellschafter kann eine Geschäftsführungsmaßnahme durch sein Veto verhindern. Gegen seinen Willen können die anderen Gesellschafter keine opportunistische Maßnahme durchführen. Auch die gesetzliche Regelung der Geschäftsführungsbefugnis in den Personenhandelsgesellschaften und der PartG geht von einer Einbindung aller Gesellschafter in die Geschäftsführung aus. Zwar sehen die §§ 114 Abs. 1, 115 Abs. 1 Hs. 1 HGB bzw. § 6 Abs. 3 PartGG Einzelgeschäftsführungsbefugnis aller Gesellschafter vor, durch die Einräumung eines Widerspruchsrechts nach § 115 Abs. 1 Hs. 2 HGB können die anderen geschäftsführungsbefugten Gesellschafter opportunistisches Verhalten dennoch verhindern.[632] Zudem verlangt § 116 Abs. 2 HGB für außergewöhnliche Geschäfte, d. h. für Geschäfte, die über den gewöhnlichen Betrieb des Handelsgewerbes hinausgehen einen einstimmigen Beschluss aller Gesellschafter.[633] Die Zuweisung der Geschäftsführungsbefugnis an alle Gesellschafter sorgt für eine relativ enge Einbindung aller Gesellschafter in die Zweckverfolgung. Daraus ergibt sich, dass die Kontroll- und Überwachungskosten für die Gesellschafter im Regelfall relativ gering sind.

Stellt das opportunistische Verhalten keine Geschäftsführungsmaßnahme dar, sondern ein sog. „Grundlagengeschäft“[634], wie etwa eine Änderung des Gesellschaftszwecks, so muss die Entscheidung grundsätzlich von allen Gesellschaftern gemeinschaftlich getroffen werden. Das Einstimmigkeitsprinzip gibt jedem Gesellschafter die Möglichkeit der Perpetuierung des Status Quo durch die Ausübung seines Vetos. Dadurch ist der Einfluss jedes einzelnen Gesellschafters gesichert.

In der Praxis kann jedoch nach unbestrittener Ansicht von diesem Leitbild abgewichen und das Innenverhältnis der Gesellschafter privatautonom gestaltet

---

632 Nach h.M. wirkt sich die Ausübung des Widerspruchrechts nicht auf die Vertretungsmacht des handelnden Geschäftsführers aus, sondern es entsteht ein Anspruch der Gesellschaft gegen den Geschäftsführer wegen einer Pflichtverletzung gem. § 280 Abs. 1 BGB i.V.m. dem Gesellschaftsvertrag. So BGHZ 16, 394, 398 f.; BGH WM 2008, 1552, 1557 Rn. 47; *Hadding/Kießling*, in: Soergel, BGB, *§* 711 Rn. 6; *Staudinger/Habermeier*, BGB, § 711 Rn. 10; *Palandt/Sprau*, § 711 Rn. 1. Für den Widerspruch nach § 115 HGB folgt das bereits aus § 126 Abs. 2 HGB: vgl. *Schäfer, in: Staub,* § 115 HGB Rn. 22; *Rawert,* in: Münchener Kommentar-HGB, § 115 Rn. 30. Jedoch muss auch hier die potentielle *ex ante* Anreizwirkung der *ex post* Haftung eingerechnet werden.

633 Zu den Abgrenzungskriterien zwischen gewöhnlichen und außergewöhnlichen Geschäften etwa *Jickeli,* in: Münchener Kommentar-HGB, § 116 Rn. 8 ff.

634 Zum Begriff des Grundlagengeschäft u. a. *Ulmer/Schäfer* in: Münchener Kommentar-BGB, § 709 Rn. 10 f.; *Westermann* in: Erman, BGB, § 709 Rn. 6 jeweils m.w.N.

werden – sowohl die gesetzliche Reglung der Geschäftsführungsbefugnis (mit der Grenze der Selbstorganschaft) als auch das Widerspruchsrecht sind dispositiv.[635] Dies spiegelt sich bereits in der gesetzlichen Regelung der Geschäftsführungsbefugnis wider, die in den §§ 709 BGB, 115 Abs. 2 HGB eine abweichende Vereinbarung ausdrücklich zulässt. Auch im Rahmen der Entscheidungsfindung außerhalb der Geschäftsführung ist ein Abweichen von dem gesetzlich vorgesehenen Einstimmigkeitsprinzip möglich. § 119 Abs. 2 HGB stellt das Einstimmigkeitsprinzip zur Disposition der Gesellschafter. Diese Dispositivität und die daraus eingeschränkten Einflussmöglichkeiten der Gesellschafter scheinen einen Widerspruch innerhalb der hier vertretenen funktionalen Betrachtung der persönlichen Haftung aufzuzeigen. Jedoch ist im Rahmen der gesetzlichen Standardregelung die persönliche Haftung ein wirksamer Mechanismus zur Vermeidung gesellschafterlichen Opportunismus.

Es wird noch zu untersuchen sein, in welchem Umfang ein von der Geschäftsführung ausgeschlossener Gesellschafter die geschäftsführenden Gesellschafter beeinflussen kann. Es geht um die Frage, inwieweit die Grenzen der Dispositivität mitgliedschaftlicher Rechte, insbesondere die gesellschafterliche Treuepflicht durch die Funktion der persönlichen Haftung als Mechanismus zur Vermeidung gläubigerschädigenden, opportunistischen Verhaltens definiert werden.[636] Auch auf atypische Gestaltungen, wie Publikumspersonengesellschaften wird noch einzugehen sein.[637]

5. Die Unvollständigkeit des Gläubigerschutzes und die Grenzen der persönlichen Haftung als potentielle Kritikpunkte

Es könnte nun geltend gemacht werden, dass die persönliche Haftung der Gesellschafter einen nur unvollständigen Schutz der Gesellschaftsgläubiger gewährt und opportunistisches Verhalten trotzdem möglich bleibt. Absoluten, vollständigen Schutz gegen opportunistisches Verhalten kann die persönliche Haftung nicht leisten. Ihre Grenzen stellen jedoch nicht den Mechanismus als solchen in Frage, auch andere Gläubigerschutzmechanismen finden ihre Grenzen.

a. Vermögensverschiebungen auf Nichtgesellschafter

Vermögensverschiebungen auf Nichtgesellschafter, wie beispielsweise Familienmitglieder, sind bei einer persönlichen Haftung grundsätzlich weiterhin möglich.[638] Die Nichtgesellschafter sind von der Haftung der Gesellschafter nicht betroffen. Jedoch wird der Anreiz des einzelnen Gesellschafters zu derartigen Vermögensverschiebungen

---

635 Vgl. in Bezug auf das Widerspruchsrecht statt aller Schäfer, in: Münchener Kommentar-BGB, § 711 Rn. 4; *Hadding/Kießling,* in: Soergel, BGB, § 711 Rn. 9; *Westermann,* in: Erman, BGB, § 711 Rn. 1; *Wiedemann* Gesellschaftsrecht II, S. 337.

636 *Infra* §3.

637 *Infra* Kapitel 4 §4.

638 Vgl. *Tröger,* FS Westermann, S. 1533, 1550. So auch *Hansmann/Kraakman,* 100 Yale L. J. (1991) 1879, 1909 ff.

aufgrund seiner persönlichen Haftung eingeschränkt. Vor allem aber steuert die kollektive Wirkung der persönlichen Haftung derartigem opportunistischem Verhalten entgegen. Die Mitgesellschafter werden, um einer persönlichen Haftung zu entgehen, nicht nur Vermögensverschiebung in das Vermögen des Gesellschafters selbst verhindern wollen, sondern auch Vermögensverschiebungen in das Vermögen Dritter, insbesondere da die Wahrscheinlichkeit, dass die Mitgesellschafter von einer solchen Vermögensverschiebung profitieren, besonders gering ist.

Dieses Problem stellt sich außerdem nicht nur im Rahmen der Personengesellschaften und der persönlichen Haftung, sondern ist ein allgemeines Problem der Gläubigerbenachteiligung, das sich bei allen Verbänden mit einem verselbständigten und abgeschirmten Gesellschaftsvermögen, sowie bei Verträgen mit natürlichen Personen stellen kann. Im System des gesetzlichen Garantiekapitals wird in Bezug auf dieses Problem zum Teil korrigierend eingegriffen. Die Ausschüttungssperren der §§ 30 Abs. 1 S. 1 GmbHG, 57 Abs. 1 S. 1 AktG richten sich direkt nur gegen Auszahlungen an die Gesellschafter.[639] Dieser Personenkreis wird von manchen Stimmen in der Literatur in engen Grenzen erweitert, um Umgehungen der Ausschüttungssperren zu verhindern.[640] Umstritten ist dabei die Frage, ob die Person die die Auszahlung erhält auf Erstattung der verbotenen Auszahlung haftet.[641]

Eine Erweiterung des haftenden Personenkreises ist im Recht der Personengesellschaften nicht vorgesehen. Als eine angemessene, ergänzende Lösung bietet sich an, allgemeine Umgehungskonstruktionen und gläubigerschädigende Vermögensverschiebungen an Nicht-Gesellschafter außerhalb des Gesellschaftsrechts über eine verbandsübergreifende Regelung zu erfassen. Im deutschen Recht werden Vermögensverschiebungen auf Dritte insbesondere durch die Anfechtungstatbestände der §§ 1 ff. AnfG und §§ 129 ff. InsO relativiert.[642]

---

639 Vgl. § 30 Abs. 1 S. 1 GmbHG, § 57 Abs. 1 S. 1 AktG. Vgl. *Altmeppen*, in: Roth/Altmeppen, GmbHG, § 30 Rn. 24; *Heidinger*, in: Michalski, GmbHG, § 30 Rn. 109.

640 Nach umstrittener Ansicht kann eine Leistung an Nichtgesellschafter einer Auszahlung an den Gesellschafter gleichgestellt werden, wenn der Nichtgesellschafter dem Gesellschafter aufgrund verwandtschaftlicher oder wirtschaftlicher Verbundenheit besonders nahe steht oder für seine Rechnung handelt. Dann sollen Zahlungen an ihn dem Gesellschafter zugerechnet werden. Vgl. zum Ganzen u. a. *Altmeppen*, in: Roth/Altmeppen, GmbHG, § 30 Rn. 31; *ders.*, FS Kropff, S. 641; *Fleck*, FS 100 Jahre GmbHG, S. 391, 408 ff.; *Fastrich*, in: Baumbach/Hueck, GmbHG, § 30 Rn. 24 ff. Insbesondere Treugeber werden wie Gesellschafter behandelt (vgl. *Heidinger*, in: BeckOK-GmbHG, § 30 Rn. 72). Hinzu kommen insbesondere Zahlungen an verbundene Unternehmen und an nahe Angehörige, wie Ehegatten und minderjährige Kinder (vgl. BGH NJW-RR 1986, 579, 580; *Heidinger*, in: BeckOK-GmbHG, § 30 Rn. 79).

641 Ablehnend u. a. *Altmeppen*, in: Roth/Altmeppen, GmbHG, § 30 Rn. 51; a.A. *T. Fleischer*, in: Henssler/Strohn, Gesellschaftsrecht, § 31 GmbHG, Rn. 11 ff.; dazu auch *Heidinger*, in: Beck OK-GmbHG, § 31 Rn. 20 ff.

642 *Tröger*, FS Westermann, S. 1533, 1550. So im Ergebnis auch *Wiedemann*, Gesellschaftsrecht I, S. 539 Fn. 9.

b. Relativierung der persönlichen Haftung durch Zwischenschalten von Kapitalgesellschaften

Ebenso kann die persönliche Haftung der Gesellschafter durch eine zwischengeschaltete Kapitalgesellschaft mit ihrer Haftungsbeschränkung relativiert werden.[643] Häufig werden GmbH & Co KGs oder in letzter Zeit auch UG haftungsbeschränkt & Co KGs gewählt. Die Möglichkeit eine GmbHG & Co KG zu gründen ist seit langem in Rechtsprechung und im Gesetz anerkannt.[644]

Dies kann mit Hinblick auf die Funktion der persönlichen Haftung problematisch erscheinen, wenn diese Gesellschaften sehr gering kapitalisiert sind. Die persönliche Haftung dieser Kapitalgesellschafts-Gesellschafter läuft dann ins Leere und ermöglicht gläubigerschädigendes, opportunistisches Verhalten. Kritisch hat sich hierzu *Wiedemann* geäußert: „Die im Richterrecht ermöglichte Substitution der verantwortlichen Unternehmerpersönlichkeit durch ein totes Sondervermögen entspricht nicht der gesetzgeberischen Leitidee, daß die volle persönliche Haftung eines Handelsgesellschafters anderweitigen Gläubigerschutz erübrigt. Wenn darauf hingewiesen wird, auch die juristische Person hafte mit ihrem ganzen Vermögen, so wird damit der Buchstabe des Gesetzes, aber nicht der Geist der Institution erfüllt, denn ein Sondervermögen bietet keine Gewähr für sorgfältigen Kapitaleinsatz und umsichtige Vermögensverwaltung, wird es doch selbst von – unmittelbar nicht mehr verantwortlichen – Personen gesteuert."[645]

Für die zwischengeschalteten Kapitalgesellschaften ist mit dem System des gesetzlichen (Mindest-)Kapitals ein Gläubigerschutzsystem vorhanden.[646] Das Erfordernis einer besonderen Firmierung, die die Stellung der GmbH als persönlich haftende Gesellschafterin deutlich macht, führen zu Transparenz im Rechtsverkehr.[647] Im Ergebnis handelt es sich um eine von der Rechtsprechung und dem Gesetzgeber „in weiten Grenzen gestattete Risikoexternalisierung, die in echten Missbrauchsfällen eine allgemeine Sanktionierung im Kapitalgesellschaftsrecht erfährt."[648]

c. Begrenztheit des persönlichen Vermögens der Gesellschafter

Die Begrenztheit des Haftungspools, d.h. des persönlichen Vermögens der Gesellschafter, kann nicht als Einwand gegen die Anreizwirkung der persönlichen Haftung

643 Vgl. *Tröger*, FS Westermann, S. 1533, 1550 f.

644 Anerkannt vom RG in RGZ 105, 101 und vom BGH erstmals in WM 1956, 61, 63.

645 *Wiedemann*, Gesellschaftsrecht I, S. 540. Kritisch auch *ders.*, Gesellschaftsrecht II, S. 841 m.w.N.

646 Es wird ja gerade immer die Alternativität von persönlicher Haftung und gesetzlichem Eigenkapital betont. Siehe dazu bereits *infra* §1 III.

647 § 19 Abs. 2 HGB, der auf der Rechtsprechung des BGH basiert: BGHZ 46, 7, 12; BGHZ 62, 216, 226; BGHZ 65, 103, 105. Zum Gläubigerschutz in der GmbH&Co KG noch *infra* Kapitel 4 §2 B. III.

648 *Tröger*, FS Westermann, S. 1533, 1551.

gegen opportunistisches Verhalten der Gesellschafter vorgebracht werden. Vermögensverschiebungen in das Privatvermögen und Spekulationen zu Lasten der Gesellschaftsgläubiger im Rahmen einer Veränderung der Risikostruktur des Gesellschaftsvermögens bleiben auch bei einer persönlichen Haftung möglich. Wenn kein oder nur wenig persönliches Vermögen vorhanden ist, wirkt die Androhung einer persönlichen Haftung nicht zwingend.[649] Dies ist jedoch ein allgemeines Problem. Auch bei einem Einzelunternehmer ist der Haftungsfonds begrenzt. Bei Kapitalgesellschaften und ihrem Gläubigerschutzsystem des gesetzlichen Kapitals findet sich diese Problematik ebenfalls, da die Kapitalerhaltungsregelungen nicht vor einer Verwirtschaftung des (Mindest-)Kapitals schützen und den Gläubigern immer nur ein begrenzter Haftungsfond zur Verfügung steht.

Es ist zu berücksichtigen, dass die Funktion der persönlichen Haftung nicht primär in der Kreditsicherung liegt, sondern in einer Verhaltenssteuerung und Anreizkontrolle bei den Gesellschaftern. Es geht in erster Linie nicht darum, den Gesellschaftsgläubigern ein weiteres Vermögen zur Befriedigung ihrer Forderungen zur Verfügung zu stellen, sondern Ziel ist es abzusichern, dass es zu keiner Externalisierung von Risiken kommt und zu verhindern, dass sich Gesellschafter opportunistisch zu Lasten der Gesellschaftsgläubiger verhalten. Die Vermögensausstattung des Gesellschafters ist nur ein sekundärer Aspekt.

Natürliche Personen zeigen grundsätzlich eine Verlustaversion.[650] Der drohende Totalverlust des Privatvermögens wird im Vergleich zu den potentiellen Gewinnen als höher gewertet. Niemand will sein komplettes Privatvermögen verlieren. Lediglich wenn bereits gar kein Vermögen mehr bei einem Gesellschafter vorhanden ist, tritt der Risikoanreiz deutlich hervor.

Außerdem greift die kollektive Komponente der persönlichen Haftung, wenn die Anreize bei einem Gesellschafter versagen, insbesondere weil die übrigen Gesellschafter aufgrund der gesamtschuldnerischen Haftung die kompletten Verluste zu tragen hätten.[651]

d. Typisierende Lösung und die Absicherung gegen besondere Risiken

Die gesetzliche Lösung der persönlichen Haftung als Mittel gegen opportunistisches Verhalten der Gesellschafter zu Lasten der Gläubiger ist eine für den Großteil der Fälle probate Lösung.[652] Im Rahmen einer typisierenden Betrachtung ist die persönliche Haftung eine kostengünstige Lösung für einen akzeptablen Interessensausgleich der Parteien. Die *ex ante* Androhung einer *ex post* Haftung wird im Gros der Fälle opportunistisches Verhalten verhindern können. Zusätzlich unterstützt wird diese Wirkung durch die gegenseitige Kontrolle der Gesellschafter. Gesellschafter mit

---

649 Bei der Vermögenslosigkeit eines Gesellschafters entsprechen die Anreize denen bei einer Haftungsbeschränkung.

650 Dazu noch *infra* §2 A. IV. 6.

651 Zur gesamtschuldnerischen Haftung *infra* §2 A. V. 1 c.

652 Vgl. *Tröger*, FS Westermann, S. 1533, 1551, 1553.

persönlichem Vermögen werden versuchen zu vermeiden, dass ein vermögensloser Gesellschafter sich opportunistisch verhält, da sie eine Inanspruchnahme ihres Privatvermögens durch die Gesellschaftsgläubiger vermeiden wollen.

Freiwillige Gläubiger können darüber hinaus im Rahmen privatautonomer Gestaltungen besonderen Risiken gerecht werden. Die gesetzliche Lösung als typisierende Betrachtung wird dem Standardrisiko gerecht. Es liegt dann in der Verantwortung des freiwilligen Gläubigers bei besonderen Risiken besondere Sicherungen auszuhandeln.

Aus diesen Erwägungen können die Unvollständigkeit des Schutzes und die Grenzen der persönlichen Haftung nicht als grundsätzlicher Einwand gegen das Verständnis der persönlichen Haftung als Mechanismus zur Vermeidung opportunistischen Gesellschafterverhaltens geltend gemacht werden. Jedem System sind gewisse Grenzen immanent.

6. *Die Wahl der persönlichen Haftung als glaubwürdiges Signal und ihre Auswirkungen*

Zusammenfassend lässt sich festhalten, dass die persönliche Haftung die Gesellschaftsgläubiger schützt, da sie verhindert, dass die Gesellschafter einen Anreiz haben sich gegenüber den Gesellschaftsgläubigern opportunistisch zu verhalten. Durch die Androhung der Haftung für die Verbindlichkeiten der Gesellschaft wird ein drohender Schaden der Gesellschaftsgläubiger von den Gesellschaftern internalisiert.

Wichtig ist zu erkennen, dass die persönliche Haftung der Gesellschafter nicht nur im Interesse der Gesellschaftsgläubiger besteht, sondern darüber hinaus auch den Interessen der Gesellschafter selbst dient. Diese können über die Wahl einer Personengesellschaft und der damit einhergehenden persönlichen Haftung den Gesellschaftsgläubigern glaubwürdig[653] signalisieren, dass sie sich dem Opportunismus beschränkenden Mechanismus der persönlichen Haftung unterwerfen. Dies ermöglicht ihnen, die vollen Vorteile der Verselbständigung und Abschirmung des Gesellschaftsvermögens (d. h. des *affirmative asset partitioning*), insbesondere die Reduzierung der Kreditkosten, zu realisieren.[654]

In seiner Wirkungsweise kann die persönliche Haftung für die Probleme aller beschriebenen Formen opportunistischen Verhaltens eine effiziente Lösung sein. Einen Hinweis darauf stellt die Tatsache dar, dass eine persönliche Haftung der Gesellschafter im Rahmen privatautonomer vertraglicher Gestaltung (in Covenants) von freiwilligen Gläubigern häufig von den Gesellschaftern verlangt wird. Bei juristischen Personen mit einer geringen Kapitalausstattung gehört die Vereinbarung von Personalsicherheiten zu den typischen Regelungen.[655] Auch in Konzernstrukturen

653 Dafür ist insbesondere wichtig, dass von der persönlichen Haftung nicht einseitig abgewichen werden kann. Dazu noch *infra* §2 A. V. 2.

654 *Tröger*, FS Westermann, S. 1533, 1549 und *passim*.

655 Dazu vgl. *J. Meyer*, Haftungsbeschränkung S. 1060 ff. m.w.N.

ist die Vereinbarung einer persönlichen Haftung der Konzernmutter im Rahmen von harten Patronatserklärungen[656] nicht unüblich.

Nicht in jedem Fall und für jede (wirtschaftliche) Betätigung stellt die persönliche Haftung der Gesellschafter die effizienteste Lösung dar. Die persönliche Haftung ist, wie gezeigt, *ein* Mechanismus, um opportunistisches Verhalten der Gesellschafter zu verhindern. Das bedeutet jedoch nicht, wie es die Theorie von Gleichlauf von Herrschaft und Haftung annimmt,[657] dass die persönliche Haftung der Gesellschafter die einzig normativ richtige Lösung ist. Im Rahmen der freien Rechtsformwahl stehen verschiedene Gesellschaftsformen zur Verfügung. Jede dieser Gesellschaftsformen bringt gewisse Vorteile, aber auch individuelle Kosten mit sich. Bei der Entscheidung, welche Gesellschaftsform gewählt werden soll, werden von den Gesellschaftsgründern im Rahmen der Fragen nach der Ausgestaltung des Haftungsrisikos, der Gewinn- und Verlustbeteiligung, der Finanzierungsmöglichkeiten, der Ausgestaltung von Leitung und Kontrolle und der Kosten der Gründung der Gesellschaftsform Nutzen und Kosten gegeneinander abgewogen.[658]

Ein Vorteil der gesetzlichen Lösung gesellschafterlichen Opportunismus durch eine persönliche Haftung der Gesellschafter liegt in dem, vor allem im Vergleich zu einem gesetzlichen Garantiekapital[659], geringen regeltechnischen Aufwand,[660] einem geringen Auslegungsbedarf gesetzlicher Regelungen und insgesamt geringer Kosten sowie geringem Aufwand in der Anwendung. Außerdem werden Transaktionskosten durch die persönliche Haftung als typisierender gesetzlicher Standardregelung gesenkt. Durch die Wahl der Rechtsform Personengesellschaft muss eine derartige persönliche Haftung nicht individuell mit den Gesellschaftern vereinbart werden.

Diese Haftungsgestaltung sorgt dafür, dass die Überwachung innerhalb der Gesellschaft und durch die Mitgesellschafter stattfindet. Daher werden Gesellschafter

---

656 Im Gegensatz zur harten Patronatserklärung, wird die weiche Patronatserklärung ohne Rechtsbindungswillen ausgesprochen, soll also unverbindlich sein und vor allem vertrauensbildend wirken. Vgl. dazu *Fleischer*, WM 1999, 666; *Merkt*, in: Münchener Kommentar-GmbHG, § 13 Rn. 336, jeweils m.w.N. Aus einer weichen Patronatserklärung lassen sich keine Erfüllungs- oder Schadensersatzansprüche ableiten. Vgl. dazu OLG Karlsruhe ZIP 1992, 1394. Die harte Patronatserklärung führt zu einer rechtlich bindenden Verpflichtung die patronierte Gesellschaft mit ausreichend Mitteln zur Erfüllung ihrer Verbindlichkeit auszustatten, dazu vgl. *Allstadt-Schmitz*, in: E/B/J/S, HGB, Bd. 2, Bank- und Börsenrecht Rn. IV 681 m.w.N.

657 Dazu bereits §1 I.

658 Vgl. zu den Entscheidungskriterien bei der Rechtsformwahl u. a. *Büsching*, in: Münchener Anwaltshandbuch GmbH-Recht, § 1 Rn. 68 ff.; *Fleischer*, in: Münchener Kommentar-GmbHG, Einleitung Rn. 299 ff.; dazu auch *Tröger*, Asset partitioning, S. 44 ff.

659 Kritisch zu den hohen Kosten und dem hohen Aufwand, der mit einem gesetzlichen Garantiekapitals verbunden ist, vgl. *Armour*, 7 EBOR (2006) 5, 16 ff.; *Eidenmüller*, ZGR 2007, 168, 183 f.; *Jungmann*, ZGR 2006, 638, 641; *Eidenmüller/Engert*, AG 2005, 97, 99; *Merkt*, ZGR 2004, 305, 310 ff.

660 *Tröger*, FS Westermann, S. 1533, 1549.

diese Gesellschaftsform wählen, wenn die gesunkenen Kreditkosten die erhöhten Risiko- und Überwachungskosten rechtfertigen.[661] Dies kann insbesondere dann der Fall sein, wenn die Gesellschafter ihre volle Arbeitskraft und häufig auch weitere Betriebsmittel der Gesellschaft zur Verfügung stellen. Eine enge Zusammenarbeit der Gesellschafter sowie die Möglichkeit und das Knowhow sich gegenseitig zu überwachen muss kostengünstig gegeben sein. Das gleiche gilt für Gesellschafter, die bei der Wahl einer haftungsbeschränkten Gesellschaftsform nicht kostengünstig signalisieren können, dass sie sich nicht opportunistisch verhalten werden.

Es ist zu bedenken, dass die persönliche Haftung der Gesellschafter, wenn diese natürliche Personen sind, insgesamt zu einem risikoaversen Geschäftsverhalten führt.[662] Die Folge der persönlichen Haftung ist es, dass den Gesellschaftern, anders als bei einer Haftungsbeschränkung, in Höhe ihres Privatvermögens das allgemeine Geschäftsrisiko auferlegt wird. Während sich risikoneutrale Akteure ausschließlich am Erwartungswert einer Investition und Maßnahme orientieren und der Streuung gleichgültig gegenüber stehen[663], bewerten risikoaverse Akteure eine Erhöhung der Streuung als negativ.[664] Bei gleichem Erwartungswert zweier Projekte, wird gleichwohl das sicherere Projekt, d. h. das Projekt mit der geringeren Varianz vorgezogen, also ein Zustand der Sicherheit einem Zustand der Unsicherheit.[665] Beispielsweise wird ein Projekt, das mit einer Wahrscheinlichkeit von 100% 20 000 Euro abwerfen wird einem Projekt das mit 50% Wahrscheinlichkeit 40 000 Euro bringen wird, trotz gleichem Erwartungswert von 20 000 Euro, vorgezogen. Risikoaversion kann auch bedeuten, dass ein risikoreicheres Projekt trotz höherem Erwartungswert nicht gewählt wird.

Natürliche Personen sind normalerweise risikoavers.[666] Außerdem zeigen sich natürliche Personen unabhängig von ihrer persönlichen Risikoneigung in der Regel verlustavers, wobei die Verlustaversion die Risikoaversion bedingen kann. Während sich die Risikoaversion auf die Wahrscheinlichkeitsstruktur von Alternativen bezieht, ist für die Verlustaversion ein direkter Vergleich positiver und negativer

---

661 Vgl. auch *Ribstein*, 70 Wash. U. L. Q. (1992) 417, 427 ff.

662 Wenn dies das Regelungsziel ist, dann kann eine persönliche Haftung diese Funktion erfüllen.

663 Risikoneutrale Akteure haben eine linear verlaufende Nutzenfunktion. Bei Entscheidungen zwischen zwei Maßnahmen mit gleichem Erwartungswert sind sie daher zwischen diesen beiden Maßnahmen indifferent. Vgl. *Erlei/Leschke/Sauerland*, Neue Institutionenökonomik, S. 106.

664 Die Nutzenfunktion nimmt einen konkaven Verlauf. Solche Akteure wählen jedenfalls zwischen zwei Maßnahmen mit gleichem Erwartungswert jene, die eine geringere Streuung aufweist. Vgl. *Erlei/Leschke/Sauerland*, Neue Institutionenökonomik, S. 106.

665 Vgl. dazu u. a. *Berk/DeMarzo*, Corporate Finance, S. 85 f.; *Shavell*, Foundations of Economic Analysis of Law, S. 258 f.; *Cooter/Ulen*, Law & Economics, S. 44 f. Dazu auch *Tröger*, Arbeitsteilung und Vertrag, S. 211 f.

666 Dazu *Rabin/Thaler*, 15 J. Econ. Persp. (2001) 219.

Konsequenzen relevant. In Experimenten konnte nachgewiesen werden, dass Verluste im Rahmen einer Nutzenbewertung systematisch höher gewichtet werden als Gewinne.[667] Außerdem gilt: je größer der drohende Verlust, desto höher seine Gewichtung. Das bedeutet, dass die Gefahr des Totalverlustes der Lebensgrundlage regelmäßig höher gewichtet wird als die betragsmäßig gleiche oder auch höhere Gewinnchance. Die Gefahr des Verlustes des Privatvermögens schreckt daher natürliche Personen besonders ab. Hinzu kommt der abnehmende Grenznutzen zunehmenden Einkommens.[668] Zudem besteht ein enger Zusammenhang zwischen der Risikoaversität eines Akteurs und seiner Diversifizierung.[669] Grundsätzlich nimmt die Risikoaversion mit zunehmender Diversifizierung ab, da das Vermögen des Akteurs nicht mehr an einem einzigen oder wenigen Investitionsobjekten hängt, sondern an der Marktentwicklung.[670] Die persönliche Haftung führt jedoch dazu, dass eine Diversifizierung schwieriger möglich ist, insbesondere wenn aus den weiteren Investitionsprojekten ebenfalls eine persönliche Haftung droht. Die Notwendigkeit, die Gesellschaft und die Mitgesellschafter zu überwachen, wäre mit hohen Kosten verbunden und letztlich nicht durchführbar.

Die Risikoaversion und die Verlustaversion der natürlichen Personen führt durch die Gefahr des Totalverlustes[671] des Privatvermögens zu einer über die Verhinderung opportunistischen Verhaltens hinausgehende Wirkung eines allgemein risikoaversen Investitions- und Geschäftsverhaltens. Da größeren Verluste nicht gewollt sind, wird insgesamt eine risikoärmere Geschäftspolitik betrieben.

In dieser Funktion wird von bestimmten Autoren, wie bereits oben beschrieben, die Hauptaufgabe der persönlichen Haftung gesehen.[672] Durch ihre prophylaktische Wirkung soll sie unbedachten Investitionen und einer Unterkapitalisierung vorbeugen, die Sondierung von Chancen und Risiken verbessern und die Überwachung von Geschäftsrisiken fördern.[673] Diese Ansicht steht dem Grundsatz vom Gleichlauf von Herrschaft und Haftung nahe, wie er als wirtschaftspolitischer Grundsatz von den Vertretern des Ordoliberalismus gesehen wird.[674] Dies ist jedoch nur ein Aspekt und darf nicht dazu führen, dass die Funktion der persönlichen Haftung als Mechanismus zur Vermeidung gesellschafterlichen Opportunismus als nur zweitrangig betrachtet wird.

---

667 Grundlegend *Kahneman/Tversky*, 47 Econometrica (1979) 263.

668 *Schäfer/Ott*, Ökonomische Analyse des Zivilrechts, S. 26 f.; *Cooter/Ulen*, Law & Economics, S. 44 f.

669 Siehe dazu nur *Erlei/Leschke/Sauerland*, Neue Institutionenökonomik, S. 93.

670 Statt vieler: *Easterbrook/Fischel*, The Economic Structure of Corporate Law, S. 29 f.; *Posner*, Economic Analysis, S. 589.

671 In den bekannten Pfändungsfreigrenzen.

672 *Supra* §1 IV 3.

673 Etwa *Potsch*, Grundfragen der Kommanditistenhaftung, S. 58 f.

674 *Supra* §1 I.

V. Die Vervollständigung der Opportunismusvermeidung durch das Haftungskonzept der Personengesellschaften

Durch die persönliche Haftung der Gesellschafter wird der Schaden eines potentiellen, opportunistischen Verhaltens internalisiert und so derartiges Verhalten vermieden. Im Rahmen der gesetzlichen Regelung wird diese persönliche Haftung genauer ausgestaltet und zu einem umfassenden Haftungssystem ausgebaut.

Dies kann grundsätzlich auf unterschiedlichen Wegen geschehen. So findet sich beispielsweise im Rahmen der konzernrechtlichen Vorschriften bei den Aktiengesellschaften eine unbeschränkte Außenhaftung des herrschenden Unternehmens bei einer Eingliederung gem. § 322 AktG, nach § 302 AktG kommt es zu einer Verlustausgleichspflicht, während § 317 AktG eine konkrete Schädigungshandlung verlangt.

Durch die Reglung der §§ 128, 129 HGB wird Ausmaß und Art und Weise der persönlichen Haftung näher bestimmt. Durch die §§ 159, 160 Abs. 1 HGB, 736 BGB wird die Haftung der Gesellschafter bei Ausscheiden und Auflösung der Gesellschaft begrenzt. Gem. § 130 HGB wird die Haftung auf neu in die Gesellschaft eintretende Gesellschafter, die bei Begründung der Verbindlichkeit noch nicht Mitglied der Gesellschaft waren, ausgeweitet. In seiner Gesamtheit dient dieses Haftungssystem dem Schutz der Gläubiger vor Gesellschafteropportunismus, indem sowohl die individuelle als auch die kollektive Anreizwirkung durch ein kohärentes System optimiert wird.

1. Persönliche Haftung der Gesellschafter, § 128 S. 1 HGB

Die Haftung der Gesellschafter einer Personengesellschaft im deutschen Recht wird als unmittelbar, primär, akzessorisch und gesamtschuldnerisch beschrieben. Diese einzelnen Komponenten sind wichtige Bausteine für ein angemessenes System, das den ganzen potentiellen Schaden der Gesellschaftsgläubiger internalisiert und zu einer Optimierung der Verhaltenssteuerung beiträgt.

a. Unmittelbare, primäre Haftung

Nach der gesetzlichen Konzeption des § 128 S. 1 HGB haften die Gesellschafter den Gesellschaftsgläubigern unmittelbar[675] und primär[676]. Die Begleichung einer

675 Das bedeutet, dass den Gläubigern ein Direktanspruch gegen die Gesellschafter zusteht und nicht eine Innenhaftung gegenüber der Gesellschaft. Vgl. *K. Schmidt*, Gesellschaftsrecht, S. 1413.

676 D.h. nicht subsidiär. Vgl. dazu u.a. *K. Schmidt*, in: Münchener Kommentar-HGB, § 128 Rn. 20; *Hillmann*, in: E/B/J/S, HGB, § 128 Rn. 18; *Roth*, in: Baumbach/Hopt, § 128 Rn. 1; *Steitz*, in: Henssler/Strohn, Gesellschaftsrecht, § 128 HGB Rn. 15 f. Kritisch zu dieser Ausgestaltung *Wiedemann*, Gesellschaftsrecht II, S. 735, der eine subsidiäre Haftung für ausreichend hält. In anderen europäischen Rechtsordnungen haften die Gesellschafter nur subsidiär: Frankreich Société civile C.civ. artt.

Verbindlichkeit ist zwar zunächst Sache der Gesellschaft[677] – eine vorangehende Inanspruchnahme der Gesellschaft ist jedoch nach allgemeiner Meinung nicht notwendig, anderes als bei einer Bürgschaft.[678]

Ein Gesellschaftsgläubiger wird sich, auch bei Personengesellschaften, eher zuerst an seinen Vertragspartner, die Gesellschaft, wenden. Weder die Gesellschafter selbst noch ihre finanzielle Situation sind gerade bei den BGB-Gesellschaften, wo es kein öffentlich zugängliches Register gibt, ohne weiteres erkennbar. Häufig wird der Gläubiger, die Entscheidung, ob gegen die Gesellschaft oder gegen die Gesellschafter vorgegangen wird, daher primär von der Zahlungswilligkeit und Zahlungsfähigkeit der Gesellschaft abhängig machen.[679] Die primäre Haftung der Gesellschafter ermöglicht es dem Gläubiger, insbesondere bei Zahlungsunfähigkeit oder Zahlungsunwilligkeit der Gesellschaft, dennoch sofort die Gesellschafter in Anspruch zu nehmen. Soweit die Gesellschaft zahlen kann, werden die Gesellschafter daher die Erfüllung der Verbindlichkeit veranlassen. Müsste der Gesellschaftsgläubiger zunächst gegen die Gesellschaft vorgehen oder zeigen, dass diese nicht in der Lage oder willens ist, die Verbindlichkeit zu erfüllen, so besteht eine realistische Chance, dass die Gesellschaft im Laufe der Verfolgung von Gesellschaft und Gesellschaftern insolvent geht.

Eine subsidiäre Haftung kann daher die Effizienz der persönlichen Haftung als Mechanismus zur Bekämpfung opportunistischen Gesellschafterverhaltens schwächen. Die Effektivität der persönlichen Haftung hängt maßgeblich von der Wahrscheinlichkeit der Inanspruchnahme der Gesellschafter ab.[680] Die Gesellschafter werden die Intensität der Anreizwirkung einer potentiellen persönlichen Haftung auch nach der Wahrscheinlichkeit der Inanspruchnahme beurteilen. Die Wahrscheinlichkeit verringert sich, je mehr die Kosten einer Durchsetzung ihres Anspruches für die Gläubiger steigen. Die Möglichkeit von den Gesellschaftern unmittelbar die Begleichung der Verbindlichkeit zu verlangen, reduziert für die Gesellschaftsgläubiger, gerade in der Krise der Gesellschaft, Zeit und Kosten und erhöht so die Wahrscheinlichkeit, dass die Gesellschafter tatsächlich haften müssen. Durch diese Ausgestaltung der Haftung werden somit die Anreize der Gesellschafter gegen opportunistisches Verhalten optimiert.[681]

1857, 1859; Italien Codice civile Art. 2304; Schweiz OR Art. 568 Abs. 3. So auch beim EWIV Art. 24 Abs. 2 EWIV VO. Auch im us-amerikanischen Recht der *general partnership*, § 307 (c), (d) UPA (1997).

677 Vgl. *Hillmann*, in: E/B/J/S, HGB, § 128 Rn. 18.

678 *Hillmann*, in: E/B/J/S, HGB, § 128 Rn. 18; *K. Schmidt*, in: Münchener Kommentar-HGB, § 128 Rn. 20; *Servatius*, in: Henssler/Strohn, Gesellschaftsrecht, § 714 BGB Rn. 15.

679 Vgl. *K. Schmidt*, Gesellschaftsrecht, S. 1413 f.

680 Zur eingeschränkten Anreizwirkung der persönlichen Haftung bei Subsidiarität auch *Ribstein*, 29 J. Corp. L. (2003) 427, 434 f.

681 Im Vergleich zur Bürgschaft lässt sich die primäre Haftung der Gesellschaft, insbesondere der BGB-Gesellschaften aus den potentiell größeren Einflussmöglichkeiten der Gesellschafter auf Zahlungswilligkeit und Zahlungsfähigkeit der

b. Akzessorische Haftung

Aufgrund der Akzessorietät der Gesellschafterhaftung[682] haften die Gesellschafter einer Personengesellschaft wie die Gesellschaft. Das bedeutet, dass die Haftung in Bestand, Entwicklung und Umfang von der Gesellschaftsverbindlichkeit abhängig ist.[683] Es wird insofern von einem „Gleichlauf von Gesellschaftsverbindlichkeit und Gesellschafterhaftung"[684] gesprochen. Die Gesellschafter können neben ihnen persönlich zustehenden Einwendungen und Einreden[685] auch gem. § 129 HGB (analog) Einwendungen und Einreden[686] der Gesellschaft geltend machen.

Durch die persönliche Haftung der Gesellschafter muss für diese nur insoweit ein Anreiz gegen opportunistisches Verhalten zu Lasten der Gesellschaftsgläubiger geschaffen werden, als deren Befriedigung aus dem Gesellschaftsvermögen durch eben jenes Verhalten überhaupt bedroht ist. Stehen der Gesellschaft jedoch Einwendungen gegen den Anspruch des angeblichen Gläubigers zu, so hat dieser keinen Zugriff auf das Gesellschaftsvermögen. Opportunistisches Verhalten der Gesellschafter bedroht nicht seine Befriedigung und kann nicht zu seinen Lasten gehen. Bezüglich Einreden, die eine derzeitige Geltendmachung des Anspruchs des Gläubigers verhindern, reicht der Anreiz zu einem späteren Zeitpunkt persönlich haften zu müssen, um opportunistisches Verhalten der Gesellschafter zu verhindern. Der Gläubigerschutz findet dort seine natürliche Grenze, wo der Gläubiger nicht schützenswert ist, insbesondere wenn ihm die geltend gemachte Verbindlichkeit gar nicht oder nicht so zusteht.

c. Gesamtschuldnerische Haftung

Nach der gesetzlichen Anordnung des § 128 S. 1 HGB haften die Gesellschafter als Gesamtschuldner für die Verbindlichkeiten der Gesellschaft. Diese gesetzliche Anordnung einer Gesamtschuldnerschaft bedeutet, dass ein Gesellschaftsgläubiger

---

Gesellschaft rechtfertigen. Diese Einflussmöglichkeit ist ja gerade auch für eine agenturtheoretische Betrachtung relevant. In der kautelarjuristischen Praxis wird im Rahmen von Bürgschaften von der Möglichkeit des Ausschlusses der Subsidiarität so oft Gebrauch gemacht, dass sogar von einem praktischen Ausschalten der Subsidiarität gesprochen wird (Staudinger/*Horn*, BGB, § 773 Rn. 3).

682 Dazu statt aller u. a. *Hillmann*, in: E/B/J/S, HGB, § 128 Rn. 19; *K. Schmidt*, in: Münchener Kommentar-HGB, § 128 Rn. 16, § 129 Rn. 1 ff.

683 *Steitz*, in: Henssler/Strohn, Gesellschaftsrecht, § 128 HGB Rn. 18.

684 BGHZ 73, 217, 225.

685 § 129 Abs. 1 HGB spricht nur von Einwendungen (und Einreden) der Gesellschaft. Einwendungen, die in der Person des Gesellschafters selbst begründet sind können, wie selbstverständlich vorausgesetzt wird, ohne weiteres geltend gemacht werden. Dazu *K. Schmidt*, in: Münchener Kommentar-HGB, § 129 Rn. 2; *Hillmann*, in: E/B/J/S, HGB, § 129 Rn. 9.

686 § 129 HGB spricht zwar von Einwendungen – dies umfasst nach allgemeiner Meinung jedoch auch Einreden, vgl. dazu nur *K. Schmidt*, in: Münchener Kommentar-HGB, § 129 Rn. 4; *Hillmann*, in: E/B/J/S, HGB, § 129 Rn. 3.

jeden Gesellschafter in voller Höhe seiner Verbindlichkeit in Anspruch nehmen kann und ein Ausgleich der Gesellschafter im Innenverhältnis nach § 426 Abs. 1 BGB stattfindet. Die Gesellschafter haften nicht *pro rata*. Die gesamtschuldnerische Haftung der Gesellschafter von Personengesellschaften findet sich sowohl im kontinental-europäischen Recht[687] als auch im Common Law[688] wieder.

Die gesamtschuldnerische Haftung wird in der deutschen Literatur allgemein als starke Sicherung des Gläubigers gesehen.[689] So wird der Gläubiger einer Gesamtschuld sogar als „juristischer Pascha"[690] bezeichnet. Grundannahme einer Gesamtschuld ist, dass die Gesamtschuldner besser, d.h. vor allem kostengüntiger in der Lage sind einen Innenausgleich vorzunehmen. Der Gesellschaftsgläubiger kann sich an den Gesellschafter, der am solventesten ist wenden und trägt so im Gegensatz zur Teilschuld, wo jeder nur quotal verpflichtet ist (§ 420 BGB), nicht das Ausfallrisiko.[691]

Es ist häufig vor allem die gesamtschuldnerische Haftung, die das Potential der persönlichen Haftung ausmacht, die Existenz der Gesellschafter zu bedrohen. Es wird den Gesellschaftern das Risiko auferlegt, dass ein Innenausgleich mangels Solvenz der Mitgesellschafter keinen Erfolg hat und der in Anspruch genommene Gesellschafter die gesamte Verbindlichkeit zu tragen hat. Daher wurde untersucht, welchen Einfluss eine gesamtschuldnerische persönliche Haftung von Gesellschaftern auf Investmententscheidungen hat, wobei einige empirische Hinweise gefunden wurden, dass eine persönliche, gesamtschuldnerische Haftung die Zahl der Gesellschafter und damit das in Gesellschaften investierte Kapital reduzieren würde.[692]

Es ist insbesondere die gesamtschuldnerische Haftung, die eine Diversifizierung der Gesellschafter einschränkt, da wohlhabende Gesellschafter bei Scheitern der

---

687 Z.B. im französischen Recht: Société en Nom Collectif Art. L221–1 Code de Commerce; im europäischen Recht: Art. 24 Abs. 1 S. 1 EWIV VO.

688 Eine entsprechende Regelung findet sich zum Beispiel im amerikanischen partnership law. Nach § 306 (a) des UPA (1997) haften alle general partners einer general partnership für alle Verbindlichkeiten als Gesamtschuldner (*joint and several liability*).

689 Vgl. etwa *Medicus/Lorenz*, Schuldrecht I, Rn. 839; Staudinger/*Looschelders*, BGB, § 421 Rn. 2.

690 *Heck*, Grundriß des Schuldrechts, S. 234.

691 Deswegen auch für eine gesamtschuldnerische Haftung der Gesellschafter bei der BGB-Gesellschaft *Schäfer*, Gutachten DJT 2016, S. 68.

692 Vgl. *Carr/Mathewson*, 96 J. Pol. Econ. (1988) 766 ff., die die Größe und das Kapital von Banken mit und ohne persönlicher Haftung in Schottland im 18. und frühen 19. Jahrhundert untersuchten. Die Banken mit beschränkter Haftung waren im Durchschnitt 10 Mal größer als die Banken mit persönlicher Haftung und als die Banken die Wahl hatten, wählten alle unbeschränkt haftenden Banken die Organisationalternative mit beschränkter Haftung. Vgl. auch *Evans/Quigley*, 38 J. of L. & Econ. (1995) 497 ff. Es gibt jedoch auch gegenläufige Hinweise, vgl. dazu *Carney*, in: Bouckaert/De Geest (Hrsg.), Encyclopedia of Law and Economics, Bd. 2, S. 659, 671 f. m.w.N.

Gesellschaft als erstes von den Gesellschaftsgläubigern in Anspruch genommen würden und deshalb zu Gunsten einer besseren Überwachung und Kontrolle auf die Vorteile einer Diversifizierung verzichten werden.[693] Eine Diversifizierung würde vielmehr die Risiken eines wohlhabenden Gesellschafters steigern. Zwar bliebe der maximale Verlust gleich, doch mit einer Diversifizierung stiege das Risiko eines Totalverlustes.[694]

Diese empirischen Hinweise sprechen jedoch lediglich dagegen, keine Gesellschaftsformen mit beschränkter Haftung zur Verfügung zu stellen. Da das deutsche Gesellschaftsrecht jedoch verschiedenste Gesellschaftsformen mit beschränkter Haftung bereitstellt, kann daraus kein Argument gegen eine gesamtschuldnerische Haftung der Gesellschafter von Personengesellschaften gefolgert werden. Insofern stellt sich jedoch die Frage, ob nicht eine *pro rata* Haftung der Gesellschafter eine bessere Alternative wäre.

Ein Vorteil der gesamtschuldnerischen Haftung der Gesellschafter besteht darin, dass sich der Gesellschaftsgläubiger nicht mit für ihn schwierig zu erkennenden Frage der Haftungsanteile der Gesellschafter befassen muss. Eine *pro rata* Haftung kann sich beispielsweise an den Kapitalanteilen der Gesellschafter oder deren Gewinnanteilen orientieren. Diese internen Regelungen sind für den Gesellschaftsgläubiger nicht zu erkennen. Durch die Haftung der Gesellschafter als Gesamtschuldner werden diese Informationskosten eingespart. Bei Gesellschaften mit vielen Gesellschaftern würden außerdem erhebliche Gerichtskosten auf die Gesellschaftsgläubiger zukommen, da grundsätzlich jeder Gesellschafter einzeln verklagt werden müsste.[695]

Viel wichtiger ist jedoch, dass die gesamtschuldnerische Haftung der Gesellschafter maßgeblich der kollektiven Anreizwirkung der persönlichen Haftung dient. Jeder Gesellschafter muss damit rechnen, dass er in Höhe der gesamten Verbindlichkeit in Anspruch genommen wird. Somit besteht für jeden Gesellschafter ein Anreiz seine Mitgesellschafter zu überwachen und sicherzustellen, dass diese nicht durch opportunistisches Verhalten die Gläubiger schädigen.

Außerdem sorgt die gesamtschuldnerische Haftung dafür, dass der gesamte, potentielle Schaden der Gesellschaftsgläubiger internalisiert wird. Würde bei einer Gesellschaft mit vier Gesellschaftern, ein Gesellschafter nur auf ein Viertel der Verbindlichkeit haften und wäre ein Zugriff des Gläubigers bei den anderen drei Gesellschaftern nicht zielführend, so bestünde für den vierten Gesellschafter in diesem Wissen ein Anreiz, Gesellschaftsvermögen in sein Vermögen zu verschieben. Die Gläubiger stünden dann schlechter als vorher – es wäre noch weniger Gesellschaftsvermögen vorhanden und der Gesellschafter würde nur in Höhe eines Viertel

693 Dazu *Manne*, 53 Va. L. Rev. (1967) 259, 262; *Hansmann/Kraakman*, 100 Yale L. J. (1991) 1879, 1893, 1906; *Leebron*, 91 Colum. L. Rev. (1991) 1556.

694 Vgl. *Manne*, 53 Va. L. Rev. (1967) 259, 262; *Easterbrook/Fischel*, The Economic Structure of Corporate Law, S. 43.

695 So schon *Manne*, 53 Va. L. Rev. (1967) 259, 262; *Leebron*, 91 Colum. L. Rev. (1991) 1556, 1579.

der Verbindlichkeiten haften. Der Gesellschafter hat jedoch aufgrund der gesamtschuldnerischen Haftung keinen Anreiz sich derartig opportunistisch zu verhalten. Eine *pro rata* Haftung würde lediglich zu einer teilweisen Internalisierung führen.

2. *Die einseitige Unabdingbarkeit der persönlichen Haftung, § 128 S. 2 HGB*

Alle Gesellschafter der OHG haften nach § 128 S. 2 HGB unbeschränkbar, persönlich für die Verbindlichkeiten der Gesellschaft. § 128 S. 2 HGB führt dazu, dass Vereinbarungen der Gesellschafter untereinander über die Beschränkung ihrer persönlichen Haftung im Außenverhältnis gegenüber den Gesellschaftsgläubigern keine Wirkung haben, sondern nur im Innenverhältnis wirken.[696] Trotz einer derartigen Vereinbarung kann der Gesellschafter von den Gesellschaftsgläubigern in Anspruch genommen werden und seine Haftungsbeschränkung lediglich durch einen Innenregress erreichen. Nach der heute herrschenden Akzessorietätslehre wird § 128 HGB als Ganzes auf die BGB-Gesellschaft analog angewendet[697], d. h. die Gesellschafter einer BGB-Gesellschaft haften unbeschränkt und im Außenverhältnis nicht durch Vereinbarung der Gesellschafter einseitig beschränkbar.

§ 128 S. 2 HGB vervollständigt das System der persönlichen Haftung als Schutz der Gesellschaftsgläubiger vor opportunistischem Verhalten. Da die Gesellschafter nicht einseitig ihre persönliche Haftung einschränken können, wird das Gläubigerschutzsystem als zwingend ausgestaltet und so in seiner Wirksamkeit gesichert. Die Möglichkeit, die Haftung einseitig ausschließen zu können, würde es den Gesellschaftern erlauben, ganz einfach die persönliche Haftung als Gläubigerschutzmechanismus auszuhebeln, ohne dass es für die Gläubiger erkennbar wäre und diese sich auf anderem Wege schützen könnten – sei es durch privatautonome Vereinbarungen oder dadurch vom Kontrahieren mit der Gesellschaft Abstand zu nehmen. So würden die Personengesellschaften als Gesellschaftsform entwertet und der Kostengewinn, der durch diesen einfachen Gläubigerschutzmechanismus erreicht werden kann, hinfällig werden.

Gerade die zwingende Ausgestaltung der persönlichen Haftung erlaubt es den Gesellschaftern, ihren Gesellschaftsgläubigern glaubhaft zu signalisieren, dass grundsätzlich keine Anreize für opportunistisches Verhalten bestehen.[698] Daher darf eine einseitige Einschränkung der persönlichen Haftung als dem Schutzinstrument

---

696 Vgl. nur *Roth,* in: Baumbach/Hopt, HGB, § 128 Rn. 37 f.; *Hillmann,* in: E/B/J/S, HGB, § 128 Rn. 14; *K. Schmidt,* in: Münchener Kommentar-HGB, § 128 Rn. 13.

697 Nach allgemeiner Ansicht wird § 128 S. 2 HGB grundsätzlich von der Analogie für die rechtsfähige Außen-BGB-Gesellschaft mit umfasst. Vgl. nur Palandt/*Sprau,* § 714 Rn. 12; Staudinger/*Habermeier,* BGB, Vor. §§ 705 ff. Rn. 36 f.; *Gummert,* in: Münchener Handbuch Gesellschaftsrecht, Bd. 1, § 18 Rn. 73; *Blenske,* NJW 2000, 3170, 3173; *Gesmann-Nuissl,* WM 2001, 973, 978; *Kindl,* WM 2000, 697, 701; *Reiff,* ZIP 1999, 1329, 1330; *Schäfer,* ZIP 2003, 1225, 1231.

698 *Kraakman et al.,* The Anatomy of Corporate Law, S. 22; zum *signaling* bereits *supra* §2 A. III. 1. b.

der Gesellschaftsgläubiger vor opportunistischem Verhalten der Gesellschafter nicht erlaubt sein.

Regelungstechnisch steht dem Gesetzgeber, bei Anerkennung der Vorteile spezieller gesellschaftsrechtlicher Regelungen,[699] die Gestaltung der Gesellschaft und des Verhältnisses der Gesellschafter mittels zwingender oder im Gesellschaftsvertrag abdingbarer bzw. gestaltbarer Regeln zur Verfügung. Soweit gesellschaftsrechtliche Regelungen dispositiv sind, stellen sie lediglich einen Standardvertrag dar, der solange gilt, wie von den Gesellschaftern keine abweichende Regelung getroffen wird und der den Gesellschaftern hilft Transaktionskosten zu sparen.[700] Außerdem wird dem dispositiven Recht eine Kontrollfunktion zugeschrieben. Es dient als Maßstab, an dem sich abweichende Regelungen messen lassen müssen.[701] Die gesetzliche Standardregelung wird gewissermaßen als die Verkörperung eines gerechten Interessensausgleiches gesehen.[702] Den dispositiven Regeln kommt darüber hinaus eine Steuerungsfunktion[703] dergestalt zu, dass jedenfalls mit Blick auf den Gesellschaftsvertrag eine konsensuale abweichende Regelung getroffen werden muss.

Neben abdingbaren Regelungen kann das Gesellschaftsrecht zwingende Regeln vorschreiben. Zwingende Regelungen werden meist deshalb vom Gesetzgeber implementiert, um ein Versagen in den Vertragsverhandlungen zu kompensieren, das darauf basiert, dass eine stärkere, d.h. meist besser informierte Partei eine schwächere, schlechter informierte Partei ausbeutet.[704] Dabei können neben am Vertrag Beteiligten auch Dritte geschützt werden.[705] Gerade das Schutzanliegen der Gesellschaftsgläubiger ist im Gesellschaftsrecht weitverbreitet als Rechtfertigung zwingender Regelungen zu finden.[706]

Ein Grundprinzip des deutschen Gesellschaftsrechts ist der Numerus Clausus der Gesellschaftsformen.[707] Im Rahmen dieses Prinzips können zwingende Regelungen eine ähnliche Funktion wie abdingbare Regelungen erfüllen.[708] Mit der Wahl einer bestimmten Gesellschaftsform gehen gewisse zwingende Regelungen einher. Dies ermöglicht es den Gesellschaftern durch die Wahl einer bestimmten Gesellschaftsform dem Rechtsverkehr ihre Unterwerfung unter eben diese zu signalisieren.[709]

---

699 Dazu bereits *supra* Kapitel 2 §1 A. I.

700 Eine weitere Möglichkeit sind sogenannte „entweder-oder"-Reglungen; das Gesetz schreibt ausdrücklich vor welche Regelung zu gelten hat, wenn die abdingbare Reglung nicht getroffen wird. Vgl. *Kraakman et al.*, The Anatomy of Corporate Law, S. 21.

701 *Möslein*, Dispositives Recht, S. 35 f. m.w.N.

702 *Möslein*, Dispositives Recht, S. 36.

703 *Möslein*, Dispositives Recht, S. 38 ff.

704 Vgl. *Kraakman et al.*, The Anatomy of Corporate Law, S 22.

705 *Möslein*, Dispositives Recht, S. 165.

706 Ausführlich *Haberer*, Zwingendes Kapitalgesellschaftsrecht, S. 164 ff.

707 Dazu *K. Schmidt*, Gesellschaftsrecht, S. 96 f.

708 *Kraakman et al.*, The Anatomy of Corporate Law, S. 22.

709 Vgl. *Kraakman et al.*, The Anatomy of Corporate Law, S. 22.

Eben die einseitige Unabdingbarkeit macht die Glaubwürdigkeit des Signals der Wahl einer Personengesellschaft aus. Außerdem werden die Transparenz des Haftungsstatuts verbessert und Informationskosten der Gläubiger reduziert.[710]

3. Die Haftung des eintretenden Gesellschafters nach § 130 HGB

§ 130 HGB setzt für die Personenhandelsgesellschaften fest, dass ein Gesellschafter, der neu in eine Gesellschaft eintritt auch für Verbindlichkeiten, die vor seinem Eintritt begründet wurden, haftet.[711] Ausgangspunkt für die Diskussion, ob § 130 HGB auch analog[712] auf die BGB-Gesellschaft anzuwenden sei, ist die *ratio legis* des § 130 HGB. Diese wird in der Literatur unterschiedlich beurteilt und sogar als „zu diffus und zu dürftig"[713] bezeichnet. Die Vorschrift wird zum Teil als handelsrechtliche Sondervorschrift beschrieben, die nur für Personenhandelsgesellschaften gelten könne und keine Folge des Gesamthandsprinzips sei.[714] § 130 HGB stelle eine Vereinfachungsregel für die Abrechnung der Gesellschafter untereinander dar und sei daher nicht verallgemeinerungsfähig. Hierfür wird insbesondere der Wille des historischen Gesetzgebers angeführt. Die Vorgängerregel Art. 113 ADHGB hätte vor allem der internen Abrechnungserleichterung gedient und dieser Sinn und Zweck

---

710 Vgl. *Schäfer/Ott*, Lehrbuch der ökonomischen Analyse des Zivilrechts, 4. Aufl., S. 665.

711 Eine derartige Altschuldenhaftung gibt es im ausländischen Personengesellschaftsrecht nicht. Dies erkennt auch der BGH, BGHZ 154, 370, 373 mit Hinweis auf *Wiedemann*, JZ 2001, 661, 664.

712 Eine analoge Anwendung des § 130 HGB bejahend im Ergebnis u. a. *Heidel/Hanke*, in: Dauner-Lieb/Langen, BGB Schuldrecht, *§* 714 Rn. 32; *Schäfer*, in: Münchener Kommentar-BGB, § 714 Rn. 72 ff.; *Arnold/Dötsch*, DStR 2003, 1398; *Bruns*, ZIP 2002, 1602, 1603 ff.; *Derleder*, BB 2001, 2485, 2492; *Gesmann-Nuissl*, WM 2001, 973, 978; *Habersack*, BB 2001, 477, 482; *Hadding*, ZGR 2001, 712, 740; *Hasenkamp*, DB 2002, 2632, 2634; *Kleindiek*, FS Röhricht, S. 315, 328 f.; *K. Schmidt*, NJW 2001, 992, 999; *Schäfer*, ZIP 2003, 1225, 1229; *Scholz*, NZG 2002, 153, 163; *Ulmer*, ZIP 2001, 585, 598; *ders.*, ZIP 2003, 1113, 1115 f. Die analoge Anwendung des § 130 HGB auch auf die BGB-Gesellschaft wird dabei als notwendige Ergänzung des Akzessorietätsprinzips gesehen.
Gegen eine Anwendung von § 130 HGB: *Armbrüster*, ZGR 2005, 34, 47 ff., insbes. 53 f.; *Baumann*, JZ 2001, 895, 900 ff.; *Boin*, GmbHR 2001, 513, 514; *Canaris*, ZGR 2004, 69, 114 ff.; *Dauner-Lieb*, FS Ulmer, S. 73, 81 ff.; *Lange*, NZG 2002, 401, 403 ff.; *ders.*, NJW 2002, 2002 f.; *Luka*, Rechtsnatur und Haftungsverfassung, S. 227 ff.; *Wertenbruch*, Haftung von Gesellschaften und Gesellschaftsanteilen, S. 182, 223; *Wiedemann*, JZ 2001, 661, 664. Kritisch auch *Boehme*, NZG 2003, 764, 765 ff.; *Westermann*, NZG 2001, 289, 294 f.

713 *Dauner-Lieb*, FS Ulmer, S. 73, 85.

714 Vgl. OLG Düsseldorf, NZG 2002, 284, 286; *Wertenbruch*, Haftung von Gesellschaften und Gesellschaftsanteilen, S. 56, 182; so auch *Lange*, NZG 2002, 401, 402 f.; *Wiedemann*, JZ 2001, 661, 663 f.; *Sieg*, WM 2002, 1432, 1437. Im Ergebnis auch *Baumann/Rößler*, NZG 2002, 793, 795.

wäre bei Schaffung des § 130 HGB übertragen worden.[715] Die analoge Anwendung des § 130 HGB auf die BGB-Gesellschaft sei deshalb abzulehnen. Gegen diese Ansicht wird die einseitige Unabdingbarkeit der Haftung gem. § 130 Abs. 2 HGB vorgebracht. Diese lasse eine Schutzrichtung zu Gunsten der Gesellschaftsgläubiger als naheliegend erscheinen.[716]

Der Großteil der Literatur zieht in der Tat Gläubigerschutz-Erwägungen[717] zur Rechtfertigung der persönlichen Haftung eines neu hinzukommenden Gesellschafters bei der BGB-Gesellschaft heran. Einige Stimmen halten die Vermeidung von Beweisschwierigkeiten für die Gesellschaftsgläubiger dennoch für die maßgebliche Grunderwägung der Haftung nach § 130 HGB.[718] Für die Gesellschaftsgläubiger könne es sich, insbesondere bei der BGB-Gesellschaft ohne Registereintragung als schwierig erweisen, den jeweils aktuellen Gesellschafterbestand festzustellen. Auch bei der OHG könne sich diese Beweisproblematik stellen, da sich die Übertragung der Mitgliedschaft außerhalb des Handelsregisters vollziehe und eine Eintragung nur deklaratorisch sei.[719]

Der BGH stellt gleichermaßen für die Rechtfertigung der analogen Haftung der BGB-Gesellschafter nach § 130 HGB auf Gläubigerschutzerwägungen ab.[720] Aufgrund der durch den Beitritt erlangten Mitberechtigung an den Aktiva der Gesellschaft und der daraus folgenden Möglichkeit auf diese Aktiva, auch zu Lasten der Gesellschaftsgläubiger, zugreifen zu können und aufgrund des Fehlens jeglicher Kapitalerhaltungsregeln, sei die Haftung gerechtfertigt.[721] Neugesellschafter hätten dieselben Zugriffsmöglichkeiten auf das Gesellschaftsvermögen wie die Altgesellschafter und allein mit der Haftung für alle Verbindlichkeiten könne diese

715 *Wertenbruch*, Haftung von Gesellschaften und Gesellschaftsanteilen, S. 55 f., 182.; dagegen *Arnold/Dötsch*, DStR 2003, 1398, 1400.

716 *Schäfer*, ZIP 2003, 1225, 1229; *Hasenkamp*, Haftungsbeschränkungen, S. 80; *dies.*, DB 2002, 2632, 2635.

717 So u. a. *Hillmann*, in: E/B/J/S, HGB, § 130 Rn. 1; *Steitz*, in: Henssler/Strohn, Gesellschaftsrecht, § 130 HGB Rn. 1; *Schöne*, in: BeckOK-BGB, § 714 Rn. 52; § 130 HGB vervollständige (ohne genauere Erklärung warum und wie) den Gläubigerschutz aus § 128 HGB, vgl. *K. Schmidt*, in: Münchener Kommentar-HGB, § 130 Rn. 1; *Roth*, in: Baumbach/Hopt, HGB, § 130 Rn. 1; *Schäfer*, ZIP 2003, 1225, 1230; *Derleder*, BB 2001, 2485, 2492.

718 *Bruns*, ZIP 2002, 1602, 1605; *Elsing*, BB 2003, 909, 915; *Gesmann-Nuissl*, WM 2001, 973, 978; *Habersack*, BB 2001, 477, 482; *Hasenkamp*, DNotZ 2003, 768, 773; *dies.*, DB 2002, 2632, 2635; *K. Schmidt*, Gesellschaftsrecht, S. 1433; *Scholz*, NZG 2002, 153, 162; *Ulmer*, ZIP 2001, 585, 598; kritisch *Armbrüster*, ZGR 2005, 34, 50; *Casper/Eberspächer*, Jura 2003, 770, 771. Ausführlich auch dazu *Schulze*, Akzessorische Haftungsverfassung, S. 154 f.

719 Vgl. *Habersack/Schürnbrand*, JuS 2003, 739, 741.

720 BGHZ 154, 370.

721 Kritisch *Armbrüster*, ZGR 2005, 34, 50 f.

ausgeglichen werden.[722] Ein vorhandenes Gesellschaftsvermögen sei mit einer Haftung für Altverbindlichkeiten präventiv vor potentiellen Vermögensverlagerungen auf den Neugesellschafter zu schützen.[723]

Das vom BGH beschriebene Verhalten lässt sich der Kategorie der opportunistischen Vermögensverschiebungen zuordnen, kann aber ebenso die weiteren hier verwendeten Kategorien der Risikoerhöhung und der exzessiven Erhöhung der Schuldenlast umfassen. Die persönliche Haftung des hinzutretenden Gesellschafters für Altverbindlichkeiten dient der Vermeidung opportunistischen, gläubigerschädigenden Gesellschafterverhaltens. Insbesondere wenn der hinzutretende Gesellschafter selbst in der Lage ist gläubigerschädigende Handlungen vorzunehmen, ist es gerechtfertigt, diesen ebenfalls der persönlichen Haftung zu unterwerfen.[724] Dazu ist er nach dem gesetzlichen Modell der Personenhandelsgesellschaften und der PartG in der Lage – die Gesellschafter sind im Zweifel alleingeschäftsführungsbefugt und einzelvertretungsberechtigt nach §§ 114 Abs. 1, 125 Abs. 1 HGB i.V.m. § 161 Abs. 2 HGB, §§ 6 Abs. 3 S. 2, 7 Abs. 3 PartGG. Die eingetretenen Gesellschafter können ebenso wie die bereits vorhandenen Gesellschafter Vermögen verschieben, die Schuldenlast erhöhen und die Risikostruktur des Gesellschaftsvermögens verändern.

Problematisch erscheint diese Rechtfertigung auf ersten Blick für die BGB-Gesellschaft, in der die Gesellschafter nach dem gesetzlichen Modell der §§ 709, 714 BGB nur Gesamtgeschäftsführungsbefugnis und Gesamtvertretungsmacht haben und daher allein keine opportunistischen Handlungen vornehmen können.[725] Im Rahmen der Opportunismusbekämpfung steht indes nicht die individuelle Rechtsmacht zur Initiierung opportunistischen Verhaltens im Mittelpunkt. Die persönliche Haftung schafft eine einheitliche Anreizstruktur bei allen gegenwärtigen Gesellschaftern nicht nur eigenes, opportunistisches Verhalten zu unterlassen, sondern auch dieses Verhalten bei den Mitgesellschaftern zu unterbinden, um eigene Haftung zu vermeiden. Dieses einheitliche System der gegenseitigen Überwachung und Kontrolle wird durch die Einbeziehung neuhinzukommender Gesellschafter zu einem kohärenten System vervollständigt, um Kontinuität zu erreichen.[726]

---

722 BGHZ 154, 370, 373 f.; *Arnold/Dötsch*, DStR 2003, 1398, 1399; *Funke/Falkner*, Jura 2004, 721, 725; *Habersack/Schürnbrand*, JuS 2003, 739, 741; *Hasenkamp*, DNotZ 2003, 768, 770; *Keil*, DZWIR 2003, 404, 406; *K. Schmidt*, NJW 2003, 1897, 1901; *Schäfer*, ZIP 2003, 1225, 1230; *Ulmer*, ZIP 2003, 1113, 1115 f. Diesen Aspekt verkennend *Lange*, NJW 2002, 2002, 2003; *Wälzholz*, NotBZ 2003, 249, 251.

723 *Schäfer*, ZIP 2003, 1225, 1230.

724 *Tröger*, FS Westermann, S. 1533, 1556. Zustimmend *Schäfer*, Gutachten DJT 2016, S. 66. Ähnlich *Casper/Eberspächer*, Jura 2003, 770, 771; *Schäfer*, ZIP 2003, 1225, 1230; kritisch *Armbrüster*, ZGR 2005, 34, 50 f.

725 So im Ergebnis *Beuthien*, JZ 2003, 969, 973 Fn. 42; *Römermann*, BB 2003, 1084, 1085, die bestreiten, dass Altgesellschafter einer BGB-Gesellschaft im gleichen Maße auf das Gesellschaftsvermögen zugreifen könnten wie die Altgesellschafter.

726 *Tröger*, FS Westermann, S. 1533, 1556.

Die persönliche Haftung des Neueingetretenen gem. § 130 HGB stellt sich nicht als Problem dar, da er durch privatautonome Entscheidung in die Gesellschaft eingetreten ist und sich daher über die Situation der Gesellschaft informieren konnte.[727] Die Vermögenssituation der Gesellschaft hat er mit seinem Eintritt akzeptiert.[728] Ein Ausgleich ist über das Innenverhältnis der Gesellschafter möglich.[729] Täuschungen und Betrug durch die Mitgesellschafter können durch die allgemeinen Haftungsregeln und im Extremfall das Strafrecht sanktioniert werden. Hinzukommt die Möglichkeit des Neugesellschafters, sich über eine Versicherung gegen das Risiko unbekannter Altverbindlichkeiten zu schützen.[730] Es ist dem Neugesellschafter zumutbar, sich privatautonom abzusichern.

Die internalisierende Wirkung der persönlichen Haftung kann an einem Beispiel verdeutlicht werden:[731]

Es besteht eine Zweipersonengesellschaft mit einer Eigenkapitalausstattung von 200 000 Euro und Fremdkapital in Höhe von 300 000. Zu dieser Gesellschaft tritt ein neuer, gleichberechtigter Gesellschafter hinzu. Seine Einlage beträgt 100 000 Euro.

Die Gesellschaft hat eine Investitionsmöglichkeit, die das investierte Kapital von insgesamt 600 000 Euro mit einer Wahrscheinlichkeit von 20% auf 1,2 Mio. Euro erhöht. Es besteht aber gleichzeitig eine 80% Wahrscheinlichkeit, dass das eingesetzte Kapital auf 100 000 Euro reduziert wird. Der Erwartungswert dieses Projektes liegt mit 440 000 Euro = 0.2 x 1 800 000 + 0.8 x 100 000 unter dem Kapitaleinsatz und ist daher gesamtgesellschaftlich gesehen nicht erwünscht.

Für die Altgesellschafter stellt sich der Erwartungswert der Investition unter Berücksichtigung ihrer persönlichen Haftung negativ dar: 0.2 x 1/3 (1 800 000–300 000) + 0.8 x (-100 000 + ½ x -200 000) = -60 000 Euro. Denn bei negativem Verlauf der Investition sehen sich die Altgesellschafter einem Verlust ihres eingebrachten Eigenkapitals in Höhe von 100 000 Euro gegenüber und müssen persönlich den Fremdkapitalgebern mit ihrem Privatvermögen für weitere 100 000 Euro haften, die nicht durch das nach dem Verlust verbliebenen Eigenkapital abgedeckt sind. Die Gesellschafter haften zwar als Gesamtschuldner gem. § 128 S. 1 HGB (analog) den Gläubigern auf die gesamten Schulden von 200 000 Euro, jedoch ist davon auszugehen, dass intern ein Ausgleich zwischen den Gesellschaftern vereinbart wurde. Daher beträgt die zu erwartende Haftung ½ x 200 000 Euro.

Der Neugesellschafter, der per Annahme für die Altverbindlichkeiten nicht einzustehen hat, kalkuliert hingegen anders. Sein Erwartungswert ist positiv und liegt bei 20 000 Euro = 0.2 x 1/3 (1 800 000–300 000) + 0.8 x -100 000.

Hier kann die durch § 130 HGB eingefügte, persönliche Haftung des Neugesellschafters zu einer Angleichung der Motivation aller Gesellschafter führen. Der

727 So auch *Hasenkamp*, DB 2002, 2632, 2636.
728 *Arnold/Dötsch*, DStR 2003, 1398, 1401.
729 So auch *Arnold/Dötsch*, DStR 2003, 1398, 1401.
730 Dazu *Schulze*, Akzessorische Haftungsverfassung, S. 181.
731 Rechenbeispiel nach *Tröger*, FS Westermann, S. 1533, 1557.

Erwartungswert ist dann, unter Annahme eines funktionierenden Gesamtschuldnerausgleichs, für alle Gesellschafter negativ: 0.2 x 1/3 (1 800 000–300 000) + 0.8 x (-100 000 + 1/3 x – 200 000) = -33 333 Euro.

Deutlich wird durch dieses Beispiel, dass die Haftung der neu hinzukommenden Gesellschafter gem. § 130 HGB (analog) das Gläubigerschutzsystem ergänzt und verstärkt.[732]

Mit dem Neugesellschafter empfängt bei fehlender persönlicher Haftung für Altverbindlichkeiten ein Gesellschafter abweichende Motivationssignale, wodurch die gesamte Anreizstruktur in ihrer Wirkung geschwächt werden kann.[733] Die Anreize aller Gesellschafter werden durch die Einbeziehung des Neugesellschafters in die Haftung für Altverbindlichkeiten vereinheitlicht. Die Haftung nach § 130 HGB baut also das System der persönlichen Haftung zu einem umfassenden Gläubigerschutzsystem aus. Den Autoren, die den Gläubigerschutz, wenn auch als Leerformel ohne nähere Erläuterung der Wirkungsweise, zur Rechtfertigung der Haftung heranziehen, kann im Ergebnis zugestimmt werden. Es ist nicht notwendig, sich zur Rechtfertigung der Anwendung des § 130 HGB auf die Beweiserleichterung mit Blick auf den aktuellen Gesellschafterbestand, mit der sich der BGH absichert[734], zurückzuziehen.[735]

Die Frage, ob die Haftung nach § 130 HGB tatsächlich ein Mehr an Gläubigerschutz bringt lässt sich nur empirisch beweisen. Jedenfalls theoretisch und plausibel baut die Haftung des eintretenden Gesellschafters den Gläubigerschutz durch eine Ausweitung der Anreizstruktur zu einem kohärenten Gesamtsystem für alle Personengesellschaften aus.[736] § 130 HGB ist Teil eines allgemeinen Mechanismus zur Vermeidung gesellschafterlichen Opportunismus und keine Besonderheit der Personenhandelsgesellschaften.[737] So ist die analoge Anwendung des § 130 HGB auf die BGB-Gesellschaft weder „unverdienter Vorteil“[738] noch „überraschendes Gläubigergeschenk“[739] noch „- ungerechtes – Geschenk des Himmels“[740].[741]

4. Die Nachhaftungsbegrenzung der §§ 159, 160 Abs. 1 HGB, § 736 Abs. 2 BGB

Gemäß §§ 128, 130 HGB (analog) haftet der Gesellschafter einer Personengesellschaft für alle Verbindlichkeiten, die vor oder während seiner Mitgliedschaft in

---

732 Siehe *Tröger*, FS Westermann, S. 1533, 1557.

733 Deutlich *Tröger*, FS Westermann, S. 1533, 1557. Vgl. auch *Tröger*, Asset Partitioning, S. 30.

734 BGHZ 154, 370.

735 So auch *Arnold/Dötsch*, DStR 2003, 1398, 1399, die der Beweiserleichterung keine entscheidende Bedeutung zusprechen. Ablehnend auch *Schäfer*, ZIP 2003, 1225, 1230.

736 *Tröger*, FS Westermann, S. 1533, 1558.

737 Im Ergebnis, jedoch mit anderer Begründung auch *Dauner-Lieb*, FS Ulmer S. 73, 78.

738 *Armbrüster*, ZGR 2005, 34, 51.

739 *Dauner-Lieb*, FS Ulmer, S. 73, 76.

740 *Wälzholz*, NotBZ 2003, 249, 251.

741 So auch *Schäfer*, ZIP 2003, 1225, 1230.

der Gesellschaft begründet[742] wurden. Bei Begründung der Verbindlichkeit nimmt der Gesellschaftsgläubiger, unter Berücksichtigung des aktuellen Gesellschafterbestandes seine Risikokalkulation vor.[743] Die Haftung bleibt grundsätzlich bestehen, wenn der Gesellschafter die Gesellschaft verlässt oder die Gesellschaft aufhört zu existieren. Umfasst werden von dieser Haftung die erst zukünftig fällig werdenden Verpflichtungen aus Dauerschuldverhältnissen, etwa Miet- oder Pachtverträgen, Arbeitsverträgen usw.[744] Ausgangspunkt ist also eine grundsätzlich „unendliche" Haftung eines Gesellschafters für alle Verbindlichkeiten, die ihren Ursprung in oder vor der Zeit seiner Mitgliedschaft haben. Nach Austritt begründete Verbindlichkeiten führen mangels Gesellschaftszugehörigkeit zu keiner Haftung.

Die §§ 159, 160 HGB begrenzen die persönliche Haftung zeitlich im Fall der Auflösung oder des Ausscheidens aus der Gesellschaft. § 160 Abs. 1, 2 HGB, der für die BGB-Gesellschaft gem. § 736 Abs. 2 BGB „sinngemäß"[745] gilt, stellt eine Ausschlussfrist von 5 Jahren auf. Diese Ausschlussfrist soll einer Begrenzung der Haftung der ausgeschiedenen Gesellschafter dienen.[746] § 159 HGB regelt für die Auflösung der Gesellschaft eine Sonderverjährung von 5 Jahren.[747]

---

742 Zum Begriff der „Begründung" der Verbindlichkeit vgl. u. a. *K. Schmidt*, in: Münchener Kommentar–HGB, § 128 Rn. 49 ff.; *Steitz*, in: Henssler/Strohn, Gesellschaftsrecht, § 128 HGB Rn. 48 ff.; *Hillmann*, in: E/B/J/S, HGB, § 128 Rn. 46 ff. Maßgebend ist, ob die Rechtsgrundlage der Verbindlichkeit bereits vor Ausscheiden des Gesellschafters bestanden hat. Fälligkeit und die Schaffung der letzten anspruchsbegründenden Tatsachen ist nicht relevant. Dazu aus der Rspr. BGHZ 55, 267, 269 f.

743 Daher ist auch keine Haftung bei einer Vertragserweiterung oder aktiven, zweiseitigen Vertragsverlängerung geboten, da der Gesellschaftsgläubiger dann eine neue Risikokalkulation vornimmt. So auch die h.M., vgl. etwa *Hillmann*, in: E/B/J/S, HGB, § 128 Rn. 51; *K. Schmidt*, in: Münchener Kommentar-HGB, § 128 Rn. 52.

744 Dazu u. a. BGHZ 142, 324, 329; OLG Hamm NZG 2008, 101; BAGE 110, 372.

745 Anknüpfungspunkt kann dann nicht die Registereintragung sein. Die herrschende Ansicht und der BGH haben sich bei der BGB-Gesellschaft für die Kenntnis des Gläubigers entschieden. Vgl. dazu. ganz h.M. BGHZ 174, 7; *Westermann*, in: Erman, BGB, § 736 Rn. 8; *Schöne*, in: BeckOK-BGB, § 736 Rn. 15; Palandt/*Sprau*, § 736 Rn. 14; *Reichhold*, NJW 1994, 1617, 1621; *Hasenkamp*, DB 2002, 2632, 2634; *Wertenbruch*, NZG 2008, 216; so für die Rechtslage vor Inkrafttreten des § 736 Abs. 2 auch schon BGHZ 117, 168, 179.

746 Vgl. u. *a. K. Schmidt*, in: Münchener Kommentar-HGB, § 160 Rn. 1; *Hillmann*, in: E/B/J/S, HGB, § 160 Rn. 1 f.; *Klöhn*, in: Henssler/Strohn, Gesellschaftsrecht, § 160 HGB Rn. 1.

747 § 159 HGB gilt für die BGB-Gesellschaft analog, da § 736 Abs. 2 BGB keine Verweisung auf § 159 HGB umfasst, eine analoge Anwendung aber interessensgerecht ist, vgl. dazu u. a. *Schäfer*, in: Münchener Kommentar-BGB, § 736 Rn. 28 ff.; *Kilian*, in: Henssler/Strohn, Gesellschaftsrecht, § 736 BGB Rn. 11. Auch hier kommt es satt auf die Registereintragung auf die Kenntnis des Gläubigers an.

a. Die Zielsetzung der §§ 159, 160 Abs. 1 HGB, § 736 Abs. 2 BGB

Die Regelung der Nachhaftungsbegrenzung bei Ausscheiden eines Gesellschafters über eine Ausschlussfrist besteht seit 1994.[748] Die zuvor geltende Regelung des § 159 HGB a.F. sah sowohl für die Auflösung der Gesellschaft als auch für das Ausscheiden eines Gesellschafters eine Sonderverjährungsvorschrift von 5 Jahren vor.[749] Die Vorschrift des § 159 HGB a.F. basierte auf Art. 139 des Entwurfs zum ADHGB aus dem Jahre 1857, der in Art. 146 ADHGB umgesetzt wurde. § 159 HGB a.F. und ebenso die Vorgängernorm des ADHGB sollten einer zeitlichen Begrenzung der Haftung der Gesellschafter dienen.[750] Es sollte für die Gesellschafter ein Zeitpunkt festgelegt werden, ab dem sie von der Haftung für die Gesellschaftsverbindlichkeiten frei sein sollten. Der ausgeschiedene Gesellschafter solle Gewissheit erlangen können, dass er ab einem bestimmten Zeitpunkt nicht mehr mit einer Inanspruchnahme durch Gesellschaftsgläubiger zu rechnen habe. Ziel des Gesetzgebers war eine angemessene Verkürzung der Haftung des ausgeschiedenen Gesellschafters. Die Gesellschaftsgläubiger sollten auf das Gesellschaftsvermögen und die anderen Gesellschafter verwiesen werden.[751] Dies ist auch der Sinn des geänderten § 160 HGB, der die Probleme lösen sollte[752], die sich aus der Sonderverjährungsfrist ergaben, insbesondere die Endloshaftung bei Dauerschuldverhältnissen. Außerdem sollte eine effektive Nachhaftungsbegrenzung des ausgeschiedenen Gesellschafters erreicht werden, die durch die Vorgängernorm nicht verwirklicht war.[753]

b. § 160 Abs. 1 HGB, § 736 Abs. 2 BGB

Die Nachhaftungsbegrenzung steht mit dem in dieser Arbeit vertretenen Modell, nach dem die Gesellschafterhaftung der Vermeidung opportunistischem Verhalten dienen soll, im Einklang. Ab seinem Ausscheiden hat ein Gesellschafter keinen Einfluss mehr auf das Gesellschaftsvermögen, kann sich also weder opportunistisch verhalten noch opportunistisches Verhalten seiner Mitgesellschafter verhindern. Insofern erscheint eine Nachhaftung nach Ausscheiden aus der Gesellschaft aus

748 *„Gesetz zur zeitlichen Begrenzung der Nachhaftung von Gesellschaftern“* – Nachhaftungsbegrenzungsgesetz vom 18.03.1994, BGBl. 1994/Teil I Nr. 18, S. 560.

749 Vgl. zur alten Rechtslage und zum Meinungsstand u. a. *Ulmer/Wiesner*, ZHR 144 (1980) 393, 398 ff.; *K. Schmidt*, in: Münchener Kommentar-HGB, § 159 Rn. 5 f.

750 Zu Art. 146 ADHGB vgl. *Lutz*, Protokolle zum ADHGB S. 264. Zu § 159 HGB a.F. vgl. *Ulmer/Wiesner*, ZHR 144 (1980) 393, 398 ff.; *K. Schmidt*, ZHR 152 (1988) 108 ff.; *K. Schmidt*, in: Münchener Kommentar-HGB, § 159 Rn. 4. Zur Entstehungsgeschichte *Ulmer/Wiesner*, ZHR 144 (1980) 393, 398 ff.

751 *Ulmer/Wiesner* erkennen hierin eine andere als die normale Funktion einer Verjährungsvorschrift, die hauptsächlich Beweisprobleme verhindern und Rechtsfrieden schaffen soll. *Ulmer/Wiesner*, ZHR 144 (1980) 393, 400 f.

752 So BT-Drs. 12/1868, S. 7 ff. Vgl. zu den Problemen des § 159 HGB a.F. u. a. *Ulmer/Wiesner*, ZHR 144 (1980) 393, 401 f.; *Ulmer/Timmann*, ZIP 1992, 1.

753 Die Entscheidung, dass es eine Nachhaftungsbegrenzung geben soll, wurde in der Diskussion nie in Frage gestellt, sondern als interessensgerecht anerkannt.

Anreizgesichtspunkten nicht zwingend notwendig. Im Zeitraum zwischen Begründung der Verbindlichkeit und Ausscheiden des Gesellschafters bestehen jedoch Einflussmöglichkeiten. In diesem Zeitraum kann sich der Gesellschafter opportunistisch verhalten und beispielsweise gläubigerschädigende Vermögensverschiebungen vornehmen. Im Rahmen einer typisierenden, abstrakt generellen Betrachtung ist es nicht möglich zu unterscheiden, ob ein Gesellschafter sich zwischen Begründung der Verbindlichkeit und seinem Ausscheiden opportunistisch verhalten hat oder nicht. Daher ist eine generelle Haftung des ausgeschiedenen Gläubigers gerechtfertigt. Diese setzt die entsprechenden Anreize für Gesellschafter, sich nicht mit Blick auf ein mögliches Ausscheiden aus der Gesellschaft opportunistisch zu verhalten. Außerdem ist das Ausscheiden eines Gesellschafters regelmäßig, soweit er nicht im Rahmen einer Anteilsübertragung nach §§ 398, 413 BGB ausscheidet, mit einem Abzug an Vermögenswerten aus dem Gesellschaftsvermögen verbunden, da der Gesellschafter mit seinem Ausscheiden eine Abfindung erhält.[754]

Die Nachhaftungsbegrenzung wird dem nach Ausscheiden nicht mehr vorhandenen Einfluss auf das Gesellschaftsvermögen und auf die anderen Gesellschafter gerecht.[755] Der Gesetzgeber hat mit der Ausschlussfrist von fünf Jahren einen Zeitpunkt festgesetzt, der auch aus Anreizgesichtspunkten einen angemessenen Ausgleich zwischen Gesellschafter- und Gläubigerinteressen darstellt. Das Ausfallrisiko wird für den Zeitraum von fünf Jahren dem ehemaligen Gesellschafter zugewiesen. Zwar hat der Gesellschaftsgläubiger die fortdauernde, persönliche Haftung des einzelnen Gesellschafters in seine Risikokalkulation einbezogen, jedoch stehen die durch das Gesetz eingeräumten Möglichkeiten einer fristwahrenden Abwehr der Enthaftung[756] offen und bei einem besonderen Risiko, insbesondere bei sehr langen Fälligkeitsregelungen, die Justierung des Risikos über privatautonome Regelungen.

c. § 159 HGB

Die Sonderverjährungsvorschrift des § 159 HGB bei Auflösung der Gesellschaft durch Insolvenz (§ 131 Abs. 1 Nr. 3 HGB) bereitet kaum Probleme, da nach § 93 InsO die persönliche Haftung der Gesellschafter durch den Insolvenzverwalter geltend gemacht wird und eine Abwicklung außerhalb des direkten Einflussbereichs der Gesellschafter stattfindet.

Bei Auflösung der Gesellschaft aus anderen Gründen und anschließender Liquidation, ist das Verhältnis der Nachhaftungsbegrenzung zur persönlichen Haftung als Mittel zur Vermeidung opportunistischen Verhaltens zu klären. Die vorrangige Befriedigung der Gesellschaftsgläubiger in der Liquidation nach §§ 149, 155 HGB wird mangels gläubigerschützender Funktion als dispositiv angesehen.[757] Ein Beschluss

754 So auch *Ulmer/Wiesner*, ZHR 144 (1980) 393, 410.
755 So auch *Ulmer/Wiesner*, ZHR 144 (1980) 393, 410.
756 Vgl. dazu u. a. *K. Schmidt*, in: Münchener Kommentar-HGB, § 160 Rn. 31 ff.
757 Dazu bereits *supra* Kapitel 2 §1 B. II. 2. b., III. 3.

der Gesellschafter, das Gesellschaftsvermögen vor Befriedigung der Gesellschaftsgläubiger zu verteilen, kann als opportunistisches Verhalten der Gesellschafter verstanden werden. Hiergegen setzt die persönliche Haftung der Gesellschafter einen an sich effizienten Anreiz.

Dass dieser Anreiz durch die Sonderverjährungsvorschrift des § 159 HGB in seiner Effektivität eingeschränkt wird, ist jedoch nicht zu erkennen. Die Verjährung beginnt gem. § 159 Abs. 2 HGB mit der Eintragung der Auflösung in das Handelsregister.[758] Die Sonderverjährungsfrist läuft somit schon im Abwicklungsstadium der Gesellschaft. Häufig verjähren Verbindlichkeiten, die vor Auflösung der Gesellschaft fällig würden, bereits vor Ablauf der Frist von 5 Jahren. Relevant wird die Sonderverjährungsvorschrift somit vor allem für titulierte Forderungen, die gem. § 197 Abs. 1 Nr. 3 BGB erst in 30 Jahren verjähren. Für nach Eintragung der Auflösung fällig werdende Ansprüche, wie Darlehens- oder Kreditraten beginnt die Sonderverjährungsvorschrift nach § 159 Abs. 3 HGB erst mit ihrer jeweiligen Fälligkeit. Darlehensraten werden konsekutiv fällig[759] und unterliegen jeweils der Sonderverjährungsvorschrift.

Die Sonderverjährungsfrist zwingt die Gläubiger grundsätzlich zu einer schnellen Geltendmachung ihrer Ansprüche. Durch den Beginn der Sonderverjährungsfrist mit Eintragung der Auflösung in das Handelsregister bzw. durch die Regelung des § 159 Abs. 3 HGB wird ein angemessener Ausgleich sichergestellt. Durch die Sonderverjährungsfrist wird somit die Effektivität der persönlichen Haftung zur Vermeidung des spezifischen opportunistischen Verhaltens der vorrangigen Verteilung des Gesellschaftsvermögens in der Liquidation, das eine Vermögensverschiebung zu Lasten der Gesellschaftsgläubiger im oben beschriebenen Sinn darstellt, nicht beeinträchtigt. Die freiwilligen Gläubiger können sich bei spezifischen Risiken durch privatautonome Regelungen und Maßnahmen zur Hemmung und zum Neubeginn der Verjährung nach §§ 159 Abs. 4 HGB, 203 ff., 212 BGB behelfen.

5. Die Haftung der mittelbar beteiligten Gesellschafter

Nach dem Wortlaut des § 128 S. 1 HGB (analog) trifft die persönliche Haftung nur die Gesellschafter, also diejenigen, die formal Mitglied der Gesellschaft sind. In den letzten Jahren hatte sich der BGH immer wieder mit notleidenden, geschlossenen Immobilienfonds zu beschäftigen, die als Personengesellschaften organisiert waren und an denen die Anleger teils unmittelbar, häufig aber nur mittelbar über einen Treuhänder beteiligt waren.[760] In diesem Zusammenhang wird wieder vermehrt

---

758 Kritisch dazu *K. Schmidt*, in: Münchener Kommentar-HGB, § 159 Rn. 7.

759 Der Anspruch auf Rückzahlung eines Darlehens ist ein sog. betagter Anspruch, der bei Auszahlung der Darlehensvaluta entsteht, aber nach Vereinbarung der Parteien fällig wird. Vgl. dazu etwa *Berger*, in: Münchener Kommentar-BGB, § 488 Rn. 43.

760 Eine Übersicht findet sich bei *Wagner*, NZG 2011, 489 m.w.N. In § 152 Abs. 1 S. 2 KAGB wird die Möglichkeit einer Treuhandbeteiligung ausdrücklich anerkannt.

die Frage diskutiert, ob die persönliche Gesellschafterhaftung nur die unmittelbar beteiligten Treuhänder als formale Mitglieder treffen sollte oder ob die Treugeber mit in die Haftung einzubeziehen seien.

In der Praxis finden sich verschiedene Treuhandkonstruktionen. Bei der Ermächtigungstreuhand bleibt der Treugeber Inhaber der Gesellschafterstellung, ermächtigt aber den Treuhänder zur Ausübung seiner Rechte.[761] Deutlich relevanter im Zusammenhang mit Gesellschaftsbeteiligungen ist die Vollrechtstreuhand; der Treuhänder wird Inhaber des Gesellschaftsanteils.[762] Der Treuhandvertrag[763] führt dazu, dass der Treuhänder den Gesellschaftsanteil treuhänderisch für den Treugeber hält, insbesondere für dessen Rechnung, wobei das wirtschaftliche Risiko regelmäßig beim Treugeber liegen soll.[764] Hierbei wird zwischen einer verdeckten oder einfachen Treuhand und einer offen oder qualifizierten Treuhand unterschieden, je nachdem ob das Treuhandverhältnis den Mitgesellschaftern bekannt ist und dem Treugeber gesellschafterliche Rechte eingeräumt werden können oder eingeräumt werden.[765] Zum Teil steht die Gesellschafterstellung den Treuhandgesellschaftern zu und diesen wird erlaubt, den nicht unmittelbar beteiligten Treugeber ihre gesellschafterlichen Rechte und Ansprüche zuzubilligen. Die Einräumung der Rechte für die Treugeber kann jedoch bereits im Gesellschaftsvertrag vorgesehen sein.[766]

Häufig finden sich derartige Treuhandkonstruktionen bei KGs.[767] Es geht dann um die Übertragung der Haftung des Kommanditisten nach § 171 Abs. 1 Hs 1 HGB, insbesondere wenn diese durch Rückzahlung der Einlage nach § 172 Abs. 4 HGB wieder auflebt.

Für Treuhandkonstruktionen wird eine Haftung des Treugebers diskutiert und befürwortet, wenn dieser zwar nicht formal Gesellschafter ist, aber aufgrund der Abtretung bzw. Ausübungsvollmacht oder der Einräumung von eigenen Stimm- und

---

761 Siehe *K. Schmidt*, Gesellschaftsrecht, S. 1827; grundlegend *Siebert*, Treuhandverhältnis, S. 13, 232 ff.

762 *K. Schmidt*, Gesellschaftsrecht, S. 1827. Zur weiteren Unterscheidung zwischen Verwaltungs- und Sicherungstreuhand, *Armbrüster*, Treuhänderische Beteiligung, S. 38 ff.

763 Nach ganz h.M. ein Geschäftsbesorgungsvertrag nach § 675 BGB.

764 *Grundmann*, Treuhandvertrag, S. 508, 509; *Tebben*, VGR 2010, 161, 170 („*typusprägend*"); *Wertenbruch*, NZG 2013, 285, 286.

765 Vgl. dazu *Armbrüster*, Treuhänderische Beteiligung, S. 19 f.

766 In dieser Konstellation kann es darüber hinaus vorkommen, dass die mittelbar beteiligten Treugeber eine BGB-Innengesellschaft gründen, um eine gemeinsame Willensbildung herbeizuführen. Vgl. *Wagner*, NJW 2013, 198, 200. Während der BGH die beiden genannten Konstellationen zusammenfasst und mal von einer Verzahnung von Gesellschaft und Treuhand (BGH NZG 2011, 1432 Rn. 16), mal von einer mittelbaren Beteiligung als Quasi-Gesellschafter (BGH NZG 2011, 1432 Rn. 17) spricht, macht *Wiedemann* (ZIP 2012, 1786, 1787) nicht nur begrifflichen, sondern auch einen dogmatischen Unterschied.

767 Dazu etwa *Zacher*, DStR 1996, 1813 ff.

Teilnahmerechten, Einsichts-, Informations- und Kontrollrechten[768] die Stellung eines „Quasi-Gesellschafters" erlangt.[769] Der Treugeber wird quasi-mitgliedschaftlich in die Gesellschaft integriert. Die Zulässigkeit einer derartigen Quasi-Gesellschafterstellung ist umstritten, wird aber von der herrschenden Meinung, jedenfalls bei Zustimmung aller Gesellschafter im Gesellschaftsvertrag, als zulässig angesehen.[770] Insbesondere bestehe darin kein Verstoß gegen das Abspaltungsverbot.[771] Der Quasi-Gesellschafter unterliegt nach herrschender Meinung der Treuepflicht[772] und wird in die Verlustausgleichs- bzw. Nachschusspflichten gem. §§ 735, 739 BGB einbezogen.[773]

Vorteile einer derartigen treuhänderisch gehaltenen Gesellschafterstellung werden, neben der nach herrschender Meinung fehlenden, unmittelbaren Haftung, darin gesehen, dass keine Registereintragung notwendig ist, die Anlegerrechte jedoch vergleichbar zu denen unmittelbar beteiligter Gesellschafter sind und vor allem eine steuerliche Mitunternehmerschaft gegeben ist.[774]

a. Meinungsstand

Eine persönliche Haftung mittelbar an einer Personengesellschaft Beteiligter wird von der herrschenden Ansicht in der Literatur[775] und vom BGH[776] abgelehnt. Die Gesellschaftsgläubiger könnten sich direkt nur an die Treuhänder wenden, da eine

768 Zur Zulässigkeit vgl. *Armbrüster*, Treuhänderische Beteiligung, S. 229 ff.; 296 ff.

769 Dabei ist aber vorab durch Auslegung festzustellen, ob der „Treugeber" nicht tatsächlich Gesellschafter geworden ist, was bei zweideutigen Vertragswerken unklar sein kann. Vgl. dazu BGH NZG 2011, 1023; *Tebben*, VGR 2010, 161, 167.

770 Ständige Rspr. BGHZ 10, 44, 49 f.; BGHZ 148, 201, 205; BGHZ 178, 271; BGH NZG 2011, 1432; zusammenfassend BGH NJW 2013, 2190; ausführlich dazu *Tebben*, ZGR 2001, 586 ff., insbes. 603 ff. Jetzt auch in § 152 Abs. 1 S. 3 KAGB anerkannt.

771 Vgl. etwa zum Stimmrecht *Armbrüster*, Treuhänderische Beteiligung, S. 276 ff.

772 Vgl. *Wiesner*, FS Ulmer, S. 673, 680; *Armbrüster*, Treuhänderische Beteiligung, S. 340 ff. m.w.N.

773 BGH NZG 2011, 1432 Rn. 40; OLG München, BeckRS 2012, 01685 Rn. 14; *Gottschalk*, NZG 2012, 461, 462; dazu auch *Stari/Beuster*, DStR 2014, 271, 272 ff.

774 Ausführlich dazu *Armbrüster*, Treuhänderische Beteiligung, S. 49 ff.

775 So u. a. *Roth* in: Baumbach/Hopt, HGB, § 105 Rn. 34; *Schäfer*, in: Münchener Kommentar-BGB, § 714 Rn. 42; *K. Schmidt*, in: Münchener Kommentar-HGB, Vor. § 230 Rn. 60; *ders.*, Gesellschaftsrecht, S. 1830, 1831; *Westermann,* in: Erman, BGB, § 714 Rn. 14; *Armbrüster*, Treuhänderische Beteiligung, S. 420 ff.; *ders.*, ZIP 2009, 1885, 1890; *ders.*, NJW 2009, 2167, 2168; *Brömmelmeyer*, NZG 2006, 529, 531; *Henssler*, AcP 196 (1996) 37, 81 ff.; *Tebben*, ZGR 2001, 586, 612; *Wagner*, BKR 2008, 57, 58 f.; *ders.*, NZG 2009, 213; *ders.*, WM 2010, 1684, 1689; *Wiesner*, FS Ulmer, 2003, S. 673, 681; *Weipert*, ZHR 157 (1993) 513, 515; *Wertenbruch*, NZG 2013, 285, 286.

776 Vgl. dazu grundlegend BGH BGHZ 178, 271 Tz. 21; bestätigt in BGH, NZG 2009, 779, 780 Tz. 15. Gleichlautende obergerichtliche Entscheidungen u. a. OLG Düsseldorf, ZIP 1991, 1494; OLG Köln, NZG 2009, 543; OLG Karlsruhe, NZG 2009, 1107.

direkte Haftung der Treugeber nicht gerechtfertigt werden könne.[777] Selbst wenn der Treugeber im Rahmen eines qualifizierten Treueverhältnisses[778], aufgrund der Einräumung von einem Stimm- und Teilnahmerechten sowie von Einsichts-, Informations- und Kontrollrechten die Stellung eines „Quasi-Gesellschafters“ erlangt, könne sich daraus noch keine Haftung nach § 128, 130 HGB (analog) ergeben.[779] Trotz der besonderen Stellung, die sich im Ergebnis nicht wesentlich von der eines „echten“ Gesellschafters unterscheide, sei der Treugeber formal kein Gesellschafter und trete im Außenverhältnis auch nicht als solcher auf.[780] Die Einbeziehung beträfe lediglich das Innenverhältnis der Gesellschafter und habe keine Auswirkungen auf das Außenverhältnis.[781] Mit den Gesellschaftsgläubigern stünden die Treugeber in keinerlei Rechtsverhältnis.[782] Daher scheide eine direkte Anwendung der §§ 128, 130 HGB aus.

Für eine (doppelte) Analogie[783] der §§ 128, 130 HGB fehle eine Regelungslücke und das Bedürfnis für eine Einbeziehung der Treugeber in die Haftung. Der Gesellschaftsgläubiger könne sich immer noch an den Treuhänder als Gesellschafter wenden. Es gebe keinen Grund, warum der Gesellschaftsgläubiger auch den Treugeber in Anspruch nehmen können sollte.[784] Zudem könnten die Gesellschaftsgläubiger mittelbar auf das Vermögen des Treugebers zugreifen, indem sie bei Inanspruchnahme des Treuhänders in dessen Freistellungsanspruch aus §§ 675, 670 BGB gegen den Treugeber vollstrecken.[785] Für eine Haftung spreche auch nicht eine etwaige Korrelation von Einwirkungsmacht und Haftung oder wirtschaftlichem Interesse

777 Etwas anderes gilt, wenn es sich um eine sog. „unechte“ Treuhand handelt; der Treugeber ist in diesem Fall tatsächlich auch Gesellschafter. Vgl. dazu u. a. *Horbach*, in: Münchener Handbuch Gesellschaftsrecht, Bd. 2, § 61 Rn. 22.

778 Diese Gestaltung wurde vom BGH als zulässig anerkannt, vgl. BGHZ 10, 44, 49; BGH, NZG 2003, 915. Dazu u. a. *Tebben*, ZGR 2001, 586.

779 Dass eine Gesellschafterstellung im Innenverhältnis nicht zwingend zur gesellschaftsrechtlichen Außenhaftung führt, zeigt sich etwa nach § 230 Abs. 2 HGB bei der stillen Gesellschaft.

780 Vgl. nur etwa BGHZ 178, 271 Tz. 21; *Westermann*, in: Erman, BGB, § 174 Rn. 14.

781 So auch *Westermann*, in: Erman, BGB, § 714 Rn. 14; *Roth*, in: Baumbach/Hopt, HGB, § 105 Rn. 34.

782 *Wagner*, BKR 2008, 57, 58 f.

783 Für die BGB-Gesellschaft müssten die §§ 128, 130 HGB dann sogar doppelt analog angewendet werden. Vgl. BGHZ 178, 271 Tz. 22.

784 Vgl. BGHZ 178, 271 Tz. 22; OLG Düsseldorf, DStR 1991, 1532; *Tebben*, ZGR 2001, 586, 612; *ders.*, VGR 2010, 161, 169.

785 *Tebben*, ZGR 2001, 586, 612. Aufgrund der Tatsache, dass nach der Rspr. dieser Anspruch unverzichtbar ist und mit Ansprüchen gegen die Gesellschaft nicht aufgerechnet werden kann, sieht *Wagner* die mittelbar beteiligten Treugeber sogar als schlechter gestellt an als die unmittelbar beteiligten Gesellschafter; vgl. *Wagner*, NZG 2012, 58, 60; dazu auch *Wertenbruch*, NZG 2013, 285 ff.

und Haftung.[786] Es könne im deutschen Gesellschaftsrecht nicht die Geltung eines Grundsatzes der Konnexität von Herrschaft und Haftung nachgewiesen werden.[787] Nur ausnahmsweise könne eine Haftung des Treugebers als Scheingesellschafter bejaht werden, wenn dieser nach Außen als Gesellschafter auftritt.[788]

Andere Stimmen in der Literatur sprechen sich für eine direkte Haftung der Treugeber, jedenfalls bei einer qualifizierten Treuhand, aus[789] bzw. sehen diese zwar als mit der derzeitigen Gesetzeslage nicht vereinbar, jedoch als wünschenswert an.[790] So wird gefragt, was außer einem „konstruktivistischen „Reinheitsgebot""[791] gegen die Haftung des Treugebers spräche.

Auch in der Rechtsprechung wurde in einzelnen Entscheidungen eine unmittelbare Haftung des Treugebers angenommen. So entschied das OLG Schleswig in einem Fall, dass die nur als Treugeber beteiligten Anleger einer Immobilien-GbR neben den Treuhändern analog § 128 HGB haften müssten.[792] Selbst wenn ein Treugeber nach dem Gesellschaftsvertrag kein Gesellschafter sei, so wäre dennoch eine Außenhaftung zu bejahen, wenn der Treugeber „nicht nur wirtschaftlich, sondern organisationsrechtlich direkt in den Mitgesellschafterkreis der Hauptgesellschaft einbezogen"[793] worden sei. Die Behandlung des Treugebers gleich einem Gesellschafter im Innenverhältnis war somit für das Gericht der entscheidende Aspekt.

b. Anreizorientierte Betrachtung

Ob aus Anreizgesichtspunkten, d. h. zur Vermeidung potentiell gläubigerschädigenden, opportunistischen Verhaltens eine Einbeziehung der Treugeber in die Außenhaftung zur Sicherstellung eines effizienten Mechanismus gerechtfertigt bzw. sogar notwendig ist, muss genauer analysiert werden. Notwendige Voraussetzung für eine potentielle Einbeziehung ist, dass der Treugeber Einfluss auf das Gesellschaftsvermögen hat, d. h. opportunistisches Verhalten initiieren kann. Dies kommt insbesondere bei der oben beschriebenen qualifizierten Treuhand in Betracht, wenn der Treugeber als „Quasi-Gesellschafter" Stimm- und Teilnahmerechte sowie Einsichts-,

786 Dazu auch BGH NZG 2009, 57, 58 Rn. 22; *Armbrüster*, Treuhänderische Beteiligung, S. 420 ff.; *Wagner*, BKR 2008, 57, 58 f.

787 Von BGH und h.M. abgelehnt, vgl. BGHZ 45, 204, 206 f.; *Armbrüster*, Treuhänderische Beteiligung, S. 199 ff.; *ders.*, ZIP 2009, 1885, 1888; *Blaurock*, Unterbeteiligung und Treuhand an Gesellschaftsanteilen, S. 214 ff. Im Ergebnis auch *Beuthien*, ZGR 1974, 26, 48. Zu diesem Grundsatz als Rechtfertigung der persönlichen Gesellschafterhaftung bereits *supra* §1 I.

788 *Armbrüster*, ZIP 2009,1885, 1889; a.A. *Schiemann*, FS Zöllner, S. 503, 510.

789 *Kindler*, ZIP 2009, 1146, 1147 ff.; *Pfeifle/Heigl*, WM 2008, 1485, 1491 ff.; *Schiemann*, FS Zöllner, S. 503, 511; *Zacher*, DStR 1996, 1813, 1817 f.; *Schäfer*, ZHR 177 (2013) 619, 634 ff.

790 *Blaurock*, Unterbeteiligung und Treuhand an Gesellschaftsanteilen, S. 214 ff.

791 *Schiemann*, FS Zöllner, S. 503, 510.

792 OLG Schleswig, WM 2007, 1516.

793 OLG Schleswig, WM 2007, 1516 (2. LS).

Informations- und Kontrollrechte hat, unabhängig davon, ob es sich dabei um die (zur Ausübung) übertragenen mitgliedschaftlichen Rechte des Treuhänders oder um originär dem Treugeber eingeräumte Rechte handelt.[794] Dabei ist zu beachten, dass eine Übertragung der Geschäftsführungsbefugnis auf den Treugebergesellschafter aufgrund der Geltung des Grundsatzes der Selbstorganschaft[795] nicht möglich ist, da dieser formell nicht Gesellschafter ist.[796] Daher kann ein Treugebergesellschafter formal nicht die Geschäftsführung übernehmen und ist so in seinem Einfluss und seiner Einwirkung auf die Gesellschaft eingeschränkt.

Im Rahmen aller Treuhandverhältnisse findet sich eine gewisse Einflussmacht, soweit der Treugeber ein umfassendes Weisungsrecht gegenüber dem Treuhänder hat.[797] Dieses Weisungsrecht wird insbesondere deshalb häufig bei treuhänderisch gehaltenen Gesellschaftsanteilen vereinbart, da die Möglichkeit Unternehmensinitiative entfalten, d.h. Einfluss auf das betriebliche Geschehen nehmen zu können, neben der Tragung des wirtschaftlichen Risikos, eine maßgebliche Voraussetzung für eine steuerliche Mitunternehmerschaft ist.[798] Unterliegt der Treuhänder lediglich der Weisungsbefugnis des Treugebers, so ist dieser in seiner Einwirkungsmacht insofern eingeschränkt, als diese von der Vertragstreue des Treuhänders abhängt.

Die persönliche Haftung des Treuhänders, auch wenn er Weisungen des Treugebers unterliegt oder seine Rechte dem Treugeber zur Ausübung überlassen hat, ist schon deshalb gerechtfertigt, da dieser wenn nicht schon formal ohne weiteres, so jedenfalls nach Beendigung des Treuhandverhältnisses theoretisch auf das Gesellschaftsvermögen einwirken kann, wobei jedoch ein Rückübertragungsanspruch des Treugebers gegen den Treuhänder in Bezug auf den Gesellschaftsanteil besteht.

Zu fragen ist also, ob dem Treugeber der opportunistisches, gläubigerschädigendes Verhalten aufgrund seiner Einwirkungsmacht initiieren kann, entgegenwirkende Anreize gesetzt werden. Jedenfalls bei Einbeziehung des Treugebers in die persönliche Haftung nach § 128 HGB, werden diese Anreize gesetzt. Jedoch

---

794 Zur Zulässigkeit zusätzlicher Stimmrechte und eigener Informationsrechte des Treugebers, vgl. nur *Armbrüster*, Treuhänderische Beteiligung, S. 285 ff., 300 ff. m.w.N. auch zur ablehnenden Ansicht.

795 Ganz h.M., vgl. dazu nur *Schöne*, in: BeckOK-BGB, § 709 Rn. 4 ff.; *Heidel/Hanke*, in: Dauner-Lieb/Langen, BGB Schuldrecht, § 709 Rn. 3 ff.; BGHZ 33, 105, 106 ff; BGHZ 41, 367, 369; BGH NJW-RR 1994, 98; BGHZ 146, 341, 360; für eine Abdingbarkeit *Westermann*, in: Erman, BGB, § 709 Rn. 4.

796 Vgl. *Armbrüster*, Treuhänderische Beteiligung, S. 296; daher scheidet auch eine rechtsverbindliche Bindung des Treuhänders an Weisungen des Treugebers in Geschäftsführungsfragen aus.

797 Grundlage ist entweder eine ausdrückliche Vereinbarung im Treuhandvertrag oder die Annahme einer konkludenten Regelung.

798 Vgl. *Armbrüster*, Treuhänderische Beteiligung, S. 230; zusammenfassend auch *Söll*, Probleme, S. 168 f. Zum Begriff der Unternehmensinitiative vgl. *Bode*, in: Blümich, EStG, § 15 Rn. 351 f., wobei für die Annahme der Unternehmensinitiative nicht zwingend ein Weisungsrecht vereinbart werden muss.

müssen diese nicht zwingend durch eine direkte Einbeziehung in die Haftung nach § 128 HGB erfolgen. Steht dem Treuhänder ein Freistellungsanspruch gegenüber dem Treugeber in Bezug auf eine Inanspruchnahme gem. § 128 HGB zu, so hat der Treuhänder bei voller Werthaltigkeit des Freistellungsanspruchs ebenfalls keinen Anreiz vom Treugeber initiiertes opportunistisches Verhalten zu unterlassen.

Der Vorteil einer Einbeziehung der Treugeber in die Haftung nach § 128 HGB ist, dass dadurch Transaktionskosten gespart werden, die sich bei einer indirekten Inanspruchnahme über eine Pfändung des Freistellungsanspruchs ergeben. Aus ökonomischer Sicht spricht gegen eine Einbeziehung des Treugebers nicht, dass es zu einer Doppelung des Anspruches und einer Verdoppelung der Schuldner kommen würde[799], da es nicht um eine (Über)Kompensation des Gläubigers geht, sondern um die Setzung von Anreizen bei den relevanten Personen. Geht man von einer transaktionskostengünstigen analogen Anwendung des § 128 HGB aus, so stellt sich die Frage, ob jedes Weisungsverhältnis ausreicht. Ein verdecktes Treuhandverhältnis kann nicht ausreichen. Hier hat der Treuhänder jedenfalls theoretisch die Möglichkeit, Weisungen des Treugebers nicht zu befolgen. Hinzu kommt, dass eine gewisse Offenlegung als relevanter Abgrenzungstatbestand notwendig ist. Gerade die direkte Einbeziehung in das Innenverhältnis ermöglicht ein mehr an Einflussmacht als ein bloßes Weisungsverhältnis. Außerdem würde es zu einer Ausuferung der Haftungserweiterung führen, wenn auch ein verdecktes Treuhandverhältnis ausreichen würde. Es ist die Institutionalisierung des Einflusses bei der qualifizierten Treuhand, die die Einflussmacht des Treugebers ausmacht.

Gegen eine Einbeziehung des Treugebers in die Haftung der Gesellschafter spricht nach der herrschenden Meinung, neben dem rein formalen Argument der fehlenden formellen Gesellschafterstellung, die Möglichkeit des Gesellschaftsgläubigers den Freistellungsanspruch des Treuhänders gegen den Treugeber zu pfänden und indirekt auf das Vermögen des Treugebers zuzugreifen. Soweit eine Abtretung dieses Freistellungsanspruchs möglich ist, kann die Innenhaftung zwischen Treuhänder und Treugeber zu einer Außenhaftung werden. So stellt der BGH fest, dass es wirtschaftlich für den Treugebergesellschafter keinen Unterschied mache, ob er direkt oder indirekt hafte.[800]

Daher ist der Freistellungsanspruch des Treuhänders bei einer Inanspruchnahme durch einen Gesellschaftsgläubiger genauer in den Blick zu nehmen um beurteilen zu können, ob bzw. inwieweit dieser indirekte Zugriff auf das Vermögen des Treuhänders dessen direkter persönlicher Haftung nach § 128 S. 1 HGB (analog) entspricht. Häufig findet sich im Treuhandvertrag eine ausdrückliche Regelung, wonach letztlich der Treugeber die persönliche Haftung tragen soll.[801] Findet sich im Treuhandvertrag keine ausdrückliche Freistellungsabrede, ergibt

799 Dies aber als Problem sehend *Schäfer*, ZHR 177 (2013) 619, 640 f.
800 BGH NZG 2011, 1432 Tz. 35.
801 BGHZ 76, 127, 130 ff.; BGH NZG 2011, 1432 Tz. 28 ff.

sich dieser Anspruch aus §§ 675, 670 i.V.m. § 257 S. 1 BGB.[802] Gerade die finale Belastung des Treugebers mit dem Haftungsrisiko ist bei einer Treuhand an einem Personengesellschaftsanteil charakteristisch; der Treugeber soll das wirtschaftliche Risiko der Beteiligung tragen.[803]

Grundsätzlich sind Freistellungansprüche nach § 399 Alt. 1 BGB nicht abtretbar, da sie dadurch in ihrem Inhalt verändert würden.[804] Dieser Aspekt wird für die Frage der Pfändung relevant, da nach § 851 ZPO nicht übertragbare Forderungen nicht der Pfändung unterliegen.[805] Etwas anderes gilt jedoch bei einer Abtretung des Freistellungsanspruchs an den Inhaber des Anspruchs, von dem freigestellt werden soll;[806] der Freistellungsanspruch wandelt sich dann in einen Zahlungsanspruch um. Darüber hinaus kann es bereits vor Abtretung des Freistellungsanspruchs an den Gesellschaftsgläubiger zu einer Umwandlung in einen Zahlungsanspruch, genauer in einen Schadensersatzanspruch kommen. Das ist dann der Fall, wenn der Treugeber die Freistellung ernsthaft und endgültig verweigert oder dieser innerhalb einer vom Treuhänder gesetzten Frist nicht nachkommt.[807]

Da der Gesellschafter aufgrund der treuhandvertraglichen Freistellungsverpflichtung im Ergebnis „wie ein Gesellschafter" haften soll, ist es nur konsequent, diese Gleichstellung auch auf die Möglichkeit der Geltendmachung von Einwendungen (§ 129 HGB) zu beziehen.[808] Dabei knüpft der BGH[809] an die Rechtsprechung an, dass neben ausdrücklich vereinbarten Aufrechnungsverboten, solche auch dann in Betracht kommen, wenn sie nach dem Inhalt des Schuldverhältnisses als stillschweigend vereinbart angesehen werden müssen bzw. wenn „die Natur der Rechtsbeziehung oder der Zweck der geschuldeten Leistung eine Erfüllung im Wege der Aufrechnung als mit Treu und Glauben unvereinbar (§ 242 BGB) erscheinen lassen"[810]. Daher ist für den Treugeber eine Aufrechnung gegen den

---

802 BGHZ 185, 310 Tz. 11; BGH NZG 2011, 1432 Tz. 35; BGHZ 137, 329, 339. Dazu auch *Armbrüster*, Treuhänderische Beteiligung, S. 95 f.

803 *Grundmann*, Treuhandvertrag, S. 508, 509; *Tebben*, VGR 2010, 161, 170 („*typusprägend*"); dazu auch *Wertenbruch*, NZG 2013, 285, 286.

804 BGHZ 185, 310 Tz. 17; *Roth*, in: Münchener Kommentar-BGB, § 399 Rn. 16.

805 § 851 Abs.2 ZPO wird dabei so verstanden, dass sich die Verweisung nur auf § 399 Alt. 2 BGB, das vereinbarte Abtretungsverbot bezieht. Vgl. dazu u.a. BGH MDR 1978, 747; *Riedel*, in: BeckOK-ZPO, § 851 Rn. 6.

806 BGHZ 185, 310 Tz. 18; *Roth*, in: Münchener Kommentar-BGB, § 399 Rn. 16 m.w.N. Und somit auch für die Pfändung, vgl. *Riedel*, in: BeckOK-ZPO, § 851 Rn. 8.

807 Schadensersatz statt der Leistung gem. §§ 280 Abs. 1, 3 i.V.m. § 281 BGB: BGH, BGHZ 194, 180 Tz. 30. Im entsprechenden Fall kam eine Haftung aus *culpa in contrahendo* (§§ 280 I, 311 II Nr. 1, 241 BGB) in Betracht.

808 BGH NZG 2011, 1432 Tz. 35; BGHZ 194, 180 Tz. 37; *Wertenbruch*, NZG 2013, 285, 287.

809 BGHZ 194, 180 Tz. 33. So auch für die KG.

810 BGHZ 95, 109, 113.

in einen Zahlungsanspruch übergegangenen Freistellungsanspruch mit etwaigen Schadensersatzansprüchen aus dem Treuhandverhältnis nicht möglich.[811]

Der BGH betont, dass aufgrund der weitgehenden Verzahnung von Gesellschafts- und Treuhandvertrag, die zu einer weitgehenden Gleichstellung des Treugebers mit einem Gesellschafter führe, alle Gegenrechte des Treugebers gegen den Treuhänder in Bezug auf den Freistellungsanspruch nicht geltend gemacht werden können.[812] Der Treugeber habe im Ergebnis das Anlagerisiko ebenso zu tragen wie ein unmittelbarer Gesellschafter. Die konkrete Ausgestaltung des Freistellungsanspruches durch den BGH führt im Ergebnis dazu, dass dieser einer Außenhaftung nach § 128 S. 1 HGB sehr nahekommt.[813]

Eine Einbeziehung der Treugeber in die Haftung nach § 128 HGB erreicht transaktionskostengünstig, dass die Treugebergesellschafter keinen Anreiz haben, sich opportunistisch zu verhalten oder dieses zu initiieren. Dasselbe Ergebnis wird durch den Freistellungsanspruch des Treuhänders gegen den Treugeber erreicht, über den die Gesellschaftsgläubiger indirekt auf das Vermögen des Treugebers zugreifen können. Sieht man keine Möglichkeit im Rahmen einer Analogie die Haftung nach § 128 HGB auf die Treugebergesellschafter zu erweitern, wird jedenfalls grundsätzlich durch die Möglichkeit des Zugriffs auf den Freistellungsanspruch eine vergleichbare Anreizlage geschaffen.[814] Es ist allerdings zu bedenken, dass die höheren Transaktionskosten, die mit einem Zugriff auf den Treugeber über den Freistellungsanspruch verbunden sind, die Wahrscheinlichkeit einer Inanspruchnahme senken. Die Treugeber werden dies berücksichtigen, sodass der Anreiz nicht genauso stark sein wird, wie bei einer direkten Einbeziehung in die Haftung nach § 128 HGB.

6. Haftungsinhalt

Während der BGH und die herrschende Meinung die sog. *Erfüllungstheorie*[815] vertreten, nach der die Gesellschafter der Personengesellschaften, soweit möglich und

---

811 Vgl. dazu BGHZ 194, 180; BGH NZG 2013, 229. Kritisch *Schäfer*, ZHR 177 (2013) 619, 634 ff. (daher wieder für Außenhaftung); *Klöhn*, VGR 2012, 143, 148 ff., 156 ff.; *Zinger*, BB 2014, 458, 461 f.

812 BGHZ 194, 180; BGH NZG 2013, 229, 232 Tz. 29 f.; *Stari/Beuster*, DStR 2014, 271, 272.

813 In diesem Zusammenhang steht auch die Rechtsprechung des BGH, der bei derartigen Treuhandgestaltungen dem Treugeber ein Anspruch auf Mitteilung der Namen und der Anschriften der Gesellschafter (BGH, NZG 2011, 276 Rn. 18; BGH NZG 2013, 379 Rn. 11; BGH NZG 2013, 384 (LS)) und der anderen Treugeber gewährt (BGH NZG 2013, 379 Rn. 11; BGH NZG 2013, 384 (LS)).

814 Ebenfalls transaktionskostenintensiver ist die privatautonome Einbeziehung des Treugebers durch einen Schuldbeitritt. Die persönliche Haftung der Gesellschafter ist eine typisierende Lösung. Bei besonderem Risiko liegt die Verantwortung beim Gesellschaftsgläubiger dieses besondere Risiko durch privatautonome Lösungen abzusichern.

815 BGHZ 23, 302, 305 f.; BGHZ 73, 217, 221 f.; BGHZ 104, 76, 78; BGH, NJW 1987, 2367, 2369; *K. Schmidt*, Gesellschaftsrecht, S. 1423 ff. (S. 1426: *„Die „Erfüllungstheorie" führt*

zumutbar, wie die Gesellschaft auf Erfüllung der Verbindlichkeiten haften, der Gesellschaftsgläubiger von den Gesellschaftern also dieselbe Leistung wie von der Gesellschaft verlangen kann, haften die Gesellschafter nach der sog. *Haftungstheorie*[816] immer nur auf Schadensersatz wegen Nichterfüllung bzw. Ersatz des Wertinteresse in Geld.[817] Bei Geldschulden kommen dabei beide Theorien[818] naturgemäß zum gleichen Ergebnis (Zahlungsverpflichtung der Gesellschafter).[819] Aufgrund dieses Gleichlaufes ist die Frage, ob die *Erfüllungstheorie* oder die *Haftungstheorie* aus Gesichtspunkten der Opportunimusvermeidung zu einer Optimierung der Verhaltensanreize führt, insbesondere bei Kreditverhältnissen auf Geld, nur bedingt relevant.

Relevant wird dieser Theorienstreit grundsätzlich bei der Verpflichtung zur Herausgabe bzw. Lieferung einer Sache, der Vornahme von Handlungen, der Abgabe von Willenserklärungen und zur Duldung oder Unterlassung. Einschränkungen ergeben sich bei der herrschenden *Erfüllungstheorie* dabei daraus, dass die Erfüllung der Verpflichtung auch für den Gesellschafter möglich und zumutbar sein muss. Daher kommt es in Bezug auf unvertretbare Handlungen, die Abgabe von Willenserklärungen und Duldungen oder Unterlassungen ebenfalls zu einem Gleichlauf von Erfüllungs- und Haftungstheorie, da die Erfüllung dieser Verpflichtungen durch die Gesellschafter selbst, d.h. in eigenem Namen unmöglich ist.[820] Ein Unterschied der beiden Theorien ergibt sich somit lediglich für die Herausgabe bzw. Lieferung von (vertretbaren) Sachen und die Vornahme vertretbarer Handlungen.

(...) im Regelfall zu überzeugenden Ergebnissen, auch wenn sie als „Theorie" schwach begründet ist."); *Hillmann*, in: E/B/J/S, HGB, § 128 Rn. 22; *Kindler*, in: Koller/Kindler/Roth/Morck, HGB, § 128 Rn. 5; *K. Schmidt*, in: Münchener Kommentar-HGB, § 128 Rn. 24; *Habersack*, in: Staub, HGB, § 128 Rn. 28; *Schöne*, in: BeckOK-BGB, § 714 Rn. 24; *Flume*, Personengesellschaft, S. 298 ff. Dazu auch *Hadding*, ZGR 1981, 581.

816 So mit i.E. unterschiedlicher Begründung namentlich *Wieland*, Handelsrecht, S. 630, 636 ff.; *John*, Die organisierte Rechtsperson, S. 250 ff. insbes. S. 267 ff. (primäre Erfüllungsansprüche gegen die Gesellschafter generell abl.); *Fischer*, in: Staub, HGB, 3. Aufl., § 128 Anm. 9 ff., 11 f.; *Hueck*, OHG, S. 315 ff.; *Emmerich*, in: Heymann, HGB, § 128 HGB Rn. 21, 22; *Lindacher*, JuS 1982, 349, 350 ff., insbes. 352 ff. (Haftung auf Erfüllung nur, wenn der Gesellschafter gegenüber der Gesellschaft zur Leistung verpflichtet ist).

817 Vgl. dazu u. a. *John*, Die organisierte Rechtsperson, S. 268 f.; *Hauer*, Rechtsnatur und Schuldinhalt, S. 151; *Iber*, Der Inhalt der Gesellschafterverbindlichkeit, S. 81 ff. Dazu auch *Habersack*, in: Staub, HGB, § 128 Rn. 28. Unklar ist, ob dann immer nur eine sekundäre Inanspruchnahme möglich ist. So *Hasenkamp*, Haftungsbeschränkungen, S. 49; wohl auch *Hueck*, OHG, S. 313; anders *Fischer*, in: Staub, HGB, 3. Aufl., § 128 Anm. 9.

818 Kritisch zur Bezeichnung der Theorien, *K. Schmidt*, Gesellschaftsrecht, S. 1423.

819 *Roth*, in: Baumbach/Hopt, § 128 Rn. 9; *K. Schmidt*, in: Münchener Kommentar-HGB, § 128 Rn. 24; *Habersack*, in: Staub, HGB, § 128 Rn. 30.

820 U.a. *K. Schmidt*, Gesellschaftsrecht, S. 1427 ff.; *K. Schmidt*, in: Münchener Kommentar-HGB, § 128 Rn. 28 ff.

In einer frühen Entscheidung für die Geltung der *Erfüllungstheorie* zog der BGH zur Begründung maßgeblich den Sinn und Zweck der persönlichen Haftung der Gesellschafter heran.[821] Der BGH betrachtet die persönliche Haftung der Gesellschafter als einen zum gesetzlichen Garantiekapital alternativen Gläubigerschutzmechanismus, wobei zur Sicherstellung des Gläubigerschutzes eine Haftung auf Erfüllung anzunehmen sei.[822] Nicht nur, dass, wie bereits dargestellt, die postulierte Alternativität nicht zwingend ist, ist auch die gezogene Schlussfolgerung nicht durchgreifend. Im Rahmen eines gesetzlichen Kapitalschutzes steht dem Gläubiger immer nur die Gesellschaft als Vertragspartner und Haftender zur Befriedigung zur Verfügung. Die Gesellschafter hingegen bringen Geld oder Sachen in die Gesellschaft ein. Dabei muss das durch Kapitalerhaltungsregeln gesicherte Kapital nicht zwingend durch einen auf Erfüllung haftenden Gesellschafter ersetzt werden, um die Gläubiger adäquat zu sichern. Es erhält der Gläubiger bei einer Haftung auf Erfüllung sogar „mehr" als im System eines gesetzlichen Kapitals, nämlich einen weiteren Schuldner, von dem der Gesellschaftsgläubiger Erfüllung verlangen kann. Auch eine erhöhte Kreditwürdigkeit der Personengesellschaften aufgrund der Haftung auf Erfüllung statt auf Wertersatz lässt sich nicht schlussfolgern, da die Kreditwürdigkeit insbesondere bei Zahlungsverpflichtungen, bei denen die Theorien zum selben Ergebnis kommen, maßgeblich ist.[823] Aus der persönlichen Haftung als Mechanismus zur Vermeidung opportunistischen Handelns der Gesellschafter lässt sich keine Entscheidung für oder gegen eine der beiden Theorien folgern.[824] Zur Internalisierung möglicher Schäden der Gläubiger durch opportunistisches Verhalten würde grundsätzlich eine Haftung auf Geld genügen, soweit dadurch der gesamte potentielle Schaden der Gesellschaftsgläubiger internalisiert würde; dies bedeutet

821 BGH, NJW 1957, 871, 872: *„...kann die Entscheidung darüber, welche Bedeutung der sich aus § 128 HGB ergebenden Haftung der Gesellschafter zukommt, nicht von der juristischen Natur der OHG abhängig gemacht werden. Es kommt vielmehr darauf an, welchen Zwecken die Haftung der Gesellschafter für die Verbindlichkeiten der Gesellschaft dient."* So auch in der Literatur gefordert, vgl. u. a. *Kornblum,* Haftung der Gesellschafter, S. 153 ff.; *Hueck,* OHG, S. 313 f. Dazu auch *John,* Die organisierte Rechtsperson, S. 248.

822 Zustimmend *Hasenkamp,* Haftungsbeschränkungen, S. 49 f. Kritisch zur Begründung des BGH, *K. Schmidt,* Gesellschaftrecht, S. 1425 (*„Allgemeinplätze"*); dazu auch *John,* Die organisierte Rechtsperson, S. 251 f.
Die Erfüllungstheorie wird auch mit der Akzessorietät der Haftung der Gesellschafter begründet. Diese hafteten „wie die Gesellschaft", d. h. auf Erfüllung. Vgl. dazu *Habersack,* in: Staub, HGB, § 128 Rn. 28; *K. Schmidt,* in: Münchener Kommentar-HGB, § 128 Rn. 24. Dies als alleinige Begründung anzuführen greift jedoch sehr kurz.

823 So aber oben Funktion der persönlichen Haftung als Erfüllungszwang, *supra* §1 IV. 1.

824 Ein weiterer Vorteil wird in der Erleichterung der Rechtsdurchsetzung gesehen, die sich daraus ergibt, dass Gesellschaft und Gesellschafter auf dasselbe verurteilt werden können, vgl. dazu *K. Schmidt,* in: Münchener Kommentar-HGB, § 128 Rn. 24.

insbesondere, dass auch ein aufgrund der Nichterfüllung entstandener Schaden, vor allem entgangener Gewinn, umfasst sein müsste.

Die Haftung der Gesellschafter auf Erfüllung fügt sich im Ergebnis systematisch gesehen in das System des deutschen Schuldrechts ein. Eine primäre Haftung der Gesellschafter auf Schadensersatz würde neben der Frage nach Fortbestehen oder Verlust des Primäranspruchs des Gesellschaftsgläubigers gegen die Gesellschaft[825], auch die Frage nach einer Ausschaltung des allgemeinen Erfordernisses der Fristsetzung nach § 281 Abs.1 BGB aufwerfen. Ein Gesellschaftsgläubiger könnte ohne seinem Primärschuldner, der Gesellschaft, eine Frist setzen zu müssen, sofort Schadensersatz wegen Nichterfüllung verlangen. Eine Einschränkung der Haftung der Gesellschafter auf das „Wertinteresse“[826], d.h. Ersatz des Wertes der Verpflichtung im Zeitpunkt der Geltendmachung, kann nicht überzeugen.[827] Der Wert der Verbindlichkeit kann hinter dem tatsächlichen, aus der Nichterfüllung seitens der Gesellschaft zu bestimmenden positiven Interesses der Gesellschaftsgläubiger zurückbleiben.[828] Es käme zu keiner Internalisierung des gesamten potentiellen Schadens der Gesellschaftsgläubiger.

Die Erfüllungstheorie und die dabei anerkannten Grenzen der Unmöglichkeit und Unzumutbarkeit der Erfüllung entsprechen eher der Systematik des allgemeinen Leistungsstörungsrechts der §§ 280 ff. BGB, insbesondere dem Fristsetzungserfordernis des § 281 BGB und der Möglichkeit bei Unmöglichkeit oder Unzumutbarkeit der Leistung nach § 275 BGB, sofort Schadensersatz nach §§ 280, 283 BGB verlangen zu können. Es kann die Grundentscheidung des deutschen Gesetzgebers eine Haftung auf Erfüllung im Gegensatz zu Schadensersatz auf Geld soweit wie möglich zu präferieren[829] als maßgeblicher Aspekt für die Entscheidung der herrschenden Ansicht für die *Erfüllungstheorie* gesehen werden.[830] Dieser im kontinentaleuropäischen Recht typische Grundsatz der *„specific performance“*, bedeutet einen Vorrang des Primäranspruchs auf Erfüllung vor sekundären Rechtsbehelfen wie Schadensersatz oder Vertragsauflösung.[831] Hingegen wird im *common law* Schadensersatz als der traditionelle Rechtsbehelf bei einer Nicht- oder Schlechtleistung durch den

825 Vgl. dazu *Habersack*, in: Staub, HGB, § 128 Rn. 28; *Flume*, Personengesellschaft, S. 305.

826 Vgl. *Hauer*, Rechtsnatur und Schuldinhalt, S. 151; *Iber*, Der Inhalt der Gesellschafterverbindlichkeit, S. 81 ff. Dazu auch *John*, Die organisierte Rechtsperson, S. 268 f.; *Habersack*, in: Staub, HGB, § 128 Rn. 28.

827 *John*, Die organisierte Rechtsperson, S. 268 f.; *Habersack*, in: Staub, HGB, § 128 Rn. 28.

828 *Habersack*, in: Staub, HGB, § 128 Rn. 28.

829 Auch sog. „Erfüllungstheorie“, vgl. *Lorenz*, NJW 2006, 1175, 1175.

830 Vgl. insofern die Argumentation bei *Habersack*, in: Staub, HGB, § 128 Rn. 28; die sofortig Inanspruchnahme der Gesellschafter wäre bei Geltung der Haftungstheorie nur um den Preis des Verlustes des Erfüllungsanspruchs möglich. Hier kommt der Vorrang der Erfüllung vor sekundären Rechtsbehelfen zum Ausdruck.

831 Vgl. dazu u.a. *Lorenz*, NJW 2006, 1175, 1175.

Schuldner angesehen; nur ausnahmsweise steht dem Schuldner ein einklagbarer Naturalleistungsanspruch zu.[832] Welche Lösung die effizientere ist, ist stark umstritten.[833] Diese Frage ist jedoch im Rahmen dieser Arbeit nicht zu entscheiden.

B. Unfreiwillige Gläubiger

Die bisherige ökonomische Betrachtung hat sich auf die Funktion der persönlichen Haftung in Bezug auf freiwillige Gläubiger der Gesellschaft und die Frage bezogen, warum und inwieweit durch diese opportunistisches Gesellschafterverhalten verhindert wird. Unfreiwillige Gläubiger haben wie freiwillige Gläubiger nur ein begrenztes Interesse am Unternehmen und am Unternehmenswert. Unfreiwillige Gläubiger haben jedoch im Gegensatz zu freiwilligen Gläubigern keine Möglichkeit, das Entstehen ihrer Gläubigerposition zu verhindern. Während freiwillige Gläubiger opportunistisches Verhalten antizipieren und Schädigungsrisiken durch Preisaufschläge, Verhaltensanpassungen und vertragliche Vereinbarungen entschärfen können, trifft unfreiwillige Gläubiger, vor allem Deliktsgläubiger, das Risiko einer Externalisierung von Risiken durch opportunistisches Verhalten stärker, da privatautonome Lösungen gerade nicht zu erwarten sind.[834] Eine deliktische Handlung kann als Zwangstransaktion der Deliktsgläubiger mit den Anteilseignern bzw. mit der Gesellschaft verstanden werden, welche zum Entstehen eines in der Höhe fixen, erfolgsunabhängigen Anspruchs auf Zahlung einer bestimmten Summe führt. Hinzu kommt, dass es vor allem bei deliktischen Gläubigern zentral nicht nur um eine Ausbeutung nach Begründung der Verbindlichkeit geht. Es geht um die Korrektur von Marktversagen, einer bereits *ex ante* ansetzender Missachtung legitimer Interessen Dritter, der durch eine *ex post* Haftung möglicherweise entgegengewirkt werden kann.[835]

I. Die Haftung der Gesellschafter für deliktisch verursachte Schäden

1. Die Funktionen des Deliktsrechts

An der Entscheidung des BGH,[836] die Haftung der Gesellschafter einer BGB-Gesellschaft nach § 128 HGB analog auf deliktische Verbindlichkeiten zu erstrecken, die der Gesellschaft nach § 31 BGB analog zugerechnet werden, wurde massive Kritik geäußert.[837] Insbesondere *Altmeppen* kritisierte die Haftung „unschuldiger Personen

---

832 Vgl. u.a. S. 52 Sale of Goods Act 1979; dazu allgemein *Peel*, The Law of Contract, S. 1099 ff.

833 Vgl. z.B. *Ulen*, 83 Mich. L. Rev. (1984) 341; *Schwartz*, 89 Yale L. J. (1979) 271.

834 Vgl. dazu u.a. *Schäfer/Ott*, Lehrbuch der ökonomischen Analyse des Zivilrechts, S. 719; *Adams*, Eigentum, S. 57 f.

835 *Tröger*, FS Westermann, S. 1533, 1559.

836 BGHZ 154, 88.

837 Gegen einer persönliche Haftung der Gesellschafter für deliktische Verbindlichkeiten innerhalb der Vertreter der Akzessorietätstheorie u.a. *Altmeppen*, NJW 1996,

für fremde Delikte"[838] als der geltenden Rechtsordnung widersprechend. Eine Pflicht jedes Gesellschafters gegenüber der Allgemeinheit, haftungsauslösendes Verhalten der Geschäftsführer zu verhindern, könne nicht begründet werden.[839] In dieser Argumentation kommt die in der deutschen Rechtswissenschaft[840] noch vorherrschende Ablehnung der Funktion des Deliktsrechts, unerwünschtes Verhalten durch die Internalisierung seiner wohlfahrtsmindernden Konsequenzen vorzubeugen, zum Ausdruck. Im Vordergrund steht stattdessen allein die Kompensation des Schadens des Geschädigten.[841] Einer Präventionsfunktion könne im Deliktsrecht lediglich eine sekundäre Bedeutung zugesprochen werden – sie sei bestenfalls ein „erwünschtes Nebenprodukt"[842] der Kompensationsfunktion.

Hingegen steht bei einer funktionalen Betrachtung im Rahmen einer normativen ökonomischen Analyse des Schadensrechts gerade diese Prävention im Vordergrund.[843] Kompensation wird nur gewährt, wenn dadurch ein gesamtgesellschaftlich effizientes Maß an Schadensprävention gewährleistet wird. Somit ist ein Schadensausgleich kein Selbstzweck, sondern soll der Internalisierung des Schadens zum Zweck der gesamtgesellschaftlichen Kostenminimierung dienen.[844] Kompensation allein bedeutet eine bloße Umverteilung der Kosten eingetretener Schadensfälle, die gesamtwirtschaftlich nicht wohlfahrtssteigernd ist, sondern zusätzlich erhebli-

---

1017, 1021 ff.; *ders.*, NJW 2003, 1553, 1555 ff.; *Armbrüster*, ZGR 2005, 34, 56 ff; *Flume*, Personengesellschaft, S. 343 f.; *ders.* DB 2003, 1775, 1776; *Knobbe-Keuk*, FS Stimpel, S. 187, 202 f.; *Schäfer*, ZIP 2003, 1225, 1227 ff.; eine unbeschränkte persönliche Haftung der Mitgesellschafter für eine Deliktsschuld der BGB-Gesellschaft ablehnend auch *Canaris*, ZGR 2004, 69, 110 ff. Diff. *Klerx*, NJW 2004, 1907 ff.; *Wössner*, ZIP 2003, 1235, 1238; *Schöpflin*, DStR 2003, 1349, 1351 f.

838 *Altmeppen*, NJW 2003, 1553, 1554 f. Ebenso *Canaris*, ZGR 2004, 69, 109 a.E. („Fundamentalwertung des geltenden Rechts"); *Flume*, DB 2003, 1775 f.; *Huber*, FS Lutter, S. 107, 133 f., 138; *Schäfer*, ZIP 2003, 1225, 1227 ff.

839 *Schäfer*, ZIP 2003, 1225, 1228 f.

840 Vgl. z.B. *Oetker*, in: Münchener Kommentar-BGB, § 249 Rn. 9, 12 f. Deutlich BGHZ 165, 203, 207 Rn. 14; *Mertens*, in: Soergel, BGB, Vor § 249 Rn. 28.

841 Z.B. BGH NJW 2004, 2526, 2528; BGHZ 160, 26; *Oetker*, in: Münchener Kommentar-BGB, § 249 Rn. 8 f.; *Spindler*, in: BeckOK-BGB, § 823 Rn. 0.6; *Jansen*, JZ 2005, 160, 162 f.; *Jansen*, Die Struktur des Haftungsrechts, S. 33 ff.; *Lange/Schiemann*, Schadensersatz, S. 9 ff.

842 *Larenz*, Lehrbuch des Schuldrechts, Bd. I, S. 423 f.; siehe auch *Lange/Schiemann*, Schadensersatz, S. 11.

843 Vgl. dazu *Wagner*, in: Münchener-Kommentar-BGB, Vorbem. § 823 Rn. 46.; *Schäfer/Ott*, Lehrbuch der ökonomischen Analyse des Zivilrechts, S. 150 ff.; *Posner*, Economic Analysis of Law, S. 213 ff.; zusammenfassend *Wagner*, AcP 206 (2006) 352, 451 ff. Die empirischen Nachweise sind jedoch noch schwach, vgl. statt vieler *Schwartz*, 42 UCLA L. Rev. (1994) 377.

844 Vgl. *Kötz/Wagner*, Deliktsrecht, Rn. 61 ff.; *Schäfer/Ott*, Ökonomische Analyse des Zivilrechts, S. 150 f.

che administrative Kosten verursacht.[845] Ziel eines schadenspräventiven Haftungsrechtes ist es, durch eine Haftungsanordnung das Verhalten von Individuen zu steuern und so eine Steigerung der Effizienz bzw. eine Maximierung des Wohlstandes durch eine Internalisierung wohlfahrtsmindernden Konsequenzen zu erreichen.[846] Durch das Haftungsrecht als Steuerungsmechanismus sollen die Individuen zu effizientem Verhalten im Sinne einer Maximierung des Saldos ihrer Kosten und Nutzen angehalten werden.[847] Schadensgeneigte Aktivitäten sollen außerdem nur dann aufgenommen werden, wenn der daraus gezogene Nutzen die Kosten der Tätigkeit, inklusive Schadensvermeidungs- und Schadenskosten übersteigt.[848]

Dass der Aspekt einer Schadensprävention durch das Haftungsrecht Schritt für Schritt in der deutschen Literatur und in der Rechtsprechung an Bedeutung gewinnt, zeigt sich an vielen Stellen.[849] Auch in der schon zitierten Entscheidung[850] zieht der BGH zur Begründung der Haftung der Gesellschafter mit dem Gläubigerschutz funktionale Argumente heran und stellt Präventionsgedanken in den Mittelpunkt seiner Argumentation. So begründet der BGH, dass die deliktisch geschädigten Gesellschaftsgläubiger sich ihre Gläubiger nicht aussuchen könnten und dass eine Haftung zumutbar wäre, da die Gesellschafter „in aller Regel auf Auswahl und Tätigkeit der Organmitglieder entscheidenden Einfluß besitzen".[851] Hier bezieht sich der BGH auf die Argumentation *Ulmers*[852], wonach die Mitgesellschafter in der Regel besser in der Lage sind Schäden zu vermeiden als die geschädigten Dritten, da sie „näher dran" seien und die Haftung der Gesellschafter zu einer angemessen Verteilung des Schadensrisikos führe.[853]

Auch im Zusammenhang der hier diskutierten Gesellschafterhaftung für deliktische Verbindlichkeiten kann die funktionale Betrachtung zu einer Ausfüllung der zur Rechtfertigung der Haftung herangezogenen allgemeinen

845 Vgl. *Brüggemeier*, Haftungsrecht, S. 9; *Schäfer/Ott*, Ökonomische Analyse des Zivilrechts, S. 150 f.

846 Dazu u. a. *Kötz*, FS Steindorff, S. 643, 646 ff.

847 Die Summe der Schadens- und Sorgfaltskosten soll minimiert werden. Vgl. *Schäfer/Ott*, Ökonomische Analyse des Zivilrechts, S. 154 f.; Kötz, FS Steindorff, S. 643, 648.

848 Ausführlich hierzu u. a. *Schäfer/Ott*, Lehrbuch der ökonomischen Analyse des Zivilrechts, S. 155 ff.

849 In der Literatur vgl. etwa *Wagner*, in: Münchener-Kommentar-BGB, Vorbem. § 823 Rn. 40 f., 46. Insbesondere bei Verletzungen des allgemeinen Persönlichkeitsrechts hat die Rspr zur wirksamen Abschreckung dem Deliktsrecht präventive Wirkungen beigemessen, vgl. nur BGHZ 128, 1, 15; *Wagner*, VersR 2000, 1305, 1306; krit. dazu z. B. *Seitz*, NJW 1996, 2848.

850 BGHZ 154, 88.

851 BGHZ 154, 88, 95.

852 *Ulmer*, ZIP 2001, 585, 597.

853 Ähnliche Gedanken finden sich bei *Wiedemann*, Gesellschaftsrecht I, S. 536; *K. Schmidt*, Gesellschaftsrecht, S. 541 f.

Gläubigerschutzfloskel[854] dienen, indem durch eine am Präventionsziel orientierten Deutung aufgezeigt wird, wie sowohl die Haftung der Gesellschaft als auch der Gesellschafter zu einer effizienten Schadensvermeidung führen kann und daher eine Haftung der Gesellschafter begründbar ist. Daraus folgt auch, dass eine Fokussierung des Zwecks des § 128 HGB auf die Kreditsicherung der Gesellschaft nicht zwingend notwendig ist.[855] Es geht hier nicht darum alle Argumente, die gegen eine persönliche Haftung der Gesellschafter für deliktische Verbindlichkeiten, die der Gesellschaft nach § 31 BGB analog zugrechnete werden, zu entkräften, sondern einen neuen, ökonomisch fundierten Blickwinkel in die Diskussion einzubringen.

Bei der Gefährungs- und Produkthaftung, im Rahmen derer die Gesellschaft selbst haftet, fällt in der deutschen Rechtswissenschaft die Anerkennung von Präventionsgesichtspunkten hingegen leichter.[856]

2. *Die Gefährdungslage der unfreiwilligen Gläubiger durch eine Haftungsbegrenzung auf das Gesellschaftsvermögen*

Den im Rahmen der Gesellschaftstätigkeit geschädigten Dritten stehen potentiell drei verschiedene Schuldner gegenüber – der Schädiger selbst, die Gesellschaft mit dem verselbständigten Gesellschaftsvermögen und die weiteren Gesellschafter mit ihrem Privatvermögen. Die Haftung des Gesellschaftsvermögens nach § 31 BGB (analog) wird überwiegend mit der allgemeinen Gerechtigkeitserwägung gerechtfertigt, dass „die Gesellschaft" die Vorteile des Handelns ihrer Organe trage und daher auch die Nachteile zu tragen habe.[857] Diese Haftung der Gesellschaft mit ihrem Gesellschaftsvermögen ist für die Personengesellschaften allgemein anerkannt.[858]

Haften darüber hinaus nicht alle Gesellschafter für die deliktischen Verbindlichkeiten der Gesellschaft, so kann diese Haftungsbeschränkung zu exzessiv riskantem Verhalten der Gesellschafter führen, da die nicht persönlich haftenden Gesellschafter Schäden, die über das vorhandene Gesellschaftsvermögen hinausgehen, externalisieren können.[859] Diese Gefährdungslage der unfreiwilligen Gläubiger, die für

---

854 So zieht etwa der BGH, BGHZ 154, 88, 94 den Gläubigerschutz ohne nähere Erläuterung und somit als reine Floskel zur Rechtfertigung der Haftung der Gesellschafter für deliktische Verbindlichkeiten heran.

855 A.A. v.a. *Altmeppen*, NJW 1996, 1017, 1021 ff.; *ders.*, NJW 2003, 1553, 1557; *Schäfer*, ZIP 2003, 1225, 1228.

856 *Larenz/Canaris*, Lehrbuch des Schuldrecht, Bd. II/2, 13. Aufl., S. 605.

857 Siehe Palandt/*Ellenberger*, § 31 Rn. 3; *Reuter*, in: Münchener Kommentar-BGB, § 31 Rn. 11.

858 Dazu bereits *supra* Kapitel 2 §2 III. 3. a.

859 Vgl. dazu u. a. *Easterbrook/Fischel*, The Economic Structure of Corporate Law, S. 49 ff.; *dies.*, 52 U. Chi. L. Rev. (1985) 89, 93 ff.; *Halpern/Trebilcock/Turnbull*, 30 U. Toronto L. J. (1980) 117, 147 ff.; *Hansmann/Kraakman*, 110 Yale L. J. (2000) 387, 428 ff.; *Hansmann/Kraakman*, 100 Yale L. J. (1991) 1879, 1919 f.; *Woodward*, 141 J. Inst. & Th. Econ. (1985) 601, 609 f.; im deutschen Schrifttum vgl. dazu *Bitter*, Durchgriffshaftung, S. 185 ff.; *Grigoleit*, Gesellschafterhaftung, S. 36 f. Dies bedeutet

Kapitalgesellschaften ausführlich analysiert wurde, findet in der Diskussion um eine Begründung der persönlichen Haftung der Gesellschafter bei Personengesellschaften kaum Beachtung. Das Gefährdungspotential wird jedoch zum Teil als so groß eingestuft, dass für die Gesellschafter von Kapitalgesellschaften eine persönliche, *pro rata* Haftung gefordert wird.[860]

Ex ante ist eine Kompensation potentieller deliktischer Gläubiger der Gesellschaft mit prohibitiv hohen Transaktionskosten verbunden. Für die Gesellschafter stellen die Einbußen von Deliktsgläubigern in einer etwaigen Insolvenz der Gesellschaft einen negativen externen Effekt dar. Aus einer potentiell drittbelastenden Gesellschaftstätigkeit ziehen die Gesellschafter unbeschränkt die Vorteile, tragen das Kostenrisiko aber aufgrund der Haftungsbeschränkung auf das Gesellschaftsvermögen nur bis zur Höhe ihrer Einlage, so dass der persönliche Risikoanreiz in sozialschädlicher Weise überhöht zu werden droht.

Die Haftungsbeschränkung stellt für die Gesellschafter einen Anreiz dar, zu wenig in Vorkehrungen gegen Schäden zu investieren[861] und kein effizientes Maß an Sorgfalt zu wählen.[862]

Da private Nutzeneinbußen der Gesellschafter nicht den gesamtgesellschaftlichen Wohlfahrtseffekten entsprechen, begünstigt eine Haftungsbeschränkung der Gesellschafter auf das Gesellschaftsvermögen außerdem sozial unerwünschte Investitionen in besonders riskante Aktivitäten.[863] Den Gesellschaftern kommt das

---

aber nicht, dass von jedem Verband per se ein signifikant höheres deliktisches Gefährdungspotential ausgeht. So aber *Schäfer*, Gutachten DJT 2016, S. 65. Die Möglichkeit zur Externalisierung der Kosten setzt nur einen Anreiz für ein riskanteres Verhalten. An diesem Anreiz ändert auch der Zuschnitt der Gesellschaft nichts. Vgl. auch Kapitel 4 C. III. 2.

860 So etwa *Hansmann/Kraakman*, 100 Yale L. J. (1991) 1879, 1919 f.

861 Ein illustrierendes Rechenbeispiel dafür findet sich bei *Tröger*, FS Westermann, S. 1533, 1560 f.: Eine Gesellschaft hat ein Gesellschaftsvermögen von 1 Mio. Euro. Die Haftung der Gesellschafter ist beschränkt auf das Gesellschaftsvermögen. Es besteht nun im Rahmen der Verbandstätigkeit eine 30% Gefahr eines Schadens von 2 Mio. Euro. Die gesamtgesellschaftlich wünschenswerten Präventionskosten entsprechen dem Erwartungswertes der gesamtgesellschaftlich zu tragenden Einbußen und liegen bei 0.3 x 2 Mio. Euro = 600 000 Euro. Die in der Haftung beschränkten Gesellschafter werden jedoch nur in Höhe von 300 000 Euro Schadensprävention betreiben – d.h. in der Höhe des Erwartungswertes der von der Gesellschaft zu tragenden Einbußen: 0.3 x 1 Mio. Euro = 300 000 Euro.
Zur optimalen Sorgfalt des Schädigers z.B. *Wagner*, in: Münchener-Kommentar-BGB, Vor. § 823 Rn. 47; *Schäfer/Ott*, Lehrbuch der ökonomischen Analyse des Zivilrechts, S. 154 f.

862 *Hansmann/Kraakman*, 100 Yale L. J. (1991) 1879, 1919 f.; *Shavell*, 6 Int'l Rev. L. & Econ. (1986) 45.

863 *Shavell*, 6 Int'l Rev. L. & Econ. (1986) 45. Zum optimalen Aktivitätsniveau vgl. *Wagner*, in: Münchener-Kommentar-BGB, Vor. § 823 Rn. 51; *Schäfer/Ott*, Lehrbuch der ökonomischen Analyse des Zivilrechts, S. 155 ff.

positive Ergebnis einer derartigen, riskanten Tätigkeit zu. Sie können jedoch aufgrund der Haftungsbegrenzung maximal ihre Einlage in der Gesellschaft verlieren. Die Schäden können, soweit sie über das Gesellschaftsvermögen hinausgehen auf die geschädigten Dritten externalisiert werden. Eine sehr riskante Tätigkeit kann für die Gesellschafter einen positiven Erwartungswert haben und von ihnen durchgeführt werden, obwohl der Erwartungswert für die Gesamtgesellschaft negativ ist und die Tätigkeit daher zu unterlassen wäre.[864]

Für eine Gesellschaft, in der die Gesellschafter nicht persönlich haften, ergibt sich die Möglichkeit in ein Projekt zu investieren, das mit einer Wahrscheinlichkeit von 50% einen Gewinn von 180 000 Euro abwerfen wird. Gleichzeitig besteht aber auch eine 50% Wahrscheinlichkeit, dass durch das Projekt Schäden in Höhe von 600 000 Euro entstehen. Aus gesamtgesellschaftlicher Sicht ist der Erwartungswert des Projektes mit 0.5 x 180 000 + 0.5 x -600 000 = – 210 000 Euro negativ.

Wenn die Gesellschaft nun Eigenkapital in Höhe von 100 000 Euro hat, dann hat das Projekt aus Sicht der nicht persönlich haftenden Gesellschafter jedoch einen positiven Erwartungswert: 0.5 x – 100 000 + 0.5 x 180 000 = 40 000 Euro. Die Gesellschafter werden das Projekt also trotz des gesamtgesellschaftlich negativen Erwartungswerts durchführen.[865]

Hinzu kommt, dass die Haftungsbeschränkung eine materielle Unterkapitalisierung der Gesellschaften begünstigt.[866] Je geringer die Kapitalisierung der Gesellschaft mit Eigenkapital ist, desto größer ist das Potential einer Externalisierung von Risiken.[867] Es ergibt sich daher der Anreiz, die Gesellschaft in großem Maße durch Fremdkapital statt durch Eigenkapital zu finanzieren. Eine starke Fremdfinanzierung stärkt wiederum den Anreiz, zu geringe Aufwendungen zur Schadensvermeidung zu tätigen und in gefährliche Projekte und Industrien zu investieren.[868]

Relevant wird außerdem die Gefahr, dass ähnlich wie gegenüber freiwilligen Gläubigern, das haftende Gesellschaftsvermögen nach der Schädigung verringert wird oder zu Lasten der Geschädigten mit dem Gesellschaftsvermögen spekuliert

---

864 *Hansmann/Kraakman*, 100 Yale L. J. (1991) 1879, 1883.

865 Ähnliches Rechenbeispiel bei *Tröger*, FS Westermann, S. 1533, 1561; *Shavell*, 6 Int'l Rev. L. & Econ. (1986) 45.

866 Vgl. *Hansmann/Kraakman*, 100 Yale L. J. (1991) 1879, 1883; *Tröger*, FS Westermann, S. 1533, 1561. Auch der gegenteilige Effekt kann eintreten – es kommt zu einer Überinvestition, der Umfang der Investition wird zu groß gewählt. Dazu *Hansmann/Kraakman*, 100 Yale L. J. (1991) 1879, 1883, insbes. Fn. 9.

867 Das zeigt auch obiges Beispiel – je geringer der mögliche Verlust der Gesellschafter an Eigenkapital sein kann, desto größer der Erwartungswert der Investition. Bei einem Eigenkapital von nur 50 000 Euro ist der Erwartungswert der Investition sogar bei 0.5 x -50 000 + 0.5 x 180 000 = 65 000.

868 Vgl. *Hansmann/Kraakman*, 100 Yale L. J. (1991) 1879, 1884. Als weiterer Faktor kann die Möglichkeit die Gesellschaft vor Auftreten der Schäden aufzulösen und zu liquidieren diese Fehlanreize verstärken; *ebenda*.

wird.[869] Übersteigt ein Schaden das vorhandene Gesellschaftsvermögen, so kann es sich für die nichthaftenden Gesellschafter lohnen, das Gesellschaftsvermögen in ein risikoreiches Projekt zu investieren. Das Gesellschaftsvermögen ist aufgrund des deliktischen Anspruchs bereits verloren, die Gesellschafter können also nur noch gewinnen.

Dieses nachträgliche Verhalten der Gesellschafter ist opportunistisches Verhalten, das ebenfalls durch die persönliche Haftung unterbunden werden kann. Zwar lässt sich keine Person im Vertrauen auf ein bestimmtes (Mindest-)Kapital oder die Solvenz einer Person schädigen,[870] jedoch zeigt sich auch in diesem Zusammenhang das Problem, dass gerade die Verselbständigung des Gesellschaftsvermögens es den Gesellschaftern erleichtert, sich zu Lasten der Gläubiger opportunistisch zu verhalten.[871] Diese Gefahr kann insbesondere dann relevant werden, wenn zwischen schädigendem Ereignis und Eintritt des Schadens bzw. Geltendmachung des Schadens ein längerer Zeitraum liegt.[872]

3. *Risikoaversion und Risikodistribution*

Die vorangegangenen Überlegungen gehen von der neoklassischen Prämisse der Risikoneutralität der Akteure aus. Unter dieser Annahme müssen die Akteure zur Erreichung des Präventionsziels aus Effizienzgesichtspunkten die vollen Kosten des Schadens tragen.[873] Lockert man diese Prämisse und erkennt, dass es auch risikoaverse Akteure[874] gibt, so kommt dem Deliktsrecht auch die Funktion der

869 So auch OLG Hamm, ZIP 2002, 527, 529; *Dauner-Lieb*, Unternehmen in Sondervermögen, S. 548; *Casper/Eberspächer*, Jura 2003, 770, 772; *Potsch*, Grundfragen der Kommanditistenhaftung, S. 50; dazu auch *Klerx*, Persönliche Haftung der Personengesellschafter für Delikte, S. 122 f., der meint betriebswirtschaftliche und steuerliche Nachteile könnten von derartige Entnahmen abhalten. Dabei wird jedoch verkannt, dass dieses Verhalten vor allem in Krisensituationen der Gesellschaft relevant werden wird, in denen derartige Anreize wohl nur noch bedingt wirken.

870 Vgl. *Schäfer*, ZIP 2003, 1225, 1228; *Armbrüster*, ZGR 2005, 34, 58; *Klerx*, Persönliche Haftung der Personengesellschafter für Delikte, S. 133. Dieser Einwand ergibt sich aus der Verengung des Zwecks der persönlichen Haftung auf den Ausgleich fehlender Kapitalerhaltungsregeln und einer Orientierung am Kompensationsdogma.

871 Dies auch erkennend *Schulze*, Akzessorische Haftungsverfassung, S. 82 f.; *Casper/Eberspächer*, Jura 2003, 770, 772; *Dauner-Lieb*, Unternehmen in Sondervermögen, S. 548 zur BGB-Gesellschaft. Als Lösung für dieses Problem wird zum Teil eine Entnahmehaftung durch Rechtsfortbildung diskutiert, vgl. *Altmeppen*, NJW 1996, 1017, 1023 ff.; *ders.*, NJW 2003, 1553, 1558. Kritisch dazu *Schulze*, Akzessorische Haftungsverfassung, S. 83 f.

872 Für Beispiele vgl. *Ringleb/Wiggins*, 98 J. Pol. Econ. (1990) 574, 578, deren empirische Daten auch gerade die dargestellte, besondere Gefährdungslage der unfreiwilligen Gläubiger nahelegen.

873 *Hansmann/Kraakman*, 100 Yale L. J. (1991) 1879, 1884.

874 Zum Begriff der Risikoaversion bereits *supra* A. IV. 6.

angemessenen Distribution des Risikos zu, so dass die am wenigsten risikoaverse Partei den Großteil des Risikos trägt. Es kann daher eine Haftungsregelung effizient sein, die einem Akteur weniger als die vollen (sozialen) Kosten seiner Handlung auferlegt, soweit dies seiner individuellen Risikodisposition entspricht. Diese Risikodistributionsfunktion ist partiell gegenläufig zur Anreizfunktion des Deliktsrechts. Einem risikoaversen Schädiger die vollen Kosten der Schädigung aufzuerlegen, kann zu einer *overdeterrence* führen, d.h. einer im Ergebnis ineffizienten Schadensvermeidung.[875]

Der Gedanke, dass eine sozialschädliche Externalisierung deliktischer Haftungspotentiale vermieden werden solle, steht in einem Spannungsverhältnis zum Investitionsanreiz für risikoreiche Unternehmungen mit positivem Erwartungswert.[876] Daher werden die durch die Haftungsbeschränkung geschaffenen Anreize zur Eingehung eines übermäßigen Risikos gewöhnlich damit gerechtfertigt, dass sie den Preis für die Schaffung eines effizienten Kapitalmarktes darstellen[877] bzw. bei geschlossenen Gesellschaften zur Förderung gesamtgesellschaftlich wohlfahrtssteigernder Unternehmungen mit positivem Erwartungswert notwendig sind.[878] Gewöhnlich besteht ein Trade-off zwischen der Förderung risikoreicher Unternehmungen bzw. der Schaffung eines liquiden Kapitalmarktes und der Vermeidung ineffizienter Sorgfalt.

Das bedeutet jedoch nicht, dass auch die Personengesellschaften dieser Anreizstruktur folgen müssen. Unter Annahme der von der herrschenden Ansicht vertretenen Selbstorganschaft der Gesellschafter und ihrer nach der gesetzlichen Standardregelung engen Einbindung in die Gesellschaftsangelegenheiten besitzt der Aspekt der Risikodistribution eine geringere Überzeugungskraft.[879] Interne Vereinbarungen unter den Gesellschaftern können individuelle Risikopräferenzen berücksichtigen.[880] Im Rahmen der freien Rechtsformwahl stehen mit den Kapitalgesellschaften und der KG risikoaversen Anlegern Gesellschaftsformen zur Verfügung, die der individuellen Risikopräferenz gerecht werden können.

---

875 *Shavell*, Economic Analysis of Accident Law, S. 209.

876 Vgl. etwa *Grigoleit*, Gesellschafterhaftung, S. 33 f.; *Fleischer*, ZGR 2001, 1, 18.

877 *Tröger*, FS Westermann, S. 1533, 1561: *„Im Recht der Kapitalgesellschaften wird die ineffiziente Anreizstruktur in Folge der Haftungsbeschränkung häufig als unvermeidbar zu zahlender Preis für die Verbreiterung der Finanzierungsoptionen in Richtung auf risikoaverse/rational apathische Kapitalgeber und die Entwicklung eines liquiden Sekundärmarktes für die Unternehmensanteile gesehen.“*

878 Dieses Argument ist maßgeblich bei sog. *close corporations*: die Spezialisierung von Kapitalgebern und Management sowie der Zugang zum Kapitalmarkt entfallen bei diesen Gesellschaften als Rechtfertigung einer Haftungsbeschränkung. Dazu *Bitter*, Durchgriffshaftung, S. 168 ff.

879 *Tröger*, FS Westermann, S. 1533, 1562. So wird verschiedentlich auch für kleine, geschlossene Kapitalgesellschaften eine persönliche Haftung der Gesellschafter gefordert *Halpern/Trebilcock/Turnbull*, 30 U. Toronto L.J. (1980) 117, 148 f.

880 *Tröger*, FS Westermann, S. 1533, 1562 Fn. 128.

Das Problem der ineffizienten Risikozuweisung kann durch die Möglichkeit, eine Haftpflichtversicherung abzuschließen, beseitigt oder wenigstens abgeschwächt werden.[881] Der risikoaverse Gesellschafter kann einen Versicherungsschutz erwerben. Über die Höhe der Prämien wird der Gesellschafter dann zu einer adäquaten Berücksichtigung der drohenden Einbußen angehalten.[882] Der entscheidende Vorteil von Versicherungslösungen liegt darin, dass – bei zutreffend kalkulierten Verträgen – die Entscheidungsträger in der Gesellschaft über die Prämien das Risiko in einer über das Gesellschaftsvermögen hinausgehenden Weise berücksichtigen. Eine perfekte Versicherung beeinflusst nicht die durch die Haftungsanordnung geschaffenen Verhaltensanreize, sondern lässt sie unberührt.[883] Die Folge ist eine optimale Sorgfalt des Versicherungsnehmers, um die Versicherungsprämie auf das bestmögliche Niveau zu steuern. Zu einer Verbesserung der Anreizstruktur kommt es aber schon dann, wenn die Deckungssumme der Versicherung zwar nicht den gesamten Schaden abdeckt aber das Gesellschaftsvermögen übersteigt.[884]

4. *Haftung der Gesellschafter für Ansprüche aus Gefährdungs- und Produkthaftung*

Eine OHG, KG oder BGB-Gesellschaft kann als Folge ihrer Rechtsfähigkeit etwa Halterin eines Kfz oder eines Tieres sein, sie kann Gebäudebesitzerin, Herstellerin eines Produktes nach § 1 Abs. 1 ProdHaftG oder sonst Herrin einer Gefahrenquelle, wie etwa einer Anlage i.S.d. UmweltHG sein.[885] Die Gesellschaft selbst können Verkehrspflichten treffen, bei deren Verletzung die Gesellschaft nur mit

881 *Tröger*, FS Westermann, S. 1533, 1562.

882 *Ribstein*, 70 Wash. U. L. Q. (1992) 417, 444 f.; *Tröger*, FS Westermann, S. 1533, 1562. Voraussetzung dafür ist, dass der Versicherungsmarkt einen effizienten Ausgleich der Risikoaversion bereitstellen würde und dass es eine vollkommene Versicherung gibt, die das Sorgfaltsniveau der Versicherungsnehmer sowie deren Aktivitätsniveau genau feststellen, d. h. ein moralisches Risiko (*moral hazard*) und eine adverse Selektion aufgrund asymmetrischer Informationen ausgeschlossen werden kann. Es geht darum, dass der Versicherte in der Regel bessere Information über die Schadensgeneigtheit seiner Tätigkeit und seine eigenen Sorgfaltsvorkehrungen hat und dann das Ausmaß der Sicherheitsvorkehrungen aufgrund der Versicherung niedrig hält. Dies kann der Versicherer möglicherweise nicht erkennen. Speziell zu diesem Problem bei Versicherungen vgl. *Cooter/Ulen*, Law & Economics, S. 237 ff.; *Schäfer/Ott*, Lehrbuch der ökonomischen Analyse des Zivilrechts, S. 163 f. Vgl. zum Problem des *moral hazards* bereits *supra* §2 A. I.

883 Vgl. *Shavell*, 13 Bell J. Econ. (1982) 120, 126 ff.; *Adams*, Ökonomische Analyse der Gefährdungs- und Verschuldenshaftung, S. 224.

884 Zum Problem von derartigen Versicherungen dritter Personen (also weder Schädiger noch Geschädigter) im Überblick *Ribstein*, 70 Wash. U. L. Q. (1992) 417, 446 f.

885 Vgl. etwa *K. Schmidt*, NJW 2003, 1897, 1898; *Friel*, in: Münchener Anwaltshandbuch Personengesellschaftsrecht, § 13 Rn. 33; *K. Schmidt*, Gesellschaftsrecht, S. 1774; *Flume*, Personengesellschaft, S. 340; *Mülbert*, AcP 199 (1999) 38, 71.

ihrem Gesellschaftsvermögen haftet.[886] Zudem ist anerkannt, dass die Personengesellschaften Geschäftsherrinnen i.S.d. § 831 BGB sein können, denen ein Auswahlverschulden der Geschäftsführer nach § 31 BGB (analog) zugerechnet wird.[887] In diesem Zusammenhang wird die Gefährdungslage der unfreiwilligen Gesellschaftsgläubiger besonders relevant. Die Anreize der Gesellschafter, Schäden auf Dritte zu externalisieren schlagen voll durch, da es nur die haftende Gesellschaft gibt.[888] Da der Haftungstatbestand durch die Gesellschaft selbst verwirklicht wird, steht allein deren Vermögen zur Befriedigung der Gesellschafter zur Verfügung. Umso dringlicher erscheint eine Korrektur der Anreizlage durch die persönliche Haftung der Gesellschafter.[889]

Zu diesem Ergebnis kommen auch Autoren, die eine Haftung der Gesellschafter für von einem Geschäftsführer deliktisch verursachte Schäden, die der Gesellschaft über § 31 BGB analog zugerechnet werden, ablehnen.[890] Da es bei einer Haftung der Gesellschafter für Ansprüche gegen die Gesellschaft aus Produkt- oder Gefährdungshaftung nicht um die Haftung für die Delikte fremder Personen geht, haben diese Autoren kein Problem mit einer Haftung der Gesellschafter.

5. Die Haftung der Gesellschaft und der Gesellschafter für deliktisch verursachte Schäden als Verhaltenssteuerungsmechanismus

Dem Geschädigten steht mit dem unmittelbar Handelnden ein Anspruchsgegner zur Verfügung. Dieser wird aufgrund der ihm drohenden Haftung als Deliktstäter

886 Vgl. dazu *A. Meyer*, Unbeschränkte Verbandsmitgliederhaftung, S. 386. Der Gesellschaft wird dann über § 31 BGB analog lediglich das Verschulden des Organwalters zugerechnet. Vgl. *Kleindiek*, Deliktshaftung und juristische Person, S. 277; *Reuter*, in: Münchener Kommentar-BGB, § 31 Rn. 31; a.A. BGHZ 109, 297 die Verkehrssicherungspflicht der juristischen Person etc. sei stets auch eine des intern zu ihrer Erfüllung berufenen Organwalters.

887 *Kleindiek*, Deliktshaftung und juristische Person, S. 277 f.; *Schöne*, in: BeckOK-BGB, § 714 Rn. 19.

888 *Tröger*, FS Westermann S. 1533, 1564; so auch *Mülbert*, AcP 199 (1999) 38, 71; *Reiff*, ZGR 2003, 550, 553 f. vgl. auch *K. Schmidt*, JZ 1988, 31 und sein unbeschränkt, persönlich haftender Bernhardinerhund *Krambambuli*. In diese Richtung auch bei die Gesellschaft treffenden Verkehrssicherungspflichten, *Reiff*, Haftungsverfassung, S. 155.

889 So auch *Tröger*, FS Westermann, S. 1533, 1564. Im Ergebnis auch *Mülbert*, AcP 199 (1999) 38, 71; *Reiff*, ZGR 2003, 550, 553 f.; a.A. *Armbrüster*, ZGR 2005, 34, 57, der darauf verweist, dass diese Anreizlage bei den Kapitalgesellschaften akzeptiert werde; i.E. auch *Schäfer*, ZIP 2003, 1225, 1228 f.

890 So etwa *Flume*, Personengesellschaft, S. 339 ff.; *A. Meyer*, Unbeschränkte Verbandsmitgliederhaftung, S. 386; wohl auch *Altmeppen*, NJW 1996, 1017, 1021 ff.; *ders.*, NJW 2003, 1553, 1555 ff.

grundsätzlich das optimale Maß an Sorgfaltsvorkehrungen treffen.[891] Bei der Haftung der Gesellschaft sowie der Gesellschafter mit ihrem Privatvermögen handelt es sich um die Haftung eines Hintermannes für das Verhalten des direkten Schädigers. Es muss dargelegt werden, was diese Haftung zusätzlich leistet und warum sie notwendig und interessensgerecht ist.

a. Ökonomik der deliktsrechtlichen Verantwortlichkeit für Drittverhalten

Die deliktische Verantwortlichkeit für Drittverhalten kann agenturtheoretisch wie folgt beschrieben werden: Der Geschädigte ist der Prinzipal und der Schädiger dessen Agent. Außerdem ist der Schädiger auch der Agent des haftenden Hintermannes, soweit er dessen Interesse an einer effizienten Risikominimierung wahrnimmt.[892]

In verschiedenen Konstellationen wurde die Haftung des Hintermannes mit Hilfe des agenturtheoretischen Modelles als wünschenswert erkannt.[893] Gemeinsame notwendige Voraussetzung für eine Haftung des Hintermannes ist dabei eine Einwirkungsmöglichkeit desselben auf den Handelnden.[894] Dabei ist die Einflussmöglichkeit denkbar weit zu verstehen. Ausreichend ist sicher ein konkretes Weisungsrecht des Hintermannes oder, dass der Hintermann durch eigenes Verhalten die Tätigkeit des Schädigers beeinflussen kann. Jedoch ist ein direkter Einfluss auf die vom Handelnden ausgeübte Sorgfalt nicht notwendig.[895] Insbesondere eine „Torwächterstellung", d.h. die Möglichkeit das Aktivitätsniveau des Handelnden zu bestimmen, genügt.[896]

Die Einwirkungsmöglichkeit ist die notwendige, aber nicht hinreichende Voraussetzung für die Rechtfertigung einer Haftung des Hintermannes. Hinzukommen müssen weitere Faktoren.[897] Die Einstandspflicht eines Hintermannes kann nämlich

---

891 Vgl. dazu *Tröger*, FS Westermann S. 1533, 1563. Es wird im Folgenden davon ausgegangen, dass die deliktischen Haftungsregeln insofern effizient sind, als sie für potentielle Opfer adäquate Anreize setzen ihrerseits ein effizientes Maß an Vorkehrungen zu treffen.

892 *Arrow*, in: Pratt/Zeckenhauser (Hrsg.), Principals and Agents, S. 37, 38 f.; *Tröger*, Arbeitsteilung und Vertrag, S. 202.

893 *Kraakman*, in: Bouckaert/De Geest (Hrsg.), Encyclopedia of Law and Economics, Bd. 2, S. 669; *Shavell*, in: Polinsky/Shavell, Handbook of Law and Economics, Bd. 1, S. 139, 171 ff.

894 Diese Voraussetzung wird für alle Konstellationen, in denen eine Haftung des Hintermannes als positiv bewertet wird, gefordert. Vgl. *Tröger*, Arbeitsteilung und Vertrag, S. 202. Überblick bei *Kraakman*, in: Bouckaert/De Geest (Hrsg.), Encyclopedia of Law and Economics, Bd. 2, S. 669; *Shavell*, in: Polinsky/Shavell (Hrsg.), Handbook of Law and Economics, Bd. 1, S. 139, 171 ff.

895 *Tröger*, Arbeitsteilung und Vertrag, S. 203.

896 Dazu u.a. *Tröger*, Arbeitsteilung und Vertrag, S. 203; *Shavell*, Economic Analysis of Accident Law, S. 171 f.; *Kraakman*, 2 J.L. Econ & Org. (1986) 53; *Kraakman*, in: Bouckaert/De Geest (Hrsg.), Encyclopedia of Law and Economics, Bd. 2, S. 669, 675 f.

897 *Tröger*, Arbeitsteilung und Vertrag, S. 203 f.

den nicht erwünschten, gegenteiligen Effekt haben, dass der Schädiger, abweichend von den durch seine eigene Haftung optimal gesetzten Anreizen, suboptimale Sorgfaltsvorkehrungen trifft.[898] Diskutiert wird als zusätzliches Kriterium, die überlegene Möglichkeit des Hintermannes, das Risiko effizienter zu verringern als der direkte Schädiger.[899] Eine Haftungsandrohung sorgt dafür, dass von Informationsvorteilen, daraus resultierender besserer Einschätzung von Risiken und einer folglich besseren Einschätzung von Schadensminimierungsstrategien voll Gebrauch gemacht wird.[900] Interne Sanktionen des Prinzipals gegen den Agenten, d.h. den Schädiger können effektiver sein als eine externe Haftung und so eine Einstandspflicht des Hintermannes rechtfertigen.[901] Dies ist insbesondere dann der Fall, wenn den Dritten, vor allem den Gerichten Informationen fehlen, die zu einer Beurteilung des optimalen Sorgfaltsmaßstabes oder Aktivitätsniveaus notwendig wären.[902]

Die Einstandspflicht des Hintermannes kann auch der Überwindung der Vermögensrestriktionen des Agenten dienen.[903] Die Androhung einer Haftung findet dort ihre Grenze, wo das Vermögen des Haftenden durch den potentiellen (gesamtgesellschaftlichen) Schaden weit überstiegen wird. Die Folge sind sowohl ein ineffizientes Aktivitätsniveau, als auch eine ineffiziente Schadensvermeidung. Die Kosten der Handlungen des Schädigers werden nicht voll internalisiert. Wesentliche Wohlfahrtseffekte werden bei einer Einstandspflicht des Hintermannes jedoch nur bei einer großen Disparität der Vermögen des Prinzipals und des Agenten erzielt.[904] Die Gesellschafter haben im Fall der Vermögenslosigkeit des handelnden Geschäftsführers keinen Anreiz, größere Sorgfalt zu verlangen – sie träfen keine Kosten in einem Schadensfall.[905] Sind sie hingegen für die Schäden ihrer Agenten haftbar, so werden sie diese kontrollieren, um ein optimales Sorgfalts- und Aktivitätsniveau zu sichern.[906]

---

898 Mehr dazu *Sykes*, 93 Yale L. J. (1984) 1231, 1248 f.; *Tröger*, Arbeitsteilung und Vertrag, S. 204.

899 Vgl. zusammenfassend *Tröger*, Arbeitsteilung und Vertrag, S. 205 ff.

900 *Tröger*, Arbeitsteilung und Vertrag, S. 205.

901 *Tröger*, Arbeitsteilung und Vertrag, S. 206 ff.; dazu auch *Kraakman*, in: Bouckaert/De Geest, Encyclopedia of Law and Economics, Bd. 2, S. 669, 671.

902 *Shavell*, Economic Analysis of Accident Law, S. 173; *Kraakman*, in: Bouckaert/De Geest, Encyclopedia of Law and Economics, Bd. 2, S. 669, 671; *Kornhauser*, 70 Cal. L. Rev. (1982) 1345, 1350.

903 Sog. *„judgement proof problem"*, vgl. dazu grundlegend aus ökonomischer Sicht *Summers*, 132 U. Pa. L. Rev. (1983) 145; *Shavell*, 6 Int'l. Rev. L. & Econ. (1986) 45.

904 *Kornhauser*, 70 Cal. L. Rev. (1982) 1345, 1351 f.; *Sykes*, 93 Yale L. J. (1984) 1231, 1241 f.; *Tröger*, Arbeitsteilung und Vertrag, S. 209.

905 Außer den Kosten *„wage cost of offsetting the expected liability of their agents"* *Kraakman*, in: Bouckaert/De Geest (Hrsg.), Encyclopedia of Law and Economics, Bd. 2, S. 669, 670.

906 *Kornhauser*, 70 Cal. L. Rev. (1982) 1345, 1349.

b. Haftung der Gesellschaft

Die Haftung der Gesellschaft für ihre deliktisch tätigen Gesellschafter, d.h. ihre Organe, wird durch einen Ausgleich von Nutzen und Kosten gerechtfertigt.[907] Der einer allgemeinen Anwendung des § 31 BGB (analog) zugrundeliegende, rechtsformübergreifende Gerechtigkeitsgedanke, kann noch durch weitere funktionale Überlegungen ergänzt werden.

Die Zurechnung der Haftung gegenüber der Gesellschaft führt zu einer Haftung des Gesellschaftsvermögens. Zu beachten ist im Rahmen einer Begründung der Haftung des Gesellschaftsvermögens, dass die Gesellschaft bei Zugrundelegung eines methodologischen Individualismus kein eigenes Interesse hat und immer nur die Summe ihrer Gesellschafter ist.[908]

Die Haftung des Gesellschaftsvermögens kann insbesondere dann zu effizienter Schadensvermeidung führen, wenn es bei dem deliktisch handelnden Gesellschafter-Geschäftsführer zu Fehlanreizen kommt. Dies kann zum einen der Fall sein, wenn der Gesellschafter-Geschäftsführer aufgrund mangelnden Vermögens, insbesondere bei besonders riskanten Aktivitäten mit potentiell sehr hohen Schäden, suboptimale Verhaltensanreize hat, zum anderen kann dies dann auftreten, wenn selbiger gegenüber der Gesellschaft einen Anspruch auf Versicherung oder Regress hat. Eine Haftung des Gesellschaftsvermögens führt dann dazu, dass diejenigen, die potentiell von dem deliktischen Verhalten des Geschäftsführers profitieren, nämlich die Mitgesellschafter, einen Anreiz haben, suboptimalen Verhaltensanreizen entgegenzuwirken. Die Anreize gegenüber den Gesellschaftern wirken dabei so, dass die Gefahr eines Verlustes ihrer Einlage zu einer Kontrolle und Überwachung des Geschäftsführers führt. Hinzu kommt, dass die Bereitstellung des Gesellschaftsvermögens der Überwindung der Vermögensrestriktion des Geschäftsführers dienen kann. Insbesondere bei gesunden und grundsätzlich ausreichend kapitalisierten Gesellschaften erfüllt die Haftung des Gesellschaftsvermögens diese Funktion.

Jedoch können die Gesellschafter grundsätzlich frei über das Gesellschaftsvermögen verfügen und mit Blick auf eine deliktische Haftung das oben beschriebene, opportunistische Verhalten zeigen. Die Gesellschafter können der Gesellschaft Vermögen entziehen oder zu Lasten der Gesellschaftsgläubiger mit dem vorhandenen Vermögen spekulieren. Die analoge Anwendung des § 31 BGB auf die Personengesellschaften ermöglicht eine Weiterleitung der Haftung der Gesellschaft für das deliktische Verhalten eines Geschäftsführers auf die Gesellschafter. Ohne eine Haftung der Gesellschaft für dieses deliktische Verhalten kommt keine akzessorische Haftung der Gesellschafter nach § 128 S. 1 HGB (analog) in Betracht. Dies ist insofern ausschlaggebend, als erst diese akzessorische Haftung die Gesellschafter zu einer Internalisierung aller im Rahmen der Gesellschaftstätigkeit entstehenden Kosten

907 *Supra* Kapitel 2 §2 III. 3. a.

908 Zur Grundannahme eines methodologischen Individualismus bereits *supra* Kapitel 1 §2 I.

führt und die Gesellschafter einen Anreiz erhalten, sich gegenseitig zu überwachen und zu beeinflussen. Die akzessorische Haftung hat die gesamtgesellschaftlich wünschenswerte Wirkung, eine optimale Risikoberücksichtigung bei den Gesellschaftern hervorzurufen.

c. Haftung der Gesellschafter als Hintermänner

Zur Rechtfertigung der Haftung nach den oben dargelegten, ökonomisch fundierten Kriterien sind als erstes Einwirkungsmöglichkeiten der Gesellschafter auf ihre Mitgesellschafter zu untersuchen. Zwischen den Gesellschaftern besteht regelmäßig kein Weisungsverhältnis; Einflussmöglichkeiten bestehen dennoch. Es muss sich nicht sofort auf das Bestehen nicht-rechtsförmiger Kanäle zurückgezogen werden, die unstreitig bestehen.[909] Die Gesellschafter sind gleichberechtigte Mitglieder. Bei einer Gesamtgeschäftsführung, wie bei der BGB-Gesellschaft als gesetzlicher Standard vorgesehen, hat jeder Gesellschafter durch das Vorenthalten seiner Zustimmung zu einer Tätigkeit, die Möglichkeit das Aktivitätsniveau seiner Mitgesellschafter zu bestimmen. Besteht eine Einzelgeschäftsführungsbefugnis, wie es bei den Personenhandelsgesellschaften und PartG grundsätzlich der Fall ist, bestehen erstens durch die eigene Geschäftsführungsbefugnis sowie zweitens durch das gesetzlich vorgesehene Widerspruchsrecht Einwirkungsmöglichkeiten auf das Verhalten der Mitgesellschafter. Hinzu kommen die Einflussmöglichkeiten der Gesellschafter durch die eben erwähnten nicht-rechtförmigen Kanäle[910], die insbesondere dann relevant werden, wenn von den gesetzlichen Standardregelungen abgewichen wird. In diesem Zusammenhang können die gleichen Erwägungen wie im Rahmen der Rechtfertigung der Haftung gegenüber freiwilligen Gläubigern angeführt werden. Die Anerkennung minimaler Dispositionsgrenzen und Gesellschafterrechte rechtfertigt es, die Haftung an der gesetzlichen Standardlösung auszurichten und in dieser zu verankern.[911]

Wie dargelegt, reicht die Einwirkungsmöglichkeit der Gesellschafter auf die Mitgesellschafter allein nicht für die Rechtfertigung ihrer Einstandspflicht aus. Hinzukommen muss entweder die bessere Möglichkeit zur Risikominimierung oder die Notwendigkeit einer Haftung zur Überwindung von Vermögensrestriktionen. Es ist davon auszugehen, dass die Gesellschafter, insbesondere wenn sie, wie von der gesetzlichen Standardregelung vorgesehen, in die Geschäftsführung der Gesellschaft mit eingebunden sind, die Gefahrenpotentiale der Gesellschaftstätigkeit am besten einschätzen können und daher auch am besten in der Lage sind Präventionsmaßnahmen zu den relativ geringsten Kosten zu ergreifen.[912] Sind sie nicht in der Lage

909 So *Tröger*, FS Westermann, S. 1533, 1563.

910 Dazu *infra* §3.

911 Dazu *infra* §3. Zum Problem einer Verantwortlichkeit von Gesellschaftern ohne Einfluss, vgl. *Altmeppen*, NJW 2003, 1553, 1555.

912 Vgl. auch *Tröger*, FS Westermann, S. 1533, 1563; *Hansmann/Kraakman*, 100 Yale L. J. (1991) 1879, 1906.

dies zu tun (und nicht nur nicht bereit), vor allem wenn es sich um passive Kapitalanleger handelt, dann kann die Wahl einer anderen Gesellschaftsform geboten sein.

Gesellschafter können die potentiell von ihrer Tätigkeit im Rahmen der Zweckverfolgung ausgehenden Gefahren jedenfalls besser einschätzen und verhindern als dies Deliktsopfer können.[913] Da die Gesellschafter immer nur dann haften, wenn der Tatbestand einer deliktsrechtlichen Vorschrift durch einen geschäftsführenden Gesellschafter erfüllt wird, wird im Rahmen der Verschuldensregelung, etwa § 254 BGB, Einfluss auf den Sorgfaltsmaßstab des Opfers genommen. Die Schadensvermeidungsmöglichkeiten der Deliktsopfer werden also nicht außer Acht gelassen.

Eine persönliche Haftung der Gesellschafter ist dann zur Vermeidung einer Externalisierung von Schäden notwendig, wenn den deliktisch handelnden Gesellschafter keine optimalen Verhaltensanreize treffen. Eine Haftung allein des Gesellschaftsvermögens genügt dann nicht, da die Gesellschafter über dieses frei verfügen können. Folge der Internalisierung aller Kosten der Verbandstätigkeit ist es den Gesellschaftern Anreize zur gegenseitigen Überwachung und Beeinflussung auch in Bezug auf unfreiwillige Gesellschaftsgläubiger zu setzen.[914] Die gesamtgesellschaftlich wünschenswerte Wirkung der persönlichen Haftung liegt in der Beeinflussung der Gesellschafter hin zu einer optimalen Risikoberücksichtigung.

Problematisch erscheint, dass eine Gefährdungshaftung, d. h. Haftung ohne Verschulden (*strict liability*), wie sie die Haftung der Gesellschafter gem. § 128 HGB (analog) für deliktische Verbindlichkeiten ist, da sie kein eigenes Verschulden des haftenden Gesellschafters voraussetzt, im deutschen Recht im Grundsatz nur bei Schaffung einer besonderen Gefahr durch bestimmte Aktivitäten angeordnet wird, wenn diese nicht grundsätzlich, sondern ab einem gewissen Aktivitätsniveau sozialschädlich sind.[915] Diese Argumentation muss relativiert werden. Risiken müssen zugewiesen werden – dies ist eine normative Entscheidung, die nicht zwingend in eine bestimmte Richtung zu erfolgen hat. Vorteil einer *strict liability* ist es, dass kein Verschuldensnachweis geführt werden muss und dadurch Kosten gespart werden. Im Gegensatz zu einer Verschuldenshaftung hilft eine *strict liability* zudem, das Aktivitätsniveau zu steuern. Im Betrieb einer Personengesellschaft kann an sich keine besonders gefährliche Aktivität gesehen werden.[916] Durch die Haftung der Gesellschafter wird verhindert, dass besonders gefährliche Aktivitäten in der Rechtsform

913 Kritsch zu diesem Punkt etwa *Mülbert*, AcP 199 (1999) 38, 92, nach dem die „*Gesellschafter zwar nicht unbedingt das Schädigungsrisiko, wohl aber das Risiko einer Insolvenz des Geschäftsführers sehr viel leichter als Dritte beherrschen können*". Zur Verteilung des Insolvenzrisikos des deliktisch handelnden Geschäftsführers zustimmend *Weiß*, Haftung in der nichtunternehmenstragenden GbR, S. 94.

914 So auch *Scholz*, NZG 2002, 153, 162.

915 *Schäfer/Ott*, Ökonomische Analyse des Zivilrechts, S. 228 f.; vgl. auch *Bader*, Ökonomische Analyse der Gesellschafterhaftung, S. 6.

916 *Bader*, Ökonomische Analyse der Gesellschafterhaftung, S. 7.

einer (sehr gering kapitalisierten) Personengesellschaft betrieben werden, was ein legitimer Effekt ist.

Die Einbeziehung der Gesellschafter fördert außerdem eine ausreichende Kapitalisierung der Gesellschaft.

Zur präventiven Wirkung der persönlichen Haftung kommt eine *ex post* Wirkung hinzu. Die bereits beschriebenen opportunistischen Verhaltensweisen können unfreiwillige Gläubiger nach Begründung ihrer Verbindlichkeit ebenso treffen wie freiwillige Gläubiger. Durch eine persönliche Haftung können Vermögensverschiebungen nach Begründung der deliktischen Verbindlichkeit unterbunden werden.[917] Die Gesellschafter werden indirekt durch eine Haftungsandrohung von Ausschüttungen und Vermögensverschiebungen im Allgemeinen abgehalten.[918] Zudem werden opportunistische Risikoerhöhungen unterbunden.

II. Sonstige gesetzliche Verpflichtungstatbestände

Im Rahmen der Haftung der Gesellschafter für Verbindlichkeiten der Gesellschaft lässt sich eine *ex ante* Berücksichtigung der Kosten einer Eingriffskondiktion, d. h. eines Eingriffs in fremde Rechtspositionen, der im Widerspruch zu deren Zuweisungsgehalt[919] steht,[920] ebenso wie die Kosten eines Schadens im Rahmen eines Eigentümer-Besitzer-Verhältnisses erreichen.[921]

C. Zusammenfassung

Die persönliche Haftung der Gesellschafter ist als ein besonders einfach zu implementierendes Gegengewicht zu Opportunismusanreizen zu verstehen, die entstehen, wenn nur das Gesellschaftsvermögen für Gesellschaftsverbindlichkeiten haftet. Opportunistisches Verhalten bedeutet dabei kurz gefasst, die freiwilligen und

---

917 So auch OLG Hamm, ZIP 2002, 527, 529; *Dauner-Lieb*, Unternehmen in Sondervermögen, S. 548; *Casper/Eberspächer*, Jura 2003, 770, 772; *Potsch*, Grundfragen der Kommanditistenhaftung, S. 50.

918 Hier könnte auch eine Entnahmehaftung, wie sie von *Altmeppen* (NJW 1996, 1017, 1023 ff.; NJW 2003, 1553, 1558) vorgeschlagen wurde, ausreichen. Dogmatisch lässt sich diese jedoch nur schwer im Rahmen der gesetzlichen Regelung begründen. Außerdem wird so eine Risikoerhöhung zu Lasten der Geschädigten nicht erfasst. Vgl. kritisch dazu auch *Schulze*, Haftungsverfassung, S. 83 f.

919 Zur herrschenden Zuweisungstheorie, vgl. nur BGHZ 99, 385, 387 ff.; *Schwab*, in: Münchener Kommentar-BGB, § 812 Rn. 244.

920 *Tröger*, FS Westermann, S. 1533, 1564 f. Zur Haftung der Gesellschafter für Ansprüche aus Eingriffskondiktion auch u. a. *Canaris*, ZGR 2004, 69, 108 f.; *Flume*, DB 2003, 1775, 1776 f.; *ders.*, Personengesellschaft, S. 341 f. A.A. *Schäfer*, ZIP 2003, 1225, 1227, 1229.

921 Zur Besitzfähigkeit der Personengesellschaften vgl. statt aller Staudinger/*Habermeier*, BGB, Vor. §§ 705–740 Rn. 20; *K. Schmidt*, Gesellschaftsrecht, S. 1779 ff. m.w.N.

unfreiwilligen Gläubiger *ex post* durch Maßnahmen zu gefährden, die zu einer Erhöhung ihres Ausfallrisikos führen. Gegenüber freiwilligen Gläubigern bedeutet dies vor allem deren *ex ante* Risikokalkulation zu zerstören. Gegenüber unfreiwilligen Gläubigern geht es nicht nur darum *ex post* opportunistisches Verhalten der Gesellschafter zu verhindern, sondern *ex ante*, präventiv exzessiv riskantes Verhalten der Gesellschafter, wie es durch eine Haftungsbeschränkung eröffnet und gefördert werden würde, zu verhindern. Die persönliche Haftung führt zu einer Korrelation der Erhöhung der Risiken für die Gesellschaftsgläubiger mit einer Erhöhung der Wahrscheinlichkeit persönlicher Inanspruchnahme der Gesellschafter. Es bestehen dadurch für die Gesellschafter prinzipiell effiziente Anreize im Einklang mit den Interessen der Gläubiger zu handeln. Darüber hinaus werden die Gesellschafter ihre Mitgesellschafter in ihrer Tätigkeit für die Gesellschaft überwachen und so auch innerhalb der Gesellschaft ein Handeln im Einklang mit den Gläubigerinteressen sicherstellen.

Die Gesellschafter, die im Recht der deutschen Personengesellschaften, nach der gesetzlichen Grundkonzeption die Kontrolle über das abgetrennte Gesellschaftsvermögen ausüben und so jedenfalls im Zusammenwirken in der Lage sind, eine Schädigung der Gesellschaftsgläubiger durch opportunistisches Verhalten zu initiieren, haften nach dem Modell der §§ 128–130 HGB (analog) für die Verbindlichkeiten der Gesellschaft persönlich mit ihrem Privatvermögen. Durch die Androhung einer *ex post* Haftung wird der Anreiz gesetzt, keine gläubigerbenachteiligende Vermögensverschiebung zu tätigen oder sich in sonstiger Weise opportunistisch zu verhalten. Die Gesellschafter können sich außerdem durch die Wahl einer Personengesellschaft und der daraus folgenden persönlichen Haftung selbst binden und die Kreditwürdigkeit der Gesellschaft signalisieren.

§ 3 Opportunismusvermeidung und das Innenverhältnis der Gesellschafter

Die zwei wichtigsten Komponenten des in dieser Arbeit vertretenen Modells der persönlichen Haftung als Mechanismus zur Vermeidung opportunistischen Gesellschafterverhaltens sind zum einen, die Möglichkeit der Gesellschafter sich opportunistisch verhalten zu können und zum anderen, die Macht der Gesellschafter dieses Verhalten bei den Mitgesellschaftern verhindern zu können.

Dabei ist mit Blick auf das Innenverhältnis der Gesellschafter zweierlei zu beachten. Fehlen erstens diese beiden Komponenten, erscheint eine persönliche Haftung nicht gerechtfertigt, da sie opportunistisches Verhalten nicht verhindern zu können scheint. Daher ist nachfolgend zu untersuchen, ob Gesellschafter, die sich in dieser Position wiederfinden, gleichwohl in die Haftung einzubeziehen sind, welche Einflussmöglichkeiten bestehen und ob und wie ein effektiver Minderheitenschutz dazu beiträgt, opportunistisches Verhalten zu verhindern. Zweitens ist zu berücksichtigen, inwieweit die Funkionsfähigkeit dieses Mechanismus durch privatautonome Gestaltungen im Innenverhältnis in Frage gestellt wird und wie die Grenzen der Dispositionsbefugnis der Gesellschafter zur Sicherstellung der Funktionsfähigkeit der persönlichen Haftung als Gläubigerschutzmechanismus zu bestimmen sind.

I. Möglichkeiten und Grenzen der Einwirkungsmacht der Gesellschafter

1. Gesellschafterliche Einwirkungsmacht nach dem gesetzlichen Leitbild

Wie bereits erörtert besteht nach dem gesetzlichen Leitbild, neben der Fähigkeit sich selbst opportunistisch zu verhalten, die für die persönliche Haftung als wirksamer Mechanismus notwendige Einflussmöglichkeit auf die Mitgesellschafter.[922] Das Leitbild der Personengesellschaften wird als eine auf die Person eines jeden einzelnen Gesellschafters bezogene „Arbeits- und Haftungsgemeinschaft"[923] bezeichnet. Diese Beschreibung ergibt sich zum einen aus der persönlichen Haftung der Gesellschafter für die Verbindlichkeiten der Gesellschaft, zum anderen spiegelt sie die enge Einbindung eines jeden Gesellschafters in die Zweckverfolgung wider. Daher wird regelmäßig, beruhend auf dem persönlichen Vertrauen der Beteiligten, von einer kleinen Mitgliederzahl ausgegangen.[924]

Dieses Leitbild zeigt sich auch im Innenverhältnis der Gesellschafter. Danach bestimmen nach der gesetzlichen Standardregelung bei der BGB-Gesellschaft und bei den Personenhandelsgesllschaften alle persönlich haftenden Gesellschafter die Geschäfte der Gesellschaft.[925] Stellt das opportunistische Verhalten keine Geschäftsführungsmaßnahme dar, sondern ein Grundlagengeschäft[926], muss die Entscheidung grundsätzlich von allen Gesellschaftern gemeinschaftlich getroffen werden.[927] Das Einstimmigkeitsprinzip gibt jedem Gesellschafter die Möglichkeit durch sein Veto Maßnahmen zu verhindern.

2. Dispositivität der gesetzlichen Regeln und Grenzen der Einwirkungsmacht

Die Grenzen der Einwirkungsmacht ergeben sich aus der Dispositivität der Regelungen, die das gesetzliche Leitbild ausmachen. Dieser Dispositivität liegt der Gedanke der Privatautonomie der Gesellschafter zu Grunde, die danach grundsätzlich

---

922 Dazu bereits *supra* §2 A. IV. 4.

923 Vgl. BGH NJW 1983, 2376, 2377; *Weitemeyer*, in: Oetker, HGB, § 119 Rn. 28; *Freitag*, in: E/B/J/S, HGB, § 119 Rn. 45; *Schöpflin*, in: BeckOK-BGB, § 21 Rn. 29; *Enzinger*, in: Münchener Kommentar-HGB, § 109 Rn. 1; dazu auch *Büsching*, in: Römermann, Münchener Anwaltshandbuch GmbH-Recht, § 1 Rn. 23 f.

924 Vgl. nur Staudinger/*Habermeier*, BGB, Vor. §§ 705–740 Rn. 68.

925 Dazu bereits *supra* §2 A. IV. 4.

926 Zum Begriff des Grundlagengeschäft vgl. u. a. *Ulmer/Schäfer*, in: Münchener Kommentar-BGB, § 709 Rn. 10 f.; *Westermann*, in: Erman, BGB, § 709 Rn. 6 jeweils m.w.N.

927 Zur Fundierung des Einstimmigkeitsprinzips bei der BGB-Gesellschaft, *Heinrichs*, Mehrheitsbeschlüsse bei Personengesellschaften, S. 33 f.

frei sind, ihr Verhältnis untereinandere auch in Abweichung von der gesetzlichen Standardregelung zu gestalten. Gerade im Personengesellschaftsrecht wird die Privatautonomie der Gesellschafter als besonders wichtig und nur wenige Regelungen als zwingend angesehen. Dadurch wird es den Gesellschaftern ermöglicht, für sie passgenaue und effiziente Regeln zu finden.

Sowohl die gesetzliche Regelung der Geschäftsführungsbefugnis (mit der Grenze der Selbstorganschaft) als auch das Widerspruchsrecht sind dispositiv.[928] Dies ist bereits in der gesetzlichen Regelung der Geschäftsführungsbefugnis der §§ 709 BGB, 115 Abs. 2 HGB angelegt, die Abänderungen ausdrücklich zulassen. In der Rechtspraxis wird nicht nur von der gesetzestypischen Geschäftsführung, sondern auch von der geringen Gesellschafterzahl und der mit ihr einhergehenden persönlichen Vertrautheit abgewichen, wobei dann die abweichende Regelung der Geschäftsführung nur logische Konsequenz ist. Im Rahmen der Entscheidungsfindung außerhalb der Geschäftsführung ist ein Abweichen von dem gesetzlich grundsätzlich vorgesehenen Einstimmigkeitsprinzip ebenfalls möglich. § 119 Abs. 2 HGB stellt das Einstimmigkeitsprinzip zur Disposition der Gesellschafter.[929]

Dass sich die Gesellschafter für die Gründung einer Personengesellschaft bzw. den Eintritt in eine solche inklusive persönlicher Haftung entscheiden, wenn sie gleichzeitig jegliche Einflussmöglichkeiten begrenzen und sich der Fähigkeit berauben, potentiell opportunistisches Verhalten der anderen Gesellschafter zu unterbinden, erscheint paradox und unwahrscheinlich.

3. Die persönliche Haftung als Selbstbindung der Gesellschafter

Bei Abweichung von der gesetzlichen Standardregelung bestehen neben den rechtlichen auch informelle Einflussmöglichkeiten. Alle Gesellschafter haben grundsätzlich das gemeinsame Interesse, dass der zusammen verfolgte Zweck erreicht wird, dass etwa das betriebene Unternehmen erfolgreich ist. Der Gesellschaftsvertrag ist zudem eingebettet in ein System sozialer Beziehungen der Gesellschafter. Das können familiäre Bande sein, wie man sie bei Familiengesellschaften findet. Das können aber auch andere Beziehungen sein, etwa professioneller Art. Sanktionsmechanismen innerhalb dieser Beziehungen können opportunistisches Verhalten, auch bei fehlendem rechtlichem Einfluss, verhindern.

Die persönliche Haftung der Gesellschafter stellt außerdem nicht nur ein glaubwürdiges Signal der Gesellschafter gegenüber den Gesellschaftsgläubigern dar.[930] Sie ist auch im Verhältnis der Gesellschafter untereinander eine Art Geisel. Durch die

---

928 Vgl. in Bezug auf das Widerspruchsrecht statt aller *Schäfer*, in: Münchener Kommentar-BGB, § 711 Rn. 4; *Hadding/Kießling*, in: Soergel, BGB, § 711 Rn. 9; *Westermann*, in: Erman, BGB, § 711 Rn. 1; *Wiedemann*, Gesellschaftsrecht II, S. 337.

929 Für die BGB-Gesellschaft wird § 709 Abs. 2 BGB erweiternd auf andere Gesellschaftsbeschlüsse angewendet (*Heidel/Hanke*, in: Dauner-Lieb/Langen, BGB Schuldrecht, § 709 Rn. 38).

930 Dazu *supra* §2 A. IV. 6.

Unterwerfung unter die persönliche Haftung signalisieren die Gesellschafter ihren Mitgesellschaftern, dass sie keinen Anreiz zu opportunistischen Verhalten haben, da ihnen sonst die Haftung mit ihrem persönlichen Vermögen droht. Dies gilt dabei im Grunde unabhängig von einer Regressmöglichkeit im Innenverhältnis, da ein Gesellschaftsgläubiger aufgrund der Gesamtschuldnerschaft von jedem Gesellschafter den gesamten Betrag seiner Verbindlichkeit verlangen kann.

Die persönliche Haftung setzt für die Gesellschafter den Anreiz miteinander zu kommunizieren und die Geschäfte, wenn auch nicht aktiv mitzugestalten so doch wenigstens zu überwachen. Sind aktive, sich an der Gesellschaft beteiligende Anleger das Ziel, so ist die persönliche Haftung ein hartes, aber transaktionskostengeringes und effektives Mittel, um dies zu erreichen.

4. Die Verantwortlichkeit der Gesellschafter für eine adäquate Regelung des Innenverhältnisses

Aufgrund der großen Flexibilität bei der Gestaltung des Innenverhältnisses kann sich ein Gesellschafter, auch wenn er nicht an der Geschäftsführung beteiligt ist, Einflussmöglichkeiten im Gesellschaftsvertrag zusichern lassen. Es liegt in der Verantwortung des Gesellschafters, sich im Rahmen einer Risikokalkulation bei Kenntnis einer potentiell drohenden Haftung gegen seine Mitgesellschafter abzusichern. Möchte sich ein Gesellschafter lediglich kapitalistisch an einer Gesellschaft beteiligen und keinen Einfluss auf die Geschäftsführung ausüben, so stehen mit den Kapitalgesellschaften und der KG im Rahmen der freien Rechtsformwahl alternative Gesellschaftsformen zur Verfügung.

Die gesetzliche Standardregelung kommt als dispositive Regelung solange zur Anwendung bis eine abweichende Regelung getroffen wurde. Eine Abweichung basiert immer auf einer bewussten Entscheidung der Gesellschafter. Diese werden als rationale Akteure in die Entscheidung, wie das Innenverhältnis der Gesellschaft ausgestaltet werden soll, mit einbeziehen, wie sich geringere Einflussmöglichkeiten auf ihr Haftungsrisiko auswirken.[931] Deshalb finden sich in Gesellschaftsverträgen von OHGs, KGs und BGB-Gesellschaften in der Praxis regelmäßig Klauseln, die nichtgeschäftsführungsbefugte und Minderheitsgesellschafter schützen sollen, wie etwa Zustimmungsvorbehalte für bestimmte Geschäfte. Zwar sind Menschen bei der Beurteilung der Wahrscheinlichkeit von Konflikten häufig überoptimistisch,[932]

---

931 Die Verantwortlichkeit der Gesellschafter, für einen Minderheitenschutz zu sorgen, betont der *Delaware Supreme Court*, etwa in *Nixon v. Blackwell*, 626 A 2d 1366 (Del. 1993); so auch *Ragazzo*, 77 Wash. U. L. Q. (1999) 1099, 1129 ff.

932 *Eisenberg*, 47 Stan. L. Rev. (1995) 211, 251: „*At the time the contract is made, each party is likely to be unduly optimistic about the relationship's long-term prospects* (...)". Zur Verhaltensanomalie des Überoptimismus, vgl. *Englerth*, in: Engel et al. (Hrsg.), Recht und Verhalten, S. 60, 95 f.; *Fleischer*, ZGR 2001, 1, 6. Literaturüberblick bei *Armor/Taylor*, in: Gilovich/Griffin/Kahneman (Hrsg.), Heuristics and Biases, S. 334.

jedoch kann gerade in solchen Fällen zum Schutz der Minderheitsgesellschafter korrigierend eingegriffen werden.

II. Minderheitenschutz im Lichte der persönlichen Haftung als Mechanismus zur Vermeidung gesellschafterlichen Opportunismus

Heute ist das Bedürfnis, Minderheiten in Verbänden vor einer uneingeschränkten Mehrheitsmacht zu schützen, allgemein anerkannt.[933] In der BGB-Gesellschaft stellt sich das Problem eines Minderheitenschutzes nach dem gesetzlichen Leitbild grundsätzlich nicht. Die Einbindung aller Gesellschafter in die Geschäftsführung und das Einstimmigkeitsprinzip bei sonstigen Gesellschafterbeschlüssen führt zu einem absoluten Schutz. Dass diese Regelungen jedoch dispositiv sind, wurde bereits dargestellt. Gerade aus dieser Dispositivität kann sich fehlende Einflussmacht trotz persönlicher Haftung ergeben. Die Folge kann ein Konflikt zwischen Mehrheits- und Minderheitsgesellschafter sein. Es sprechen jedoch gute Gründe dafür Mehrheitsbeschlüsse zuzulassen und Mehrheitsklauseln zu vereinbaren. Das Einstimmigkeitsprinzip schützt zwar die Minderheit absolut, führt aber gleichzeitig zu Problemen bei der effektiven Leitung der Gesellschaft. Die Zustimmungspflicht und das Vetorecht, die sich aus dem Einstimmigkeitsprinzip ergeben, ermöglichen es einzelnen Gesellschaftern zu Lasten der Gesellschaft eine opportunistische Blockadepolitik zu verfolgen.[934] Außerdem geht mit dem Einstimmigkeitsprinzip ein großer, zum Teil sogar unverhältnismäßiger Einigungsaufwand einher, der mit der Zahl der Gesellschafter ansteigt, so dass Praktikabilitätserwägungen für die Vereinbarung von Mehrheitsklauseln sprechen. Das Einstimmigkeitserfordernis kann im schlimmsten Fall zur Handlungsunfähigkeit der Gesellschaft führen.[935]

1. Die Funktion des Minderheitenschutzes

Als Minderheit werden der oder die Gesellschafter verstanden, die sich bei der Willensbildung nicht durchzusetzen vermögen, die Maßnahmen oder Entscheidungen hinnehmen müssen und deren Rechte gegen ihren Willen durch die Gesellschaft oder andere Gesellschafter beeinträchtigt werden können.[936] Es geht hierbei um die konkreten Machtverhältnisse bei jeder einzelnen Entscheidung;

933 Siehe etwa *Wiedemann*, ZGR 1980, 147, 155: Minderheitenschutz als rechtsethisches Prinzip des Unternehmensrecht und notwendiges Korrelat zum Mehrheitsprinzip.

934 *Heinrichs*, Mehrheitsbeschlüsse bei Personengesellschaften, S. 74.

935 Vgl. *Schöne*, in: BeckOK-BGB, § 709 Rn. 32; *Freitag*, in: E/B/J/S, HGB, § 119 Rn. 41.

936 So auch *Hofmann*, Minderheitenschutz, S. 5.

die Machtstrukturen, d. h. die Mehrheits- und Minderheitsverhältnisse müssen nicht verfestigt sein.[937]

Die Situation zwischen Mehrheits- und Minderheitsgesellschafter kann ebenfalls agentur-theoretisch beschrieben werden.[938] Die Minderheitsgesellschafter sind die Prinzipale, auf deren Rechtspositionen die Mehrheitsgesellschafter kraft ihrer Mehrheitsmacht einwirken können. Das Mehrheitsprinzip führt dazu, dass durch einen Beschluss auch das Schicksal der Minderheit bestimmt wird. Es geht um eine Beschränkung der Mehrheitsmacht, die nicht zum Nachteil der Minderheit missbraucht werden können soll.[939] Minderheitenschutz bedeutet daher die Minderheitsgesellschafter in ihren Rechtspositionen vor opportunistischer Fremdbeeinflussung zu schützen.[940]

Für den Minderheitenschutz sind vor allem ungeschriebene, von Rechtsprechung und Literatur entwickelte Rechtsinstitute von Bedeutung, vor allem die materielle Beschlusskontrolle. Prinzipiell liegt der Minderheitenschutz in der eigenen Verantwortung der Gesellschafter, die sich wenigstens einen wirksamen Minderheitenschutz bei den Eintrittsverhandlungen sichern können. Allerdings können in einem Gesellschaftsvertrag als einem zwingend unvollständigen Vertrag[941] nicht alle Eventualitäten und alle potentiell möglichen Konflikte geregelt werden. Eine einmal vorgenommene Fehleinschätzung könnte lange nachwirken. Daher ist ein institutioneller Minderheitenschutz notwendig.

Ein wirksamer Minderheitenschutz ist aus verschiedenen Gründen erstrebenswert. Neben Gerechtigkeitserwägungen sprechen auch ökonomische Gründe für einen Schutz der Minderheit.[942] Der Mehrheitsgesellschafter kann aufgrund seiner Mehrheitsmacht Kosten zu Lasten der Minderheit externalisieren. Da ein Gesellschafter bei Investition in eine Gesellschaft nicht wissen kann, ob er sich im Laufe seiner Mitgliedschaft irgendwann in der Lage eines Minderheitsgesellschafters befinden wird, ist ein wirksamer Minderheitenschutz notwendig, um einen Funktionsschutz der entsprechenden Gesellschaftsform zu gewährleisten. Nur so kann ein Investitionsanreiz sichergestellt werden. Dahinter steht das gesamtgesellschaftliche Interesse an einer funktionierenden Unternehmensfinanzierung. Außerdem können Lücken im gesellschaftsvertraglichen Minderheitenschutz durch eine gesetzliche Regelung transaktionskostengünstig gefüllt werden.

---

937 *Hofmann*, Minderheitenschutz, S. 6 m.w.N. *Wiedemann*, FS Hopt, S. 1491, 1502 sieht dann keinen Minderheitenschutz *„im strengen Wortsinn"*, da es nicht um Abwehrrechte einer festen Minderheitsgruppe gehe.

938 Vgl. etwa *Kraakman et al.*, Anatomy of Corporate Law, S. 35; zur Prinzipal-Agenten-Theorie bereits *supra* §2 A. I.

939 *Hofmann*, Minderheitenschutz, S. 8.

940 *Hofmann*, Minderheitenschutz, S. 7.

941 Dazu bereits *supra* Kapitel 1 §2 2. b.

942 Überblick bei *Hofmann*, Minderheitenschutz, S. 12 ff.

2. *Minderheitenschutz im Personengesellschaftsrecht*

Der Minderheitenschutz im Personengesellschaftsrecht wird vor allem als ein nachträglicher Schutz gesehen. Der Schutz der Minderheitsgesellschafter im Rahmen von Geschäftsführungsmaßnahmen erfolgt bei Einzelgeschäftsführung durch die allgemeine Pflichtenbindung der Geschäftsführer. Bei Verstößen gegen diese Pflichtenbindung greifen verschiedene Sanktionen, von präventiven Unterlassungsansprüchen, bis hin zu Schadensersatzansprüchen, der Entziehung der Geschäftsführungsbefugnis und dem Ausschluss aus der Gesellschaft.

Nach §§ 119 Abs. 2 HGB ist das Einstimmigkeitsprinzip für Gesellschafterbeschlüsse dispositiv und es können im Gesellschaftsvertrag Mehrheitsklauseln sowohl im Bereich der Geschäftsführung als auch der Grundlagengeschäfte vereinbart werden. Die Zulässigkeit von Mehrheitsklauseln hat sich auch für die BGB-Gesellschaft trotz einer fehlenden gesetzlichen Regelung durchgesetzt.[943] Zum Schutz der Gesellschafterminderheit haben sich bestimmte Grenzen für die Zulässigkeit von Mehrheitsbeschlüssen und gegen eine zu weite Ausdehnung der Mehrheitskompetenz herausgebildet. Neben den allgemeinen Grenzen der Sittenwidrigkeit und des gesetzlichen Verbots (§§ 134, 138 BGB) wurden in der Rechtsprechung und der Literatur seit langem vielfältige Ansätze und Lösungsmöglichkeiten diskutiert.[944] Seit der Grundlagenentscheidung des BGH, BGHZ 170, 283 (*OTTO*) besteht ein deutlich größeres Maß an Klarheit und ein verlässlicher Prüfungsmaßstab.[945]

Lange Zeit war in Bezug auf die Zulässigkeit von Mehrheitsklauseln der sog. „Bestimmtheitsgrundsatz" von maßgeblicher Bedeutung.[946] Nach diesem Grundsatz seien Mehrheitsklauseln im Gesellschaftsvertrag grundsätzlich eng auszulegen. Eine pauschale Mehrheitsklausel würde nur die üblichen Vertragsänderungen umfassen; unübliche Änderungen würden nur von Klauseln gedeckt, aus denen sich der Beschlussgegenstand unzweideutig ergebe.[947] Auf Geschäftsführungsmaßnahmen fand der Bestimmtheitsgrundsatz keine Anwendung. Neben dem Bestimmtheitsgrundsatz gewann die Kernbereichslehre an Bedeutung.[948]

---

943 Vgl. nur *Servatius*, Henssler/Strohn, Gesellschaftsrecht, § 709 BGB Rn. 8; *Schöne*, in: BeckOK-BGB, § 709 Rn. 28.

944 Zur Rechtsentwicklung etwa *Wiedemann*, FS Hopt, S. 1491 ff.; *Schäfer*, ZGR 2013, 237, 239 ff.

945 *Finckh*, in: Henssler/Strohn, Gesellschaftsrecht, § 119 HGB Rn. 39.

946 Entwickelt vom RG, RGZ 91, 165, 166, fortgeführt vom BGH, BGHZ 8, 35. Vgl. auch zur Entwicklung des Bestimmtheitsgrundsatzes *Schäfer*, ZGR 2013, 237, 239 ff.

947 BGHZ 8, 35, 41 ff. Dazu auch *Wiedemann*, Gesellschaftsrecht I, S. 409 ff.; *Schäfer*, ZGR 2009, 768, 771; *ders.*, ZGR 2013, 237, 240 jeweils m.w.N.

948 Grundlegend BGHZ 20, 363. Zur Entwicklung der Kernbereichslehre, vgl. *Schäfer*, ZGR 2013, 237, 250 ff. Dazu auch *Schöne*, in: BeckOK-BGB, § 709 Rn. 35.

Den Bestimmtheitsgrundsatz hat der BGH nunmehr, nachdem seine Geltung nach der *OTTO*-Entscheidung[949] und der nachfolgenden Entscheidung *Schutzgemeinschaft II*[950] breits in Frage gestellt wurde[951], ausdrücklich aufgegeben.[952]

Grundsätzlich muss der in Frage stehende Beschlussgegenstand laut Gesellschaftsvertrag einer Mehrheitsentscheidung unterworfen sein, wobei eine generalklauselartige Verdeutlichung ausreicht.[953] Dann wird auf einer zweiten Stufe die inhaltliche Wirksamkeit des Gesellschafterbeschlusses überprüft,[954] insbesondere ob in den Kernbereich der Mitgliedschaft eingegriffen wird und ob eine sonstige (einfache) Treuepflichtverletzung vorliegt.[955] Bei einem Eingriff in den Kernbereich der Mitgliedschaft liegt nach dem BGH regelmäßig eine „treupflichtwidrige Ausübung der Mehrheitsmacht"[956] vor.

Es wird kritisiert, dass es sich bei einem Eingriff in den Kernbereich der Mitgliedschaft nicht nur um die vermutete treuwidrige Ausübung der Mehrheitsmacht handle.[957] Mit Blick auf den Kernbereich der Mitgliedschaft wird (auch vom BGH) unterschieden, ob durch die Mehrheitsentscheidung in schlechthin „unverzichtbare" oder nur in „relativ unentziehbare" Mitgliedschaftsrechte eingegriffen wird.[958] Handelt es sich um einen Eingriff in unverzichtbare Mitgliedschaftsrechte, sei der Beschluss unwirksam, woran auch die Zustimmung der Gesellschafter nichts

---

949 BGHZ 170, 283.

950 BGHZ 179, 13, sowie BGH NZG 2013, 63, 64 Rn. 15: *„Diese Entscheidung beruhte auf der Anwendbarkeit des so genannten Bestimmtheitsgrundsatzes, dem, wie ausgeführt, für die formelle Legitimation einer Mehrheitsentscheidung nach der neueren Rechtsprechung des Senats (BGH, Urteil vom 24. November 2008 – II ZR 116/08, BGHZ 179, 13 Rn. 15 – Schutzgemeinschaftsvertrag II; Urteil vom 15. November 2011 – II ZR 266/09, BGHZ 191, 293 Rn. 16 mwN) keine Bedeutung mehr zukommt.*"

951 Nicht völlig aufgebend, *K. Schmidt*, ZIP 2009, 737; *ders.*, ZGR 2008, 1, 8 ff.; *Westermann*, in: Erman, BGB § 709 Rn. 30a; *Hadding/Kießling*, in: Soergel, BGB § 709 Rn. 39 f.; *Sigle*, FS Hüffer, S. 973 f. („*in verändertem Gewand*"); *Wiedemann*, FS Hopt, S. 1491, 1499; a.A. *Schäfer*, ZGR 2009, 768, 773; *ders.*, ZGR 2013, 237, 243 ff.; *ders.*, in: Münchener Kommentar-BGB, § 709 Rn. 90.

952 BGH NZG 2014, 1296; zustimmend u. a. *Schäfer*, NZG 2014, 1401; *Wertenbruch*, DB 2014, 2875; kritisch *Altmeppen*, NJW 2015, 2065. Dazu auch Westermann, in: Westermann/Wertenbruch (Hrsg.), Handbuch Personengesellschaften, Rz. I 517a ff.; *Goette/Goette*, DStR 2016, 74.

953 Vgl. so BGH NZG 2014, 1296; *Westermann*, in: Westermann/Wertenbruch (Hrsg.), Handbuch Personengesellschaften, Rz. I 517 f.; *Schäfer*, ZGR 2009, 768, 774; i.E. auch *K. Schmidt*, ZIP 2009, 737, 738, da eine „umfassende Generalklausel" ausreichen solle.

954 *Finckh*, in: Henssler/Strohn, Gesellschaftsrecht, § 119 HGB Rn. 46.

955 Klarstellend BGHZ 179, 13 (*Schutzgemeinschaft II*). Zum Kernbereiche der Mitgliedschaft bspw. *Sigle*, FS Hüffer, S. 973, 976 ff.

956 BGHZ 179, 13, 21 Tz. 17.

957 So *Schäfer*, ZGR 2009, 768, 775 f.; *ders.*, ZGR 2013, 237, 249.

958 Siehe BGHZ 170, 283, 288.

ändere.[959] Die Mehrheitsklausel laufe in diesem Fall leer. Soweit es sich nur um relativ unentziehbare Mitgliedschaftsrechte handle, die mit Zustimmung des betroffenen Gesellschafters entzogen werden können, ist weiter zu prüfen, ob die Gesellschaftermehrheit die inhaltlichen Grenzen der ihr erteilten Ermächtigung eingehalten und sie sich nicht etwa treupflichtwidrig über beachtenswerte Belange der Minderheit hinweggesetzt hat.[960]

Unabhängig davon, wie man die Aussagen des BGH versteht, erfolgt immer eine materielle Beschlusskontrolle, eine Ausübungskontrolle. Maßstab ist dabei neben dem Gleichbehandlungsgrundsatz vor allem die Treuepflicht der Gesellschafter.[961] Als Generalklausel kann die Treuepflicht Schutz in einer Vielzahl von denkbaren Konfliktsituationen bieten.

3. *Die Mitgliedschaftliche Treuepflicht als Mechanismus des Minderheitenschutzes*

Die Treuepflicht[962]ist ein „zentrales Element der ungeschrieben verbandsrechtlichen Legalordnung“[963] und in der Lehre und Rechtsprechung als allgemeines Prinzip des Verbandsrechts anerkannt. Die gesellschafterliche Treuebindung bestimmt die Rechtsbeziehung der Gesellschafter zur Gesellschaft, aber auch der Gesellschafter untereinander. Die Treuebindung stellt eine umfassende richterrechtliche Generalklausel der Gesellschaftstreue dar.[964] Die gesellschafterliche Treuebindung wird von Rechtsprechung und Lehre zur Bewältigung zahlreicher und verschiedenartiger Konflikte herangezogen. Es findet sich nur sehr wenig Kritik an der Rechtsfigur der Treuebindung der Gesellschafter. Lediglich manchmal wird kritisiert, dass die

959 *Enzinger*, Münchener Kommentar-HGB, § 119 Rn. 68 f.

960 *Schäfer*, in: Münchener Kommentar-BGB, § 709 Rn. 91, 92; *Enzinger*, Münchener Kommentar-HGB, § 119 Rn. 70 ff.

961 So schon *Wiedemann*, Gesellschaftsrecht II, S. 304 ff.

962 Erste Ansätze zur Treuepflicht finden sich bereits beim Reichsgericht (RGZ 132, 149 (Victoria), RGZ 162, 388, 394 (GbR); RG JW 1913, 429 f. (OHG)). Eine Präzisierung und Systematisierung erfolgte dann durch den BGH. Zur historischen Entwicklung vgl. etwa *Winter*, Mitgliedschaftliche Treubindungen, S. 9 ff.

963 *Pläster*, Mitgliedschaftliche Treuepflicht, S. 125; so auch *K. Schmidt*, Gesellschaftsrecht, S. 588; vgl. auch *Wellenhofer-Klein*, RabelsZ 64 (2000) 564; ähnlich *Schöne*, in: BeckOK-BGB, § 705 Rn. 101:Treuepflicht als eines der *„fundamentalen Grundprinzipien des Gesellschaftsverhältnisses“*. Zustimmend auch Staudinger/*Habermeier*, BGB, § 705 Rn. 50 (*„Treuepflicht (...) gehört zu den bedeutendsten Pflichten des Gesellschaftsrechts überhaupt.“*) Vgl. auch *Grigoleit*, Gesellschafterhaftung, S. 290.

964 *Winter*, Mitgliedschaftliche Treubindungen, S. 2 f.; *Wiedemann*, WM 2009, 1; *Pläster*, Mitgliedschaftliche Treuepflicht, S. 127; *Emmerich*, in: Scholz, GmbHG, § 13 Rn. 36; *Hüffer*, FS Steindorff, S. 58, 68. Die Treuepflicht hat nach h.M. den Rang von Gewohnheitsrecht erlangt, vgl. nur *Pläster*, Mitgliedschaftliche Treuepflicht, S. 127.

Treuepflicht zu einer Pauschalierung und Moralisierung führe, die den Blick für den Einzelfall verstelle.[965]

Normativ wird die Treupflicht der Gesellschafter aus der Korrelation von Einfluss bzw. Rechtsmacht und Verantwortung begründet.[966] Da jedes Mitglied einer Gesellschaft die Möglichkeit habe, auf die in der Gesellschaft gebundenen Vermögenswerte und Interessen der Mitgesellschafter Einfluss zu nehmen, stelle die inhaltliche Kontrolle der Rechtsausübung anhand der Treuepflicht das notwendige Korrelat dar.[967]

Rechtsökonomisch wird die Aufgabe der Treuepflicht hauptsächlich in der Lückenfüllung unvollständiger Verträge gesehen. Lücken, die sich aus der zwingenden Unvollständigkeit des Gesellschaftsvertrags[968] ergeben, werden im Rahmen der Treuepflicht so ergänzt, wie es die Vertragsparteien getan hätten.[969]

Nach wie vor ungeklärt ist lediglich die genaue rechtsdogmatische Fundierung der Treuepflicht. Einigkeit besteht insoweit, als bei den Personengesellschaften, die Grundlage und der dogmatische Anknüpfungspunkt der Treupflicht im Gesellschaftsvertrag und in der Mitgliedschaft in der Gesellschaft zu sehen sei und zwar gegenüber der Gesellschaft als auch gegenüber den Mitgesellschaftern.[970]

---

965 Kritisch zur Treuepflicht bei Kapitalgesellschaften etwa *Flume*, Juristische Person, S. 268 ff.; *ders.*, ZIP 1996, 161. Dieser Kritik kann gerade durch eine Ausfüllung der Treuepflicht anhand rechtsökonomisch bestimmter Interessen entgegen gewirkt werden. Vgl. *supra* Kapitel 1 §2 I.

966 Vgl. BGHZ 65, 15, 19; *Zöllner*, Schranken mitgliedschaftlicher Stimmrechtsmacht, S. 342 f.; *Lutter*, AcP 180 (1980) 84, 114 f.; *Wiedemann* Gesellschaftsrecht I, S. 432 ff.; *K. Schmidt*, Gesellschaftsrecht, S. 588; *Westermann*, in: Erman, BGB, § 705 Rn. 49; *Winter*, Mitgliedschaftliche Treubindungen, S. 16 ff., 75 f.; *Wellenhofer-Klein*, RabelsZ 64 (2000) 564, 572 f.; *Hennrichs*, AcP 195 (1995) 221, 239.

967 Vgl. z. B. BGHZ 129, 136 ff. (Girmes).

968 Dazu bereits *supra* Kapitel 1 §2 II. 2. b.

969 Vgl. dazu etwa *Easterbrook/Fischel*, 36 J. L. & Econ. (1993) 425, 427; *Fleischer*, ZGR 2001, 1, 4 f.; *Habermeier*, in: Staudinger, Eckpfeiler des Zivilrechts, R. Rn. 10 m.w.N.

970 *Ulmer/Schäfer*, in: Münchener Kommentar-BGB, § 705 Rn. 222; *Hadding/Kießling*, in: Soergel, BGB, § 705 Rn. 58; *Grigoleit*, Gesellschafterhaftung, S. 292; *Winter*, Mitgliedschaftliche Treuebindungen, S. 10 ff.; Staudinger/*Habermeier*, BGB, § 705 Rn. 50; *Hüffer*, FS Steindorff, S. 65 ff., 68. Zur gesellschaftsvertraglichen Grundlage der Treuepflicht, jeweils in Bezug auf die Pflicht zur Zustimmung zu Sanierungsbeschlüssen vgl. BGHZ 183, 1 (Sanieren oder Ausscheiden); BGH NJW 2011, 1667, 1669 Rn. 21. Eine Ansicht sieht darüber hinaus die Treuepflicht als verdichtete Ausprägung des Grundsatzes von Treu und Glauben an, der im Gesellschaftsverhältnis aufgrund der gemeinsamen Zweckverfolgung stärker zum Tragen komme als bei einfachen Austauschverhältnissen. So etwa *G.H. Roth*, in: Münchener Kommentar-BGB, 5. Aufl., § 242 Rn. 153; *Westermann*, in: Erman, BGB, § 705 Rn. 49; *Schöne*, in: BeckOK-BGB, § 705 Rn. 101; *K. Schmidt*, Gesellschaftsrecht, S. 587 f.; zum Ganzen auch *Hüffer*, FS Steindorff, S. 59, 64 ff., 70 ff. m.w.N.

Die Schutzrichtung der Treuepflicht ist nach herrschender Ansicht eine doppelte, was bedeutet, dass sie sowohl auf das Verhältnis des Gesellschafters zur Gesellschaft selbst als auch auf das zu den Mitgesellschaftern einwirkt.[971] Die Treuebindung stellt den wichtigsten Baustein im Minderheitenschutz bei den Personengesellschaften dar, ist dabei aber kein reines Minderheitenschutzrecht, sondern eine umfassende Pflichtenbindung aller Gesellschafter.[972]

Inhaltlich wird die Treuepflicht so umschrieben, dass jeder Gesellschafter die Pflicht hat, seine gesellschaftsbezogene Tätigkeit im Gesellschaftsinteresse wahrzunehmen und alles zu unterlassen, was dieses Interesse beeinträchtigt.[973] Darüber hinaus haben die Gesellschafter auf die Belange der Mitgesellschafter Rücksicht zu nehmen und aus einer Position der Stärke zu Lasten des bzw. der Schwachen keine Sondervorteile zu verfolgen.[974]

Die Treuepflicht wirkt zum einen bei der Ausübung einzelner Rechte rechtsbegrenzend und pflichtenbegründend. Zum anderen wird die Treuepflicht auch bei der Auslegung des Gesellschaftsvertrages und der materiellen Beschlusskontrolle relevant. Inhaltlich kann die Treuepflicht daher Handlungs-, Duldungs- und Unterlassungspflichten hervorrufen.[975] Eine schuldhafte Verletzung gegenüber der Gesellschaft bzw. den Mitgesellschaftern löst eine Schadensersatzhaftung aus und begründet entsprechend § 1004 BGB Unterlassungsansprüche.[976] Eine treupflichtwidrige Stimmabgabe wird bei der Beschlussfeststellung nicht berücksichtigt.[977]

4. Opportunistisches Verhalten als Verletzung der Treuebindung

Geschäftsführungsmaßnahmen und Mehrheitsbeschlüsse sind also am Maßstab der Treuepflicht zu messen. Verstößt eine Maßnahme oder ein Beschluss gegen die gesellschafterliche Treuebindung, so ist eine Geschäftsführungsmaßnahme pflichtwidrig und ein Beschluss materiell fehlerhaft.[978]

---

971 Vgl. nur *Wiedemann*, Gesellschaftsrecht II, S. 199; *Zöllner*, Schranken der Stimmrechtsmacht, S. 349; *Winter*, Mitgliedschaftliche Treubindung, S. 86 ff.; Staudinger/*Habermeier*, BGB, § 705 Rn. 50; *K. Schmidt*, in: Münchener Kommentar-HGB, § 105 Rn. 189.

972 Vgl. *K. Schmidt*, Gesellschaftsrecht, S. 593; *ders.*, in: Münchener Kommentar-HGB, § 105 Rn. 188. Die Treuepflicht trifft jeden Gesellschafter.

973 *Wiedemann*, Gesellschaftsrecht II, S. 199.

974 *Heidel/Hanke*, in: Dauner-Lieb/Langen, BGB Schuldrecht, § 705 Rn. 192; *Servatius*, in: Henssler/Strohn, §705 Rn. 41; vgl. auch BGHZ 65, 15 (zur GmbH).

975 Vgl. *Ulmer/Schäfer*, in: Münchener-Kommentar-BGB, § 705 Rn. 223; *Servatius*, in: Henssler/Strohn, Gesellschaftsrecht, § 705 BGB Rn. 41.

976 Zu den Rechtsfolge von Treuepflichtverstößen vgl. nur *Ulmer/Schäfer*, in: Münchener-Kommentar-BGB, § 705 Rn. 239 ff.

977 RGZ 158, 302, 310; *Servatius*, in: Henssler/Strohn, Gesellschaftsrecht, § 705 BGB Rn. 41.

978 Ob der Beschluss dann zwingend unwirksam ist oder ob das aktienrechtliche Beschlussmängelrecht auf die Personengesellschaften zu übertragen ist, ist eine noch immer ungeklärte Frage. Vgl. dazu *Schäfer*, in: Münchener Kommentar-BGB, § 709 Rn. 105 m.w.N.

Die Treuepflicht ermöglicht es, persönlich haftende Minderheitsgesellschafter vor opportunistischem Verhalten zu schützen. Wenn die Anreize der Mehrheitsgesellschafter versagen, muss es den Minderheitsgesellschaftern möglich sein, Hasardeur-Stücke zu verhindern. Es geht um „pathologische" Fälle, um Fälle, in denen die Gesellschafter ihre Einflussmöglichkeiten nutzen, um sich opportunistisch zu verhalten, da der sofortige Gewinn größer ist als die (potentielle) spätere, persönliche Haftung. Solche Situationen können sich ergeben, wenn einem Gesellschafter, salopp ausgedrückt, „das Wasser bis zum Hals steht", sodass ihm die potentielle, in der Zukunft liegende, persönliche Haftung aufgrund der Ausweglosigkeit seiner Lage weit weniger bedrohliche erscheint als seine derzeitige Situation. Bei einem Gesellschafter, der mit Blick auf sein Privatvermögen nichts mehr zu verlieren hat, versagen die Anreize der persönlichen Haftung.[979] In solchen Fällen, falls dieser Gesellschafter oder diese Gesellschafter die Mehrheit haben oder alleinige Geschäftsführer sind, muss es theoretisch für jeden einzelnen Minderheitsgesellschafter möglich sein, opportunistisches Verhalten zu unterbinden, um seine eigene Haftung zu verhindern.

Das opportunistische Verhalten des Geschäftsführers oder der Mehrheitsgesellschafter stellt eine Verletzung der Treuepflicht gegenüber den Mitgesellschaftern dar. Es wird auf die Belange der Mitgesellschafter keine Rücksicht genommen und aus der Position der Stärke wird die Minderheit geschädigt, da ihnen eine Haftung droht, die sie nicht verhindern könnten und ihr Regress gegen den vermögenslosen Mehrheitsgesellschafter ins Leere laufen würde. Der oder die Mehrheitsgesellschafter schädigen den Minderheitsgesellschafter aufgrund ihrer Einwirkungsmacht auf dessen Vermögen, die sich gerade aus der Stellung beider in der Gesellschaft ergibt. Die Mehrheitsgesellschafter können aufgrund der ihnen im Gesellschaftsvertrag eingeräumten Macht auf das Vermögen des Gesellschafters über die Begründung der persönlichen Haftung einwirken und das Privatvermögen ist dieser Einwirkung gerade aufgrund der Gesellschafterstellung ausgesetzt. Ist etwa ein „Aushungern" der Minderheitsgesellschafter durch die ständige Bildung von Rücklagen nicht erlaubt, so kann auch umgekehrt die unangemessene Steigerung des Haftungsrisikos der Minderheitsgesellschafter nicht zulässig sein.

Die Sanktionierung opportunistischen Verhaltens als Treuepflichtverletzung, steht auch mit der ökonomischen Begründung der Treuepflicht im Einklang. Die Treuepflicht wird als Mittel zur Füllung von Lücken in unvollständigen Verträgen gesehen. Die Füllung der Lücken kann sich einerseits am hypothetischen Konsens der Parteien oder am wohlfahrtsökonomischen Effizienzkriterium orientieren,[980] was jedoch für diesen Fall keinen Unterschied macht. Gesetzliche Regelungen werden im Rahmen des hypothetischen Konsenses daran gemessen, was die Parteien in der Abwesenheit von Transaktionskosten und Informationsasymmetrien

979 Zu dieser Grenze der persönlichen Haftung bereits *supra* § 2 A. IV. 5 b.
980 Dazu bereits Kapitel 1 §2 II. 1.

vereinbart hätten. Ziel rationaler Parteien ist es bei einer freiwilligen Gründung einer Gesellschaft wie bei einfachen Austauschverträgen, einen auf die Parteien zu verteilenden Kooperationsgewinn zu generieren,[981] der sich daraus ergibt, dass durch den Vertrag eine für beide Parteien nutzensteigernde, d. h. effizientere Verteilung von Ressourcen erreicht wird.[982] Den kumulierten Präferenzen der Betroffenen entspricht daher eine Regelung, die ihre ursprünglich angestrebten Ziele gegen die Gefahren des *ex post* Opportunismus optimal absichert, da sie aus einer *ex ante* Perspektive nicht wissen können, ob sie sich in der Zukunft opportunistischem Verhalten des Vertragspartners, ihrer Mitgesellschafter ausgesetzt sehen werden.[983] Zum gleichen Ergebnis kommt das wohlfahrtsökonomische Effizienzkriterium. Ziel des Gesellschaftsrechts ist die Ermöglichung und Förderung allokativ effizienter Transaktionen. Die Treuepflicht dient daher der Absicherung der mit dem unvollständigen Vertrag der Gesellschafter verbundenen effizienten Ressourcenallokation gegen Opportunismus der Gesellschafter, sowie der Senkung von Transaktionskosten. Opportunismus kann hier so verstanden werden, dass im Verhältnis zu den Minderheitsgesellschaften Haftungsrisiken auf diese externalisiert werden. Opportunistisches Verhalten zu Lasten der Gesellschaftsgläubiger kann also gleichzeitig opportunistisches Verhalten zu Lasten der Minderheitsgesellschafter darstellen.

Das bedeutet jedoch nicht, dass ein Minderheitsgesellschafter gegen jede Geschäftsführungsmaßnahme vorgehen kann, die das Risiko einer persönlichen Haftung mit sich bringt. Der Gesellschafter hat mit seinem Ausschluss aus der Geschäftsführung gerade dem Ausschluss aus unternehmerischen Entscheidungen zugestimmt. Er hat das Risiko einer Haftung aufgrund einer unternehmerischen Fehlentscheidung, d. h. aufgrund der Verwirklichung des Geschäftsrisikos auf sich genommen. Der Vorwurf opportunistischen Verhaltens kann also nicht als Vorwand genutzt werden, um allgemein gegen die Geschäftspolitik der Gesellschaft vorzugehen.

Beispielsweise kann ein Liquidationsbeschluss, der eine Abweichung vom gesetzlich vorgesehenem Verfahren, mit einer vorrangiger Befriedigung der Gläubiger, treuwidrig sein, wenn dadurch ein Gesellschafter gegen seinen Willen persönlich haften muss, insbesondere wenn von den anderen Gesellschaftern gerade kein Regress zu erwarten ist.

Opportunistisches Verhalten der Mehrheitsgesellschafter zu Lasten der Gesellschaftsgläubiger kann also gleichzeitig auch als opportunistisches und treuwidriges Verhalten gegenüber Minderheitsgesellschaftern angesehen werden, die ein solches Verhalten aufgrund ihrer Minderheitenposition nicht verhindern können, jedoch dennoch haften würden. Dadurch kann ein Minderheitengesellschafter, auch bei

981 *Homann/Suchanek*, Ökonomik, S. 5, 50.
982 *Homann/Suchanek*, Ökonomik, S. 123 ff.
983 Siehe *Tröger*, Arbeitsteilung und Vertrag, S. 50, 222 ff.

grundsätzlich fehlender Einwirkungsmöglichkeit, immer Gesellschafteropportunismus verhindern.

III. Gesellschafteropportunismus und Funktionsschutz bei strukturgestaltenden Satzungsregelungen (am Beispiel von Hinauskündigungsklauseln)

Wie unter §2 ausführlich nachgewiesen ist die persönliche Haftung der Gesellschafter ein wirksamer Mechanismus um opportunistisches Verhalten der Gesellschafter zu Lasten der Gesellschaftsgläubiger zu verhindern. Dabei basiert dieser Mechanismus auf zwei Komponenten: Ein Gesellschafter verhält sich einerseits selbst nicht opportunistisch und zum anderen überwachen und kontrollieren sich die Mitgesellschafter, um nicht mit ihrem Privatvermögen haften zu müssen. Dabei stellt die letztgenannte kollektive Komponente einen wichtigen Baustein zur Wirksamkeit des Gläubigerschutzes durch eine persönliche Haftung dar.

Dass diese Funktion nicht nur im Außenverhältnis relevant wird, hat sich bereits gezeigt. Opportunistisches Verhalten der Gesellschaftermehrheit ist solches nicht nur gegenüber den Gesellschaftsgläubigern, sondern auch gegenüber der Gesellschafterminderheit und über die Treuepflicht bei der Ausübungskontrolle von Mehrheitsbeschlüssen zu berücksichtigen.

Darüber hinaus lässt sich fragen, ob bzw. inwieweit diese Funktion der persönlichen Haftung die Grenzen gesellschafterlicher Gestaltungsmöglichkeiten im Innenverhältnis bestimmt. Hier soll daher der Versuch unternommen werden, dies am Beispiel von Hinauskündigungsklauseln näher zu untersuchen und gleichzeitig neue Aspekte in die Diskussion um die Hinauskündigungsklauseln einfließen zu lassen. Es soll nachfolgend keine umfassende Aufarbeitung des Meinungstandes zu Hinauskündigungsklauseln und auch keine abschließende Bewertung vorgenommen werden, vielmehr sollen die wichtigsten Ansichten und Meinungen unter Einbeziehung der Funktion der persönlichen Haftung als Mechanismus zur Vermeidung gesellschafterlichen Opportunismus neu beleuchtet werden.

1. Der zwangsweise Ausschluss von Gesellschaftern nach dem gesetzlichen Leitbild und abweichende gesellschaftsvertragliche Regelungen

Nach dem gesetzlichen Leitbild ist eine Veränderung des Gesellschafterkreises einer Personengesellschaft nicht durch bloßen Mehrheitsbeschluss möglich.[984] Ein zwangsweiser Ausschluss ist nach der gesetzlichen Regelung der §§ 737 BGB, 140 HGB (i.V.m. §§ 161 Abs. 2 HGB, 9 Abs. 1 PartGG) zudem und zum Schutz des auszuschließenden Gesellschafters maßgeblich an das Vorliegen eines wichtigen

984 Auch die für die Personenhandelsgesellschaften vorgesehene Ausschließungsklage nach § 140 HGB setzt grundsätzlich einen Beschluss und Antrag aller übrigen Gesellschafter voraus.

Grundes (*§* 723 Abs. 1 S. 2 BGB bzw. *§* 133 HGB) geknüpft[985] und stellt im Lichte der gesellschafterlichen Treuepflicht die *ultima ratio* dar.[986]

Nach herrschender Meinung kann von den Regelungen zum Gesellschafterausschluss im Rahmen der privatautonomen Gestaltungsmöglichkeiten der Gesellschafter abgewichen werden. § 737 BGB sei dabei jedenfalls in Bezug auf S. 1 und 2 dispositiv.[987] Ebenso wird die Regelung des *§* 140 HGB als dispositiv angesehen.[988] Praktisch relevant sind in der Kautelarpraxis insbesondere solche Gestaltungen, die einen Ausschluss von Gesellschaftern erleichtern sollen. Sie können etwa vorsehen, dass ein Ausschluss durch Mehrheitsbeschluss möglich ist, auch auf sonstige (nicht i.S.v. § 723 Abs. 1 S. 2 wichtige) Gründe gestützt werden kann[989] oder der Eintritt bestimmter, festgeschriebener Gründe zum automatischen Ausscheiden des Betroffenen führen soll.[990]

Umstritten ist, ob ferner solche Klauseln zulässig sind, die es einem Gesellschafter oder einer Gesellschaftermehrheit erlauben, auch ohne wichtigen Grund und nach freiem Ermessen einen Mitgesellschafter auszuschließen. Durch derartige Klauseln kann ein Gesellschafter gewissermaßen aus der Gesellschaft „hinausgekündigt" werden. Das Charakteristische einer solchen „Hinauskündigungsklausel" ist, dass sie ohne Benennung eines sachlichen Grundes gegenüber dem auszuschließenden Gesellschafter auskommen soll.[991] Derartige Regelungen zielen darauf ab, einen Ausschluss eines Gesellschafters unter den geringst möglichen materiellen Voraussetzungen zu ermöglichen.[992]

---

985 Ein wichtiger Grund liegt vor, wenn eine Fortsetzung der Gesellschaft mit dem Gesellschafter für die Mitgesellschafter unzumutbar ist. Vgl. *Heidel/Hanke*, in: Dauner-Lieb/Langen, BGB Schuldreht, § 737 Rn. 6; *Schäfer*, in: Münchener Kommentar-BGB, § 737 Rn. 8; ausführlich *Schöne*, in: BeckOK-BGB, § 737 Rn. 5 ff.

986 *Schöne*, in: BeckOK-BGB, § 737 Rn. 10; *Roth*, in: Baumbach/Hopt, HGB, § 140 Rn. 6; dazu *Kilian*, WM 2006, 1567, 1568.

987 H.M. *Schöne*, in: BeckOK-BGB, § 737 Rn. 20; *Westermann*, in: Erman, BGB, § 737 Rn. 6; *Schäfer*, in: Münchener Kommentar-BGB, § 737 Rn. 16; Staudinger/*Habermeier*, BGB, § 737 Rn. 6.

988 *Roth*, in: Baumbach/Hopt, HGB, § 140 Rn. 28 ff.; *Lorz*, in: E/B/J/S, HGB, § 140 Rn. 43; *K. Schmidt*, in: Münchener Kommentar-HGB, § 140 Rn. 88 ff.

989 Staudinger/*Habermeier*, BGB, § 737 Rn. 6; *Heidel/Hanke*, in: Dauner-Lieb/Langen, BGB Schuldrecht, § 737 Rn. 12; *Schäfer*, in: Münchener Kommentar-BGB, § 737 Rn. 16.

990 Vgl. BGH NZG 2003, 525; *Heidel/Hanke*, in: Dauner-Lieb/Langen, BGB Schuldrecht, § 737 Rn. 12.

991 *Schöne*, in: BeckOK-BGB, § 737 Rn. 24; *Kilian*, WM 2006, 1567, 1569.

992 *Schöne*, in: BeckOK-BGB, § 737 Rn. 24.

2. *Die Zulässigkeit von Hinauskündigungsklauseln in Rechtsprechung und Literatur*

Während der BGH ursprünglich derartige Hinauskündigungsklauseln im Anschluss an die Rechtsprechung des RG als rechtlich zulässig ansah,[993] kam es Ende der 70er Jahre zu einer Rechtsprechungsänderung. Seither erachtet der BGH Hinauskündigungsklauseln als grundsätzlich gegen Grundprinzipien des Gesellschaftsrechts verstoßend[994] und gem. § 138 BGB sittenwidrig.[995] Diese rechtliche Beurteilung von Hinauskündigungsklauseln legt der BGH nicht nur für alle Personengesellschaften[996] an, sondern auch für die GmbH.[997]

Das Sittenwidrigkeitsurteil, das in weiten Teilen der Literatur auf Zustimmung stößt,[998] stützt der BGH maßgeblich auf die Erwägung, dass eine nicht an wichtige Gründe gebundene Ausschließungsklausel in schwerwiegender Weise in die Gesellschafterstellung eingreife und die wirtschaftliche und persönliche Freiheit des betroffenen Gesellschafters einschränke.[999] Hinauskündigungsklauseln träfen die nach dem Gesellschaftsvertrag erforderliche Zusammenarbeit der Gesellschafter im Kern.[1000] Es bestehe die Gefahr, dass die von einer Hinauskündigungsklausel betroffenen Gesellschafter von ihren Rechten keinen Gebrauch machen und die ihnen obliegenden Pflichten nicht ordnungsgemäß erfüllen, sondern sich vielmehr dem Willen der hinauskündigungsberechtigten Gesellschafter selbst dann beugen, wenn sie nach sorgfältiger Abwägung zu der Auffassung gelangten, dass das Vorgehen

---

993 RG ZAkdR 1938, 819; BGHZ 34, 80, 83; BGH NJW 1973, 1606. Dabei nahm der BGH jedoch eine Einzelfallprüfung vor, ob die Klausel sittenwidrig sei oder die Ausübung treuwidrig. Vgl. dazu *K. Schmidt*, in: Münchener Kommentar-HGB, § 140 Rn. 98.

994 BGHZ 81, 263, 266.

995 BGH NJW 1985, 2421; BGHZ 105, 213, 216 f.; BGHZ 107, 351, 353; BGHZ 112, 103, 107; BGHZ 125, 74, 79; BGH NZG 2004, 569; BGHZ 164, 98, 101; BGHZ 164, 107, 110 f. Zur Entwicklung der Rechtsprechung vgl. *Hey*, Freie Gestaltung in Gesellschaftsverträgen S. 212 f.; *K. Schmidt*, in: Münchener Kommentar-HGB, § 140 Rn. 98 ff.

996 Dies gilt für die GbR, wie etwa die Freiberuflerpraxis (BGH, NZG 2007, 583), die dem gesetzlichen Leitbild entsprechenden Personenhandelsgesellschaften (BGH, NJW 1989, 2681; BGH, NZG 2007, 422), die Publikums-KGs (BGH, NJW 1982, 2303) und auch bei Beteiligung über einen Treuhänder (BGH, NJW 1988, 1903, 1905).

997 BGHZ 112, 103, 107 f. Kritisch *Drinkuth*, NJW 2006, 410, 411. Zur Frage der Übertragbarkeit auf die AG *Habersack/Verse*, ZGR 2005, 451, 458 ff.; *Miesen*, RNotZ 2006, 522, 534.

998 Vgl. *Schöne*, in: BeckOK-BGB, § 737 Rn. 26 ff.; *Behr*, ZGR 1990, 370, 377 f.; *Wiedemann*, Gesellschaftsrecht I, S. 386 f.; *Westermann*, in: Erman, BGB, § 737 Rn 6; *Schäfer*, in: Münchener Kommentar-BGB, § 737 Rn. 19; Palandt/*Sprau*, § 737 Rn. 5; *Haar*, Personengesellschaften im Konzern, S. 488 f.; im Ergebnis auch *Gehrlein*, NJW 2005, 1969, 1972 f.

999 BGHZ 68, 212, 215.

1000 BGHZ 81, 263, 268.

der Gesellschafter sachlich nicht zu rechtfertigen sei.[1001] Die Hinauskündigungsklausel unterwerfe den betroffenen Gesellschafter dem „Damoklesschwert"[1002] der jederzeitigen und grundlosen Ausschließung und damit der beständigen Willkür und Wohlwollen des berechtigten Gesellschafters bzw. Gesellschaftermehrheit.[1003] Es gehe dabei nicht nur um den Schutz des einzelnen Gesellschafters, sondern vor allem darum die Funktionsfähigkeit des Verbandes im Ganzen zu schützen.[1004]

Der Unwirksamkeit der Hinauskündigungsklausel steht nach Ansicht des BGH dabei nicht entgegen, dass dem ausgeschlossenen Gesellschafter eine angemessene oder vollwertige Abfindung zusteht.[1005] Die Abfindungsregelung habe auf die Beurteilung der Wirksamkeit einer Ausschließungsvereinbarung keinen Einfluss, da sie unabhängig von der Ausschließungsregel eine Rechtsfolge des wirksamen Ausscheidens des Gesellschafters sei.[1006]

Nur ganz besondere Umstände könnten – im Ausnahmefall – eine Hinauskündigungsklausel sachlich rechtfertigen.[1007] Unter welchen Voraussetzungen eine solche sachliche Rechtfertigung konkret anzunehmen ist, kann nach der Rechtsprechung des BGH jedoch nur unter Berücksichtigung der Umstände des konkreten Einzelfalls beantwortet werden.[1008]

In seiner neueren (seit 2004 weitestgehend zum GmbH-Recht ergangenen) Rechtsprechung[1009] scheint der BGH weniger restriktiv sachlich rechtfertigende

---

1001 BGHZ 81, 263, 268.

1002 BGHZ 81, 263, 266, 268 im Anschluss an *Schilling*, ZGR 1979, 419, 426; kritisch *Drinkuth*, NJW 2006, 410, 411.

1003 Vgl. BGHZ 81, 263, 266 ff. Zustimmend *Schäfer*, in: Münchener Kommentar-BGB, § 737 Rn. 18.

1004 Vgl. BGHZ 81, 263, 266 ff. im Anschluss an *Schilling*, ZGR 1979, 419, 426. Zustimmend *Schäfer*, in: Münchener Kommentar-BGB, § 737 Rn. 18; *Miesen*, RNotZ 2006, 522, 524; *Behr*, ZGR 1990, 370, 377; ähnlich *Haar*, Personengesellschaften im Konzern, S. 488 f. Kritisch *Verse*, DStR 2007, 1822, 1826.

1005 Vgl. dazu *Schöne*, in: BeckOK-BGB, § 737 Rn. 32; *Hennerkes/Binz*, NJW 1983, 73, 74. Kritisch *Drinkuth*, NJW 2006, 410, 411.

1006 Ständige Rechtsprechung: BGH NJW 1973, 651, 1606; WM 1977, 1276, 1278; BGHZ 105, 213, 220; BGHZ 107, 351, 354; BGHZ 112, 103, 111.

1007 Vgl. etwa BGHZ 68, 212, 215; BGHZ 81, 263, 269; BGHZ 105, 213, 217.

1008 Vgl. BGHZ 105, 213, 217; *Schäfer*, in: Münchener Kommentar-BGB, § 737 Rn. 20; Fallgruppenbildung bei *K. Schmidt*, in: Münchener Kommentar-HGB, § 140 Rn. 101 ff.; *Gehrlein*, NJW 2005, 1969, 1971. Diskutiert werden legitimierende Umstände insbesondere bei einer im Erbwege erlangten Gesellschafterstellung, einer Schenkung des Gesellschaftsanteils, bei „Manager"-Gesellschaftern in Familiengesellschaften, bei einem dem stillen Gesellschafter angenäherten Kommanditisten und bei der Zusammenführung von Gesellschaftskapital und Geschäftsführung. Siehe *Kilian*, WM 2006, 1567, 1570.

1009 Etwa BGH NJW 2004, 2013 (GbR); BGH WM 1005, 802 (GmbH); BGHZ 164, 98 (GmbH).Dazu im Überblick *Kilian*, WM 2006, 1567, 1571 ff.

Gründe für einen jederzeitigen, grundlosen Ausschluss anzuerkennen.[1010] Dies wird kritisiert, da in den Vordergrund der Rechtsprechung die Frage zu treten scheine, ob eine grundlose Hinauskündigung mangels besonderer Schutzwürdigkeit des Gesellschafters gerechtfertigt werden könne.[1011]

In der Literatur hat die Rechtsprechung des BGH zur Sittenwidrigkeit von Hinauskündigungsklauseln nicht nur Befürworter.[1012] Nach einer verbreiteten Ansicht ist es zulässig, einem Gesellschafter die Position eines Gesellschafters minderen Rechts zuzuteilen, dessen Verbleiben in der Gesellschaft vom Belieben der Mitgesellschafter abhängt.[1013]

Zudem wird an Stelle eines starren Sittenwidrigkeitsverdikts eine Ausübungskontrolle nach § 242 BGB favorisiert[1014], d.h. eine Prüfung, ob das Hinauskündigungsrecht aus sachlichen oder sachfremden Erwägungen ausgeübt wurde, was flexiblere Ergebnisse ermögliche[1015] und Unsicherheiten in der Vertragsgestaltung vermeide.[1016] Kernpunkt der Kritik ist der Hinweis darauf, dass durch ein Sittenwidrigkeitsurteil die Vertragsfreiheit grundlos ganz erheblich beschränkt und zudem die Rechts- und Planungssicherheit der Gesellschafter maßgeblich beeinträchtigt werde.[1017] Das Sittenwidrigkeitsverdikt ginge zu weit – Sittenwidrigkeit könne nur angenommen werden, wenn die Regelung evident sachwidrig sei.[1018] Soweit eine Ausübungskontrolle favorisiert wird, besteht Uneinigkeit darüber, ob und in welchem Umfang darüber hinaus mit Blick auf die mitgliedschaftliche Treuepflicht im Rahmen der Ausübungskontrolle weitergehende Anforderungen an die Ausübung der Hinauskündigungsklausel zu stellen sind. Zum Teil wird jedenfalls eine

---

1010 Vgl. *Heidel/Hanke*, in: Dauner-Lieb/Langen, BGB Schuldrecht, § 737 Rn. 13; *Schäfer*, in: Münchener Kommentar-BGB, § 737 Rn. 17.

1011 *Schäfer*, in: Münchener Kommentar-BGB, § 737 Rn. 17.

1012 Vgl. mit Unterschieden in der Begründung *Bunte*, ZIP 1983, 8 ff., insbes. 15; *ders.*, ZIP 1985, 915, 917; *Koller*, DB 1984, 545 ff.; *Krämer*, NJW 1981, 2553 ff.; *Kreutz*, ZGR 1983, 109, 114 ff.; *Weber/Hickel*, NJW 1986, 2752, 2753 f.; *Flume*, NJW 1979, 902; *ders.*, DB 1986, 629, 632 f.; *Schilling*, ZGR 1979, 419, 422 f.; *Hirtz*, BB 1981, 761 ff.; *Henssler*, FS Konzen, S. 267, 282 f.; *Grunewald*, DStR 2004, 1750, 1751; *Verse*, DStR 2007, 1822, 1825 ff.; *Benecke*, ZIP 2005, 1437, 1440; *Schockenhoff*, ZIP 2005, 1009, 1012 f.; *Drinkuth*, NJW 2006, 410; *Habersack/Verse*, ZGR 2005, 455, 465.

1013 Insbesondere *Flume*, NJW 1979, 902 ff.; *ders.*, DB 1986, 629, 632 f.; S. auch *Altmeppen*, in: Roth/Altmeppen, GmbHG, § 34 Rn. 44 f.; *Henssler*, FS Konzen, S. 267, 274; ähnlich *Nassall*, NZG 2008, 851, 854 f. Kritik dieser Lehre bei *Huber*, ZGR 1980, 177, 191 ff.; *Verse*, DStR 2007, 1822, 1829; *Haar*, Personengesellschaften im Konzern, S. 491 f.

1014 *Hey*, Freie Gestaltung in Gesellschaftsverträgen, S. 214 ff.; *Grunewald*, DStR 2004, 1750, 1751 f.; *Nassall*, NZG 2008, 851, 855; *Drinkuth*, NJW 2006, 410, 412.

1015 *Drinkuth*, NJW 2006, 410, 411; *Verse*, DStR 07, 1822.

1016 So namentlich *Koller*, DB 1984, 545; *Krämer*, NJW 1981, 2553, 2556; *Kreutz*, ZGR 1983, 109, 114 f.; *Drinkuth*, NJW 2006, 410, 411.

1017 Vgl. *Grunewald*, DStR 2004, 1750, 1751; *Koller*, DB 1984, 545, 546.

1018 Dazu *Grunewald*, DStR 2004, 1750, 1751; *Drinkuth*, NJW 2006, 410, 411.

sachliche Rechtfertigung verlangt, die ähnliche Kriterien wie der BGH und insbesondere eine angemessene Abfindung berücksichtigen soll.[1019] Zumindest in denjenigen Fällen, in denen die Abfindung voll bzw. nicht unangemessen beschränkt sei, sei der Ausschluss ohne wichtigen Grund nicht zu beanstanden.[1020]

3. *Hinauskündigungsklauseln und die Funktion der persönlichen Haftung zur Vermeidung gesellschafterlichen Opportunismus*

Um die kollektive Komponente des Mechanismus der persönlichen Haftung zu sichern, ist es notwendig, dass jeder Gesellschafter opportunistisches Verhalten auch tatsächlich verhindern kann. Dies wird dadurch erreicht, dass opportunistisches Verhalten als Treuepflichtverletzung gegenüber dem Minderheitsgesellschafter angesehen wird.

Natürlich steht es jedem Gesellschafter frei, seine Mitgesellschafter tatsächlich auch zu überwachen oder darauf zu verzichten. Jedoch muss dem Gesellschafter theoretisch Kontrolle, Überwachung und die Ausübung seiner Rechte möglich sein, um opportunistisches Verhalten wirksam zu verhindern. Dabei ist erneut zu betonen, dass ein Funktionieren dieses Mechanismus nicht nur im Interesse der Gesellschaftsgläubiger, sondern auch der Gesellschafter selbst ist, die von einem glaubwürdigen Signal gegen Gesellschafteropportunismus gegenüber den Gesellschaftsgläubigern profitieren.[1021] Insofern ist daher dem BGH zuzustimmen, dass eine Hinauskündigungsklausel ohne jegliche sachliche Rechtfertigung gerade dazu führen kann, dass ein Gesellschafter seine Rechte nicht wahrnimmt. Wenn ein Gesellschafter damit rechnen muss, dass er von der Gesellschaftermehrheit ohne weiteres und ohne sachlichen Grund aus der Gesellschaft ausgeschlossen wird, so besteht die reale Gefahr, dass er, um dies zu verhindern, auf die Ausübung ihm zustehender Rechte verzichten wird. Die Hinauskündigungsklausel kann als das vom BGH beschriebene „Damoklesschwert" gesehen werden. Eine Hinauskündigungsklausel kann somit auch die Funktionsfähigkeit des Mechanismus persönliche Haftung schwächen.

Daraus ist zu folgern, dass Hinauskündigungsklauseln nicht akzeptiert werden können, wenn sie darauf abzielen, Gesellschafter unter Druck zu setzen und dadurch die Gefahr schaffen, dass Überwachungs- und Kontrollrechte nicht ausgeübt werden und Entscheidungen unterstützt werden, die ansonsten nicht akzeptiert würden.[1022] Dazu zählen insbesondere Hinauskündigungsklauseln, die einen Ausschluss ohne sachlichen Anlass, wie etwa eine „Probezeit" oder den Erwerb des Gesellschaftsanteils durch Zuwendung, erlauben und die nicht nur versuchen den Fortbestand der

---

1019 *Henssler*, FS Konzen, S. 267, 282 f.; ähnlich *Benecke*, ZIP 2005, 1437, 1441 f.

1020 So *Esch*, NJW 1979, 1390 ff.; *U. Huber*, ZGR 1980, 177, 210 f.; *Hirtz*, BB 1981, 761 ff.; *Grunewald*, DStR 2004, 1750, 1751; *Hennerkes/Binz*, NJW 1983, 73, 76 ff. (jedenfalls für Publikums-KG); *Drinkuth*, NJW 2006, 410, 411.

1021 Dazu bereits *supra* §2 A. IV. 6.

1022 So im Ergebnis auch *Hofmann*, Minderheitenschutz, S. 378.

Gesellschaft in außergewöhnlichen Situationen zu sichern[1023] oder Ausdruck einer internen Risikoverteilung sind.[1024]

Dass dies schon im Rahmen einer Inhaltskontrolle zu berücksichtigen ist, ist damit nicht gesagt, denn vieles spricht dafür, dass ein wirksamer Funktionsschutz auch durch eine Ausübungskontrolle erreicht werden kann.

Ein Gesellschafter wird sich auf eine Gesellschafterstellung mit Hinauskündigungsklausel grundsätzlich nur gegen eine Gegenleistung einlassen.[1025] So kann etwa das Vereinbaren einer „Probezeit" Voraussetzung dafür sein, dass der Gesellschafter überhaupt erst in eine Gesellschaft aufgenommen wird. Dabei wird ein Gesellschafter die Vorteile der Aufnahme in die Gesellschaft gegen die Nachteile einer Hinauskündigungsklausel abwägen und sich nur dann auf eine solche einlassen, wenn die Vorteile die Nachteile überwiegen. Da es aber für Gesellschafter schwer einzuschätzen sein kann, ob eine Hinauskündigungsklausel relevant werden kann, ist jedenfalls eine Ausübungskontrolle notwendig.[1026]

In die Überlegungen ist die Frage einzubeziehen, welche Rolle die Rechtsfolgen eines wirksamen Gesellschaftsausschlusses spielen. Der ausgeschiedene Gesellschafter muss für den Verlust seiner Mitgliedschaft entschädigt werden.[1027] Art und Umfang der Entschädigung bestimmt § 738 Abs. 1 S. 2 BGB, der auch für OHG und KG gilt. Die Gesellschaft hat den ausgeschiedenen Gesellschafter von den gemeinschaftlichen Schulden, d. h. der nach seinem Ausscheiden im Außenverhältnis bestehenden Nachhaftung zu befreien. Zur Erfüllung dieses Anspruchs stehen der Gesellschaft zwei Möglichkeiten zur Verfügung: Sie kann entweder die Schulden begleichen oder durch Vereinbarung mit den Gläubigern den ausgeschiedenen Gesellschafter aus seiner Haftung entlassen.

Das bedeutet aber, dass ein ausgeschlossener Gesellschafter bis sein Anspruch tatsächlich erfüllt ist, gleichwohl im Außenverhältnis haftet. Das bedeutet auch, dass wenn er ausgeschlossen wird, weil er opportunistisches Verhalten zu verhindern versucht, die Wahrscheinlichkeit groß ist, dass dieser Anspruch gerade nicht erfüllt werden kann, weder durch die Gesellschaft noch durch die für diese Verbindlichkeit gem. § 128 S. 1 HGB (analog) persönlich haftenden Mitgesellschafter.[1028] Diese Tatsache ändert jedoch grundsätzlich nichts an der Wirksamkeit seines Ausschlusses. Gerade in solchen Fällen verwirklicht sich das Potential von Hinauskündigungsklauseln, die Funktionsfähigkeit des Mechanismus persönliche

---

1023 *Hofmann*, Minderheitenschutz, S. 378.

1024 Ähnlich *Schockenhoff*, ZIP 2005, 1009, 1015.

1025 Und zwar auch bei einer schenkungsweisen oder letztwilligen Zuwendung – sie wird als Aspekt in die Gesamtabwägung eingestellt.

1026 Dazu auch schon *supra* §3 I. 4.

1027 Dazu im Überblick *Henssler/Michel*, NZG 2012, 401, 403 ff.

1028 Bei der GmbH haften die anderen Gesellschafter nach Rechtsprechung des BGH auch persönlich für den Abfindungsanspruch des Gesellschafters bei einer Zwangseinziehung, vgl. BGHZ 192, 236. Zur rechtsökonomischen Rechtfertigung dieser persönlichen Haftung vgl. *Tröger*, VGR 2013, 23 ff.

Haftung einzuschränken. Es geht dabei auch nicht um einen Schutz der Funktionsfähigkeit der Gesellschaft um ihrer selbst Willen[1029], sondern darum einen Mechanismus zu schützen, der zum einen im Interesse der Gläubiger ist und diese schützt und außerdem auch im Interesse der Gesellschafter selbst besteht. Insofern kann das Innenverhältnis der Gesellschafter nicht völlig losgelöst vom Außenverhältnis betrachtet werden.

Außerdem erhält der ausgeschossene Gesellschafter, das was er bei Auflösung der Gesellschaft erhalten würde, d.h. seinen Anteil am Auseinandersetzungsguthaben. Ist dieser negativ, so kann sich aus § 739 BGB eine Nachschusspflicht im Innenverhältnis ergeben.

Ist eine volle Abfindung durch die Gesellschaft zu leisten, so spricht vieles dafür, dass die Hinauskündigungsklausel nicht ohne weiteres eingesetzt werden wird, um andere Gesellschafter von der Wahrnehmung ihrer Rechte abzuhalten, da ein Ausschluss dann mit einem unter Umständen substantiellen Vermögensabfluss verbunden sein kann. Jedoch ist zu bedenken, dass es gerade auch das Bestehen einer Hinauskündigungsklausel an sich die Gefahr eines Verzichts auf Wahrnehmung von Rechten begründen kann, da ein Gesellschafter möglicherweise die Werthaltigkeit seines Abfindungsanspruches nicht ohne weiteres feststellen kann. Dies spricht wiederum dafür, für Hinauskündigungsklauseln jedenfalls einen sachlichen Grund zu verlangen.

Bezieht man diese Erwägungen des Funktionsschutzes der persönlichen Haftung in die Überlegungen zur Zulässigkeit von Hinauskündigungsklauseln ein, so wird klar, dass diese nicht ohne weiteres in Bezug auf persönlich haftende und nicht haftende Gesellschafter gleich zu behandeln sind.[1030] Diese Erwägungen sind jedoch in Bezug auf persönlich haftende Gesellschafter entscheidend und müssen bei einer Ausübungskontrolle berücksichtigt werden.

1029 Insofern kritisch zur Rechtsprechung des BGH *Verse*, DStR 2007, 1822, 1826.

1030 Manche Stimmen verlangen auch eine unterschiedliche Behandlung von persönlich haftenden Gesellschaftern und Kommanditisten. So etwa *Koller*, DB 1984, 545, 548.

Kapitel 4: Schutz vor Gesellschafteropportunismus und Haftungsbeschränkungen bei Personengesellschaften

§ 1 Einleitende Gedanken

In Kapitel 3 wurde die persönliche Haftung als maßgebliches Charakteristikum der Personengesellschaften und als Mechanismus zur Vermeidung von gläubigerschädigendem, opportunistischem Gesellschafterhandeln erklärt. Dabei liegt die persönliche Haftung der Gesellschafter nicht nur im Interesse der Gesellschaftsgläubiger, sondern auch im Interesse der Gesellschafter. In der Diskussion um die Haftung der Gesellschafter einer Personengesellschaft tauchen immer wieder Ansätze auf, die eine Beschränkung der Haftung auf das Gesellschaftsvermögen favorisieren. Es werden nicht nur Lösungswege über privatautonome Regelungen diskutiert, sondern auch institutionelle Haftungsbeschränkungen für bestimmte Typen Gesellschaften bürgerlichen Rechts. Darüber hinaus steht mit der KG eine Gesellschaftsform zur Verfügung, die eine Haftungsbeschränkung für einen Teil der Gesellschafter erlaubt.

Nachfolgend soll die Diskussion um die Haftungsbeschränkungen unter Einbeziehung des Aspektes der Vermeidung opportunistischen Verhaltens durch die persönliche Haftung der Gesellschafter und der dadurch auch für sie entstehenden Vorteile neu beleuchtet werden. Ziel ist es dabei nicht, den gesamten Streitstand im Detail wiederzugeben und dogmatische Wertungen zu treffen, sondern Argumentationslinien zu unterstützen oder Streitstände unter Einbeziehung der Funktion der persönlichen Haftung neu zu beleben.

§ 2 Gesetzlich vorgesehene Haftungsbeschränkungen bei Personengesellschaften

A. OHG und BGB-Gesellschaft

Die OHG ist von der gesetzlichen Ausgangslage und die BGB-Gesellschaft aufgrund analoger Anwendung als Personengesellschaften mit unbeschränkter Haftung aller Gesellschafter konzipiert. Vereinbarungen der Gesellschafter untereinander über die Beschränkung ihrer persönlichen Haftung im Außenverhältnis haben nach § 128 S. 2 HGB gegenüber den Gesellschaftsgläubigern keine Wirkung.[1031] Trotz einer

1031 Vgl. nur *Roth*, in: Baumbach/Hopt, HGB, § 128 Rn. 37 f.; *Hillmann*, in: E/B/J/S, HGB, § 128 Rn. 14; *K. Schmidt*, in: Münchener Kommentar-HGB, § 128 Rn. 13.

derartigen Vereinbarung kann der Gesellschafter von den Gesellschaftsgläubigern in Anspruch genommen werden.

§ 128 S. 2 HGB vervollständigt das System der persönlichen Haftung als Schutz der Gesellschaftsgläubiger vor opportunistischem Verhalten.[1032] Da die Gesellschafter nicht einseitig ihre persönliche Haftung einschränken können, wird das Gläubigerschutzsystem als zwingend ausgestaltet und so in seiner Wirksamkeit gesichert. Die Möglichkeit, die Haftung einseitig ausschließen zu können, würde es den Gesellschaftern erlauben, die persönliche Haftung als den Gläubigerschutzmechanismus der OHG bzw. der BGB-Gesellschaft ganz einfach auszuhebeln, ohne dass es für die Gläubiger erkennbar wäre und diese sich auf anderem Wege schützen könnten – sei es durch privatautonome Vereinbarungen oder dadurch vom Kontrahieren mit der Gesellschaft Abstand zu nehmen. So wäre der Kostengewinn, der durch diesen einfachen Gläubigerschutzmechanismus erreicht werden kann, hinfällig.

An dieser Stelle soll noch offen gelassen werden, ob nicht besondere Gesellschaftsformen möglicherweise im Rahmen einer Interessenabwägung eine institutionelle Einschränkung der persönlichen Haftung verlangen. Die zwingende Ausgestaltung der persönlichen Haftung jedenfalls erlaubt es den Gesellschaftern, ihren Gesellschaftsgläubigern glaubhaft zu signalisieren, dass grundsätzlich keine Anreize für opportunistisches Verhalten bestehen.

B. Kommanditgesellschaft

I. Das Haftungssystem der KG

Mit der KG steht eine Personenhandelsgesellschaft zur Verfügung, die eine Haftungsbeschränkung für einen Teil der Gesellschafter erlaubt. Nach § 161 Abs. 1 HGB ist der einzige, aber entscheidende Unterschied zwischen einer OHG und einer KG, dass es in der KG neben wenigstens einem persönlich haftenden Gesellschafter,[1033] Gesellschafter gibt, die lediglich begrenzt mit ihrer Einlage haften.

Neben die Haftung der rechtsfähigen KG und der persönlichen Haftung der Komplementäre nach §§ 128 S. 1, 161 Abs. 2 HGB tritt die summenmäßig beschränkte Haftung der Kommanditisten, die jedoch durch Leistung der Einlage nach § 171 Abs. 1 Hs. 2 HGB ausgeschlossen wird.

Der Kommanditist haftet nach § 171 Abs. 1 Hs. 1 i.V.m. §§ 161 Abs. 2, 128 HGB für alle Verbindlichkeiten der KG persönlich und summenmäßig beschränkt, soweit nicht ausnahmsweise eine unbeschränkte Haftung gemäß § 176 HGB besteht. Der Kommanditist wird nach § 171 Abs. 1 Hs. 2 HGB, wenn, aber stets nur soweit, er die geschuldete Pflichteinlage an die Gesellschaft leistet, von seiner betragsmäßig auf

1032 Dazu bereits in Kapitel 3 §2 A. V. 2.

1033 Dabei kann es sich nach ganz h.M. auch um eine juristische Person handeln, die dann mit ihrem gesamten Vermögen haftet. Vgl. nur zur Entwicklung der Zulässigkeit der GmbH & Co. KG: anerkannt vom RG in RGZ 105, 101 und vom BGH erstmals in WM 1956, 61, 63; *K. Schmidt*, Gesellschaftsrecht, S. 1623 f.

die Haftsumme beschränkten Haftung frei.[1034] Nach heute überwiegender Ansicht ist zur Erfüllung dieses Haftungsausschlusses sowohl eine Leistung auf die Einlage als auch die entsprechende Zuführung eines Vermögenswertes erforderlich.[1035] Ziel des Haftungssystems des Kommanditisten ist, dass dieser seine kapitalistische Beteiligung effektiv und endgültig erbringt.[1036] Nach § 172 Abs. 4 S. 1 HGB gilt daher die Einlage den Gläubigern gegenüber als nicht geleistet, soweit sie „zurückbezahlt" ist.[1037] Durch eine Rückzahlung der Einlage wird im Außenverhältnis, ohne Rücksicht auf eine mögliche, zulässige Vereinbarung im Innenverhältnis,[1038] der Ursprungszustand, nämlich die Haftung des Kommanditisten in Höhe seiner Einlage wieder hergestellt.[1039] Dabei ist weder eine Rückzahlung als solche noch eine Rückgewähr der „Einlage" notwendig.[1040] Voraussetzung des § 172 Abs. 4 S. 1 HGB ist vielmehr die Minderung

---

1034 Vgl. etwa *Gummert,* in: Henssler/Strohn, Gesellschaftsrecht, §§ 171, 172 HGB Rn. 27; *Kindler,* in: Koller/Kindler/Roth/Morck, HGB, §§ 171/172 Rn. 12. Zur Unterscheidung zwischen den Begriffen der Pflichteinlage und der Haftsumme vgl. u. a. *Strohn,* in: E/B/J/S, HGB, § 171 Rn. 5 ff.; *Wiedemann,* Gesellschaftsrecht II, S. 797; *K. Schmidt,* Gesellschaftsrecht, S. 1560 ff.

1035 Statt aller *Gummert,* in: Henssler/Strohn, Gesellschaftsrecht, §§ 171, 172 HGB Rn. 36 ff.; *Wiedemann,* Gesellschaftsrecht II, S. 803 ff.; *K. Schmidt,* Gesellschaftsrecht, S. 1565; *Potsch,* Grundfragen der Kommanditistenhaftung, S. 125. Außerdem kann sich der Kommanditist durch Leistung eines Geldbetrages in Höhe der Haftsumme an einen oder mehrere Gläubiger von seiner Haftung befreien. H.M. *Gummert,* in: Henssler/Strohn, Gesellschaftsrecht, §§ 171, 172 HGB Rn. 31; *Strohn,* in: E/B/J/S, HGB, § 171 Rn. 76. Dies stellt zwar keine Leistung auf die Einlage dar, der Kommanditist kann jedoch seinen Regressanspruch aus § 110 HGB gegen den Einlagenanspruch der KG aufrechnen. Vgl. BGH NJW 1984, 2290, 2291; *Roth,* in: Baumbach/Hopt, HGB, § 171 Rn. 8; *K. Schmidt,* Gesellschaftsrecht, S. 1568.

1036 Vgl. *Wiedemann,* Gesellschaftsrecht II, S. 807.

1037 § 172 Abs. 4 S. 2 HGB lässt Gewinnentnahmen zu, solange der Saldo des Kapitalkontos nicht geringer ist als die Haftsumme des Kommanditisten oder durch die Gewinnentnahme geringer wird. Im Ergebnis handelt es sich beim Satz 2 um eine Konkretisierung des § 172 Abs. 4 S. 1 HGB (*K. Schmidt,* in: Münchener Kommentar-HGB, §§ 171, 172 Rn. 77). Satz 2 ist zwar als Erweiterung formuliert, beinhaltet aber nur eine auf Gewinnausschüttungen bezogene Umschreibung des Rückzahlungsbegriffs aus Satz 1. Nach § 172 Abs. 5 HGB bezieht sich das Rückzahlungsverbot jedoch nicht auf Gewinnausschüttungen, wenn der Kommanditist gutgläubig Gewinn bezieht.

1038 Vgl. *Wiedemann,* Gesellschaftsrecht II, S. 807; *Gummert,* in: Henssler/Strohn, Gesellschaftsrecht, §§ 171, 172 HGB Rn. 44. Die Kommanditisten müssen nur ein Wiederaufleben ihrer persönlichen Haftung im Außenverhältnis in Kauf nehmen.

1039 *Gummert,* in: Henssler/Strohn, Gesellschaftsrecht, §§ 171, 172 HGB Rn. 44.

1040 Vgl. *Strohn,* in: E/B/J/S, HGB, § 172 Rn. 21; *Wiedemann,* Gesellschaftsrecht II, S. 808; *Kindler,* JuS 2006, 865, 867.

des Vermögens der KG; es geht um einen einseitigen Vermögensabfluss zu Gunsten des Kommanditisten ohne entsprechende Gegenleistung.[1041]

Nach §§ 123 Abs. 2, 161 Abs. 2 HGB kann eine KG als rechtsfähige Personenhandelsgesellschaft bereits vor Eintragung ins Handelsregister entstehen, nämlich dann wenn die KG ihre Geschäfte aufnimmt. Voraussetzung dafür ist, dass es sich um eine KG handelt, die nach § 1 Abs. 2 HGB ein Handelsgewerbe betreibt oder ein bereits eingetragenes Unternehmen fortführt. Für die schon mit Aufnahme des Geschäftsbetriebs entstehenden KGs gilt nach § 176 Abs. 1 S. 1 HGB, dass ein Kommanditist für Verbindlichkeiten der KG, die vor Eintragung ins Handelsregister entstehen, gleich einem Komplementär haftet, wenn er dem Geschäftsbeginn zugestimmt hat. Ausgeschlossen wird die Haftung nach § 176 Abs. 1 S. 1 HS. 2 HGB durch die Kenntnis des Gesellschaftsgläubigers von der Kommanditistenstellung des Gesellschafters.

Die Funktion des § 176 HGB im Regelungssystem umstritten. Die wohl noch herrschende Meinung geht davon aus, dass mit Entstehung der KG, d. h. mit Geschäftsbeginn grundsätzlich die beschränkte Haftung der Kommanditisten gilt. § 176 HGB ist demnach eine haftungsverschärfende Vorschrift, die dem Schutz des Rechtsverkehrs dienen soll.[1042] Die Funktion des § 176 HGB wird als ein abstrakter Vertrauensschutz gesehen[1043] – der Rechtsverkehr solle ganz allgemein darauf vertrauen dürfen, dass die Gesellschafter von Personenhandelsgesellschaften nur dann beschränkt haften, wenn eine entsprechende Publizität durch das Handelsregister gegeben ist.[1044]

Nach einer anderen Auffassung, die seit Anerkennung der Rechtsfähigkeit der BGB-Gesellschaft weiter im Vordringen ist, ist § 176 HGB nur Ausdruck davon, dass die Haftungsbeschränkung des Kommanditisten erst mit ihrer Eintragung ins Handelsregister nach außen wirksam werde, die Eintragung also konstitutiv sei und die Haftung des nicht eingetragenen Kommanditisten lediglich Ausdruck der allgemeinen persönlichen Haftung der Gesellschafter einer Personengesellschaft.[1045]

1041 Vgl. nur *Strohn*, in: E/B/J/S, HGB, § 172 Rn. 21; *K. Schmidt*, in: Münchener Kommentar-HGB, §§ 171, 172 Rn. 66; *Gummert*, in: Henssler/Strohn, Gesellschaftsrecht, §§ 171, 172 HGB Rn. 45; BGHZ 39, 319, 331; BGHZ 47, 149, 155 f.; *Wiedemann*, Gesellschaftsrecht II, S. 808 ff.

1042 BGHZ 82, 209, 215 f.; *Strohn*, in: E/B/J/S, HGB, § 176 Rn. 1; *Kindler*, in: Koller/Kindler/Roth/Morck, HGB, § 176 Rn. 1; *Priester*, BB 1980, 911 f.; *K. Schmidt*, Gesellschaftsrecht, S. 1604 f.; *Clauss/Fleckner*, WM 2003, 1790, 1799 f.; *Saenger/Wackerbeck*, JA 2006, 771, 775; *Kindler*, JuS 2006, 865, 867.

1043 BGHZ 82, 209, 213, 215; BAG NJW 1980, 1071; *Priester*, BB 1980, 911 f.; *K. Schmidt*, Gesellschaftsrecht, S. 1604 f.; *ders.*, ZHR 144 (1980) 194; *ders.*, NJW 1982, 886. Kritisch dazu *A. Meyer*, Unbeschränkte Verbandsmitgliederhaftung, S. 277 ff.

1044 Vgl. BGHZ 82, 209, 215.

1045 *Flume*, Personengesellschaft, S. 333; *Crezelius*, BB 1983, 5, 8 ff.; *Knobbe-Keuk*, FS Stimpel, S. 187, 194 ff.; *J. Meyer*, Haftungsbeschränkung, S. 135 ff.; *Dauner-Lieb*, FS Lutter, S. 835, 838 f.; *Hasenkamp*, Haftungsbeschränkungen, S. 165 f.; *Mülbert*, AcP 199 (1999) 38, 98 f.; *K. Schmidt*, GmbHR 2002, 341, 341 ff.; *Wiedemann*, Gesellschaftsrecht II, S. 821 f.; im Ergebnis auch *A. Meyer*, Unbeschränkte Verbandsmitgliederhaftung, S. 277 ff.; *A. Meyer*, BB 2008, 628, 629 f.

§ 176 Abs. 1 S. 1 Hs. 2 HGB, der eine Haftung bei Kenntnis[1046] des Gesellschaftsgläubigers von der Kommanditistenstellung des Gesellschafters ausschließt, ließe eine einseitige Haftungsbeschränkung bereits durch Information des Gesellschaftsgläubigers zu[1047] und sei daher vielmehr als Privilegierung zur allgemeinen persönlichen Haftung nach § 128 HGB zu sehen.[1048]

Funktional wird der Zweck der Haftung nach § 176 HGB auch darin gesehen, dass für die Kommanditisten ein Anreiz geschaffen werden soll, eine möglichst zeitige Eintragung ins Handelsregister zu betreiben – als Sanktion wird die Haftung jedoch nicht mehr verstanden.[1049]

II. Die Haftung des Komplementärs und die Vermeidung von Gesellschafteropportunismus

Die Kommanditgesellschaft ermöglicht eine rein kapitalistische Beteiligung eines Gesellschafters an einer Personengesellschaft. Die ökonomischen Erklärungsansätze für eine Haftungsbeschränkung können herangezogen werden:[1050] Die Haftungsbeschränkung erleichtert eine Kapitalakkumulierung dadurch, dass die Haftungsbeschränkung eine Spezialisierung und eine Diversifizierung der Anleger ermöglicht.

Die Funktion der Beteiligung des Kommanditisten als eine rein kapitalistische spiegelt sich auch im gesetzlichen Leitbild wieder. Während der Komplementär als persönlich haftender Gesellschafter die Geschäfte leitet, ist der Kommanditist nach § 164 S. 1 Hs. 1 HGB von der Geschäftsführung ausgeschlossen und muss nach § 164 S. 1 Hs. 2 HGB nur dann Geschäftsführungsmaßnahmen zustimmen,[1051] wenn diese

---

1046 Dazu *Strohn*, in: E/B/J/S, HGB, § 176 Rn. 11; *K. Schmidt*, Gesellschaftsrecht, S. 1611 f.

1047 Vgl. u. a. *Jacobs*, DB 2005, 2227, 2229 f.; *Armbrüster*, ZGR 2005, 34, 59; *K. Schmidt*, GmbHR 2002, 341, 343.

1048 *Gummert*, in: Henssler/Strohn, Gesellschaftsrecht, § 176 HGB Rn. 2; *Dauner-Lieb*, FS Lutter, S. 835, 836 f., 838 f.; *K. Schmidt*, GmbHR 2002, 341 ff.; *Jacobs*, DB 2005, 2227, 2232 ff.; *A. Meyer*, BB 2008, 628, 629, 631 f.; *ders.*, Unbeschränkte Verbandsmitgliederhaftung, S. 277 ff., 283; *Mattheus/Schwab*, ZGR 2008, 65, 77.

1049 Vgl. *Gummert*, in: Henssler/Strohn, Gesellschaftsrecht, § 176 HGB Rn. 1; *K. Schmidt*, GmbHR 2002, 341, 344; *Wertenbruch*, in: Westermann/Wertenbruch (Hrsg.), Handbuch Personengesellschaften, Rz. I 3102; *Wiedemann*, Gesellschaftsrecht II, S. 821; *Armbrüster*, ZGR 2005, 34, 43; *Clauss/Fleckner*, WM 2003, 1790, 1800; *Mattheus/Schwab*, ZGR 2008, 65, 75 (nach ihnen stellt § 176 HGB dem Kommanditisten eine *„rechtssichere Steuerung des persönlichen Haftungsrisikos"* in Aussicht). So noch RGZ 128, 172, 181 (*„zivilrechtliche Strafe"* als Hauptzweck); *Kornblum*, Haftung der Gesellschafter, S. 250 (*„Sanktionscharakter"*). Ablehnend etwa *Specks*, RNotZ 2008, 143, 146.

1050 Vgl. allgemein *Easterbrook/Fischel*, The Economic Structure of Corporate Law, S. 41 ff.; *Bitter*, Durchgriffshaftung, S. 159 ff.; *Grigoleit*, Gesellschafterhaftung, S. 31 ff. Dazu auch *Potsch*, Grundfragen der Kommanditistenhaftung, S. 92 f.

1051 Nach ganz h.M. nicht bloß Widerspruchsrecht: RG 158, 305; *Roth*, in: Baumbach/Hopt, HGB, § 164 Rn. 2; *Weipert*, in: E/B/J/S, HGB, § 164 Rn. 6.

über den gewöhnlichen Betrieb des Handelsgewerbes der Gesellschaft hinausgehen. Es findet sich somit ein grundsätzlicher Gleichlauf von persönlicher Haftung und der Macht opportunistisches Verhalten zu initiieren. Der nach dem gesetzlichen Leitbild geringe Einfluss der Kommanditisten auf die Leitung der Gesellschaft, aufgrund des Ausschlusses von der Geschäftsführung, macht opportunistisches Verhalten der Kommanditisten bei gesetzestypischen KGs wenig wahrscheinlich.[1052]

Die persönliche Haftung des Komplementärs stellt auch in Bezug auf opportunistisches Verhalten der Kommanditisten den maßgeblichen Mechanismus zu Vermeidung solchen Verhaltens dar, da der Komplementär nach dem dargestellten System selbst keinen Anreiz hat, sich opportunistisch zu verhalten und zur Vermeidung einer persönlichen Haftung grundsätzlich ein derartiges Verhalten der Kommanditisten unterbinden wird.[1053] Dieser Mechanismus wird vom BGH als die „Bremsfunktion" der Komplementärhaftung umschrieben.[1054] Dessen persönliche Haftung würde zu einer Kontrolle der Kommanditisten führen,[1055] sowie zu einer die Belange der Gesellschaftsgläubiger berücksichtigenden Geschäftsführung.[1056]

Die Haftungsregelungen der §§ 171, 172 HGB versuchen darüber hinaus der dennoch immer bestehenden Gefahr opportunistischen Gesellschafterverhaltens in Bezug auf die Kommanditisten auf andere Weise als durch eine generelle, unbeschränkte, persönliche Haftung zu begegnen. Für manche Autoren stellt dabei gerade das Gläubigerschutzsystem der Kommanditisten eine transaktionskostengünstige, deregulierte Alternative zur Kapitalaufbringung und Kapitalerhaltung in der GmbH dar.[1057] Im Gegensatz zur Regelung der Kapitalaufbringung entfällt bei der KG jegliche Vorab-Kontrolle des haftenden Kapitals.[1058] Dies wird als Vorteil verstanden, da diese präventive Kontrolle teuer aber verzichtbar sei.[1059] Es werde vielmehr auf eine nachgelagerte Haftung der Gesellschafter gesetzt.

Die Frage ist, wie sich die persönliche Haftung der Kommanditisten nach § 176 HGB in dieses System einordnet. Die in der Literatur vertretenen Ansichten zu § 176 HGB sind entweder normativ (abstrakter Vertrauensschutz) oder dogmatisch (persönliche Haftung als allgemeiner Grundsatz) zu verorten. § 176 HGB sieht eine

1052 So auch *Potsch*, Grundfragen der Kommanditistenhaftung, S. 93.

1053 So auch *Potsch*, Grundfragen der Kommanditistenhaftung, S. 94 f. In diese Richtung auch *U. Huber*, ZGR 1988, 1, 16 f.; *Wiedemann*, FS Bärmann, S. 1037, 1038 f.

1054 BGHZ 60, 324, 328, 332; BGHZ 93, 246, 250; *Wiedemann*, FS Bärmann, S. 1037, 1050; dazu auch *Klingberg*, Mitarbeitende Kommanditisten, S. 111 f; *Boerner*, Haftung, S. 113 f.

1055 BGHZ 60, 324, 328, 332; BGHZ 93, 246, 250.

1056 BGHZ 62, 216, 227; BGHZ 93, 246, 250.

1057 Vgl. etwa *Drygala*, ZIP 2006, 1797, 1800 ff. der eine KmbH (Kommanditgesellschaft mit beschränkter Haftung) vorschlägt; *Bayer*, ZGR 2007, 220, 235 ff.

1058 Vgl. *Drygala*, ZIP 2006, 1797, 1800. Wichtiger Aspekt der Kapitalaufbringung, den es so im Haftungsmechanismus der KG in Bezug auf den Kommanditisten nicht gibt, ist die Überprüfung der Leistung der Einlage durch das Registergericht.

1059 *Drygala*, ZIP 2006, 1797, 1800; *Bayer*, ZGR 2007, 220, 234 ff., insbes. 236 ff.

persönliche Haftung auch dann vor, wenn die Einlage durch die Kommanditisten bereits erbracht wurde, jedoch die KG bzw. die Kommanditistenstellung noch nicht ins Handelsregister eingetragen wurde und der Kommanditist dem Geschäftsbeginn zugestimmt hat. Daraus ergibt sich, dass aus funktionaler *ex ante* Betrachtung der Zweck des § 176 HGB nicht allein im Individualschutz der Gläubiger liegen kann – diese werden jedenfalls bereits auch durch die Leistung der Einlage[1060] und die Haftung der Komplementäre geschützt.

Die Funktion der Vorschrift muss also darüber hinaus eine andere sein. In den Blick rückt daher erneut die Frage, welche Anreize durch die Haftung gesetzt werden. Da die Haftung mit Eintragung entfällt, wird Druck erzeugt die KG bzw. die Kommanditistenstellung baldmöglichst in das Handelsregister eintragen zu lassen. Diese Funktion wird auch in der Literatur so gesehen.[1061]

Die Gesellschafter werden gezwungen deutlich zu machen, wer Kommanditist ist, wodurch Transaktionskosten im Rechtsverkehr gesenkt werden, weil relevante Informationen bereitgestellt werden. Für den Rechtsverkehr ist von entscheidender Bedeutung, mit welcher Rechtsform man es zu tun hat und wie die Haftung ausgestaltet ist. Nur so kann der freiwillige Gläubiger Risiken einschätzen und beurteilen. Dabei ist maßgeblich, ob die Gesellschafter persönlich haften und wenn nicht, welche Gesellschafter gerade nicht. Das Handelsregister liefert diese für die Gläubiger beim Geschäftsabschluss wichtigen Informationen.[1062] Ist die KG noch nicht im Handelsregister eingetragen und betreibt dennoch ihre Geschäfte, ist es mit Blick auf die Aufrechterhaltung der persönlichen Haftung als transaktionskostengünstiger Gläubigerschutz folgerichtig, die Kommanditisten persönlich haften zu lassen. Dies führt zu mehr Transparenz in Bezug auf die Haftungsverhältnisse.

Dieser Schutzzweck lässt sich außerdem damit vereinbaren, dass der Gesellschafter unabhängig davon haftet, ob der Gesellschaftsgläubiger das Handelsregister überprüft hat oder nicht. Ist eine Information des Rechtsverkehrs aufgrund der Kenntnis des Gesellschaftsgläubigers von der Kommanditistenstellung nicht notwendig, so ist im Einzelfall ein Absehen von der Haftung berechtigt.

III. Geschäftsführende Kommanditisten und andere atypische Gestaltungen

Nach dem gesetzlichen Leitbild der Kommanditgesellschaft ist, vor allem aufgrund der persönlichen Haftung des Komplementärs ein opportunistisches Verhalten der Kommanditisten grundsätzlich nicht zu erwarten.[1063] Dies ist selbst dann der Fall,

---

1060 Darauf soll in dieser Arbeit nicht vertieft eingegangen werden.

1061 Vgl. dazu *Gummert,* in: Henssler/Strohn, Gesellschaftsrecht, § 176 Rn. 1; *K. Schmidt,* GmbHR 2002, 341, 344; *Wertenbruch,* in: Westermann, Handbuch Personengesellschaften, Rz. I 3102; *Wiedemann,* Gesellschaftsrecht II, S. 821; *Armbrüster,* ZGR 2005, 34, 43; *Clauss/Fleckner,* WM 2003, 1790, 1800; *Mattheus/Schwab,* ZGR 2008, 65, 75.

1062 *Merkt,* Unternehmenspublizität, S. 334. Dazu vgl. *Schöpflin,* NZG 2003, 606 m.w.N.

1063 Vgl. auch *Huber,* ZGR 1988, 1, 17.

wenn vom gesetzlichen Leitbild abgewichen wird und die Einflussmöglichkeiten der Kommanditisten erweitert werden. Nach § 164 HGB ist der Kommanditist nach der Standardregelung von der Geschäftsführung ausgeschlossen. Die gesetzliche Reglung geht von einer rein kapitalistischen Beteiligung des Gesellschafters aus, d.h. keiner Beteiligung an der Geschäftsleitung. Diese Regelung ist nach herrschender Ansicht dispositiv; dem Kommanditisten kann die Leitung der Gesellschaft übertragen werden, Geschäftsführungsbefugnis eingeräumt und rechtsgeschäftliche Vertretungsmacht erteilt werden.[1064] Abweichend von § 119 Abs. 2 HGB kann im Gesellschaftsvertrag außerdem festgelegt werden, dass Mehrheitsbeschlüsse statt nach Köpfen nach Kapitalanteilen gefasst werden.[1065] Diese Gestaltungen stellen solange kein Problem dar, als beim Komplementär die entsprechenden Anreize zur Vermeidung opportunistischen Verhaltens gesetzt werden und dieser genug Einfluss hat, um diese durchzusetzen.

Nach herrschender Meinung kann eine Übertragung der Geschäftsführung auf die Kommanditisten sogar unter Ausschluss der Komplementäre von der Geschäftsführung erfolgen.[1066] Außerdem kann bei einer gesellschaftsvertraglichen Regelung zur Fassung von Mehrheitsentscheidungen nach Kapitalanteilen, wenn die Kommanditisten die Mehrheit halten, ein Weisungsverhältnis der Kommanditisten gegenüber Komplementären entstehen. Grundsätzlich wird sich ein Komplementär auf eine derartige Reglung nur gegen Gewährung einer Risikoprämie und eines Freistellungsanspruchs von der ihn aufgrund geschäftlicher Entscheidungen der Kommanditisten treffenden persönlichen Haftung einlassen.[1067] Über den Freistellungsanspruch und die Risikoprämie kommt es zu einer Internalisierung des Risikos bei den Kommanditisten.

Die Internalisierung durch die Kommanditisten ist insofern unvollständig, als derartige Konstruktionen die Haftung der Kommanditisten aufgrund gestiegener Transaktionskosten weniger wahrscheinlich machen, was von den Kommanditisten in ihre Kalkulation einbezogen wird. Es kann zudem Situationen geben, in denen

---

1064 Nach § 170 HGB ist der Kommanditist zwingend von der organschaftlichen Vertretungsmacht ausgeschlossen (BGHZ 41, 367, 369; BGHZ 51, 198, 200; *Grunewald*, in: Münchener Kommentar-HGB, § 170 Rn. 12 m.w.N.) ihm kann lediglich rechtsgeschäftliche Vertretungsmacht erteilt werden. Vgl. etwa BGHZ 17, 394 (Prokura); *Grunewald*, in: Münchener Kommentar-HGB, § 170 Rn. 15; *K. Schmidt*, Gesellschaftsrecht, S. 1537. Dem Kommanditisten kann seine Vertretungsmacht nach Rechtsprechung des BGH zwar im Außenverhältnis ohne weiteres entzogen werden, liegt aber kein wichtiger Grund für die Entziehung vor, so hat der Kommanditist einen Anspruch auf Wiedererteilung der Vertretungsmacht. Vgl. BGHZ 17, 392; *Roth*, in: Baumbach/Hopt, HGB, § 170 Rn. 4; dazu auch *Grunewald*, in: Münchener Kommentar-HGB, § 170 Rn. 16 f. m.w.N.

1065 Vgl. *Servatius*, in: Henssler/Strohn, Gesellschaftsrecht, Anh. 2. Buch HGB Rn. 1; *Grunewald*, in: Münchener Kommentar-HGB, § 161 Rn. 33 m.w.N.

1066 BGHZ 17, 392; BGHZ 51, 198; *Roth*, in: Baumbach/Hopt, HGB, § 164 Rn. 7; *Grunewald*, in: Münchener Kommentar-HGB, § 164 Rn. 23 m.w.N.; a.A. *Nitschke*, Die körperschaftlich strukturierte Personengesellschaft, S. 259 ff. solang kein Korrektiv für seine gesteigerte Machtbefugnis gesetzt wird.

1067 So auch *Potsch*, Grundfragen der Kommanditistenhaftung, S. 94.

der Komplementär von den Kommanditisten rechtlich oder tatsächlich abhängig ist oder die Anreize der persönlichen Haftung beim Komplementär, etwa wegen Vermögenslosigkeit ins Leere gehen.

Problematisch an diesen Situationen ist, dass bei den Kommanditisten der Anreiz zu opportunistischem Verhalten wieder deutlich hervortreten kann. Ohne das Gegengewicht eines persönlich haftenden Komplementärs können die Kommanditisten unvermindert Risiken auf die Gesellschaftsgläubiger externalisieren. Die Haftungsregelungen der §§ 171, 172 HGB setzen dabei lediglich Anreize gegen opportunistische Vermögensverschiebungen, nicht jedoch gegen sonstiges opportunistisches Verhalten, insbesondere *asset substitution*.

Ein Beispiel für eine Abhängigkeit des Komplementärs von den Kommanditisten sind häufig GmbH & Co KGs.[1068] Die Komplementär-GmbH hat als juristische Person kein Eigeninteresse, sondern wird von den Kommanditisten beherrscht, deren Interessen die Willensbildung der GmbH bestimmen. Die Komplementär-GmbH kann die dem Komplementär zugedachte Bremsfunktion nicht wahrnehmen, sodass es, besonders bei einer sehr geringen Kapitalisierung der GmbH[1069] zu einer Risikoexternalisierung gegenüber Gläubigern der KG kommen kann.[1070] Für die GmbH & Co KG hat der BGH mit Blick auf diese potentiellen Fehlanreize ein spezielles Gläubigerschutzregime entwickelt. Neben besonderen Firmierungsvorschriften[1071] und dem § 172 Abs. 6 HGB werden die Kaptialerhaltungsvorschriften der GmbH (§§ 30, 31 GmbHG) angewendet. Ausschüttungen aus dem Vermögen der KG an die Kommanditisten sind nach § 30 GmbHG verboten, wenn durch die Ausschüttung das Vermögen der Komplementär-GmbH mittelbar unter die Stammkapitalziffer fällt, weil die Beteiligung der GmbH an der KG derart an Wert verliert, dass diese wertberichtigt wird, so dass bei der GmbH eine Unterbilanz entsteht oder vertieft wird.[1072] Da sich diese Vorschriften primär nur gegen opportunistische Vermögensverschiebungen richten, muss an eine Ergänzung durch weitere Gläubigerschutzmechanismen gedacht werden.

Für den geschäftsführenden Kommanditisten wurde in der Literatur lange Zeit auf Basis des Prinzips des Gleichlaufes von Herrschaft und Haftung[1073] diskutiert, ob dieser Kommanditist aufgrund seiner Herrschaft über die Gesellschaft gleich

1068 Dazu auch *Potsch*, Grundfragen der Kommanditistenhaftung, S. 96 ff.

1069 Dies wird insbesondere bei einer UG haftungsbeschränkt & Co KG relevant.

1070 Vgl. auch *Potsch*, Grundfragen der Kommanditistenhaftung, S. 96 f., 101.

1071 § 19 Abs. 2 HGB. Dazu etwa *Heidinger*, in: Münchener Kommentar-HGB, § 19 Rn. 18 ff.

1072 Vgl. BGHZ 60, 324; BGHZ 69, 274, 280; *K. Schmidt*, Gesellschaftsrecht, S. 1655 f.; *Gummert*, in: Münchener Handbuch Gesellschaftsrecht, Bd. 2, § 54 Rn. 22 ff. Dabei werden sowohl die Kommanditisten, die Gesellschafter der GmbH sind, als auch die „Nur-Kommanditisten" erfasst. So BGHZ 110, 342,358; BGH NJW 1995, 1960 f. Dazu etwa *Heidinger*, in: Michalski, GmbHG, § 30 Rn. 169 ff.

1073 Dazu bereits Kapitel 3 §1 I.

einem Komplementär persönlich und unbeschränkt haften solle.[1074] Eine weitere Ansicht zog hingegen den Gedanken des Rechtsmissbrauchs, basierend auf dem Grundsatz von Treu und Glauben (§ 242 BGB) zur Korrektur dieser Situation heran.[1075]

Der BGH hat eine derartige Haftung abgelehnt.[1076] Eine Haftung eines Kommanditisten sei nicht allein deswegen anzunehmen, nur weil dieser die Befugnisse eines Komplementärs habe.[1077] Die Erteilung der Geschäftsführungsbefugnis an den Kommanditisten weiche von der gesetzlichen Risikoverteilung ab,[1078] die vorsehe, dass nur persönlich haftende Gesellschafter an der Geschäftsführung beteiligt sind und nur diese persönlich haften. Eine Kongruenz von Handlungsbefugnis und Haftung liege zwar der gesetzlichen Standardregelung zugrunde, sei jedoch nicht zwingend.[1079] In einer atypischen Gestaltung liege zudem kein Missbrauch der Rechtsform.[1080]

Die persönliche Haftung der Komplementäre ist eine typisierende Haftung, die, wie die persönliche Haftung allgemein, zum Teil überschießend ist, da auch Gesellschafter einbezogen werden, die individuell nicht in der Lage sind opportunistisches

---

1074 So etwa *Lehmann*, Gesellschaftsrecht, S. 331 ff.; dazu auch *Hofmann*, NJW 1969, 577, 579.

1075 Es sei rechtsmissbräuchlich, wenn der in Wirklichkeit die Gesellschaft betreibende Kommanditist einen vermögenslosen Komplementär vorschiebe, statt eine haftungsbeschränkte Gesellschaftsform zu wählen und dadurch die tatsächlich bestehende, beschränkte Haftung des wirtschaftlichen Inhabers offenzulegen. OLG Hamm, MDR 1963, 849 f.; dazu *Potsch*, Grundfragen der Kommanditistenhaftung, S. 104 f.

1076 BGHZ 45, 204- sog. Rektorfall. Dazu ausführlich etwa *Bitter*, Durchgriffshaftung, S. 142 ff.

1077 BGHZ 45, 204, 207; so auch *Weipert*, in: E/B/J/S/, HGB, § 164 Rn. 27; *Roth*, in: Baumbach/Hopt, HGB, § 164 Rn. 9; *K. Schmidt*, Gesellschaftsrecht, S. 1552 f. jeweils m.w.N.

1078 BGHZ 45, 204, 205; *Grunewald*, in: Münchener Kommentar-HGB, § 164 Rn. 24.

1079 BGHZ 45, 204, 205 f.; zustimmend etwa *Flume*, Personengesellschaft, S. 202; *Armbrüster*, ZIP 2009, 1885, 1888. Nach Code de Commerce Art. L222–6 haftet ein Kommanditisten bei einer Beteiligung an der Geschäftsführung komplementärgleich. Weitergehender noch nach englischem Recht: S. 6 (1) Limited Partnerships Act 1907 sieht eine Haftung des Kommanditisten gleich einem *general partner* vor, wenn dieser sich an der Geschäftsführung oder der Kontrolle der *limited partnership* beteiligt. Im US-amerikanischen Recht gab es bis 2001 in § 303 (b) (1) ULPA eine gesetzliche Regelung, aus der sich die unbeschränkte Haftung eines geschäftsleitenden Kommanditisten ergab: „*A limited partner shall not become liable as a general partner unless (...) he takes part in the control of the business.*“ Diese Regelung wurde jedoch aufgrund der Entwicklungen der Rechtsformen der LLP und LLC als Anachronismus gesehen und deshalb gestrichen. (s. Begründung der Uniform Law Commission zu § 303 ULPA, S. 50, abrufbar unter http://www.uniformlaws.org/shared/docs/limited%20partnership/ulpa_final_2001rev.pdf).

1080 BGHZ 45, 204, 207 ff.

Verhalten zu zeigen. Die Haftung des geschäftsführenden Kommanditisten ist hingegen an sich nicht weitgehend genug – er kann sich opportunistisch verhalten, dabei aber grundsätzlich nur seine Einlage verlieren.

Zu denken ist daher an eine Vervollständigung des Haftungsregimes durch eine Anwendung der Existenzvernichtungshaftung auch auf die KG, insbesondere die GmbH & Co KG.[1081] Die Existenzvernichtungshaftung[1082] lässt sich als verbandsrechtliche Sonderdeliktshaftung verstehen, die das vorrangig den Gesellschaftsgläubigern dienende Gesellschaftsvermögen vor Eingriffen der Gesellschafter schützen soll. Von diesem Ausgangspunkt aus lässt sich die Existenzvernichtungshaftung zu einem allgemeinen Institut des Verbandsrechts ausbauen,[1083] das solche Schutzlücken im Gläubigerschutzsystem füllen soll, die dessen Wertungen entgegenlaufen und zu einer unvollständigen Verwirklichung der Schutzziele führen. In dieser Arbeit wird das primäre Ziel gläubigerschützender Regelungen in der Vermeidung von opportunistischem Gesellschafterverhalten gesehen.[1084] Soweit also die Schutzlücken im Haftungssystem der Kommanditisten opportunistisches Verhalten erlauben, sind diese durch eine Sanktionierung dieses Verhaltens im Rahmen der Existenzvernichtungshaftung zu schließen Das „Vorschieben" eines vermögenslosen Kommanditisten allein, reicht daher zur Begründung einer Haftung nicht, solange kein opportunistisches Verhalten der Kommanditisten gegeben ist.[1085]. Selbst wenn man nicht so weit gehen möchte, die Existenzvernichtungshaftung als allgemeines Institut des Verbandsrechts zu sehen, kann doch in Fällen in denen Kommanditisten gezielt die abhängige Situation des Komplementärs oder dessen fehlgehende Anreize ausnutzen, um Risiken auf Gesellschaftsgläubiger zu externalisieren der Vorwurf einer sittenwidrigen Schädigung nach § 826 HGB als begründet angesehen

1081 *Tröger*, in: Handbuch Personengesellschaften, Rz. I 4077a ff. In diese Richtung auch *Potsch*, Grundfragen der Kommanditistenhaftung, S. 115. Ähnlich für eine Anwenudng von § 826 BGB auch *Hofmann*, NJW 1969, 577, 582; *K. Schmidt*, Gesellschaftsrecht, S. 1553; *Kindler*, in: Koller/Kindler/Roth/Morck, HGB, §§ 171, 172 Rn. 19; *Servatius*, in: Henssler/Strohn, Anh. 2. Buch HGB Rn. 149.

1082 BGHZ 173, 246 (Trihotel); BGHZ 176, 204 (Gamma); eingehend *Liebscher*, in: Münchener Kommentar-GmbHG, Anh. § 13 Rn. 519 ff. m.w.N.; *Michalski/Funke* in: Michalski, GmbHG, § 13 Rn. 305 ff.; in der Sache auch schon BGHZ 149, 10 (Bremer Vulkan); BGHZ 151, 181 (KBV).

1083 Vgl. u.a. *Tröger*, in: Handbuch Personengesellschaften, Rz. I 4077a ff.; *Habersack* in: Emmerich/Habersack, Aktien- und GmbH-Konzernrecht, Anh. zu § 318 Rn. 39; *Altmeppen* in: Roth/Altmeppen, § 13 Rn. 104 ff.; § 43 Rn. 92; *Schneider*, FS U. H. Schneider, S. 1177, 1180 ff.; *Weller*, ZIP 2007, 1681, 1687; *Schaefer/Steinmetz*, WM 2007, 2265, 2271; *Gehrlein*, WM 2008, 761, 764; *Habersack*, ZGR 2008, 533, 546; *Hönn*, WM 2008, 769, 770; explizit auf der Grundlage der hier zugrundegelegten Konzeption von Opportunismus als Folge der Trennung von Vermögensmassen auch schon *Tröger/Dangelmayer*, ZGR 2011, 558, 567.

1084 Vgl. Kapitel 3 §2.

1085 So aber *Wiedemann*, Gesellschaftsrecht I, S. 545; *ders.*, FS Bärmann, S. 1037, 1049; *Boerner*, Haftung, S. 104 ff.; *Klingberg*, Mitarbeitende Kommanditisten, S. 126 ff.

werden.[1086] Vor allem wenn man die §§ 171, 172 in ihrer Regelungssystematik als mit der der GmbH vergleichbar ansieht, können parallele Schutzlücken ebenfalls durch die Existenzvernichtungshaftung geschlossen werden.[1087]

C. Partnerschaftsgesellschaft

I. Die Handelndenhaftung des § 8 Abs. 2 PartGG

Die PartG haftet als Rechtssubjekt (§ 7 Abs. 1 und 2 PartGG i.V.m. § 124 HGB) für die in ihrem Namen eingegangenen, vertraglichen Verbindlichkeiten, daran möglicherweise anknüpfende Sekundäransprüche und für sonstige Verbindlichkeiten. Nach § 8 Abs. 1 PartGG haften die Partner nach dem Modell des § 128 HGB gesamtschuldnerisch und akzessorisch für diese Verbindlichkeiten. Eingeschränkt wird diese Haftung durch die Haftungskonzentration des § 8 Abs. 2 PartGG für berufliche Fehler, was den maßgeblichen Unterschied der Partnerschaftsgesellschaft zu den Personenhandelsgesellschaften darstellt.

1. Die Voraussetzungen einer Haftungskonzentration auf die handelnden Partner

Für berufliche Fehler[1088] haften nach § 8 Abs. 2 PartGG nur die Partner, die mit der Bearbeitung des Auftrags befasst waren, es sei denn ihr Bearbeitungsbeitrag war von untergeordneter Bedeutung. Die befassten Partner haften für den gesamten eintretenden Schaden persönlich und nicht nur für ihren Beitrag. Nicht persönlich haften nur nicht mit der Bearbeitung befasste Partner. Die Bearbeiter des Auftrags,

---

1086 So auch *Potsch*, Grundfragen der Kommanditistenhaftung, S. 115; in diese Richtung auch *K. Schmidt*, Gesellschaftsrecht, S. 1553; *Weimar*, DStR 1997, 1730, 1733.

1087 So auch *Servatius*, in: Henssler/Strohn, Anh. 2. Buch HGB Rn. 149 auch für den Nur-Kommanditisten. Außerdem ist an eine Rechtsscheinhaftung zu denken, wenn der Kommanditist den zurechenbaren Anschein eines persönlich haftenden Gesellschafters erweckt. Dazu auch *Kammergruber*, Divergenzen, S. 118 ff.; *Potsch*, Grundfragen der Kommanditistenhaftung, S. 113 f.

1088 Dies umfasst nach h. M. sämtliche Schadensersatzansprüche wegen Pflichtverletzung im Rahmen von Geschäftsbesorgungs-, Dienst- oder Werkverträgen, für die die Partnerschaft nach Maßgabe der §§ 31, 278 BGB einzustehen hat. Neben vertraglichen Schadensersatz- und Gewährleistungsansprüchen einschließlich solcher aus Verträgen mit Schutzwirkung für Dritte fallen hierunter auch deliktische Ansprüche im Zusammenhang mit der Leistungsbewirkung, für die die Partnerschaft analog § 31 BGB haftet. Schließlich werden von Abs. 2 auch quasivertragliche Ansprüche aus culpa in contrahendo erfasst, wenn sie auf Bearbeitungsfehlern bei Eingehung des Mandats beruhen, vgl. *Hirtz*, in: Henssler/Strohn, Gesellschaftsrecht, § 8 PartGG Rn. 21; *Schäfer*, in: Münchener Kommentar-BGB, § 8 PartGG Rn. 15; *Seibert/Kilian*, in: Kilian, Partnerschaftsgesellschaftsgesetz, § 8 Rn. 6.

auf die sich die Haftung konzentriert, müssen individualisierbare Partner sein.[1089] Ein Auftrag ist dabei ein konkretes Geschäftsverhältnis – es kommt auf die Bearbeitung des konkreten Einzelauftrags an.[1090] Eine interne Arbeitsaufteilung ist grundsätzlich irrelevant – alle an einem (vielschichtigen) Auftrag beteiligten Partner haften, soweit nicht die Berufszugehörigkeit oder Fachkompetenz eine eindeutige Zuordnung erlauben.[1091] Für eine Haftung muss der Partner irgendwie mit der Bearbeitung des Auftrags befasst sein, also irgendwie an der Bearbeitung mitwirken. Befassung bedeutet, dass der Partner den Auftrag selbst bearbeitet oder seine Bearbeitung überwacht oder dies nach der internen Zuständigkeitsverteilung tun müsste.[1092] Die Partner, die nach der internen Zuständigkeitsverteilung tätig werden müssten, sind daher stets mit der Bearbeitung des Auftrags „befasst". Fehlt eine solche Organisationsstruktur, geht dies zu Lasten aller Partner, die sich auf die Anwendung des § 8 Abs. 2 PartGG alsdann nicht berufen können.[1093]

2. Opportunismusvermeidung und Handelndenhaftung

Die Beschränkung der Schadensersatzhaftung für Bearbeitungsfehler auf die Partnerschaft und die an der Bearbeitung beteiligten Partner wirkt sich als gesetzliches Haftungsprivileg zugunsten der nicht mitwirkenden Partner aus. Die Haftungskonzentration nach § 8 Abs. 2 PartGG soll nach der gesetzgeberischen Intention den Mitgliedern einer PartG Rechts- und Planungssicherheit vermitteln und ihre jeweiligen Haftungsrisiken kalkulierbar machen[1094]. Diesem Haftungsprivileg wurde bisher vor allem bei Partnerschaften mit einer großen Mitgliederzahl, überörtlichen und interprofessionellen Partnerschaften eine große Relevanz zugesprochen.[1095]

Die Handelndenhaftung schränkt die persönliche Haftung der Gesellschafter nur in Bezug auf die Ansprüche wegen beruflicher Fehler ein. In Bezug auf alle anderen Ansprüche bleiben die persönliche Haftung und damit auch die durch die persönliche Haftung gesetzten Anreize erhalten.

Bei der Betrachtung der Handelndenhaftung ist weniger das Zurverfügungstellen von Kredit, als die Vermeidung beruflicher Fehler relevant. Die Gesellschaftsgläubiger,

---

1089 *Hirtz*, in: Henssler/Strohn, Gesellschaftsrecht, § 8 PartGG Rn. 14; *Graf von Westphalen*, in: Meilicke u. a., Partnerschaftsgesellschaftsrecht, *§ 8 PartGG*, Rn. 66.

1090 *Hirtz*, in: Henssler/Strohn, Gesellschaftsrecht, § 8 PartGG Rn. 17; *Schäfer*, in: Münchener Kommentar-BGB, § 8 PartGG Rn. 18.

1091 Dazu *Schäfer*, in: Münchener Kommentar-BGB, § 8 PartGG Rn. 19.

1092 BGH, NJW 2010, 1360, 1362; Begr. des RegE BT-Dr 13/9820, S. 21. Der Partner haftet für Bearbeitungsfehler unabhängig davon, ob er gegen seine Überwachungspflichten verstoßen und dadurch den Schaden nicht verhindert hat. Vgl. *Schäfer*, in: Münchener Kommentar-BGB, § 8 PartGG, Rn. 21, 22; *Henssler*, FS Wiedemann, S. 907, 929 f.

1093 Begr. des RegE BT-Dr 13/9820, S. 21; *Schäfer*, in: Münchener Kommentar-BGB, § 8 PartGG Rn. 22; *Mülbert*, AcP 199 (1999) 38, 95 f.

1094 Begr. RegE, BT-Drucks. 13/9820 S. 21; *Seibert*, BRAK-Mitt. 1998, 210.

1095 *Schäfer*, in: Münchener Kommentar-BGB, § 8 PartGG Rn. 14.

die im Rahmen der Handelndenhaftung auf das Gesellschaftsvermögen und den bzw. die handelnden Partner verwiesen werden, sind zwar als freiwillige Gläubiger einzuordnen, da sie im Rahmen des Vertrags ohne Zwang und von sich aus mit der PartG in Kontakt treten und den Vertrag eingehen, jedoch ist in den meisten Fällen von keiner Risikokalkulation in Bezug auf eine Verletzung der vertraglichen Pflichten und eine Schädigung auszugehen.[1096] Vielen Kunden, Mandanten oder Patienten von Freiberuflern fehlen aufgrund der spezialisierten Tätigkeit der Gesellschafter sowohl die Fachkenntnisse als auch die notwendigen Informationen, um das Risiko einer Schädigung einschätzen zu können. Insofern werden die beiden oben beschriebenen Aspekte relevant, die eine Haftung der Gesellschafter auch gegenüber unfreiwilligen Gesellschaftern rechtfertigen können.[1097] Zum einen geht es im Rahmen eines Präventionsgedankens darum, für alle Gesellschafter einen Anreiz zur gegenseitigen Überwachung zu setzen, zum anderen opportunistisches Verhalten nach der Schädigung zu verhindern.

Grundsätzlich hat ein persönlich haftender Gesellschafter einen Anreiz, ein optimales Maß an Sorgfalt zu wählen, um berufliche Fehler und eine Schädigung des Gläubigers im Rahmen der Berufsausübung zu vermeiden. Haftete hingegen nur das Gesellschaftsvermögen, was bei einer reinen Vermögensschädigung durch einen beruflichen Fehler des handelnden Partners passieren kann, da dieser dann mit der Grenze des § 826 BGB selbst nicht persönlich haftet, da nur die Gesellschaft Vertragspartner ist und nur diese aufgrund der Verletzung der vertraglichen Pflicht haftet, so kann dies zur Wahl eines unangemessenen Sorgfaltsmaßstabs und zur Unterkapitalisierung der Gesellschaft führen.[1098] Durch die persönliche Haftung aller Gesellschafter werden Anreize zur Wahl eines optimalen Sorgfaltsmaßstabes und zur gegenseitigen Überwachung gesetzt. Durch die Beschränkung der Haftung auf die handelnden Partner können die Risiken eines beruflichen Fehlers nicht komplett auf die Gesellschaftsgläubiger externalisiert werden, da jedenfalls bei den handelnden Partnern die persönliche Haftung weiter wirkt. Jedoch werden die Anreize der nicht handelnden Partner zur Überwachung eingeschränkt.

Für die Partnerschaftsgesellschaft trifft der Gesetzgeber, wie sich auch aus der Gesetzesbegründung ergibt,[1099] die Wertung, dass die Partner, wenn sie nicht mit dem Auftrag befasst sind, grundsätzlich nicht in der Lage seien, die anderen Partner bei der Ausführung zu überwachen.[1100] Im Rahmen einer typisierenden Betrachtung fehlt also, wenn die Überlegungen des Gesetzgebers auf die Rechtfertigung der persönlichen Haftung der Gesellschafter gegenüber unfreiwilligen Gläubigern

1096 Insbesondere aufgrund der beschränkten Rationalität, dazu bereits Kapitel 1 §2 II. 2. b.

1097 *Supra* Kapitel 3 §2 B.

1098 Zu dieser Gefährdungslage bereits *supra* Kapitel 3 §2 B. 2.

1099 Begr. des RegE BT-Dr 13/9820, S. 21.

1100 Gleichzeitig wird angenommen, dass alle an einem Auftrag beteiligten Partner auch in der Lage sind sich zu überwachen. Zur Kritik und der daraus folgenden Einführung der PartG mbB, §2 C. II.

übertragen werden, die Voraussetzungen eines überlegenen Wissens oder einer Einwirkungsmöglichkeit auf die Auftragsausführung.

Berücksichtigt werden muss, dass bei den nicht haftenden Partnern der Anreiz auflebt den unfreiwilligen Gesellschaftsgläubiger *ex post* durch Vermögensverschiebungen oder Risikoerhöhungen zu schädigen. Das bedeutet, dass die nicht haftenden Gesellschafter einen Anreiz haben, im Zeitraum zwischen Entstehung des Schadensersatzanspruchs gegen die Gesellschaft und den handelnden Partner, der Gesellschaft zu ihren eigenen Gunsten Vermögen zu entziehen.[1101] Dies wird vor allem dann für den Gesellschaftsgläubiger relevant, wenn dieser von dem handelnden Partner keine volle Kompensation erwarten kann.

Soweit es zu einer Risikokalkulation kommt, der Vertragspartner also die Wahrscheinlichkeit eines beruflichen Fehlers und eines ihm daraus entstehenden Schadens einpreisen kann und einpreist, so wird der Präventionsaspekt weniger bedeutsam, da der Gläubiger auch diese fehlende Überwachung vorhersehen und einpreisen wird. Hier wird *ex post* Opportunismus besonders relevant.

Es könnte auch zu einer Risikoerhöhung gegenüber dem Gesellschaftsgläubiger kommen, beispielsweise wenn ein anderer Partner oder ein angestellter Mitarbeiter die Bearbeitung übernimmt und für diese die Risikokalkulation nicht mehr passt. Hier hilft jedoch die Auslegung der Handelndenhaftung, insbesondere des Begriffs des Befasstseins, wie sie der BGH vornimmt. Eine Einbeziehung derjenigen Partner, die die Ausführung des Auftrags hätten überwachen müssen, sorgt dafür, dass die optimalen Anreize für eine Überwachung des Auftrags gesetzt werden. Dafür sorgt auch, dass eine fehlende interne Zuweisung der Überwachung zu Lasten der Gesellschafter geht.[1102] Unter Präventions- und Verhaltenssteuerungsgesichtspunkten kann gerechtfertigt werden, dass keine Kausalität zwischen Befassung und beruflichem Fehler vorliegen muss.[1103] Es kommt nicht auf die Verursachung des Schadens an, sondern darauf für alle befassten Partner Anreize zur gegenseitigen Überwachung zu setzen.

Im Rahmen der Handelndenhaftung nimmt der Gesetzgeber somit einen Tradeoff vor. Im Ergebnis wird die Gefahr eines *ex post* Opportunismus weniger relevant angesehen, als die eingeschränkten Überwachungsmöglichkeiten der nicht mit dem Auftrag befassten Partner.[1104]

1101 Diese Gefahr sieht auch *Henssler*, FS Wiedemann, S. 907, 931, der die Einführung eines Schutzes der Gläubiger gegen derartiges Verhalten fordert.

1102 Vgl. Begr. RegE BT-Drs 13/9820, S. 21, so auch *Mülbert*, AcP 199 (1999) 38, 95 f.; *Schäfer*, in: Münchener Kommentar-BGB, § 8 PartGG Rn. 22; ebenso *Jawansky*, DB 2001, 2281, 2283.

1103 BGH NJW 2010, 1360, 1362. Ebenso *Jawansky*, DB 2001, 2281, 2283.

1104 Es kann jedoch an eine Ergänzung des Gläubigerschutzes durch die sog. Existenzvernichtungshaftung oder auch der Durchgriffshaftung gedacht werden. Vgl. etwa *Henssler*, FS Wiedemann, S. 907, 932 f. In Bezug auf die PartG mbB sogleich.

II. Die neue PartG mit beschränkter Berufshaftung

Durch die neu eingeführte PartG mit beschränkter Berufshaftung (PartG mbB) wurde das Spektrum der Personengesellschaften um eine weitere Variante ergänzt.[1105] Es ist die erste Gesellschaftsform im deutschen Recht, die eine partielle Haftungsbeschränkung vorsieht.[1106]

Die Bundesregierung stützte die Notwendigkeit der Einführung einer Partnerschaftsgesellschaft mit beschränkter Berufshaftung auf Unzulänglichkeiten der bisherigen Regelung der Haftung bei der PartG und die Konkurrenz insbesondere durch die englische *limited liability partnership* (LLP).

Nach Ansicht der Bundesregierung sei speziell unter Anwaltskanzleien ein Trend hin zu einer Organisation als englische LLP zu beobachten.[1107] Als Auslöser für diese „Flucht" in die LLP wurde u. a. die nicht weit genug gehende Haftungskonzentration des § 8 Abs. 2 PartGG ausgemacht, die von manchen Angehörigen der freien Berufe als nicht befriedigend angesehen werde. Diese Privilegierung würde das Haftungsrisiko der Partner nur geringfügig reduzieren[1108] und helfe dann nicht weiter, wenn Aufträge durch Partnerteams bearbeitet werden, die aufgrund ihrer Spezialisierung in großer Zahl zusammenarbeiten. In solche Teams könnten die Partner aufgrund ihrer unterschiedlichen Spezialisierungen Beiträge von anderen nicht mehr überblicken und verantworten.[1109] Vor allem bei großen Anwaltskanzleien passe die Haftungsverfassung der PartG mbB „besser zum teamorientierten Arbeitsstil"[1110].

1105 PartG mbB als Rechtsformvariante der PartG, vgl. *Leuering*, NZG 2013, 1001, 1003; *Römermann/Praß*, NZG 2012, NZG 2012, 601, 606; *Leitzen*, DNotZ 2013, 596, 597; *Lieder*, NotBZ 2014, 81. Für erste rechtstatsächliche Erkenntnisse, vgl. *Lieder/Hoffmann*, NZG 2014, 127 ff.

1106 Vgl. auch *Leitzen*, DNotZ 2013, 596, 598.

1107 Begr. RegE, BT-Drs. 17/10487, S. 11 li. Sp., 13 re. Sp. Zustimmend *Salger*, DB 2012, 1794. Kritisch dazu *Kreße*, NJ 2013, 45, 50. Auf die mangelnde empirische Basis verweisen *Tröger/Pfaffinger* JZ 2013, 812. Die Reform stellt einmal mehr eine defensive Reaktion im europäischen Regulierungswettbewerb (vgl. dazu z. B. *Klöhn*, RabelsZ 76 (2012) 276, 293 ff.) dar, die einen Bedeutungsverlust deutscher Rechtsformen verhindern soll. Siehe *Tröger/Pfaffinger*, JZ 2013, 812. Nach der Rechtsprechung des EuGH zur Niederlassungsfreiheit (EuGH, Slg. 1999, I-1459 = NZG 1999, 298 – Centros; EuGH, Slg. 2002, I-9919 = NZG 2002, 1164 – Überseering; EuGH, Slg. 2003, I-10155= NZG 2003, 1064 – Inspire Art; zuletzt EuGH, Urt. v. 20.10.2011, Rs. C-396/09, ZIP 2011, 2153 – Interedil; EuGH, 29.11.2011 – C-371/10, DStR 2011, 2334 – National Grid Indus) können deutsche Freiberufler auch auf das Organisationsrecht der anderen 28 EU-Mitgliedsstaaten zurückgreifen. Speziell mit Blick auf Personengesellschaften *Koch*, ZHR 173 (2009) 101; *Paefgen* in: Westermann, Handbuch der Personengesellschaften, Rz. I 4116 ff.

1108 Tendenziell positiver Begr. RegE, BT-Drucks. 17/10487, S. 13 für kleine und mittelgroße Partnerschaftsgesellschaften.

1109 Begr. RegE, BT-Drs. 17/10487, S. 11 li. Sp.

1110 Pressemitteilung des BMJ: Deutsche Alternative zur britischen LLP v. 15.2.2012. Sachgleich Begr. RegE, BT-Drs. 17/10487, S. 11 li. Sp., 13 re. Sp.

Den letztgenannten Aspekt stellt der Gesetzgeber ins Zentrum seiner rechtspolitischen Erwägungen zur Schaffung der PartG mbB. Im Ergebnis geht es also darum, den Partnern die Möglichkeit eines Risikomanagements[1111] durch die Wahl der PartG mbB zu ermöglichen, indem sie eine persönliche Haftung im Bereich der fehlerhaften Berufsausübung vermeiden können. Die Haftungsbeschränkung soll die Risikoaversion der Gesellschafter durch einen Ausschluss der persönlichen Haftung wegen Berufspflichtverletzungen bewältigen.[1112]

1. *Das Haftungssystem der neuen PartG mit beschränkter Berufshaftung*

Durch das *Gesetz zur Einführung einer Partnerschaftsgesellschaft mit beschränkter Berufshaftung (PartG mbB) und zur Änderung des Berufsrechts der Rechtsanwälte, Patentanwälte, Steuerberater und Wirtschaftsprüfer*[1113] wurde daher ein neuer § 8 Abs. 4 in das PartGG eingefügt. Diese Regelung erlaubt es den Partnern einer PartG mbB ihre persönliche Verantwortlichkeit für Schäden wegen fehlerhafter Berufsausübung auszuschließen, wenn die PartG mbB eine „zu diesem Zweck durch Gesetz vorgegebene Berufshaftpflichtversicherung“ (§ 8 Abs. 4 S. 1 PartGG) unterhält.[1114] Unter der Voraussetzung des § 8 Abs. 4 S. 1 PartGG muss nur die Partnerschaftsgesellschaft mit ihrem Gesellschaftsvermögen für „Verbindlichkeiten ... aus Schäden wegen fehlerhafter Berufsausübung“ einstehen; die Partner haften also nicht nach § 8 Abs. 1 PartGG gesamtschuldnerisch für Verbindlichkeiten der PartG mbB aus deren Sonderrechtsbeziehungen zu ihren Mandanten, Patienten etc. Die Partner trifft allenfalls eine Haftung aus (eigenem) Delikt.[1115] Erfasst werden nur Verbindlichkeiten der Gesellschaft[1116] wegen fehlerhafter Berufsausübung. Trotz unterschiedlicher Formulierung zu Abs. 2 („beruflicher Fehler“) ist der Begriff identisch auszulegen.[1117]

1111 *Leuering*, NZG 2013, 1001 f.

1112 So auch *Lieder*, NotBZ 2014, 81, 82.

1113 Gesetz v. 15. 7. 2013 (BGBl. I, 2386), in Kraft getreten am 19. 7. 2013 (Art. 8).

1114 Der Regierungsentwurf forderte als weitere Voraussetzung für den Ausschluss der persönlichen Partnerhaftung das Führen des Namenszusatzes „mit beschränkter Berufshaftung“, „mbB“ o.ä., vgl. Art. 1 Nr. 3 RegE BT-Drs. 17/10487, S. 7. Kritisch dazu *Salger*, DB 2012, 1794, 1796. Erst im Rechtsausschuss erfolgte die Trennung der namensrechtlichen Anforderungen in § 8 Abs. 4 S. 3 PartGG von den Voraussetzungen des Haftungsausschlusses in § 8 Abs. 4 S. 1 PartGG. Zu den Rechtfolgen vgl. ausführlich *Lieder*, NotBZ 2014, 128 ff.; *Leuering*, NZG 2013, 1001, 1003. Keine Haftung nach § 15 HGB, nur nach allgemeinen Rechtsscheingrundsätzen, *Sommer/Treptow*, NJW 2013, 3269, 3272.

1115 Begr RegE BT-Drucks. 17/10487, S. 14 re. Sp.; *Seibert*, DB 2013, 1710; *Lieder*, NotBZ 2014, 81, 83.

1116 Es muss sich also um eine Verbindlichkeit der PartG mbB handeln; nicht gemeint sind persönliche Verbindlichkeiten der Gesellschafter. Vgl. nur *Seibert*, DB 2013, 1710.

1117 Vgl. *Tröger/Pfaffinger*, JZ 2013, 812, 814. Umfasst sind nach richtiger Ansicht auch deliktische Verbindlichkeiten der PartG mbB, die über § 31 BGB (analog) zugerechnet werden, so auch *Lieder*, NotBZ 2014, 81, 83; *Wertenbruch*, NZG 2013,

Prinzipiell steht die Gründung einer PartG mbB,[1118] da diese eine Variante der PartG darstellt, allen Angehörigen der freien Berufe offen, die nach § 1 Abs. 1 PartGG eine PartG gründen können. Die Verknüpfung der Möglichkeit einer Haftungsbeschränkung mit den Vorgaben des Berufsrechts durch das Erfordernis des § 8 Abs. 4 S. 1 PartGG, eine speziell für die Zwecke der Haftungsbeschränkung durch Gesetz vorgegebene Berufshaftpflichtversicherung zu unterhalten, führt jedoch dazu, dass die PartG mbB nur den Berufsgruppen offensteht, denen der Berufsrechtsgesetzgeber diese Organisationsvariante im Rahmen einer berufsrechtlichen Regelung zur Verfügung stellt.[1119] Bisher können Rechts- und Patentanwalts- sowie Steuerberater-PartG mbB unter bundesweit einheitlichen Voraussetzungen gegründet werden.[1120]

Die Partnerschaftsgesellschaft muss die vorgeschriebene Berufshaftpflichtversicherung unterhalten. Das bedeutet, dass die Versicherung abgeschlossen worden sein muss und im Moment der schädigenden Handlung ein Versicherungsschutz in der vorgeschriebenen Höhe vorhanden sein muss.[1121] Die Deckung des konkreten Schadens, sowie die tatsächliche Übernahme durch die Versicherung sind hingegen keine Voraussetzung.[1122]

Im Mittelpunkt der Überlegungen des Gesetzgebers zur Versicherungspflicht steht die Stärkung der Kompensationsinteressen der Geschädigten. Daher hat der

---

1006, 1008; *Römermann/Praß*, NZG 2012, 601, 603; a.A. *Leitzen*, DNotZ 2013, 596, 598. Nicht erfasst werden also andere Verbindlichkeiten, wie beispielsweise Verbindlichkeiten aus Darlehens-, Miet-, Arbeits-, oder Leasingverträgen. Begr RegE BT-Drs. 17/10487, S. 14 re. Sp.; dazu auch *Leitzen*, DNotZ 2013, 596, 598; *Lieder*, NotBZ 2014, 81, 83.

1118 Zu den verschiedenen Wegen in die PartG mbB, vgl. u. a. *Leuering*, NZG 2013, 1001, 1004 f.; *Wälzholz*, DStR 2013, 2637, 2639; *Lieder*, NotBZ 2014, 128, 131 ff.

1119 Begr RegE, BT-Drucks. 17/10487, S. 14 re. Sp.

1120 Wie sich aus der Gesetzesbegründung ergibt, sollten durch die Reform der Partnerschaftsgesellschaft speziell die rechts- und steuerberatenden Berufe bedient werden (vgl. *Tröger/Pfaffinger*, JZ 2013, 812 f.). Für diese hat der Bund seine konkurrierende Gesetzgebungskompetenz aus Art. 74 Abs. 1 Nr. 1 GG wahrgenommen. Zu den vorgeschriebenen Deckungssummen, S. § 51a Abs. 2 BRAO, § 45a Abs. 2 PAO, § 67 Abs. 2 StBerG und § 54 WPO i. V. mit § 323 Abs. 2 S. 1 HGB; *Tröger/Pfaffinger*, JZ 2013, 812, 815 f.; *Leuering*, NZG 2013, 1001, 1003; *Lieder*, NotBZ 2014, 81, 87. Ausführlich zu Fragen zur Berufshaftpflichtversicherung *Gladys*, DStR 2013, 2416.

1121 Begr RegE, BT-Drs. 17/10487, S. 14; *Tröger/Pfaffinger*, JZ 2013, 812, 815; *Leuering*, NZG 2013, 1001, 1004; *Leitzen*, DNoTZ 2013, 596; *Römermann/Praß*, NZG 2012, 601, 603; *Seibert*, DB 2013, 1710, 1713.

1122 Begr RegE, BT-Drs. 17/10487, S. 14; *Tröger/Pfaffinger*, JZ 2013, 812, 815; *Leuering*, NZG 2013, 1001, 1004; *Leitzen*, DNoTZ 2013, 596; *Römermann/Praß*, NZG 2012, 601, 603; *Seibert*, DB 2013, 1710, 1713; *Schäfer*, in: Münchener Kommentar-BGB, § 8 PartGG Rn. 43.

Gesetzgeber die freiwillige Berufshaftpflichtversicherung[1123] einer Pflichtversicherung gleichstellt[1124].

2. *Der Gläubigerschutz durch die Berufshaftpflichtversicherung und ergänzende Institute*[1125]

a. Die Kompensationswirkung der Berufshaftpflichtversicherung und die Grenzen ihrer Anreizwirkung

Die PartG mbB zielt darauf ab, die persönliche Haftung durch eine Berufshaftpflichtversicherung zu ersetzen. Dabei beruht die gesetzliche Regelung auf der Vorstellung, dass das Kompensationsinteresse der Gläubiger durch das Eingreifen der Haftpflichtversicherung im Schadensfall adäquat berücksichtigt werde und dadurch die Haftungsbeschränkung der Gesellschafter gerechtfertigt sei.[1126] Die Grenzen der Kompensationswirkung der Haftpflichtversicherung werden in der Literatur gesehen, die vor allem dann bestehen, wenn die Haftpflichtversicherung nicht ausreicht, um die Schäden der Kunden der PartG mbB zu kompensieren.[1127]

Die durch die Haftungsbeschränkung folgende Möglichkeit der Partner, durch opportunistisches Verhalten Risiken auf ihre Kunden zu externalisieren,[1128] muss in die Erwägungen mit einbezogen werden. Die Haftungsbeschränkung soll das Problem der Risikoaversion der Gesellschafter durch einen Ausschluss der persönlichen Haftung wegen Berufspflichtverletzungen bewältigen. Dies funktioniert nur, wenn die Risiken als Folge nicht einseitig zu Lasten der Gesellschaftsgläubiger verlagert werden können.

Bei Betrachtung der Haftungsregelung der PartG mbB unter dem Gesichtspunkt der Anreize der Gesellschafter zur Schadensprävention, erkennt man, dass mit der persönlichen Haftung eine, wenn nicht die zentrale Institution des Gläubigerschutzes im Personengesellschaftsrecht in Bezug auf Schäden durch eine fehlerhafte Berufsausübung gestrichen wurde.[1129] Die Pflicht zur Unterhaltung einer Berufshaftpflichtversicherung wirkt der Gefahr einer Externalisierung von Risiken nur bedingt entgegen.

1123 Freiwillig, weil es den Partnern freisteht, ob sie eine PartG mbB gründen wollen.

1124 § 8 Abs. 4 S. 2 PartGG enthält weiterhin eine Rechtsfolgenverweisung auf die §§ 113 Abs. 3, 114–124 VVG. Dazu auch *Lieder*, NotBZ 2014, 81, 87 f., *Seibert*, DB 2013, 1710, 1712; *Linardatos*, VersR 2013, 1488, 1490. Zur Frage des Eingreifens der Haftpflichtversicherung bei vorsätzlichen Handlungen eines Partners, *Tröger/Pfaffinger*, JZ 2013, 812, 815.

1125 Nachfolgende Ausführungen basieren auf *Tröger/Pfaffinger*, JZ 2013, 812.

1126 Vgl. *Tröger/Pfaffinger*, JZ 2013, 812, 816; schon exemplarisch Begr. RegE, BT-Drs. 17/10487, S. 14 li. Sp.: *„gesetzliche(n) Kompensation dieser Haftungsbeschränkung durch eine Haftpflichtversicherung“*; ebenso S. 15 li. Sp.

1127 *Römermann/Praß*, NZG 2012, 601, 603.

1128 Dazu grundsätzlich bereits Kapitel 3 §2.

1129 *Tröger/Pfaffinger*, JZ 2013, 812, 816.

Im Kapitalgesellschaftsrecht leisten die Kapitalaufbringung und -erhaltung, und flankierende Rechtsinstitute[1130] und Richterrecht[1131] einen Schutz der Gesellschaftsgläubiger vor opportunistischem Verhalten der Gesellschafter.[1132] Vergleichbare, verhaltenssteuernde Rechtsinstitute sind für die PartG mbB hingegen nicht geregelt. Forderungsausfälle der Gesellschaftsgläubiger sollen dabei nicht grundsätzlich verhindert werden. Hauptziel ist es, bestimmte, gläubigerbenachteiligende Verhaltensweisen auszuschließen.[1133] Die Effizienzgewinne aus der Trennung von Haftungssphären (*affirmative asset partitioning*) sollen gesichert und mit Haftungsbeschränkung zusammenhängenden Opportunismuskosten minimiert werden.[1134]

Das Interesse der Partner an einer Vermeidung höherer Versicherungsprämien für die zu unterhaltende Berufshaftpflichtversicherung sowie die Vermeidung von Reputationsverlusten können grundsätzlich zu einer Reduzierung des Opportunismusrisikos führen.[1135] Jedoch sind die Grenzen der Berufshaftpflichtversicherung unter Anreizgesichtspunkten zu berücksichtigen. Wohl bekannt ist das Problem, dass Versicherungsprämien das tatsächliche Haftungsrisiko nicht genau abbilden können – vollkommene Versicherungen gibt es nicht. *Ex ante* Informationsasymmetrien zwischen Versicherungsgeber und Versicherungsnehmer bezüglich der Wahrscheinlichkeit des Eintritts eines Haftungsfalles in der entsprechenden PartG mbB führen zum Problemen der Negativauslese (*adverse selection*)[1136] und einem potentiellen Scheitern der PartG mbB.[1137] In jedem Fall werden aber in einer PartG mbB die Anreize gemindert, effiziente Aufwendungen zur Vermeidung drohender Schäden zu tätigen, weil die Versicherungsprämien den Präventionsaufwand des Versicherten nicht adäquat in die Prämienberechnung einbeziehen (*moral hazard*).[1138]

1130 Vgl. insbes. die Regelung der Gesellschafterdarlehen in der Insolvenz, §§ 39 Abs. 1 Nr. 5, Abs. 4, 44a, 135, 143 InsO; dazu statt aller *Baumbach/Hueck/Fastrich/Haas/Noack/ Zöllner*, in: Baumbach/Hueck, GmbH-Gesetz, Anh. § 30 Rn. 28 ff; *Altmeppen* in: Roth/Altmeppen, GmbHG, Anh. §§ 32a, b. ; *Hirte*, WM 2008, 1429.

1131 Exemplarisch die präventiv-gläubigerschützend ausgerichtete (vgl. BGHZ 155, 318, 324 f.; *BGH* NZG 2011, 1066) Rechtsprechung zur wirtschaftlichen Neugründung, zuletzt *BGH* BGHZ 192, 341 mit Anm. *Tröger*, WuB II C. § 7 GmbHG 1.12; eingehend und m. w. Nachw. *Adolff*, VGR 2011, 49 ff., 75 ff.

1132 *Tröger/Pfaffinger*, JZ 2013, 812, 816.

1133 Dazu bereits Kapitel 3 §2.

1134 Dazu bereits Kapitel 3 §2. Vgl. auch *Schön*, Der Konzern 2004, 162, 168; *ders.*, 5 EBOR (2004) 429, 442.

1135 *Tröger/Pfaffinger*, JZ 2013, 812, 817.

1136 Allgemein *Rothschild/Stiglitz*, 90 Q. J. Econ. (1976) 629; *Akerlof*, 84 Q. J. Econ. (1970) 488; dazu auch *Chandler*, in: Bouckart/De Geest, Encyclopedia of Law and Economics (Hrsg.), Bd. 3, S. 837, 841; *Richter/Furubotn*, Neue Institutionenökonomik, S. 175 f. Dazu auch schon in Kapitel 3 §2 A. I.

1137 Dazu *Tröger/Pfaffinger*, JZ 2013, 812, 817.

1138 Vgl. *Shapiro*, 5 J. Econ. Persp. (1991) 3, 5; allgemein auch *Richter/Furubotn*, Neue Institutionenökonomik, S. 174 f.

Die Anreize, die sich aus dem Interesse der Partner ergeben, die Reputation der Gesellschaft zu erhalten , können die persönliche Haftung aufgrund vergleichbarer Unschärfen, wie sie in Bezug auf die Versicherungsprämien vorhanden sind, nur unvollständig ersetzen.[1139] Problemtisch ist unter anderem, dass die den nicht ordnungsgemäß überwachenden Partnern drohenden Reputationseinbußen, nicht stets voll den bei optimaler Sorgfalt vermeidbaren Gläubigerschäden entsprechen.[1140]

b. Alternative Gläubigerschutzmechanismen

Da Versicherungsprämien und drohender Reputationsverlust die durch die persönliche Haftung wirkenden Anreize der Partner nur ungenügend kompensieren können, sind andere Schutzmechanismen ins Auge zu fassen. Diskutiert werden eine (sich aus der Treuepflicht ergebende) Pflicht der Partner, ihre PartG mbB angemessen zu versichern, die Anwendung der Existenzvernichtungshaftung, auch als Durchgriffshaftung[1141], sowie eine Steuerung des Gesellschafterverhaltens über eine Innenhaftung.

(1) Pflicht zur angemessenen Versicherung

Es lässt sich keine berufsrechtliche Pflicht zur angemessenen Versicherung dahingehend begründen, dass es bei einer inadäquaten Deckungssumme zu einem Entfallen des Haftungsprivilegs nach § 8 Abs. 4 S. 1 PartGG kommt. Die berufsrechtliche Regelung der §§ 54 Abs. 1 S. 1 BRAO, 45 Abs. 1 PAO wird zwar zum Teil so gedeutet, dass eine berufsrechtliche Pflicht bestehe, eine über die gesetzliche Mindestversicherungssumme hinausgehende, individuell risikoadäquate Versicherung abzuschließen,[1142] jedoch kann die Folge einer Verletzung dieser berufsrechtlichen Regelung nicht in einem Entfallen der Haftungsbeschränkung liegen.[1143]

Eine verbandsrechtliche Treuepflicht der Partner eine angemessene Versicherung abzuschließen lässt sich weder pauschal bejahen noch verneinen.[1144] Dies hängt vielmehr davon ab, wer die Entscheidung über die (unangemessene) Höhe der Versicherung getroffen hat. Die Treupflicht der Gesellschafter gegenüber der Gesellschaft basiert auf der Bindung an den überindividuellen Gesellschaftszweck als Fundament der privaten Personenvereinigungen.[1145] Der Gesellschaftszweck steht voll zur Disposition der Gesellschafter, sodass auch die Treuepflicht der Abänderungsbefugnis der Gesellschafter unterliegt. Bei Einigkeit der Gesellschafter

1139 *Tröger/Pfaffinger*, JZ 2013, 812, 817.
1140 *Tröger/Pfaffinger*, JZ 2013, 812, 817.
1141 Zu einer Durchgriffshaftung wegen Vermögens- und Sphärenvermischung, vgl. *Lieder*, NotBZ 2014, 81, 85 f.
1142 *Braun*, BRAK-Mitt. 2002, 150, 151.
1143 *Tröger/Pfaffinger*, JZ 2013, 812, 816.
1144 Vgl. *Tröger/Pfaffinger*, JZ 2013, 812, 818.
1145 *Zöllner*, Die Schranken mitgliedschaftlicher Stimmrechtsmacht, S. 335 ff.; *Tröger*, Treupflicht im Konzernrecht, S. 84 f.

endet daher die materielle Bindung der Treuepflicht für das verbandsbezogene Handeln.[1146] Es kann (unter Zugrundelegung des methodologischen Individualismus) kein Eigeninteresse der Gesellschaft an ihrem Fortbestand anerkannt werden.[1147] Unter Berufung auf ein derartiges Eigeninteresse der Gesellschaft lässt sich somit keine Pflicht zur angemessenen Versicherung gegen den gemeinsamen Willen der Gesellschafter begründen.[1148] Daher kann bei einer einvernehmlichen Entscheidung aller Gesellschafter, die Gesellschaft unangemessen zu versichern, keine Treuepflichtverletzung konstruiert werden.

Eine Treuepflichtverletzung kann hingegen bejaht werden, wenn die in der Regel für die Festsetzung der Versicherungssumme zuständigen, geschäftsführenden Partner[1149] im Hinblick auf das Risikoprofil der Gesellschaft die Versicherungssumme zu niedrig ansetzen.[1150] Eine unangemessene Versicherung beeinträchtigt die gemeinsame Zweckverfolgung und verletzt daher die gesellschafterliche Treuebindung.[1151] Dies ist schon deshalb der Fall, weil die Realisierung des die Treubindung bestimmenden Gesellschaftszwecks „den gesicherten Fortbestand der Gesellschaft im Licht vorhersehbarer Haftungsrisiken voraussetzt“[1152].

1146 *Zöllner*, FS Konzen, S. 999, 1010 f.; vgl. auch *Altmeppen* in: Roth/Altmeppen GmbHG, § 13 Rn. 32, 58 f.; *Zöllner*, in: Baumbach/Hueck, GmbHG, Schlussanh. GmbH-Konzernrecht Rn. 111, jeweils m.w.N.

1147 So auch *Bitter*, Durchgriffshaftug, S. 314 ff. m.w.N.

1148 Eine Durchgriffhaftung wegen unangemessener Versicherung der PartG mbB wird abgelehnt. Vgl. *Lieder*, NotBZ 2014, 81, 85. Auch bei den Kapitalgesellschaften lässt sich insofern keine mit Durchgriffshaftung sanktionierte Pflicht zur angemessenen Eigenmittelausstattung begründen. Vgl. BGHZ 176, 204 Rn. 16 ff. (Gamma), dazu u. a. *Altmeppen*, ZIP 2008, 1201; *Kleindiek*, NZG 2008, 686; a.A. zuletzt aber wieder *Bitter*, in: Scholz, GmbHG, § 13 Rn. 147. Zur materiellen Unterkapitalisierung allg. *Liebscher*, in: Münchener Kommentar-GmbHG, Bd. I, § 13 Anh. Rn. 554; *Michalski/Funke*, in: Michalski, GmbHG, § 13 Rn. 376 ff. jeweils m.w.N.

1149 Abschluss und Pflege der Berufshaftpflichtversicherung ist jedenfalls kein Grundlagengeschäft, *Tröger/Pfaffinger*, JZ 2013, 812, 818. Zum Begriff des Grundlagengeschäfts vgl. u. a. *Schäfer*, in: Münchener Kommentar-BGB, § 709, Rn. 10 f.; *Westermann* in: Erman, BGB, § 709 Rn. 6 jeweils m.w.N. Als Ausnahme könnte die Entscheidung angesehen werden, die Versicherungssumme unter den gesetzlich vorgeschriebenen Wert abzusenken, da dadurch die PartG mbB automatisch in eine PartG umgewandelt wird. Vgl. dazu *Tröger/Pfaffinger*, JZ 2013, 812, 818. In der Regel liegt keine außergewöhnliche Geschäftsführungsmaßnahme i.S.d. (ohnehin dispositiven) §§ 6 Abs. 3 S. 2 PartGG, 116 Abs. 2 HGB vor, sodass auch daraus keine Kollektivzuständigkeit aller Partner abgeleitet werden kann. (a.A. *Lieder*, NotBZ 2014, 128, 132).

1150 *Tröger/Pfaffinger*, JZ 2013, 812, 819.

1151 Zum Inhalt der gesellschafterlichen Treuepflicht vgl. u. a. BGH NZG 2006, 194 Tz. 10 (GmbH & Co KG); *Ulmer/Schäfer*, in: Münchener Kommentar-BGB, § 705 Rn. 221 ff.; *Westermann*, in: Erman, BGB, § 705 Rn. 49 ff., jeweils m.w.N. Dazu bereits Kapitel 3 §3 II. 3.

1152 *Tröger/Pfaffinger*, JZ 2013, 812, 819.

Jedenfalls kann eine Pflicht zur angemessenen Versicherung den Verhaltensanreizen zu einer Risikoexternalisierung nicht vollständig entgegenwirken.[1153] Eine angemessene Versicherung ist aus Kompensationsgesichtspunkten relevant. Sie führt jedoch zu keiner Internalisierung der Risiken opportunistischen Verhaltens, wie es die persönliche Haftung leisten kann. Daher sind Rechtsinstitute, die opportunistisches Verhalten direkt verhindern können, in Erwägung zu ziehen.

(2) Ergänzender Gläubigerschutz durch die Anwendung der Existenzvernichtungshaftung

Als ergänzendes (Gesellschafteropportunismus verhinderndes) Rechtsinstitut wurde eine Anwendung der Existenzvernichtungshaftung auf die PartG mbB in die Diskussion eingebracht.[1154] Es wird bezweifelt, dass die PartG mbB ein zweckgebundenes Gesellschaftsvermögen habe, dessen Schutz durch die Existenzvernichtungshaftung gesichert werden müsse.[1155] Die PartG mbB weist jedoch als Variante der PartG ein verselbständigtes und dem vorrangigen Zugriff der Gesellschaftsgläubiger reserviertes Gesellschaftsvermögen auf,[1156] sowie darüber hinaus die Berufshaftpflichtversicherung, die das gesetzlich vorgeschriebene Minimalvermögen der PartG mbB darstellt und das der Sicherung der Gesellschaftsgläubiger dient.[1157] Das Gesellschaftsvermögen ist zwar anders als bei den Kapitalgesellschaften nicht als ein bestimmtes Mindestkapital vorgeschrieben und auch nicht durch explizite Regelungen zur Kapitalaufbringung und Kapitalerhaltung gesichert, jedoch erfüllt die Berufshaftpflichtversicherung eine identische Funktion.[1158]

Wie beschrieben wirkt die Berufshaftpflichtversicherung, wie das gesetzliche Garantiekapital, gläubigerschädigendem Gesellschafterverhalten durch Risikoexternalisierung nur unzureichend entgegen. Es bedarf daher der Schließung der Schutzlücken. Geeignetes Instrument ist dafür, hier wie dort, die Existenzvernichtungshaftung. Die Existenzvernichtungshaftung[1159] dient als verbandsrechtliche Sonderdeliktshaftung dazu, das vorrangig den Gesellschaftsgläubigern dienende Gesellschaftsvermögen vor Eingriffen der Gesellschafter zu schützen und als

1153 So auch *Tröger/Pfaffinger*, JZ 2013, 812, 819.

1154 *Römermann/Praß*, NZG 2012, 601, 607; *Tröger/Pfaffinger*, JZ 2013, 812, 819 f.; *Linardatos*, VersR 2013, 1488, 1494; *Lieder*, NotBZ 2014, 81, 85; ablehnend *Schäfer*, in: Münchener Kommentar-BGB, § 8 PartGG Rn. 46; *Korch*, NZG 2015, 1425, 1428 f.

1155 *Schäfer*, in: Münchener Kommentar-BGB, § 8 PartGG Rn. 46.

1156 Vgl. Kapitel 2 §1 B. II. 1.; so auch *Linardatos*, VersR 2013, 1488, 1495; Staudinger/*Habermeier*, BGB, Vor. §§ 705–740 Rn. 14 f.

1157 *Tröger/Pfaffinger*, JZ 2013, 812, 819.

1158 *Tröger/Pfaffinger*, JZ 2013, 812, 819; *Linardatos*, VersR 2013, 1488, 1495.

1159 BGHZ 173, 246 (Trihotel); BGHZ 176, 204 (Gamma); eingehend *Liebscher*, in: Münchener Kommentar-GmbHG, Anh. § 13 Rn. 519 ff. m.w.N.; *Michalski/Funke*, in: Michalski, GmbHG, § 13 Rn. 305 ff.; in der Sache auch schon BGHZ 149, 10 (Bremer Vulkan); BGHZ 151, 181 (KBV).

allgemeines Institut des Verbandsrechts,[1160] Schutzlücken im Gläubigerschutzsystem zu schließen.[1161] Primäres Ziel gläubigerschützender Regelungen ist die Vermeidung von opportunistischem Gesellschafterverhalten. Daher muss der ineffizienten Steuerungswirkung einer Berufshaftpflichtversicherung zur Sicherung der Gläubigerinteressen gegenüber eklatanten Benachteiligungen entgegenwirkt werden, indem die persönliche Partnerverantwortlichkeit unter den restriktiven Voraussetzungen des Sonderdelikts aus § 826 BGB wieder auflebt.[1162] Auch wenn man dieses Verständnis der Existenzvernichtungshaftung nicht teilt, so muss man zumindest anerkennen, dass die Berufshaftpflichtversicherung den Platz eines gesetzlichen Garantiekapitals einnimmt.[1163] Deswegen lässt sich die Existenzvernichtungshaftung auch nach diesem Verständnis zur Schließung der Schutzlücken heranziehen.

Im GmbH-Recht dient die Existenzvernichtungshaftung hauptsächlich dazu, existenzvernichtende Eingriffe der Gesellschafter in Form eines Vermögensabzugs durch die Haftungsandrohung zu verhindern.[1164] Diese Form des Gesellschafteropportunismus ist für die PartG mbB wenig relevant. Es muss vielmehr sichergestellt werden, dass die Partner grundlegende Sorgfaltsvorkehrungen treffen, etwa in Form von gegenseitiger Kontrolle, vor allem bei riskanten Projekten, bei denen ein potentieller Schaden Gesellschaftsvermögen und Deckungssumme der Berufshaftpflichtversicherung zu übersteigen droht. Die gemeinschaftliche, arbeitsteilige Berufsausübung darf nicht als Vorwand für das Unterlassen elementarer Sorgfaltsmaßnahmen und für eine unzureichende Binnenorganisation genutzt werden.[1165] Bei einer gemeinschaftlichen Berufsausübung, die fundamentale Vorsichtsmaßnahmen vermissen lässt, erscheint der Vorwurf der Sittenwidrigkeit und das Wegreißen des Haftungsschilds des § 8 Abs. 4 PartG legitim, da „eine derart sorglose Berufsausübung (...) genau die Art von unerwünschtem Hazardeurstück (ist), bei der die mit der Risikoerhöhung verbundenen Zusatzgewinne von den Gesellschaftern vereinnahmt, die

---

1160 Vgl. u. a. *Tröger*, in: Westermann, Handbuch Personengesellschaften, Rz. I 4077a ff.; *Habersack* in: Emmerich/Habersack, Aktien- und GmbH-Konzernrecht, Anh. zu § 318 Rn. 39; *Altmeppen* in: Roth/Altmeppen, GmbHG, § 13 Rn. 104 ff.; § 43 Rn. 92; *Schneider*, FS U. H. Schneider, S. 1177, 1180 ff.; *Weller*, ZIP 2007, 1681, 1687; *Schaefer/Steinmetz*, WM 2007, 2265, 2271; *Gehrlein*, WM 2008, 761, 764; *Habersack*, ZGR 2008, 533, 546; *Hönn*, WM 2008, 769, 770; zustimmend auch *Lieder*, NotBZ 2014, 81, 85; explizit auf der Grundlage der hier zugrundegelegten Konzeption von Opportunismus als Folge der Trennung von Vermögensmassen auch schon *Tröger/Dangelmayer*, ZGR 2011, 558, 567.

1161 Dazu bereits Kapitel 3 §2 A. III. 3. a.

1162 *Tröger/Pfaffinger*, JZ 2013, 812, 820.

1163 Vgl. so auch *Linardatos*, VersR 2013, 1488, 1495.

1164 BGHZ 173, 246 (Trihotel); BGHZ 176, 204 (Gamma); eingehend *Liebscher*, in: Münchener Kommentar-GmbHG, Anh. § 13 Rn. 519 ff. m.w.N.; *Michalski/Funke*, in: Michalski, GmbHG, § 13 Rn. 305 ff. Zur PartG mbB vgl. *Linardatos*, VersR 2013, 1488, 1495. Zustimmend im Ergebnis auch *Römermann/Praß*, NZG 2012, 601, 609.

1165 *Tröger/Pfaffinger*, JZ 2013, 812, 820.

wahrscheinlicher gewordenen Einbußen aber bei Ausschluss persönlicher Verantwortlichkeit im Wesentlichen von den (Haftungs-)Gläubigern getragen werden".[1166]

Während solches Verhalten im Rahmen der Handelndenhaftung (§ 8 Abs. 2 PartGG) noch über die Auslegung der Tatbestandsmerkmale abgefangen werden kann, bleibt bei der PartG mbB nur noch eine Lösung über weitergehende Gläubigerschutzmechanismen. Haftungsauslösendes Verhalten ist daher nicht alleine die unangemessene Berufshaftpflichtversicherung. Ziel ist eine angemessene und genaue Steuerung des Verhaltens der beteiligten Partner. Voraussetzung ist daher „ein konkretes und eklatantes Fehlverhalten".[1167]

(3) Verantwortlichkeit der Gesellschafter im Innenverhältnis

Unstreitig gegeben ist eine Haftung der geschäftsführenden Gesellschafter gegenüber der Gesellschaft für Berufsfehler, da die Berufsausübung nicht nur Beitrag, sondern auch eine Geschäftsführungsmaßnahme darstellt.[1168] Bei einer pflichtwidrigen Berufsausübung, aufgrund der der Gesellschaft ein Schaden entsteht, muss der Partner diesen der Gesellschaft ersetzen.[1169] Darüber hinaus stellt sich die Frage nach einer Haftung der übrigen Gesellschafter wegen Verletzung eigener Pflichten, wenn diese das Mitglied, das den Berufsfehler begangen hat, nicht angemessen überwacht haben.

Die adäquate Überwachung der Mitgesellschafter ist Bestandteil der in der PartG durch die Ausübung des Berufs erfüllten Pflicht, den Verbandszweck zu fördern.[1170] Unterlässt ein Partner zumutbare Maßnahmen, um Haftung wegen beruflicher Fehler seiner Mitgesellschafter zu verhindern, so beeinträchtigt sein Verhalten das Erreichen des gemeinsamen Zwecks.[1171] Eine mangelhafte Überwachung der anderen Partner stellt somit eine Verletzung grundlegender Gesellschafterpflichten dar und kann zu Schadensersatzansprüchen der Gesellschaft gegen den Partner führen. „Die berufliche Tätigkeit von Partnern beinhaltet somit stets auch eine auf die Mitgesellschafter gerichtete Dimension: Diese haben ihre komparativen Vorteile aus der Organisationshoheit über die Struktur der Mandatsbetreuung zu realisieren, um die originären Gefahren abzuwehren, die das organisatorisch verfestigte, arbeitsteilige Zusammenwirken („Teamarbeit") birgt."[1172]

1166 *Tröger/Pfaffinger*, JZ 2013, 812, 820.

1167 *Tröger/Pfaffinger*, JZ 2013, 812, 820.

1168 Vgl. *Schäfer*, in: Münchener Kommentar-BGB, § 6 PartGG Rn. 13. Selbstverständliches Zugrundelegen dieser Annahme in Begr. RegE, BT-Drucks. 12/6151 S. 15. Für die GbR vgl. *Schäfer*, in: Münchener Kommentar-BGB, § 709 BGB Rn. 7 m.w.N.; Staudinger/*Habermeier*, BGB, § 709 Rn. 4.

1169 Vgl. *Schöne* in: BeckOK-BGB, § 709 Rn. 18 f.

1170 *Tröger/Pfaffinger*, JZ 2013, 812, 821.

1171 Dazu auch *Tröger/Pfaffinger*, JZ 2013, 812, 821.

1172 *Tröger/Pfaffinger*, JZ 2013, 812, 821.

Es darf jedoch nicht übersehen werden, dass die Verantwortlichkeit im Binnenverhältnis nur einen suboptimalen Gläubigerschutz vor opportunistischem Verhalten leisten kann. Die Binnenhaftung kann mit der Grenze des § 276 Abs. 3 BGB im Gesellschaftsvertrag abbedungen werden.[1173] Die Haftungsbeschränkung werde zur Illusion, wenn die Partner über den Umweg einer Binnenverantwortlichkeit doch in Anspruch genommen werden können.[1174] Daher würden die Partner Vorsorge im Gesellschaftsvertrag treffen und derartige Ansprüche im Innenverhältnis komplett ausschließen.[1175] Dies hat zur Folge, dass sowohl der Partner, der den beruflichen Fehler begeht, als auch die ihn nur unzureichend überwachenden Mitgesellschafter – bei entsprechender Formulierung des Haftungsausschlusses – im Innenverhältnis nicht haften.

§ 3 Rechtsgeschäftliche Haftungsbeschränkungen bei Personengesellschaften

Nie umstritten in der Diskussion um die Zulässigkeit einer Haftungsbeschränkung auf das Gesellschaftsvermögen war die Erkenntnis, dass eine einvernehmliche Vereinbarung zwischen Gesellschaftsgläubigern und Gesellschaft bzw. Gesellschaftern als Folge der grundgesetzlich garantierten Vertragsfreiheit möglich sein muss. Umstritten ist jedoch nach wie vor, welche Anforderungen an Inhalt und Form der Einigung zu stellen sind, vor allem ob derartige Vereinbarungen konkludent und im Rahmen von AGB erfolgen können.

A. Einvernehmliche Haftungsbeschränkungen

I. Ausdrückliche Haftungsvereinbarungen

Für alle Personengesellschaften gilt, dass eine Begrenzung der persönlichen Haftung der Gesellschafter durch eine privatautonome, individualvertragliche Vereinbarung mit den Gläubigern herbeigeführt werden kann, sei es *ex ante* durch eine Freistellungsabrede oder *ex post* durch einen Erlassvertrag.[1176] Rechtstechnisch kann die

1173 Vgl. *Wälzholz*, DStR 2013, 2637, 2638; *Seibert*, DB 2013, 1710, 1713; *Sommer/Treptow*, NJW 2013, 3269, 3274; *Wertenbruch*, NZG 2013, 1006, 1008, der sich auch für die Annahme eines konkludenten Haftungsausschlusses allein durch die Wahl der Rechtsform einer PartG mbB ausspricht.

1174 *Wälzholz*, DStR 2013, 2637, 1638.

1175 *Wälzholz*, DStR 2013, 2637, 2638; *Seibert*, DB 2013, 1710, 1713; *Sommer/Treptow*, NJW 2013, 3269, 3274; *Wertenbruch*, NZG 2013, 1006, 1008.

1176 Allgemeine Meinung, vgl. nur BGH WM 1956, 1089, 1090; BGH WM 1971, 1451, 1452; *Altmeppen*, ZIP 1999, 1758, 1760; *Brandani*, DNotZ 2000, 140, 144; *Dauner-Lieb*, DStR 1999, 1992, 1995; *Mülbert*, AcP 199 (1999) 38, 94; *Reiff*, ZIP 1999, 1329; *Schäfer*, in: Münchener Kommentar-BGB, § 714, Rn. 66; Staudinger/*Habermeier*, BGB, Vor. §§ 705–740 Rn. 36 ; Palandt/*Sprau*, § 714 Rn. 18; *Roth*, in: Baumbach/

Haftungsfreistellungsabrede dabei entweder zwischen den Gesellschaftsgläubigern und den Gesellschaftern selbst zu Stande kommen oder zwischen den Gläubigern und der Gesellschaft als Vertrag zu Gunsten der Gesellschafter abgeschlossen werden.[1177] Die grundgesetzlich fundierte Privatautonomie erlaubt es den Parteien im Rahmen ihrer Gestaltungs- und Inhaltsfreiheit eine privatautonome Risikoverteilung vorzunehmen.[1178]

§ 128 S. 2 HGB (analog)[1179] steht einvernehmlichen Vereinbarungen nicht entgegen, da diese Vorschrift in ihrer Verbotswirkung auf gesellschaftsvertragliche Vereinbarungen, also Vereinbarungen der Gesellschafter im Innenverhältnis abzielt.[1180] Derartige Vereinbarungen der Gesellschafter entfalten im Außenverhältnis zu den Gesellschaftsgläubigern keine Wirkung, eine einvernehmliche Lösung der Gesellschafter mit dem Gläubiger ist jedoch dennoch möglich. Auch die Haftung des eintretenden Gesellschafters nach § 130 HGB (analog)[1181] und die Nachhaftungsbegrenzung gem. § 160 Abs. 1 HGB bzw. § 736 BGB[1182] sind privatautonomer Gestaltung zugänglich.

Die Gesellschaftsgläubiger und die Gesellschafter können neben einer Haftungsfreistellung, die Haftung auch summenmäßig begrenzen oder ausgestalten. Neben Haftungsfreistellungen finden sich beispielsweise Vereinbarungen über eine quotale Haftung der Gesellschafter;[1183] die Gesellschafter haften als Folge nicht gesamtschuldnerisch für die Verbindlichkeit der Gesellschaft. Auch eine subsidiäre Haftung der Gesellschafter kann vereinbart werden. Die persönliche Haftung dient, indem sie opportunistisches Gesellschafterverhalten einschränken bzw. verhindern kann,

---

Hopt, HGB, § 128 Rn. 37 f.; *Hillmann*, in: E/B/J/S, HGB, § 128 Rn. 14; *Westermann*, in: Erman, BGB, § 714 Rn. 18; *K. Schmidt*, in: Münchener Kommentar-HGB, § 128 Rn. 13, 14. BGHZ 142, 315; BGH NZG 2003, 971, 972; BGHZ 150, 1, 3: „*Die persönliche unbeschränkte Haftung der Gesellschafter kann grundsätzlich nur durch eine individualvertragliche Vereinbarung mit dem Gläubiger eingeschränkt oder ausgeschlossen werden.*" Weitere Nachweise bei *Eigner*, Beschränkung der persönlichen Gesellschafterhaftung, S. 277, Fn. 1195, 1196.

1177 Vgl. *Schäfer*, in: Münchener Kommentar-BGB, § 714 Rn. 66; *Mülbert*, AcP 199 (1999) 38, 94; *Reiff*, ZIP 1999, 1329, 1333.

1178 Allgemein zum Grundsatz der Vertragsfreiheit: *Busche*, in: Münchener Kommentar-BGB, Vor. § 145 Rn. 2 ff.; Palandt/*Ellenberger*, Einf. § 145 Rn. 7, 13 ff.; vgl. auch allgemein BVerfGE 70, 123; BVerfGE 72, 170.

1179 Dazu bereits *supra* §2 A.

1180 Vgl. dazu nur *K. Schmidt*, in: Münchener Kommentar-HGB, § 128 Rn. 13; *Schöne*, in: BeckOK-BGB, § 714 Rn. 38; *Gesmann-Nuissl*, WM 2001, 973, 978; *Kindl*, WM 2000, 697, 701; *Reiff*, ZIP 1999, 1329, 1333.

1181 Vgl. *Hasenkamp*, Haftungsbeschränkungen, S. 174; *K. Schmidt*, in Münchener Kommentar-HGB, § 130 Rn. 20; *Roth*, in: Baumbach/Hopt, HGB, § 130 Rn. 9.

1182 Vgl. BT-Drs. 12/6569 v. 13.1.1994, S. 12; *Michalski/Barth*, NZG 1999, 392, 393; *K. Schmidt*, in: Münchener Kommentar-HGB, § 160 Rn. 17; *Schäfer*, in: Münchener Kommentar-BGB, § 736 Rn. 25; *Siems/Maaß*, WM 2000, 2328, 2333 f.

1183 Vgl. dazu BGH NJW 2011, 2045; BGH NJW 2011, 2040; *Priester*, DStR 2011, 1278.

nicht nur den Gesellschaftsgläubiger, sondern auch den Gesellschaftern selbst, da es ihnen ermöglicht wird, die Vorteile der Personengesellschaft zu nutzen.[1184] Wie gezeigt wurde, führt die gesamtschuldnerische Haftung dazu, dass der gesamte potentielle Schaden der Gesellschaftsgläubiger internalisiert wird.[1185] Ebenso ist die primäre Haftung der Gesellschafter Teil des Mechanismus, der Gesellschafteropportunismus verhindern soll. Aus diesem Grund sind auch Ausgestaltungen der persönlichen Haftung in die Betrachtung mit einzubeziehen.

Da *ex ante* Haftungsfreistellungen und Haftungsbeschränkungen begriffsnotwendig nur durch Vereinbarung mit freiwilligen Gläubigern möglich sind, spricht nichts dagegen derartige Vereinbarungen zuzulassen. Freiwillige Gläubiger werden, soweit sie sich auf eine Haftungsbeschränkung einlassen, entweder einen Zuschlag für das gestiegene Ausfallrisiko oder anderweitige Sicherungen gegen ein potentielles, von den Gesellschaftsgläubigern antizipiertes opportunistisches Verhalten suchen.[1186] Die oben beschrieben Covenants[1187] können dann einen möglicherweise risikoadäquateren Schutz der Gesellschaftsgläubiger sicherstellen.

II. Konkludente Haftungsvereinbarungen

Für die OHG ist seit langem anerkannt, dass Vereinbarungen bezüglich der persönlichen Gesellschafterhaftung, insbesondere Haftungsausschlüsse konkludent abgeschlossen werden können.[1188] Verlangt wird ein deutlich zum Ausdruck kommender Verzichtswille des Gläubigers.[1189] § 128 S. 2 HGB wird dabei so verstanden, dass die bloße Kenntnis einer internen Haftungsfreistellung der Gesellschafter keine Auswirkungen auf das Außenverhältnis hat. Auch für die BGB-Gesellschaft besteht Einigkeit darüber, dass konkludente Haftungsbeschränkungen grundsätzlich möglich sind.[1190] Ob die für die OHG geltenden Grundsätze auch auf BGB-Gesellschaften übertragen werden können, ist umstritten.

1184 *Tröger*, FS Westermann, S. 1533, 1558.

1185 Dazu *supra* Kapitel 3 §2 A. V. 1 c.

1186 In Ausnahmefälle kann Gesellschaftsgläubigern, die sich auf derartige Haftungsbeschränkungen ohne Kompensation einlassen, über allgemeine Vehikel wie Treu und Glauben § 242 BGB oder § 138 BGB geholfen werden. Vgl. dazu auch *Hasenkamp*, Haftungsbeschränkungen, S. 177 ff. Auch eine Haftung nach § 826 BGB wird bei fehlendem Gesellschaftsvermögen für Ausnahmefällen diskutiert, vgl. *Gummert*, in: Münchener Handbuch Gesellschaftsrecht, Bd. 1, § 18 Rn. 82.

1187 *Supra* Kapitel 3 §2 A. III. 2.

1188 BGH WM 1971, 1451, 1452; BGH WM 1956, 1089, 1090; *K. Schmidt*, in: Schlegelberger, HGB § 128 Rn. 14; *Elsing*, BB 2003, 909, 914.

1189 *K. Schmidt*, in: Schlegelberger, HGB, § 128 Rn. 14.

1190 Statt aller *Schöne*, in: BeckOK-BGB, § 714 Rn. 38; *Reiff*, ZIP 1999, 1329, 1333; *ders.*, NZG 2000, 281, 284; *Henze*, BB 1999, 2260, 2261; *Mülbert*, AcP 199 (1999) 38, 94; *Peifer*, NZG 2001, 193, 198; Staudinger/*Habermeier*, BGB, Vor. §§ 705–740 Rn. 38; *Luka*, Rechtsnatur und Haftungsverfassung, S. 302 ff; *Jacobs*, Institutionelle Haftungsbeschränkung, S. 30 ff.; *Hasenkamp*, Haftungsbeschränkungen, S. 173.

Einige Stimmen in der Literatur fordern eine Erleichterung konkludenter Haftungsbeschränkungen für BGB-Gesellschaften.[1191] In der Verwendung eines Namenszusatzes, der eine Haftungsbeschränkung ausdrücken soll, wird ein konkludentes Angebot gesehen, das der Gesellschaftsgläubiger dann annimmt, wenn er mit der BGB-Gesellschaft (oder OHG) trotz Kenntnis dieses Namenszusatzes einen Vertrag schließt. Diese Ansätze sind abzulehnen,[1192] ebenso wie solche, die eine konkludente Haftungsbeschränkung allein im Abschluss eines Vertrages mit einer „privilegierungsbedürftigen" Gesellschaft in Kenntnis der Umstände, die eine Haftung für die Gesellschafter unzumutbar machen begründet sehen.[1193]

Allgemein kann ein Vertrag konkludent geschlossen werden, wenn das Verhalten der Beteiligten nach Treu und Glauben und mit Rücksicht auf die Verkehrssitte eindeutig und zweifelsfrei als Willenserklärung zum Abschluss eines entsprechenden Vertrages zu verstehen ist (§§ 133, 157 BGB).[1194] Der objektive Erklärungswert ist zu ermitteln.

Auch hier können die Gedanken der Opportunismusvermeidung in die Überlegungen mit einbezogen werden. In der Literatur wird angeführt, dass dem Gesellschaftsgläubiger ohne weitere Anhaltspunkte ein auf Abschluss einer Haftungsfreistellungsvereinbarung gerichteter Wille nicht unterstellt werden könne, vor allem aufgrund der fehlenden Kapitalaufbringungs- und Kapitalerhaltungsvorschriften bei BGB-Gesellschaften oder auch OHGs.[1195] Dies bringt richtig zum Ausdruck, dass ein Gesellschaftsgläubiger sich nicht ohne eine „Gegenleistung" auf einen Verzicht der Gläubigerschutzmechanismen einlassen wird, auch wenn die auch in diesem Zusammenhang vorgebrachte Alternativität von gesetzlichem Garantiekapital und persönlicher Haftung so nicht zu teilen ist.[1196] Sieht man die persönliche Haftung als die vom Gesetz vorgesehene Standardlösung des Opportunimusproblems an und erkennt man, dass die persönliche Haftung eine effiziente Lösung für Gesellschaftsgläubiger und Gesellschafter sein kann, so ist dies im

---

1191 So etwa Staudinger/*Habermeier*, BGB, Vor. §§ 705–740. Rn. 38; *Armbrüster*, ZGR 2005, 34, 47; *Wössner*, ZIP 2003, 1235, 1237.

1192 So auch *Jacobs*, Institutionelle Haftungsbeschränkung, S. 31 f.; *Dauner-Lieb*, DStR 1999, 1992, 1994; *dies.*, DStR 2001, 356, 361; *Kindl*, WM 2000, 69, 703; *Reiff*, ZIP 1999, 1329, 1335; *Schöne*, in: BeckOK-BGB, § 714 Rn. 39; ausführlich dazu Weiß, Haftung in der nichtunternehmenstragenden GbR, S. 185 ff.

1193 Für bestimmte, nach Ansicht der Autoren privilegierungsbedürftige Gesellschaften bzw. Gesellschafter, denen eine persönliche Haftung nach § 128 HGB nicht zuzumuten ist, vgl. *Ulmer*, ZIP 2003, 1113, 1122 (für Ideal-GbRs und vermögensverwaltende Publikumsgesellschaften); Staudinger/*Habermeier*, BGB, Vor. §§ 705–740 Rn. 38 (Bauherrengemeinschaft und nicht eingetragener Idealverein); *Kindl*, WM 2000, 697, 702, 704; *Wössner*, ZIP 2003, 1235, 1237; *Timme/Hülk*, JuS 2001, 536, 538 f.

1194 Vgl. nur Palandt/*Ellenberger*, § 133 Rn. 11.

1195 *Schöne*, in: BeckOK-BGB, § 714 Rn. 38.; *Hasenkamp*, Haftungsbeschränkungen, S. 174.

1196 Siehe *supra* Kapitel 3 §1 III.

Rahmen der Auslegung der Willenserklärungen und bei der Frage, ob überhaupt eine Willenserklärung vorliegt, d. h. bei der Auslegung des objektiven Empfängerhorizontes und der Verkehrssitte zu berücksichtigen.

Daher ist es zum einen richtig, dass Namenszusätzen, wie etwa mbH kein Erklärungswert zugeordnet werden kann – im Rechtsverkehr werden sie als reine Information, nicht als Angebot verstanden.[1197] Da die persönliche Haftung auch im Interesse der Gesellschafter besteht[1198], kann der Gesellschaftsgläubiger in der Regel davon ausgehen, dass keine Haftungsbeschränkung gewollt ist. Zum anderen dient die persönliche Haftung maßgeblich den Interessen der Gesellschaftsgläubiger, die auf diesen Schutzmechanismus nicht ohne weiteres verzichten wollen. Auch für die BGB-Gesellschaft gilt daher, dass der Verzichtswille des Gesellschaftsgläubigers deutlich zum Ausdruck kommen muss. Alles andere wäre eine reine Fiktion zu Lasten der Gesellschaftsgläubiger.[1199] Dies gilt ebenfalls für die von Teilen der Literatur als privilegierungsbedürftig erkannten Gesellschaften – es würde sich auch bei diesen Gesellschaften um eine reine Fiktion einer Willenserklärung handeln.[1200]

III. Praktische Realisierbarkeit ausdrücklicher Haftungsvereinbarungen

Privatautonome Vereinbarungen von Haftungsbeschränkungen werden häufig als schwierig abzuschließen beschrieben.[1201] Ihnen wird, vor allem bei erstmaligem Geschäftsabschluss, ein „Abschreckungseffekt“[1202] beigemessen. Sie gelten als wenig vertrauensfördernd.[1203] Ein Dritter würde sich gewöhnlich nicht auf eine Haftungsbeschränkung einlassen, da zum einen Bestand und Entwicklung des Gesellschaftsvermögens aufgrund der freien Verfügungsbefugnis der Gesellschafter nur schwer bis gar nicht abzuschätzen sei und zum anderen die Personengesellschaften gerade ihre Akzeptanz im Wirtschaftsleben aus der persönlichen Gesellschafterhaftung

---

1197 Anschaulich *Schulze*, Akzessorische Haftungsverfassung, S. 249 f.

1198 Vgl. Kapitel 3 §2 A. IV. 6.

1199 *Reiff*, ZIP 1999, 1329, 1336; *Dauner-Lieb*, VGR 2001, 117, 129.

1200 *Jacobs*, Institutionelle Haftungsbeschränkung, S. 32 f.; *Schwark*, FS Heinsius, S. 753, 756.

1201 *Flume*, Personengesellschaft, S. 328; *Armbrüster*, ZGR 2005, 34, 38; *Gummert*, in: Münchener Handbuch Gesellschaftsrecht, Bd. 1, § 18 Rn. 82; *Wössner*, ZIP 2003, 1235, 1237; *Reiff*, ZIP 1999, 1329, 1336; *Huep*, NZG 2000, 285, 295; *Heckelmann*, FS Quack, S. 243, 257; so auch *Eigner*, Beschränkung der persönlichen Gesellschafterhaftung, S. 277; *Jacobs*, Institutionelle Haftungsbeschränkungen, S. 30; *Hasenkamp*, Haftungsbeschränkungen, S. 175 f.; *Luka*, Rechtsnatur und Haftungsverfassung, S. 301 f.; *Hasselbach*, MDR 2000, 95, 96.

1202 *Hasenkamp*, Haftungsbeschränkungen, S. 175; so auch *Reiff*, ZIP 1999, 1329, 1336.

1203 BGH NJW 1992, 3037, 3039. So auch *Dauner-Lieb*, Unternehmen in Sondervermögen, S. 36; *Hasselbach*, MDR 1998, 1200; *Horst*, DStR 1995, 2027, 2028; *Hasenkamp*, Haftungsbeschränkungen, S. 175; *Lang/Fraenkel*, WM 2002, 260, 265; *Reiff*, ZIP 1999, 1329, 1336.

ziehen würden.[1204] Das Aushandeln von Haftungsvereinbarungen mit einer potentiell sehr großen Zahl an Gesellschaftsgläubiger stelle eine zusätzliche Hürde dar.[1205]

Diese praktischen Schwierigkeiten lassen sich jedoch auch in eine andere Richtung deuten, nämlich dass die persönliche Haftung im Rechtsverkehr als das Signal, das sie sein soll, wahrgenommen wird.[1206] Bei geringkapitalisierten Kapitalgesellschaften wird häufig eine persönliche Haftung der Gesellschafter von den verhandlungsstarken, freiwilligen Gläubigern verlangt. Dabei geht es wohl weniger um das Vermögen des Gesellschafters als tatsächliche Haftungsmasse, sondern um das Signal des Gesellschafters, der sein gesamtes Vermögen einsetzt und dieses sozusagen als „Geisel" zur Verfügung stellt und dadurch ein glaubhaftes Bekenntnis abgibt, das Gesellschaftsvermögen nicht opportunistisch zu Lasten der Gesellschaftsgläubiger und zu seinen eigenen Gunsten zu schmälern.

B. Haftungsbeschränkung in AGB

Denkbar ist auch eine Haftungsfreistellung der Gesellschafter durch die Verwendung entsprechender AGB.[1207] In diesem Zusammenhang konzentriert sich die Diskussion vor allem auf die BGB-Gesellschaft.[1208] Aussagen des BGH, nach denen eine ausdrückliche, privatautonome Vereinbarung zum Erreichen einer Haftungsbeschränkung bei BGB-Gesellschaften gefordert wurde,[1209] wurden zunächst dahingehend verstanden, dass eine Haftungsbeschränkung durch AGB gar nicht möglich sein sollte und derartige Klauseln stets unwirksam wären.[1210] Ein generelles Verbot bestimmter AGB-Klauseln kennt das deutsche Recht jedoch nicht.

1204 Vgl. *Flume*, Personengesellschaft, S. 328; *Hasenkamp,* Haftungsbeschränkungen, S. 175 f.; *Gummert*, in: Münchener Handbuch Gesellschaftsrecht, Bd. 1, § 18 Rn. 82; *Hasselbach*, MDR 1998, 1200; *Heermann*, BB 1994, 2421, 2422; *Peifer*, NZG 2001, 193, 198; *Wilhelm*, DB 1996, 461, 463.

1205 *Hasenkamp,* Haftungsbeschränkungen, S. 176.

1206 Ebenso im Ergebnis *Weiß*, Haftung in der nichtunternehmenstragenden GbR, S. 23. Zu bedenken ist jedoch auch der psychologische Effekt, dass die Gesellschaftsgläubiger erst auf etwas verzichten müssen (sog. Endowment-Effekt). Dazu *Knetsch*, 79 Am. Econ. Rev. (1989) 1277.

1207 Legaldefinition in § 305 Abs. 1 S. 1 BGB; vgl. dazu u. a. *Becker*, in: BeckOK-BGB, § 305 Rn. 7 ff.; *Basedow*, in: Münchener Kommentar-BGB, § 305 Rn. 5 ff.

1208 Vgl. auch *A. Meyer*, Unbeschränkte Verbandsmitgliederhaftung, S. 345.

1209 BGHZ 142, 315: *„Für die im Namen einer Gesellschaft bürgerlichen Rechts begründeten Verpflichtungen haften die Gesellschafter kraft Gesetzes auch persönlich. Diese Haftung kann (...) nur durch eine individualvertragliche Vereinbarung ausgeschlossen werden."*; BGHZ 150, 1, 3: *„Die persönliche unbeschränkte Haftung der Gesellschafter kann grundsätzlich nur durch eine individualvertragliche Vereinbarung mit dem Gläubiger eingeschränkt oder ausgeschlossen werden."*

1210 So u. a. statt aller OLG Stuttgart NZG 2002, 84; *Kindl*, WM 2000, 697, 701 f.; *Altmeppen*, ZIP 1999, 1758, 1760; *Brandani*, DNotZ 2000, 135, 144; *Goette*, DStR 1999, 1704, 1707; *Henze*, BB 1999, 2260, 2262; *Nagel*, NZG 2001, 202, 207.

In den §§ 307–310 BGB hat sich der Gesetzgeber für ein System entschieden, das eine Abwägung der verschiedenen Interessen im konkreten Fall beinhaltet.[1211] Das für Personengesellschaften derartige AGB zulässig sein müssen, zeigt sich auch an § 8 Abs. 3 PartGG. Dies spiegelt sich nun auch in der Rechtsprechung des BGH wieder, der inzwischen eine Haftungsbeschränkung durch AGB bei geschlossenen Immobilienfonds zugelassen hat.[1212]

I. Materielle Inhaltskontrolle nach § 307 BGB

Die Frage muss also sein, ob die verwendeten haftungsgestaltenden oder haftungsausschließenden Klauseln, eine erfolgreiche Einbeziehung vorausgesetzt,[1213] der Inhaltskontrolle nach §§ 307–309 BGB standhalten. Relevanter Maßstab ist einzig § 307 BGB, sowohl bei einer Verwendung gegenüber Unternehmern als auch gegenüber Verbrauchern; § 309 Nr. 7 BGB ist hingegen nicht maßgebend, da Verwender der AGB die BGB-Gesellschaft ist, die weiterhin voll mit ihrem Gesellschaftsvermögen haftet.[1214] Zu prüfen ist also, ob der Vertragspartner durch den Haftungsausschluss oder die Haftungsgestaltungsklausel unangemessen benachteiligt wird. Eine unangemessene Benachteiligung gem. § 307 Abs. 1 BGB liegt nach der Rechtsprechung des BGH immer dann vor, wenn der Verwender der AGB durch einseitige vertragliche Gestaltung missbräuchlich eigene Interessen auf Kosten seines Vertragspartners durchzusetzen versucht, ohne von vornherein dessen Belange zu berücksichtigen und ihm einen angemessenen Ausgleich zuzugestehen.[1215] Bei einer Abweichung von wesentlichen Grundgedanken der gesetzlichen Regelung ist nach § 307 Abs. 2 Nr. 1 BGB im Zweifel von einer unangemessenen Benachteiligung auszugehen.

1211 So u. a. auch *Luka*, Rechtsnatur und Haftungsverfassung, S. 308; *Hasenkamp*, Haftungsbeschränkungen, S. 185 f.; *Schäfer*, ZIP 2003, 1225, 1232; *Armbrüster*, ZGR 2005, 34, 37; *Ulmer*, ZIP 2003, 1113, 1117.

1212 BGHZ 150, 1.

1213 Vorab ist die Frage zu stellen, ob die haftungsbeschränkende Klausel Vertragsbestandteil geworden ist oder etwa nach § 305c Abs. 1 BGB nicht, da als überraschende Klausel einzuordnen. Durch deutliches Hervorheben kann der Klausel jedoch jedenfalls ihr überraschender Charakter genommen werden. Ausführlich dazu *Hasenkamp*, BB 2004, 230, 231; *dies.*, Haftungsbeschränkungen, S. 187 ff.; *Nagel*, NZG 2001, 202, 207 (noch zu § 3 AGBG); *Schäfer*, ZIP 2003, 1225, 1232. Zu den Voraussetzungen einer wirksamen Einbeziehung allgemein vgl. u. a. *Becker*, in: BeckOK-BGB, § 305 Rn. 41 ff.; *Basedow*, in: Münchener Kommentar-BGB, § 305 Rn. 49 ff.; *Roloff*, in: Erman, BGB, § 305 Rn. 25 ff.

1214 So auch *Hasenkamp*, Haftungsbeschränkungen, S. 197 f.; *dies.*, BB 2004, 230, 231; *Dauner-Lieb*, DStR 1999, 1992, 1995, *Luka*, Rechtsnatur und Haftungsverfassung, S. 310 f.; *Ulmer*, ZIP 1999, 554, 562; *Wolf*, WM 2000, 704, 705 jeweils m.w.N. A.A. etwa *Heermann*, BB 1994, 2421, 2432; *Heil*, MittRhNotK 1998, 348, 352 f.

1215 BGHZ 120, 108, 118; vgl. dazu allgem. *Roloff*, in: Erman, BGB, § 307 Rn. 9 ff.; *Wurmnest*, in: Münchener Kommentar-BGB, § 307 Rn. 33 ff.; Staudinger/*Coester*, BGB, § 307 Rn. 107 ff.

Einigkeit scheint in der Literatur und Rechtsprechung darüber zu herrschen, dass die persönliche Haftung der Gesellschafter und der durch sie bewirkte Gläubigerschutz grundsätzlich als wesentlicher Grundgedanke der Haftungsverfassung der Personengesellschaften anzusehen seien.[1216] Restriktive Ansätze sehen pauschal haftungsausschließende AGB-Klauseln als unwirksam an.[1217] Beim Ausschluss der Haftung aller Gesellschafter führen solche Klauseln dazu, dass den Gesellschaftern nur das ungesicherte Gesellschaftsvermögen zur Verfügung stehe, was vom Gesetz gerade nicht gewollt sei und was daher eine unangemessene Benachteiligung der Gesellschaftsgläubiger nach § 307 Abs. 1, Abs. 2 Nr. 1 BGB darstelle.[1218] Gewerbetreibende und Freiberufler hätten zudem die Möglichkeit eine Kapitalgesellschaft, eine KG oder eine PartG zu wählen.

Ein Großteil der Literatur und der Rechtsprechung lehnt hingegen eine pauschale Unwirksamkeit haftungsbeschränkender Klauseln ab,[1219] da es nach der AGB-rechtlichen Regelung außerhalb der Klauselverbote nach § 309 BGB keine pauschal unwirksamen Regelungen gebe und § 307 Abs. 2 Nr. 1 BGB nur eine gesetzliche Vermutung aufstelle („im Zweifel").[1220] Zwar wird im Grundsatz von einer unangemessenen Benachteiligung ausgegangen, jedoch müsse im Einzelfall im Rahmen einer Interessenabwägung geprüft werden, ob die haftungsbeschränkende Klausel doch zu keiner unangemessenen Benachteiligung führe, insbesondere weil eine bestimmte

1216 Dabei wird die persönliche Haftung als gesetzliche Reglung angesehen, obwohl sie für die BGB-Gesellschaft auf einer Analogie basiert, vgl. *Hasenkamp*, BB 2004, 231, 232; BGHZ 100, 157, 163; *Kollmann*, in: Dauner-Lieb/Langen, BGB Schuldrecht, § 307 Rn. 24. Zur Berücksichtigung der Interessen der Gesellschafter in der Interessenabwägung, vgl. *Hasenkamp*, BB 2004, 231, 232.

1217 *Hasselbach*, MDR 2000, 95, 96; *Blenske*, NJW 2000, 3170, 3173; *Altmeppen*, ZIP 1999, 1758, 1760; *Kindl*, WM 2000, 697, 702; *Dauner-Lieb*, Unternehmen in Sondervermögen, S. 539 f.; *dies.*, DStR 1999, 1992, 1995; *Reiff*, ZIP 1999, 1329, 1337 (entsprechend seines früheren Ansatzes zur Reichweite der persönlichen Haftung (*Reiff*, Haftungsverfassung, S. 1 ff.) jdf. für unternehmenstragende, d. h. gewerbliche und freiberufliche Personengesellschaften); *ders.*, ZGR 2003, 550, 566 ff. (jedoch institutionelle Haftungsbeschränkung für Ideal-BGB-Gesellschaften); *Graf v. Westphalen*, NJW 2003, 1981, 1983 f.; *A. Meyer*, Unbeschränkte Verbandsmitgliederhaftung, S. 352 f.; weitere Nachweise bei *Jacobs*, Institutionelle Haftungsbeschränkung, S. 40 Fn. 214.

1218 *Reiff*, ZIP 1999, 1329, 1337. So auch *A. Meyer*, Unbeschränkte Verbandsmitgliederhaftung, S. 353.

1219 *Ulmer*, ZIP 2003, 1113, 1117 f.; *ders.*, ZGR 2000, 339, 347 f.; *ders.*, ZIP 1999, 554, 562 f.; *Servatius*, in: Henssler/Strohn, Gesellschaftsrecht, § 714 BGB Rn. 19; *Armbrüster*, ZGR 2005, 34, 37 f., 46 f.; *Canaris*, ZGR 2004, 69, 100 f.; *Casper*, JZ 2002, 1112, 1113; *Casper/Eberspächer*, Jura 2003, 770, 773; *Eigner*, Beschränkung der persönlichen Gesellschafterhaftung, S. 293 ff.; *Hasenkamp*, BB 2004, 230, 231 ff.; *dies.*, Haftungsbeschränkungen, S. 185 ff.; *Schäfer*, ZIP 2003, 1225, 1231 f.; *Wössner*, ZIP 2003, 1235, 1237.

1220 So etwa *Ulmer*, ZIP 2003, 1113, 1117 ; *ders.*, ZGR 2000, 339, 348; *Canaris*, ZGR 2004, 69, 100; so auch *Hasenkamp*, Haftungsbeschränkungen, S. 185.

Erscheinungsform der BGB-Gesellschaft vorliege.[1221] So hat der BGH in neueren Urteilen eine vorformulierte Haftungsbeschränkung für einen geschlossenen Immobilienfonds zugelassen und in der Haftungsbeschränkung keine unangemessene Benachteiligung der Gesellschaftsgläubiger i.S.v. § 307 BGB gesehen.[1222] Eine unangemessene Benachteiligung liege dann nicht vor, wenn für die einzelnen Gesellschafter eine persönliche Haftung nicht zumutbar sei und diese persönliche Haftung vom Rechtsverkehr auch nicht vernünftigerweise erwartet werden könne.[1223] Dies treffe bei geschlossenen Immobilienfonds zu, da diese für den Rechtsverkehr erkennbar nur Kapitalanlagen der Gesellschafter darstellen und daher keine persönliche Haftung zu erwarten sei.[1224] In der Literatur wird diese Möglichkeit durch AGB, die Gesellschafter von einer Haftung freizustellen, ausgeweitet auf Bauherrengemeinschaften[1225] und BGB-Gesellschaften, die einen ideellen Zweck[1226] verfolgen.[1227]

II. AGB und die Vermeidung gesellschafterlichen Opportunismus

Im Rahmen der AGB-Kontrolle nach § 307 BGB ist sowohl bei Haftungsfreistellungen als auch bei einer quotalen Haftung der Gesellschafter die Funktion der persönlichen Gesellschafterhaftung zur Vermeidung gesellschafterlichen Opportunismus

---

1221 *Ulmer*, ZIP 2003, 1113, 1117 f.; *ders.*, ZGR 2000, 339, 347 f.; *ders.*, ZIP 1999, 554, 562 f.; *Servatius*, in: Henssler/Strohn, Gesellschaftsrecht, § 714 BGB Rn. 19; *Armbrüster*, ZGR 2005, 34, 37, 46 f.; *Canaris*, ZGR 2004, 69, 100 f.; *Casper*, JZ 2002, 1112, 1113; *Eigner*, Gesellschafterhaftung, S. 293 ff., insbes. 297 f.; *Hasenkamp*, BB 2004, 230, 231 ff.; *dies.*, Haftungsbeschränkungen, S. 185 ff.; *Schäfer*, ZIP 2003, 1225, 1231 f.; *Wössner*, ZIP 2003, 1235, 1237.

1222 BGHZ 150,1; so auch *Ulmer*, ZIP 2003, 1113, 1119; *Armbrüster*, ZGR 2005, 34, 45 f.; *Canaris*, ZGR 2004, 69, 100 f.; *Casper*, JZ 2002, 1112, 1113; *Schäfer*, ZIP 2003, 1225, 1232 (der sich jetzt jedoch für eine institutionelle Haftungsbeschränkung ausspricht, vgl. *Schäfer*, in: Münchener Kommentar-BGB, § 714 Rn. 65); für Publikumspersonengesellschaften allgemein auch *Hasenkamp*, BB 2004, 230, 235 f.; *dies.*, Haftungsbeschränkungen, S. 220 ff.; *Funke/Falkner*, Jura 2004, 721, 723 f.; dazu vgl. *Böken*, DStR 2004, 558; kritisch *Reiff*, ZGR 2003, 550, 564 f.; *Eigner*, Beschränkung der persönlichen Gesellschafterhaftung, S. 297; *Wössner*, ZIP 2003, 1235, 1237.

1223 BGHZ 150,1, 5.

1224 BGHZ 150,1, 5 f.

1225 *Ulmer*, ZIP 1999, 554, 562; *ders.*, ZGR 2000, 339, 348; *ders.*, ZIP 2003, 1113, 1119; *Schäfer*, ZIP 2003, 1225, 1232; *Casper*, JZ 2002, 1112, 1114; *Hasenkamp*, Haftungsbeschränkungen, S. 228 ff.; *dies.*, BB 2004, 230, 236; *Funke/Falkner*, Jura 2004, 721, 724.

1226 *Ulmer*, ZIP 1999, 554, 562; *ders.*, ZIP 2003, 1113, 1119; *Schäfer*, ZIP 2003, 1225, 1232 (der sich jetzt jedoch für eine institutionelle Haftungsbeschränkung ausspricht, vgl. *Schäfer*, in: Münchener Kommentar-BGB, § 714 Rn. 64); *Casper*, JZ 2002, 1112, 1114; *Hasenkamp*, Haftungsbeschränkungen, S. 231 ff.; *dies.*, BB 2004, 230, 237; *Eigner*, Beschränkung der persönlichen Gesellschafterhaftung, S. 298; *Wössner*, ZIP 2003, 1235, 1237.

1227 Dazu noch *infra* §4 C.

zu berücksichtigen. Als typisierende Standardregelung ist die persönliche Gesellschafterhaftung ein probates Mittel, Gesellschaftsgläubiger vor opportunistischem Verhalten der Gesellschafter zu schützen und kann daher als wesentlicher Grundgedanke der gesetzlichen Regelung nach § 307 Abs. 2 Nr. 1 BGB verstanden werden.

In einer Interessenabwägung ist das legitime Interesse der Gesellschaftsgläubiger gegen das Interesse der Gesellschafter an einer Haftungsbeschränkung abzuwägen. Die Unangemessenheit der Benachteiligung der Gesellschaftsgläubiger durch eine Haftungsbeschränkung ist ausnahmsweise zu verneinen, wenn den Interessen der Gesellschaftsgläubiger an einem Schutz vor opportunistischem Gesellschafterverhalten ein überwiegendes Interesse der Gesellschafter gegenübersteht. Das Interesse der Gesellschafter kann dabei nicht nur darin bestehen, dass ihnen opportunistisches Verhalten ermöglicht werden soll. Ein solches Interesse ist nicht schützenswert.[1228] Legt man die Rechtsprechung des BGH zu Grunde, dass eine unangemessene Benachteiligung immer dann vorliege, wenn der Verwender der AGB durch einseitige vertragliche Gestaltung missbräuchlich eigene Interessen auf Kosten seines Vertragspartners durchzusetzen versucht, ohne von vornherein dessen Belange zu berücksichtigen und ihm einen angemessenen Ausgleich zuzugestehen, dann kann eine Haftungsbeschränkung immer dann eine unangemessene Benachteiligung darstellen, wenn die Interessen der Gesellschaftsgläubiger an einem Schutz vor opportunistischem Gesellschafterverhalten keinerlei Berücksichtigung finden.

Zum gleichen Ergebnis kommt man, wenn man die rechtsökonomische Begründung für eine Inhaltskontrolle von AGB heranzieht. Werden Verträge unter der Einbeziehung von AGB geschlossen, so kommt es zwischen den Parteien zu keinen Vertragsverhandlungen in Bezug auf die in den AGB geregelten Punkten. Der Markt für AGB ist in den Begriffen der ökonomischen Analyse ein „Akerlof-Markt".[1229] Unausgewogene AGB basieren auf einem Marktversagen, das seinen Ursprung in Informationsasymmetrien und prohibitiv hohen Transaktionskosten hat.[1230] Der Vertragspartner nimmt die AGB hin, da die Überprüfung und der Vergleich des Inhaltes der ihm gestellten AGB, die Führung von Vertragsverhandlungen zur Abänderung der AGB und die Suche nach einem anderen Vertragspartner mit derartigen Transaktionskosten verbunden wären, dass sie in der Regel durch den dadurch gewonnenen Vorteil nicht aufgewogen werden.[1231] Diese Transaktionskosten lassen für

1228 *Tröger*, FS Westermann, S. 1533, 1558.

1229 *Kötz*, JuS 2003, 209 ff.; *Schäfer/Ott*, Lehrbuch der ökonomischen Analyse des Zivilrechts, S. 552 ff. Der Begriff des *Akerlof*-Marktes geht zurück auf den Beitrag von *Akerlof*, 84 Q. J. Econ. (1970) 488.

1230 Vgl. *Basedow*, in: Münchener Kommentar-BGB, Vor § 305 Rn. 4 f. Dazu auch *Leyens/Schäfer*, AcP 210 (2010) 772, 778 ff.

1231 *Wurmnest*, in: Münchener Kommentar-BGB, § 307 Rn. 41; *Schäfer/Ott*, Lehrbuch der ökonomischen Analyse des Zivilrechts, S. 553 f.

den Kunden Vertragsverhandlung als nicht sinnvoll erscheinen.[1232] Der Verwender der AGB sieht als rational handelnder Akteur diesen Umstand voraus und formuliert die AGB opportunistisch zu seinen Gunsten.[1233]

Aus diesen Erwägungen folgt, dass AGB-Klauseln dann als unangemessen gewertet werden sollten, wenn sie nicht das Ergebnis widerspiegeln, das die Parteien bei Fehlen des Marktversagens und ohne das Bestehen von Transaktionskosten im Rahmen ihrer Vertragsverhandlungen in Bezug auf den streitigen Punkt erreicht hätten.[1234] Es ist also zu ermitteln, wie sich die Vertragsparteien als rational handelnde Parteien geeinigt hätten, d.h. wie sie das Risiko verteilt hätten.[1235] Weicht diese hypothetische Einigung vom tatsächlichen Inhalt der AGB-Klausel ab, so beruht die Geltung der Klausel offenbar auf dem beschriebenen Marktversagen und ist daher unwirksam. In Bezug auf die Haftung der Gesellschafter muss also geklärt werden, wie sich rationale Parteien geeinigt hätten. Eine Haftungsbeschränkung könnte dabei das Ergebnis der Verhandlungen sein, wenn die Gesellschaftsgläubiger besser geeignet wären, das Risiko eines opportunistischen Gesellschafterverhaltens zu tragen. Nach dem gesetzlichen Leitbild der Personengesellschaften sind dies jedoch gerade die Gesellschafter, so dass für diesen Fall eine Abweichung jedenfalls nicht effizient wäre. Für atypische Erscheinungsformen, wie Publikumspersonengesellschaften, können hingegen die Gesellschaftsgläubiger besser geeignet sein.

Eine Haftungsbeschränkung kann jedenfalls dann effizient sein, wenn opportunistisches Gesellschafterverhalten auf anderem Wege als durch die persönliche Haftung verhindert wird, nämlich durch andere in den AGB enthaltene Sicherungsmechanismen.[1236] Ist jedoch keine derartige Sicherung der Gesellschaftsgläubiger in den AGB enthalten, würden sich die Gesellschaftsgläubiger nur gegen eine Kompensation ihres erhöhten Ausfallrisikos überhaupt auf den Vertrag einlassen. Der Ausschluss der persönlichen Haftung soll dann nur opportunistisches Verhalten ermöglichen. In diesen Fällen ist, da eine Bewertung des Äquivalenzverhältnisses

---

1232 Vgl. *Basedow*, in: Münchener Kommentar-BGB, Vor § 305 Rn. 4 f. Zum Versagen des Konditionenwettbewerbs *Canaris,* AcP 200 (2000) 273, 323 f.; *Wackerbarth,* AcP 200 (2000) 45, 69 ff.; Staudinger/*Coester*, BGB, § 307 Rn. 3; differenzierend *Leyens/Schäfer* AcP 210 (2010) 772, 783 f.; S. ferner *Jansen,* ZEuP 2010, 69, 86 f.; krit. zur Rechtfertigung der materiellen Inhaltskontrolle durch das Argument der Marktkorrektur *Hellwege,* Allgemeine Geschäftsbedingungen, S. 554 ff.

1233 *Wurmnest,* in: Münchener Kommentar-BGB, § 307 Rn. 41. Vgl. dazu auch *Leyens/Schäfer,* AcP 210 (2010) 772, 778 m.w.N.

1234 Vgl. *Kötz,* JuS 2003, 209 ff.

1235 Vgl. *Kötz,* Zur Effizienz von Haftungsausschlussklauseln, in: *Ott/Schäfer* (Hrsg.), Allokationseffizienz in der Rechtsordnung, S. 189, 194 ff.; *ders,.* NJW 1984, 2447; *ders.,* Undogmatisches, S. 233, 239 ff.; dazu auch *Stoffels/Lohmann*, VersR 2003, 1343.

1236 So auch *Casper/Eberspächer,* Jura 2003, 700, 773.

bei einer Klauselkontrolle nicht vorgenommen werden soll,[1237] regelmäßig von einer unangemessenen Benachteiligung i.S.v. § § 307 BGB auszugehen.

Anders kann die Situation bei Festsetzung einer quotalen Haftung der Gesellschafter durch die AGB zu beurteilen sein. Durch die quotale Haftung wird zwar die Wirksamkeit der persönlichen Haftung als Mechanismus zur Vermeidung opportunistischen Verhaltens eingeschränkt[1238], jedoch bleibt der grundsätzliche Mechanismus erhalten. Daher kann in diesen Fällen viel eher angenommen werden, dass es sich um keine unangemessene Beteiligung handelt.

Die AGB-rechtliche Zulässigkeit haftungsbeschränkender Klauseln kann somit weder pauschal bejaht noch verneint werden. Es sind sowohl die restlichen AGB-Klauseln,[1239] die Vertragsart[1240] und die Realstruktur der Gesellschaft in die Bewertung einzubeziehen, um zu beurteilen, ob die Gesellschaftsgläubiger durch die Regelung in den AGBs gegenüber potentiellem opportunistischem Gesellschafterverhalten schutzlos gestellt werden.[1241]

C. Haftungsbeschränkung durch Beschränkung der Vertretungsmacht

I. Beschränkung der Haftung durch eine Beschränkung der Vertretungsmacht im Rahmen der Doppelverpflichtungslehre

Im Rahmen der Doppelverpflichtungslehre[1242] ist es möglich, neben der Vereinbarung einer ausdrücklichen Haftungsbeschränkung, durch eine die Vertretungsmacht der geschäftsführungsbefugten Gesellschafter einschränkende Klausel im Gesellschaftsvertrag, die Haftung der Gesellschafter einseitig zu beschränken.[1243] Dabei

---

1237 Vgl. u.a. Staudinger/*Coester*, BGB, § 307 Rn. 284. Zum Problem des „Preisarguments" bei der Klauselkontrolle: *ebenda*, Rn. 129 ff. Kritisch daher zum Maßstab des hypothetischen Konsens, *Jansen*, ZEuP 2010, 69, 87.

1238 Vgl. Kapitel 3 §2 A. V. 1. c.

1239 Zur Zulässigkeit einer Berücksichtigung des gesamten Vertragsinhaltes, vgl. *Wurmnest*, in: Münchener Kommentar-BGB, § 307 Rn. 34 ff.; Staudinger/*Coester*, BGB, § 307 Rn. 124 ff.; zur Kompensationswirkung vorteilhafter AGB-Klauseln, vgl. *Wurmnest*, in: Münchener Kommentar-BGB, § 307 Rn. 36; Staudinger/*Coester*, BGB, § 307 Rn. 125 ff.

1240 Nicht bei jeder Vertragsart wird opportunistisches Verhalten gleich relevant.

1241 Dies ist jedoch nur in den von der Rechtsprechung festgesetzten Grenzen möglich, da sonst schnell die Grenze der Justiziabilität erreicht werden würde (vgl. Staudinger/*Coester*, BGB, § 307 Rn. 124). Im Zweifel ist von einer Unwirksamkeit auszugehen.

1242 Dazu *supra* Kapitel 2 §2 II.

1243 So RGZ 155, 75, 87; BGHZ 74, 240, 242; BGH WM 1987, 689, 690; OLG Hamm, NJW 1985, 1846 f.; BGHZ 113, 216, 219; *Ulmer*, in: Münchener Kommentar–BGB, 3. Aufl., § 714 Rn. 26, 34 f.; *ders.*, ZIP 1999, 509, 511 ff; *Heckelmann*, FS Quack, S. 243, 247, 249; *Hennrichs/Kießling*, WM 1999, 877, 881 ff.; *Mutter*, ZIP 1998, 1799 f. Zu

handelt es sich im Grunde um keine Frage der Haftungsbeschränkung, sondern der Haftungsbegründung. Denn neben der rechtsfähigen BGB-Gesellschaft müssen die Gesellschafter im Rahmen der Doppelverpflichtungslehre ebenfalls verpflichtet werden. Durch eine Einschränkung der Vertretungsmacht des handelnden Geschäftsführers sei dieser nur befugt die Gesellschaft, aber nicht die Gesellschafter persönlich zu verpflichten. Die Haftungsbegrenzung müsse jedoch im Außenverhältnis gegenüber den Gläubigern deutlich gemacht werden, um eine Haftung auf Grundlage einer Duldungs- oder Anscheinsvollmacht zu vermeiden.[1244] Um dies zu erreichen, wurden regelmäßig Namenszusätze wie „mbH" gewählt.[1245]

Dieser Möglichkeit hat der BGH noch unter Geltung der Doppelverpflichtungslehre einen Riegel vorgeschoben.[1246] Im Rahmen der nun ganz herrschenden Akzessorietätslehre kann eine Haftungsbegrenzung der Gesellschafter nicht im Wege einer Beschränkung der Vertretungsmacht der Geschäftsführer erreicht werden – die Verpflichtung der Gesellschafter ist eine gesetzliche und basiert nicht mehr auf einer rechtsgeschäftlichen Verpflichtung der Gesellschafter, vertreten durch die Geschäftsführer.[1247]

II. Beschränkung der Vertretungsmacht und die persönliche Gesellschafterhaftung nach der Akzessorietätslehre

1. Problemstellung und Meinungsspektrum

Es wird versucht eine gesellschaftsvertragliche Beschränkung der Haftung der Gesellschafter dadurch herbeizuführen, dass im Gesellschaftsvertrag die Vertretungsmacht

---

dieser Möglichkeit der einseitigen Haftungsbeschränkung *Aderhold*, JA 1980, 136, 141; *Cordes*, JZ 1998, 545, 548; *Dauner-Lieb*, DStR 1998, 2014, 2016 f.; *dies.*, DStR 1999, 1992, 1993; *Hadding*, FS Raiser, S. 129, 136; *ders.*, FS Rittner, S. 133, 138 f.; ausführlich dazu auch *Eigner*, Beschränkung der persönlichen Gesellschafterhaftung, S. 174 ff.

1244 Vgl. aus der Rspr. u. a. RGZ 155, 75, 87; BGHZ 74, 240, 242; BGH WM 1987, 689, 690; BGH NJW 1992, 3037, 3039; *Ulmer*, in: Münchener Kommentar–BGB, 3. Aufl., § 714 Rn. 36; *Ulmer*, ZIP 1999, 509, 511 ff.; *Arnold*, BB 1996, 597, 598; *Habersack*, BB 1999, 61, 62 f.; *Hadding*, FS Rittner, S. 133, 142; *Heckelmann*, FS Quack, S. 243, 251 f. Dazu auch kritisch *Dauner-Lieb*, DStR 1998, 2014, 2016 f.; *dies.*, DStR 1999, 1992, 1993; *Schwark*, FS Heinsius, S. 753, 762 f.

1245 Vgl. *Ulmer*, ZIP 1999, 554, 561; *Hennrichs/Kießling*, WM 1999, 877; *Mutter*, ZIP 1998, 1799. Die firmen- und wettbewerbsrechtliche Zulässigkeit dieser Namenszusätze wird teilweise abgelehnt, vgl. *Eigner*, Beschränkung der persönlichen Gesellschafterhaftung, S. 194 ff.

1246 BGHZ 142, 315. Zu dem vom BGH angeführten allgemeinen Grundsatz bereits *supra* Kapitel 3 §1 II.

1247 Vgl. u. a. *Reiff*, ZIP 1999, 1329, 1330; *Gesmann-Nuissl*, WM 2001, 973, 978; *Gummert*, ZIP 1993, 1063, 1065; *Kindl*, WM 2000, 697, 701; *Wiedemann*, Gesellschaftsrecht II, S. 661.

der Geschäftsführer begrenzt wird, wodurch deren Vertretungsmacht nur noch den Abschluss solcher Verträge umfasst, im Rahmen derer eine persönliche Haftung der Gesellschafter ausgeschlossen wird.[1248] Ausgangspunkt dabei ist, dass für die BGB-Gesellschaft, anders als bei OHG, KG und PartG (§§ 126 Abs. 2 HGB (i.V.m. § 161 Abs. 2 HGB bzw. § 6 PartGG))[1249], der Umfang der Vertretungsmacht nach §§ 709, 714 BGB grundsätzlich frei bestimmt werden kann.[1250] Kommt eine haftungsbeschränkende Vereinbarung zwischen Geschäftsführer und Gesellschaftsgläubiger nicht zu Stande, wird die Gesellschaft, von einer Genehmigung des Geschäftes abgesehen, im Ergebnis nach § 177 BGB nicht verpflichtet und der Geschäftsführer setzt sich als *Falsus Procurator* einer Haftung nach § 179 Abs. 1 BGB aus.[1251]

Diese Konstruktion führt bei vielen Autoren zu Unbehagen, scheint doch, wie im Rahmen der Doppelverpflichtungslehre, ein Haftungsausschluss der Gesellschafter möglich und damit die persönliche Haftung der Gesellschafter ausgehebelt. Die Bedenken werden dadurch geschürt, dass manche Autoren vertreten, dass bereits die Offenlegung der beschränkten Vertretungsmacht zum Abschluss einer Haftungsausschlussvereinbarung führen würde.[1252]

1248 Vgl. dazu *Petersen/Rothenfußer*, GmbHR 2000, 757, 760 ff.; *Canaris*, ZGR 2004, 69, 89; *Flume*, Personengesellschaft, S. 327 ff.; *Lindacher*, JuS 1981, 818, 822; *Nagel*, NZG 2001, 204 f.; *ders.*, DStR 2000, 2091, 2095; *Ulmer*, ZIP 1999, 554, 561. Ausführlich dazu auch *Armbrüster*, ZGR 2014, 333, 353 ff.; *Weiß*, Haftung in der nichtunternehmenstragenden GbR, S. 125 ff. Rechtskonstruktiv ist umstritten, ob die Vertretungsmacht der Geschäftsführer dann unter einer echten Bedingung i.S.v. § 158 BGB steht oder ob die Vertretungsmacht auf bestimmte Rechtsgeschäfte beschränkt ist, nämlich solche mit Haftungsbeschränkungsvereinbarung. Für eine Bedingung, *Gummert*, ZIP 1993, 1063, 1065; *ders.*, Haftung und Haftungsbeschränkung, S. 121; *Aderhold*, Schuldmodell, S. 193 f.; auch *Reiff*, ZIP 1999, 1329, 1335. Dagegen *Weiß*, Haftung in der nichtunternehmenstragenden GbR, S. 129.

1249 Die gleiche Situation kann jedoch auch für diese Gesellschaften hergestellt werden, vgl. *Eigner*, Beschränkung der persönlichen Gesellschafterhaftung, S. 205 f.: Abweichend von der gesetzlichen Standardregelung wird eine Gesamtvertretungsmacht der Gesellschafter vereinbart, dann werden einzelne Gesellschafter nach § 125 Abs. 2 S. 2 HGB ermächtigt bestimmte Geschäfte abzuschließen, soweit eine Haftungsbeschränkung vereinbart wird. So auch *Petersen/Rothenfußer*, GmbHR 2000, 801, 802.

1250 H.M. vgl. nur *Westermann*, in: Erman, BGB, § 714 Rn. 4; *Schäfer*, in: Münchener Kommentar-BGB, § 714 Rn. 24; Staudinger/*Habermeier*, BGB, § 714 Rn. 8; *Ulmer*, ZIP 1999, 554, 561; *Timme/Hülk*, JuS 2001, 536, 539; *Hadding*, FS Raiser, S. 129, 140; a.A. *Gummert*, Haftung und Haftungsbeschränkung, S. 54 ff., 119; *ders.*, Münchener Handbuch Gesellschaftsrecht, Bd. 1, § 18 Rn. 93; *Schäfer*, ZIP 2003, 1229, 1233 f.; *Altmeppen*, NJW 2004, 1563, 1564 Fn. 27; ähnlich *Peres*, DStR 2000, 639, 641 f. Abweichend auch *Wiedemann*, Gesellschaftsrecht II, S. 656 (nur Weisung).

1251 Vgl. u. a. *Ulmer*, ZIP 1999, 554, 561, 564; *ders.*, ZGR 2000, 339, 345 f.

1252 *Canaris*, ZGR 2004, 69, 96; *Petersen/Rothenfußer*, GmbHR 2000, 757, 761; *Ulmer*, ZIP 1999, 554, 561.

Dauner-Lieb etwa bemängelt, dass im Falle keiner Vereinbarung eines Haftungsausschlusses, der Vertragspartner schlechter stehe als nach der Doppelverpflichtungslehre, nach der zumindest ein Vertrag zustande komme und die Gesellschaft mit ihrem Gesellschaftsvermögen hafte.[1253] Mögliche gesetzliche Ansprüche aus § 812 BGB oder GoA wären nicht vergleichbar.[1254] Auch wenn sich bestreiten lässt, dass jeder Gesellschaftsgläubiger einen Vertragsschluss ohne persönliche Haftung der Gesellschafter, keinem Vertragsschluss den Vorzug geben würde, so ist doch richtig, dass es der potentielle Vertragspartner vorziehen würde, einen Vertrag mit der BGB-Gesellschaft zu schließen und im Rahmen der persönlichen Haftung auf die Gesellschafter zugreifen zu können.

Daher wird auf vielen verschiedenen Wegen und mit unterschiedlichster Argumentation versucht, die Unwirksamkeit dieser Einschränkung der Vertretungsmacht zu begründen.[1255] Während manche Stimmen für eine analoge Anwendung des § 126 Abs. 2 HGB plädieren,[1256] betrifft § 714 BGB nach *Reiff* nicht die Vertretungsmacht bzgl. der Person des Haftenden, sondern lediglich den sachlichen Umfang – eine Einschränkung sei folglich nur in Bezug auf den sachlichen Umfang möglich.[1257] Weiterhin wird eine teleologische Reduktion der §§ 709, 714 BGB diskutiert. Eine derartige Einschränkung der Vertretungsmacht überschreite die Dispositionsgrenzen des § 714 BGB, da zu stark vom gesetzlichen Leitbild der BGB-Gesellschaft mit der damit verbundenen persönlichen Haftung der Gesellschafter abgewichen werde.[1258] Der gesellschaftsrechtliche Typenzwang erlaube eine Haftungsbeschränkung nur gegen ein gesetzliches garantiertes Mindestkapital.[1259] Zum Teil wird diese Beschränkung der Vertretungsmacht als gegenüber Dritten unbeachtlich angesehen, da sie

---

1253 *Dauner-Lieb*, VGR 2001, 117, 130 f.; *dies.*, DStR 1999, 1992, 1995; *Schöpflin*, Verein, S. 425; *Specks*, NZG 2009, 293, 294.

1254 *Specks*, NZG 2009, 293, 294.

1255 Überblick bei *Specks*, NZG 2009, 293. Ausführliche Darstellung auch bei *Weiß*, Haftung in der nichtunternehmenstragenden GbR, S. 125 ff. *A. Meyer*, Unbeschränkte Verbandsmitgliederhaftung, S. 258 ff. geht etwa davon aus, dass die Auslegung der gesellschaftsvertraglichen Regelungen im Regelfall schon keine Einschränkung der Vertretungsmacht ergeben wird, da die Gesellschafter mit ihrer Gesellschaft effektiv am Rechtsverkehr teilnehmen wollen und dies bei einer solchen Beschränkung der Vertretungsmacht schwerlich möglich ist.

1256 So *Gummert*, in: Münchener Handbuch Gesellschaftsrecht, Bd. 1, § 18 Rn. 93; *Schäfer*, ZIP 2003, 1225, 1233; kritisch u. a. *Armbrüster*, ZGR 2005, 34, 38 f. (m.w.N.); *Canaris*, ZGR 2004, 69, 89 f.; *Dauner-Lieb*, VGR 2001, 117, 131; *Nagel*, NZG 2001, 202, 205; *Weiß*, Haftung in der nichtunternehmenstragenden GbR, S. 130 ff.; *Wiedemann*, JZ 2001, 661, 663; *Hadding*, FS Raiser, S. 129, 141.

1257 *Reiff*, ZIP 1999, 1329, 1334 f.; *ders.*, NZG 2000, 281, 284; ähnlich *Peres*, DStR 2000, 639, 641. Kritisch *Petersen/Rothenfußer*, GmbHR 2000, 757, 763 Fn. 48.

1258 *Dauner-Lieb*, DStR 1999, 1992, 1995.

1259 Vgl. *Servatius*, in: Henssler/Strohn, Gesellschaftsrecht, § 714 Rn. 20; *Heidel/Hanke*, in: Dauner-Lieb/Langen, BGB Schuldrecht, § 714 Rn. 38.

einen „institutionellen Missbrauch der Rechtsform der Personengesellschaft“[1260] darstelle.[1261] Nach anderer Ansicht wird aus Verkehrsschutzgründen eine Vermutung konstruiert, dass ein Gesellschafter, der für eine BGB-Gesellschaft auftritt, in seiner Vertretungsmacht nicht dahingehend beschränkt ist, dass er nur Geschäfte mit gleichzeitigem Abschluss einer Haftungsbeschränkung abschließen kann.[1262]

2. *Anreizorientierte Betrachtung*

Zu bedenken ist bei diesem Gestaltungsansatz folgendes: Zunächst einmal kann durch die Einschränkung der Vertretungsmacht nur eine Haftungsbeschränkung für rechtsgeschäftliche Verbindlichkeiten erreicht werden. Anknüpfungspunkt ist eine Vertretungssituation. Wird die Vertretungsmacht des Geschäftsführers in der beschriebenen Weise eingeschränkt, so bestehen zwei mögliche Konsequenzen. Die erste Möglichkeit ist, dass der Vertragspartner sich auf die Vereinbarung eines Haftungsausschlusses einlässt. Der Vertrag wird geschlossen und allein die Gesellschaft mit ihrem Gesellschaftsvermögen hat für die Verbindlichkeit einzustehen. Sieht man die maßgebliche Funktion der persönlichen Haftung der Gesellschafter darin, deren opportunistisches Verhalten zu Lasten der Gesellschaftsgläubiger zu verhindern, so steht der Zulässigkeit einer ausdrücklichen Vereinbarung eines Haftungsausschlusses, wie oben dargestellt, nichts entgegen.[1263] Der Gesellschaftsgläubiger wird sich darauf nur einlassen, wenn auf anderem Wege das erhöhte Opportunismus- und Ausfallrisiko kompensiert wird. Nimmt man die oben dargestellten Anforderungen an einen konkludenten Haftungsausschluss hinzu, so muss ein eindeutiger Verzichtswille des Vertragspartners zum Ausdruck kommen. Eine Kennzeichnung der beschränkten Vertretungsmacht durch einen Zusatz wird folglich für einen konkludenten Haftungsausschluss nicht ausreichen.[1264] Dann sind auch die in der Literatur geäußerten Bedenken nicht berechtigt, dass der Gesellschaftsgläubiger plötzlich mit einem Vertrag ohne persönliche Gesellschafterhaftung belastet sei. Auch der Abschluss des Haftungsausschlusses über AGB ist nach den hierzu aufgestellten Regeln zu bewerten und regelmäßig als unwirksam anzusehen.[1265]

Lässt sich der potentielle Gesellschaftsgläubiger nicht auf die Vereinbarung eines Haftungsausschlusses ein, so kommt es zu keinem Vertragsschluss. Der Gesellschaft

---

1260 *Schöne*, in: BeckOK-BGB, § 714 Rn. 37.

1261 So z. B. *Schöne*, in: BeckOK-BGB, § 714 Rn. 37; *Jacobs*, Institutionelle Haftungsbeschränkung, S. 29; im Ergebnis auch *Specks*, NZG 2009, 293, 295. *Canaris* möchte die Vertretungsmachtbeschränkung im Gesellschaftsvertrag einer AGB-Kontrolle unterwerfen, vgl. *Canaris*, ZGR 2004, 69, 97 ff. Ablehnend u. a. *Armbrüster*, ZGR 2005, 34, 39 f.; *Schäfer*, ZIP 2003, 1225, 1233 m.w.N.

1262 So *Armbrüster*, ZGR 2005, 34, 41 ff.; *ders.*, ZGR 2014, 333, 355.

1263 §3 A. I.

1264 So auch *Schulze*, Akzessorische Haftungsverfassung, S. 270 f.; a.A. *Canaris*, ZGR 2004, 69, 96 f.; *Petersen/Rothenfußer*, GmbHR 2000, 757, 761; *Nagel*, NZG 2001, 202, 206.

1265 Siehe *supra* § 3 B.

muss es im Rahmen ihrer Privatautonomie freistehen, die Entscheidung zu treffen, nur Verträge mit einem bestimmten Inhalt zu schließen und dies umfasst den Ausschluss der persönlichen Haftung der Gesellschafter.[1266] Mit dem einseitigen Haftungsausschluss, wie er noch im Rahmen der Doppelverpflichtungslehre möglich war, ist diese Konstruktion nicht zu vergleichen, da es dort zu einer Beschränkung der Haftung auf das Gesellschaftsvermögen kam, hier jedoch schon eine Verpflichtung der Gesellschaft fehlt.[1267]

Sieht man die persönliche Haftung der Gesellschafter als typisierenden Mechanismus zum Schutz der Gesellschafter vor opportunistischem Verhalten in einer Vertragsbeziehung an, so kann diese Funktion der Haftung eine Verpflichtung der Gesellschaft und damit einhergehende Haftung der Gesellschafter nicht rechtfertigen, da der Gesellschaftsgläubiger insofern in keine schutzwürdige Position kommt. Ein potentieller Vertragspartner ist gegen eine Vorenthaltung der Position als Vertragspartner nicht weiter geschützt als durch die allgemeinen Regeln. Die Anreize, die durch die allgemeinen Vertretungsregeln und Haftungsregeln dem Geschäftsführer und auch den anderen Gesellschaftern gesetzt werden, müssen in die Überlegungen mit einbezogen werden. Der in der Vertretungsmacht beschränkte Geschäftsführer wird als rationaler Akteur, um nach § 179 Abs. 3 S. 1 BGB eine persönliche Haftung als *Falsus Procurator* zu vermeiden, die Beschränkung seiner Vertretungsmacht offenlegen.[1268] Eine Publizitätspflicht ist dann nicht notwendig. Dies würde es dem potentiellen Vertragspartner wiederum ermöglichen, vom Geschäft Abstand zu nehmen oder eine Gegenleistung für den Haftungsausschluss zu verhandeln.

Hieran knüpft sich die Frage, ob die Verwendung eines Zusatzes ausreicht, um die beschränkte Vertretungsmacht in einer die Haftung nach § 179 Abs. 3 S. 1 BGB ausschließender Weise offenzulegen.[1269] Allein die Verwendung eines Kürzels, wie etwa „mbV“ für „mit beschränkter Vertretungsmacht“ wird für ein Kennenmüssen des Mangels der Vertretungsmacht nicht ausreichen, soweit es nicht ausdrücklich klarmacht, inwiefern die Vertretungsmacht beschränkt ist.[1270] Auch ein Hinweis auf die beschränkte Vertretungsmacht in den AGB kann nicht ausreichen; dies stellt eine unangemessene Benachteiligung dar.[1271]

1266 Vgl. *Petersen/Rothenfußer*, GmbHR 2000, 757, 761; *dies.*, GmbHR 801, 802; zustimmend *Schulze*, Akzessorische Haftungsverfassung, S. 277; *Weiß*, Haftung in der nichtunternehmenstragenden GbR, S. 138.

1267 Vgl. *Petersen/Rothenfußer*, GmbHR 2000, 757, 762.

1268 So auch *Weiß*, Haftung in der nichtunternehmenstragenden GbR, S. 148.

1269 Dies als Problem sehend *Dauner-Lieb*, VGR 2001, 117, 131. Allgemein zu den Voraussetzungen *Valenthin*, in BeckOK-BGB, § 179 Rn. 28; *Schramm*, in: Münchener Kommentar-BGB, § 179 Rn. 41.

1270 So auch *Weiß*, Haftung in der nichtunternehmenstragenden GbR, S. 196 ff.; *Petersen/Rothenfußer*, GmbHR 2000,801, 806.

1271 So auch *Armbrüster*, ZGR 2005, 34, 44.

Da nach herrschender Ansicht im Rahmen des Grundsatzes der Selbstorganschaft[1272] als Geschäftsführer nur ein Gesellschafter die Gesellschaft vertreten kann, besteht auch für die Mitgesellschafter ein Anreiz, dass der geschäftsführende Gesellschafter nicht als *Falsus Procurator* haftet. Der Gläubiger des Geschäftsführers kann seinen Anspruch aus § 179 Abs. 1 BGB durch Pfändung und Überweisung des Gesellschaftsanteils des Geschäftsführers an der BGB-Gesellschaft mit anschließender Kündigung der Gesellschaft befriedigen. Die Folge ist entweder die Auflösung der Gesellschaft oder mindestens eine Schwächung des Gesellschaftsvermögens,[1273] was grundsätzlich nicht im Interesse der anderen Gesellschafter liegen kann.

Legt der Geschäftsführer seine eingeschränkte Vertretungsmacht nicht offen und geht der vermeintliche Vertragspartner in Vorleistung gegenüber der Gesellschaft, so steht dem Vertragspartner bei Nichtgenehmigung des Geschäftes ein Bereicherungsanspruch aus § 812 BGB zu. Für diesen haften die Gesellschafter der BGB-Gesellschaft nach § 128 S. 1 HGB (analog)[1274] – ein unwirksamer Vertragsabschluss ist auch aus diesem Grund nicht im Interesse der anderen Gesellschafter.[1275] Hinzu kommt, dass den Gesellschaftern aufgrund der nach § 166 Abs. 1 BGB bzw. § 31 BGB analog der Gesellschaft zuzurechnenden Kenntnis[1276] des handelnden Geschäftsführers vom Nichtabschluss des Vertrages, sogar eine verschärfte Haftung nach § 819 Abs. 1 BGB droht.[1277]

Nicht nur der Geschäftsführer hat ein Interesse seine beschränkte Vertretungsmacht offen zu legen, um seine persönliche Haftung zu vermeiden, sondern auch die anderen Gesellschafter werden auf eine Offenlegung hinwirken. Folglich sind die Risiken, die potentiellen Vertragsgläubigern drohen, als gering einzuschätzen.[1278] Ein Schutz des potentiellen Vertragspartners durch die oben (unter 1.) beschriebenen Ansätze ist daher nicht notwendig. Zudem besteht die Möglichkeit in Einzelfällen, in denen all die dargestellten Anreize versagen und bewusst versucht wird einen Gesellschaftsgläubiger durch die beschriebende Beschränkung der Vertretungsmacht zu schädigen, die Annahme einer sittenwidrigen Schädigung des

---

1272 Vgl. dazu *Schöne*, in: BeckOK-BGB, § 709 Rn. 4 ff.; *Heidel/Hanke*, in: Dauner-Lieb/Langen, BGB Schuldrecht, § 709 Rn. 3 ff.

1273 §§ 725 BGB, 859 Abs. 1 S. 1, 857 Abs. 1(, 851 Abs. 1) ZPO.

1274 H.M. vgl. nur *Schöne*, in: BeckOK-BGB, § 714 Rn.21; *Schäfer*, in: Münchener Kommentar-BGB, § 714, Rn. 37. Dazu bereits *supra* Kapitel 2 §2 III. 3. c.

1275 So auch *Weiß*, Haftung in der nichtunternehmenstragende GbR, S. 147.

1276 Die wohl herrschende Meinung rechnet das Wissen des geschäftsführenden Gesellschafters der Gesellschaft nach § 166 Abs. 1 BGB zu. Vgl. etwa RGZ 59, 400, 408; BGH NJW 1984, 1953, 1954; *Roth*, in: Baumbach/Hopt, HGB, § 125 Rn. 4; *Hillmann*, in: E/B/J/S, HGB, § 125 Rn. 15. Nach anderer Ansicht erfolgt die Zurechnung, da eine organschaftliche Zurechnung, über § 31 BGB analog. So etwa *K. Schmidt*, in: Münchener Kommentar-HGB, § 125 Rn. 13. Die neuere Rechtsprechung lässt jedoch offen nach welcher Vorschrift die Zurechnung erfolgt. S. BGHZ 140, 54.

1277 Dazu auch *Weiß*, Haftung in der nichtunternehmenstragenden GbR, S. 148.

1278 A.A. *Specks*, NZG 2009, 293, 194.

(potentiellen) Gesellschaftsgläubiges nach § 826 BGB durch die Gesellschafter in Betracht zu ziehen.[1279]

Der Aspekt, dass auch die Gesellschaft nicht verpflichtet wird, lässt diese Lösung als praktisch wenig zielführend erscheinen. Ziel der Gesellschafter ist es nicht die Handlungsfähigkeit der Gesellschaft einzuschränken, was jedoch gerade die Folge einer derartigen Konstruktion wäre,[1280] sondern nur ihre eigene persönliche Haftung zu beschränken oder auszuschließen.

§ 4 Atypische Erscheinungsformen und die Beschränkbarkeit der persönlichen Haftung

A. Die Vielgestaltigkeit der BGB-Gesellschaften als vermeintliches Problem

Eine BGB-Gesellschaft kann grundsätzlich zu jedem (erlaubten) Zweck gegründet werden.[1281] Diese Zweckoffenheit führt dazu, dass sich in der Praxis eine Vielzahl von Erscheinungsformen und unterschiedlichsten Gestaltungen findet. Eine BGB-Gesellschaft kann in einem breiten Spektrum zwischen unternehmerischer und ideeller Zweckverfolgung angesiedelt sein. Es gibt beispielsweise kleingewerbliche Unternehmen,[1282] Berufssozietäten als Zusammenschlüsse von Freiberuflern, Gelegenheitsgesellschaften des täglichen Lebens, Bauherrengemeinschaften, Arbeitsgemeinschaften und Kapitalanlagegesellschaften, sog. Publikums-BGB-Gesellschaften.[1283]

Vor Anerkennung der Akzessorietätslehre und damit der gesetzlichen Haftung der Gesellschafter einer BGB-Gesellschaft analog § 128 HGB durch den BGH,[1284] gab es Stimmen in der Literatur, die entweder nur unternehmenstragende BGB-Gesellschaften als rechtsfähig ansahen und nur dann die Gesellschafter haften lassen wollten[1285] oder die zwar für alle Außengesellschaften die Rechtsfähigkeit

---

1279 So auch *Schulze*, Akzessorische Haftungsverfassung, S. 281 f.

1280 So auch *A. Meyer*, Unbeschränkte Verbandsmitgliederhaftung, S. 285 ff.

1281 *Ulmer/Schäfer*, in: Münchener Kommentar-BGB, § 705 Rn. 144; *Servatius*, in: Henssler/Strohn, Gesellschaftsrecht, § 705 BGB Rn. 4 f.; *Hadding/Kießling*, in: Soergel, BGB, § 705 Rn. 35.

1282 Unternehmen, die nach Art und Umfang (noch) keines kaufmännisch eingetragenen Geschäftsbetriebs bedürfen und daher nicht aufgrund des Rechtsformzwangs der §§ 105 Abs. 1, 1 Abs. 2 HGB eine OHG sind.

1283 Beispiele etwa bei *Westermann*, in: Erman, BGB, Vor. § 705 Rn. 29 ff.; *Servatius*, in: Henssler/Strohn, Gesellschaftsrecht, § 705 BGB Rn. 16.

1284 BGHZ 146, 341 ff.

1285 *K. Schmidt*, FS Fleck, S. 271, 285, 288; *ders.*, Gesellschaftsrecht, 3. Aufl., S. 1724 ff.; 1794 f. (nunmehr anders *ders.*, NJW 2003, 1897, 1903 f.; *ders.*, Gesellschaftsrecht, 4. Aufl., S. 1799); *G.H. Roth*, ZHR 155 (1991) 24, 34, 40 f.; *Westermann*, ZGR 1977, 552, 562 f.

anerkennen wollten, jedoch sich gleichzeitig für eine Beschränkung der akzessorischen Gesellschafterhaftung auf unternehmenstragende und freiberufliche bzw. erwerbswirtschaftlich tätige Gesellschaften aussprachen.[1286] Nur für unternehmenstragende BGB-Gesellschaften sei eine akzessorische, persönliche Haftung der Gesellschafter als gerechtfertigt anzusehen, da die Interessenslage in diesen Fällen mit der der OHG vergleichbar sei. Wie die Gesellschaften zu behandeln seien, für die eine analoge Anwendung der §§ 128 ff. HGB nicht gerechtfertigt scheint, wurde häufig nicht klar festgestellt, jedoch sollte wohl die Doppelverpflichtungslehre zur Anwendung kommen.[1287]

Andere Stimmen lehnten die Akzessorietätslehre gerade wegen ihrer unterschiedslosen Strenge und der Einebnung der Unterschiede zur OHG ab – die Vielgestaltigkeit der BGB-Gesellschaften erlaube eine unterschiedslose Anwendung der Akzessorietätslehre nicht.[1288] Der BGH lehnte früher die analoge Anwendung des § 130 HGB auf die BGB-Gesellschaften unter anderem deshalb ab, weil die §§ 128 ff. HGB gerade keine allgemein für alle Personengesellschaften angemessene Regelung seien.[1289] Zur „Vielgestaltigkeit der Erscheinungsformen“[1290] der BGB-Gesellschaft, der sehr unterschiedlichen Art, Größe, Organisation, ideellen und wirtschaftlichen Bedeutung und den vielfältigen Personenkreisen und Zwecken, passe die Strenge der persönlichen Haftung nach §§ 128 ff. HGB wenig.[1291] Die Haftung sei in vielen Fällen weder interessensgerecht noch geboten.[1292]

Von diesen Ansätzen hat die herrschende Meinung grundsätzlich Abstand genommen. Der BGH und die überwiegende Mehrheit der Autoren, die sich für eine

---

1286 *Thein*, Haftung bei der BGB-Gesellschaft, S. 62 ff.; *Reiff*, Haftungsverfassung, S. 308, 345 ff.; *ders.*, ZIP 1999, 517, 521, 527 f.; *Schlichting*, Haftung, S. 138 ff.; *Wellkamp*, Haftung und Haftungsbeschränkung, S. 34; *Schwark*, FS Heinsius, S. 753 ff.; *Aderhold*, JA 1980, 136, 142; *Blenske*, NJW 2000, 3170, 3172; *Wälzholz*, MittBayNot 2003, 35, 37, 39. *Reiff* begrenzt nunmehr die Haftung im Anwendungsbereich nicht mehr nur auf unternehmenstragende Gesellschaften, sondern sieht eine institutionelle Ausnahme für *„nichtwirtschaftliche Ideal-Gesellschaften“* als begründet (*Reiff*, ZGR 2003, 550, 551 ff, 565 ff.). In diese Richtung auch schon *Wiedemann*, Gesellschaftsrecht I, S. 284; *ders.*, WM 1994, Sonderbeil. Nr. 4, S. 1, 17.

1287 Ausdrücklich *Wellkamp*, Haftung und Haftungsbeschränkung, S. 35; in diese Richtung wohl auch *Reiff*, Haftungsverfassung, S. 307; *Thein*, Haftung bei der BGB-Gesellschaft, S. 61. Deshalb ausdrücklich für eine unterschiedslose Anwendung der Akzessorietätstheorie, *Hasenkamp*, Haftungsbeschränkung, S. 41; kritisch auch *Dauner-Lieb*, DStR 2001, 356, 360. Dazu auch *Jacobs*, Institutionelle Haftungsbeschränkung, S. 23.

1288 Vgl. *Ulmer*, in: Münchener Kommentar-BGB, 3. Aufl., § 714 Rn. 29 f; *Habersack*, JuS 1993, 1, 2 f.; *ders.*, BB 1999, 61, 62; *Hommelhoff*, ZIP 1998, 8, 12 f.; *Canaris*, ZGR 2004, 69, 75, 77. Kritisch *Mülbert*, AcP 199 (1999) 38, 88.

1289 BGHZ 74, 240, 242 f., BGHZ 117, 168, 176; BGH NJW 1998, 2904, 2905.

1290 BGHZ 74, 240, 243.

1291 BGHZ 74, 240, 243; vgl. auch BGH ZIP 1998, 1291, 1292; BGHZ 117, 168, 176 f.

1292 BGHZ 74, 240, 243.

Rechtsfähigkeit der BGB-Gesellschaft und eine persönliche Haftung der Gesellschafter aussprechen, gehen im Grundsatz davon aus, dass es keinen Unterschied mache, welchen Gesellschaftszweck eine BGB-Gesellschaft verfolge, vorausgesetzt nur, dass sie als Außen-GbR qualifiziert werden könne.[1293] Eine allgemeine Anwendung der persönlichen Haftung der Gesellschafter nach § 128 HGB führt dazu, dass ein einfaches, transparentes und somit rechtssicheres Haftungssystem entsteht.[1294]

Dennoch ist die Diskussion um eine Anwendbarkeit der Akzessorietätslehre auf alle Arten von (Außen-)BGB-Gesellschaften in neuem Gewand erhalten geblieben. Neuere Ansätze unterscheiden nicht mehr zwischen unternehmenstragenden und nicht-unternehmenstragenden Gesellschaften, sondern wollen bestimmte Gesellschaftstypen ausgemacht haben, im Rahmen derer den Gesellschaftern eine persönliche Haftung nicht zugemutet werden könne. Die am OHG-Modell orientierte Haftung werfe die Frage auf, ob nicht über das Ziel eines angemessenen Gläubigerschutzes hinausgeschossen worden sei und die Nutzung der Rechtsform der BGB-Gesellschaft in sog. haftungssensiblen Bereichen zu sehr erschwert werde.[1295] Die Vielgestaltigkeit der Erscheinungsformen der BGB-Gesellschaft verlange nach einer Differenzierung bei der persönlichen Gesellschafterhaftung.[1296]

Es werden grundsätzlich zwei unterschiedliche Ansatzpunkte für eine Lösung dieses Problems gewählt[1297]: während eine Ansicht die Zulässigkeit rechtsgeschäftlicher, insbesondere AGB-rechtlicher Haftungsbeschränkungsvereinbarungen für privilegierungsbedürftige BGB-Gesellschaften favorisiert,[1298] spricht sich eine andere

1293 *Timm*, NJW 1995, 3209, 3216; *Goette*, DStR 1999, 1707, 1708; *Henze*, BB 1999, 2260, 2262; *Dauner-Lieb*, DStR 1999, 1992, 1994; *Kindl*, WM 2000, 697, 702; *Ulmer*, in: Münchener Kommentar-BGB, 4. Aufl., § 714 Rn. 62; *Casper*, JZ 2002, 1112, 1114; *Gummert*, Haftung und Haftungsbeschränkung, S. 96 f. So wird die Rechtsprechung des BGH auch verstanden von *Timme/Hülk*, JuS 2001, 536, 538; *Wunderlich*, WM 2002, 271, 277; *K. Schmidt*, NJW 2003, 1897, 1903 f.; *ders.*, Gesellschaftsrecht, S. 1799; *Hasenkamp*, Haftungsbeschränkungen, S. 41.

1294 *Dauner-Lieb*, VGR 2001, S. 117, 134; *dies.*, DStR 2001, 356, 359.

1295 *Schäfer*, in: Münchener Kommentar-BGB, § 714 Rn. 60.

1296 *Schäfer*, in: Münchener Kommentar-BGB, § 714 Rn. 60; *ders.*, FS Nobbe, S. 909, 915; *ders.*, Gutachten DJT 2016, S. 69 f.; so auch *Schöne*, in: BeckOK-BGB, § 714 Rn. 42; *Jacobs*, Institutionelle Haftungsbeschränkungen, S. 45 ff.

1297 Ein dritter Ansatz findet sich bei *Schwab*, FS Hommelhoff, S. 1091, 1103 ff., der sich grundsätzlich gegen die Akzessorietätslehre ausspricht und stattdessen eine analoge Anwendung der Handelndenhaftung des § 54 S. 2 BGB und eine ergänzende Anwendung der Doppelverpflichtungslehre für alle BGB-Gesellschaften fordert.

1298 So etwa *Ulmer*, ZIP 2003, 1113, 1118; *Casper*, JZ 2002, 1112, 1113; *Hasenkamp*, BB 2004, 230, 232; *Wälzholz*, MittBayNot 2003, 35, 39; *Wössner*, ZIP 2003, 1235, 1237; so auch noch *Schäfer*, ZIP 2003, 1225, 1232 (aber unter der Prämisse, dass für gesetzliche Verbindlichkeiten generell nicht gehaftet werde); für Fortführung der Doppelverpflichtungslehre in diesen Fällen *Brand*, AcP 208 (2008) 490, 509 ff.

Ansicht für institutionelle Haftungsbeschränkungen[1299] aus. In der Literatur sind beide Lager wohl etwa gleich stark vertreten.

Den Weg einer institutionellen Haftungsbeschränkung ist der BGH anscheinend in Bezug auf Bauherrengemeinschaften in der Rechtsform der Außen-BGB-Gesellschaft gegangen.[1300] *Obiter dictum* hat der befasste Senat das Festhalten an seiner früheren Rechtsprechung[1301] erklärt, wonach die Bauherren für die Herstellungskosten („Aufbauschulden") nur anteilig haften. Im selben Urteil, ebenfalls *obiter dictum*, wählte der BGH für einen Immobilienfonds in der Rechtsform der BGB-Gesellschaft den formularvertraglichen Ansatz.[1302] In diesem Fall würde der Haftungsausschluss auch der materiellen Inhaltskontrolle nach § 307 BGB standhalten, da der Rechtsverkehr vernünftigerweise nicht von einer Haftung jedes einzelnen Anlegers für das gesamte Investitionsvolumen ausgehen könne. Daher könne nicht von einer unangemessenen Benachteiligung der Gesellschaftsgläubiger gesprochen werden.

Eine konsistente Lösung für das vermeintliche Problem der Vielgestaltigkeit der BGB-Gesellschaften hat sich bisher noch nicht durchgesetzt, was sich im Urteil des BGH widerspiegelt. Im Folgenden sollen zwei alternative Lösungen des vermeintlichen Problems der Vielgestaltigkeit der Erscheinungsformen diskutiert werden. Danach werden einige Fallgruppen angeblich privilegierungsbedürftiger BGB-Gesellschaften unter Einbeziehung der Erkenntnisse zur gläubigerschützenden Funktion der persönlichen Haftung genauer beleuchtet.

B. Institutionelle Haftungsbeschränkung und formularvertragliche Lösungsansätze

Die Ausführungen in §2 haben gezeigt, dass das Haftungssystem der Personengesellschaften grundsätzlich eine einseitige Beschränkung der Haftung entweder gar nicht, wie bei der OHG, oder nur für bestimmte Gesellschafter bei Beibehaltung

---

1299 So etwa *Wiedemann*, Gesellschaftsrecht II, S. 662; *Reiff*, ZGR 2003, 550, 565 ff. (jedoch nur in Bezug auf gemeinnützige BGB-Gesellschaften); *Jacobs*, Institutionelle Haftungsbeschränkung, S. 45 ff.; *Schöne*, in: BeckOK-BGB, § 714 Rn. 42 ff.; Staudinger/*Habermeier*, BGB, Vor. § 705 Rn. 40, 70; jetzt auch *Schäfer*, FS Nobbe, S. 909, 918 f.; *ders.*, in: Münchener Kommentar, § 714 Rn. 63 ff.; *Weller*, FS G.H. Roth, S. 881, 889 f.

1300 BGHZ 150, 1, 6; dazu etwa *Casper*, JZ 2002, 1112 ff.; zustimmend *Reiff*, ZGR 2003, 550, 558 ff.; *J. Jacobs*, Institutionelle Haftungsbeschränkung, S. 114 ff.; *Schöne*, in: BeckOK-BGB, § 714 Rn. 43. Nach a.A. wird lediglich die Zulässigkeit einer Haftungsbeschränkung durch AGB (*Hasenkamp*, Haftungsbeschränkungen, S. 229) bzw. eine konkludente Haftungsbeschränkungsabrede anerkannt (*Armbrüster*, ZGR 2005, 34, 46). A.A. *Wiedemann*, Gesellschaftsrecht II, S. 663: Da die Bauherrengemeinschaften in der Praxis sowieso entweder Innen- oder Vertragsgesellschaft wären, bestehe kein Bedürfnis nach einer institutionellen Haftungsbeschränkung.

1301 Vgl. nur BGHZ 75, 26, 28 f.; vgl. auch *Breuninger*, BGB-Gesellschaft als Rechtssubjekt, S. 159 ff.

1302 BGHZ 150, 1, 6.

der persönlichen Haftung mindestens eines Gesellschafters, wie bei der KG und der PartG mit der Handelndenhaftung und/oder bei Kompensation durch ein anderes Gläubigerschutzsystem, wie bei der KG oder der neuen PartG mbB zulässt.

I. Begründungansätze für eine institutionelle Haftungbeschränkung

Die Vertreter eines Ansatzes einer institutionellen Haftungsbeschränkung befürworten jedoch, dass alle bzw. nur bestimmte (privilegierungsbedürftige) Gesellschafter eines bestimmten Typs von BGB-Gesellschaften nicht persönlich für Verbindlichkeiten der Gesellschaft haften sollen.[1303] Dogmatisch werden diese institutionellen Haftungsbeschränkungen wohl als teleologische Reduktion der analogen Anwendung der §§ 128 ff. HGB angesehen.[1304] Die richterliche Rechtsfortbildung, auf der das Haftungsmodell der Außen-BGB-Gesellschaft beruht, könne im Rahmen einer Abwägung von Gläubiger- und Gesellschafterinteressen eingeschränkt werden, für den Fall, dass sich eine persönliche (gesamtschuldnerische) Haftung der Gesellschafter für diese als unzumutbar herausstelle.[1305] Dies könne bei den atypischen BGB-Gesellschaften angenommen werden, die vom gesetzlichen Leitbild einer „Arbeits- und Haftungsgemeinschaft"[1306] in ihrer Realstruktur abweichen.

Als privilegierungsbedürftig werden Gesellschaftstypen angesehen, deren besondere Struktur eine unbeschränkte Gesellschafterhaftung als unzumutbar erscheinen ließe. Außerdem müssten die Gläubigerinteressen an einer unbeschränkten Haftung aufgrund der erkennbar besonderen Struktur im Verhältnis weniger schutzwürdig sein.[1307] Die Interessen der Gesellschafter, der Gesellschaftsgläubiger und das öffentliche Interesse werden gegen einander abgewogen.[1308] Dabei wird der Funktion der

---

1303 So etwa *Wiedemann* Gesellschaftsrecht II, S. 662; *Reiff* ZGR 2003, 550, 565 ff. (jedoch nur in Bezug auf gemeinnützige BGB-Gesellschaften); *Jacobs*, Institutionelle Haftungsbeschränkung, S. 45 ff.; *Schöne*, in: BeckOK-BGB, § 714 Rn. 42 ff.; Staudinger/*Habermeier*, BGB, Vor. §§ 705–740 Rn. 40, 70 (bei dem jedoch offen bleibt, welches Haftungsregime stattdessen eingreifen soll); jetzt auch *Schäfer*, FS Nobbe, S. 909, 918 f.; *ders.*, in: Münchener Kommentar, § 714 Rn. 63 ff.; *Weller*, FS G.H. Roth, S. 881, 889 f.

1304 *Schöne*, in: BeckOK-BGB, § 714 Rn.42; *Schäfer*, in: Münchener Kommentar-BGB, § 714 Rn. 63; *Schwab*, FS Hommelhoff, S. 1091, 1099.

1305 So u. a. ausführlich *Jacobs*, Institutionelle Haftungsbeschränkungen, S. 59 ff., 79 ff.; *Schöne*, in: BeckOK-BGB, § 714 Rn. 42; *Schäfer*, in: Münchener Kommentar-BGB, § 714 Rn. 63; *ders.*, FS Nobbe, S. 909, 915; *Reiff*, ZGR 2003, 550, 571 ff.

1306 BGH NJW 1983, 2376, 2377; *Weitemeyer*, in: Oetker, HGB, § 119 Rn. 28; *Schöpflin*, in: BeckOK-BGB, § 21 Rn. 29.

1307 Vgl. *Jacobs*, Institutionelle Haftungsbeschränkungen, S. 69 ff.; *Schöne*, in: BeckOK-BGB, § 714 Rn. 42; *Schäfer*, FS Nobbe, S. 909, 915; *ders.*, in: Münchener Kommentar-BGB, § 714 Rn. 63; *Reiff*, ZGR 2003, 550, 571 ff.

1308 Vgl. *Jacobs*, Institutionelle Haftungsbeschränkung, S. 80 ff.

persönlichen Haftung maßgebliche Bedeutung zugerechnet,[1309] ohne dass die ihr traditionell zugeschriebenen Funktionen[1310] hinterfragt würden.

Es wird berücksichtigt, ob für die Gesellschafter die Möglichkeit besteht, eine andere Rechtsform zu wählen.[1311] Soweit sich das Bedürfnis nach einer Haftungsbegrenzung durch die Wahl einer geeigneten Rechtsform verwirklichen lasse, bestehe kein Bedürfnis für eine einseitige Haftungsbeschränkung.[1312] Manche Autoren wollen rein steuerlich motivierte Gründe, gesteigerten zeitlichen oder finanziellen Aufwand nicht als Grund gelten lassen, eine haftungsbeschränkte Gesellschaftsform als Alternative abzulehnen.[1313] Als privilegierungsbedürftig gelten vor allem die reinen Anleger-Gesellschafter einer Publikums-BGB-Gesellschaft, die nicht an der Geschäftsführung beteiligt sind, sowie die Gesellschafter einer BGB-Gesellschaft, die einen gemeinnützigen bzw. ideellen Zweck verfolgt.[1314]

Maßgeblicher Angriffspunkt gegen eine allgemeine Gültigkeit des vom BGH herangezogenen Grundsatzes und der analogen Anwendung des § 128 HGB, ist die damit einhergehende Vorstellung, dass es eine beschränkte Haftung nur bei Geltung gesetzlicher (Mindest-)Kapitalaufbringung- und Kapitalerhaltungsvorschriften geben könne.[1315] Zuzustimmen ist der Kritik, dass die postulierte Alternativität so nicht besteht, denn nicht nur das System eines gesetzlich garantierten (Mindest-)Kapitals erlaubt eine Haftungsbeschränkung der Gesellschafter.[1316] Die Kritiker differenzieren

1309 *Jacobs*, Institutionelle Haftungsbeschränkung, S. 80.

1310 Dazu bereits Kapitel 3 §1 IV.

1311 Vgl. *Jacobs*, Institutionelle Haftungsbeschränkungen, S. 89 ff.; *Reiff*, ZGR 2003, 550, 571, 573; *Schäfer*, FS Nobbe, S. 909, 915.

1312 BGHZ 142, 315, 322; *Wössner*, ZIP 2003, 1235, 1236; *Reiff*, ZGR 2003, 550, 571; *Peifer*, NZG 2001, 193, 198 f.; *Brandani*, DNotZ 2000, 140, 143 f.; so auch (mit Einschränkungen) *Jacobs*, Institutionelle Haftungsbeschränkung, S. 89 ff., der insbesondere die GmbH aufgrund des Mindestkapitalerfordernisses und der erhöhten Gründungskosten als keine zwingende Alternative ansieht. Vgl. auch *Hasenkamp*, BB 2004, 230, 232.

1313 *Wössner*, ZIP 2003, 1235, 1236. A.a. in Bezug auf den Gründungsaufwand und die buchführungspflichten bei der GmbH, *Jacobs*, Institutionelle Haftungsbeschränkung, S. 92 ff.; *Hasenkamp*, BB 2004, 230, 232 f.

1314 Dazu noch ausführlicher *infra* §4 C.

1315 So u. a. *Hillmann*, in: E/B/J/S, HGB, § 128 Rn. 1; *Steitz*, in: Henssler/Strohn, Gesellschaftsrecht, § 128 HGB Rn. 1; *Jacobs*, Institutionelle Haftungsbeschränkung, S. 5 f.; *Würdinger*, Gesellschaften I, S. 125; *Kornblum*, Haftung der Gesellschafter, S. 4, 38; *K. Schmidt*, Gesellschaftsrecht, S. 541; *Wiedemann*, Gesellschaftsrecht I, S. 539; *Habermeier*, JuS 1998, 865, 869; *Bälz*, FS Zöllner I, S. 35, 54; *Reiff*, NZG 2000, 281, 282; *Peifer*, NZG 2001, 193, 197; *Hennecke*, Sondervermögen der Gesamthand, S. 78, 85; *Priester*, DB 2005, 11315, 1316; vgl. auch *Canaris*, ZGR 2004, 69, 95. Kritisch *Blaurock*, FS Raiser, S. 3, 7, 11, 16; vgl. auch *Peres*, DStR 2000, 639, 641; *Eigner*, Beschränkung der persönlichen Gesellschafterhaftung, S. 254. Dazu bereits auch *supra* Kapitel 3 §1 II.,III.

1316 Dazu bereits *supra* Kapitel 3 §1 III.

jedoch nicht klar zwischen den verschiedenen Gläubigerschutzmechanismen. Die von *Jacobs*[1317] oder auch *Eigner*[1318] herangezogenen Beispiele der eingetragenen Genossenschaft und der Stiftung zeigen lediglich, dass es andere Gläubigerschutzmechanismen als das Mindestkapital gibt. Schutzlos sind die Gläubiger der genannten Gesellschaften dennoch nicht. Die Regelungen der eingetragenen Genossenschaft sehen, wie bei GmbH und AG, eine Ausschüttungssperre vor, die opportunistisches Verhalten in der Form der Vermögensverschiebung verhindern soll.[1319] Auch eine Einbeziehung der eingetragenen Genossenschaft in den Anwendungsbereich der Existenzvernichtungshaftung nach § 826 BGB ist denkbar, da diese Haftung entwickelt wurde um Schutzlücken im System des gesetzlichen Kapitals zu schließen.[1320] Der Unterschied im Gläubigerschutz der eingetragenen Genossenschaft zu den anderen Kapitalgesellschaften liegt im Grunde lediglich im fehlenden Mindestkapitalerfordernis. Dass das Mindestkapitalerfordernis nicht das System des gesetzlichen Garantiekapitals ausmacht, wurde bereits dargestellt und zeigt sich im deutschen Recht an der UG haftungsbeschränkt.[1321]

Die Stiftung als Beleg anzuführen, ist ebenfalls verfehlt. Stiftungen unterliegen mit der staatlichen Genehmigung und Aufsicht einem kohärenten Gläubigerschutzsystem.[1322] Das zeigt sich in der Diskussion, ob für Stiftungen ein Mindeststiftungskapital zu fordern ist.[1323] Zu Recht wird erkannt, dass die staatliche Genehmigung und Aufsicht, im Rahmen derer gem. § 80 Abs. 2 BGB auch Belange der Gläubiger zu berücksichtigen sind, ein Mindestkapital gerade nicht erforderlich machen und die Stiftungsgläubiger dennoch geschützt sind.[1324]

Allein die (wenn auch begründete) Kritik an einem Mindestkapitalerfordernis kann noch keine Gesellschaft ohne Gläubigerschutz rechtfertigen. Es ist zu konstatieren, dass es keine Gesellschaftsformen ohne Gläubigerschutz gibt. Der Gläubigerschutz funktioniert zwar nicht immer über eine persönliche Haftung der Gesellschafter und schon gar nicht über ein Mindestkapital, jedoch lässt sich daraus nicht schlussfolgern, dass Gläubiger schutzlos gestellt werden dürfen. Maßgebliches Gläubigerschutzsystem in der BGB-Gesellschaft ist die persönliche Haftung, die ein kostengünstiges, Transaktionskosten sparendes und kohärentes Schutzsystem

---

1317 *Jacobs*, Institutionelle Haftungsbeschränkungen, S. 64 zur Genossenschaft.

1318 *Eigner*, Beschränkung der persönlichen Gesellschafterhaftung, S. 254 f.

1319 §§ 8a, 22 Abs. 4 GenG; dazu *Geibel*, in: Henssler/Strohn, Gesellschaftsrecht, § 22 GenG Rn. 7 ff., § 8a Rn. 1 ff.

1320 Zur Existenzvernichtungshaftung bereits *supra* Kapitel 3 §2 A. III. 3. a.

1321 Dazu bereits *supra* Kapitel 3 §1 III.

1322 §§ 80, 81 BGB.

1323 Vgl. *Schlüter*, in: Henssler/Strohn, Gesellschaftsrecht, § 81 BGB Rn. 14; Palandt/*Ellenberger*, BGB, § 80 Rn. 5 (min. 50 000 Euro); dazu ausführlich *Schwake*, NZG 2008, 248.

1324 *Schwake*, NZG 2008, 248, 250 ff. m.w.N.

gegen Gesellschafteropportunismus darstellt und die Gesellschafter zu einem effizienten Maß an Sorgfalt und Überwachung anreizt.[1325]

Obwohl zum Teil unklar bleibt, ob und wie die Gesellschaftsgläubiger bei institutionellen Haftungsbeschränkungen geschützt werden sollen, erkennen Autoren, die sich für institutionelle Haftungsbeschränkungen aussprechen, das Bedürfnis eines Gläubigerschutzes an. Sie präferieren dabei die Übertragung der Haftungs- und Gläubigerschutzregeln anderer Gesellschaftsformen. Es wird dabei keine einheitliche Lösung für alle Gesellschaftstypen, für die eine institutionelle Haftungsbeschränkung gelten soll, angenommen. Der institutionelle Ansatz wäre dadurch so flexibel, dass auf verschiedene Interessenlagen durch jeweils passende Haftungsmodelle reagiert werden könne. Für die Ideal-BGB-Gesellschaften solle etwa das Haftungssystem des nichtrechtsfähigen Vereins, insbesondere die Handelndenhaftung nach § 54 S. 2 BGB angewendet werden.[1326] Für Publikums-BGB-Gesellschaften wird eine Anwendung des Haftungssystems der Kommanditisten und damit eine Begrenzung der persönlichen Haftung auf die übernommene Einlage favorisiert.[1327]

Fast einheitlich wird als Voraussetzung für die Annahme einer institutionellen Haftungsbeschränkung in Bezug auf rechtsgeschäftliche Verbindlichkeiten die Erkennbarkeit der Besonderheit der Gesellschaft gefordert.[1328] Dies solle der Zerstörung eines durch das Auftreten als Außengesellschaft erzeugten Rechtsscheins einer unbeschränkten persönlichen und gesamtschuldnerischen Haftung der Gesellschafter dienen.[1329]

II. Formularvertragliche Lösungsansätze

Eine andere Möglichkeit und der wohl vom BGH favorisierte Lösungsweg mit dem Problem der Vielgestaltigkeit der BGB-Gesellschaften umzugehen, ist die Zulässigkeit von haftungsbeschränkenden AGB-Klauseln für diese Gesellschaftsformen.[1330] Es wird angenommen, dass bei bestimmten Gesellschaftstypen kein Verstoß gegen

1325 Dazu bereits ausführlich Kapitel 3 §2.

1326 Vgl. nur *Jacobs*, Institutionelle Haftungsbeschränkungen, S. 141 f.; *Schöne*, in: BeckOK-BGB, § 714 Rn. 42, 44; *Schäfer*, in: Münchener Kommentar-BGB, § 714 Rn. 61, 64; *ders.*, FS Nobbe, S. 909, 925. Für die Anwendung der Doppelverpflichtungslehre *Brand*, AcP 208 (2008) 490, 509 ff. Dazu noch ausführlich *supra* §4 C. II. 3.

1327 *Schäfer*, FS Nobbe, S. 909.

1328 *Schäfer*, FS Nobbe, S. 909, 917; *K. Schimdt*, FS Fleck, S. 271, 291; *Wiedemann*, Gesellschaftsrecht II, S. 662; *Reiff*, ZGR 2003, 550, 570; *Jacobs*, Institutionelle Haftungsbeschränkung, S. 103 f.

1329 *Schäfer*, FS Nobbe, S. 909, 917 f.; *Wiedemann*, Gesellschaftsrecht II, S. 662; *Reiff*, ZGR 2003, 550, 570; *Jacobs*, Institutionelle Haftungsbeschränkung, S. 103 f.

1330 So etwa *Ulmer*, ZIP 2003, 1113, 1118; *Casper*, JZ 2002, 1112, 1113; *Hasenkamp*, BB 2004, 230, 232; *Wälzholz*, MittBayNot 2003, 35, 39; *Wössner*, ZIP 2003, 1235, 1237; so auch noch *Schäfer*, ZIP 2003, 1225, 1232 (aber unter der Prämisse, dass für gesetzliche Verbindlichkeiten generell nicht gehaftet werde). Dazu schon §3 B.

§ 307 BGB vorliege[1331], da die Gesellschaftsgläubiger durch einen Haftungsausschluss bzw. eine Haftungsbeschränkung nicht unangemessen benachteiligt werden.

Sieht man die Verhinderung gesellschafterlichen Opportunismus als das maßgebliche Ziel der persönlichen Haftung, so sind formularvertragliche Haftungsausschlüsse jedoch in der Regel unwirksam, soweit nicht durch andere gläubigerschützende Regelungen sicher gestellt wird, dass Anreize gegen ein potentielles opportunistisches Verhalten gesetzt werden.[1332]

C. Atypische Erscheinungsformen

Nachfolgend sollen exemplarisch drei der zahlreichen diskutierten, atypischen Erscheinungsformen der BGB-Gesellschaft auf Grundlage der zur Funktion der persönlichen Haftung gewonnenen Erkenntnisse näher betrachtet werden. Arbeitsgemeinschaften, BGB-Gesellschaften von Freiberuflern und andere wirtschaftlich tätige BGB-Gesellschaften werden nicht näher betrachtet, da in Bezug auf diese Gesellschaftstypen im Ergebnis Einigkeit zu bestehen scheint, dass die Gesellschafter persönlich haften sollen und eine Einschränkung der Analogie zu §§ 128–130 HGB nicht gerechtfertigt ist.[1333] Es soll aufgezeigt werden, wie die in der Diskussion zentral relevanten Gesellschaftsgläubigerinteressen auf Grundlage des Gedankens der Opportunismusvermeidung neu bzw. konkreter bestimmt werden können.

I. Publikums-BGB-Gesellschaften

1. Begriffsbestimmung

Als Publikumspersonengesellschaften werden Personengesellschaften bezeichnet, die „zum Zweck der Kapitalsammlung eine unbestimmte Vielzahl rein kapitalistisch beteiligter und persönlich nicht miteinander verbundener Gesellschafter auf Grund eines vorformulierten Gesellschaftsvertrags aufnehmen"[1334]. Typische Beispiele sind Fonds, wie etwa Immobilien- oder Schiffsfonds.[1335] Publikumsgesellschaften sind regelmäßig aus steuerlichen Gründen in der Rechtsform einer Personengesellschaft

1331 Bei gesetzestypischer GbR dagegen regelmäßig Verstoß gegen § 307 BGB, vgl. *Casper*, JZ 2002, 1112, 1113; *Ulmer*, ZIP 1999, 554, 561 ff.

1332 Dazu *supra* §3 B. II.

1333 So etwa *Reiff*, ZGR 2003, 550, 572; *Schäfer*, in: Münchener Kommentar-BGB, § 714 Rn. 61; *ders.*, FS Nobbe, S. 902, 925; *Jacobs*, Institutionelle Haftungsbeschränkung, S. 201 ff.; 225 ff.; i.E. auch *Schöne*, in: BeckOK-BGB, § 714 Rn. 42 ff; *Hasenkamp*, Haftungsbeschränkungen, S. 216 ff. (zur ARGE). Zur Diskussion bei den Freiberuflergesellschaften, vgl. *Damm*, FS Raiser, S. 23, 38 ff.

1334 *Roth*, in: Baumbach/Hopt, HGB, Anh § 177a Rn. 52; *Schöne*, in: BeckOK-BGB, § 705 Rn. 192; ähnlich *Schürnbrand*, ZGR 2014, 256, 257; dazu auch *K. Schmidt*, Gesellschaftsrecht, S. 1665 ff.; Palandt/*Sprau*, § 705 Rn. 47; *Henze/Notz*, in: E/B/J/S, HGB, § 177a Anh. B Rn. 1.

1335 *Schöne*, in: BeckOK-BGB, § 705 Rn. 192.

organisiert.[1336] Diese Publikumspersonengesellschaften weichen regelmäßig vom gesetzlichen Leitbild ab und weisen körperschaftliche Organisationsstrukturen auf.[1337] Die Herrschaft über die Geschäfte der Gesellschaft verbleibt regelmäßig bei den Initiatoren oder Gründungsgesellschaftern. Den kapitalistisch beteiligten Gesellschaftern hingegen stehen häufig nur Kontrollrechte zu, die sie zudem meistens über einen Beirat oder einen gemeinsamen Vertreter ausüben müssen.[1338] Die Gesellschafter treten der Gesellschaft durch einen vorformulierten Gesellschaftsvertrag bei, Einfluss auf dessen Inhalt können sie nicht nehmen.[1339] Außerdem haben die Gesellschafter keinen Einfluss auf den gleichzeitigen oder künftigen Beitritt weiterer Gesellschafter.[1340]

Soweit die Publikumspersonengesellschaft ein Handelsgewerbe betreibt, handelt es sich meistens um GmbH & Co KGs.[1341] Sofern kein Handelsgewerbe betrieben wird und die Gesellschaft nicht als Vermögensverwaltungsgesellschaft nach § 105 Abs. 2 HGB im Handelsregister eingetragen ist, liegt eine BGB-Gesellschaft vor. Dabei spricht für die Gründung einer BGB-Gesellschaft, dass aus steuerlicher Sicht bei der KG die Möglichkeiten zum Verlustabzug nach § 15a Abs. 1 EStG beschränkt sind[1342] und die BGB-Gesellschaften organisatorisch aufgrund der nicht notwendigen Handelsregistereintragungen leichter handhabbar sind.[1343] Derartige Publikums-BGB-Gesellschaften finden sich beispielsweise bei Grundstücks- oder Schiffsfonds, die lediglich eigenes Vermögen verwalten.[1344]

Die Rechtsprechung hat aufgrund der systematischen Abweichung vom gesetzlichen Leitbild der Personengesellschaften, ein Sonderrecht entwickelt, das etwa die Auslegung, die Überprüfung und die Änderung des Gesellschaftsvertrags, den Entzug der Geschäftsführungsbefugnis und das Stimmrecht betrifft, das den besonderen

1336 Vgl. *King*, Real Estate Investment Trusts, S. 144; *Wegmann*, DStR 1994, 941; *Heidel/Hanke*, in: Dauner-Lieb/Langen, BGB Schuldrecht, § 705 Rn. 74; *Roth*, in: Baumbach/Hopt, HGB, Anh § 177a Rn. 52, 55.

1337 Vgl. *Jacobs*, Institutionelle Haftungsbeschränkung, S. 173; *Roth*, in: Baumbach/Hopt, HGB, Anh. § 177a Rn. 53; Palandt/*Sprau*, § 705 Rn. 47.

1338 *Roth*, in: Baumbach/Hopt, HGB, Anh. § 177a Rn. 52; *Schöne*, in: BeckOK-BGB, § 705 Rn. 192. Vgl. auch *Hasenkamp*, Haftungsbeschränkungen, S. 222.

1339 *Roth*, in: Baumbach/Hopt, HGB, Anh. § 177a Rn. 52; *Henze/Notz*, in: E/B/J/S, HGB, § 177a Anh. B Rn. 2; Palandt/*Sprau*, § 705 Rn. 47.

1340 Vgl. BGHZ 64, 238, 241; BGZ 84, 11, 13; *Hasenkamp*, Haftungsbeschränkungen, S. 221.

1341 *Schöne*, in: BeckOK-BGB, § 705 Rn. 192.

1342 *Gummert*, FS Lüer, S. 201; *Grobe*, WM 2011, 2078, 2083. Dieser Vorteil besteht jedoch nur solange die Gesellschafter unbeschränkt, persönlich haften, § 15a Abs. 5 Nr. 2 EStG.

1343 *Gummert*, FS Lüer, S. 201.

1344 Palandt/*Sprau*, § 705 Rn. 47; *Jacobs*, Institutionelle Haftungsbeschränkung, S. 173; *Hasenkamp*, Haftungsbeschränkungen, S. 220. Zur Vermögensverwaltung vgl. *K. Schmidt*, Gesellschaftsrecht, S. 1702.

Umständen der Publikumspersonengesellschaften besser gerecht werden soll und primär dem Schutz der kapitalistischen Anleger dient.[1345]

Nur bei Publikums-BGB-Gesellschaften und Publikums-OHGs ist die Ausgangslage eine unbeschränkte, persönliche Haftung der Anlegergesellschafter.[1346] Ausgangspunkt der Diskussion um die Zulässigkeit einer Beschränkung der persönlichen, gesamtschuldnerischen Gesellschafterhaftung stellt die Entscheidung des BGH, BGHZ 150, 1 zur Haftung der Gesellschafter eines geschlossenen Immobilienfonds[1347] dar. In dieser Entscheidung ließ der BGH *obiter dictum* in Abweichung der aus dem Urteil vom 27.9.1999[1348] herausgelesenen Linie, dass eine Haftungsbeschränkung immer nur durch ausdrückliche vertragliche Vereinbarung möglich sei, eine Haftungsbeschränkung im Rahmen von AGB für die Gesellschafter eines derartigen Fonds zu. Eine gerechte Interessenabwägung gebiete es, dass die Gesellschafter nur nach Maßgabe des Gesellschaftsvertrags persönlich haften.[1349]

2. *Privilegierungsbedürftigkeit der Anleger*

Die Privilegierungsbedürftigkeit der Gesellschafter einer Publikums-BGB-Gesellschaft wird in dem Interesse der Gesellschafter gesehen, als reine Kapitalanleger nur begrenzt haften zu wollen.[1350] Daher erstrecke sich die Privilegierungsbedürftigkeit nicht auf die Gründer und Initiatoren, für die als geschäftsführungs- und

---

1345 *Schöne*, in: BeckOK-BGB, § 705 Rn. 192; *Roth*, in: Baumbach/Hopt, HGB, Anh. § 177a Rn. 53.

1346 Jedoch scheint eine Beschränkung der Haftung nur in Bezug auf Publikums-BGB-Gesellschaften diskutiert zu werden.

1347 Ein geschlossener Immobilienfonds ist eine Kapitalanlagegesellschaft, „*deren Geschäftszweck auf die Errichtung, den Erwerb und die Verwaltung eines oder mehrerer Immobilienobjekte mit einem im Voraus feststehenden Investitionsvolumen ausgerichtet ist und die, sobald das Eigenkapital platziert ist, mit einem festen Kreis von Anlegern geschlossen wird.*" BGHZ 150, 1, 4 (zitiert nach *King*, Real Estate Investment Trusts, S. 144). Dazu auch *Wiedemann*, Gesellschaftsrecht II, S. 610 f.

1348 BGHZ 142, 315.

1349 BGHZ 150, 1, 5. Diese Privilegierung käme jedoch nur den Anlagegesellschaftern und nicht den Geschäftsführern und Initiatoren zu Gute. LG Gera, EWiR § 705 BGB5/03, 405 f. mit Anmerkung *Bayer*. Gleichzeitig entschied der BGH (BGHZ 150, 1 (1.LS)), dass aus Vertrauensschutzgründen sich Anleger von Immobilienfonds, die vor Aufgabe der Doppelverpflichtungslehre und Anerkennung der Rechtsfähigkeit der BGB-Gesellschaft (BGHZ 142, 315; BGHZ 146, 341) gegründet wurden, sich weiterhin auf im Gesellschaftsvertrag vorgesehene Haftungsbeschränkungen berufen könnten, soweit diese für den Vertragspartner mindestens erkennbar waren.

1350 BGHZ 150, 1, 5; *Jacobs*, Institutionelle Haftungsbeschränkung, S. 183 ff.; *Schäfer*, FS Nobbe, S. 909, 920; *ders.*, in: Münchener Kommentar-BGB, § 714 Rn. 64 f.; *ders.*, ZIP 2003, 1225, 1232; *Casper*, JZ 2002, 1112, 1113; *Ulmer*, ZIP 2003, 1113, 1119; *Armbrüster*, ZGR 2005, 34, 45 f.; auch *Hasenkamp*, BB 2004, 230, 235 f.; *Westermann*, WM 2013, 441, 442; a.A. *Reiff*, ZGR 2003, 550, 564.

vertretungsbefugte Gesellschafter eine persönliche Haftung, vergleichbar mit der eines Komplementärs einer KG, interessensgerecht sei.[1351] Die Anlagegesellschafter wollen sich regelmäßig nur anteilig und passiv an der Gesellschaft beteiligen und keinen Einfluss auf die Geschäfte der Gesellschaft nehmen.[1352] Dabei wären sie aufgrund des Gesellschaftsvertrags häufig in ihren Überwachungsmöglichkeiten eingeschränkt.[1353] Als reine Kapitalanleger hätten sie dann keine Möglichkeit, nachteilige Geschäftsführungsmaßnahmen aufzudecken und zu unterbinden. Daher laufe die verhaltenssteuernde Funktion der persönlichen Gesellschafterhaftung weitgehend ins Leere.[1354]

Als Kapitalanlagegesellschaft sei die Gesellschaft auf eine große Zahl an Gesellschaftern ausgelegt und weise häufig ein hohes Investitionsvolumen auf.[1355] Das im Vergleich zum Privatvermögen und zur Beteiligung meist exorbitante Investitionsvolumen bringe entsprechende Haftungsrisiken mit sich. Dabei würde eine unbeschränkte, persönliche und vor allem gesamtschuldnerische Haftung die Gesellschafter überfordern und ginge weit über das wirtschaftlich und sozial Zumutbare hinaus.[1356] Daher sei nur eine Haftung *pro rata* oder beschränkt auf die erbrachte Einlage geboten.

Außerdem wird im Interesse der Gesellschafter angeführt, dass ihnen eine alternative Rechtsformwahl nicht zuzumuten sei. Zwar werde die Wahl der BGB-Gesellschaft wohl aus steuerlichen Erwägungen getroffen und es bestehe mit der KG eine personengesellschaftsrechtliche Rechtsformalternative,[1357] die Gesellschafter seien sich jedoch der Rechtsform beim „Kauf" des Anteils nicht bewusst.[1358] Diese Rechtsformwahl könne den Anlegergesellschaftern nicht zugerechnet werden und nicht zu ihren Lasten gehen, da sie diese bei Beitritt schon so vorfinden würden.[1359] Außerdem würde § 105 Abs. 2 HGB lediglich ein Optionsrecht einräumen;

1351 So *Jacobs*, Institutionelle Haftungsbeschränkung, S. 181 f.

1352 *Casper*, JZ 2002, 1112, 1113; *Jacobs*, Institutionelle Haftungsbeschränkung, S. 183.

1353 *Hasenkamp*, BB 2004, 230, 235; *Jacobs*, Institutionelle Haftungsbeschränkung, S. 184.

1354 *Hasenkamp*, Haftungsbeschränkung, S. 223; *dies.*, BB 2004, 230, 235; *Jacobs*, Institutionelle Haftungsbeschränkung, S. 184.

1355 *Hasenkamp*, Haftungsbeschränkungen, S. 223; *dies.*, BB 2004, 230, 235; vgl. auch *Wegmann*, DStR 1994, 941.

1356 BGHZ 150, 1, 5; *Hasenkamp*, BB 2004, 230, 235; *Jacobs*, Institutionelle Haftungsbeschränkung, S. 183 f.; vgl. auch KG, WM 2005, 553, 555; *Casper*, JZ 2002, 1112, 1113; *Armbrüster*, ZGR 2005, 34, 46. *Schwab*, FS Hommelhoff, S. 1091, 1098 spricht von *„evident ungerechten"* Ergebnissen bei einer persönlichen Haftung der Anlagegesellschafter.

1357 Derartige Anlage-BGB-Gesellschaften verwalten eigenes Vermögen. Daher steht ihnen nach § 105 Abs. 2 HGB durch Eintragung der Gesellschaft die Rechtsform der KG offen.

1358 *Schäfer*, FS Nobbe, S. 909, 920.

1359 *Hasenkamp*, BB 2004, 230, 235; *dies.*, Haftungsbeschränkungen, S. 224; *Schäfer*, ZIP 2003, 1225, 1232; *Jacobs*, Institutionelle Haftungsbeschränkung, S. 185.

eine unbeschränkte persönliche Haftung der Anlagegesellschafter würde daraus jedoch einen Rechtsformzwang machen.[1360] Die strafbewehrten Buchführungs- und Bilanzierungspflichten würden eine Verweisung auf die KG ebenfalls bedenklich erscheinen lassen.[1361] Ferner wird argumentiert, dass ohne die Möglichkeit einer Haftungsbeschränkung als BGB-Gesellschaft organisierte Publikumsgesellschaften mittelfristig verschwinden würden.[1362] Wenn die BGB-Gesellschaft dafür jedoch mit ihrer persönlichen Haftung und ihrer typischen Gestalt nicht die richtige Rechtsform ist und eine alternative, angepasste und kohärente Gesellschaftsform zur Verfügung steht, nämlich die KG, so stellt dies kein Problem dar, sondern ist nur Ausdruck der Konkurrenz der Rechtsformen. Nicht jede Rechtsform kann und muss allen Interessen gerecht werden.

Hinzu käme ein Interesse der Allgemeinheit an der Erhaltung der Funktionsfähigkeit des Kapitalmarktes.[1363] Die Gesellschaftsgläubiger hätte hingegen kein berechtigtes, schutzwürdiges Interesse an einer unbedingten persönlichen Haftung der Gesellschafter. Für Gläubiger sei die Anlegerstruktur meist ohne weiteres offensichtlich.[1364] Sie könnten bei Kenntnis der Funktion der Gesellschaft als Kapitalanlage erkennen, dass die Gesellschafter das Wagnis einer persönlichen Haftung und der damit einhergehenden Gefahr eines totalen Vermögensverlustes nicht auf sich nehmen wollen. Daher können die Gesellschaftsgläubiger vernünftigerweise eine volle persönliche Haftung nicht erwarten.[1365] Außerdem sei in den meisten Fällen das angesammelte Kapital der Gesellschaft als Gläubigerschutz ausreichend.[1366] Dies ist jedoch zu bezweifeln, da es in den Streitfällen um solche geht, in denen der Erlös der Zwangsvollstreckung in die Immobilie gerade nicht ausreicht und die persönliche Haftung der Anlagegesellschafter relevant wird.[1367]

1360 Vgl. *Jacobs*, Institutionelle Haftungsbeschränkung, S. 185.

1361 Canaris, ZGR 2004, 69, 101; *Jacobs*, Institutionelle Haftungsbeschränkung, S. 185, 99 ff.

1362 Vgl. *Ebbing/Grüner*, NZG 2000, 347, 352; *Casper*, JZ 2002, 1112, 1113; *Hasenkamp*, Haftungsbeschränkungen, S. 224; *Jacobs*, Institutionelle Haftungsbeschränkung, S. 185.

1363 Vgl. *Hasenkamp*, Haftungsbeschränkungen, S. 226; *Jacobs*, Institutionelle Haftungsbeschränkung, S. 189.

1364 *Schäfer*, FS Nobbe, S. 909, 920; *Jacobs*, Institutionelle Haftungsbeschränkung, S. 188.

1365 BGHZ 150, 1, 5; *Hasenkamp*, BB 2004, 230, 235; *Schäfer*, FS Nobbe, S. 909, 920; *Casper*, JZ 2002, 1112, 1113.

1366 *Casper*, JZ 2002, 1112, 1113: gerade bei Immobilienfonds, die Immobilie als werthaltiges Vollstreckungsobjekt der Gesellschaftsgläubiger. So auch *Armbrüster*, ZGR 2005, 34, 46; *Ulmer*, ZIP 2003, 1113, 1119; *Jacobs*, Institutionelle Haftungsbeschränkung, S. 187; *Hasenkamp*, Haftungsbeschränkung, S. 225.

1367 So etwa bei BGH NZG 2011, 580.

3. *AGB-rechtliche und institutionelle Haftungsbeschränkungen bei Publikums-BGB-Gesellschaften*

Die Befürworter eines formularvertraglichen Ansatzes[1368] wollen die Erwägungen, die für eine Privilegierungsbedürftigkeit der Anlagegesellschafter sprechen sollen, in die Interessenabwägung nach § 307 BGB einfließen lassen. Der Rechtsverkehr könne vernünftigerweise eine persönliche Haftung nicht erwarten und daher sei eine Haftungsbeschränkung für die Anlegergesellschafter in AGB zulässig, da keine unangemessene Benachteiligung des Vertragspartners im Sinne von § 307 BGB vorliege.[1369]

Eine andere Ansicht in der Literatur folgert aus den oben dargestellten Erwägungen, dass für diese Publikums-BGB-Gesellschaften eine institutionelle Haftungsbeschränkung eingreifen müsse.[1370] Im Schrifttum wird für diese Gesellschaften statt einer persönlichen Haftung ein an der Kommanditistenhaftung orientiertes Haftungsmodell vorgeschlagen.[1371] Die kapitalistisch beteiligten Gesellschafter, die von der Geschäftsführung ausgeschlossen sind, würden wie Kommanditisten analog §§ 171, 172 HGB haften, während für die geschäftsführenden Gesellschafter keine Einschränkung der persönlichen Haftung nach § 128 HGB analog gelte.[1372] Dies entspreche eher dem Konzept des Gesetzgebers, passive Kapitalanleger beschränkt haften zu lassen.[1373] Die fehlende Registerpublizität sei zwar „nicht ideal"[1374], jedoch zeige § 176 HGB, dass diese kein zwingendes Gegenargument für eine institutionelle Haftungsbeschränkung sei, da der Kommanditist nach § 176 Abs. 1 S. 1 a.E. HGB schon vor Eintragung der KG ins Handelsregister nur beschränkt hafte, sofern dem Gesellschaftsgläubiger die Stellung des Gesellschafters als Kommanditist bekannt

---

1368 So *Casper*, JZ 2002, 1112, 1113; *Hasenkamp*, BB 2004, 230, 235 f.; *Wälzholz*, MittBayNot 2003, 35, 39; *Wössner*, ZIP 2003, 1235, 237; *Ulmer*, ZIP 2003, 1113, 1118. Ablehnend *Reiff*, ZGR 2003, 550, 564, 575.

1369 BGHZ 150, 1, 5.

1370 So u. a. *Jacobs*, Institutionelle Haftungsbeschränkung, S. 181 ff.; *Schäfer*, FS Nobbe, S. 909, 920 ff.; *ders.*, NZG 2010, 241, 245; *ders.*, in: Münchener Kommentar-BGB, § 714 Rn. 65; *Schöne*, in: BeckOK-BGB, § 714 Rn. 45. Kritisch *Priester*, DStR 2011, 1278, 1282; *Grobe*, WM 2011, 2078, 2082 f.

1371 *Wolf*, WM 2000, 704, 708 ff.; *Jacobs*, Institutionelle Haftungsbeschränkung, S. 190 ff.; *Schöne*, in: BeckOK-BGB, § 714 Rn. 45; *Schäfer*, FS Nobbe, S. 909, 921 f.; *ders.*, NZG 2010, 241, 245.

1372 LG Gera, EWiR § 705 BGB5/03, 405 f. mit Anmerkung *Bayer*; *Jacobs*, Institutionelle Haftungsbeschränkung, S. 181.

1373 *Schäfer*, FS Nobbe, S. 909, 922; vgl. auch *Jacobs*, Institutionelle Haftungsbeschränkung, S. 190 ff.

1374 *Schäfer*, FS Nobbe, S. 909, 922.

sei.[1375] Die gesellschaftsvertraglich vereinbarte Einlage der Gesellschafter entspreche dabei der relevanten Haftsumme.[1376]

Für eine AGB-rechtliche Lösung wird angeführt, dass diese zwar gegenüber einer institutionellen Haftungsbeschränkung Nachteile habe, wie etwa dass so die Haftung für deliktische Verbindlichkeiten nicht ausgeschlossen werden könne, eine institutionelle Haftungsbeschränkung unter Anwendung der Haftungsregeln des Kommanditisten jedoch einen großen Schritt der Rechtsfortbildung voraussetze.[1377]

Bei Annahme einer institutionellen Haftungsbeschränkung tragen die passiven Gesellschafter nicht das Risiko, dass die Geschäftsführer einen entsprechenden vertraglichen Haftungsausschluss durchsetzen können und dieser Haftungsausschluss eindeutig verfasst sei.[1378] Eine formularvertragliche Haftungsbeschränkung könne immer nur so weit gehen, wie sie formuliert sei. Dem wird entgegengehalten, dass die Gesellschafter im Rahmen einer institutionellen Haftungsbeschränkung zwar nicht das Risiko der Einbeziehung des formularvertraglichen Haftungsausschlusses tragen würden, jedoch das Risiko, dass die Geschäftsführer im Geschäftsverkehr nicht offenlegen, dass es sich um eine Publikums-BGB-Gesellschaft handele.[1379]

In Bezug auf eine formularvertraglich vereinbarte quotale Haftung der Gesellschafter ist auf die Rechtsprechung des BGH hinzuweisen, wie eine solche quotale Haftung zu verstehen sei.[1380] Es war insbesondere umstritten, wie (Teil-)Zahlungen der Gesellschaft sich auf die Haftungsquote der Gesellschafter auswirkten. Nach Ansicht des BGH käme eine Anrechnung jedoch nur dann in Betracht, wenn dies ausdrücklich vereinbart worden ist.[1381] Grundsätzlich sei die Vereinbarung einer quotalen Haftung so zu verstehen, dass sich die Haftung nach dem Nominalbetrag des ausgereichten Darlehens nebst Zinsen und Kosten und nicht nach der noch offenen Darlehensschuld bemesse.[1382] Die quotale Haftung wird im Ergebnis als

---

1375 *Schäfer*, FS Nobbe, S. 909, 922; *Jacobs*, Institutionelle Haftungsbeschränkung, S. 193, 195; *Mülbert*, AcP 199 (1999) 38, 96 ff.; *Wolf*, WM 2000, 704, 709. Kritisch *Priester*, DStR 2011, 1278, 1283.

1376 *Schäfer*, FS Nobbe, S. 909, 923; *Jacobs*, Institutionelle Haftungsbeschränkung, S. 195 f.: Die Höhe der Einlage wäre im Gesellschaftsvertrag hinreichend dokumentiert.

1377 *Priester*, DStR 2011, 1278, 1283. Zurückhalten auch *Schürnbrand*, ZGR 2014, 256, 267.

1378 *Schäfer*, in: Münchener Kommentar-BGB, § 714 Rn. 63; *ders.*, NZG 2010, 241, 244.

1379 Dies kann wohl nicht allein durch eine Art Rechtsformkürzel, wie mbH erfolgen. Vgl. auch *Priester*, DStR 2011, 1278, 1282.

1380 BGH NJW 2011, 2040, 2042 Rn. 22; BGH NJW 2011, 2045, 2046.

1381 BGH NJW 2011, 2040, 2042 Rn. 22; BGH NJW 2011, 2045, 2046; ebenso zuvor bereits KG ZIP 2009, 1118; OLG Köln NZG 2010, 102. A.A. OLG Frankfurt ZIP 2009, 1619, 1622; KG NZG 2009, 299; KG 2010, 1265; KG ZIP 2011, 227; ebenso auch *Klimke*, WM 2010, 492, 493 ff.; *Schäfer* NZG 2010, 241, 242; *Westermann*, NZG 2011, 1041, 1046.

1382 BGH NJW 2011, 2040, 2042 Rn. 22; BGH NJW 2011, 2045, 2046.

„verdeckte gesamtschuldnerische Haftung der Gesellschafter"[1383] ausgelegt – die Gesellschafter haften im Ergebnis auch für den Quotenanteil ihrer Mitgesellschafter, da eine teilweise Befriedigung der Gesellschaftsgläubiger aus Mitteln des Gesellschaftsvermögen die Haftungsquote nicht beeinflusst.

4. Publikumspersonengesellschaften und die Gefahr opportunistischen Verhaltens

Die Gefahr opportunistischen Gesellschafterverhaltens[1384] besteht bei Publikums-Personengesellschaften ohne eine persönliche Haftung im Grund wie bei einer gesetzestypischen Gesellschaft. Die geschäftsführenden Gesellschafter können sich, ebenso wie die Gesellschaftergesamtheit opportunistisch verhalten. Lediglich der einzelne Anleger alleine ist dazu nicht in der Lage. Aufgrund der Realstruktur und der geringen Einflussmöglichkeiten der Gesellschafter ist die kollektive Komponente, der durch die persönliche Haftung gesetzten Anreize geschwächt. Jedoch können diese Anlegergesellschafter gleichwohl opportunistisches Verhalten verhindern, da dieses, wie dargestellt, eine Treuepflichtverletzung sein kann.[1385] Es müssen daher die einzelnen Argumente gegen eine persönliche Haftung der Anlagegesellschafter genauer hinterfragt werden.

Nicht durchgreifend ist das Argument, dass eine beschränkte Haftung der Anleger einer Publikums-BGB-Gesellschaft notwendig sei, um einen funktionierenden Kapitalmarkt sicherzustellen.[1386] Das Funktionieren des Kapitalmarktes hängt nicht an der BGB-Gesellschaft als Anlageoption, da diverse Alternativen, insbesondere die KG dem gewillten Investor zur Verfügung stehen.

Es wird jedoch bestritten, dass die KG für die Anleger eine zumutbare Organisationsalternative sei, da diese aus steuerlichen Gründen sowie aufgrund des Eintragungserfordernisses und der strafbewehrten Bilanzierungs- und Buchführungspflichten für Anleger nicht ebenso attraktiv wie die BGB-Gesellschaft sei.[1387] Diese Vorschriften und Erfordernisse bestehen jedoch nicht grundlos. Sie dienen dem Schutz der Gesellschaftsgläubiger und sollen Transaktionskosten senken. Treuhandkonstruktionen, wie sie in der Praxis zu finden sind, können bei der Einsparung von Registerkosten helfen.

1383 *Schäfer*, in: Münchener Kommentar-BGB, § 714 Rn. 62a; so auch *K. Schmidt*, NJW 2011, 2001, 2005; zustimmend; S. auch *Priester* DStR 2011, 1278, 1280 f.

1384 Siehe ausführlich Kapitel 3 §2.

1385 Dabei hilft das vom BGH anerkannte Auskunftsrecht über Namen und Anschriften der unmittelbaren und mittelbar beteiligten Gesellschafter: BGH NJW 2010, 439 Tz. 7 ff.; BGHZ 196, 131 Tz. 12; dazu im Überblick *Schürnbrand*, ZGR 2014, 256, 261 ff.

1386 So aber *Hasenkamp*, Haftungsbeschränkungen, S. 226; *Jacobs*, Institutionelle Haftungsbeschränkung, S. 189.

1387 So etwa *Canaris*, ZGR 2004, 69, 101; *Jacobs*, Institutionelle Haftungsbeschränkungen, S. 185.

Die institutionelle Haftungsbeschränkung wird mit der fehlenden Wahlmöglichkeit der Anleger in Bezug auf die Rechtsform und die Ausgestaltung des Gesellschaftsvertrags begründet. Die Anleger haben allerdings insofern einen Einfluss, als sie in die ihnen angebotene Gesellschaft investieren können oder eben nicht; zu einer Investition sind sie nicht gezwungen. Ein Anleger, der in eine Publikums-BGB-Gesellschaft investiert, nimmt als ein grundsätzlich rationaler Akteur eine Kosten-Nutzen-Abwägung vor. Die Vorteile einer Investition in eine BGB-Gesellschaft gegenüber einer Investition in eine KG werden den Kosten gegenüber gestellt. Der maßgebliche und wohl entscheidende Vorteil der Investition in eine BGB-Gesellschaft sind steuerliche Vorteile, sowie die geringeren organisatorischen Kosten. Maßgeblicher Nachteil ist die potentiell drohende persönliche und gesamtschuldnerische Haftung. Für eine Investition in eine Publikums-BGB-Gesellschaft, ohne Einflussmöglichkeiten auf die Geschäftsführung wird sich ein Anleger nur dann entscheiden, wenn die Vorteile das Risiko einer persönlichen Haftung überwiegen.

Der Gefahr, dass der Anleger das ihm drohende Haftungsrisiko nicht richtig einschätzen kann, kann durch den Abbau von Informationsasymmetrien entgegengewirkt werden. So trifft die Gründer einer Publikumspersonengesellschaft etwa eine Prospektpflicht und daran anknüpfende Prospekthaftung nach §§ 6, 1 Abs. 2, 2, 20 ff. VermAnlG, § 306 KAGB.[1388] Eine weitere Regulierung des grauen Kapitalmarktes könnte darüber hinaus einen besseren Anlegerschutz herbeiführen und den Gefahren besser gerecht werden, die den Anlagegesellschaftern drohen – das ist Ziel des neuen Kapitalanlagegesetzbuchs.[1389] Wenigen Betrugsfällen kann außerdem durch andere Mittel grundsätzlich adäquater begegnet werden als durch das Infragestellen des gesamten Haftungssystems.[1390]

Die vorgeschlagene Anwendung der KG-rechtlichen Regeln ist ebenfalls kritisch zu sehen,[1391] da die KG-Lösung nicht vollständig durchdacht scheint. Probleme ergeben sich etwa aus der fehlenden Publizität, aufgrund derer die für eine Haftung im Außenverhältnis maßgebliche Haftsumme nicht erkennbar ist. Soll sich diese Haftsumme aus der gesellschaftsvertraglich festgelegten Einlageverpflichtung ergeben, lädt dies zu gläubigerschädigendem Verhalten ein, wie etwa rückdatierten Änderungen des Gesellschaftsvertrages.[1392] Außerdem ist der geschäftsführende Gesellschafter möglicherweise eine GmbH oder UG haftungsbeschränkt, sodass

---

1388 Dazu *Schürnbrand*, ZGR 2014, 256, 273 ff.

1389 Regulierung des grauen Kapitalmarktes durch das KAGB war ein wesentliches Anliegen des Gesetzgebers, das nicht durch die AIFM-Richtlinie gefordert war. Vgl. *Hübner*, WM 2014, 106, 114; *„abschließende, in sich geschossene Regulierung des gesamten deutschen Investmentrechtes"*, *Wallach*, ZGR 2014, 289, 291.

1390 So aber *Schwab*, FS Hommelhoff, S. 1091, 1098, der von *„evident ungerechten"* Ergebnissen einer persönlichen Haftung spricht, die dazu zwängen, eine persönliche Haftung abzulehnen.

1391 So auch *Priester*, DStR 2011, 1278, 1282; *Grobe*, WM 2011, 2078, 2082 f.; *Schwab*, FS Hommelhoff, S. 1091, 1099.

1392 So auch *Grobe*, WM 2011, 2078, 2083.

dadurch nicht nur die persönliche Haftung der Gesellschafter umgangen werden könnte, sondern auch die Schutzvorschriften der GmbH & Co KG. Eine solche Konstruktion, die wesentliche Schutzvorschriften der Gläubiger zu umgehen sucht, kann nur das Ziel verfolgen, Gläubiger zu schädigen.

Außerdem kommt dies einem Rosinenpicken gleich. Die Anleger wollen aufgrund der Vorteile der BGB-Gesellschaft beitreten, steuerlich wie eine BGB-Gesellschaft behandelt werden, keiner Publizität unterliegen und aber nur beschränkt, wie ein Kommanditist haften.

Diese Erwägungen sprechen aber nicht dagegen, unter Umständen eine formularvertragliche (quotale) Haftungsbeschränkung zuzulassen, soweit diese durch die Publikumspersonengesellschaft wirksam vereinbart wurde und den oben dargestelten Kriterien entspricht.

Für bestimmte Publikums-BGB-Gesellschaften löst sich dieses Problem einer persönlichen Haftung der Anlegergesellschafter auf Grundlage des neuen KAGB[1393], insbesondere § 139 KAGB. Nach § 139 KAGB dürfen geschlossene inländische Investmentvermögen nur als Investmentaktiengesellschaft mit fixem Kapital oder als geschlossene Investmentkommanditgesellschaft aufgelegt werden. Dieser Rechtsformzwang sei zum Ausschluss von Haftungsrisiken für die Anleger notwendig.[1394] Soweit also die geschlossenen Publikums-BGB-Gesellschaften ein Investmentvermögen i.S.v. § 1 Abs. 1 KAGB darstellen, müssen sie sich in eine derartige (geschlossene) InvestKG[1395] umwandeln. Danach sind Investmentvermögen „jeder Organismus für gemeinsame Anlagen, der von einer Anzahl von Anlegern Kapital einsammelt, um es gemäß einer festgelegten Anlagestrategie zum Nutzen dieser Anleger zu investieren und der kein operativ tätiges Unternehmen außerhalb des Finanzsektors ist."[1396] Dadurch soll die Definition der AIFM-Richtlinie umgesetzt werden.[1397] Im Vergleich zur Definition des Art. 4 Abs. 1 lit. a AIFM-RL enthält die Definition des § 1 Abs. 1 KAGB ein weiteres negatives Merkmal: kein operativ tätiges Unternehmen außerhalb des Finanzsektors.[1398]

1393 Gesetz zur Umsetzung der Richtlinie 2011/61/EU über die Verwalter alternativer Investmentfonds (AIFM-Umsetzungsgesetz–AIFM-UmsG) vom 4. Juli 2013, BGBl. 2013, Teil I Nr. 76, S. 4318 ff.

1394 BT-Drs. 17/12294, S. 246. Zu den Sanktionen bei Verstoß gegen den Rechtsformzwang, vgl. *Freitag*, NZG 2013, 329, 330.

1395 Zur InvestKG vgl. *Wiedemann*, NZG 2013, 1041; *Freitag*, NZG 2013, 329 mit Ausführungen zur fraglichen Europarechtskonformität der InvestKG; *Wallach*, ZGR 2014, 289,296 ff.

1396 Zur näheren Konkretisierung des Begriffs des Investmentvermögens, siehe etwa *Zetzsche/Preiner*, WM 2013, 2101; *Loritz/Uffmann*, WM 2013, 2193; *Wallach*, ZGR 2014, 289, 292 f.

1397 Art. 4 Abs. 1 lit. a AIFM-Richtlinie (RL 2011/61/EU); siehe Begr. Gesetzesentwurf der Bundesregierung AIFM-Umsetzungsgesetz, BT-Drs. 17/12294, S. 351.

1398 Ziel des Gesetzgebers war durch das Einfügen dieses Merkmals eine Klarstellung insofern zu erreichen, dass produzierende und andere operativ tätige Unternehmen

Publikums-BGB-Gesellschaften können als Organismus[1399] für gemeinsame Anlagen ein Investmentvermögen darstellen. Wie stark die Auswirkung des KAGB auf das weitere Vorkommen von Publikums-BGB-Gesellschaften ist, wird sich zeigen. Dies hängt vor allem davon ab, inwieweit das Merkmal der operativen Tätigkeit den Anwendungsbereich des KAGB einschränkt. In einer ersten Stellungnahme zum Anwendungsbereich des KAGB und der Auslegung des Begriffs des „Investmentvermögens"[1400] hat die BaFin festgestellt, dass etwa Fonds im Immobilienbereich, die Immobilien erwerben, vermieten, verpachten, verwalten oder verkaufen, nicht operativ tätig sind.[1401] Betreibt der Fonds hingegen die Immobilie, so ist dies als operative Tätigkeit anzusehen.[1402] Operativ tätig seien auch Gesellschaften, die Anlagen, wie Biogas-, Solar- oder Windkraftanlagen im Rahmen eines laufenden Geschäftsbetriebs selbst betreiben.[1403] Es kommt somit auf die Realstruktur der Publikumspersonengesellschaften an, wobei eine operative Tätigkeit den Betrieb eines Gewerbes und somit die Notwenigkeit der Gründung einer KG nahelegt.

Nicht unter den Rechtsformzwang der InvestKG fallen „kleine" AIFM – für diese gelten nach § 2 Abs. 4 KAGB grundsätzlich nur die §§ 1 bis 17, 42 und 44 Absatz 1, 4 bis 7. Diese müssen jedoch nach § 44 Abs. 1 Nr. 7 KAGB gleichwohl entweder als juristische Person oder eine Personenhandelsgesellschaft, bei der keine natürliche Person persönlich haftet organisiert sein.[1404] Dies schließt BGB-Gesellschaften aus.[1405]

Die (geschlossene) InvestKG ist eine Variante der KG, auf die die Sonderregelungen der §§ 149 ff. KAGB zur Anwendung kommen.[1406] Der Gesetzgeber sah sich zum Schutz der Anlagegesellschafter veranlasst, vermehrt auf zwingende Regelungen und eine Stärkung der Befugnisse der BaFin zu setzen.[1407] In den Regelungen zur geschlossenen InvestKG kommt deutlich „eine Hinwendung zum Aktionärsstatus"[1408]

---

nicht unter den Anwendungsbereich des Gesetzes fallen. Siehe Begr. Gesetzesentwurf der Bundesregierung AIFM-Umsetzungsgesetz, BT-Drs. 17/12294, S. 351.

1399 Es muss sich um ein irgendwie verselbständigtes Vermögen handeln. Alle denkbaren Rechtsformen, inklusive BGB-Gesellschaften werden erfasst. Siehe *Wallach*, ZGR 2014, 289, 292.

1400 Auslegungsschreiben der BaFin zum Anwendungsbereich des KAGB-E sowie zur Auslegung des Begriffs „Investmentvermögen" vom 14.6.2013, WA41-Wp2137–2013/0001. Kritisch zur Europarechtskonformität der Auslegung durch die BaFin, *Loritz/Uffmann*, WM 2013, 2193, 2200 f.

1401 Auslegungsschreiben der BaFin S. 7. Dazu *Niewerth/Rybarz*, WM 2013, 1154, 1156 f.

1402 Kritisch zu den Abgrenzungskriterien der BaFin, *Zetzsche/Preiner*, WM 2013, 2101, 2110.

1403 Auslegungsschreiben der BaFin, S. 6 f.

1404 Dazu *Nelle/Klebeck*, BB 2013, 2499, 2504; *Schürnbrand*, ZGR 2014, 256, 267.

1405 *Nelle/Klebeck*, BB 2013, 2499, 2504; *Schürnbrand*, ZGR 2014, 256, 267.

1406 Ihr liegt dieselbe Regelungstechnik zu Grunde, die auch bei UG haftungsbeschränkt und der PartG mbB zu finden ist.

1407 So auch *Wiedemann*, NZG 2013, 1041, 1042.

1408 *Wiedemann*, NZG 2013, 1041, 1042.

zum Ausdruck. Abweichende, zwingende Regelungen betreffen etwa die Schriftform des Gesellschaftsvertrages nach § 150 Abs. 1 KAGB, besondere Vorschriften zur Gesellschafterversammlung[1409] sowie besondere Regeln zur inneren Organisation und Geschäftsführung.[1410] Wichtiger Unterschied zum Haftungssystem der KG ist, dass für den Kommanditisten einer (geschlossenen) InvestKG, § 176 HGB gemäß § 152 Abs. 4 KAGB nicht gilt. Außerdem darf nach § 152 Abs. 2 KAGB eine Rückgewähr der Kommanditeinlage nur mit Zustimmung des Kommanditisten und unter Hinweis auf das Wiederaufleben der persönlichen Haftung erfolgen.[1411] § 707 BGB ist nach § 152 Abs. 3 S. 4 KAGB nicht abdingbar, eine Nachschusspflicht besteht nach § 152 Abs. 3 S. 3 KAGB nicht. In den Regelungen kommt deutlich das Ziel des Gesetzgebers zum Ausdruck, die Kommanditisten als Anleger zu schützen.

Neben diesem Rechtsformzwang und den besonderen anlegerschützenden Regelungen der InvestKG, werden die Anleger durch die weiteren Vorschriften des KAGB geschützt. Diese näher zu betrachten, ist nicht Teil der vorliegenden Arbeit. Es kann aber festgestellt werden, dass durch das KAGB insbesondere geschlossene Immobilienfonds erstmals einer umfassenden Regulierung unterworfen sind, die wohl erhebliche Umstellungen für diese erforderlich machen wird.[1412]

II. Gemeinnützige BGB-Gesellschaften

Zu den atypischen BGB-Gesellschaften, deren Gesellschafter privilegierungsbedürftig seien, werden von vielen Stimmen in der Literatur die sog. Ideal-BGB-Gesellschaft bzw. BGB-Gesellschaft mit gemeinnütziger Zwecksetzung gezählt. Eine persönliche, unbeschränkte Haftung der Gesellschafter einer solchen Gesellschaft wird als zu scharf und eine Beschränkung der Haftung als interessensgerecht angesehen.[1413] Es werden zwei Wege für einen Ausschluss der persönlichen Haftung

1409 Wie etwa, dass die Ladung zur Gesellschafterversammlung die vollständige Angabe aller Beschlussgegenstände enthalten muss, § 150 Abs. 3 KAGB.

1410 §§ 150 Abs. 4, 153 KAGB.

1411 Dazu *Wiedemann*, NZG 2013, 1041, 1043; *Wallach*, ZGR 2014, 289, 316.

1412 Siehe *Niewerth/Rybarz*, WM 2013, 1154, 1167.

1413 Vgl. etwa *Habermeier*, in: Staudinger, Vor. §§ 705–740 Rn. 40; *Beuthien*, JZ 2003, 969, 973 Fn. 41; *ders.*, NZG 2005, 493, 494; *Reiff*, ZGR 2003, 550, 572, 574; *ders.*, NZG 2000, 281, 283; *Schäfer*, in: Münchener Kommentar-BGB, § 714 Rn. 61; *ders.*, FS Nobbe, S. 909, 925; *Wiedemann*, Gesellschaftsrecht II, S. 662; *Wössner*, ZIP 2003, 1235 ff.; *Jacobs*, Die institutionelle Haftungsbeschränkung, S. 141 ff.; *Schöne*, in: BeckOK-BGB, § 714 Rn. 44.
Gegen irgendeine Besserstellung hingegen *Brandani*, DNotZ 2000, 140, 144; *Dauner-Lieb*, VGR 2001, 117, 134 f.; *Goette*, DStR 2002, 818, 819; *ders.*, DStR 1999, 1707, 1708; *Henze*, BB 1999, 2260, 2262; *Nicknig*, Haftung S. 18 ff.; *Gummert*, VGR 2001, 139, 163; *ders.*, in: Münchener Handbuch Gesellschaftsrechts, Bd. 1, § 18 Rn. 96 ff.; *K. Schmidt*, NJW 2003, 1897, 1903 f; *Schöpflin*, Verein, S. 405 ff. (aber ohne Aussage, ob nicht durch AGB möglich); *A. Meyer*, ZGR 2008, 702, 718 f.; *ders.*, Unbeschränkte Verbandsmitgliederhaftung, S. 310 ff.; *Reuter*, NZG 2004, 217, 219; *Schwark*, FS

diskutiert: während sich eine Ansicht für die Möglichkeit eines rechtsgeschäftlichen Ausschlusses ausspricht, entweder durch einen konkludenten Haftungsausschluss[1414] oder einer Abbedingung durch das Verwenden entsprechender AGB,[1415] befürwortet eine weitere Ansicht eine institutionelle Haftungsbeschränkung.[1416]

Die neuere BGH-Rechtsprechung scheint in Bezug auf diese Gruppe von BGB-Gesellschaften keine Abweichung von der allgemeinen analogen Anwendung des § 128 HGB nahe zu legen; weder in der Entscheidung BGHZ 142, 315 noch in nachfolgenden Entscheidung hat sich der BGH bisher in Richtung einer institutionellen Haftungsbeschränkung für Ideal-BGB-Gesellschaften geäußert. Vielmehr scheinen die in der Entscheidung BGHZ 150, 1 genannten Ausnahmen die einzig anerkannten zu sein.[1417]

1. Begriffsbestimmung

Ein erstes Problem, das sich bei dieser Gruppe der vermeintlich privilegierungsbedürftigen Gesellschaften und Gesellschafter ergibt, ist die ungenaue Begriffsverwendung.[1418] Es bleibt häufig unklar, welche Kriterien in Bezug auf den verfolgten Zweck erfüllt

---

Heinsius, S. 753, 756; *Weiß*, Haftung in der nichtunternehmenstragenden GbR, S. 42 ff. *Brand*, AcP 208 (2008) 490, 504 ff. will für die Ideal-BGB-Gesellschaft wieder auf die Doppelverpflichtungslehre zurückgreifen. Kritisch *Schäfer*, FS Nobbe, S. 909, 925 Fn. 44.

1414 *Flume*, Personengesellschaft, S. 330 ff.; *ders.*, FS H. Westermann, S. 119, 134 f.; *Kindl*, WM 2000, 697, 702, 704; in diese Richtung auch *Timme/Hülk*, JuS 2001, 536, 539. Vgl. *Armbrüster*, ZGR 2005, 34, 47 („ergänzende Vertragsauslegung").

1415 *Canaris*, ZGR 2004, 69, 100 f.; *Casper*, JZ 2002, 1112, 1113 f. (auch durch AGB); *Eigner*, Beschränkung der persönlichen Gesellschafterhaftung, S. 298; *Hasenkamp*, BB 2004, 230, 236 f.; *dies.*, Haftungsbeschränkungen, S. 231 ff.; *Ulmer*, ZIP 2003, 1113, 1119; *ders.*, ZGR 2000, 339, 348; *Lang/Fraenkel*, WM 2002, 260, 268. Vgl. *Armbrüster*, ZGR 2005, 34, 46 f.; *Schäfer*, ZIP 2003, 1225, 1231 f., jetzt aber *ders.*, in: Münchener Kommentar-BGB, § 714 Rn. 61, 64; *ders.*, FS Nobbe, S. 909, 925: institutioneller Haftungsausschluss.

1416 *Bergmann*, ZGR 2005, 654, 676; *Reiff*, ZGR 2003, 550, 565 ff.; *Wiedemann*, Gesellschaftsrecht II, S. 662; *ders.*, WM 1994, Sonderbeil. Nr. 4, S. 17; *Jacobs*, Die institutionelle Haftungsbeschränkung, S. 141 ff.; *Schöne*, in: BeckOK-BGB, § 714 Rn. 44; *Schäfer*, in: Münchener Kommentar-BGB, § 714 Rn. 63, 64; *ders.*, FS Nobbe, S. 909, 925. Wohl auch Staudinger/*Habermeier*, BGB, Vor. §§ 705–740 Rn. 40. Zum Teil wird auch eine Kombination aus beiden Ansätzen befürwortet, vgl. *Wössner*, ZIP 2003, 1235, 1237 ff. (Unterscheidung nach rechtsgeschäftlichen und gesetzlichen Verbindlichkeiten).

1417 BGHZ 150, 1, 4: „*Das Berufungsurteil erweist sich auch nicht wegen der für den engen Bereich der geschlossenen Immobilienfonds und der auf Schaffung von Wohnungseigentum gerichteten Bauherrengemeinschaften in der Form von Gesellschaften bürgerlichen Rechts gebotenen Ausnahmen von den oben genannten Grundsätzen im Ergebnis als richtig.*"

1418 Kritsch dazu *A. Meyer*, ZGR 2008, 702, 711 f.; *ders.*, Unbeschränkte Verbandsmitgliederhaftung, S. 301 f.

sein müssen, damit von einer Privilegierungsbedürftigkeit der Gesellschafter ausgegangen werden könne. Der Begriff der Ideal-BGB-Gesellschaft oder der gemeinnützigen BGB-Gesellschaft wird unreflektiert verwendet.[1419] Zum Teil werden darunter solche Gesellschaften verstanden, die einen gemeinnützigen Zweck verfolgen.[1420] Jedoch bleibt offen, wann eine Gesellschaft als gemeinnützig anzusehen sei. Häufig erfolgt eine Abgrenzung nach den gleichen Kriterien, die bei einer Abgrenzung von Idealverein und Wirtschaftsverein angelegt werden und die auf den nichtrechtsfähigen Verein übertragen wird,[1421] da die Sonderregelungen unter ausdrücklicher Bezugnahme auf die Haftungssituation beim nichtrechtsfähigen Idealverein gerechtfertigt werden.[1422]

Maßgebliches Kriterium für die Abgrenzung zwischen Wirtschafts- und Idealverein ist das Vorliegen eines wirtschaftlichen Geschäftsbetriebs. Die heute herrschende Meinung nutzt zur Feststellung, wann ein solcher vorliegt keine allgemeingültige Definition, sondern arbeitet mit einer teleologischen Typenbildung.[1423] Es ist entscheidend, ob sich der Verein unternehmerisch am Marktgeschehen betätigt und somit das mit einer solchen Tätigkeit typischerweise verbundene Risiko trägt. Zur Feststellung, wann eine solche unternehmerische Betätigung vorliegt, wird auf die von *K. Schmidt* begründete Typologie zurückgegriffen.[1424] Wirtschaftliche Vereine wären nur unternehmerisch

---

1419 Vgl. anschaulich *Gummert*, in: Münchener Handbuch Gesellschaftsrecht, Bd. 1, § 18 Rn. 107 f. Dieses Probem auch sehend *Jacobs*, Institutionelle Haftungsbeschränkung, S. 132 f.

1420 So z.B. *Ulmer*, ZIP 2003, 1113, 1119; *ders.*, ZGR 2000, 339, 348 (offenbar Gleichsetzung der Begriffe „ideell“ und „gemeinnützig“). Ebenso wohl *Kindl*, WM 2000, 697, 704. *Flume*, Personengesellschaft, S. 331 f. differenziert zwischen Idealgesellschaften im Allgemeinen und gemeinnützigen Gesellschaften im Besonderen und will zumindest im Grundsatz nur für letztere eine Sonderbehandlung zulassen. *Casper*, JZ 2002, 1112, 1114 Fn. 21: *„Wirklich gemeinnützige Gesellschaftszwecke sind aber selten (...). Ideelle Zwecke genügen nicht.“*

1421 Vgl. dazu Staudinger/*Weick*, BGB, § 54 Rn. 30 f.; *Schöpflin*, in: BeckOK-BGB, § 54 Rn. 8 ff., 12, auch zur Frage, wie ein nichtrechtsfähiger Verein zu behandeln ist, der ein Handelsgewerbe betreibt.

1422 *Reiff*, ZGR 2003, 550, 567 f., 571 ff.; Bergmann, ZGR 2005, 654, 673 ff. *Jacobs*, Institutionelle Haftungsbeschränkungen, S. 133; *Brand*, AcP 208 (2008) 491. Wohl auch *Hasenkamp*, Haftungsbeschränkungen, S. 231 (*„gemeinnützigen, wohltätigen, geselligen, wirtschaftlichen* (wohl wissenschaftlich gemeint), *künstlerischen oder sonstigen nichtwirtschaftlichen*“); *Wiedemann*, Gesellschaftsrecht II, S. 662; *Schäfer*, in: Münchener Kommentar-BGB, § 714 Rn. 61, 64 (der jedoch in *ders.*, FS Nobbe, S. 909, 925 von gemeinnützigen Gesellschaften spricht). Unklar bei *Armbrüster*, ZGR 2005, 34, 47.

1423 Vgl. z.B. *Reuter*, in: Münchener Kommentar, §§ 21, 22 Rn. 6 ff. Zu den früheren Abgrenzungstheorien, vgl. statt aller *Schöpflin*, in: BeckOK-BGB, § 21 Rn. 91 f.; *Reuter*, in: Münchener Kommentar, §§ 21, 22 Rn. 5.

1424 Grundlegend *K. Schmidt*, Rpfleger 1982, 286 ff., 343 ff.; *ders.*, AcP 182 (1982) 1 ff.; krit. *Schad*, NJW 1998, 2411. Dazu auch *K. Schmidt*, Gesellschaftsrecht, S. 668 ff.; *Schöpflin*, Verein, S. 152 f.; *Hasenkamp*, Haftungsbeschränkung, S. 102 ff.

tätige Vereine, Vereine mit unternehmerischer Tätigkeit in einem Binnenmarkt und Vereine zum Zwecke der genossenschaftlichen Kooperation. Könne ein Verein keiner dieser drei Gruppen zugeordnet werden, so liege ein Idealverein vor. Ein Idealverein wird aufgrund des von der Rechtsprechung entwickelten Nebenzweckprivilegs bzw. Nebentätigkeitsprivilegs auch dann nicht als Wirtschaftsverein behandelt, wenn wegen seiner wirtschaftlichen Betätigung an sich ein wirtschaftlicher Verein vorläge, aber der Geschäftsbetrieb lediglich einen Nebenzweck bilde.[1425] Wählt man diese Abgrenzung auch um festzustellen, ob eine Ideal-BGB-Gesellschaft vorliegt, stellt sich gerade das Nebentätigkeitsprivileg als Angriffspunkt dar, da es in erheblichem Maße eine wirtschaftliche Betätigung erlaubt.[1426]

Wird auf die Schwierigkeiten einer Abgrenzung von BGB-Gesellschaft und nichtrechtsfähigem Verein als Argument für eine institutionelle Haftungsbeschränkung verwiesen, so kommt es im Ergebnis nur zu einer Verschiebung der Abgrenzungsschwierigkeiten, nämlich zu der Frage, ob eine Idealgesellschaft vorliegt oder nicht. Die dargestellten Unklarheiten in der Begriffsbestimmung sind dabei nicht irrelevant, da gerade in Bezug auf eine institutionelle Haftungsbeschränkung vertreten wird, dass die Verfolgung des ideellen oder gemeinnützigen Zwecks für den Rechtsverkehr erkennbar sein müsse. Wenn jedoch überhaupt nicht klar ist, wann ein privilegierungsbedürftiger Zweck vorliegt, kann dieser für den Rechtsverkehr schwerlich erkennbar sein.

2. *Privilegierungsbedürftigkeit der Gesellschafter bei der Ideal-BGB-Gesellschaft*

Ausgangpunkt für die Annahme einer institutionellen Haftungsbeschränkung, nicht nur beim nichtrechtsfähigen Verein, sondern auch bei der BGB-Gesellschaft ist die sog. „Brunnenbau-Komitee"-Entscheidung des OLG Breslau vom 18. Februar 1916[1427], in der folgende Feststellung getroffen wurde: „Personen, die sich zur Erreichung eines gemeinnützigen Zwecks zusammengetan haben, haften nicht persönlich."[1428] Obwohl diese Entscheidung gegen eine Haftung wohl eher das Ergebnis einer Auslegung des rechtsgeschäftlich erklärten Willens der Beteiligten

1425 Nahezu einhellige h.M.: BGHZ 15, 315, 319; BGHZ 45, 395, 397, 398; BGHZ 85, 84, 93; *Schöpflin*, BeckOK-BGB, § 21 Rn. 105 f.; *Reuter*, in: Münchener Kommentar, §§ 21, 22 Rn. 19 ff.; *K. Schmidt*, Verbandszweck, S. 183 ff. Zu den Voraussetzungen des Nebentätigkeitsprivilegs vgl. nur *Schöpflin*, in: BeckOK-BGB, § 21 Rn. 105 f.

1426 Kritisch insofern *A. Meyer*, Unbeschränkte Verbandsmitgliederhaftung, S. 302; *ders.*, ZGR 2008, 702, 712. Kein Problem darin erkennend *Jacobs*, Institutionelle Haftungsbeschränkung, S. 133.

1427 OLG Breslau OLGE 32, 362, 363. Dies scheint auch das einzige Urteil zu sein, dass sich überhaupt mit der Frage einer Haftung der Gesellschafter einer gemeinnützigen BGB-Gesellschaft behandelt, auch wenn der Sachverhalt nicht eindeutig ist, dass es sich tatsächlich um eine BGB-Gesellschaft handelte. So auch *Gummert*, Haftung und Haftungsbeschränkung, S. 170.

1428 OLG Breslau OLGE 32, 362, 363.

war als eine institutionelle Haftungsfreistellung[1429], bildet sie die Basis der institutionellen Haftungsbeschränkung beim nichtrechtsfähigen Idealverein und der Ideal-BGB-Gesellschaft.

Gemeinsamer Ausgangspunkt der Ansichten, die eine Beschränkung bzw. Beschränkbarkeit der Haftung befürworten, ist die vorgebrachte Privilegierungsbedürftigkeit der Gesellschafter, d.h. dass die persönliche, unbeschränkte Haftung als zu streng und nicht interessengerecht angesehen wird.[1430] Die Gesellschafter würden mit ihrer Gesellschaft keine ökonomischen Ziele, sondern altruistische Vorstellungen verfolgen.[1431] Um dieses gesellschaftlich wünschenswerte Verhalten zu fördern, müsse eine Haftungsbeschränkung ermöglicht werden.[1432] Der Allgemeinheit liege an der Ermöglichung und Förderung ideeller bzw. gemeinnütziger Tätigkeiten, daher müsse die BGB-Gesellschaft für diese als Gesellschaftsform zur Verfügung stehen – eine zwingende persönliche Haftung wäre für die Gesellschafter dabei nicht zumutbar.[1433] Da die Mitglieder bei einer ideellen Zweckverfolgung meist keinen Gewinnanteil oder sonstige Zuwendungen aus Gesellschaftsmitteln erhielten[1434], hätten sie kein Interesse, mehr als ihre Einlagen zu riskieren

Eine persönliche Gesellschafterhaftung sei zum Schutz der Gesellschaftsgläubiger nicht notwendig, was auch ein Vergleich zum nicht-rechtsfähigen Verein zeige, der auch keine Kapitalerhaltung aufweise.[1435]

1429 So *Schwark*, FS Heinsius, S. 753, 755 f.; *Hadding*, FS Rittner, S. 133, 141 Fn. 20; *Flume*, Personengesellschaft, S. 331 f.

1430 Vgl. etwa *Habermeier*, in: Staudinger, Vor. §§ 705–740 Rn. 40; *Beuthien*, JZ 2003, 969, 973 Fn. 41; *ders.*, NZG 2005, 493, 494; *Reiff*, ZGR 2003, 550, 572, 574; *ders.*, NZG 2000, 281, 283; *Schäfer*, in: Münchener Kommentar-BGB, § 714 Rn. 61; *ders.*, FS Nobbe, S. 909, 925; *Wiedemann*, Gesellschaftsrecht II, S. 662; *Wössner*, ZIP 2003, 1235 ff.; *Jacobs*, Die institutionelle Haftungsbeschränkung, S. 140 ff.; *Schöne*, in: BeckOK-BGB, § 714 Rn. 44; *Ulmer*, ZIP 1999, 554, 56; *ders.*, ZGR 2000, 339, 348; *Canaris*, ZGR 2004, 69, 101.

1431 *Hasenkamp*, BB 2004, 230, 236; vgl. *Jacobs*, Die institutionelle Haftungsbeschränkung, S. 162. Wobei ein ideeller Zweck nicht notwendigerweise ein altruistischer Zweck sein muss. So auch *Schöpflin*, Verein, S. 154; *A. Meyer*, ZGR 2008, 702, 712.

1432 *Hasenkamp*, BB 2004, 230, 236.

1433 *Hasenkamp*, BB 2004, 230, 236.

1434 Dies ist auch grundsätzlich Voraussetzung für die Gewährung steuerlicher Vergünstigungen aufgrund der Verfolgung gemeinnütziger Zwecke, §§ 51, 52, 55 Abs. 1 AO. Es ist jedoch umstritten, ob Personengesellschaften, v.a. BGB-Gesellschaften überhaupt in den Genuss der Steuervergünstigungen kommen können, da nach § 51 S. 2 AO neben Körperschaften nur Personenvereinigungen und Vermögensmassen i.S.d. KStG in Betracht kommen. Darunter fallen nach § 1 I Nr. 5 KStG zwar nichtrechtsfähige Vereine, die wohl herrschende Meinung erkennt jedoch eine Begünstigung der Personengesellschaften nicht an. Kritisch *Stock*, NZG 2001, 440, 442 ff.

1435 *Reiff*, ZGR 2003, 550, 573; *ders.*, NZG 2001, 281, 283; so auch Staudinger/*Habermeier*, BGB, Vor. §§ 705–740 Rn. 40.

Diese Interessenlage sagt an sich nichts darüber aus, wie man ihr gerecht werden kann, d. h. ob der dafür zu wählende Weg eine institutionelle Haftungsbeschränkung ist oder ob die Möglichkeit eines erleichterten rechtsgeschäftlichen Haftungsausschlusses ausreichend ist. Hier soll nicht bewertet werden, ob aus Gerechtigkeitserwägungen eine derartige Haftungsbeschränkung vielleicht legitimiert werden könnte; es soll vielmehr eine funktionale Betrachtung vorgenommen werden und dadurch Argumente zu einem ökonomisch rechtfertigbaren Gläubigerschutz konkretisiert werden.

3. *Institutionelle Haftungsbeschränkung*

Die Vertreter einer institutionellen Haftungsbeschränkung[1436] führen zunächst die allgemein als Vorteile ihrer Ansicht erkannten Aspekte an. Eine institutionelle Haftungsbeschränkung müsse nicht erst in irgendeiner Weise vereinbart werden, sondern wirke automatisch. Letzteres wird als Vorteil gesehen, da gemeinnützige bzw. Ideal-BGB-Gesellschaften nicht die Machtposition hätten, in einem Vertrag ihre AGB durchzusetzen oder überhaupt AGB verwendeten.[1437] Hinzu kommt, dass nur ein institutioneller Haftungsausschluss gesetzliche Verbindlichkeiten erfassen könne.

Eine Haftung der Mitglieder sei aus Gläubigerschutzgesichtspunkten nicht geboten.[1438] Außerdem verlange eine Gleichbehandlung aller Idealverbände eine institutionelle Haftungsbeschränkung.[1439] So könne es als „allgemeine Rechtsauffassung" angesehen werden, dass die Mitglieder gemeinnütziger oder ideeller Verbände in ihrer Haftung auf ihren Beitrag beschränkt seien.[1440] In diesem Zusammenhang wird besonders auf die Nichthaftung der Mitglieder eines nichtrechtsfähigen Vereins verwiesen. Da sich nichtrechtsfähiger Verein und BGB-Gesellschaft lediglich typologisch voneinander unterscheiden ließen, wäre es eine unzulässige Ungleichbehandlung, wenn die Gesellschafter einer Ideal-BGB-Gesellschaft im Gegensatz zu den Mitgliedern eines nichtrechtsfähigen Ideal-Vereins persönlich haften müssen.[1441]

Gegen eine institutionelle Haftungsbeschränkung wird vorgebracht, dass kein Raum für eine derartige Rückausnahme in einem in sich stimmigen, widerspruchsfreien Haftungsregime bestehe.[1442] Eine grundsätzlich einheitliche Haftungsverfassung für alle BGB-Außengesellschaften sei notwendig, um Rechtssicherheit und

---

1436 Dazu ausführlich *Jacobs*, Institutionelle Haftungsbeschränkung, S. 137 ff.; so auch *Bergmann*, ZGR 2005, 654, 676; *Wiedemann*, Gesellschaftsrecht II, S. 662; *Schäfer*, FS Nobbe, S. 909, 925; *ders.*, in: Münchener Kommentar-BGB, § 714 Rn. 64; *Schöne*, in: BeckOK-BGB, § 714 Rn. 44.

1437 *Jacobs*, Institutionelle Haftungsbeschränkung, S. 136.

1438 *Reiff*, ZGR 2003, 550, 567, 572; *ders.*, NZG 2000, 281, 283.

1439 *Wiedemann*, Gesellschaftsrecht II, S. 662; *ders.*, WM 1994 Sonderbeilage Nr. 4, S. 17.

1440 *Wiedemann*, Gesellschaftsrecht II, S. 662.

1441 *Reiff*, ZGR 2003, 550, 567 f.; *Wiedemann*, WM 1994 Sonderbeilage Nr. 4, S. 17.

1442 *Ulmer*, ZIP 2003, 1113, 1118.

Klarheit im Haftungsregime zu garantieren.[1443] Das Recht der BGB-Gesellschaft kenne keine derartige Unterscheidung zwischen einer ideellen und einer wirtschaftlichen Zwecksetzung, was sich in der Erwartung des Rechtsverkehrs in einer einheitlichen Haftung widerspiegle.[1444] Im Gesetz könne kein Anhaltspunkt für eine derartige Privilegierung gefunden werden.[1445] Es gebe zudem keinen Grund, die Gesellschafter einer BGB-Gesellschaft gegenüber einer Einzelperson besser zu stellen. Eine Einzelperson hafte bei der Verfolgung eines gemeinnützigen Zweckes gleichwohl mit ihrem gesamten Vermögen – bei risikobehafteten Rechtsgeschäften stünde sie daher ohne sachlichen Grund schlechter als die nur beschränkt haftende Gruppe.[1446] Vorteil einer rechtsgeschäftlichen Lösung sei es, dass so eine größere Einzelfallgerechtigkeit erreicht werden könne.[1447]

Als ein relevantes Argument für eine persönliche Gesellschafterhaftung wird angesehen, dass es sonst keinen Schutz der Gesellschaftsgläubiger durch irgendwelche Schutzmechanismen, etwa Kapitalsicherungsregeln gebe.[1448] Entscheidendes Kriterium für eine Haftungsbeschränkung könne nicht allein der ideelle Zweck der Gesellschaft sein.[1449] Die Gesellschafter und nicht die Gesellschaftsgläubiger verfolgen den ideellen Zweck, der verfolgte Zweck sei für die Gesellschaftsgläubiger grundsätzlich nicht relevant und mache für sie in ihrem Schutzbedürfnis keinen Unterschied.[1450] Es wird die Frage aufgeworfen, warum gerade die Gesellschaftsgläubiger das Finanzierungsrisiko eines gemeinnützigen Projektes tragen sollen, obwohl sie mit der Zielsetzung nichts zu tun haben.[1451] Deswegen sei es zweifelhaft, dass ein Vertragspartner allein aufgrund der Kenntnis der Gemeinnützigkeit eines

---

1443 *Brandani*, DNotZ 2000, 140, 144; *Schöpflin*, Verein, S. 406. Dagegen *Armbrüster*, ZGR 2005, 35, 45„*schutzwürdige Interessen dürfen nicht allein deshalb hintangestellt werden, weil eine Einheitslösung erreicht werden soll*".

1444 *Schöpflin*, Verein, S. 436, 443.

1445 *Brandani*, DNotZ 2000, 140, 144, *Dauner-Lieb*, DStR 1999, 1992, 1994.

1446 *Brandani*, DNotZ 2000, 140, 144; so auch *Schwark*, FS Heinsius, S. 753, 756; Vgl. *Eigner*, Beschränkung der persönlichen Gesellschafterhaftung, S. 261, *A. Meyer*, Unbeschränkte Verbandsmitgliederhaftung, S. 311 f.; *Beuthien*, JZ 2003, 969, 972 (in Bezug auf rechtsgeschäftliche Verbindlichkeiten).

1447 *Casper*, JZ 2002, 1112, 1113; *Schäfer*, ZIP 2003, 1225, 1232; vgl. *Armbrüster*, ZGR 2005, 34, 45 f.

1448 *Dauner-Lieb*, DStR 1999, 1992, 1994; *dies.*, in Reform, S. 95, 115; *Nicknig*, Haftung, S. 18 f.; *Schöpflin*, Verein, S. 406, vgl. *Brandani*, DNotZ, 2000, 140, 141; *Gummert*, Haftung und Haftungsbeschränkung, S. 102 ff.

1449 *Gummert*, Haftung und Haftungsbeschränkung, S. 168 f.; *ders.*, in: Münchener Handbuch Gesellschaftsrecht, Bd. 1, § 18 Rn. 106; *Eigner*, Beschränkung der persönlichen Gesellschafterhaftung, S. 261, ähnlich *Schwark*, FS Heinsius, S. 753, 756.

1450 *Weiß*, Haftung in der nichtunternehmenstragenden GbR, S. 27, 42; *Dauner-Lieb*, VGR 2001, 117, 135; *Schwark*, FS Heinsius S. 753, 756.

1451 *Schäfer*, ZIP 2003, 1225, 1232 wirft diese Frage auf ohne jedoch näher darauf einzugehen. Siehe auch *Weiß*, Haftung in der nicht unternehmenstragenden GbR, S. 42; *Schwark*, FS Heinsius, S. 753, 756.

Gesellschaftszwecks auf seinen Gläubigerschutz verzichten würde.[1452] Dadurch würden die Rechte eines Vertragspartners unangemessen verkürzt.[1453]

4. Gemeinnützige BGB-Gesellschaften und der Schutz vor opportunistischem Gesellschafterverhalten

Bei gemeinnützigen BGB-Gesellschaften kann die Gefahr eines opportunistischen Verhaltens der Gesellschafter ebenso wie bei unternehmerisch oder erwerbswirtschaftlich tätigen Gesellschaften bestehen. Es geht dabei nicht nur um Fälle, in denen einzelne Gesellschafter versuchen, sich zu Lasten der Gesellschaftsgläubiger und möglicherweise auch zu Lasten der Mitgesellschafter zu bereichern. In einer Krise der Gesellschaft können opportunistische Verhaltensweisen allgemein relevant werden. Die Gesellschafter können versuchen noch vorhandene Vermögenswerte der Gesellschaft zu entziehen, um diese vor den Gesellschaftsgläubigern zu „retten" und sie möglicherweise in eine neue Gesellschaft mit gemeinnütziger Zwecksetzung zu investieren. Auch der Anreiz zur Erhöhung des Risikos kann bestehen. Ist es den Gesellschaftern einer gemeinnützigen Gesellschaft bewusst, dass ihre Gesellschaft kurz- oder mittelfristig nicht überleben kann, sie aber die Fortführung des gemeinnützigen Zwecks sichern wollen, so kann dieses Bemühen, eine Steigerung des Risikos der Gesellschaft hervorrufen. Die Gesellschafter können zum Beispiel in ein sehr riskantes Projekt investieren oder mit Gesellschaftsvermögen spekulieren, da sie glauben, nur so die Gesellschaft retten zu können. In diesen Fällen geht es den Akteuren nicht um die Maximierung ihres persönlichen Vermögens. Im Vordergrund ihrer Motivation steht die Erhaltung des von ihnen verfolgten Zweckes, der Maximierung des ideellen Nutzens.

Um die Funktionsfähigkeit einer Gesellschaftsform sicherzustellen, kann nicht auf jegliche Art von Gläubigerschutz verzichtet werden, jedenfalls dann nicht, wenn die Gesellschaft noch zu vernünftigen Konditionen Verträge abschließen können soll. Das beschriebene Prinzipal-Agenten-Problem zwischen Gesellschaftern und Gesellschaftsgläubigern kann bei freiwilligen Gesellschaftsgläubigern in Grenzen im Rahmen privatautonomer Regelungen gelöst werden, jedoch werden die Gesellschaftsgläubiger ihr erhöhtes Ausfallrisiko, soweit möglich, einpreisen, was zu einem erschwerten Zugang der Idealgesellschaften zum Markt führen würde.

Der Zweck einer Gesellschaft darf daher nicht den Gläubigerschutz suspendieren. Dies zeigt sich sowohl beim nichtrechtsfähigen Idealverein, beim eingetragenen Idealverein und bei Idealkapitalgesellschaften, als auch bei einer Einzelperson die ein gemeinnütziges Unternehmen betreibt. Lässt man für die Ideal-BGB-Gesellschaft die persönliche Haftung entfallen, stehen die Gesellschaftsgläubiger den Gesellschaftern schutzlos gegenüber.

1452 *Schwark*, FS Heinsius, S. 753, 756.
1453 *Schwark*, FS Heinsius, S. 753, 756.

Dies wird grundsätzlich auch von Vertretern einer institutionellen Haftungsbeschränkung anerkannt. Da die Gleichbehandlung aller Idealverbände und die schwierige Abgrenzung vom nichtrechtsfähigen Idealverein eine Gleichbehandlung der Ideal-BGB-Gesellschaft mit diesem verlange, soll der im nichtrechtsfähigen Idealverein geltende Gläubigerschutz auf die Ideal-BGB-Gesellschaft übertragen werden. Die Handelndenhaftung (§ 54 S. 2 BGB) soll analog auf die Ideal-BGB-Gesellschaft angewendet werden, vorausgesetzt der gemeinnützige Zweck der Gesellschaft sei für den (freiwilligen) Gesellschaftsgläubiger erkennbar.[1454] Die Übergänge zwischen nicht-rechtsfähigem[1455] Verein und BGB-Gesellschaft seien fließend, eine Abgrenzung häufig nicht möglich.[1456] Daher könne eine unterschiedliche Behandlung, bei gleicher gesetzlicher Ausgangslage und fließenden Übergängen nur schwerlich gerechtfertigt werden.[1457]

Prämisse dieser Ansicht ist, dass die Mitglieder eines nichtrechtsfähigen Idealvereins nicht persönlich haften, sondern lediglich die für den Verein Handelnden nach § 54 S. 2 BGB. Da § 54 S. 1 BGB auf das Recht der BGB-Gesellschaft verweist, wäre an sich an eine unbeschränkte persönliche Haftung auch der Mitglieder des nichtrechtsfähigen Vereins zu denken.[1458] Jedoch nimmt der BGH ohne große Begründung und insbesondere ohne Auseinandersetzung mit der inzwischen anerkannten Haftung der Gesellschafter einer BGB-Gesellschaft eine institutionelle Haftungsfreistellung zu Gunsten der Mitglieder an.[1459] Die herrschende Ansicht stimmt dem BGH, wenn auch mit unterschiedlicher Begründung, zu.[1460]

Der nichtrechtsfähige Verein weist ein System des Gläubigerschutzes auf, das neben der Handelndenhaftung nach § 54 S. 2 BGB, nach herrschender Ansicht verschiedene vereinsrechtliche Regelungen beinhaltet, die dem Schutz des Vereinsvermögen dienen. Die Mitgliedschaft in einem nichtrechtsfähigen Idealverein

1454 *Schäfer*, in: Münchener Kommentar-BGB, § 714 Rn. 61; in diese Richtung auch *Beuthien*, WM 2012, 1, 6 ff.

1455 Nach herrschender Meinung jedoch rechtsfähig, vgl. nur *Schöpflin*, in: BeckOK-BGB, § 54 Rn. 31. Kritisch in Bezug darauf, dass dies die logische Folge der Rechtsfähigkeit der BGB-Gesellschaft sei, u. a. *Leipold*, in: FS Canaris II, S. 221, 240 ff.

1456 Vgl. ausführlich *Schöpflin*, Verein, S. 154 ff. Dazu außerdem *Bergmann*, ZGR 2005, 654, 659 ff.; *Hasenkamp*, Haftungsbeschränkungen, S. 94 ff.; *Reiff*, ZGR 2003, 550, 567 f.; *K. Schmidt*, Gesellschaftsrecht, S. 733 ff.; *Ulmer*, ZIP 2003, 1113, 1119; *A. Meyer*, Unbeschränkte Verbandsmitgliederhaftung, S. 298; *Schäfer*, FS Nobbe, S. 909, 925.

1457 *Arnold*, DB 2004, 2143, 2146; *Beuthien*, NZG 2005, 493, 494; *Hasenkamp*, Haftungsbeschränkungen, S. 114 f.; so auch i.E. *Reiff*, ZGR 2003, 550, 567 f.; *Wiedemann*, Gesellschaftsrecht II, S. 662.

1458 So etwa *A. Meyer*, Unbeschränkte Verbandsmitgliederhaftung, S. 316 ff., insbes. 332 ff.

1459 BGH NZG 2003, 878; dazu *Reuter* NZG 2004, 219.

1460 *Arnold*, in: Münchener Kommentar-BGB, § 54 Rn. 41; *K. Schmidt*, Gesellschaftsrecht, S. 746 f; *Hadding*, in: Soergel, BGB, § 54 Rn. 24; Staudinger/*Weick*, BGB, § 54 Rn. 49 f.; *Westermann*, in: Erman, BGB § 54 Rn. 10 ff. Näher *Schöpflin*, Verein, S. 400 ff., 746 f;

ist ebenso wenig eine vermögensrechtliche, wie die in einem rechtsfähigen Verein. Das bedeutet, dass etwa das Vereinsvermögen nicht vor Auflösung des Vereins an seine Mitglieder verteilt werden darf.[1461] Während der Dauer der Vereinszugehörigkeit kommt es zu keiner Teilhabe an den Erträgen; Entnahmen sind insgesamt untersagt.[1462] Bei Auflösung und Liquidation des nichtrechtsfähigen Vereins, ist das Vereinsvermögen zunächst gem. §§ 47 ff. BGB analog auf die Vereinsgläubiger zu verteilen.[1463] Im Gegensatz zur BGB-Gesellschaft ist dies nicht dispositiv.[1464] Finden Entnahmen dennoch statt, so werden diese als Schenkung gegenüber den Mitgliedern gewertet.[1465] Die Gesellschaftsgläubiger können diese nach AnfG oder in der Insolvenz nach InsO anfechten. Bei Ausscheiden gilt § 738 BGB nicht, sondern wird durch eine analoge Anwendung vereinsrechtlicher Regelungen verdrängt.[1466] Diese Schutzmechanismen verhindern beim nicht-rechtsfähigen Verein opportunistische Vermögensverschiebungen der Vereinsmitglieder zu Lasten der Vereinsgläubiger. Außerdem ist im Gegensatz zur BGB-Gesellschaft schon Überschuldung und nicht erst Zahlungsunfähigkeit Insolvenzgrund.[1467] Dies sorgt dafür, dass der Verein nicht nur zu Lasten und auf Rechnung seiner Gläubiger weitergeführt wird.[1468]

Die Anwendung dieser vereinsrechtlichen Regelungen kann im nichtrechtsfähigen Verein opportunistisches Gesellschafterverhalten auf einem anderen Wege als durch eine persönliche Haftung verhindern. Das Vereinsvermögen wird gebunden, Vermögensverschiebungen an Mitglieder unterbunden. So besteht für die Gläubiger des Vereins nicht die Gefahr, dass die Mitglieder das Vermögen unter sich aufteilen und die Gläubiger mit einer leeren Gesellschaftshülle zurücklassen.[1469] Die Handelndenhaftung nach § 54 S. 2 BGB setzt beim einzelnen Akteur an und hat für den nicht-rechtsfähigen Verein auch deshalb Bedeutung, weil eine Fremdorganschaft im Gegensatz zur BGB-Gesellschaft zulässig ist[1470] und die Vertretungsverhältnisse im Gegensatz zum eingetragenen Verein aufgrund der fehlenden Registereintragung

---

1461 BGHZ 50, 325, 329; Palandt/*Ellenberger*, § 54 Rn. 14; Staudinger/*Weick*, BGB, § 54 Rn. 85; *Reuter*, in: Münchener Kommentar-BGB, §§ 45–47 Rn. 12 m.w.N.; *K. Schmidt*, Gesellschaftsrecht, S. 743; *Schöpflin*, Verein, S. 512; a.A. *Hadding*, in: Soergel, BGB, § 54 Rn. 9.

1462 *Schöpflin*, in: BeckOK-BGB, § 54 Rn. 33.; *Reuter*, NZG 2004, 217, 218. Kritisch *A. Mayer*, Unbeschränkte Verbandsmitgliederhaftung, S. 330.

1463 BGHZ 50, 325, 329; Palandt/*Ellenberger*, § 54 Rn. 14; Staudinger/*Weick*, BGB, § 54 Rn. 85; *Arnold*, in: Münchener Kommentar-BGB, §§ 45–47 Rn. 12 m.w.N.; *K. Schmidt*, Gesellschaftsrecht, S. 743; *Schöpflin*, Verein, S. 512; a.A. *Hadding*, in: Soergel, BGB, § 54 Rn. 9.

1464 Dazu bereits Kapitel 2 §1 B. II. 2. b., III. 3.

1465 *Reuter*, NZG 2004, 217, 218 m.w.N.

1466 RGZ 113, 125, 135; BGHZ 50, 325, 329; *Westermann*, in: Erman, BGB, § 54 Rn. 7.

1467 *Reuter*, NZG 2004, 217, 218 f.

1468 *Reuter*, NZG 2004, 217, 218.

1469 *Reuter*, NZG 2004, 217, 219. *Reuter* sieht die Gläubiger eines Vereins sogar besser geschützt als die einer GmbH, da Ausschüttungen insgesamt verboten sind (*ebenda*).

1470 *Arnold*, in: Münchener Kommentar-BGB, § 54 Rn. 33; Palandt/*Ellenberger*, § 54 Rn. 6.

nicht transparent sind.[1471] Einer Handelndenhaftung bedarf es, um bei Fremdorganschaft die Geschäftsführer in eine Haftung einzubeziehen und bei diesen die entsprechenden Anreize gegen opportunistisches Verhalten zu setzen. Diese Gläubigerschutzregeln sind spezifisch auf die typisch körperschaftliche Struktur des nichtrechtsfähigen Vereins zugeschnitten.

Die den Gläubigerschutz im nichtrechtsfähigen Verein maßgeblich unterstützende Vermögensbindung, findet sich so im Recht der Ideal-BGB-Gesellschaft nicht wieder. Die Gesellschafter einer gemeinnützigen BGB-Gesellschaft können über das Gesellschaftsvermögen ebenso frei verfügen, wie die einer wirtschaftlich tätigen BGB-Gesellschaft. Hier leistet die zwingende persönliche Haftung der Gesellschafter einen angemessenen Ausgleich.

Auch eine analoge Anwendung der Handelndenhaftung nach § 54 S. 2 BGB kann die Anreizwirkung der persönliche Haftung nur unvollständig kompensieren. Die Handelndenhaftung beinhaltete insbesondere nicht die wichtige kollektive Komponente der Anreizstruktur der persönlichen Haftung. Außerdem gibt allein die analoge Anwendung des § 54 S. 2 BGB den Gläubigerschutz im nichtrechtsfähigen Verein nur unzureichend wider.

Die Möglichkeit der Risikoexternalisierung durch eine fehlende Haftung der Gesellschafter für deliktische Verbindlichkeiten wird aus verschiedenen Gründen akzeptiert, insbesondere um die Risikoaversion der Gesellschafter zu überwinden und dadurch bestimmte Unternehmungen zu fördern. Dieser Risikodistribution muss aber nicht im Rahmen jeder Gesellschaftsform gefolgt werden. Die persönliche Haftung aller Gesellschafter für deliktische Verbindlichkeiten der Gesellschaft leistet sowohl *ex ante* einen Beitrag zur gegenseitigen Überwachung und Kontrolle als auch *ex post* zur Verhinderung opportunistischem Verhaltens nach Begründung der Verbindlichkeit.

Es könnt nun überlegt werden, die Regelungen zur Vermögensbindung auch auf Ideal-BGB-Gesellschaften anzuwenden und so ein stimmiges Gesamtkonzept zu entwickeln. Ob sich dies noch im Rahmen einer zulässigen Rechtsfortbildung bewegen würde, ist zu bezweifeln. Es könnte auch eine Ideal-BGB-Gesellschaft nur dann als gemeinnützig angesehen werden, wenn im Gesellschaftsvertrag Vermögensverschiebungen an die Mitglieder ausgeschlossen sind. Daran ist zum einen problematisch, dass diese Reglungen der Disposition der Gesellschafter unterliegen würden und zum anderen dies für den Geschäftsverkehr nicht erkennbar wäre.

Möglich ist jedoch im Zweifel und bei Abgrenzungsschwierigkeiten von einem nicht-rechtsfähigen Verein auszugehen. Wird die Gesellschaft jedoch ausdrücklich als BGB-Gesellschaft betrieben, so ist den Gesellschaftern eine persönliche Haftung zumutbar.[1472]

1471 *Reuter*, NZG 2004, 217, 218; *Arnold*, in: Münchener Kommentar-BGB, § 54 Rn. 54.
1472 *Schulze*, Akzessorische Haftungsverfassung, S. 200.

III. Gelegenheitsgesellschaften

1. Begriffsbestimmung

Eine institutionelle Haftungsbeschränkung wird auch bei sogenannten „Gelegenheitsgesellschaften“ diskutiert.[1473] Soweit diese keinen erwerbswirtschaftlichen Zweck verfolgen, wird eine persönliche, gesamtschuldnerische Haftung der Gesellschafter aufgrund der ihnen drohenden Existenzgefährdung als ihnen unzumutbar angesehen.[1474]

Als Gelegenheitsgesellschaften werden Gesellschaften definiert, die zur Verfolgung eines einmaligen oder vorübergehenden Zwecks geschlossen werden, häufig durch konkludentes Verhalten im Alltagsleben.[1475] Als Beispiele werden häufig Reise- und Fahrgemeinschaften, Spiel- und Wettgemeinschaften[1476] genannt, aber auch Wohngemeinschaften (WG)[1477] oder die gemeinsame Verfolgung von Sammelklagen[1478] können derartige Außen-BGB-Gesellschaften darstellen.[1479] Das gemeinsame Halten und Verwalten von beweglichen oder unbeweglichen Sachen kann ebenfalls eine derartige Gelegenheitsgesellschaft bedeuten,[1480] vor allem dann, wenn die Gesellschafter mit dem gemeinsam gehaltenen Gegenstand einen weiteren Zweck verfolgen.[1481]

Zu den Gelegenheitsgesellschaften können auch Bauherrengemeinschaften, Arbeitsgemeinschaften (ARGE) und Emissionskonsortien gezählt werden, wenn das entscheidende Kriterium die begrenzte Dauer ist.[1482] Diese Gesellschaftstypen werden jedoch häufig gesondert behandelt, da sie einen erwerbswirtschaftlichen Zweck verfolgen.[1483]

1473 Vgl. *Jacobs*, Institutionelle Haftungsbeschränkung, S. 211 ff.; *Schöne*, in: BeckOK-BGB, § 714 Rn. 46.

1474 Vgl. *Jacobs*, Institutionelle Haftungsbeschränkung, S. 215 f. am Beispiel einer Bestellgemeinschaft.

1475 Vgl. *Schücking*, in: Münchener Handbuch Gesellschaftsrecht, Bd. 1, § 4 Rn. 15; *Ulmer/Schäfer*, in: Münchener Kommentar-BGB, § 705 Rn. 26; vgl. dazu auch *Wiedemann*, Gesellschaftsrecht II, S. 604.

1476 BGH WM 1968, 376; NJW 1974, 1705; *Ulmer/Schäfer*, in: Münchener Kommentar-BGB, Vor. § 705 Rn. 34; *K. Schmidt*, Gesellschaftsrecht, S. 1708.

1477 Vgl. *Westermann*, in: Erman, BGB, Vor. § 705 Rn. 53; dazu auch Staudinger/*Emmerich*, BGB, § 540 Rn. 54.

1478 Vgl. ausf. *Koch*, NJW 2006, 1469.

1479 Weitere Beispiele bei *Westermann*, in: Erman, BGB, Vor. § 705 Rn. 29.

1480 Ganz h.M., vgl. nur BGH NJW 1982, 170; *Flume*, DB 1973, 2470; *Ulmer/Schäfer*, in: Münchener Kommentar-BGB, § 705 Rn. 145 (m.w.N.); *Westermann*, in: Erman, BGB, Vor. § 705 Rn. 29; a.A. OLG Düsseldorf DNotZ 1973, 91.

1481 *Westermann*, in: Erman, BGB, Vor. § 705 Rn. 29, z.B. beim gemeinsamen Halten und Benutzen eines Sportflugzeugs (BGH JZ 1972, 88).

1482 *Jacobs*, Institutionelle Haftungsbeschränkungen, S. 211.

1483 Für diese Gesellschaftstypen wird auch regelmäßig eine persönliche Haftung der Gesellschafter angenommen. So etwa *Reiff*, ZGR 2003, 550, 572; *Schäfer*, in:

Bei den Gelegenheitsgesellschaften des täglichen Lebens ist die erste maßgebliche Frage, ob der Zweck tatsächlich ein gemeinsamer ist und ob die Zweckförderung Gegenstand verbindlich vereinbarter Rechtspflichten ist, ob also überhaupt eine BGB-Gesellschaft vorliegt. Die zweite Frage ist, ob die Gesellschaft als solche im Außenverhältnis auftritt, also eine rechtsfähige Außengesellschaft ist.[1484] Nur wenn diese beiden Fragen bejaht werden können, stellt sich überhaupt die Frage nach der Haftung der Gesellschafter.

2. *Funktionale Betrachtung der persönlichen Haftung bei Gelegenheitsgesellschaften*

Die Opportunismusgefahr besteht nicht nur für unternehmenstragende oder erwerbswirtschaftliche Gesellschaften. Wie sich gezeigt hat, lässt sich eine persönliche Haftung der Gesellschafter nicht nur bei solchen BGB-Gesellschaften rechtfertigten, sondern auch bei Publikums-BGB-Gesellschaften und gemeinnützigen Gesellschaften. Eine umfassende Steuerung dieser Opportunismusgefahr durch die persönliche Haftung der Gesellschafter erscheint gerechtfertigt.[1485] Dies gilt auch für sog. Gelegenheitsgesellschaften, auch wenn bei diesen die Gefahr opportunistischen Verhaltens wohl nur relativ gering einzuschätzen ist, da sie nicht auf Dauer angelegt sind. Dennoch besteht bei Bildung eines Gesellschaftsvermögens grundsätzlich immer diese Gefahr. Hinzu kommt, dass gerade für diese Fälle das Privatvermögen der Gesellschafter tatsächlich die Kreditbasis der Gesellschaft ausmachen kann, wenn aufgrund des nur vorüber gehenden Zwecks wenig Gesellschaftsvermögen vorhanden ist.

Außerdem ist zu bezweifeln, dass die persönliche Haftung bei Gelegenheitsgesellschaften im Bereich der rechtsgeschäftlichen Verbindlichkeiten existenzgefährdendes Potential hat, das eine Haftungsbeschränkung rechtfertigen könnte. Diese Gesellschaften werden, wie es die Bezeichnung ausdrückt, auf Zeit und für einen ganz bestimmten Rahmen gewählt werden, sodass es unwahrscheinlich erscheint, dass derart hohe rechtsgeschäftliche Verbindlichkeiten eingegangen werden, deren Erfüllung die Existenz der Gesellschafter zu gefährden in der Lage wäre. Gelegenheitsgesellschaften ohne langfristige Verpflichtungen sehen sich vermutlich einem lediglich begrenzten Haftungsrisiko gegenüber. „Natürlich hängt das Ausmaß möglicher Gläubigerbenachteiligung vom Ausmaß der Verbandstätigkeit ab, doch reflektiert auch das reale Haftungsrisiko im Rahmen einer einheitlichen institutionellen Vorgabe diese Unterschiede adäquat."[1486]

Münchener Kommentar-BGB, § 714 Rn. 61; *ders.*, FS Nobbe, S. 902, 925; *Jacobs*, Institutionelle Haftungsbeschränkung, S. 201. ff., 225 ff.; i.E. auch *Schöne*, in: BeckOK-BGB, § 714 Rn. 42 ff. Daher wird auf sie hier auch nicht näher eingegangen.

1484 Vgl. *K. Schmidt*, Gesellschaftsrecht, S. 1708; *Heidel/Hanke*, in: Dauner-Lieb/Lange, BGB Schuldrecht, § 705 Rn. 58.

1485 Vgl. *Tröger*, FS Westermann, S. 1533, 1565.

1486 Vgl. *Tröger*, FS Westermann, S. 1533, 1565.

Das Auftreten als rechtsfähige BGB-Gesellschaft ist ein Signal an den Rechtsverkehr, das nicht unberücksichtigt bleiben darf. Entscheiden sich die Gesellschafter als BGB-Gesellschaft im Rechtsverkehr aufzutreten und die Vorteile des *affirmative asset partitioning* zu nutzen, was sie nur tun werden, wenn sie gerade diese Vorteile ziehen möchten, müssen auch die Gläubiger geschützt werden.[1487]

Im Bereich der nicht-rechtsgeschäftlichen, insbesondere der deliktischen Verbindlichkeiten besteht die Gefahr einer Existenzbedrohung eher. Auch bzw. gerade im Rahmen von Gelegenheitsgesellschaften sind die Gesellschafter jedoch am besten in der Lage sich gegenseitig zu überwachen. Hier kann die persönliche Haftung aller Gesellschafter einen Anreiz darstellen, dieser Möglichkeit auch tatsächlich nachzukommen. Die Gesellschafter können als sog. „Gate-Keeper" fungieren, d.h. das Ausmaß der gemeinsam ausgeübten Aktivität bestimmen.[1488] Sollte es jedoch in bestimmten Fällen zu dem Gerechtigkeitsempfinden fundamental widersprechenden Ergebnissen kommen, besteht die Möglichkeit schon das Vorliegen einer rechtsfähigen Außengesellschaft zu verneinen.[1489] Im Rahmen einer dann vorliegenden Innengesellschaft haften die Gesellschafter nicht gem. § 128 HGB analog, da es aufgrund der fehlenden Rechtsfähigkeit der Innengesellschaft keine Gesellschaftsverbindlichkeiten in diesem Sinne gibt. Die Verpflichtung der Gesellschafter richtet sich dann nach dem allgemeinen Schuldrecht. Wie *Schulze* zutreffend formuliert, kann auf diesem Wege eine Möglichkeit geschaffen werden, um Einzelfallgerechtigkeit herzustellen ohne das Recht der BGB-Gesellschaft zu zerstückeln.[1490] So ist es zweifelhaft, ob die Mitglieder der wohl bekannten Lotto-Tippgemeinschaft tatsächlich eine rechtsfähige BGB-Gesellschaft gründen möchten. Auch die Hobby-Chemiker, die sich gemeinsam ein Labor einrichten, werden im Zweifel nur eine Innengesellschaft gründen wollen.[1491] Entscheiden sich jedoch die Gesellschafter als Außengesellschaft aufzutreten, um die Vorteile, die eine solche Gesellschaft mit sich bringt, für sich zu nutzen, müssen sie auch die Nachteile des kohärenten Systems dieser Rechtsform in Kauf nehmen.

1487 Dazu bereits ausführlich *supra* Kapitel 2 §1.

1488 Dazu bereits Kapitel 3 §2 B.

1489 So auch *Schulze*, Akzessorische Haftungsverfassung, S. 139; *Weiß*, Haftung, in der nichtunternehmenstragenden GbR, S. 28; angedeutet von *Reiff*, ZGR 2003, 550, 561.

1490 *Schulze*, Akzessorische Haftungsverfassung, S. 139.

1491 Auch *Jacobs*, Institutionelle Haftungsbeschränkung, S. 213 geht davon aus, dass rechtsfähige Gelegenheitsgesellschaften sehr selten seien werden, *„praktisch wohl nur bei einer unrichtigen Abgrenzung von Außen- und Innengesellschaft denkbar(en)"*.

Kapitel 5: Zusammenfassung der Ergebnisse

Den Gegenstand der vorliegenden Arbeit bildet die Untersuchung der Haftung der Gesellschafter von Personengesellschaften. Unter zentraler Berücksichtigung ökonomischer Erkenntnisse wurde der Frage nachgegangen, ob die unbeschränkte persönliche Haftung der Gesellschafter ein allgemein gültiges Modell für alle Personengesellschaften ist und wie sich gesetzliche und privatautonome Haftungsbeschränkungsmöglichkeiten zu einem derartigen Modell verhalten. Als Ergebnisse dieser Arbeit lassen sich folgende Erkenntnisse festhalten:

I. Erkenntnisse aus Kapitel 2

1. Das Gesellschaftsrecht lässt sich als (dispositive) vertragliche Standardregelung der Beziehung zwischen den Gesellschaftsbeteiligten verstehen. Dabei kommt dem Gesellschaftsrecht eine transaktionskostensenkende und lückenfüllende Aufgabe zu, die sich aus der zwingenden Unvollständigkeit des Gesellschaftsvertrages ergibt.
2. Darüber hinaus ermöglicht das Gesellschaftsrecht die effiziente Trennung und Abschirmung von Vermögensmassen. Das sogenannte *affirmative asset partioning* bzw. *entity shielding*, das die Abtrennung eines zu einem bestimmten Zweck reservierbaren Haftungsfonds und den Schutz dieses Haftungsfonds vor einem (direkten) Zugriff der Privatgläubiger der an dem Haftungsfonds Beteiligten beschreibt, gewährt einen Effizienzgewinn bei der Verfolgung dieses Zwecks, der allein durch privatautonome Vereinbarungen nicht zu erreichen wäre. Der Effizienzgewinn ergibt sich aus der Senkung von Kreditkosten, die auf der Senkung der Überwachungskosten, der Vereinfachung der Kapitalgewinnung und Kapitaldiversifizierung sowie der Senkung von Insolvenzkosten basiert.
3. Die Idee eines verselbständigten Sondervermögens liegt im deutschen Recht nicht nur der juristischen Person, sondern auch den Personengesellschaften und ihrem Gesamthandsprinzip zu Grunde. Das Vermögen der nach heute herrschender Ansicht rechtsfähigen Personengesellschaften ist vom Privatvermögen der Gesellschafter getrennt und vor einem direkten Zugriff der Privatgläubiger geschützt. Diese können nur indirekt über die Pfändung des Gesellschaftsanteils auf das Gesellschaftsvermögen zu greifen.
4. Dabei haben die Privatgläubiger nur nachrangigen Zugriff auf das Gesellschaftsvermögen. Die nach der gesetzlichen Standardregelung vorgesehene Vorrangigkeit der Gesellschaftsgläubiger in der Liquidation setzt sich in der Einzelzwangsvollstreckung fort, da der Privatgläubiger immer nur Zugriff auf das Auseinandersetzungsguthaben bzw. den Abfindungsanspruch des Gesellschafters unter vorrangiger Befriedigung der Gesellschaftsgläubiger hat.

5. Gegen die Verwirklichung des *affirmative asset partitioning* im deutschen Personengesellschaftsrecht spricht nicht, dass die Liquidationsvorschriften, insbesondere die vorrangige Befriedigung der Gesellschafter, als dispositiv angesehen werden. Eine solche Abweichung kann als opportunistisches Verhalten der Gesellschafter verstanden werden, dem die persönliche Haftung durch eine Internalisierung des Risikos der Gesellschaftsgläubiger bei den Gesellschaftern entgegenwirkt.
6. In der Rechtsprechung und der Literatur hat sich mit der Geltung der Akzessorietätslehre für die BGB-Gesellschaft eine umfassende, persönliche Haftung der Gesellschafter für alle Personengesellschaften nach dem Modell der §§ 128–130 HGB durchgesetzt. Die Haftung der Gesellschafter umfasst eine Haftung für rechtsgeschäftlich begründete Verbindlichkeiten der im Zeitpunkt der Begründung vorhandenen Gesellschafter, sowie, im Gegensatz zum traditionellen Gesamthandsverständnis oder der Doppelverpflichtungslehre, auch eine Haftung der Gesellschafter für gesetzliche Verbindlichkeiten der Gesellschaft und eine Haftung neu in die Gesellschaft eintretender Gesellschafter.

II. Erkenntnisse aus Kapitel 3

1. Traditionell werden zur Erklärung der persönlichen Haftung entweder der Grundsatz des Gleichlaufs von Herrschaft und Haftung oder verschiedene Spielarten eines Grundsatzes der unbeschränkten Verbandsmitgliederhaftung herangezogen. Der Grundsatz des Gleichlaufs von Herrschaft und Haftung ist sowohl als rechtspolitischer Grundsatz als auch als geltendes Rechtsprinzip umstritten. Die Begründung der persönlichen Haftung der Gesellschafter über allgemeine Grundsätze ist zum Verständnis der Funktion der persönlichen Haftung wenig hilfreich. Die axiomatischen Grundsätze verschleiern die ihnen zu Grunde liegenden Wertungen. Dabei wird nicht erklärt, warum die persönliche Haftung die Regel sein soll, was gerade mit Blick auf den Trend zu haftungsbeschränkten Gesellschaftsformen erklärungsbedürftig ist.
2. Die persönliche Haftung lässt sich auch nicht pauschal als zwingendes, funktionales Substitut fehlender Kapitalaufbringungs- und Kapitalerhaltungsvorschriften verstehen. Ein Konnex zwischen Haftungsbeschränkung und gesetzlichem Garantiekapital besteht nicht so eindeutig, wie er behauptet wird. Wesentlich ist vielmehr, dass es keine Gesellschaften ohne wie auch immer gearteten Gläubigerschutz gibt, der jedoch auf unterschiedliche Weise verwirklicht werden kann.
3. Die persönliche Haftung wird als Gläubigerschutzmechanismus anerkannt. Nur selten wird jedoch die Funktion und Wirkungsweise derselben in den Blick genommen. Ihre Funktion und Wirkung wird vor allem in einer Steigerung der Bonität der Gesellschaft durch eine Erweiterung des den Gesellschaftsgläubigern zur Verfügung stehenden Haftungsfonds gesehen. Die Analyse, welche Anreize die persönliche Haftung für das Verhalten der Gesellschafter setzt,

ist meist auf das Ziel einer ordentlichen, risikoarmen Unternehmensführung beschränkt.

4. Das Verhältnis von Gesellschaftsgläubigern und Gesellschaftern lässt sich agenturtheoretisch beschreiben. Aufgrund von Informationsasymmetrien besteht bei einer Haftung nur des Gesellschaftsvermögens die Gefahr, dass sich die Gesellschafter zu Lasten der Gesellschaftsgläubiger opportunistisch verhalten. Opportunismus lässt sich als Verhalten der Gesellschafter beschreiben, durch das die Gesellschafter nach Begründung einer Verbindlichkeit die Risikokalkulation des Gesellschaftsgläubigers durchkreuzen und die Ausfallwahrscheinlichkeit nachträglich erhöhen. Zu solchem Verhalten zählen vor allem Vermögensverschiebungen, die Veränderung der Risikostruktur der Gesellschaft und eine exzessive Erhöhung der Schuldenlast der Gesellschaft.
5. Opportunistisches Gesellschafterverhalten lässt sich auf unterschiedlichste Weise verhindern. Gegenstrategien können sowohl von den Gesellschaftsgläubigern als auch den Gesellschaftern ausgehen und privatautonome oder gesetzlich vorgegebene sein. Typische, im deutschen Recht zu findende Gegenmaßnahmen sind ein gesetzliches Garantiekapital und Pflichtversicherungen.
6. Die persönliche Haftung der Gesellschafter lässt sich als ein besonders einfach zu implementierendes Gegengewicht zu Opportunismusanreizen verstehen, die bei einer Haftung nur des Gesellschaftsvermögens für Gesellschaftsverbindlichkeiten entstehen. Durch die Androhung einer *ex post* Haftung wird der Anreiz gesetzt, keine gläubigerbenachteiligende Vermögensverschiebung zu tätigen oder sich in sonstiger Weise opportunistisch zu verhalten. Die persönliche Haftung verhindert eine Externalisierung von Verlustrisiken auf die Gesellschaftsgläubiger.
7. Die Gesellschafter der Personengesellschaften sind nach dem gesetzlichen Leitbild der Personengesellschaften sowohl in der Position, sich opportunistisch zu verhalten als auch solches Verhalten bei den Mitgesellschaftern zu verhindern.
8. Durch die Wahl einer Organisationsform mit persönlicher Haftung signalisieren die Gesellschafter *ex ante*, glaubwürdig den Gläubigern der Gesellschaft, dass sie aufgrund der persönlichen Haftung keinen Anreiz haben, *ex post* opportunistisch Risiken zu Lasten der Gesellschaftsgläubiger zu externalisieren. Aufgrund der Risiko- und Verlustaversion natürlicher Personen führt die persönliche Haftung dabei insgesamt zu einem risikoaversen Geschäftsverhalten.
9. Das Haftungskonzept der Personengesellschaften, mit der primären, akzessorischen, gesamtschuldnerischen und unbeschränkbaren Haftung vervollständigt die persönliche Haftung als Mechanismus zur Verhinderung von Gesellschafteropportunismus. Insbesondere die einseitige Unabdingbarkeit der Haftung ist maßgeblich, um ein Funktionieren des Mechanismus sicherzustellen und den Gesellschaftern ein glaubwürdiges Signal zu ermöglichen.
10. Auch die persönliche Haftung neu eingetretener Gesellschafter für Altverbindlichkeiten (§ 130 HGB) und die Nachhaftungsbegrenzung (§§ 159, 160 Abs. 1 HGB, 736 BGB) fügt sich in dieses System ein. Die Haftung der neu hinzukommenden Gesellschafter gem. § 130 HGB (analog) ergänzt und verstärkt das

Gläubigerschutzsystem. Mit dem Neugesellschafter empfängt, bei fehlender persönlicher Haftung für Altverbindlichkeiten, ein Gesellschafter abweichende Motivationssignale, wodurch die gesamte Anreizstruktur in ihrer Wirkung geschwächt werden kann. Die Anreize aller Gesellschafter werden durch die Einbeziehung des Neugesellschafters in die Haftung für Altverbindlichkeiten vereinheitlicht. Die Nachhaftungsbegrenzung stellt einen Interessenausgleich dar, der sowohl den bis zum Ausscheiden bestehenden Opportunismusanreizen als auch dem nach Ausscheiden fehlenden Einfluss auf das Gesellschaftsvermögen und auf die anderen Gesellschafter gerecht wird.

11. Treugeber, die mittelbar an einer Gesellschaft als „Quasi-Gesellschafter" beteiligt sind, sind grundsätzlich in der Lage sich zu Lasten der Gesellschaftsgläubiger opportunistisch zu verhalten. Daher sollten auch bei ihnen Anreize gegen ein solches Verhalten gesetzt werden. Dies kann, wie vom BGH und der herrschenden Lehre vertreten, mittelbar über den Zugriff der Gesellschaftsgläubiger auf den Freistellungsanspruch des Treuhänders gegen den Treugeber erfolgen oder transaktionskostengünstiger durch die Einbeziehung des Treugebers in die Außenhaftung nach §§ 128 ff. HGB.
12. Der Inhalt der persönlichen Haftung wird durch den Gedanken der Opportunismusvermeidung nicht bestimmt. Die Entscheidung der herrschenden Meinung für eine grundsätzliche Haftung der Gesellschafter auf Erfüllung nach der Erfüllungstheorie ist kein Ausdruck eines besseren Gläubigerschutzes, sondern entspricht lediglich besser der Systematik des allgemeinen Leistungsstörungsrechts der §§ 280 ff. BGB, insbesondere dem Fristsetzungserfordernis des § 281 BGB und der Möglichkeit bei Unmöglichkeit oder Unzumutbarkeit der Leistung nach § 275 BGB, sofort Schadensersatz nach §§ 280, 283 BGB verlangen zu können.
13. Gegenüber unfreiwilligen Gläubigern geht es nicht nur darum *ex post* opportunistisches Verhalten der Gesellschafter zu verhindern, sondern *ex ante*, präventiv exzessiv riskantes Verhalten der Gesellschafter, wie es durch eine Haftungsbeschränkung eröffnet und gefördert werden würde, zu verhindern. Die persönliche Haftung führt dazu, dass eine Erhöhung der Risiken für die Gesellschaftsgläubiger mit einer Erhöhung der Wahrscheinlichkeit persönlicher Inanspruchnahme der Gesellschafter korreliert. Es bestehen dadurch für die Gesellschafter prinzipiell effiziente Anreize, im Einklang mit den Interessen der Gläubiger zu handeln und darüber hinaus die Mitgesellschafter in ihrer Tätigkeit für den Verband zu überwachen und so auch innerhalb des Verbandes ein Handeln im Einklang mit den Gläubigerinteressen sicherzustellen. Außerdem wird so ein Anreiz gesetzt, *ex post* opportunistisches Verhalten zu unterlassen.
14. Das gesetzliche Leitbild, mit der Macht der Gesellschafter sich einerseits opportunistisch zu verhalten und anderseits solches Verhalten bei den Mitgesellschaftern zu verhindern, ist in weiten Maßen dispositiv, sodass sich die Frage stellt, ob eine Haftung aller Gesellschafter bei Abweichungen gerechtfertigt ist und inwieweit Einflussmöglichkeiten dennoch bestehen. Die Gesellschafter haben die Möglichkeit, sich Einflussmöglichkeiten bei ihrem Gesellschaftsbeitritt zusichern zu lassen. Außerdem ist die Übernahme der persönlichen Haftung

nicht nur gegenüber den Gesellschaftsgläubigern, sondern auch gegenüber den Mitgesellschaftern ein Signal, dass kein Anreiz für opportunistisches Verhalten besteht.

15. Versagen die individuellen Anreize der Gesellschafter, so ist im Rahmen des Minderheitenschutzes sicherzustellen, dass die kollektive Anreizwirkung der persönlichen Haftung zur Geltung kommen kann. Opportunistisches Verhalten stellt eine Verletzung der Treuepflicht dar und kann daher von den Minderheitsgesellschaftern gleichwohl unterbunden werden.
16. Wird durch die Gesellschafter im Innenverhältnis von der gesetzlichen Standardregelung abgewichen, so ist die Aufrechterhaltung der Funktionsfähigkeit des Gesellschafteropportunismus vermeidenen Mechanismuses – persönliche Haftung – zu berücksichtigen. Diese kann die Grenzen der Dispositivität bestimmen und muss etwa bei der Frage um die Zulässigkeit von Hinauskündigungsklauseln bei persönlich haftenden Gesellschaftern in die Erwägungen mit einfließen.

III. Erkenntnisse aus Kapitel 4

1. Mit der KG steht eine Personengesellschaft zur Verfügung, die eine Haftungsbeschränkung für einen Teil der Gesellschafter ermöglicht. Opportunistisches Verhalten wird in der KG maßgeblich durch die persönliche Haftung der Komplementäre verhindert, die, um eine persönliche Haftung zu vermeiden, sich selbst nicht opportunistisch verhalten werden und derartiges Verhalten auch bei den Kommanditisten unterbinden werden. Dies spiegelt sich auch in der gesetzlichen Standardregelung zur Geschäftsführungsbefugnis und Vertretungsmacht der Kommanditisten wider.
2. In Einzelfällen, in denen die dargestellte „Bremsfunktion" der Komplementäre aufgrund deren rechtlicher oder tatsächlicher Abhängigkeit von den Kommanditisten versagt, muss korrigierend eingegriffen werden, jedoch nicht notwendigerweise durch eine Einbeziehung der Kommanditisten in die persönliche Haftung.
3. Abweichungen von einer persönlichen Haftung aller Gesellschafter finden sich auch bei der PartG. Die Handelndenhaftung stellt das Ergebnis eines Trade-off dar, im Rahmen dessen die eingeschränkten Überwachungs- und Einwirkungsmöglichkeiten der nicht an einem Auftrag beteiligten Partner als relevanter bewertet wurden als die durch die Handelndenhaftung wieder auflebenden Anreize zu *ex post* opportunistischem Verhalten.
4. Die PartGmbB ergänzt als Variante der PartG das Spektrum der Personengesellschaften. Die persönliche Haftung wird dabei im Bereich der Haftung aufgrund beruflicher Fehler durch eine Haftpflichtversicherung substituiert. Diese stellt sich jedoch nur als ein unzureichendes Substitut dar und es ist an eine Ergänzung des Gläubigerschutzes durch andere Mechanismen zu denken. Versicherungsprämien, Reputationsverluste, sowie eine unter Umständen gegebene Treuepflichtverletzung aufgrund einer unangemessenen Versicherung eignen

sich ebenso wie eine Binnenverantwortlichkeit dazu jedoch nicht. Lediglich eine Anwendung der Existenzvernichtungshaftung nach § 826 BGB kann die bestehenden Schutzlücken konsistent schließen.

5. Haftungsbeschränkungen können mit den Gesellschaftsgläubigern ausdrücklich vereinbart werden. Daneben sind grundsätzlich auch konkludente Vereinbarungen möglich, wobei jedoch ein Verzichtswille des Gesellschaftsgläubigers deutlich zum Ausdruck kommen muss, da die Gesellschaftsgläubiger in der Regel an der effizienten Standardlösung einer persönlichen Haftung festhalten werden wollen.
6. Haftungsbeschränkungen in AGB sind grundsätzlich ebenfalls möglich. In die materielle Inhaltskontrolle nach § 307 BGB ist die Funktion der persönlichen Haftung einzubeziehen. Regelmäßig ist daher, insbesondere bei fehlender Kompensation der persönlichen Haftung durch andere Gläubigerschutzmechanismen, von einer unangemessenen Benachteiligung auszugehen.
7. Eine Beschränkung der Vertretungsmacht eines Geschäftsführers dahingehend, dass er nur Geschäfte bei gleichzeitiger Vereinbarung einer Haftungsbeschränkungsvereinbarung abschließen kann und darf, ist zulässig. Durch die Haftung des Vertreters ohne Vertretungsmacht sowie mögliche bereicherungsrechtliche Ansprüche gegen die Gesellschaft und die Mitgesellschafter bei Vorleistung, werden beim Geschäftsführer Anreize gesetzt, eine Beschränkung der Vertretungsmacht offenzulegen und bei den anderen Gesellschaftern, auf eine Offenlegung hinzuwirken. Insgesamt erscheint dieser Ansatz, da die Gesellschaft selbst unter Umständen nicht verpflichtet wird, für eine effektive Teilnahme am Rechtsverkehr praktisch wenig zielführend.
8. Für die BGB-Gesellschaft wird die aufgrund der Zweckoffenheit bestehende Vielgestaltigkeit der Erscheinungsformen als ein Problem gesehen, das gegen die persönliche Gesellschafterhaftung als ein Modell für alle Personengesellschaften spreche. Zur Lösung wird entweder die Zulässigkeit haftungsbeschränkender AGB oder ein institutioneller Haftungsausschluss für die Gesellschafter als privilegierungsbedürftig erkannter Gesellschaften favorisiert. Dabei sind institutionelle Haftungsbeschränkungen überhaupt nur denkbar, wenn die persönliche Haftung durch andere wirksame Gläubigerschutzmechanismen ersetzt wird.
9. Für Publikums-BGB-Gesellschaften wird über die Anwendung des Haftungssystems der Kommanditisten auf die Anlegergesellschafter nachgedacht. Die Privilegierungsbedürftigkeit ergebe sich daraus, dass die Anleger sich regelmäßig nur anteilig, passiv und nur begrenzt haftend an der Gesellschaft beteiligen wollen würden und ihnen die Wahl einer BGB-Gesellschaft nicht zugerechnet werden könne. Jedoch besteht die Gefahr opportunistischen Gesellschafterverhaltens auch bei Publikums-BGB-Gesellschaften und die Haftung der Anleger nach dem System der KG kann diesen Anreizen nur ungenügend entgegenwirken.
10. Der Gefahr, dass Anlegern nicht klar ist, dass sie in eine Gesellschaft mit persönlicher Haftung investieren oder sie die Haftungsrisiken nicht korrekt

einschätzen können, kann auf anderem Wege entgegengewirkt werden. So legt das neue KAGB für unter seinen Anwendungsbereich fallende Anlagegesellschaften einen Rechtsformzwang fest (§ 139 KAGB). Die neue InvestKG ist dabei eine Variante der KG und baut den Schutz der Anleger weiter aus. Auch Investmentvermögen, die aufgrund ihrer Größe nicht unter § 139 KAGB fallen, dürfen nach § 44 Abs. 1 Nr. 7 KAGB nur als haftungsbeschränkte Gesellschaft aufgelegt werden.

11. Besonders für gemeinnützige BGB-Gesellschaften wird eine Beschränkung der Gesellschafterhaftung gefordert. Die Privilegierung wird damit gerechtfertigt, dass zum einen derartige Gesellschaften gefördert werden müssten und zum andern dass schwierige Abgrenzungsfragen zum nichtrechtsfähigen Verein eine unterschiedliche Behandlung nicht erlaubten. Daher wird eine analoge Anwendung der Handlendenhaftung des § 54 Abs. 2 BGB auf diese BGB-Gesellschaften vorgeschlagen. Jedoch stellt § 54 Abs. 2 BGB nur einen Baustein im Gläubigerschutzsystem des nichtrechtsfähigen Vereins dar, auf den die Vorschriften zur Vermögensbindung im eingetragenen Verein analog angewendet werden. Die Handelndenhaftung allein kann die persönliche Haftung nicht angemessen ersetzen.

Literatur

Adams: Eigentum, Kontrolle und beschränkte Haftung, Baden-Baden 1991. (zit.: *Adams*, Eigentum).

–: Ökonomische Analyse der Gefährdungs- und Verschuldenshaftung, Heidelberg 1985.

Aderhold, Lutz: Das Schuldmodell der BGB-Gesellschaft, Bonn 1981. (zit.: *Aderhold*, Schuldmodell).

–: Grundstrukturen der Gesamthand, JA 1980, 136.

Adolff, Johannes: Die Haftung des Gesellschafters der eingetragenen GmbH bei der wirtschaftlichen Neugründung, in: Gesellschaftsrechtliche Vereinigung (Hrsg.), Gesellschaftsrecht in der Diskussion 2011, Köln 2012, S. 49. (zit.: *Adolff*, VGR 2011, 49).

Akerlof, George A.: The Market for "Lemons": Quality Uncertainty and the Market Mechanism, 84 Q. J. Econ. (1970) 488.

Alchian, Armen A./Demsetz, Harold: Production, Information Costs, and Economic Organization, 62 Am. Econ. Rev. (1972) 777.

Altmeppen, Holger: Kernbereichslehre, Bestimmtheitsgrundsatz und Vertragsfreiheit in der Personengesellschaft, NJW 2015, 2065.

–: Zur vorsätzlichen Gläubigerschädigung, Existenzvernichtung und materiellen Unterkapitalisierung in der GmbH – Zugleich Besprechung BGH v 28-4-2008 – II ZR 264/06, ZIP 2008, 1232 „Gamma", ZIP 2008, 1201.

–: Verfassungswidrigkeit der akzessorischen Haftung in der GbR?, NJW 2004, 1563.

–: Deliktshaftung in der Personengesellschaft, NJW 2003, 1553.

–: Anmerkung zu BGH, Urteil vom 27.9.1999 – II ZR 371/98, ZIP 1999, 1758.

–: Haftung der Gesellschafter einer Personengesellschaft für Delikte, NJW 1996, 1017.

–: „Dritte" als Adressaten der Kapitalerhaltungs- und Kapitalersatzregeln in der GmbH, in: Festschrift für Bruno Kropff. Aktien- und Bilanzrecht, herausgegeben von Karl-Heinz Forster, Barbara Grunewald, Marcus Lutter, Johannes Semler, Düsseldorf 1997, S. 641. (zit.: *Altmeppen*, FS Kropff).

Armbrüster, Christian: Grenzen der Gestaltungsfreiheit im Personengesellschaftsrecht, ZGR 2014, 333.

–: Die Entwicklung der Rechtsfähigkeit der GbR seit „ARGE Weißes Ross", ZGR 2013, 366.

–: Der Gesellschafter hinter dem Gesellschafter – zur Treugeberhaftung in der Personengesellschaft Zugleich Erwiderung auf den gleichnamigen Beitrag von Kindler, ZIP 2009, 1146, ZIP 2009, 1885.

–: Haftung des Treugebers für Gesellschaftsschulden bei fehlerhaftem Fondsbeitritt, NJW 2009, 2167.

–: Die Schranken der „unbeschränkten" persönlichen Gesellschafterhaftung in der BGB-Gesellschaft, ZGR 2005, 34.

–: Die treuhänderische Beteiligung an Gesellschaften, Köln (u. a.) 2001. (zit.: *Armbrüster*, Treuhänderische Beteiligung).

Armor, David A./Taylor, Shelley E.: When Predictions Fail: The Dilemma of Unrealistic Optimism, in: Gilovich/Griffin/Kahneman (Hrsg.), Heuristics and Biases, New York 2002, S. 334. (zit.: *Armor/Taylor*, in: Gilovich/Griffin/Kahneman (Hrsg.), Heuristics and Biases).

Armour, John: Legal Capital: An Outdated Concept?, 7 EBOR (2006) 5.

–: Share capital and creditor protection: Efficient rules for a modern company law? 63 Mod. L. Rev. (2000), 355.

–/ *Whincop, Michael J.*: An Economic Analysis of Shared Property in Partnership and Close Corporations Law, in: McCahery, Joseph A./ Raaijmakers, Theo/ Vermeulen, Erik P. M., The Governance of Close Corporations and Partnerships : US and European Perspectives, 2004, S. 73. (zit.: *Armour/Whincop*, in: McCahery et al., The Governance of Close Corporations and Partnerships).

Arnim, Christoph von: U.S. Corporation und Aktiengesellschaft im Rechtsvergleich – Haftungsdurchgriff im deutschen Kapitalgesellschaftsrecht und Piercing the Corporate Veil im Recht der U.S.-amerikanischen Corporation, NZG 2000, 1001.

Arnold, Arnd: Die geplant Vereinsrechtsreform – Fortschritt oder Irrweg?, DB 2004, 2143.

–/*Dötsch, Wolfgang*: Persönliche Haftung für Altschulden beim Eintritt in eine GbR, DStR 2003, 1398.

Arnold, Michael: Die Tragweite des § 8 Abs. 2 PartGG vor dem Hintergrund der Haftungsverfassung der Gesellschaft bürgerlichen Rechts, BB 1996, 597.

Arrow, Kenneth J.: The Economics of Agency, in: Pratt, John W./Zeckenhauser, Richard J. (Hrsg.), Principals and Agents: The Structure of Business, Boston 1985, S. 37. (zit.: *Arrow*, in: Pratt/Zeckenhauser (Hrsg.), Principals and Agents).

Bachmann, Gregor: ECLR – Grundtendenzen der Reform geschlossener Gesellschaften in Europa – Dargestellt am Beispiel des britischen Reformprozesses und der Europäischen Privatgesellschaft, ZGR 2001, 351.

Bader, Cornelius: Ökonomische Analyse der Gesellschafterhaftung aus § 128 HGB und § 31 BGB, München 2010, http://www.hausarbeiten.de/faecher/vorschau/159506.html. (zit.: *Bader*, Ökonomische Analyse der Gesellschafterhaftung).

Bainbridge, Stephen M.: Corporation Law and Economics, New York 2002.

–: Community and Statism: A Conservative Contractarian Critique of Progressive Corporate Law Scholarship, 82 Cornell L. Rev. (1997) 856.

Bamberg, Günter/Coenenberg, Adolf Gerhard/Krapp, Michael: Betriebswirtschaftliche Entscheidungslehre, 15. Aufl., München 2012. (zit.: *Bamberg/Coenenberg/Krapp*, Entscheidungslehre).

Ballerstedt, Kurt: Besprechung von „Ottmar Kuhn, Strohmanngründungen bei Kapitalgesellschaften, Tübingen 1964", ZHR 128 (1966) 119.

Bälz, Ulrich: Organisationsvertrag und Gesamthand – Zur Abgrenzung von Außen- und Innengesellschaft-, in: Festschrift für Wolfgang Zöllner, Band I, Köln, Berlin, Bonn, München 1998, S. 35. (zit.: *Bälz*, FS Zöllner I).

Bauer, Markus: Gläubigerschutz durch eine formelle Nennkapitalziffer – kapitalgesellschaftsrechtliche Notwendigkeit oder überholtes Konzept?, Frankfurt a.M. 1995. (zit.: *Bauer*, Gläubigerschutz durch eine formelle Nennkapitalziffer).

Baumann, Horst: Rechtsnatur und Haftungsverfassung der Gesellschaft bürgerlichen Rechts im Spannungsfeld zwischen Grundrechtsgewährleistung und Zivilrechtsdogmatik, JZ 2001, 895.

–/Rößler, Sabine: Haftung des einer GbR beitretenden Gesellschafters für Altschulden analog § 130 HGB?, NZG 2002, 793.

Baumbach, Adolf (Begr.)/Hopt, Klaus J./Merkt, Hanno/Roth, Markus (Hrsg.): Handelsgesetzbuch, 36. Aufl., München 2014. (zit.: *Bearbeiter*, in: Baumbach/Hopt, HGB).

–/Hueck, Alfred (Hrsg.): GmbHG Gesetz betreffend die Gesellschaften mit beschränkter Haftung, 20. Aufl., München 2013. (zit.: *Bearbeiter*, in: Baumbach/Hueck, GmbHG).

Bayer, Walter: Moderner Kapitalschutz, ZGR 2007, 220.

Bebchuk, Lucian A./Fried, Jesse M.: The Uneasy Case fort h Priority of Secured Claims in Bankruptcy, 105 Yale L. J. (1996) 857.

Beck'scher Online Kommentar BGB: Bamberger, Heinz Georg/Roth, Herbert (Hrsg.), München, Edition 37, Stand 1.11.2015. (zit.: *Bearbeiter*, in: BeckOK-BGB).

Beck'scher Online Kommentar GmbHG: Ziemons, Hildegard/Jaeger, Carsten (Hrsg.), München, Edition 25, Stand 15.11.2015. (zit.: *Bearbeiter*, in: BeckOK-GmbHG).

Beck'scher Online Kommentar ZPO: Vorwerk, Volkert/Wolf, Christian (Hrsg.), München, Edition 18, Stand 1.9.2015. (zit.: *Bearbeiter*, in: BeckOK-ZPO).

Bekker, Ernst Immanuel: System des heutigen Pandektenrechts, Teil I, Weimar 1886.

Benecke, Martina: Inhaltskontrolle im Gesellschaftsrecht oder – „Hinauskündigung" und das Anstandsgefühl aller billig und gerecht Denkenden, ZIP 2005, 1437.

Bergmann, Andreas: Ein Plädoyer für § 54 Satz 1 BGB: Der nicht rechtsfähige Verein als körperschaftlich verfasste Gesellschaft Zugleich ein Beitrag zur geplanten Reform des Vereinsrechts, ZGR 2005, 654.

Behr, Volker: Neue Tendenzen im Recht der Ausschließung aus der Personengesellschaft – Besprechung der Entscheidung BGHZ 105, 213 ff –, ZGR 1990, 370.

Berk, Jonathan/DeMarzo, Peter M.: Corporate Finance, 3. Aufl., Boston 2014.

Beuthien, Volker: Warum eigentlich keine GbR mbH? – Zum Haftungssystem der nichteingetragenen Vereinigungen -, WM 2012, 1.

–: Was hat dic „rechtsfähige Personengesellschaft" Neues gebracht? Zur Entzauberung der Gruppenlehre, NZG 2011, 481.

–: Zur Grundlagenungewissheit des deutschen Gesellschaftsrechts, NJW 2005, 855.

–: Künftig alles klar beim nichteingetragenen Verein? Zur Grundlagenscheu des Gesetzgebers, NZG 2005, 493.

–: Zur Systemvergessenheit im deutschen Gesellschaftsrecht, JZ 2003, 969.

–: Zur Haftung von Personengesellschaftern, DB 1975, 725 und 773.

–: Treuhand an Gesellschaftsanteilen, ZGR 1974, 26.

Bitter, Georg: Konzernrechtliche Durchgriffshaftung bei Personengesellschaften, Köln u. a., 2000. (zit.: *Bitter*, Durchgriffshaftung).

Blair, Margaret M.: Locking in Capital: What Corporate Law Achieved for Business Organizers in the Nineteenth Century, 51 UCLA L. Rev. (2003) 387.

Blaurock, Uwe: Mindestkapital und Haftung bei der GmbH, in: Festschrift für Thomas Raiser zum 70. Geburtstag am 20. Februar 2005, herausgegeben von Reinhard Damm, Peter W. Heermann und Rüdiger Veil, Berlin 2005, S. 3. (zit.: *Blaurock*, FS Raiser).

–: Unterbeteiligung und Treuhand an Gesellschaftsanteilen. Formen mittelbarer Teilhabe an Gesellschaftsverhältnissen, Baden-Baden 1981. (zit.: *Blaurock*, Unterbeteiligung und Treuhand an Gesellschaftsanteilen).

Blenske, Holger: Die Haftung der Gesellschafter einer GbR mbH, NJW 2000, 3170.

Blümich: Einkommensteuergesetz, Körperschaftsteuergesetz, Gewerbesteuergesetz Loseblatt-Kommentar, Heuermann, Bernd/Brandis, Peter (Hrsg.), Stand 10/2014, 125. Auflage, München 2015. (zit.: *Bearbeiter*, in: Blümich, EStG).

Boehme, Matthias: Neue Grundsätze zur Haftung des Beitretenden für alte GbR-Schulden, NZG 2003, 764.

Boerner, Anette: Die Haftung des herrschenden Kommanditisten, Frankfurt am Main 1985. (zit.: *Boerner*, Haftung).

Böhm, Franz: Die Ordnung der Wirtschaft als geschichtliche Aufgabe und rechtsschöpferische Leistung, Stuttgart/Berlin 1937. (zit.: *Böhm*, Ordnung).

Boin, Kai T.: Die Rechtsfähigkeit der BGB-Gesellschaft – eine never ending story?, GmbHR 2001, 513.

Böken, Arnd: Die Immobilien-GbR Aktuelle Rechtsprechung zur Gesellschafterhaftung und zu Fondsbeteiligungen, DStR 2004, 558.

Bork, Reinhard: Einführung in das Insolvenzrecht, 7. Aufl., Tübingen 2014.

Brand, Christian: Die Mitgliederhaftung in nichteingetragenen Idealverbänden, AcP 208 (2008) 490.

Brandani, Andrea: Die BGB-Gesellschaft in der Liquidation, Frankfurt am Main 2002.

Brandini, Andrea: Anmerkung zum Urteil des BGH v. 29.1.2001 – II ZR 331/00 (BGHZ 146, 341), RNotZ 2001, 230.

–: Anmerkung zum Urteil des BGH v. 27.9.1999 – II ZR 371/98 (BGHZ 142, 315), DNotZ 2000, 140.

Bratton, William W.: Bond Covenants and Creditor Protection: Economics and Law, Theory and Practice, Substance and Process, 7 EBOR (2006) 39.

Braun, Anton: Berufshaftpflichtversicherungen, BRAK-Mitt. 2002, 150.

Braun, Eberhard (Hrsg.): Insolvenzordnung, Kommentar, 6. Aufl., München 2014. (zit.: *Bearbeiter*, in: Braun, InsO).

Brealey, Richard A./Meyers, Stewart C./Allen, Franklin: Principles of Corporate Finance, 9. Aufl., New York 2009.

Brehm, Wolfgang: Die Haftung des Vermögens einer Gesellschaft bürgerlichen Rechts für private Schulden der Gesellschafter, KTS 1983, 21.

Breuninger, Gottfried E.: Die BGB-Gesellschaft als Rechtssubjekt im Wirtschaftsverkehr: Voraussetzungen und Grenzen, Köln 1991. (zit.: *Breuninger*, BGB-Gesellschaft als Rechtssubjekt).

Brinz, Alois von: Lehrbuch der Pandekten, Band I, 3. Aufl. 1884.

Brömmelmeyer, Christoph: Fehlerhafte Treuhand – Die Haftung der Treugeber bei der mittelbaren Treuhand an Beteiligungen, NZG 2006, 529.

Brüggemeier, Gert: Haftungsrecht: Struktur, Prinzipien, Schutzbereich Ein Beitrag zur Europäisierung des Privatrechts, Berlin, Heidelberg 2006. (zit.: *Brüggemeier*, Haftungsrecht).

Bruns, Alexander: Haftungsbeschränkung und Mindesthaftung, Tübingen 2003.

Bruns, Jan: Die Haftung des neuen Sozius für alte Schulden, ZIP 2002, 1602.

Buchanan, James M.: The Economics and the Ethics of Constitutional Order, 1991.

–: The Domain of Constitutional Economics, 1 Const. Pol. Econ. (1990) 1.

Buchda, Gerhard: Geschichte und Kritik der deutschen Gesamthandslehre, Marburg 1936. (zit.: *Buchda*, Gesamthandslehre).

Buchner, Herbert: Zur rechtlichen Struktur der Personengesellschaften, AcP 169 (1969) 483.

Bunte, Hermann-Josef: Wirksamkeitskontrolle gesellschaftsvertraglicher „Hinauskündigungsklauseln" – Anmerkung zum Urteil des BGH vom 25.3.1985 – II ZR 240/84, ZIP 1985, 737, ZIP 1985, 915.

–: Ausschließung und Abfindung von Gesellschaftern einer Personengesellschaft – Gedanken zum Urteil des BGH vom 13.7.1981 – II ZR 56/80 = ZIP 1981, 978, ZIP 1983, 8.

Bürgers, Tobias/Körber, Torsten (Hrsg.): Aktiengesetz, 3. Aufl., Heidelberg 2014. (zit.: *Bearbeiter*, in: Bürgers/Körber, AktG).

Buth, Andrea K./Hermanns, Michael (Hrsg.): Restrukturierung, Sanierung, Insolvenz, 4. Aufl., München 2014. (zit.: *Bearbeiter*, in: Buth/Hermanns, Restrukturierung, Sanierung, Insolvenz).

Butler, Henry N./Ribstein, Larry E.: Opting Out Of Fiduciary Duties: A Response To The Anti-Contractarians, 65 Wash. L. Rev. (1990) 1.

Canaris, Claus-Wilhelm: Die Übertragung des Regelungsmodells der §§ 125–130 HGB auf die Gesellschaft bürgerlichen Rechts als unzulässige Rechtsfortbildung contra legem, ZGR 2004, 69.

–: Wandlungen des Schuldvertragsrechts – Tendenzen zu seiner „Materialisierung", AcP 200 (2000) 273.

Carney, William J.: Limited Liability, in: Bouckart, Boudewijn/De Geest, Gerrit (Hrsg.), Encyclopedia of Law and Economics, Band 2, Cheltham 2000, S. 659. (zit.: *Carney*, in: Bouckaert/De Geest (Hrsg.), Encyclopedia of Law and Economics, Bd. 2, S. 659).

Carr Jack L./Mathewson, Frank: Unlimited Liability As A Barrier To Entry, 96 J. of Pol. Econ. (1988) 766.

Casper, Matthias: Anmerkung zum Urteil des BGH v. 21.1.2002 – II ZR 2/00 (BGHZ 150, 1), JZ 2002, 1112.

–/Eberspächer, Friedemann: Haftung des GbR-Gesellschafters für Altverbindlichkeiten und deliktische Verbindlichkeiten – BGH, NJW 2003, 1803, Jura 2003, 770.

Chandler, Seth J.: Insurance Regulation, in: Bouckart, Boudewijn/De Geest, Gerrit (Hrsg.), Encyclopedia of Law and Economics, Band 3, Cheltham 2000, S. 837. (zit.: *Chandler*, in: Bouckart/De Geest, Encyclopedia of Law and Economics, Bd. 3).

Clauss, Annika/Fleckner, Andreas M.: Die Kommanditistenhaftung in der Gründung, WM 2003, 1790.

Coase, Ronald H.: The Nature of the Firm, 4 Economica (1937) 386.

Cooter, Robert/Ulen, Thomas: Law & Economics, 6. Aufl., Boston u. a. 2012.

Cordes, Albrecht: Die Gesellschaft bürgerlichen Rechts auf dem Weg zur juristischen Person?, JZ 1998, 545.

Cosack, Konrad: Lehrbuch des Handelsrechts, 6. Aufl., Stuttgart 1903.

Crezelius, Georg: Zur Stellung des § 176 HGB im Handels- und Gesellschaftsrecht, BB 1983, 5.

Damm, Reinhard: Neues Gesellschaftsrecht der Freien Berufe – Richterrechtliche Wende zur BGB-Gesellschaft und Sozietätsrecht -, in: Festschrift für Thomas Raiser zum 70. Geburtstag am 20. Februar 2005, herausgegeben von Reinhard Damm, Peter W. Heermann und Rüdiger Veil, Berlin, 2005, S. 23. (zit.: *Damm*, FS Raiser).

Dauner-Lieb, Barbara: § 130 HGB: Weitere Rechtsfortbildung im Recht der BGB-Gesellschaft?, in: Festschrift für Peter Ulmer zum 70. Geburtstag am 2. Januar 2003, Berlin 2003, S. 73. (zit.: *Dauner-Lieb*, FS Ulmer).

–: Das „weiße Roß"-Urteil des BGH vom 29.01.2001 zur BGB-Gesellschaft – Rechtsdogmatische Konsequenzen -, in: Gesellschaftsrechtliche Vereinigung (Hrsg.), Gesellschaftsrecht in der Diskussion 2001, Köln 2002, S. 117. (zit.: *Dauner-Lieb*, VGR 2001, 117).

–: Ein neues Fundament für die BGB-Gesellschaft, DStR 2001, 356.

–: Die Kommanditistenhaftung vor Eintragung (§ 176 Abs. 1 HGB) – Ansätze zu einer Neuorientierung -, in: Festschrift für Marcus Lutter zum 70. Geburtstag, herausgegeben Uwe H. Schneider, Peter Hommelhoff, Karsten Schmidt, Wolfram Timm, Barbara Grunewald, Tim Drygala, Köln 2000, S. 835. (zit.: *Dauner-Lieb*, FS Lutter).

–: Das Ende der BGB-Gesellschaft mit beschränkter Haftung – was nun?, DStR 1999, 1992.

–: Die BGB-Gesellschaft mit beschränkter Haftung – Phantom oder zulässige Spielart der GbR?, DStR 1998, 2014.

–: Unternehmen in Sondervermögen, Tübingen 1998.

–/Langen, Werner (Hrsg.): BGB Schuldrecht, Band 2, 2. Aufl., 2012. (zit.: *Bearbeiter*, in: Dauner-Lieb/Langen, BGB Schuldrecht).

Derleder, Peter: Die Aufgabe der monistischen Struktur der Gesellschaft bürgerlichen Rechts durch Verleihung der Rechtsfähigkeit, BB 2001, 2485.

Drinkuth, Henrik: Hinauskündigungsregeln unter dem Damoklesschwert der Rechtsprechung, NJW 2006, 410.

Drygala, Tim: Stammkapital heute – Zum veränderten Verständnis vom System des festen Kapitals und seine Konsequenzen, ZGR 2006, 587.

–: Für eine alternative Rechtsform neben einer reformierten GmbH – Leipziger Entwurf einer Kommanditgesellschaft mit beschränkter Haftung (KmbH), ZIP 2006, 1797.

Dubarry, Julien/Flume, Johannes W.: "Asset Partitioning" beyond corporate law – Eine Studie zur Handlungsform des Einzelunternehmers mit beschränkter Haftung, ZEuP 2012, 128.

Düringer, Adelbert/Hachenburg, Max: Das Handelsgesetzbuch, II. Band, 3. Aufl., Mannheim 1932. (zit.: *Bearbeiter*, in: Düringer/Hachenburg, HGB)

- 1. Hälfte (Allgemeine Einleitung: das Gesellschaftsrecht des bürgerlichen Rechts).
- 2. Hälfte (§§ 105–177, 335–342).

Easterbrook, Frank H./Fischel, Daniel R.: Contract and Fiduciary Duty, 36 J. L. & Econ. (1993) 425.

–/–: The Economic Structure of Corporate Law, Cambridge, 1991.

–/–: The Corporate Contract, 89 Colum. L. Rev. (1989) 1416.

–/–: Limited Liability and the Corporation, 52 U. Chi. L. Rev. (1985) 89.

Ebbing Frank /Grüner, M.: „Aus“ für Venture Capital GbR? – Neue aufsichts- und haftungsrechtliche Probleme für Anlagegesellschaften in der Rechtsform einer GbR, NZG 2000, 347.

Ebenroth, Carsten Thomas/Boujong, Karlheinz (Begr.)/Joost, Detlev/ Strohn, Lutz (Hrsg.): Handelsgesetzbuch,

- Band 1: §§ 1–342a, 3. Aufl., München 2014. (zit.: *Bearbeiter*, in: E/B/J/S, HGB).
- Band 2: Bank- und Börsenrecht, 3. Aufl., München 2015.(zit.: *Bearbeiter*, in: E/B/J/S, HGB, Banken- und Börsenrecht).

Eidenmüller, Horst: Die GmbH im Wettbewerb der Rechtsformen, ZGR 2007, 168.

–: Effizienz als Rechtsprinzip: Möglichkeiten und Grenzen der ökonomischen Analyse des Rechts, 3. Aufl., Tübingen 2005. (zit.: *Eidenmüller*, Effizienz als Rechtsprinzip).

–: Kapitalgesellschaftsrecht im Spiegel der ökonomischen Theorie, JZ 2001, 1042.

–: Unternehmenssanierung zwischen Markt und Gesetz, Köln 1999. (zit.: *Eidenmüller*, Unternehmenssanierung).

–/Engert, Andreas: Die angemessene Höhe des Grundkapitals der Aktiengesellschaft, AG 2005, 97.

–/Engert, Andreas: Rechtsökonomik des Mindestkapitals im GmbH-Recht, GmbHR 2005, 433.

Eigner, Michael: Die Beschränkung der persönlichen Gesellschafterhaftung bei Gesellschaft bürgerlichen Rechts und Partnerschaft, Köln 2004. (zit.: *Eigner*, Beschränkung der persönlichen Gesellschafterhaftung).

Eisdorfer, Assaf: Empirical Evidence of Risk Shifting in Financially Distressed Firms, 63 J. Fin. (2008) 609.

Eisenberg, Melvin Aaron: The Limits of Cognition and the Limits of Contract, 47 Stan. L. Rev. (1995) 211.

Elgueta, Giacomo Rojas: Divergences and Convergences of Common Law and Civil Law Traditions on Asset Partitioning: A Functional Analysis, 12 J. Bus L. (2013) 517.

Elsing, Siegfried H.: Alles entschieden bei der Gesellschaft bürgerlichen Rechts? – Die Rechtsprechung zwischen Mosaik- und Meilenstein, BB 2003, 909.

Emmerich, Volker/Habersack, Mathias (Hrsg.): Aktien- und GmbH-Konzernrecht, 7. Aufl. 2013.

Engert, Andreas: Life Without Legal Capital: Lessons from American Law, in: Lutter (Hrsg.) Legal Capital in Europe, 2006, S. 646. (zit.: *Engert*, in: Lutter (Hrsg.); Legal Capital in Europe).

–: Die ökonomische Begründung der Grundsätze ordnungsgemäßer Unternehmensfinanzierung, ZGR 2004, 813.

Englerth, Markus: Behavioral Law and Economics – eine kritische Einführung, in: Engel, Christoph/Englerth, Markus/Lüdemann, Jörn/Spiecker genannt Döhmann, Indra (Hrsg.): Recht und Verhalten, Tübingen 2007, S. 60. (zit.: *Englerth*, in: Engel et al. (Hrsg.), Recht und Verhalten).

Enriques, Luca/Macey, Jonathan R.: Creditors versus Capital Formation: The Case against the European Legal Capital Rules, 86 Cornell L. Rev. (2001) 1165.

Erlei, Mathias/Leschke, Martin/Sauerland, Dirk: Neue Institutionenökonomik, 2. Aufl., Stuttgart 2007.

Erman, Walter (Begr.): Bürgerliches Gesetzbuch, Handkommentar, Band 1, §§ 1–758, 14. Aufl., Köln 2014. (*Bearbeiter*, in: Erman, BGB).

Esch, Günter: Gesellschaftsvertragliche Buchwertabfindung im Falle der Ausschließungskündigung, NJW 1979, 1390.

Eucken, Walter: Grundsätze der Wirtschaftspolitik, herausgegeben von Edith Eucken und K. Paul Hensel, 5. Aufl., Tübingen 1975. (zit.: *Eucken*, Grundsätze der Wirtschaftspolitik).

Evans, Lewis T./Quigley, Neil C.: Shareholder Liability Regimes, Principal-Agent Relationships and Banking Industry Performance, 38 J.L. & Econ. (1995) 497.

Fabricius, Fritz: Zur Haftung der BGB-Gesellschaft für unerlaubte Handlungen aus der Geschäftsführung von Gesellschaftern, in: Aktuelle Fragen aus modernem Recht und Rechtsgeschichte. Gedächtnisschrift für Rudolf Schmidt, Berlin 1966, S. 171. (*Fabricius*, GS Schmidt).

– Relativität der Rechtsfähigkeit: ein Beitrag zur Theorie und Praxis des privaten Personenrechts, München/Berlin 1963. (zit.: *Fabricius*, Rechtsfähigkeit).

Fastrich, Lorenz: Optimierung des Gläubigerschutzes bei der GmbH – Praktikabilität und Effizienz, DStR 2006, 656.

Ferran, Eilis: Company Law and Corporate Finance, Oxford 1999.

Fezer, Karl-Heinz: Aspekte einer Rechtskritik an der economic analysis of law und am property rights approach, JZ 1986, 817.

Flämig, Christian: Die Kommanditgesellschaft auf Aktien – Vor- und Nachteile für Investoren, in: Festschrift für Martin Peltzer zum 70. Geburtstag, herausgegeben von Marcus Lutter, Walter Sigle, Manfred Scholz, Köln 2001, S. 99. (zit.: *Flämig*, FS Peltzer).

Fleck, Hans-Joachim: Der Grundsatz der Kapitalerhaltung – seine Ausweitung und seine Grenzen, in: Festschrift 100 Jahre GmbHG, herausgegeben von Marcus Lutter, Peter Ulmer, Wolfgang Zöllner, Köln 1992, S. 391. (zit.: *Fleck*, FS 100 Jahre GmbHG).

Fleischer, Holger: Perspektiven des Personengesellschaftsrechts, ZGR 2014, 107.

–: Gesetz und Vertrag als alternative Problemlösungsmodelle im Gesellschaftsrecht Prolegomena zu einer Theorie gesellschaftsrechtlicher Regelsetzung, ZHR 168 (2004) 673.

–: Grundfragen der ökonomischen Theorie im Gesellschafts- und Kapitalmarktrecht, ZGR 2001, 1.

–: Informationsasymmetrien im Vertragsrecht : eine rechtsvergleichende und interdisziplinäre Abhandlung zu Reichweite und Grenzen vertragsschlußbezogener Aufklärungspflichten, München 2001. (zit.: *Fleischer*, Informationsasymmetrien).

–: Gegenwartsprobleme der Patronatserklärung im deutschen und europäischen Privatrecht, WM 1999, 666.

–/Schmolke, Ulrich/Zimmer, Daniel: Verhaltensökonomik als Forschungsinstrument für das Wirtschaftsrecht, Fleischer, Holger/Zimmer, Daniel (Hrsg.), Beitrag der Verhaltensökonomie (Behavioral Economics) zum Handels- und Wirtschaftsrecht, Frankfurt am Main 2011. (zit.: *Fleischer/Schmolke/Zimmer*, in: Fleischer/Zimmer (Hrsg.), Verhaltensökonomie).

Flume, Werner: Die persönliche Haftung der Gesellschafter einer BGB-Gesellschaft für deliktisches Handeln der geschäftsführenden Gesellschafter – Anmerkungen zur Entscheidung des Zweiten Zivilsenats des BGH vom 24.2.2003-, DB 2003, 1775.

–: Die Rechtsprechung des II. Zivilsenats des BGH zur Treupflicht des GmbH-Gesellschafters und des Aktionärs, ZIP 1996, 161.

–: „Hinauskündigung“ aus der Personengesellschaft und Abfindung – Zur Rechtsprechung des Zweiten Zivilsenats des BGH, DB 1986, 629.

–: Die Gründung der Einmann-GmbH nach der Novelle zum GmbH-Gesetz, DB 1980, 1781.

–: Die Enträtselung der Vorgesellschaft. Eine Untersuchung aus Anlaß der Entscheidung BGH, NJW 1981, 1373, NJW 1981, 1752.

–: Allgemeiner Teil des Bürgerlichen Rechts.

- Erster Band, Erster Teil, Die Personengesellschaft, Berlin/Heidelberg/New York 1977. (zit.: *Flume*, Personengesellschaft)
- Erster Band, Zweiter Teil, Die Juristische Person, Berlin/Heidelberg/New York/Tokyo 1983. (zit.: *Flume*, Juristische Person).

–: Die Abfindung nach der Buchwertklausel für den Gesellschafter minderen Rechts einer Personengesellschaft, NJW 1979, 902.

–: Die Haftung der Vorgesellschaft bei Gründung einer Kapitalgesellschaft, in: Festschrift für Ernst von Caemmerer zum 70. Geburtstag, Tübingen 1978, S. 517. (zit.: *Flume*, FS Caemmerer).

–: Gesamthandsgesellschaft und juristische Person, in: Funktionswandel der Privatrechtsinstitutionen. Festschrift für Ludwig Raiser zum 70. Geburtstag, herausgegeben von Fritz Baur, Josef Esser, Friedrich Kübler und Ernst Steindorff, Tübingen 1974, S. 27. (zit.: *Flume*, FS L. Raiser).

–: Schuld und Haftung bei der Gesellschaft des bürgerlichen Rechts, in: Festschrift für Harry Westermann zum 65. Geburtstag, Karlsruhe 1974, S. 119. (zit.: *Flume*, FS H. Westermann).

–: Das „Halten und Verwalten" eines Vermögens oder Vermögensgegenstandes als BGB-Gesellschaft in zivilrechtlicher u. steuerlicher Sicht, DB 1973, 2470.

–: Gesellschaft und Gesamthand, ZHR 136 (1972) 177.

Franke, Günter/Hax, Herbert: Finanzwirtschaft des Unternehmens und Kapitalmarkt, 6. Aufl., Dordrecht (u. a.) 2009.

Freitag, Robert: Die „Investmentkommanditgesellschaft" nach dem Regierungsentwurf für ein Kapitalanlagegesetzbuch, NZG 2013, 329.

Funke, Ilja/Falkner, Tobias: Das Haftungssystem der BGB-Gesellschaft nach der neuen BGH-Rechtsprechung – Bestehen noch Unterschiede zwischen BGB-Gesellschaft und OHG?, Jura 2004, 721.

Gehb, Jürgen/Drange, Günter/Heckelmann, Martin: Gesellschaftsrechtlicher Typenzwang als Zwang zu neuem Gesellschaftstyp Gemeinschaftsrecht fordert deutsche UGG, NZG 2006, 88.

Gehrlein, Markus: Die Existenzvernichtungshaftung im Wandel der Rechtsprechung, WM 2008, 761.

–: Neue Tendenzen zum Verbot der freien Hinauskündigung eines Gesellschafters, NJW 2005, 1969.

Gesmann-Nuissl, Dagmar: Die Rechts- und Parteifähigkeit sowie Haftungsverfassung der Gesellschaft bürgerlichen Rechts nach dem Urteil des BGH, II ZR 331/00 = WM 2001, 408, WM 2001, 973.

Gierke, Otto von: Die Genossenschaftstheorie und die deutsche Rechtsprechung, Berlin 1887 (zit.: *v. Gierke*, Genossenschaftstheorie).

–: Deutsches Privatrecht, Erster Band, Allgemeiner Teil und Personenrecht, Neudruck der ersten Auflage (Leipzig 1985), München/Leipzig 1936. (zit.: *v. Gierke*, Deutsche Privatrecht/I).

–: Das Genossenschaftsrecht, Zweiter Band. Geschichte des deutschen Körperschaftsbegriff, Berlin 1873. (zit.: *v. Gierke*, Genossenschaftsrecht/II).

Göckeler, Stephan: Die Stellung der Gesellschaft bürgerlichen Rechts im Erkenntnis-, Vollstreckungs- und Konkursverfahren: Grundlagen, Einzelprobleme und Auswirkungen auf das materielle Recht, Berlin, 1992. (zit.: *Göckeler*, Gesellschaft bürgerlichen Rechts).

Goette, Wulf: Wo steht der BGH nach „Centros" und „Inspire Art"?, DStR 2005, 197.

–: Anmerkung zum Urteil des BGH, Urteil vom 21. 1. 2002 – II ZR 2/00, DStR 2002, 818.

–: Anmerkung zum Urteil des BGH, Urteil vom 29. 1. 2001 – II ZR 331/00, DStR 2001, 315.

–: Anmerkung zum Urteil des BGH v. 27.9.1999 – II ZR 371/98 (BGHZ 142, 315), DStR 1999, 1707.

–/*Goette, Maximilian*: Mehrheitsklauseln im Personengesellschaftsrecht, DStR 2016, 74.

Goetz, Charles J./Scott, Robert E.: The Limits of Expanded Choice: An Analysis of the Interactions between Express and Implied Contract Terms, 73 Cal. L. Rev. (1985) 261.

Gordon, Jeffrey N.: The Mandatory Structure of Corporate Law, 89 Colum. L. Rev. (1989) 1549.

Gößling, Tobias: Homo Institutionalis: Institutionen und rationale Entscheidungen Eine Einführung, Bielefeld 2006. (zit.: *Gößling*, Homo Institutionalis).

Gottschalk, Eckart: Anleger können für Liquidationsverluste ihres Fonds haften, NZG 2012, 461.

Grigoleit, Hans Christoph: Gesellschafterhaftung für interne Einflussnahme im Recht der GmbH, München 2006. (zit.: *Grigoleit*, Gesellschafterhaftung).

Grobe, Tony: Die Haftungsbeschränkung für die geschlossene Immobilienfonds-GbR – eine Kritik, WM 2011, 2078.

Großfeld, Bernhard: Aktiengesellschaft, Unternehmenskonzentration und Kleinaktionär, Tübingen 1968. (zit.: *Großfeld*, Aktiengesellschaft).

Group of German Experts on Corporate Law: Zur Entwicklung des Europäischen Gesellschaftsrechts – Stellungnahme der Group of German Experts on Corporate Law zum Konsultationsdokument der High Level Group of Experts on Corporate Law, ZIP 2002, 1310.

Grundmann, Stefan: Der Treuhandvertrag. Insbesondere die werbende Treuhand, München 1997. (zit.: *Grundmann*, Treuhandvertrag).

Grunewald, Barbara: Gesellschaftsrecht, 9. Aufl., Tübingen 2014.

–: Ausschluss aus Freiberuflersozietäten und Mitunternehmergesellschaften ohne besonderen Anlass, DStR 2004, 1750.

Gummert, Hans: Gilt das Akzessorietätsprinzip uneingeschränkt für alle BGB-Außengesellschaften Ein Beitrag zur Haftung der Gesellschafter der Publikums-BGB-Gesellschaft und der Idealgesellschaft, in: Festschrift für Hans-Joachim Lüer zum 70. Geburtstag, herausgegeben von Wilhelm Moll, München 2008, S. 201. (zit.: *Gummert*, FS Lüer).

–: Das „Weiße Roß“ – Urteil des BGH vom 29.01.2001 zur BGB-Gesellschaft – Auswirkungen auf die Rechtspraxis, in: Gesellschaftsrechtliche Vereinigung (Hrsg.), Gesellschaftsrecht in der Diskussion 2001, Köln 2002, S. 139. (zit.: *Gummert*, VGR 2001, 139).

–: Zur Zulässigkeit einseitiger Haftungsbeschränkungen auf das Vermögen der BGB-Außengesellschaft, ZIP 1993, 1063.

–: Haftung und Haftungsbeschränkung bei der BGB-Außengesellschaft – Ein Beitrag zur Haftungsordnung der BGB-Gesellschaft, Bonn 1991 (zit.: *Gummert*, Haftung und Haftungsbeschränkung).

Haaker, Andreas: Einfache Solvenztests statt aufwendige Ausschüttungssperren zur Gewährleistung eines hinreichenden Gläubigerschutzniveaus?, DStR 2010, 663.

Haar, Brigitte: Die Personengesellschaft im Konzern : Privatautonomie zwischen Vertrag und Organisation, Tübingen 2006. (zit.: *Haar*, Personengesellschaft im Konzern).

Haas, Ulrich: Mindestkapital und Gläubigerschutz in der GmbH, DStR 2006, 993.

Haberer, Thomas: Zwingendes Kapitalgesellschaftsrecht – Rechtfertigung und Grenzen, Wien 2009. (zit.: Haberer, Zwingendes Kapitalgesellschaftsrecht).

Habermeier, Stefan: Grundfragen des Gesellschaftsrechts, JuS 1998, 865.

Habersack, Mathias: Trihotel – Das Ende der Debatte? Überlegungen zur Haftung für schädigende Einflussnahme im Aktien- und GmbH-Recht, ZGR 2008, 533.

–: Die Anerkennung der Rechts- und Parteifähigkeit der GbR und der akzessorischen Gesellschafterhaftung durch den BGH, BB 2001, 477.

–: Haftung der Mitglieder einer GbR für Bürgschaftsverpflichtungen der Gesellschaft. Zugleich ein Plädoyer für die Doppelverpflichtungstheorie, BB 1999, 61.

–: Die Haftungsverfassung der Gesellschaft bürgerlichen Rechts – Doppelverpflichtung und Akzessorietät, JuS 1993, 1.

–/Schürnbrand, Jan: Die Haftung des eintretenden Gesellschafters für Altverbindlichkeiten der Gesellschaft bürgerlichen Rechts – BGH, NJW 2003, 1803, JuS 2003, 739.

–/Verse, Dirk A.: Rechtsfragen der Mitarbeiterbeteiligung im Spiegel der neueren Rechtsprechung, ZGR 2005, 451.

Hadding, Walther: Nochmals: Rechtsfähigkeit der Gesellschaft bürgerlichen Rechts und persönliches Verpflichtetsein ihrer Gesellschafter, in: Festschrift für Thomas Raiser zum 70. Geburtstag, herausgegeben von Reinhard Damm, Peter W. Heermann und Rüdiger Veil, Berlin 2005, S. 129. (zit.: *Hadding*, FS Raiser).

–: Zur Rechtsfähigkeit und Parteifähigkeit der (Außen-) Gesellschaft bürgerlichen Rechts sowie zur Haftung ihrer Gesellschafter für Gesellschaftsverbindlichkeiten Zugleich Besprechung des Urteils BGH WM 2001, 408, ZGR 2001, 712.

–: Haftungsbeschränkung in der unternehmerisch tätigen Gesellschaft bürgerlichen Rechts, in: Festschrift für Fritz Rittner zum 70. Geburtstag, herausgegeben von Manfred Löwisch, Christian Schmidt-Leithoff und Burkhard Schmiedel, München 1991, S. 133. (zit.: *Hadding*, FS Rittner).

–: Inhalt und Verjährung der Haftung des Gesellschafters einer OHG oder KG – Besprechung der Entscheidung BGHZ 73, 217 –, ZGR 1981, 581.

Halmer, Daniel Philipp: Gesellschafterdarlehen und Haftungsdurchgriff, Tübingen 2013.

Halpern, Paul/Trebilcock, Michael/Turnbull, Stuart: An Economic Analysis of Limited Liability in Corporation Law, 30 U. Toronto L. J. (1980) 117.

Hansmann, Henry: Ownership and Organizational Form, in: Gibbons, Robert/Roberts, John, The Handbook of Organizational Economics, 2013, S. 891. (zit: *Hansmann*, in: Gibbons/Roberts (Hrsg.), The Handbook of Organizational Economics).

–/Kraakman, Rainier: Property, Contract, and Verification: The Numerus Clausus Problem and the Divisibility of Rights, 31 J. Legal Stud. (2002) 373.

–/–: The Essential Role of Organizational Law, 110 Yale L. J. (2000) 387.

–/–: Toward Unlimited Shareholder Liability for Corporate Torts, 100 Yale L. J. (1991) 1879.

–/–/Squire, Richard: The New Business Entities in Evolutionary Perspective, 8 EBOR (2007) 59.

–/–/–: Law and the Rise of the Firm, 119 Harv. L. Rev. (2005) 1335.

Hart, Oliver: An Economist's Perspective on the Theory of the Firm, 89 Colum. L. Rev. (1989) 1757.

Hasenkamp, Annabel: Die formularvertragliche Haftungsbeschränkung bei der Gesellschaft bürgerlichen Rechts, BB 2004, 230.

–: Die Haftungsbeschränkungen bei der Gesellschaft bürgerlichen Rechts, Eine Untersuchung unter Einbeziehung der Rechtslage beim nichtrechtsfähigen Verein und bei der werdenden GmbH; Baden-Baden 2003. (zit.: *Hasenkamp*, Haftungsbeschränkungen).

–: Die akzessorische Haftung ausscheidender und eintretender Gesellschafter bürgerlichen Rechts, DB 2002, 2632.

Hasselbach, Kai: Anmerkung zu BGH, Urteil vom 27.9.1999 – II ZR 371/98, MDR 2000, 95.

–: Die Gesellschaft bürgerlichen Rechts mit beschränkter Haftung, MDR 1998, 1200.

Hauer, Peter Jens: Rechtsnatur und Schuldinhalt der Haftung des Gesellschafters einer OHG nach 128 HGB, Tübingen 1966. (zit.: *Hauer*, Rechtsnatur und Schuldinhalt).

Heck, Philipp: Grundriß des Schuldrechts, Tübingen 1929.

Heckelmann, Dieter: Die GbRmbH als (neue) Gesellschaftsform?, in: Festschrift für Karlheinz Quack zum 65. Geburtstag, herausgegeben von Harm Peter Westermann und Wolfgang Rosener, Berlin/New York 1991, S. 243. (zit.: *Heckelmann*, FS Quack).

Heermann, Peter W.: Haftungsbeschränkungen in der BGB-Außengesellschaft Gibt es eine ‚Kommanditgesellschaft bürgerlichen Rechts' oder eine ‚GbR mbH'?, BB 1994, 2421.

Heidinger, Andreas: Der Kapitalschutz der GmbH auf dem Prüfstand, DNotZ 2005, 97.

Heil, Hans-Jürgen: Parteifähigkeit der GbR – Durchbruch der Gruppenlehre, NZG 2001, 300.

–: Die Gesellschaft bürgerlichen Rechts mit beschränkter Haftung im Lichte des Handelsreformgesetzes und des AGB-Gesetzes, MittRhNotK 1998, 348.

Heine, Klaus/Röpke, Katarina: Die Rolle von Qualitätssignalen – eine ökonomische und juristische Analyse am Beispiel der deutschen Kapitalschutzvorschriften, RabelsZ 70 (2006) 138.

Heinrichs, Nils: Mehrheitsbeschlüsse bei Personengesellschaften: Bestimmtheitsgrundsatz, Kernbereichslehre und materielle Beschlusskontrolle unter besonderer Berücksichtigung des Verhältnisses der Institute zueinander, Berlin 2006. (zit.: *Heinrichs*, Mehrheitsbeschlüsse bei Personengesellschaften).

Heller, Robert: Der Zivilprozeß der Gesellschaft bürgerlichen Rechts, Köln, 1989.

Hellwege, Philipp : Allgemeine Geschäftsbedingungen, einseitig gestellte Vertragsbedingungen und die allgemeine Rechtsgeschäftslehre, Tübingen 2010. (zit.: *Hellwege*, Allgemeine Geschäftsbedingungen).

Hennecke, Bernd: Das Sondervermögen der Gesamthand : Beispiel einer Vermögenssonderung im Zivil- und Handelsrecht, Berlin 1976. (zit.: *Hennecke*, Sondervermögen der Gesamthand).

Hennerkes, Brun-H./Binz Mark K.: Zur Ausschließbarkeit von Gesellschaftern einer Personengesellschaft nach freiem Ermessen, NJW 1983, 73.

–/Lorz, Rainer: Roma locuta causa finita – Die GmbH & Co KGaA ist zulässig Zugleich Besprechung des BGH-Beschlusses vom 24-02-1997 – II ZB 11/96, DB 1997 S 1219 ff, DB 1997, 1388.

Hennrichs, Joachim: Treupflichten im Aktienrecht. Zugleich Überlegungen zur Konkretisierung der Generalklausel des § 242 BGB sowie zur Eigenhaftung des Stimmrechtsvertreters, AcP 195 (1995) 221.

–/Kießling, Erik: Die „GbR ohne persönliche Gesellschafterhaftung“ – Zur Begrenzung der Haftung für rechtsgeschäftlich begründete Verbindlichkeiten in der Gesellschaft bürgerlichen Rechts -, WM 1999, 877.

Henssler, Martin: Hinauskündigung und Austritt von Gesellschaftern in personalistisch strukturierten Gesellschaften, in: Festschrift für Horst Konzen zum siebzigsten Geburtstag, herausgegeben von Barbara Dauner-Lieb, Peter Hommelhoff, Matthias Jacobs, Dagmar Kaiser und Christoph Weber, Tübingen 2006, S. 267. (zit.: *Henssler*, FS Konzen).

–: Die „Limited Liability Partnership“ des US-amerikanischen Rechts – Denkanstöße zur Fortentwicklung des Rechts der Partnerschaftsgesellschaft und der OHG-, in: Festschrift für Herbert Wiedemann zum 70. Geburtstag, herausgegeben von Rolf Wank, Heribert Hirte, Kaspar Frey, Holger Fleischer, Gregor Thüsing, München 2002, S. 907. (zit.: *Henssler*, FS Wiedemann).

–: Treuhandgeschäft – Dogmatik und Wirklichkeit, AcP 196 (1996) 37.

–: Die Haftung der Partnerschaft und ihrer Gesellschafter Ein haftungsrechtlicher Vergleich mit der Kooperationsform der Gesellschaft Bürgerlichen Rechts, in: Festschrift für Ralf Vieregge zum 70. Geburtstag, herausgegeben von Jürgen F. Bauer, Rainer Jacobs, Manfred Lieb, Peter-Christian Müller-Graff, Berlin 1995, S. 361. (zit.: *Henssler*, FS Vieregge).

–*/Michel, Dirk*: Austritt und Ausschluss aus der freiberuflichen Sozietät – Gesellschaftsrechtliche und berufsrechtliche Folgen, NZG 2012, 401.

–*/Strohn, Lutz (Hrsg.)*: Gesellschaftsrecht, 2. Aufl., München 2014. (zit.: *Bearbeiter*, in: Henssler/Strohn, Gesellschaftsrecht).

Henze, Hartwig: Beschränkung der Gesellschafterhaftung – Teilrechtsfähigkeit der GbR im Wandel?, BB 1999, 2260.

Hey, Felix: Freie Gestaltung in Gesellschaftsverträgen und ihre Schranken, München 2004. (zit.: *Hey*, Freie Gestaltung in Gesellschaftsverträgen).

Heymann, Ernst (Begr.)/Emmerich, Volker/Horn, Norbert (Hrsg.): Handelsgesetzbuch (ohne Seerecht), Band 2, §§ 105–237, Berlin, New York 1989. (zit.: *Bearbeiter*, in: Heymann, HGB).

Hillers, Klaus: Personengesellschaft und Liquidation, Köln (u. a.) 1989 (zit.: *Hillers*, Liquidation).

Hirte, Heribert: Die Neuregelung des Rechts der (früher: kapitalersetzenden) Gesellschafterdarlehen durch das „Gesetz zur Modernisierung des GmbH-Rechts und zur Bekämpfung von Missbräuchen“ (MoMiG), WM 2008, 1429.

Hirtz, Bernd: die Abfindung des Gesellschafters einer Personengesellschaft nach der Ausschließung ohne wichtigen Grund, BB 1981, 761.

Hofmann, Christian: Der Minderheitenschutz im Gesellschaftsrecht, Berlin, New York 2011.

Hofmann, Paul: Unbeschränkte Kommanditistenhaftung und gesetzliche Wertung, NJW 1969, 577.

Holmström, Bengt: Moral Hazard and Observability, 10 Bell J. Econ. (1979) 74.

Homann, Karl/Suchanek, Andreas: Ökonomik: Eine Einführung, 2. Aufl., Tübingen 2005.

Hommelhoff, Peter: Wider das Akzessorietätsdogma in der Gesellschaft bürgerlichen Rechts, ZIP 1998, 8.

Hönn, Günther: Roma locuta? – Trihotel, Rechtsfortbildung und die gesetzliche Wertung, WM 2008, 769.

Hopt, Klaus J.: Vergleichende Corporate Governance, ZHR 175 (2011) 444.

–: Gesellschaftsrecht im Wandel, in: Festschrift Herbert Wiedemann zum 70. Geburtstag, herausgegeben von Rolf Wank, Heribert Hirte, Kaspar Frey, Holger Fleischer, Gregor Thüsing, München 2002, S. 1013. (zit.: *Hopt*, FS Wiedemann).

Horst, Ulrich von der: Grundlagen und Umfang der Haftung des Steuerberaters und Möglichkeiten der Haftungsbeschränkung, DStR 1995, 2027.

Huber, Ulrich: Rechtsfähigkeit, juristische Person und Gesamthand, in: Festschrift für Marcus Lutter zum 70. Geburtstag, herausgegeben von Uwe H. Schneider, Peter Hommelhoff, Karsten Schmidt, Wolfram Timm, Barbara Grunewald, Tim Drygala, Köln 2000, S. 107. (zit.: *Huber*, FS Lutter).

–: Gesellschafterkonten in der Personengesellschaft, ZGR 1988, 1.

–: Der Ausschluß des Personengesellschafters ohne wichtigen Grund, ZGR 1980, 177.

–: Vermögensanteil, Kapitalanteil und Gesellschaftsanteil an Personengesellschaften des Handelsrechts, Heidelberg 1970. (zit.: *Huber*, Vermögensanteil).

Hübner, Jürgen: Immobilienanlagen unter dem KAGB – Alte Fragen – neue Fragen – neue Antworten -, WM 2014, 106.

Hueck, Alfred: Das Recht der Offenen Handelsgesellschaft, 4. Aufl., Berlin/New York 1971. (zit.: *Hueck*, OHG).

Hueck, Götz: Drei Fragen zur Gesamthandsgesellschaft, in: Festschrift für Wolfgang Zöllner zum 70. Geburtstag, Band I, herausgegeben von Manfred Lieb, Ulrich Noack und Harm Peter Westermann, Köln, Berlin, Bonn, München 1998, S. 275. (zit.: *Hueck*, FS Zöllner I).

–/Hueck, Alfred (Begr.):Gesellschaftsrecht: Ein Studienbuch, 19. Aufl., München 1991. (zit.: *Hueck/Hueck*, Gesellschaftsrecht).

Hüffer, Uwe: Zur gesellschaftsrechtlichen Treupflicht als richterrechtliche Generalklausel, in: Festschrift für Ernst Steindorff zum 70. Geburtstag am 13. März 1990, herausgegeben von Jürgen F. Baur, Klaus J. Hopt und K. Peter Mailänder, Berlin/New York 1990, S. 59. (zit.: *Hüffer*, FS Steindorff).

–: Die Gesamthandsgesellschaft in Prozeß, Zwangsvollstreckung und Konkurs, in: Festschrift für Walter Stimpel zum 68. Geburtstag am 29. November 1985, herausgegeben von Marcus Lutter, Hans-Joachim Mertens, Peter Ulmer, Berlin, New York, 1985, S. 165. (zit.: *Hüffer*, FS Stimpel).

Huep, Tobias: Die Haftungsbeschränkung zugunsten der Gesellschafter einer BGB-Gesellschaft, NZG 2000, 285.

Iber, Hans: Der Inhalt der Gesellschafterverbindlichkeit: Ein Problem aus dem Recht der OHG, Diss. Heidelberg 1956.

Immenga, Ulrich: Die personalistische Kapitalgesellschaft : eine rechtsvergleichende Untersuchung nach deutschem GmbH-Recht und dem Recht der Corporations in den Vereinigten Staaten, Bad Homburg 1970. (zit.: *Immenga*, Personalistische Kapitalgesellschaft).

Jacobs, Jörn: Die institutionelle Haftungsbeschränkung bei atypischen Erscheinungsformen der Außen-GbR, Köln, Berlin, München 2007. (zit.: *Jacobs*, Institutionelle Haftungsbeschränkung).

–: Unbeschränkte Haftung der Kommanditisten vor Eintragung für gesetzliche Gesellschaftsverbindlichkeiten, DB 2005, 2227.

Jaeger, Ernst (Begr.)/Henckel, Wolfram (Hrsg.): Insolvenzordnung: Großkommentar, Band 1, §§ 1–55, Berlin 2004. (zit.: *Bearbeiter*, in: Jaeger/Heckel, InsO).

Jansen, Nils: Klauselkontrolle im europäischen Privatrecht Ein Beitrag zur Revision des Verbraucheracquis, ZEuP 2010, 69.

–: Konturen eines europäischen Schadensrechts, JZ 2005, 160.

–: Die Struktur des Haftungsrechts, Tübingen 2003.

Janson, Gunnar: Ökonomische Theorie im Recht, Berlin 2004. (zit.: *Janson*, Ökonomische Theorie).

Jaschke, Martin: Gesamthand und Grundbuchrecht, Köln 1991.

Jawansky, Martin: Haftung und Vertrauensschutz bei Berufsausübung in der Partnerschaftsgesellschaft, DB 2001, 2281.

Jensen, Michael C.: Organization Theory and Methodology, 58 Acct. Rev. (1983) 319.

–/Meckling, William H.: Theory of the Firm: Managerial Behaviour, Agency Cost, and Ownership Structure, 3 J. Fin. Econ. (1976) 305.

Joerges, Ernst: Zur Lehre vom Miteigenthum und der gesammten Hand nach deutschem Reichsrecht, ZHR 49 (1900) 140.

John, Uwe: Die organisierte Rechtsperson. System und Probleme der Personifikation im Zivilrecht, Berlin 1977. (zit.: John, Die organisierte Rechtsperson).

Jungmann, Carsten: Solvenztest- versus Kapitalschutzregeln. Zwei Systeme im Spannungsfeld von Gläubigerschutz und Finanzierungsfreiheit der Kapitalgesellschaft, ZGR 2006, 638.

Kahan, Marcel/Klausner, Michael: Standardization and Innovation in Corporate Contracting (Or the Economics of Boilerplate), 83 Va. L. Rev. (1997) 713.

Kahneman, Daniel/Tversky, Amos: Prospect Theory: An Analysis of Decision under Risk, 47 Econometrica (1979) 263.

Kammergruber, Richard: Divergenzen der Innen- und Außenhaftung des Kommanditisten, Frankfurt am Main 2003. (zit.: *Kammergruber*, Divergenzen).

Kästle, Martina: Rechtsfragen der Verwendung von Covenants in Kreditverträgen, Berlin 2003. (zit.: *Kästle*, Covenants).

Keil, Tilo: Die Haftung des Gesellschafters für Deliktsschulden und Altverbindlichkeiten der GbR. Zugleich ein Besprechung der BGH-Urteile vom 24.2.2003 – II ZR 385/99 und 7.4.2003 – II ZR 56/02, DZWiR 2003, 404.

Kilger, Joachim (Hrsg.): Konkursordnung: mit Gesamtvollstreckungsordnung, 16. Aufl., München 1993. (zit.: *Bearbeiter*, in: Kilger, KO).

Kilian, Matthias: Partnerschaftsgesellschaftsgesetz, Baden-Baden 2012.

–: Die Trennung vom „missliebigen“ Personengesellschafter – Neue Ansätze in Sachen Ausschluss, Hinauskündigung und Kollektivaustritt? –, WM 2006, 1567.

Kindl, Johann: Abschied von der Doppelverpflichtungstheorie bei der BGB-Gesellschaft – zugleich eine Besprechung von BGH, WM 1999, 2071 ff. – WM 2000, 697.

–: Der Streit um die Rechtsnatur der GbR und seine Auswirkungen auf die Haftung der Gesellschafter für rechtsgeschäftlich begründete Gesellschaftsverbindlichkeiten, NZG 1999, 517.

–/Meller-Hannich, Caroline/ Wolf Hans-Joachim (Hrsg.): Gesamtes Recht der Zwangsvollstreckung, Handkommentar, 3. Aufl., 2015. (zit.: *Bearbeiter*, in: Kindl/Meller-Hannich/Wolf).

Kindler, Peter: Die Gesellschafter hinter dem Gesellschafter – Zur Treugeberhaftung in der Personengesellschaft Zugleich Besprechung BGH v 11-11-2008 – XI ZR 468/07, ZIP 2008, 2354, ZIP 2009, 1146.

–: Grundfragen der Kommanditistenhaftung, JuS 2006, 865.

King, Rudolf G.: Real Estate Investment Trusts, offene und geschlossene deutsche Immobilienfonds, 1999. (zit.: *King*, Real Estate Investment Trusts).

Kirchgässner, Gebhard: Homo oeconomicus : das ökonomische Modell individuellen Verhaltens und seine Anwendung in den Wirtschafts- und Sozialwissenschaften, 4. Aufl., Tübingen 2013. (zit.: *Kirchgässner*, Homo Oeconomicus).

–: Führt der homo oeconomicus das Recht in die Irre?, JZ 1991, 104.

Kirchner, Christian: Die ökonomische Theorie, in: Riesenhuber, Karl (Hrsg.), Europäische Methodenlehre, Berlin 2010. (zit.: *Kirchner*, in: Riesenhuber (Hrsg.), Europäische Methodenlehre).

–: Zur konsequentialistischen Interpretationsmethode, in: Internationalisierung des Rechts und seine ökonomische Analyse: Festschrift für Hans-Bernd Schäfer zum 65. Geburtstag, herausgegeben von Thomas Eger, Jochen Bigus, Claus Ott, Georg Wangenheim, Wiesbaden 2008, S. 37. (zit.: *Kirchner*, FS Schäfer).

–: The Development of European Community Law in the Light of New Institutional Economic, in: Institutions in perspective: Festschrift in honor of Rudolf Richter on the occasion of his 80. Birthday, Ulrich Bindseil/Justus Haucap/Christian Wey (Hrsg.), Tübingen 2006, S. 309. (zit.: *Kirchner*, FS Richter).

–: Zur ökonomischen Theorie der juristischen Person – Die juristische Person im Gesellschaftsrecht im Lichte der Institutionenökonomik –, in: Festschrift für Thomas Raiser zum 70. Geburtstag am 20. Februar 2005, herausgegeben von Reinhard Damm, Peter W. Heermann und Rüdiger Veil, Berlin 2005, S. 181. (zit.: *Kirchner*, FS Raiser).

–: Ökonomische Theorie des Rechts, Berlin 1997. (zit.: *Kirchner*, Ökonomische Theorie).

Klauss, Herbert/Lange, Joachim: Die Gesellschaft des bürgerlichen Rechts : Zivilrecht, Steuerrecht, 2. Aufl., Ludwigshafen 1975. (zit.: *Klauss/Lange*, Gesellschaft bürgerlichen Rechts).

Kleindiek, Detlef: Materielle Unterkapitalisierung, Existenzvernichtung und Deliktshaftung – GAMMA, NZG 2008, 686.

–: Krisenvermeidung in der GmbH: Gesetzliches Mindestkapital, Kapitalschutz und Eigenkapitalersatz, ZGR 2006, 335.

–: Eintrittshaftung in der BGB-Gesellschaft, in: Festschrift für Volker Röhricht zum 65. Geburtstag, herausgegeben von Georg Crezelius, Heribert Hirte, Klaus Vieweg Köln 2005, S. 315. (zit.: *Kleindiek*, FS Röhricht).

–: Deliktshaftung und juristische Person : zugleich zur Eigenhaftung von Unternehmensleitern, Tübingen 1997. (zit.: *Kleindiek*, Deliktshaftung und juristische Person).

Klerx, Oliver: Haftung der GbR-Gesellschafter für Delikte wegen Vertrauens in die Rechtsform?, NJW 2004, 1907.

–: Persönliche Haftung der Personengesellschafter für Delikte, Würzburg Uni. Diss. 1998.

Klimke, Dominik: Die quotale Haftung der Gesellschafter geschlossener Immobilienfonds für Gesellschaftsdarlehen, WM 2010, 492.

Klingberg, Dietgard: Mitarbeitende Kommanditisten im Gesellschaftsrecht, Köln 1990. (zit.: *Klingberg*, Mitarbeitende Kommanditsiten).

Klöhn, Lars: Treuhandkonstruktionen bei Publikumspersonengesellschaften – Das Aufrechnungsverbot nach BGHZ 189, 45 und BGH NZG 2012, 1024, in: Gesellschaftsrechtliche Vereinigung (Hrsg.), Gesellschaftsrecht in der Diskussion 2012, Köln 2013, 143. (zit.: Klöhn, VGR 2012, 143).

–: Supranationale Rechtsformen und vertikaler Wettbewerb der Gesetzgeber im europäischen Gesellschaftsrecht Plädoyer für ein marktimitierendes Rechtsformangebot der EU, RabelsZ 76 (2012) 276.

Knetsch, Jack L.: The Endowment Effect and Evidence of Nonreversible Indifference Curves, 79 Am. Econ. Rev. (1989) 1277.

Knobbe-Keuk, Brigitte: Die unbeschränkte Kommanditistenhaftung nach § 176 HGB – Schein und Wirklichkeit -, in: Festschrift für Walter Stimpel zum 68. Geburtstag am 29. November 1985, herausgegeben von Marcus Lutter, Hans-Joachim Mertens und Peter Ulmer, Berlin/New York 1985, S. 187. (zit.: *Knobbe-Keuk*, FS Stimpel).

Koch, Harald: Sammelklagen durch eine BGB-Gesellschaft, NJW 2006, 1469.

Koch, Jens: Freie Sitzwahl für Personenhandelsgesellschaften, ZHR 173 (2009) 101.

Koller, Ingo: Der Ausschluß ohne wichtigen Grund zum Buchwert bei Familiengesellschaften, DB 1984, 545.

–/*Kindler, Peter/Roth, Wulf-Henning/Morck, Winfried*: Handelsgesetzbuch, 8. Aufl., München 2015. (zit.: *Bearbeiter*, in: Koller/Kindler/Roth/Morck, HGB).

Kölner Kommentar zum Aktiengesetz: Wolfgang Zöllner (Hrsg.), Band 6, 3. Aufl., Köln 2004. (zit.: *Bearbeiter*, in: Kölner Kommenatr, AktG).

Köndgen, Johannes: Financial Covenants – „Symbiotische" Finanzierungsverträge im Spannungsverhältnis von Vertrags-, Gesellschafts-, und Insolvenzrecht, in: Insolvenzrecht 1996, Hanns Prütting (Hrsg.), Köln 1997, S. 127. (zit.: *Köndgen*, in: Prütting (Hrsg.), Insolvenzrecht).

Korch, Stefan: Offene Rechtsfragen zur Reichweite der Haftungsbeschränkung durch die Partnerschaftsgesellschaft mit beschränkter Berufshaftung, NZG 2015, 1425.

Kornblum, Udo: Die Haftung der Gesellschafter für Verbindlichkeiten von Personengesellschaften, Frankfurt/M. 1972 (zit.: *Kornblum*, Haftung der Gesellschafter).

–: Die Rechtsstellung der BGB-Gesellschaft und ihrer Gesellschafter im Zivilprozeß – Erkenntnisverfahren und Zwangsvollstreckung, BB 1970, 1445.

Kornhauser, Lewis A.: An economic analysis of the choice between enterprise and personal liability for accidents, 70 Cal. L. Rev. (1982) 1345.

Kötz, Hein: Der Schutzzweck der AGB-Kontrolle – Eine rechtsökonomische Skizze, JuS 2003, 209.

–: Ziele des Haftungsrechts, in: Festschrift für Ernst Steindorff zum 70. Geburtstag am 13. März 1990, herausgegeben von Jürgen F. Baur, Klaus J. Hopt und K. Peter Mailänder, Berlin/New York, S. 643. (zit.: *Kötz*, FS Steindorff).

–/*Wagner, Gerhard*: Deliktsrecht, 12. Aufl., München 2013.

Kraakman, Rainier: Vicarious and Corporate Civil Liabilty, in: Bouckart, Boudewijn/De Geest, Gerrit (Hrsg.), Encyclopedia of Law and Economics, Band 2, Cheltham 2000, S. 669. (zit.: *Kraakman*, in: Bouckaert/De Geest (Hrsg.), Encyclopedia of Law and Economics, Bd. 2).

–: Gatekeepers: The Anatomy of Third-Party Enforcement Strategy, 2 J.L. Econ & Org. (1986) 53.

–: Corporate Liability Strategies and the Costs of Legal Controls, 93 Yale L. J. (1984) 857.

–/*Davies, Paul/Hansmann, Henry/Hertig, Gérard, Hopt, Klaus J./Kanda, Hideki/Rock, Edward B.*: The Anatomy of Corporate Law, 2. Aufl., Oxford 2009. (zit.: *Kraakman et al.*, The Anatomy of Corporate Law).

Kraft, Alfons/Kreutz, Peter: Gesellschaftsrecht, 10. Aufl., Neuwied 1997.

Krämer, Achim: Die gesellschaftsvertragliche "Ausschließung" aus der Personengesellschaft, NJW 1981, 2553.

Kreft, Gerhart: Insolvenzordnung, 7. Aufl., Heidelberg 2014.

Kreße, Bernhard: Die neue Partnerschaftsgesellschaft mit beschränkter Berufshaftung im Kontext der Rechtsanwaltshaftung, NJ 2013, 45.

Kreutz, Peter: Hinauskündigungsklauseln im Recht der Personenhandelsgesellschaften – Besprechung der Entscheidung BGHZ 81, 263, ZGR 1983, 109.

Kübler, Friedrich: Institutioneller Gläubigerschutz oder Kapitalmarkttransparenz? – Rechtsvergleichende Überlegungen zu den „stillen Reserven", ZHR 159 (1995) 550.

Kuhn, Georg/Uhlenbruck, Wilhelm: Konkursordnung: Kommentar, 11. Aufl., München 1994. (zit.: *Kuhn/Uhlenbruck*, KO).

Kuhner, Christoph: Zur Zukunft der Kapitalerhaltung durch bilanzielle Ausschüttungssperren im Gesellschaftsrecht der Staaten Europas, ZGR 2005, 753.

–: Unternehmensinteresse vs. Shareholder Value als Leitmaxime kapitalmarktorientierter Aktiengesellschaften ZGR 2004, 244.

–/*Sabiwalsky, Ralf*: Instrumente zur Verhinderung gläubigerschädigender Ausschüttungen im US-amerikanischen Unternehmensrecht – Vorbild für Europa?, Der Konzern 2006, 504.

Lamoreaux, Naomi R./Rosenthal, Jean-Laurent: Comment on: Entity Shielding and the Development of Business Forms: A Comparative Perspective, 119 Harv. L. Rev. Forum (2006) 238.

Lang, Volker/Fraenkel, Hans Christian: Die Gesellschaft bürgerlichen Rechts – Eine Betrachtung zum Stand der Rechtsprechung unter besonderer Berücksichtigung der Sichtweise der Kreditwirtschaft –, WM 2002, 260.

Lange, Hermann/Schiemann, Gottfried: Schadensersatz, 3. Aufl., Tübingen 2003.

Lange, Oliver: Die Haftung des Gesellschafters einer GbR für Altverbindlichkeiten, NZG 2002, 401.

–: Haftung des eintretenden GbR-Gesellschafter für Altschulden, NJW 2002, 2002.

Larenz, Karl: Lehrbuch des Schuldrechts, (zit.: Larenz, Lehrbuch des Schuldrechts, Bd.)

- Erster Band, Allgemeiner Teil, 13. Aufl., München 1982.
- Zweiter Band, Besonderer Teil, 12. Aufl., München 1981.

–: Methodenlehre der Rechtswissenschaft, 2. Aufl., Berlin/Heidelberg/New York 1969.

–/*Canaris, Claus-Wilhelm*: Lehrbuch des Schuldrechts II/2, 13. Aufl., München 1994.

Lehmann, Heinrich: Gesellschaftsrecht, 2. Aufl., Berlin 1959.

Leebron, David W.: Limited Liability, Tort Victims, and Creditors, 91 Colum. L. Rev. (1991) 1556.

Leipold, Dieter: Einige Bemerkungen zur Rechts- und Parteifähigkeit der BGB-Gesellschaft und des nicht eingetragenen Vereins, in: Festschrift für Claus-Wilhelm Canaris zum 70. Geburtstag, Bd. II , herausgegeben von Andreas Heldrich, Jürgen Prölss, Ingo Koller sowie Katja Langenbucher, Hans Christoph

Grigoleit, Johannes Hager, Felix Christopher Hey, Jörg Neuner, Jens Petersen, Reinhard Singer, München 2007, S. 221. (zit.: *Leipold*, FS Canaris II).

Leitzen, Mario: Die Partnerschaftsgesellschaft mit beschränkter Berufshaftung, DNotZ 2013, 596.

Lemley, Mark A./McGowan, David: Legal Implications of Network Economic Effects, 86 Cal. L. Rev. (1998) 479.

Leuering, Dieter: Die Partnerschaft mit beschränkter Berufshaftung, NZG 2013, 1001.

Lieder, Jan: Die Partnerschaftsgesellschaft mit beschränkter Berufshaftung – Grundzüge und erste Problemfragen der neuen Rechtsformvariante, NotBZ 2014, 81 und NotBZ 2014, 128.

–/Hoffmann, Thomas: Rechtstatsachen zur PartG mbB und zur LLP, NZG 2014, 127.

Leyens, Patrick C./Schäfer, Hans-Bernd: Inhaltskontrolle allgemeiner Geschäftsbedingungen – Rechtsökonomische Überlegungen zu einer einheitlichen Konzeption von BGB und DCFR, AcP 210 (2010) 772.

Linardatos, Dimitrios: Die Partnerschaftsgesellschaft mit beschränkter Berufshaftung – eine echte Alternative zur Limited Liability Partnership oder eine systemwidrige Implementierung in das Partnerschaftsgesellschaftsgesetz?, VersR 2013, 1488.

Lindacher, Walter F.: Grundfälle zur Haftung bei Personengesellschaften, JuS 1981, 818 und JuS 1982, 352.

Lombardo, Stefano: Conflict of Law Rules in Company Law after Überseering: An Economic and Comparative Analysis of the Allocation of Policy Competence in the European Union, 4 EBOR (2003) 301.

Lorenz, Stephan: Nacherfüllungsanspruch und Obliegenheiten des Käufers: Zur Reichweite des Rechts zur zweiten Andienung, NJW 2006, 1175.

Loritz, Karl-Georg/Uffmann, Katharina: Der Geltungsbereich des Kapitalanlagegesetzbuches (KAGB) und Investmentformen außerhalb desselben – Erste Überlegungen, auch zum Auslegungsschreiben der BaFin vom 14.6.2013, WM 2013, 2193.

Lüdemann, Jörn: Die Grenzen des homo oeconomicus und die Rechtswissenschaft, in: Engel, Christoph/Englerth, Markus/Lüdemann, Jörn/Spiecker genannt Döhmann, Indra (Hrsg.): Recht und Verhalten, Tübingen 2007, S. 7. (zit.: *Lüdemann*, in: Engel et al. (Hrsg.), Recht und Verhalten).

Luka, Kurt: Rechtsnatur und Haftungsverfassung der Gesellschaft bürgerlichen Rechts, Berlin 2005. (zit.: *Luka*, Rechtsnatur und Haftungsverfassung).

Lutter, Marcus (Hrsg.): Legal Capital in Europe, Berlin 2006.

–: Die zivilrechtliche Haftung in der Unternehmensgruppe, ZGR 1982, 244.

–: Theorie der Mitgliedschaft. Prolegomena zu einem Allgemeinen Teil des Korporationsrechts, AcP 180 (1980) 84.

Lutz, J.: Protokolle der Kommission zur Berathung eines allgemeinen deutschen Handelsgesetzbuches, I.Theil Protokoll I-XLV, 1858, IX.Theil Protokoll DXLVIII–DLXXXIX, Würzburg 1861. (zit.: *Lutz,* Protokolle zum ADHGB).

Magen, Stefan: Fairness, Eigennutz und die Rolle des Rechts. Eine Analyse auf Grundlage der Verhaltensökonomik, in: Engel, Christoph/Englerth, Markus/Lüdemann, Jörn/Spiecker genannt Döhmann, Indra (Hrsg.): Recht und Verhalten, Tübingen 2007, S. 261. (zit.: *Magen,* in: Engel et al. (Hrsg.), Recht und Verhalten).

Mahoney, Paul G.: Contract or Concession? An Essay on the History of Corporate Law, 34 Ga. L. Rev. (2000) 873.

Manne, Henry G.: Our Two Corporation System: Law and Economics, 53 Va. L. Rev. (1967) 259.

Martinek, Michael: Repräsentantenhaftung – Die Organhaftung nach § 31 BGB als allgemeines Prinzip der Haftung von Personenverbänden für ihre Repräsentanten, Berlin 1979. (zit.: *Martinek,* Repräsentantenhaftung).

Mathis, Klaus: Effizienz statt Gerechtigkeit?: Auf der Suche nach den philosophischen Grundlagen der Ökonomischen Analyse des Rechts, 3. Aufl., Berlin 2009. (zit.: *Mathis,* Effizienz statt Gerechtigkeit?).

Mattheus, Daniela/Schwab, Martin: Kommanditistenhaftung und Registerpublizität, ZGR 2008, 65.

Medicus, Dieter/Lorenz, Stephan: Schuldrecht I, Allgemeiner Teil, 20. Aufl., München 2012.

Meilicke, Wienand (u. a.) (Hrsg.): Partnerschafts-Gesellschaftsgesetz Gesetz über Partnerschaftsgesellschaften Angehöriger Freier Berufe, 3. Aufl., München 2015. (zit.: *Bearbeiter,* in: Meilicke, PartGG).

Merkt, Hanno: Der Kapitalschutz in Europa – ein rocher de bronze?, ZGR 2004, 305.

–: Unternehmenspublizität, Tübingen 2001.

Meyer, André: Haftungsprivilegien bei Idealverbänden ohne Rechtspersönlichkeit?, ZGR 2008, 702.

–: Haftung von Verbandsmitgliedern für Delikte anderer?, WM 2007, 2364.

–: Der Grundsatz der unbeschränkten Verbandsmitgliederhaftung, Köln, Berlin, München 2006. (zit.: *A. Meyer,* Unbeschränkte Verbandsmitgliederhaftung).

Meyer, Justus: Haftungsbeschränkung im Recht der Handelsgesellschaften, Berlin, Heidelberg, New York 2000. (zit.: *J. Meyer,* Haftungsbeschränkung).

Michalski, Lutz (Hrsg.): Kommentar zum Gesetz betreffend die Gesellschaften mit beschränkter Haftung (GmbH-Gesetz), 2. Aufl., München 2010. (zit.: *Bearbeiter,* in: Michalski, GmbHG).

–/Barth, Wolfgang: Anmerkung zu KG Urteil vom 22. 11. 1998–13 U 5553/98, NZG 1999, 392.

Miesen, Sebastian: Gesellschaftsrechtliche Hinauskündigungsklauseln in der Rechtsprechung des Bundesgerichtshofs, RNotZ 2006, 522.

Miola, Massimo: Legal Capital and Limited Liability Companies: the European Perspective, ECFR 2005, 413.

Mitchell, Lawrence E.: Close Corporations Reconsidered, 63 Tulane L. Rev. (1989), 1143.

Möslein, Florian: Dispositives Recht – Zwecke, Strukturen und Methoden, Tübingen 2011. (zit.: *Möslein*, Dispositives Recht).

Mülbert, Peter O.: A Synthetic View of Different Concepts of Creditor Protection, or: A High-Level Framework for Corporate Creditor Protection, 3 EBOR (2006) 357.

–: Zukunft der Kapitalaufbringung/Kapitalerhaltung, Der Konzern 2004, 151.

–: Die rechtsfähige Personengesellschaft; Rechtsfähigkeit, akzessorische Mitgliederhaftung und das Umwandlungsrecht, AcP 199 (1999) 38.

Müller-Erzbach, Rudolf: Die Verbandsmacht – eine unbekannte Welt, JZ 1956, 705.

–: Das Erfassen des Rechts aus den Elementen des Zusammenlebens, veranschaulicht am Gesellschaftsrecht, AcP 154 (1954) 299.

–: Die Haftung und die Vermögensbeteiligung des Kommanditisten und des stillen Gesellschafters, besonders im Falle ihrer Anteilnahme an der Unternehmensverwaltung, in: Festschrift für Ernst Heymann zum 60. Geburtstag, herausgegeben von F. Klausing, H.C. Nipperdey und A. Nußbaum, Band II, Marburg 1931, S. 737. (zit.: Müller-Erzbach, FS Heymann II).

Münchener Anwaltshandbuch Aktienrecht: Schüppen, Matthias/Schaub, Bernhard (Hrsg.), 2. Aufl., München 2010. (zit.: *Bearbeiter*, in: Münchener Anwaltshandbuch Aktienrecht).

Münchener Anwaltshandbuch GmbH-Recht: Römermann, Volker (Hrsg.), 3. Aufl., München 2014. (zit.: *Bearbeiter*, in: Münchener Anwaltshandbuch GmbH-Recht).

Münchener Anwaltshandbuch Personengesellschaftsrecht: Gummert, Hans (Hrsg.), 2. Aufl., München 2015.(zit.: *Bearbeiter*, in: Münchener Anwaltshandbuch Personengesellschaftsrecht).

Münchener Handbuch des Gesellschaftsrechts: Gummert, Hans/Weipert, Lutz (Hrsg.) (zit.: *Bearbeiter*, in: Münchener Handbuch Gesellschaftsrecht, Bd.)

- Band 1, BGB-Gesellschaft, Offene Handelsgesellschaft, PartG, EWIV, 4. Aufl., München 2014.
- Band 2, Kommanditgesellschaft, Stille Gesellschaft, 4. Aufl., München 2014.
- Band 4, Aktiengesellschaft, 4. Aufl., München 2015.

Münchener Kommentar zum Aktiengesetz: Goette, Wulf/Habersack, Mathias/Kalss, Susanne (Hrsg.) (zit.: *Bearbeiter*, in: Münchener Kommentar-AktG)

- Band 1, §§ 1–75, 3. Aufl., München 2008.

Münchener Kommentar zum Bürgerlichen Gesetzbuch: Säcker, Franz Jürgen/Rixecker, Roland (Hrsg.) (zit.: *Bearbeiter*, in: Münchener Kommentar-BGB)

– Band 1, Allgemeiner Teil, §§ 1–240, 7. Aufl., München 2015.

– Band 2, Schuldrecht, Allgemeiner Teil, §§ 241–432, 7. Aufl., München 2016.

– Band 2, Schuldrecht, Allgemeiner Teil, §§ 241–432, 5. Aufl., München 2007.

– Band 3, Schuldrecht, Besonderer Teil I, §§ 433–534, 7. Aufl., München 2016.

– Band 5, Schuldrecht, Besonderer Teil III, 6. Aufl., München 2013.

– Band 5, Schuldrecht, Besonderer Teil III, 3. Aufl., München 1997.

Münchener Kommentar zum GmbHG: Fleischer, Holger/Goette, Wulf (Hrsg.) (zit.: *Bearbeiter*, in: Münchener Kommentar-GmbHG)

– Band 1, §§ 1–34, 2. Aufl., München 2015.

Münchener Kommentar zum Handelsgesetzbuch: Schmidt, Karsten (Hrsg.) (zit.: *Bearbeiter*, in: Münchener Kommentar-HGB)

– Band 2, §§ 105–160, 3. Aufl., München 2011.

Münchener Kommentar zur Insolvenzordnung: Kirchhof, Hans-Peter/Eidenmüller, Horst/Stürner, Rolf (Hrsg.) (zit.: *Bearbeiter*, in: Münchener Kommentar-InsO)

– Band 1, §§ 1–79, 3. Aufl., München 2013.

Münchener Kommentar zur Zivilprozessordnung: Krüger, Wolfgang/Rauscher, Thomas (Hrsg.) (zit.: *Bearbeiter*, in: Münchener Kommentar-ZPO)

– Band 2, §§ 355–1024, 4. Aufl., München 2012.

Mugdan, Benno (Hrsg.): Die gesamten Materialien zum Bürgerlichen Gesetzbuch für das Deutsche Reich; Berlin 1899

– II. Band. Recht der Schuldverhältnisse.

Musielak, Hans-Joachim (Hrsg.): Kommentar zur Zivilprozessordnung, 11. Aufl., München 2014. (zit.. *Bearbeiter*, in: Musielak, ZPO).

Mutter, Stefan: Haftungsbeschränkung durch Firmierung als GbR mbH?, ZIP 1998, 1799.

Myers, Stewart C.: Capital Structure, 15 J. Econ. Persp. (2001) 81.

–: Determinants of Corporate Borrowing, 5 J. Fin. Econ. (1977) 147.

Nacke, Ralf: Die Durchgriffshaftung in der U.S. amerikanischen Corporation unter besonderer Berücksichtigung der geschichtlichen Entwicklung des Privilegs der beschränkten Haftung und der neuesten Rechtsprechung von New York und Kalifornien – eine juristische und ökonomische Analyse, München 1988. (zit.: *Nacke*, Durchgriffshaftung).

Nagel, Riever: Gibt es eine oHG mbH?, NZG 2001, 202.

–: Begründung und Beschränkung der Gesellschafterhaftung bei der BGB-Gesellschaft, DStR 2000, 2091.

Nassall, Wendt: Fort und Hinaus Zur Zulässigkeit von Hinauskündigungsklauseln in Gesellschaftsverträgen von Personengesellschaften und Satzungen von GmbH, NZG 2008, 851.

Nelle, Andreas/Klebeck, Ulf: Der „kleine" AIFM – Chancen und Risiken der neuen Regulierung für deutsche Fondsmanager, BB 2013, 2499.

Neumann, Dieter: Der Konkurs der BGB-Gesellschaft, Bielefeld 1986. (zit.: *Neumann*, Konkurs).

Nicknig, Paul-Georg: Die Haftung der Mitglieder einer BGB-Gesellschaft für Gesellschaftsschulden, Köln 1972. (zit.: *Nicknig*, Haftung).

Niewerth, Johannes/Rybarz, Jonas C.: Änderung der Rahmenbedingungen für Immobilienfonds – das AIFM-Umsetzungsgesetz und seine Folgen, WM 2013, 1154.

Nitschke, Manfred: Die körperschaftlich strukturierte Personengesellschaft, Bielefeld 1970.

–: Die Anwendbarkeit des im § 31 BGB enthaltenen Rechtsgedanken auf alle Unternehmensträger. Zugleich ein Beitrag zur Reform des § 831 BGB, NJW 1969, 1737.

Noack, Wilhelm: Die Gesellschaft bürgerlichen Rechts in der Zwangsvollstreckung, MDR 1974, 811.

North, Douglass C.: Economic Performance Through Time, 84 Am. Econ. Rev. (1994) 359.

Oetker, Hartmut (Hrsg.): Kommentar zum Handelsgesetzbuch, 4. Aufl., 2015. (zit.: *Bearbeiter*, in: Oetker, HGB).

Ott, Andreas: Die Inanspruchnahme der Mitglieder einer Bauherrengemeinschaft, ZWE 2011, 73.

Palandt, Otto: Bürgerliches Gesetzbuch, Kommentar, (zit.: Palandt/*Bearbeiter*).

- 56. Aufl., München 1997.
- 75. Aufl., München 2016.

Peel, Edwin: The Law of Contract, 13. Aufl., London 2011.

Peifer, Karl-Nikolaus: Rechtsfähigkeit und Rechtssubjektivität des Gesamthand – die GbR als oHG?, NZG 2001, 296.

–: Der BGH und die GbR mbH – Rückschlag oder Fortschritt auf dem Weg zum Verständnis der Gesamthand?, NZG 2001, 193.

Peres, Holger: Abschied von der Doppelverpflichtungslehre und persönliche Haftung der Gesellschafter freiberuflicher Sozietäten bürgerlichen Rechts, DStR 2000, 639.

Perridon, Louis/Steiner, Manfred/Rathgeber, Andreas W.: Finanzwirtschaft der Unternehmung, 16. Aufl., München 2012.

Petersen, Jens/Rothenfusser, Christoph: Privatautonomie und Verkehrsschutz bei der GbR mbH, Besprechung von BGH v. 27.9.1999 – II ZR 371/98 (GmbHR 1999, 1134), GmbHR 2000, 757.

–/–: Die GbR mbH im System des Gesellschafts- und Steuerrechts, GmbHR 2000, 801.

Pfeifle, Dorothee/Heigl, Ilka: Treugeberhaftung, WM 2008, 1485.

Pflug, Hans-Joachim: Der persönlich haftende Gesellschafter in der Kommanditgesellschaft auf Aktien, NJW 1971, 345.

Picot, Arnold/Dietl, Helmut: Neue Institutionenökonomie und Recht, in: Ott, Claus/ Schäfer Hans-Bernd (Hrsg.),Ökonomische Analyse des Unternehmensrechts Beiträge zum 3. Travemünder Symposium zur ökonomischen Analyse des Rechts, Heidelberg 1993, S. 306. (zit.: *Picot/Dietl,* in: Ott/Schäfer (Hrsg.), Ökonomische Analyse des Unternehmensrechts).

Pies, Ingo: Normative Institutionenökonomik: zur Rationalisierung des politischen Liberalismus, Tübingen 1993. (zit.: *Pies,* Normative Institutionenökonomik).

Pläster, Sebastian: Mitgliedschaftliche Treuepflicht in der GmbH, der Limited und im Statut der Europäischen Privatgesellschaft Exempel für eine unionsrechtsautonome Lückenfüllung durch "europäische Gesellschaftsrechtsgrundsätze", Baden-Baden 2013. (zit.: *Pläster,* Mitgliedschaftliche Treuepflicht).

Posner, Richard: Economic Analysis of Law, 8. Aufl., Austin (u.a.) 2011.

–: From the new institutional economics to organization economics: with applications to corporate governance, government agencies, and legal institutions, 6 J. Inst. Econ. (2010) 1.

–: The New Institutional Economics Meets Law and Economics, 149 J. Inst. & Th. Econ. (1993) 73.

–/Rosenfield, Andrew: Impossibility and Related Doctrines, 6 J. Legal Stud. (1977) 83.

Potsch, Nicolas A.: Grundfragen der Kommanditistenhaftung, Baden-Baden 2012.

Pratt, John W./Zeckenhauser, Richard J.: Principals and Agents: An Overview, in: *Pratt,* John W./Zeckenhauser, Richard J. (Hrsg.), Principals and Agents: The Structure of Business, Boston 1985, S. 1. (zit.: *Pratt/Zeckenhauser,* in: Pratt/ Zeckenhauser (Hrsg.), Principals and Agents).

Priester, Hans-Joachim: Quotenhaftung bei der Publikums-GbR, DStR 2011, 1278.

–: Die deutsche GmbH nach „Inspire Art" – brauchen wir eine neue?, DB 2005, 1315.

–: Die Kommanditgesellschaft auf Aktien ohne natürlichen Komplementär, ZHR 160 (1996) 250.

–: Unbeschränkte Kommanditistenhaftung bei Firmenänderung. Zum Anwendungsbereich von § 176 HGB, BB 1980, 911.

Prütting, Hanns: Die Parteifähigkeit der Gesellschaft bürgerlichen Rechts als Methodenproblem, in: Festschrift für Herbert Wiedemann zum 70. Geburtstag, herausgegeben von Rolf Wank, Heribert Hirte, Kaspar Frey, Holger Fleischer und Gregor Thüsing, München 2002, S. 1177. (zit.: *Prütting,* FS Wiedemann).

–: Ist die Gesellschaft bürgerlichen Rechts insolvenzfähig?, ZIP 1997, 1725.

Rabin, Matthew/Thaler, Richard H.: Anomalies: Risk Aversion, 15 J. Econ. Persp. (2001) 219.

Ragazzo, Robert A.: Toward a Delaware Common Law of Closely Held Corporations, 77 Wash. U. L. Q. (1999) 1099.

Reichhold, Hermann: Das neue Nachhaftungsbegrenzungsgesetz, NJW 1994, 1617.

Reiff, Peter: Die unbeschränkte Gesellschafterhaftung in der (Außen-)Gesellschaft bürgerlichen Rechts und ihre Ausnahmen, Besprechung des Urteil BGHZ 150, 1, ZGR 2003, 550.

–: Die Haftungsverfassung der GbR nach dem Urteil des BGH vom 27.9.1999 (II ZR 371/98), NZG 2000, 281.

–: Wider die unternehmenstragende Gesellschaft bürgerlichen Rechts ohne Gesellschafterhaftung, ZIP 1999, 517.

–: Die Haftungsverfassung nichtrechtsfähiger unternehmenstragender Verbände, Tübingen 1996. (zit.: *Reiff*, Haftungsverfassung).

Reinhardt, Rudolf: Gesellschaftsrecht. Ein Lehrbuch, Tübingen 1973. (zit.: *Reinhardt*, Gesellschaftsrecht).

–: Gedanken zum Identitätsproblem bei der Einmanngesellschaft, in: Festschrift für Heinrich Lehmann zum 80. Geburtstag, herausgegeben in Gemeinschaft mit den Mitarbeitern von H.C. Nipperdey, II. Band, Berlin, Tübingen, Frankfurt a.M. 1956, S. 576. (zit.: *Reinhardt*, FS Lehmann II).

Reuter, Dieter: Persönliche Haftung für Schulden des nichtrechtsfähigen Idealvereins, NZG 2004, 217.

Ribstein, Larry E.: The Rise of the Uncorporation, Oxford 2010.

–: Limited Liability of Professional Firms After ENRON, 29 J. Corp. L. (2003) 427.

–: The Deregulation of Limited Liability and the Death of Partnership, 70 Wash. U. L. Q. (1992) 417.

Richter, Rudolf/Furubotn, Eirik: Neue Institutionenökonomik, 4. Aufl., Tübingen 2010.

Ringleb, Al H./Wiggins, Steven N.: Liability and Large-Scale, Long-Term Hazards, 98 J. Pol. Econ. (1990) 574.

Rittner, Fritz: Das Modell des homo oeconomicus und die Jurisprudenz, JZ 2005, 668.

Römermann, Volker: BB-Kommentar, BB 2003, 1084.

–*/Praß, Jan-Philipp*: Die Partnerschaftsgesellschaft mit beschränkter Berufshaftung Rechtspolitische Kritik und rechtssystematische Einordnung, NZG 2012, 601.

Ross, Stephen A./Westerfield, Randolf W./Jaffe, Jeffrey/Jordan, Bradford D.: Corporate Finance, 9. Aufl., London 2010.

Roth, Günter H.: Qualität und Preis am Markt für Gesellschaftsformen, ZGR 2005, 348.

–: Die kleine Erwerbsgesellschaft zwischen bürgerlichem Rechts und Handelsrecht, ZHR 155 (1991) 24.

–/*Altmeppen, Holger*: Gesetz betreffend die Gesellschaft mit beschränkter Haftung (GmbHG-Kurzkommentar), 8. Aufl., München 2015. (zit.: *Bearbeiter*, in: Roth/Altmeppen, GmbHG).

Roth, Herbert: Pfändung und Verpfändung von Gesellschaftsanteilen, ZGR 2000, 187.

Rothschild, Michael/Stieglitz, Joseph: Equilibrium in Competitive Insurance Markets: An Essay on the Economics of Imperfect Information, 90 Q. J. Econ. (1976) 629.

Runge, Julia C.: Covenants in Kreditverträgen Grenzen der Einflussnahme von Kreditgebern, Köln 2010. (zit.: *Runge*, Covenants in Kreditverträgen).

Saenger, Ingo (Hrsg.): Zivilprozessordnung, Handkommentar, 6. Aufl., 2015. (zit.: *Bearbeiter*, in: Saenger, ZPO).

–/*Wackerbeck, Matthias*: Aktuelle Probleme der Kommanditistenhaftung, JA 2006, 771.

Salger, Hanns-Christian: Beschränkte Berufshaftung Zum Gesetzesentwurf zur Einführung einer „Partnerschaftsgesellschaft mit beschränkter Berufshaftung“, DB 2012, 1794.

Schad, Peter: Eingetragener Verein oder Wirtschaftsverein?, NJW 1998, 2411.

Schaefer, Franz/Steinmetz, Markus: Neue Haftungsgrundlage für den existenzvernichtenden Eingriff, WM 2007, 2265.

Schäfer, Carsten: Empfiehlt sich eine grundlegende Reform des Personengesellschaftsrechts?, Gutachten zum Deutschen Juristentag 2016, im Erscheinen.

–: Der Bestimmtheitsgrundsatz ist (wirklich) Rechtsgeschichte, NZG 2014, 1401.

–: Vom Einstimmigkeitsprinzip zum treupflichtgetragenen Mehrheitsentscheid im Personengesellschaftsrecht, ZGR 2013, 237.

–: Zu Fragen der Treugeberhaftung bei qualifizierten Treuhandbeteiligungen an Publikumspersonengesellschaften, ZHR 177 (2013) 619.

–: Quotenhaftung in der Publikums-GbR?, NZG 2010, 241.

–: Zur beschränkten Gesellschafterhaftung in der Publikums-GbR, in: Festschrift für Gerd Nobbe: Entwicklungslinien im Bank- und Kapitalmarktrecht, herausgegeben von Mathias Habersack, Hans-Ulrich Joeres und Achim Krämer, Köln 2009, S. 909. (zit.: *Schäfer*, FS Nobbe).

–: Offene Fragen der Haftung des BGB-Gesellschafters, ZIP 2003, 1225.

Schäfer, Hans-Bernd/Ott, Claus: Lehrbuch der ökonomischen Analyse des Zivilrechts,
- 5. Aufl., Berlin, Heidelberg 2012.
- 4. Aufl., Berlin, Heidelberg, New York 2005.

Schall, Alexander: Kapitalaufbringung nach dem MoMiG, ZGR 2009, 126.

Schiemann, Gottfried: Haftungsprobleme bei der Treuhand an Gesellschaftsanteilen, in: Festschrift für Wolfgang Zöllner zum 70. Geburtstag, herausgegeben von Manfred Lieb, Ulrich Noack, Harm P. Westermann, Köln 1999, S. 503. (zit.: *Schiemann*, FS Zöllner).

Schilling, Wolfgang: Zur Abfindung bei der Ausschließung ohne wichtigen Grund aus einer Personengesellschaft – Besprechung der Entscheidung des BGH vom 29.5.1978, ZGR 1979, 419.

Schimansky, Herbert/Bunte Hermann-Josef/Lwowski Hans-Jürgen (Hrsg.): Bankrechts-Handbuch, 4. Aufl., München 2011. (zit.: *Bearbeiter*, in: Schimansky/Bunte/Lwowski, Bankrechts-Handbuch).

Schlegelberger, Franz (Begr.), Geßler, Ernst (Hrsg.): Handelsgesetzbuch, Band III/1. Halbband, §§ 105–160, 5. Aufl., München 1992.

Schlichting, Mathias P.: Gesetzliche und vertragliche Haftung bei unternehmerisch tätigen Gesellschaften bürgerlichen Rechts, Frankfurt a.M. 1992 (zit.: *Schlichting*, Haftung).

Schmidt, Karsten: Echte und unechte Quotenhaftung von Personengesellschaftern, NJW 2011, 2001.

–: „Schutzgemeinschaftsvertrag II“ – ein gesellschaftsrechtliches Lehrstück über Stimmrechtskonsortien – Rechtssystematisches und Rechtspraktisches zum Urteil des BGH v 24-11-2008 – II ZR 116/08, ZIP 2009, 216, ZIP 2009, 737.

–: Grundlagenungewissheit der Gesetzgebung oder der Rechtsfortbildung im Gesellschaftsrecht? – Rechtsfähigkeit und Rechtspersönlichkeit als Beispiele, in: Festschrift für Volker Beuthien zum 75. Geburtstag, herausgegeben von Martin Schöpflin, Frank Meik, Heinz-Otto Weber und Jürgen Bandte, München 2009, S. 211. (zit.: *K. Schmidt*, FS Beuthien).

–: Mehrheitsbeschlüsse in Personengesellschaften – Stand und Fortbildung des Innenrechts der Personengesellschaften bei dem Otto-Urteil des Bundesgerichtshofs, ZGR 2008, 1.

–: Schwierigkeiten mit dem Prozessrecht der GbR, oder: Steine statt Brot? – Zum Stand der Rechtsfortbildung im formellen Recht, NJW 2008, 1841.

–: Die Gesellschafterhaftung bei der Gesellschaft bürgerlichen Rechts als gesetzliches Schuldverhältnis, NJW 2003, 1897.

–: Was wird aus der unbeschränkten Kommanditistenhaftung nach § 176 HGB? Auslegung, Vertragsgestaltung und Gesetzgebung vor einer haftungsrechtlichen Neubesinnung, GmbHR 2002, 341.

–: Gesellschaftsrecht,
  - 4. Aufl., Köln (u.a.) 2002
  - 3. Aufl., Köln (u.a.) 1997.

–: Die BGB-Außengesellschaft: rechts- und parteifähig – Besprechung des Grundlagenurteils II ZR 331/00 vom 29.1.2001, NJW 2001, 993.

–: Zum Haftungsstatus unternehmenstragender BGB-Gesellschaften – Eine Analyse auf Grundlage der Rechtsprechung -, in: Festschrift für Hans-Joachim Fleck zum 70. Geburtstag, herausgegeben von Reinhard Goerdeler, Peter Hommelhoff, Marcus Lutter und Herbert Wiedemann, Berlin/New York 1988, S. 271. (zit.: *K. Schmidt*, FS Fleck).

–: Der unbeschränkt persönlich haftende Bernhardinerhund – Oder: Vom stillen Wirken der Zivilrechtsdogmatik wider den Unverstand des Gesetzgebers, JZ 1988, 31.

–: Verbandszweck und Rechtsfähigkeit im Vereinsrecht. Eine Studie über Erwerb und Verlust der Rechtsfähigkeit nichtwirtschaftlicher und wirtschaftlicher Vereine, Heidelberg 1984. (zit.: *K. Schmidt*, Verbandszweck).

–: Der bürgerlich-rechtliche Verein mit wirtschaftlicher Tätigkeit, AcP 182 (1982) 1.

–: Die Abgrenzung der beiden Vereinsklassen – Bestandsaufnahme, Kritik und Neuorientierung, Rpfleger 1982, 286.

Schneider, Sven H.: (Mit-)Haftung des Geschäftsführers eines wegen Existenzvernichtung haftenden Gesellschafters, in: Festschrift für Uwe H. Schneider zum 70. Geburtstag, herausgegeben von Ulrich Burgard, Walther Hadding, Peter O. Mülbert, Michael Nietsch, Reinhard Welter, Köln 2011, S. 1177. (zit.: *Schneider*, FS U. H. Schneider).

Schockenhoff, Martin: Die befristete Unternehmensbeteiligung des GmbH-Geschäftsführers – Zugleich Besprechung OLG Frankfurt/M, Urt. v. 23.6.2004, ZIP 2004, 1801, ZIP 2005, 1009.

Scholz, Franz (Hrsg.): Kommentar zum GmbH-Gesetz, Band I, 11. Aufl., Köln 2012. (zit.: *Bearbeiter*, in: Scholz, GmbHG).

Scholz, Kai-Steffen: Die BGB-Gesellschaft nach dem Grundsatzurteil des BGH vom 29. 1. 2001, NZG 2002, 153.

–: Verselbständigung bürgerlichrechtlicher Gesellschaften in Deutschland und Frankreich, Frankfurt a.M. 2001. (zit.: *Scholz*, Verselbständigung bürgerlichrechtlicher Gesellschaften).

Schön, Wolfgang: Die Zukunft der Kapitalaufbringung/-erhaltung, Der Konzern 2004, 162.

–: The Future of Legal Capital, 5 EBOR (2004) 429.

–: Wer schützt den Kapitalschutz?, ZHR 166 (2002) 1.

–: Gesellschafter-, Gläubiger- und Anlegerschutz im Europäischen Bilanzrecht, ZGR 2000, 706.

Schöpflin, Martin: Der nichtrechtsfähige Verein, Köln, Berlin, Bonn, München 2003. (zit.: *Schöpflin*, Verein).

–: Entsprechende Anwendung des § 31 BGB und persönliche Haftung für gesetzliche Verbindlichkeiten der GbR, DStR 2003, 1349.

–: Primäre Registerpflicht der Gesellschaft bürgerlichen Rechts?, NZG 2003, 606.

Schulze, Jan-Hendrik: Die akzessorische Haftungsverfassung der Außengesellschaft bürgerlichen Rechts, Berlin 2006. (zit.: *Schulze*, Akzessorische Haftungsverfassung).

Schulze-Osterloh, Joachim: Das Prinzip der gesamthänderischen Bindung, München 1972. (zit.: *Schulze-Osterloh*, Prinzip der gesamthänderischen Bindung).

Schürnbrand, Jan: Publikumspersonengesellschaften in Rechtsprechung und Literatur, ZGR 2014, 257.

Schwab, Martin: Handelndenhaftung und gesetzliche Verbindlichkeiten, NZG 2012, 481.

–: Die Handelndenhaftung in der Gesellschaft bürgerlichen Rechts, in: Festschrift für Peter Hommelhoff zum 70. Geburtstag, herausgegeben von Bernd Erle, Wulf Goette, Detlef Kleindiek et al., Köln 2012, S. 1091. (zit.: *Schwab*, FS Hommelhoff).

Schwake, Johannes: Zum Mindestkapital bei rechtsfähigen Stiftungen bürgerlichen Rechts, NZG 2008, 248.

Schwark, Eberhard: Voraussetzungen und Grenzen der persönlichen Gesellschafterhaftung in der GbR, in: Festschrift für Theodor Heinsius zum 65. Geburtstag am 25. September 1991, herausgegeben von Friedrich Kübler, Hans-Joachim Mertens, Winfried Werner, Berlin, New York 1991, S. 753. (zit.: *Schwark*, FS Heinsius).

Schwartz, Alan: The Case for Specific Performance, 89 Yale L. J. (1979) 271.

Schwartz, Gary T.: Reality in the Economic Analysis of Tort Law: Does Tort Law Really Deter?, 42 UCLA L. Rev. (1994) 377.

Schwintowski, Hans-Peter: Ökonomische Theorie des Rechts, JZ 1998, 581.

Seibert, Ulrich: Die Partnerschaftgesellschaft mit beschränkter Berufshaftung (PartGmbB), DB 2013, 1710.

–: BB-Gesetzgebungsreport: Entwurf eines Mindestkapitalgesetzes (MindestkapG) – Substanzielle Absenkung des Mindeststammkapitals, BB 2005, 1061.

–: Aktuelle Änderungen des Partnerschaftsgesellschaftsgesetzes – Neue Haftungsregelung für Freiberufler, BRAK-Mitt. 1998, 210.

Seitz, Walter: Prinz und die Prinzessin – Wandlungen des Deliktsrechts durch Zwangskommerzialisierung der Persönlichkeit, NJW 1996, 2848.

Sellert, Wolfgang: Zur Anwendung der §§ 831, 31 BGB auf die Gesellschaft bürgerlichen Rechts, AcP 175 (1975) 77.

Shapiro, Carl: Symposium on the Economics of Liability, 5 J. Econ. Persp. (1991) 3.

Shavell, Steven: Liability for Accidents, in: Polinsky, A. Mitchell/Shavell, Steven (Hrsg.), Handbook of Law and Economics, Band 1, Amsterdam, 2007, S. 139. (zit.: *Shavell*, in: Polinsky/Shavell, Handbook of Law and Economics, Bd. 1).

–: Foundations of Economic Analysis of Law, Cambridge 2004.

–: Economic Analysis of Accident Law, Cambridge 1987.

–: The judgment proof problem, 6 Int'l Rev. L. & Econ. (1986) 45.

–: On Liability and Insurance, 13 Bell J. Econ. (1982) 120.

Siebert, Wolfgang: Das rechtsgeschäftliche Treuhandverhältnis. Ein dogmatischer und rechtvergleichender Beitrag zum allgemeinen Treuhandproblem, Marburg 1933. (zit.: *Siebert*, Treuhandverhältnis).

Sieg, Oliver: Auswirkungen der neuen Rechtsprechung zur BGB-Gesellschaft auf die persönliche Haftung der Mitglieder von Rechtsanwalts-, Steuerberater- und Wirtschaftsprüfersozietäten, WM 2002, 1432.

Siems, Mathias/Maaß, Oliver: Die Begrenzung der Nachhaftung gem. § 160 HGB, § 736 Abs 2 BGB – zugleich Besprechung von BGH WM 1999, 2406 –, WM 2000, 2328.

Sigle, Walter: Anmerkungen zum Bestimmtheitsgrundsatz und zur Kernbereichslehre im Recht der Personengesellschaften auf der Grundlage der OTTO-Entscheidung des BGH, in: Festschrift für Uwe Hüffer zum 70. Geburtstag, herausgegeben von Peter Kindler, Jens Koch, Peter Ulmer und Martin Winter, München 2010, S. 273. (zit.: *Sigle*, FS Hüffer).

Simon, Herbert A.: Models of Man – Social and Rational, New York: Wiley, 1957. (zit.: *Simon*, Models of Man).

Smith, Clifford W./Warner, Jerold B.: On Financial Contracting – An Analysis of Bond Covenants, 7 J. Fin. Econ. (1979) 117.

Soergel, Hans Theodor (Begr.): Bürgerliches Gesetzbuch mit Einführungsgesetz und Nebengesetzen (zit.: *Bearbeiter*, in: Soergel)

- Band 11/1, 13. Aufl., Stuttgart 2011.
- Band 2, Schuldrecht I, 12. Aufl., Stuttgart 1990.
- Band 4, Schuldrecht III, §§ 705–853, 11. Aufl., Stuttgart 1985.
- Band 3, Schuldrecht III, §§ 611–853, 10. Aufl., Stuttgart 1969.

Söll, Helmut: Probleme bei der Vertragsgestaltung geschlossener Immobilienfonds in der Rechtsform der KG bzw. GmbH & Co KG mit Treuhandkommanditisten, 1989, Köln (zit.: *Söll*, Probleme).

Specks, Georg: Vollmachtsbeschränkungen bei der Gesellschaft bürgerlichen Rechts, NZG 2009, 293.

–: Zur Haftung des Kommanditisten, insbesondere des Kommanditisten einer GmbH & Co KG, vor seiner Eintragung im Handelsregister, RNotZ 2008, 143.

Spindler, Gerald: Der Gläubigerschutz zwischen Gesellschafts- und Insolvenzrecht, JZ 2006, 839.

Spindler, Gerald/Stilz, Eberhard (Hrsg.): Aktiengesetz, (zit.: *Bearbeiter*, in: Spindler/Stilz, AktG)

- Band 1, 3. Aufl., München 2015.
- Band 2, 3. Aufl., München 2015.

Spremann, Klaus: Wirtschaft, Investition und Finanzierung, 5. Aufl., München 2002.

–: Asymmetrische Information, ZfB 1990, 561.

Stari, Christian/Beuster, Malte: Die Haftung des mittelbar an einem geschossenen Fonds beteiligten Anlegers – Keine Haftungsabschirmung durch den Treuhänder, DStR 2014, 271.

Staroßom, Heiko: Corporate Finance Teil 1, Wiesbaden 2013.

Staub, Hermann (Begr.), Canaris, Claus-Wilhelm (Hrsg.): Handelsgesetzbuch, Großkommentar (zit.: *Bearbeiter,* in: Staub, HGB)

– Band 3, §§ 105–160, 5. Aufl, Berlin 2009.

– Band 2 Halbband 1, §§ 105–144, 3. Aufl., Berlin 1973.

Staudinger, Julius von (Begr.): Kommentar zum Bürgerlichen Gesetzbuch mit Einführungsgesetz und Nebengesetzen (zit.: Staudinger/*Bearbeiter,* BGB)

– §§ 21–79, Allgemeiner Teil 2), Neubearbeitung 2005, Berlin 2005.

– §§ 90–124; §§ 130–133 – (Allgemeiner Teil 3), Neubearbeitung 2011, Berlin 2011.

– Einleitung zum Schuldrecht; §§ 241–243 (Treu und Glauben), Neubearbeitung 2009, Berlin 2009.

– §§ 705–740 (Gesellschaftsrecht), Neubearbeitung 2003, Berlin 2003.

– §§ 652–740, 12. Aufl., Berlin 1991.

– Eckpfeiler des Zivilrechts, Neubearbeitung 2014, Berlin 2014. (zit.: Staudinger/*Bearbeiter,* Eckpfeiler des Zivilrechts).

Stein, Friedrich/Jonas, Martin/Berger, Christian (Hrsg.): Kommentar zur Zivilprozessordnung, Band 7, §§ 704–827, Tübingen 2002. (zit.: *Bearbeiter,* in: Stein/Jonas, ZPO).

Stiglitz, Joseph E./Weiss, Andrew: Credit Rationing in Markets with Imperfect Information, 71 Am. Econ. Rev. (*1981*) 393.

Stimpel, Walter: Unbeschränkte oder beschränkte, Außen- oder Innenhaftung der Gesellschafter der Vor-GmbH, in: Festschrift für Hans-Joachim Fleck zum 70. Geburtstag, herausgegeben von Reinhard Goerdeler, Peter Hommelhoff, Marcus Lutter und Herbert Wiedemann, Berlin/New York 1988, S.345. (zit.: *Stimpel,* FS Fleck).

Stock, Remmert A.: Wahl der Rechtsform im gemeinnützigen Nonprofit-Bereich, NZG 2001, 440.

Stoffels, Markus/Lohmann, Stefan: Risikobeherrschung und Versicherbarkeit als Beurteilungsfaktoren im Vertragsrecht, VersR 2003, 1343.

Summers, John: The case of the disappearing defendant: an economic analysis, 132 U. Pa. L. Rev. (1983) 145.

Sykes, Alan O.: The economics of vicarious liability, 93 Yale L. J. (1984) 1231.

Tasma, Martin: Leveraged Buyout und Gläubigerschutz, Tübingen 2012.

Tebben, Joachim: Der Treuhandkommanditist, in: Gesellschaftsrechtliche Vereinigung (Hrsg.), Gesellschaftsrecht in der Diskussion 2010, Köln 2011, S. 161. (zit.: Tebben, VGR 2010, 161).

–: Die qualifizierte Treuhand im Personengesellschaftsrecht, ZGR 2001, 586.

Teichmann, Christoph: Reform des Gläubigerschutzes im Kapitalgesellschaftsrecht, NJW 2006, 2444.

Thein, Wener: Die Haftung bei der BGB-Gesellschaft unter besonderer Berücksichtigung von Erwerbsgesellschaften, Diss. 1982. (zit.: *Thein*, Haftung bei der BGB-Gesellschaft).

Thielmann, Georg: Bereicherung des Gesellschaftsvermögens und der Eigenvermögen der Gesellschafter, ZHR 136 (1972) 397.

Thole, Christoph: Gläubigerschutz durch Insolvenzrecht, Tübingen 2010.

Timm, Wolfram: Die Rechtsfähigkeit der Gesellschaft bürgerlichen Rechts und ihre Haftungsverfassung. Notwendigkeit einer Neuorientierung im Anschluss an §§ 191, 202 UmwG, NJW 1995, 3209.

Timme, Michael/Hülk, Fabian: Rechts- und Parteifähigkeit der Gesellschaft bürgerlichen Rechts – BGH, NJW 2001, 1056, Jus 2001, 536.

Tirole, Jean: The Theory of Corporate Finance, Princeton 2006.

Towfigh, Emanuel V./Petersen, Niels: Ökonomische Methoden im Recht, Tübingen 2010.

Tröger, Tobias: Anteilseinziehung und Abfindungszahlung, in: Gesellschaftsrechtliche Vereinigung (Hrsg.), Gesellschaftsrecht in der Diskussion 2013, Köln 2014, S. 23. (zit. *Tröger*, VGR 2013, 23).

–: Arbeitsteilung und Vertrag, Tübingen 2012.

–: Kollektive Einheit, Haftungsverfassung und ökonomische Theorie des Unternehmens, in: Festschrift für Harm Peter Westermann zum 70. Geburtstag, herausgegeben von Lutz Aderhold, Barbara Grunewald, Dietgard Klingberg, Walter G. Paefgen, Köln 2008, S. 1533. (zit.: Tröger, FS Westermann).

–: Asset Partitioning, Debt-Equity Agency Conflicts, and Choice of Organizational Form, (8.12.2007), Working Paper, herunterzuladen von SSRN http://ssrn.com/abstract=1068063. (zit.: *Tröger*, Asset Partitioning).

–: Treupflicht im Konzernrecht, Köln 2000.

–/Dangelmayer, Stephan: Eigenhaftung der Organe für die Veranlassung existenzvernichtender Leitungsmaßnahmen im Konzern, ZGR 2011, 558.

–/Pfaffinger, Lisa: Partnerschaftsgesellschaft mit beschränkter Berufshaftung Eine kritische Bewertung deutscher Verteidigungsbemühungen im europäischen Wettbewerb der Verbandsrechtsordnungen, JZ 2013, 812.

Tuhr, Andreas von: Der Allgemeine Teil des Deutschen Bürgerlichen Rechts, Erster Band. Allgemeine Lehren und Personenrecht, Berlin 1910, Neudruck Berlin 1957. (zit.: *v. Tuhr*, Allgemeiner Teil, Bd. 1).

Ulen, Thomas S.: The Efficiency of Specific Performance: Toward a Unified Theory of Contract Remedies, 83 Mich. L. Rev. (1984) 341.

Ulmer, Peter: Die Haftungsverfassung der BGB-Gesellschaft. Stand und Perspektiven im Lichte neuer BGH-Urteile, ZIP 2003, 1113.

–: Die höchstrichterlich „enträtselte" Gesellschaft bürgerlichen Rechts, ZIP 2001, 585.

–: Unbeschränkte Gesellschafterhaftung in der Gesellschaft bürgerlichen Rechts, ZGR 2000, 339.

–: Gesellschafterhaftung in der Gesellschaft bürgerlichen Rechts: Durchbruch der Akzessorietätslehre? ZIP 1999, 554.

–: Wege zum Ausschluss der persönlichen Gesellschafterhaftung in der Gesellschaft bürgerlichen Rechts, ZIP 1999, 509.

–: Die Gesamthandsgesellschaft – ein immer noch unbekanntes Wesen? AcP 198 (1998) 113.

–/Ihrig, : Die Rechtsnatur der Einmann-Gründungsaktion – Ein Beitrag zum Gründungsrecht der Einmann-GmbH, GmbHR 1988, 373.

–/Timmann, Jan Oliver: Die Enthaftung ausgeschiedener Gesellschafter, ZIP 1992, 1.

–/Wiesner, Georg: Die Haftung ausgeschiedener Gesellschafter aus Dauerschuldverhältnissen, ZHR 144 (1980) 393.

van Aaken, Anne: Book Review: Louis Kaplow and Steven Shavell: Fairness versus Welfare, 5 EBOR (2004) 419.

–: „Rational Choice" in der Rechtswissenschaft : zum Stellenwert der ökonomischen Theorie im Recht, Baden-Baden 2003. (zit.: *van Aaken*, Rational Choice).

Vandekerckhove, Karen: Piercing the Corporate Veil, 4 ECL (2007) 191.

Verse, Dirk A.: Inhaltskontrolle von „Hinauskündigungsklauseln" – eine korrekturbedürftige Rechtsprechung – Zugleich Besprechung von BGH v. 19. 3. 2007, II ZR 300/05, DStR 2007, 914 und v. 7. 5. 2007, II ZR 281/05, DStR 2007, 1216, DStR 2007, 1822.

Vetter, Jochen: Grundlinien der GmbH-Gesellschafterhaftung, ZGR 2005, 788.

Wachter, Thomas (Hrsg.): Fachanwaltshandbuch Handels- und Gesellschaftsrecht, 3. Aufl. Münster 2014. (zit.: *Bearbeiter*, in: Wachter (Hrsg.), FA Handels- und Gesellschaftsrecht, Teil/Kap. § Rn.).

Wackerbarth, Ulrich: Unternehmer, Verbraucher und die Rechtfertigung der Inhaltskontrolle vorformulierter Verträge, AcP 200 (2000) 45.

–: Zur Rechtsscheinhaftung der Gesellschafter bürgerlichen Rechts am Beispiel einer Wechselverpflichtung, Zugleich ein Beitrag zur Abgrenzung von allgemeinem Zivil- und Handelsrecht, ZGR 1999, 365.

Wagner, Gerhard: Prävention und Verhaltenssteuerung durch Privatrecht – Anmaßung oder legitime Aufgabe?, AcP 206 (2006) 352.

–: Prominente und Normalbürger im Recht der Persönlichkeitsverletzungen, VersR 2000, 1305.

Wagner, Klaus R.: Aktuelle Fragen und Probleme bei Publikumspersonengesellschaften, NJW 2013, 198.

–: Verfassungsrechtliche Überlegungen zur Haftungsrechtsprechung des. BGH betreffend mittelbar Beteiligte an geschlossenen Fonds, NZG 2012, 58.

–: Update 2010 gesellschaftsrechtlicher Entwicklungen in Rechtsprechung und Fachschrifttum zu notleidenden geschlossenen Fonds, NZG 2011, 489.

–: Neuere gesellschaftsrechtliche Entwicklungen in Rechtsprechung und Fachschrifttum zu notleidenden geschlossenen Immobilienfonds, WM 2010, 1684.

–: Keine Haftung mittelbar Beteiligter, NZG 2009, 213.

–: Haften an geschlossenen GbR-Fonds mittelbar Beteiligte persönlich?, BKR 2008, 57.

Wallach, Edgar: Die Regulierung von Personengesellschaften im Kapitalanlagegesetzbuch, ZGR 2014, 289.

Wälzholz, Eckhard: Wege in die PartG mbB – Überlegungen zur Gründung und Umwandlung bereits existierender Rechtsträger in eine PartG mbB, DStR 2013, 2637.

–: Die Haftungsbeschränkte private Gesellschaft bürgerlichen Rechts – Phoenix aus der Asche? – Zugleich Anmerkung zum Urteil des BGH vom 21.1.2002 – II ZR 2/00 -, MittBayNot 2003, 35.

–: Die unbeschränkte Haftung eintretender Gesellschafter einer Gesellschaft bürgerlichen Rechts Zugleich eine Besprechung zur BGH-Entscheidung vom 7.4.2003 – II ZR 56/02, NotBZ 2003, 249.

Weber, Dolf/Hickel, Dieter: Die Wirksamkeit von „Hinauskündigungsklauseln“ im Recht der Personenhandelsgesellschaften, NJW 1986, 2752.

Weber-Grellet, Heinrich: Die Gesamthand – ein Mysterienspiel?, AcP 182 (1982) 316.

Wegmann, Bernd: Rechtliche Risiken bei der Beteiligung an geschlossenen Immobilienfonds, DStR 1994, 941.

Weigl, Gerald: Die GbR im Grundstücksverkehr – erneuter Ruf nach dem Gesetzgeber?, NZG 2010, 1053.

Weimar, Robert: Haftung und Verlustbeteiligung des Kommanditisten, DStR 1997, 1730.

Weipert, Lutz: Zum Problem der Bedingungskongruenz im Verhältnis zwischen Publikums-Kommanditgesellschaft, Treuhandkommanditist und Kapitalanleger, ZHR 157 (1993) 513.

Weiß, Holger: Haftung in der nichtunternehmenstragenden GbR, Köln 2003.

Wellenhofer-Klein, Marina: Treupflichten im Handels-, Gesellschafts- und Arbeitsrecht. Eine Untersuchung zum deutschen ausländischen und europäischen Recht, RabelsZ 64 (2000) 564.

Weller, Marc-Philippe: Von der GbR zur OHG: Abkehr „Vom Geist der Gesetze" durch richterliche Rechtsfortbildung?, in: Festschrift für Günther H. Roth zum 70. Geburtstag, herausgegeben von Holger Altmeppen, Hanns Fritz, Heinrich Honsell, München 2011. (zit.: *Weller*, FS G. H. Roth).

–: Die Neuausrichtung der Existenzvernichtungshaftung durch den BGH und ihre Implikationen durch die Praxis Zugleich Besprechung BGH 16-7-2007 – II ZR 3/04, ZIP 2007, 1552 („Trihotel"), ZIP 2007, 1681.

Wellkamp, Ludger: Haftung und Haftungsbeschränkung im Gesellschaftsrecht, Bonn 1998. (zit.: *Wellkamp*, Haftung und Haftungsbeschränkung).

Wertenbruch, Johannes: Abschied von Bestimmtheitsgrundsatz und Kernbereichslehre im Beschlussanfechtungssystem der Personengesellschaft – Zugleich Besprechung des BGH-Urteils vom 21.10.2014 – II ZR 84/13, DB 2014 S. 2640, DB 2014, 2875.

–: Die Innenhaftung bei der Partnerschaftsgesellschaft mbB, NZG 2013, 1006.

–: Status und Haftung des Treugebers bei der Personengesellschafts-Treuhand, NZG 2013, 285.

–: Beginn der Enthaftungsfrist bei Ausscheiden aus einer Personengesellschaft, NZG 2008, 216.

–: Die Parteifähigkeit der GbR – die Änderungen für die Gerichts- und Vollstreckungspraxis, NJW 2002, 324.

–: Die Haftung von Gesellschaften und Gesellschaftsanteilen in der Zwangsvollstreckung, Köln 2000. (zit.: *Wertenbruch*, Haftung von Gesellschaften und Gesellschaftsanteilen).

Westermann, Harm Peter: Die Gesellschaft bürgerlichen Rechts auf dem Weg in die Rechtsfähigkeit, WM 2013, 441.

–: Die Enttäuschung um die quotale Haftung des BGB-Gesellschafters Zu den Entscheidungen des BGH vom 8. 2. 2011, NZG 2011, 1041.

–: Die rechtsfähige BGB-Gesellschaft – eine Zwischenbericht, in: Festschrift für Horst Konzen zum 70. Geburtstag, herausgegeben von Barbara Dauner-Lieb, Peter Hommelhoff, Matthias Jacobs u. a., Tübingen 2006, S. 957. (zit.: *Westermann*, FS Konzen).

–: Erste Folgerungen aus der Anerkennung der Rechtsfähigkeit der BGB-Gesellschaft, NZG 2001, 289.

–: Bereicherungshaftung der Gesellschafter einer BGB-Gesellschaft – Besprechung der Entscheidung BGHZ 61,338 –, ZGR 1977, 552.

–: Vertragsfreiheit und Typengesetzlichkeit, Berlin 1970.

–/*Wertenbruch, Johannes:* Handbuch der Personengesellschaften: Gesellschaftsrecht, Steuerrecht, Arbeitsrecht, Sozialversicherungsrecht, Loseblattsammlung, Köln, Stand: November 2015. (zit.: *Bearbeiter*, in: Westermann/Wertenbruch (Hrsg.), Handbuch Personengesellschaften).

Wieacker, Franz: Zur Theorie der Juristischen Person des Privatrecht, in: Festschrift für Ernst Rudolf Huber zum 70. Geburtstag, herausgegeben von Ernst Forsthoff, Werner Weber und Franz Wieacker, Göttingen 1973, S. 339. (zit.: *Wieacker*, FS E. R. Huber).

Wiedemann, Herbert: Alte und neue Kommanditgesellschaften, NZG 2013, 1041.

–: Treuhand an einer Mitgliedschaft – Gedanken zur Einzel- und Sammeltreuhand im Personengesellschaftsrecht, ZIP 2012, 1786.

–: Mehrheitsbeschlüsse und Gesellschafterschutz in Personengesellschaften, in: Festschrift für Klaus J. Hopt zum 70. Geburtstag am 24. August 2010, herausgegeben von Stefan Grundmann, Brigitte Haar, Hanno Merkt, et al., Berlin/New York 2010, S. 1491. (zit.: *Wiedemann*, FS Hopt).

–: Treuebindungen und Sachlichkeitsgebot. Ein Systemvergleich, WM 2009, 1.

–: Auf der Suche nach den Strukturen der Aktiengesellschaft: The Anatomy of Corporate Law, ZGR 2006, 240.

–: Gesellschaftsrecht. Ein Lehrbuch des Unternehmens- und Verbandsrechts,

- Band I. Grundlagen, München 1980. (zit.: Wiedemann, Gesellschaftsrecht I).
- Band II. Recht der Personengesellschaften, München 2004. (zit.: Wiedemann, Gesellschaftsrecht II).

–: Anmerkung zu BGH, 29. 1. 2001 – II ZR 331/00, JZ 2001, 655, JZ 2001, 661.

–: Die Personengesellschaft – Vertrag oder Organisation, ZGR 1996, 286.

–: Rechtsverhältnisse der BGB-Gesellschaften zu Dritten, WM 1994, Sonderbeilage Nr.4, S. 1.

–: Rechtsethische Maßstäbe im Unternehmens- und Gesellschaftsrecht, ZGR 1980, 147.

–: Beschränkte und unbeschränkte Kommanditistenhaftung, in: Festschrift für Johannes Bärmann zum 70. Geburtstag, herausgegeben von Marcus Lutter, Helmut Kollhosser und Winfried Trusen, München 1975, S. 1037. (zit.: *Wiedemann*, FS Bärmann).

–: Juristische Person und Gesamthand als Sondervermögen; Eine Bestandsaufnahme aus bürgerlich-rechtlicher, handels- und steuerrechtlicher Sicht, WM 1975, Sonderbeilage Nr. 4, S. 1.

Wieland, Karl: Handelsrecht, Erster Band. Das kaufmännische Unternehmen und die Handelsgesellschaften, München/Leipzig 1921. (zit.: *Wieland*, Handelsrecht).

Wiesner, Georg : Zur Haftung des Treugeber-Kommanditisten bei der qualifizierten Treuhand, in: Festschrift für Peter Ulmer zum 70. Geburtstag, herausgegeben von Mathias Habersack, Peter Hommelhoff, Uwe Hüffer, Karsten Schmidt, Berlin 2003, S. 673. (zit.: *Wiesner*, FS Ulmer).

–: Die Enthaftung ausgeschiedener persönlich haftender Gesellschafter einer KGaA, ZHR 148 (1984) 56.

Wilhelm, Jan: Die Haftung des Gesellschafters der durch Gesellschaftsvertrag errichteten GmbH aufgrund der gewerblichen Betätigung vor der Eintragung der GmbH, DB 1996, 461.

Wilhelmi, Rüdiger: Das Mindestkapital als Mindestschutz – eine Apologie im Hinblick auf die Diskussion um eine Reform der GmbH angesichts der englischen Limited, GmbHR 2006, 13.

Williamson, Oliver E.: Economic Institutions of capitalism: firms, markets, relational contracting, New York 1985. (zit.: *Williamson*, Economic Institutions).

Winter, Martin: Mitgliedschaftliche Treubindungen im GmbH-Recht: Rechtsformspezifische Aspekte eines allgemeinen gesellschaftsrechtlichen Prinzips, München 1987. (zit.: *Winter*, Mitgliedschaftliche Treubindungen).

–: Haftung des Gesamthandvermögens der Gesellschaft bürgerlichen Rechts für Gesellschafterschulden?, KTS 1983, 349.

Wolf, Martin: Ausbau des Gläubigerschutzes statt Totalverbots der „GbR mit beschränkter Haftung, WM 2000, 704.

Woodward, Susan E.: Limited Liability in the Theory of the Firm, 141 J. Inst. & Th. Econ. (1985) 601.

Wössner, Jörg: Akzessorische Gesellschafterhaftung und „Vielgestaltigkeit" der Gesellschaft bürgerlichen Rechts – ein Widerspruch, ZIP 2003, 1235.

Wunderlich, Nils-Christian: Das Ende der Doppelverpflichtungstheorie? – Anmerkungen zum Urteil des BGH vom 29. Januar 2001 = WM 2001, 408 –, WM 2002, 271.

Würdinger, Hans: Gesellschaften, 1. Teil. Recht der Personalgesellschaften, Hamburg 1937. (zit.: *Würdinger*, Gesellschaften I).

Zacher, Thomas: Alte und „neue" Haftungsrisiken für Publikumskommanditisten und Treugeber, DStR 1996, 1813.

Zetzsche, Dirk/Preiner, Christina: Was ist ein AIF?, WM 2013, 2101.

Zinger, Georg: Die Haftung des Treugebers bei der Treuhand an Personengesellschaftsanteilen, BB 2014, 458.

Zöller, Richard (Begr.): Zivilprozessordnung, 31. Aufl., Köln 2016. (zit.: *Bearbeiter*, in: Zöller, ZPO).

Zöllner, Wolfgang: Gläubigerschutz durch Gesellschafterhaftung bei der GmbH, in: Festschrift für Horst Konzen zum 70. Geburtstag, herausgegeben von Barbara Dauner-Lieb, Peter Hommelhoff, Matthias Jacobs u. a., Tübingen 2006, S. 999. (zit.: *Zöllner*, FS Konzen).

–: Rechtsfähigkeit der BGB-Gesellschaft – ein Sachverstands- oder Kommunikationsproblem?, in: Festschrift für Alfons Kraft zum 70. Geburtstag, herausgegeben von Günther Hönn, Horst Konzen und Peter Kreutz, Neuwied/Kriftel 1998, S. 701. (zit.: *Zöllner*, FS Kraft).

–: Rechtssubjektivität von Personengesellschaften, in: Festschrift für Joachim Gernhuber zum 70. Geburtstag, herausgegeben von Hermann Lange, Knut Wolfgang Nörr und Harm Peter Westermann, Tübingen 1993, S. 563. (zit.: *Zöllner*, FS Gernhuber).

–: Die Schranken mitgliedschaftlicher Stimmrechtsmacht bei den privatrechtlichen Personenverbänden, München 1963. (zit.: *Zöllner*, Schranken mitgliedschaftlicher Stimmrechtsmacht).

Frankfurter wirtschaftsrechtliche Studien

Herausgegeben von
Theodor Baums, Andreas Cahn, Brigitte Haar, Katja Langenbucher,
Tobias Tröger, Manfred Wandt, Peter von Wilmowsky

Band 1 Tomas Brinkmann: Unternehmensinteresse und Unternehmensrechtsstruktur. Aufgaben und Grenzen eines normativen Regulativs unternehmenspolitischer Prozesse. 1983.

Band 2 Rüdiger Hahn: Behinderungsmißbräuche marktbeherrschender Unternehmen. Eine Untersuchung der Beeinträchtigung von Wettbewerb und Marktstruktur durch horizontalen Nichtleistungswettbewerb als Gegenstand der Mißbrauchaufsicht nach § 22 Abs. 4 S. 2 Nr. 1 GWB. 1984.

Band 3 Peter Buchmann: Registerpublizität und Gläubigerschutz bei der Einmann-Gesellschaft. 1984.

Band 4 Christian Joerges/Eugen Hiller/Knut Holzscheck/Hans-W. Micklitz: Vertriebspraktiken im Automobilersatzteilsektor. Ihre Auswirkungen auf die Interessen der Verbraucher. 1985.

Band 5 Annette Boerner: Die Haftung des herrschenden Kommanditisten. 1985.

Band 6 Dirk H. Mahler: Rechtsmißbrauch und einstweiliger Rechtsschutz bei Dokumentenakkreditiven und "Akkreditiven auf erstes Anfordern": Eine rechtsvergleichende Untersuchung. 1986.

Band 7 Brigitte Kratz: Ausländische Eingriffsnorm und inländischer Privatrechtsvertrag. 1986.

Band 8 Dimitris Tsibanoulis: Die genossenschaftliche Gründungsprüfung. 1987.

Band 9 Jürgen Braun: Rechtsfragen des Transport-Unfall-Informations- und Hilfeleistungs-Systems der deutschen chemischen Industrie. 1987.

Band 10 Thomas Pfeiffer: Die Bedeutung des privatrechtlichen Immissionsschutzes. Eine Untersuchung zu §§ 1004, 906 BGB. 1987.

Band 11 Michael Bothe/Josef Brink/Christian Kirchner/Albrecht Stockmayer: Rechtsfragen der internationalen Verschuldungskrise. Voraussetzungen, Formen und Verfahren internationaler Umschuldungsmaßnahmen und Umschuldungsvereinbarungen. 1988.

Band 12 Felix Dörr: Die fehlerhafte GmbH. 1989.

Band 13 Rolf Trittmann: Anwendungsprobleme des Haager Beweisübereinkommens im Rechtshilfeverkehr zwischen der Bundesrepublik und den Vereinigten Staaten von Amerika. Exklusive Regelung zur Überbrückung der Unterschiede zwischen dem kontinental-europäischen und anglo-amerikanischen Zivilprozeßrechtssystem? 1989.

Band 14 Margaretha Sudhof: Dreieckige Rechtsverhältnisse im Wirtschaftsverwaltungsrecht - Am Beispiel von Konkurrentenklagen. 1989.

Band 15 Michael Weigel: Schriftformklauseln in Allgemeinen Geschäftsbedingungen. 1989.

Band 16 Hans-Peter Schröder: Der sichere Weg bei der Vertragsgestaltung. 1990.

Band 17 Matthias Haas: Haftungsfreizeichnungsklauseln in Allgemeinen Geschäftsbedingungen. Eine rechtsdogmatische und ökonomische Analyse. 1991.

Band 18 Andreas Hahn: Instandhaltungsverträge. Begriffe, Einordnung, Rechtsfolgenbestimmung, Auswirkung auf die Kautelarpraxis. 1991.

Band 19 Jürgen Götz: Der Entherrschungsvertrag im Aktienrecht. 1991.

Band 20 Friedrich Wächtershäuser: Das Gesellschaftsrecht des internationalen Joint Ventures. 1992.

Band 21 Christina Escher-Weingart: Nutzungsausfall als Schaden und sein Ersatz. 1993.

Band 22 Jean-Claude Zerey: Rechtliche Probleme der Finanzierung von *Leveraged Buyouts* und *Tender Offers* durch Banken in den USA und in der Bundesrepublik Deutschland. Eine rechtsvergleichende Studie über die Rolle der Banken bei Unternehmenskontrolltransaktionen in den USA und in der Bundesrepublik Deutschland. 1994.

Band 23 Markus Bauer: Gläubigerschutz durch eine formelle Nennkapitalziffer - Kapitalgesellschaftsrechtliche Notwendigkeit oder überholtes Konzept? Eine rechtsvergleichende Untersuchung der Gläubigerschutzkonzepte des amerikanischen und deutschen Kapitalgesellschaftsrechts. 1995.

Band 24 Marion Vollmann: Minderheitenschutz im aktienrechtlichen Beschlußmängelrecht. Eine Bestandsaufnahme und Vorschläge zu einer rechtspolitischen Reform. 1997.

Band 25 Lydia Klose-Mokroß: Gläubigerschutz im Kapitalgesellschaftsrecht am Beispiel der Lehre von der verdeckten Sacheinlage. 1997.

Band 26 Stephan Aubel: Der vereinfachte Bezugsrechtsausschluß. Aktionärs- und Gesellschaftsinteressen beim vereinfachten Bezugsrechtsausschluß nach Maßgabe des § 186 Absatz 3 Satz 4 AktG. 1998.

Band 27 Kurt Peter Dittrich: Die Privatplazierung im deutschen Kapitalmarktrecht. Eine Untersuchung der Vorschriften des Auslandinvestmentgesetzes, des Wertpapier-Verkaufsprospektgesetzes und des Gesetzes über Kapitalanlage-Gesellschaften unter Berücksichtigung des Rechts der Vereinigten Staaten von Amerika und des Vereinigten Königreichs. 1998.

Band 28 Viola Sailer: Aktienrechtliche Minderheitskompetenzen zwischen Mißbrauch und unternehmerischer Entscheidungsfreiheit. 1999.

Band 29 Marc Zimmerling: Kapitalerhaltung und Konzernfinanzierung. Eine Untersuchung der kapitalerhaltungsrechtlichen Problematik aufsteigender Sicherheiten im Konzern. 1998.

Band 30 Joachim Wichert: Die Finanzen der Kommanditgesellschaft auf Aktien. 1999.

Band 31 Kerstin Andrea Müller: Produktverantwortung und ihre Durchsetzung. Eine kartellrechtliche Beurteilung von Selbstverpflichtungen im Umweltrecht aus deutscher und europäischer Sicht unter besonderer Berücksichtigung der Altautoentsorgung. 1999.

Band 32 Bettina Friedrich: Konvergenzen im Gesellschaftsrecht. Recht-Fertigung durch Status- und Befundsicherung. 2000.

Band 33 Rudolf Lemke: Haftungsrechtliche Fragen des Ratingwesens – ein Regelungsproblem? 2000.

Band 34 Klaus R. Roller: Die Vergütung des Aufsichtsrats in Abhängigkeit vom Aktienkurs. 2000.

Band 35 Bettina Bokelmann: Personelle Verflechtungen über Aufsichtsräte. Aufsichtsratsmitglieder mit hauptberuflicher Vorstandsfunktion. 2000.

Band 36 Kai-Uwe Steck: Regulierung von US-amerikanischen Investmentgesellschaften (Investment Companies). Unter besonderer Berücksichtigung des National Securities Markets Improvement Act of 1996 (NSMIA) und anderer aktueller Rechtsanpassungen. 2000.

Band 37 Kristofer Bott: Wissenszurechnung bei Organisationen. 2000.

Band 38 Ursula Lenzen: Unerlaubte Eingriffe in die Börsenkursbildung. 2000.

Band 39 Martin Schulz: Verfassungsrechtliche Vorgaben für das Kollisionsrecht in einem Gemeinsamen Markt. Eine rechtsvergleichende Untersuchung zu den Grenzen einzelstaatlicher Anknüpfungsmethoden im internationalen Vertrags-, Delikts- und Gesellschaftsrecht am Beispiel der Vereinigten Staaten von Amerika. 2000.

Band 40 Maximilian Koch: Diversifizierung und Vorstandskompetenzen. 2001.

Band 41 Corrado Wohlwend: Die Hauptversammlung im Wandel der Kommunikationsformen. 2001.

Band 42 Michael Rozijn: Der Unternehmensmaklervertrag. Zur Anwendung des allgemeinen Maklervertragsrechts auf Mergers & Acquisitions-Dienstleistungen. 2001.

Band 43 Konstantinos N. Kyriakakis: Die Überwachung einer US-amerikanischen Aktiengesellschaft durch institutionelle Anleger. 2002.

Band 44 Uta Fredebeil: Aktienemissionen. Das underwriting agreement (der Übernahmevertrag) und seine spezifischen Klauseln. 2002.

Band 45 Michaela G. Döbler: Die Einführung des WTO-weiten Erschöpfungsgrundsatzes in das Markenrecht der EU und der USA. 2002.

Band 46 Jan Liersch: Regulierung des Blockhandels an den organisierten Aktienmärkten der Vereinigten Staaten, Großbritanniens und Deutschlands. 2002.

Band 47 Sascha Lotze: US-amerikanisches Kapitalmarktrecht und Internet. Aufsichts- und haftungsrechtliche Fragen des Internet-Einsatzes bei Wertpapieremissionen und im Wertpapierhandel. 2002.

Band 48 Boris Trautmann: Die Konkurrenz von Haftpflicht- und Versicherungsanspruch. Ein Beitrag zur ökonomischen Analyse des Rechts unter Berücksichtigung von Unsicherheit und Verhaltensanomalien. 2002.

Band 49 Matthias Möller: Rechtsformen der Wagnisfinanzierung. Eine rechtsvergleichende Studie zu den USA und zu Deutschland. 2003.

Band 50 Heiner Feldhaus: Die Eignung zur erheblichen Kursbeeinflussung bei der Ad-hoc-Publizität. Eine rechtsvergleichende und interdisziplinäre Untersuchung unter Berücksichtigung der europarechtlichen Vorgaben. 2003.

Band 51 Matthias Janke: Gesellschaftsrechtliche Treuepflicht. Neubewertung der richterrechtlichen Generalklausel im Rahmen einer rechtsvergleichenden und ökonomischen Analyse. 2003.

Band 52 Katrin Thoma: Eigengeschäfte des Vorstands mit der Aktiengesellschaft. Eine vergleichende Untersuchung zum englischen, U.S.-amerikanischen und deutschen Recht. 2003.

Band 53 Mathias Stöcker: Rechtsfragen grenzüberschreitender Unternehmenszusammenschlüsse – unter besonderer Berücksichtigung des Falles Daimler/Chrysler – 2003.

Band 54 Otto Korte: Zur mißbräuchlichen Wahrnehmung der aktienrechtlichen Anfechtungsbefugnis. 2003.

Band 55 Wilhelm Wilderink: Die Auflösung, die Übertragung und die Verschmelzung von In vestmentfonds. 2003.

Band 56 Anja Birkenkämper: Rechtsfragen feindlicher Übernahmen. Jurisitische Nachlese zum Fall Krupp/Thyssen. 2003.

Band 57 Manuel Lorenzo Alonso: Die Neuausrichtung der Zwischenstaatlichkeitsklausel der Art. 81, 82 EG. Folgen der neuesten Entwicklungen des Gemeinschaftsrechts für die Zwischenstaatlichkeitsklausel – unter besonderer Berücksichtigung des Bankenbereichs. 2003.

Band 58 Dirk Kocher: Kapitalgesellschaft & Co. KG in Finnland. Eine Untersuchung zur Frage der Übertragbarkeit der deutschen Grundtypenvermischung auf das finnische Recht. 2003.

Band 59 Ruiting Qin: Parteiautonomie: Eine rechtsvergleichende Untersuchung. Versuch zur Entwicklung einer Gerechtigkeitsjurisprudenz im IPR. 2003.

Band 60 René Runte: Walter Julius Derenberg – Leben und Werk. 2004.

Band 61 Udo Prinz: Umstrukturierung durch *Schemes of Arrangement* mit Gesellschaftern im englischen Recht. – Ein Vorbild? 2004.

Band 62 Rainer Schmitz: Die Haftung des Vorstands gegenüber den Aktionären. Eine rechtsvergleichende Untersuchung nach deutschem und US-amerikanischem Recht. 2004.

Band 63 York Oehlschläger: Die typische und atypische stille Beteiligung an einer Aktiengesellschaft. Möglichkeiten und Grenzen der Gestaltung für die stille Gesellschaft zwischen Personengesellschaftsrecht, Aktienrecht, Konzernrecht und Umwandlungsrecht. 2004.

Band 64 Stefan Klein: Die Rechtsstellung auswärtiger Gesellschaften im deutschen und US-amerikanischen Recht. Ein Beitrag zur Neuausrichtung des deutschen internationalen Gesellschaftsrechts unter besonderer Berücksichtigung des Europäischen Gemeinschaftsrechts. 2004.

Band 65 Knut Sauer: Haftung für Falschinformation des Sekundärmarktes. 2004.

Band 66 Michael Senger: Bankenaufsicht, Unternehmensverbindungen und Bankengruppen. 2004.

Band 67 Maximilian Rittmeister: Gewährleistung beim Unternehmenskauf. Die Gewährleistungshaftung des Verkäufers bei einem Unternehmenskauf seit In-Kraft-Treten des Schuldrechtsmodernisierungsgesetzes. 2005.

Band 68 Ole Ziegler: Der Anteilserwerb am Kapitalmarkt nach der Schuldrechtsreform. 2005.

Band 69 Maia Tacheva: Rechtsbehelfe des Käufers im Warenkaufrecht. Eine rechtsvergleichende Untersuchung des Übereinkommens der Vereinten Nationen über Verträge über den internationalen Warenkauf (CISG), des englischen Sale of Goods Act, des bulgarischen Kaufrechts und des deutschen Kaufrechts vor und nach dem Schuldrechtsmodernisierungsgesetz. 2005.

Band 70 Michael Lange: Rechtsfragen der Finanzierung eines feindlichen Übernahmeangebotes. Am Beispiel der großen Publikumsgesellschaft nach US-amerikanischem und deutschem Recht. 2005.

Band 71 Niklas Dieterich: Outsourcing bei Kapitalanlagegesellschaften. 2005.

Band 72 Julia Sernetz: Derivate und Corporate Governance. Kompetenzen und Pflichten des Vorstands von Aktiengesellschaften beim Einsatz von Derivaten. 2006.

Band 73 Marcel Polte: Aktiengattungen. Eine rechtsvergleichende Untersuchung zum deutschen, US-amerikanischen und englischen Recht. 2005.

Band 74 Jens Bornscheid: Stapled Stock (Verbundaktien). 2006.

Band 75 Robert F. Thoma: Der Wettbewerb um Stimmen im US-amerikanischen und deutschen Aktienrecht. 2006.

Band 76 Markus Lauer: Gemeinsam geführte Unternehmen im Bilanz- und Gesellschaftsrecht. 2006.

Band 77 Arne Christian Lawall: Die virtuelle Holding nach deutschem Aktienrecht. 2006.

Band 78 Marcel Barth: Schadensberechnung bei fehlerhafter Kapitalmarktinformation. 2006.

Band 79 Dirk Reidenbach: Aktienanalysten und Ratingagenturen – Wer überwacht die Überwacher? 2006.

Band 80 Jochen Herr: Neue EU-Wettbewerbsregeln für Technologietransfer-Vereinbarungen. 2006.

Band 81 Simon Markus Beck: Kritik des Eigenkapitalersatzrechts. Zugleich ein Beitrag zur Stärkung des insolvenzrechtlichen Gläubigerschutzes. 2006.

Band 82 Emrullah Kervankiran: Haftungsbeschränkung im türkischen Gesellschaftsrecht. Ein Rechtsvergleich. 2007.

Band 83 David C. Donald: Der Einfluss der Wertpapierabwicklung auf die Ausübung von Aktionärsrechten. Eine Untersuchung der Entstehungsgeschichte und Auswirkungen des U.S.-amerikanischen „Indirect Holding System". 2008.

Band 84 Mathias Eisen: Haftung und Regulierung internationaler Rating-Agenturen. 2007.

Band 85 Nina Bogenschütz: Neuausrichtung des Eigenkapitalbegriffs. Dogmatische Überlegungen im Lichte hybrider Finanzierungen. 2008.

Band 86 Hans-Jürgen Schmitt: Das Geldwäsche-Risikomanagement der Kreditinstitute. 2008.

Band 87 Daniel Komo: Grenzüberschreitende Zusammenschlüsse britischer und deutscher Unternehmen. 2008.

Band 88 Stefan Rothweiler: Der Informationsfluss vom beherrschten zum herrschenden Unternehmen im Gesellschafts- und Kapitalmarktrecht. 2008.

Band 89 Stefan Berg: Kreditderivate im deutschen Privatrecht. 2008.

Band 90 Christian Fischer: Rechtsfragen grenzüberschreitender Übernahmeangebote. 2008.

Band 91 Volker Konopatzki: Funktionsauslagerung bei Kreditinstituten. Gesellschaftsrechtlicher und bankenaufsichtsrechtlicher Rahmen. 2008.

Band 92 Nicolas A. Ostler: Stimmrecht ohne Beteiligungsinteresse. Erwerb und Ausübung des Aktienstimmrechts ohne das Vermögensinteresse an der Beteiligung. 2010.

Band 93 Stefan Brass: Hedgefonds als aktive Investoren. Rechtliche Schranken und rechtspolitische Vorschläge. 2010.

Band 94 Ulrike Blömer: Grenzüberschreitende Sachverhalte im Bankenaufsichtsrecht. 2010.

Band 95 Emanuel H. F. Ballo: Die AGB-Kontrolle von Kreditverträgen in der Akquisitionsfinanzierung. Eine Untersuchung am Beispiel des *Senior Multicurrency Term and Revolving Facilities Agreement*. 2010.

Band 96 Mathias Neumann: Gerüchte als Kapitalmarktinformationen. Die kapitalmarktrechtliche Behandlung von Informationen mit unsicherem Wahrheitsgehalt. 2011.

Band 97 Maren Gräfe: Squeeze-outs nach deutschem, französischem und spanischem Gesellschaftsrecht. Eine ökonomische und rechtsvergleichende Analyse unter Berücksichtigung der europäischen Rechtsentwicklung. 2011.

Band 98 Carsten Lammers: Der Prüfungsausschuss des Aufsichtsrats nach dem Sarbanes-Oxley Act und dem BilMoG. Zum Spannungsverhältnis zwischen US-amerikanischem Kapitalmarktrecht, europäischen Vorgaben und deutschem Aktienrecht. 2011.

Band 99 Andreas Wieland: Inhaberkontrollverfahren. Die Anteilseignerkontrolle beim Erwerb bedeutender Beteiligungen an Unternehmen des Finanzsektors. 2012.

Band 100 Henny Müchler: Die Investmentaktiengesellschaft mit veränderlichem Kapital. 2014.

Band 101 Nikolaus Bunting: Die Gründung von Kapitalgesellschaften in Deutschland, dem Vereinigten Königreich und den USA. Eine rechtsvergleichende und rechtspolitische Studie. 2015.

Band 102 Daniel Gajek: Umstrukturierungen und Finanzinstrumente. Die Bedeutung der Umstrukturierung der Emittentin für die von ihr ausgegebenen Finanzinstrumente. 2015.

Band 103 Jenny W. Gesley: Die Aufsicht über die Finanzmärkte in den USA. Nationale Entwicklungen und internationale Vorgaben. 2016.

Band 104 Lisa Pfaffinger: Unbeschränkte Gesellschafterhaftung und Gläubigerschutz. Eine ökonomische Betrachtung des Haftungssystems der Personengesellschaften. 2016.

www.peterlang.com

www.ingramcontent.com/pod-product-compliance
Ingram Content Group UK Ltd.
Pitfield, Milton Keynes, MK11 3LW, UK
UKHW021835290926
8980IPUK00004B/465

9 783631 676134